한자, 문명의 무늬

| 일러두기 |

1. 현대 중국의 인명과 지명 표기는 '현행 외래어 표기법 및 국립국어원 용례에 따른 표기+한자 병기+(한국 한자음)'으로 하였고(ex. 산시성陝西省(섬서성)), 전통시기(신해혁명 이전)의 것은 한자음으로만 표기하였습니다.
2. 『　』: 책
　「　」: 장 혹은 글 제목
　〈　〉: 작품명(시나 서예 작품 등)
3. 본문에 실린 도판 자료는 사전에 저작권자의 양해를 구했으며, 미처 저작권자를 찾지 못한 일부 자료에 대해서는 저작권자가 확인되는 대로 저작권법의 해당 사항을 준수하겠습니다.

한자, 문명의 무늬

윤성훈

교유서가

친애하는 왕우군, 구양솔경, 손건례, 안노공,
소동파, 황노직, 안평대군, 축지산, 정경신, 등석여에게

한자 세계와 만나다

2000년 여름 어느 더운 날, 스물여섯 살의 나는 일본 도쿄의 진보초 서점가 한가운데에 서 있었다. 대학 입학 후 하릴없이 시간만 보내다 병역이 남들보다 늦어져, 복학하니 친구들은 대부분 이미 졸업하고 없었다. 학과 공부에도 흥미가 없어 학교에 정붙일 구석을 찾지 못하다가, '이왕 늦은 거 색다른 경험이나 쌓아보자'는 현실 감각 부족한 판단으로 시급한 현안인 졸업과 취업도 미룬 채 나선 일본행이었다. 마침 바로 전해인 1999년에 한국과 일본이 협정을 맺어 워킹 홀리데이 제도를 시행하고 있었고, 이 비자로 체류 비용을 크게 아낄 수 있겠다는 계산이 있었다. 그렇지만 해외 경험을 쌓고자 한 나라로 일본을 선택한 주된 이유는 무엇보다 호기심이었다. 지금에 와선 상상하기 어려운 일이지만, 당시 일본은 옆 나라이면서도 우리나라와의 거리감이 상당했다. 사람들이 그다지 선호하는 여행지가 아니었으며, 관광 목적의 단기 방문에도 반드시 비자가 필요했다. 일본 대중문화에 대한 개방 정책이 시작된 것이 1998년의 일이다. 따라서 일본은 '가깝고도 먼 나라'라는 진부한 수식어가 딱 맞는, 여러모로 생소한 국가였다. 이런 사정은 일본 쪽도 마찬가지여서, '칸코쿠(한국)에서 왔다'고 하면 '그게 어디냐'고 되묻는 경우가 흔했다. 〈가을동화〉나 〈겨울연가〉의 대흥행으로 한류 열풍이 거세게 몰아친 후엔 그런 일이 없어졌지만, 그건 내가 귀국하고 난 후의 일이다.

도쿄 23구의 끄트머리인 오기쿠보荻窪 인근에 월세방을 얻어 생활했다. 이런저런 아르바이트로 바쁘게 보내던 중에도 틈만 나면 도쿄 시내를 쏘다니곤 했다. 오래된 거리와 현대적 건축물이 혼재한 도쿄의 '마치나미'(町並み, 거리 풍경)를 구경하는 맛도 쏠쏠했지만, 소소한 일상의 낙으론 역시 책 읽기를 빼놓을 수 없었다. 일본은 종이 출판의 천국이다. 각종 주간지며 만화책 같은 가벼운 읽을거리부터 묵직한 교양서나 학술서에 이르기까지 책이 넘쳐났다. 특히 번역서의 양과 질이 압도적인 점이 인상적이었다. 인프라도 훌륭해서 작은 동네 도서관조차 장서가 더할 나위 없이 잘 갖추어져 있었다. 주머니 가벼운 프리터(フリーター, freeter, 파트타이머를 일컫는 일본식 조어)였던 내게 가장 감사했던 곳은 헌책방이었다. 오기쿠보역 바로 앞엔 헌책 거래 프랜차이즈인 북오프의 큰 매장이 있어서 역을 이용할 때마다 들락거리며 값싼 책을 골라 구매하곤 했다. 하지만 주로 일반인이 집에서 읽던 것을 내다파는 시스템인 북오프에 있는 책들은, 경험 많은 주인장의 안목이 담긴 개인 헌책방 컬렉션의 질을 따라올 수 없다. 오래된 주택가인 오기쿠보와 니시오기쿠보 지역엔 작은 헌책방이 많았다. 거리에 점점이 박힌 헌책방들을 순례하던 나는 점차 옆 동네로 탐사지를 넓혔고, 마

침내 도쿄 아니 일본에서 가장 규모가 큰 고서점가인 간다 진보초 거리에 나서게 된 것이다.

책이야말로 한 나라 언어와 문화의 정수이다. 특히 여러 사람의 눈을 거쳐 살아남은 헌책은 책의 정예라 할 수 있겠다. 진보초는 일본 문화의 정예가 모인 일본어의 성지다. 그곳에서 내 눈에 쏟아져 들어온 것은 바다를 건너기 전 20년 넘게 살았던 한국의 언어에서는 개념 속에만 존재했던 한자들의 홍수였다.

내가 청소년기를 보냈던 1980~90년대는 한국어 문자 생활에서 미약하게 남아 있던 국한문 혼용의 잔재가 점차 사라지고 온전한 한글 전용의 시대가 열린 시기였다. 1988년은 올림픽이라는 국제 행사가 모든 이슈를 덮은 해였으나, 문화적·언어적 측면에서 더 중요하게 기억해야 할 사건은 한겨레신문의 창간이다. 한글 전용 가로쓰기 조판의 지면은 당대 한국어 사용자의 의식과 요구를 시각적으로 구현한 언어의 혁명이었다. 문자 생활에서 한글 전용의 흐름은 90년대 들어 PC 통신을 거쳐 인터넷이 보편화되면서 거스를 수 없는 대세가 되었다. 일본어를 친숙하게 여겼던 이전 세대에 비해 내 세대 그리고 이후의 세대에게 일본어는 완전히 낯선 언어다. 일본어에 대한 거리감은 대체로 살면서 한자에 얼마나 노출되었는지에 비례한다. 나를 포함하여, 신문과 책에 노출된 한자를 흔히 접했던 시대 이후에 태어난 한국어 사용자들은 자기 이름자, 그리고 학교에서 어렵사리 배웠던 일부 기초 한자 이외에는 일상생활에서 좀체 한자를 접하지 않은 채 생활해왔다. 일본인들은 그렇지 않다. 일본은 예전에도 지금도 한자로 구성된 단어는 문장에 원래의 한자를 그대로 노출한다. 진보초뿐 아니라 일본의 출판사나 서점의 이름은 '쇼텐'(書店서점), '쇼보'(書房서방),

'도'(堂당) 등으로 끝나는 고색창연한 작명 방식을 고수하는 경우가 많다. 진보초 거리의 간판은 그래서 한자의 양이 더욱 많다. 그리고 어느 서점을 들어가 어느 책을 펼치건 예의 한자투성이 세로쓰기 일본어 본문을 만나게 된다.

전부터 책이라면 무턱대고 좋아했던 나는 세계적으로 손꼽는 이 책의 거리에서 마냥 행복했다. 한자의 홍수도 겁나지 않았다. 나 자신 말고 아무 책임질 일 없이 1년 동안 최소한의 생계만 유지하면 되었으므로, 아르바이트 이외엔 남는 게 시간이었다. 도서관에서 서점에서 방구석에서 책과 함께 멍때리는 거라면 자신이 있었다. 일본에 건너가기 전 급하게 익혀 부실했던 일본어 공부도 열심히 했지만, 무엇보다 나를 사로잡은 건 한자와 한문의 세계였다. 이 분야의 콘텐츠라면 일본은 중국 본토나 대만에 못지않은 세계 일류다. 당장 진보초만 해도 우치야마서점 등 손꼽히는 중국학 전문 고서점이 몇 군데 있다. 꼭 전문 학술 서적이 아니더라도 한자 관련 책은 차고 넘쳤다. 제대로 읽지도 못하는 주제에 이것저것 손에 잡히는 대로 참 많이도 읽었다. 시간이 훌쩍 지나 어느덧 귀국 날짜가 다가왔다(워킹 홀리데이 비자는 1년 한도 단수 비자다). 거의 생활비로 다 썼으나 그래도 약간 남은 현금과 돌려받은 월세방 보증금 등 얼마간의 돈이 수중에 있었다. 자, 이 돈으로 무엇을 할 것인가? 대책 없기로는 누구에게도 뒤지지 않는 나는 결심했다. 그래, 그 책을 사가자. 평소 눈여겨보았으나 간당간당한 생활비로는 감히 손을 댈 수 없던 거질. 일본 한자 연구의 정수. 소소한 옷가지와 함께 내 귀국 짐 상자의 한구석을 차지했던 그 책은, 오기쿠보역 앞 어느 헌책방에서 구입한 13권의 낡은 『대한화사전大漢和辭典』이었다.

한자의 모양이 걸어온 길, 획의 역사

한자는 형음의形音義 즉 모양, 소리, 뜻이라는 세 가지 요소로 이루어져 있다. 이 책은 그중에서도 주로 모양의 측면에서 바라본 한자 역사의 이야기다.

한자의 모양에 대한 이야기는 기존의 학문 분류로는 대체로 고문자학과 서예론에 속하게 된다. 고문자학은 먼 옛날 한자가 형성되던 시기의 자료를 분석·판독·연구하는 학문이다. 멀리는 상대商代(상나라는 마지막 수도의 이름을 따서 흔히 은殷나라로 부른다)와 주대周代의 갑골문과 금문으로부터, 비교적 가깝게는 진한秦漢 이전의 간독簡牘 문자를 다룬다. 상나라 중흥 군주이자 갑골문이 대량으로 발견되기 시작하는 시기에 해당하는 무정武丁이 대체로 기원전 1200년경에 재위했고, 유방이 항우를 격파하고 한나라의 황제로 등극한 것이 기원전 202년의 일이니, 지금으로부터 멀리는 3천 년 이상, 가깝게 따져도 2천 년쯤 전의 일이다. 모든 초창기가 그러하듯 한자 또한 지역에 따라 그리고 시기에 따라 다양한 양상으로 존재하며 변동성과 유동성이 컸던 때다. 따라서 한자 고문자학은 연구하기 지극히 어려운 분야이며 현재도 끊임없는 변화와 발전을 선보이고 있다. 그러나 어원語源 즉 말의 원천으로 거슬러올라가는 일은 난해하지만 무척 흥미진진하다. 갑골문이나 금문의 자형을 활용하여 한자의 기원을 이야기하는 책이 적지 않은 까닭이다.

고문자학의 세계는 2천여 년이 훌쩍 넘는 오래전 과거의 시간에 속한다. 그렇다면 한자의 모양은 그 이후엔 변화를 멈추었는가? 그렇지 않다. 〈조전비曹全碑〉 등 후한 말에 집중적으로 세워진 비석들에 쓰인 팔분체八分體 예서隸書, 왕희지가 쓴 활달하고도 전아한 행초서行草書,

당나라 초기의 구양순이 〈구성궁예천명九成宮醴泉銘〉에 쓴 근엄한 해서楷書, 당나라 중기 안진경의 진솔하고 힘이 넘치는 글씨, 북송의 대문장가였던 소동파가 유배지에서 남긴 〈황주한식시권黃州寒食詩卷〉의 음울하고 다면적인 글씨, 명나라 축윤명이 쓴 천방지축 자유분방한 초서草書, 서예와 전각篆刻에 침잠해 고요한 은거 생활로 종신했던 청나라 정경丁敬이 새긴 예스러우면서도 파격적인 도장 글씨 등 서로 다른 시대를 살았던 많은 서예가들이 남긴 글씨들은 언뜻 보면 같은 글씨라곤 도저히 볼 수 없을 만큼 다양한 모습과 표정을 지니고 있다. 이 글씨들에는 크게는 한 시대의 정신이, 작게는 한 예술가의 고민이 고스란히 담겨 있다. 뜻글자인 한자는 알파벳과 비교할 수 없이 많은 수의 글자를 갖는다. 개개의 글자 또한 여러 획이 얽힌 복잡한 모양을 갖기 일쑤다. 그만큼 한자는 배우기 어렵고 읽어내기 까다로운 문자 체계다. 그러나 이러한 결함은 오히려 다른 쪽의 가능성을 기른 풍부한 자양분이 되었다. 다양한 모양을 가진 수많은 글자를 갖춘 한자는 보기에 참으로 다채롭다. 이 형태미의 진주를 품은 바다를 탐험하고자 셀 수 없이 많은 모험가들이 나섰다. 형상의 보물을 캐낸 이들의 성취는 눈부셨다. 서예는 동아시아에서 시각 예술을 선도하는 문화의 정화精華가 되었다.

고문자학 분야는 엄밀한 고증의 세계다. 게다가 현재로부터 너무도 먼 과거의 이야기다. 다루기에 지나치게 까다롭다. 그래서 갑골문이나 금문의 자형을 원용하여 한자를 해설한 책이 적지 않으나 대개 초보적이고 간단한 언급에 그친다. 시효가 지난 학설에 기대어 잘못된 이야기를 늘어놓는 경우도 많다. 성공적 성과를 보인 몇몇 저술 또한 2천 년의 먼 과거 앞에서 발걸음을 멈추곤 한다. 고문자학의 성과를 원용하여 한자를 해설한 책들에서 성립기가 지난 이후 모양의 변화까지 다루는 일은 거의 없다.

　한편 서예는 생생한 예술의 세계이다. 과거에 붓글씨는 문인이 갖추어야 할 필수적 교양에 해당했다. 그 위상은 예전만 못하지만 지금도 여전히 건재한 예술 장르다(아쉽게도 한국의 경우는 현재 적잖이 쇠퇴한 상태이긴 하다). 서예가들은 옛 거장의 작품을 즐겨 모사(임모)하곤 한다. 즉 과거 역사 속 글씨가 곧바로 창작의 준거나 참고가 되곤 한다. 고문자학의 경우와 반대인 것이다. 서예의 경우 과거는 지금으로 곧장 소환되어 당장의 현장에서 제 목소리를 내는 일이 자연스럽다. 지금 붓을 쥔 창작자의 입장이 중요한 반면, 옛 작품이 서 있던 당대 문화사의 흐름은 종종 잊힌다. 전문가는 지나치게 가까이 껴안고, 다른 이는 국외자가 되어 눈길을 주지 않는다.

　나는 고문자학자도 서예가도 아니다. 한자라는 거대한 세계에 대한 자각조차 뒤늦게 가졌다. 그런 만큼 기존의 학문에 대한 부담도 부채도 갖고 있지 않다. 우연히 만난 한자라는 세계가 그저 흥미로웠다. 속된 나는 새로 만난 이의 외모에 혹했다. 한자의 모양은 처음엔 이국적이고 신비롭게, 나중엔 웅숭깊고 우아하게 보였다. 여기에 예술이 있고 역사가 있어 동아시아 문화의 시작과 끝이 담겨 있음을 차차 깨닫게 되었다. 심심했던 젊은 날의 끝이 보였다. 드디어 뭔가 깊이 빠져들어 해보고 싶은 일이 생겼다. 그러나 반하는 건 자유여도 사귀기는 어려운 법. 깊이 교유하려면 먼저 깊이 알아야 한다. 그렇다면 이 낯설고도 아름다운 세계에 어떻게 접근할 것인가? 따져보면 한자와 한문에 대해 전혀 모르고 있지 않은가? 나는 먼저 공부를 해야만 했다.

지곡서당, 『옛편지 낱말사전』, 『지암일기』

공부를 하겠다고 덜컥 대학원에 등록하긴 했으나, 대학원에서도 한문을 깊이 배우는 데는 한계가 있었다. 개설된 여러 수업 중 한문으로 쓰인 자료를 독해하는 것이 없지 않았으나, 새파란 내가 보기에도 학기 중의 수업만으론 턱없이 부족했다. 여기저기 알아본 결과 태동고전연구소라는 곳에서 한문을 집중적으로 배울 수 있다고 했다. 게다가 1인1실의 기숙사에 장학금까지 준다고 하지 않은가. 3년 과정 내내 집을 떠나 반드시 기숙사에서 숙식을 해야 했지만 오히려 좋았다. 당시 나는 가세가 기울어 몹시 좁은 집에 거처했기 때문이다. 지원하지 않을 이유가 없었다. 장학생 선발을 위한 소정의 시험을 거친 후, 2003년 3월에 드디어 3년의 한문 연수 과정을 시작하게 되었다.

태동고전연구소는 지곡서당이라는 별칭으로 더 유명하다. 지곡芝谷은 경기도 남양주시 수동면에 소재한 작은 마을인 지둔리를 아름답게 표현한 말이다. 한학자로 유명했던 청명靑溟 임창순任昌淳(1914~1999) 선생이 건립하고 '지곡서당'이라는 현판을 직접 쓴 한옥 건물이 지금도 그곳에 자리하고 있다. 청량한 날엔 이동식 칠판을 놓고 수업을 진행하기도 했던 그 대청마루에 앉으면, 서당이 자리한 너르고 완만한 비탈 아래로 흐르는 수동천(구운천) 냇물 소리가 들리고, 축령산 높은 봉우리와 산 중턱의 벼랑바위가 건너다보인다. 군부 독재와 맞서느라 고단한 삶을 사셨고 한학자이면서도 한글 전용을 주창하는 등 범상치 않은 이력을 지녔던 선생이 말년의 열정을 쏟은 공간이 바로 지곡서당이다. 옛 학문인 금석학의 전통을 오늘에 되살리는 등 한국학 방면에서 선생이 남긴 족적이 크지만, 그중에서도 가장 큰 업적은 역시 후학 양성을 꼽아야 할 것이다. 선생이 길러낸 제자들은 지금도 여러 분야에서 활발히 활동하며 굵직한 성과를 내고 있다. 오직 사람만을 세상에 남기고, 선생은 전 재산을 희사하여 청명문화재단을 설립한 후 세상을 떠나셨다.

내가 입소하여 배웠을 때는 청명 선생은 돌아가신 후였고 제자들 즉 나의 선배들이 강의를 맡고 있었다. 모두 각자의 분야에서 연구를 하는 한편 열과 성을 다해 강의를 진행한 훌륭한 선생님들이었다. 존경스러운 설립자가 만들고 선배들이 어렵사리 지켜온 전통 위에 선 태동고전연구소의 한학 연수 과정은 무척 혹독했다. 1학년 과정 1년 동안 사서四書, 즉『논어』,『맹자』,『대학』,『중용』을 암송해야 하며, 2·3학년에는 삼경三經(『시경』,『서경』,『주역』)의 필수 과목에 『사기史記』 등 역사서나 한국 문집과 초서 등 선택 과목도 이수해야 했다. 그중 압권은 1학년의 사서 배송이다. 배송背誦은 배운 것을 보지 않고 소리 내어 외운다는 뜻이다. 일주일에 두세 번 있는 수업에선 해당 수업 시작과 동시에 선생님이 지켜보는 가운데 이전 시간에 배운 대목을 모두 외워 읊어야 했고, 한 책이 끝나면 그 책을 모두 암송해야 했다. 『논어』도 만만치 않지만 특히 분량이 상당한 『맹자』 전체를 암송하는 일은 결코 쉽지 않다. 총 35,000여 자에 달하는 『맹자』는 입으로 죽 읊는 데만 두서너 시간 넘게 걸린다. 체력적으로도 꽤나 고된 일이다.

『맹자』「등문공 하滕文公下」 편에 제자인 공도자公都子가 "사람들이 모두 선생님께서 말이 많다고 하던데, 어떻게 생각하세요?"라고 묻자 맹자가 "내가 무슨 말이 많다고 그래. 다 어쩔 수 없어서지"라며 자기가 남들과 논쟁을 일삼는 이유를 죽 늘어놓는 구절이 나온다. 이 장을 호변장好辯章이라 부르는데, 이 부분을 외우고 있자면 맹자를 한 대 치고 싶은 생각이 절로 든다.

힘겨웠던 사서 배송을 제외한다면, 지곡서당 생활은 매우 행복했다. 수업 잘 듣고 과제 충실히 이행하면, 나머지는 온전한 자율에 맡겨져 아무 제약이 없었다. 생계 걱정 없이 오로지 한문 고전에 침잠했던 3년의 시간. 그토록 행복한 몰입의 시간을 이제 다시는 얻을 길이 없다. 한문 경전을 암송한다며 신기하게 바라보는 시선도 있었지만, 사실 암송은 연구소 공부의 극히 일부에 불과했다. 암송이라는 시험 형식보다 온갖 정보가 넘쳐나는 시대에 실용적 가치도 없는 오래된 책을 이런 주석 저런 주석 찾아보며 열심히 들여다보았다는 사실 자체가 더 놀라운 일이다. 조그만 지식이라도 얻으면 곧장 자기계발에 활용하고, 서둘러 논문 편 수 쌓아올려 어딘가 강사 자리라도 얻을 생각을 하며, 학교든 사회든 숨 쉴 틈도 없이 생각할 여유도 없이 사람을 몰아붙이는 요즘 현실을 생각해보면 참으로 세상 물정 모르는 사람들이 모여 있던 곳이 지곡서당이다. 태동고전연구소 3년 과정을 수료한다고 곧장 한문을 잘하게 되었던 것도 아니다. 한문은 그렇게 만만하지 않다. 그곳의 진정한 가치는, 딱 필요한 만큼의 자료와 정보만 섭취하여 활용하기 바쁜 요즘 같은 시대에, 다른 무엇도 요구하지 않고 오로지 자기 좋을 만큼 고전을 들여다볼 수 있는 여유를 제공하면서 사람을 기다려준 데 있었는지도 모르겠다.

태동고전연구소를 수료하고 대학원 과정과 생활고에 치여 정신없이 시간을 보내다 가회고문서연구소에서 공부할 기회를 얻게 되었다. 연구소 소장인 하영휘 선생은 지곡서당 은사였다. 마침 오랫동안 다니던 아단문고(현재의 현담문고)에서 퇴직한 후 연구소를 열고, 조선시대 편지 및 일기 자료를 모아 본격적으로 연구할 계획을 세우고 계셨다. 당시에는 수년 전부터 몇몇 분들과 함께 조선시대 편지에 쓰인 한자 용어를 해설하는 사전을 편찬하고 계셨는데, 선생의 권유로 나도 여기에 합류하게 되었다. 그 후 몇 년간 일주일에 한 번씩 꼬박꼬박 원고를 마련하고 수많은 교정·편집회의를 거친 끝에 2011년 12월『옛편지 낱말사전』(돌베개)을 발간하기에 이르렀다. 몇 년 동안 정신없이 바쁜 일정이었지만 사학, 국문학, 미술사학, 고문서학 등 다양한 전공의 학자들과 공동 작업을 하며 많이 배운 행복한 시간이었다. 무엇보다도 사전에 실릴 예문을 준비하며 조선시대 편지 원문 자료를 직접 보고 배울 수 있었던 점이 좋았다. 오랜 기간 이런 자료를 수없이 다루어온 하영휘 선생의 해석 덕택에 한 글자 한 글자 섬세한 의미 맥락을 놓치지 않고 잡아낼 수 있었다. 똑같은 자료라도 해석하는 사람의 능력에 따라 얼마든지 의미가 달라질 수 있음을 배운 놀라운 경험이었다.

사전 편찬으로 간찰 자료 연구에 대한 성과가 어느 정도 정리되었다고 여긴 선생은 이후 연구의 주된 방향을 조선시대 양반의 생활일기 쪽으로 돌렸다. 팀을 꾸려 김택룡金澤龍(1547~1627)의『조성당일기操省堂日記』, 권상일權相一(1679~1759)의『청대일기淸臺日記』 등을 독해한 후, 2013년 11월부터는 고산 윤선도의 손자이자 공재 윤두서의 생부인 윤이후尹爾厚(1636~1699)의『지암일기支庵日記』를 번역하기 시작했다. 윤이후는 평생 일기를 썼을 것으로 짐작되지만, 현재 남아 전하는 것은 1692년 1월 1일부터 1699년 9월 9일까지 8년에 조금 못 미치는 분량뿐이다.『지암일기』 번역은 공동 작업으로 진행되었다. 여러 분야의 전공자로 구성된 번역팀은 격주로 만나 탈초, 번역, 내용 연구를 진행했는데 국역서를 출간하기까지 꼬박 6년이 걸렸다(2020년 1월 출간, 너머북스). 물론 번역도 쉽지 않았지만,『지암일기』 연구의 가장 큰 성과는 웹 데이터베이스의 구축에 있었다. 공동번역자 중 한 명이기도 했던 디지털 인문학 전공의 유인태 박사 주도로 설계·구축된 지암일기DB는 원문과 번역 외에도 일기에 등장하는 지명과 인명 정보 및 인물관계망, 그리고 주요한 사건 연표 등『지암일기』연구에 필요한 각종 데이터가 망라되어 있다. DB 구축에 참여했던 경험은 이후 조선시대 한문 자료를 보는 나의 시각에 큰 영향을 미쳤다.

태동고전연구소 수료 후 장시간 조선시대 편지와 일기 자료를 독해하고 연구하는 작업에 참여했던 일은 내게 생계인 동시에 공부였다. 연구소에서 경전과 여러 고전을 강독하며 길렀던 한문의 기초가 이런 실전 독해를 통해 더욱 단단해졌다. 이제 텍스트 독해에 필요한 어학의 초보 단계는 어느 정도 벗어났다고 할 수 있다. 첫걸음을 떼었던 시기로부터 상당히 멀리 나아왔다. 그렇지만 온 길보다 갈 길이 더 남았다. 이제까진 누군가와 함께 걸어오기만 하지 않았던가. 이제 나만의 길을 찾아야 할 단계였다. 그렇다면 그 길은 어디에 있는가?

한문 자료를 읽는다는 행위에 대하여

현대 사회, 특히 한국의 연구는 대학을 중심으로 이루어진다. '중심으로 이루어진다'는 다소 순화한 표현이고, 기실 거의 '대학원에서만' 행해진다. 석사와 박사 과정의 당면 목표는 논문의 작성과 학위 취득이며, 모두의 궁극적 목적은 오로지 안정적 정규직인 교수가 되는 것이다. 연구자 인생의 불행은 여기에서 기인한다. "마침내" 교수직을 얻을 수 있는 인원은 지극히 적기 때문이다. 이 불행은 연구자 개인에 그치지 않는다. 석박사 과정 동안 학습하고 학위 취득 후에 수행하는 연구의 주제, 시각, 방법론이 모두 대학 내 정규직 연구자 즉 교수가 되기 위한 것뿐인데, 정작 교수가 될 수 있는 인원은 열 중 한 명도 안 된다. 나머지 9할의 연구자들은 몇 년짜리 연구팀에 속하거나 혹은 언제 끝날지 알 수 없는 끝없는 구직 활동 과정에 놓인 불안정한 잉여가 되어 잠정적인 연구만 쏟아낸다. 지식 사회의 역할은 대학 내에 한정될 수 없다. 사회는 학계에서만 통용되는 이른바 '순수' 학문적 성과만 필요로 하지 않는다. 학자를 넘어 지식에 관심 있는 대중의 의식을 바꿔놓을 만한 묵직한 성찰이 필요하다. 그런 성찰의 바탕이 될 고전이나 국외 연구성과의 번역에도 만만치 않은 세월과 내공이 필요하다. 사회의 불합리에 대한 즉각적으로 유효한 혹은 근원적 전환이 필요한 대안을 제시하는 것도 지식인의 역할이다. 그것이 외국이건 혹은 국내의 타자이건 다른 세계와 진실되게 만나기 위해 쉽지 않지만 꼭 필요한 소통의 방법과 이론을 연구하는 것도 중요하다. 어느 하나 만만한 것이 없다. 한국의 연구자들은 이러한 연구 활동을 하고 있는가? 아니 그런 활동을 위한 준비는 되어 있는가?

한문으로 쓰인 옛 텍스트의 연구에서도 대학은 언제나 메인 스트림이었다. 기존의 연구자들이 이룬 성과는 적지 않으나 그 폐해 또한 크다. 토론과 논증을 통한 학설의 수립 그리고 그 과정에서 생산되는 논문이 학술 활동의 전부인 상황에서, 논문 작성 이외의 행위는 그것을 위한 준비 과정 혹은 부수적 활동이 된다. 연구자에게 모든 자료는 당연히 분석과 해석의 대상이 되어야 한다. 그러나 논증을 위한 분석만으로 독해가 이루어질 수는 없다. 그럴 경우 텍스트 읽기가 무척 납작해지게 된다. 물론 자료 독해, 해석, 분석, 논문 작성은 언제나 분리 불가능한 연속이다. 그런데 정규직을 얻기 위한 경쟁이 심해지고 그 자격을 따지기 위한 성과 측정이 계량화되면서, 연구 활동 전체에서 차지하는 논문의 비중이 점점 거대해졌다. 그리하여 학계는 점차 머리만 크고 몸체는 작은 비대칭의 괴물이 되었고, 능숙히 읽어내기 위해 학습에 매우 많은 시간이 소요되는 한문 독해 활동은 현저히 위축되었다.

모든 문헌이 마찬가지겠으나 구어가 아닌 고전 문어文語인 한문으로 쓰인 글들은 성립 경위가 복잡하고 여러 인용과 전거가 얽혀 텍스트의 층위가 겹겹으로 두텁다. 어려서부터 한문을 배운, 즉 가학家學으로 한문을 익힌 것이 아니라 어느 정도 머리가 굵어진 후 한문을 '발견'한 경우였던 나에게, 이런 두터움은 하나의 커다란 장벽이었지만 동시에 다양한 발견을 가능케 하는 흥미의 요소로 다가왔다. 연구자로 서기까지 상당한 시간이 소요되었던 가장 큰 원인은—물론 나의 게으름이 가장 큰 요인이었으나—'연구'에 집중하지 않고 이런 다양함의 영토를 이곳저곳 기웃거리며 자주 딴짓을 했기 때문이다. 한문 텍스트에는 논문 주제만 취하고 버리기에는 아까운 요소들이 너무도 많았다. 한자의 모양 또한 그중 하나다. 일기나 편지(간찰)는 흘림체인 행초서로 쓰인 경우가 대부분이다. 몇 년에 걸쳐 자료 정리와 번역과 DB 구축 등을 하며 자연스레 초서 판독(탈초) 능력이 몸에 붙었다. 무척 어렵고 고된 작업이다. 열심히 하다보니 그 변화무쌍한 형태에도 자연히 눈길이 갔다. 그리고 원래 부수적이었던 이 흥미가 차차 주된 관심사로 자리잡게 되었다. 한자 문화권에는 글자의 형태미를 집중적으로 연마했던 서예라는 유구한 전통도 있지 않은가? 그리하여 마침내 한 명의 학자로서 서기 위한 주제로 서예사를 선택하게 되었다.

미수 허목

미수眉叟 허목許穆(1595~1682)은 조선 선조 말에 태어나 숙종 초에 사망한 문인학자다. 말년에 우의정의 지위에 올랐고 남인의 대표 격으로 추앙받기도 했으나, 은거와 저술 활동으로 여든여덟 일생 대부분을 보낸 그의 주된 정체성은 학자 겸 문필가라고 할 수 있다. 무엇보다 그는 글씨로 유명하다. 굳이 분류하자면 전서篆書에 속하지만 그 형태가 워낙 특이하여 보통 '미전眉篆'이라 부르기도 하는데, 허목은 자신의 글씨를 '고문古文'이라 불렀다. 그는 문장도 글씨도 제도도 삼대三代 즉 하은주夏殷周의 옛 이상 시대의 것을 제대로 공부하여 되살려야 한다고 생각했다. 어떤 사건으로 인해 과거 길이 막혔던 젊은 시절, 그는 옛 글씨 연구에 매진했다. 송대宋代 고문자학 성과를 집대성하여 명대明代에 출간한 옛 글씨 자료가 그의 주된 연구 재료였다. 당대의 주류와는 전혀 다른 옛 글씨의 자형을 열심히 연구하여 마침내 그는 어디에도 없는 자신만의 글씨를 완성해냈다.

이렇게 놓고 보면 허목은 갈 데 없는 보수주의자로 보이기 십상이다. 하지만 그의 상고주의尙古主義는 그렇게 단순하지 않다. 고문에 입각하여 쓴 그의 글은 문체가 매우 독특하다. 유교의 옛 성인들을 흠모하긴 했지만 모화주의자로 산 것도 아니다. 그는 우리나라의 역사와 지리에도 깊은 애정을 가지고 있었다. 그의 독창성은 특히 글씨에서 빛난다. 그가 남긴 작품에 쓰인 글씨의 형태와 필치는 비슷한 예조차 찾아보기 힘들 만큼 특이하다. 미수 허목의 글씨는 한국뿐 아니라 동아시아 한자 문화권 전체의 시각에서 바라보아도 크게 주목할 만한 예술적 가치를 지녔다.

워낙 특이하기에 오해도 많았다. 그의 대표작은 강원도 삼척에 서 있는 비석인 〈척주동해비陟州東海碑〉인데, 지금도 그 탁본을 집안에 걸어둔 경우를 종종 본다. 이 비석으로 인해 삼척 지역이 바닷물의 침수 피해를 입지 않게 되었다는 구전 때문에 집안의 액운을 물리칠 수 있다는 속설에 힘입은 현상이다. 읽기 힘든 꼬불꼬불한 글씨로 쓰여 마치 커다란 부적처럼 보이기도 한다. 허목이 속했던 당파인 남인은 잠시 권력을 잡은 적도 있었지만 조선시대 내내 대체로 비주류였다. 반대당인 서인들은 그의 글씨를 무척 싫어했다. 젊은 관료들이 그의 글씨를 익히지 못하도록 조치해야 한다고 국왕에게 상주할 정도였다.

이러한 숭앙과 혐오 사이에서 허목의 글씨는 제대로 된 이해의 바깥으로 밀려났다. 나는 이 아름답지만 특이한 글씨를 제대로 된 예술사의 조명이 비치는 무대 위로 다시 불러내고 싶었다. 다행히 그가 정리하여 직접 손으로 써서 남긴 고문자 연구 자료가 지금도 남아 전하고 있다. 국립중앙박물관에 소장된 보물인 『금석운부金石韻府』, 『고문운율古文韻律』, 『고문운부古文韻部』라는 3종의 책이 그것이다. 여기에 기재된 것과 〈척주동해비〉 등 허목이 쓴 서예 작품에 나타난 자형들을 분석하여 학위논문을 썼다. 어떤 특이한 문화 현상을 그저 '특이하다'고 말하기만 해서는 그 가치를 온전히 알 수 없다. 분석을 통해 미수 허목의 특이한 글씨가 그저 멋대로 쓴 것이 아닌, 하나하나 특정한 연원을 지닌 것임을 밝힐 수 있었다. 그러나 그는 자신이 연구한 옛 글씨를 그대로 모방하지 않았다. 그가 훌륭한 예술가가 될 수 있었던 요인은 자신만의 변형을 가했기 때문이다. 물론 그 변형이 성취한 형태미가 당대를 넘어 현재까지 통할 보편적 감상의 가치를 지니고 있는지에 대해선 사람마다 견해가 다를 수 있다. 적어도 나는 그렇다고 믿는다.

학위논문이 단순히 연구직을 얻기 위한 수단이 아니라면, 그 보편적 가치는 연구 활동을 통해 스스로 입증해내야 한다. 2019년 학위 취득 후 소속 없는 박사로서 한 해를 쓸쓸히 보내며, 나는 한자의 형태미의 긴 역사를 현재의 언어로 다시 서술해내는 작업이 필요함을 절감했다. 이것이 오랫동안 잊고 지냈던 이 책을 되살려 다시 써보고자 결심했던 내력이다.

옛것과 새것, 그 오랜 변증법

이 책은 2013년 말에 출간했던 『한자의 모험』(비아북 출판사)의 내용을 대폭 보강하고 체재도 손을 보아 새롭게 쓴 것이다. 원래에 비해 분량이 거의 두 배 가까이 되었는데, 단순히 양만 늘어난 것이 아니다. 대상 시기가 후대로 확장되며 책의 성격이 크게 바뀌었고, 이에 따라 제목도 바꾸었다. 즉 전반적인 서술 방식 및 집필 의도에 변화가 있었다. 이에 대해 약간 설명이 필요할 듯하다.

기존의 『한자의 모험』은 스물두 개의 한자를 키워드로 삼아 역사를 훑어보며 동아시아 한자 문화를 깊이 이해하고자 한 책이다. 시대는 갑골문이나 금문이 쓰인 고대로부터 해서가 성립된 당나라 초기 즉 초당初唐 시기까지 다루었다. 한자의 모양에 대해서 많이 서술했고 글씨의 조형미에 대한 내용도 적잖이 담겨 있다. 그러나 이는 한자와 동아시아 문화에 대한 다면적 이해를 위한 서술의 일환에서 나온 것이지 책의 본줄기라곤 할 수 없었다. 이에 비해 새로 쓴 『한자, 문명의 무늬』는 내용의 중심을 온전히 한자의 모양에 맞추었다. 앞부분은 『한자의 모험』에 일부 수정을 가해 옮겨 실었으므로 내용상 큰 변화가 없다. 그러나 새로 쓴 부분, 즉 안진경의 글씨를 다룬 '진眞', 손과정과 회소 등의 초서를 다룬 '서書'에 해당하는 당나라 중기부터 시작하여 송, 원, 명을 거쳐 청대淸代의 전각과 전서를 다룬 '인印'과 '전篆'에 이르는 챕터들은, 이 부분만 본다면 서예사 책이라 해도 무방할 만큼 글씨나 서예가에 대한 이야기가 본격적으로 전개되어 있다. 이런 언뜻 보면 이질적인 두 부분의 단순한 덧댐처럼 보이는 구성을 취한 까닭은, 책을 쓴 두 시기 사이에 10년에 가까운 간격이 있었기 때문만이 아니다. 이는 한자의 역사에서 실제로 일어났던 거대한 방향 전환을 배경으로 한 것이다.

집대성集大成이라는 말이 있다. 이전의 성과들을 모두 종합하여 새롭고도 포괄적인 체제를 만들어낸 업적을 가리킨다. 한자의 역사에서 제일 첫손에 꼽아야 할 집대성은 당나라 초기 해서이다. 해서는 왕희지의 행초서로 대표되는 남조의 붓글씨와, 고대로부터 면면히 이어져 북조에서 화려하게 꽃을 피운 새김 글씨 전통의 변증법적 종합이다. 모양이라는 측면에서 본다면, 한자의 역사는 초당 해서를 기준으로 전과 후로 나뉠 수 있다. 해서 이후 한자의 모양은 한 시대의 산물이라기보다 개인적·예술적 창조의 결과물이 되었다. 물론 그 이전의 글씨들도 충분히 서예 감상의 대상이 될 수 있으며, 이사李斯나 왕희지 등 후대에 서예가로 추앙받은 인물들 또한 많다. 그러나 이들은 어떤 예술적 자각을 갖고 서예 '작품'을 남긴 것이 아니며, 그들이 쓴 진품이 아닌 후대의 모사품만 남아 전하므로 글씨의 실체를 확인하기도 지극히 어렵다. 당나라 중기 이후는 그렇지 않다. 회소의 자기과시적 광초狂草나 축윤명 등 명나라 서예가들의 실험적 창조까지는 아니더라도, 해서 이후의 훌륭한 글씨들은 일종의 예술 정신의 창조물로 보아도 무방하다. 이것이 새로 집필한 부분이 서예사의 성격을 강하게 띠게 된 이유이다.

그렇다고 해도 한자 서예가 글씨라는 사실에는 변함이 없다. 즉 서예 또한 한자의 모양이라는 큰 흐름 안에 속한 하나의 문화 현상이다. 게다가 전통적으로 한자 서사자書寫者들은, 자신들이 위대한 전통 위에 서 있는 존재임을 강하게 자각하고 있었다. 그리고 이런 의식은 그들이 쓴 글씨의 모양에 또렷하게 반영되었다. 안진경의 우직하고 당당한 획은 전서篆書의 기운을 내포하고 있다. 소동파와 황정견의 개성적인 붓놀림은 간독簡牘 글씨의 질박하지만 자유로운 정신과 맞닿아 있다. 청나라의 서예가들은 아예 대놓고 과거의 글씨를 소환했다. 의식적으로 자주 뒤돌아보며 획 하나, 자형字形 하나에도 옛것을 의식한 이들의 행위는 속박이나 소심함일까? 오히려 그 반대다. 위대한 전통 위에 서서 때로는 조심스러운 한두 발짝, 때로는 과감한 도약을 행한 이들의 예술 정신은 자유롭고 당당했다. 그들의 위대한 성취는 오늘날까지 남아 전하는 글씨들에서 확인할 수 있다. 이들의 글씨 덕분에 동아시아의 한자 문화는 더욱 풍요로운 꽃을 피우게 되었다.

언뜻 이질적으로 보이는 두 분야를 함께 서술해내는 작업이 쉽지는 않았음을 고백한다. 고대로부터 청나라 후기까지 시간적 폭도 광대하다. 독자 여러분이 읽어내기도 쉽지 않으리라 짐작한다. 서술이 성공적이었노라 자신할 만큼 뻔뻔한 배짱도 없다. 눈 밝은 여러분께서 냉정히 평가해주시리라 믿는다. 다만 나는 가만히 역사에 기대어, 독자 여러분께서 한자의 모양이라는 오래되었지만 새로운 세계를 즐겁게 탐험하기를 바라고 또 바랄 뿐이다. 모두에게 문창성文昌星의 빛이 함께하길 기원한다.

감사의 말

『한자의 모험』을 처음 기획하고 집필을 제안했던 이는 비아북의 한상준 대표였다. 애초의 기획으로부터 한참 벗어난 이상한 결과물을 선보이게 되었지만, 처음을 함께한 공로와 은덕은 잊을 수 없다. 이 기획을 토대로 다른 출판사에서 새롭게 출간하고 싶다는 필자의 어려운 청에 흔쾌히 응해준 것 또한 무척 감사한 일이다. 새 출간의 편의를 돕기 위해 옛 판을 그대로 내어준 일은 아무나 보일 수 없는 대인의 면모다. 깊이 감사드린다. 한상준 대표를 소개해준 이는 나의 지우知友인 김태권 화백이다. 출판사를 소개해주었을 뿐 아니라 책 내용이나 집필 방향에 대해서도 조언을 아끼지 않았다. 감사드린다.

『한자, 문명의 무늬』는 분량이 적지 않은 인문서다. 교유당 신정민 대표의 출판에 대한 뚝심과 열정은 출판계에 널리 알려져 있으니 필자까지 나서서 말을 거들 필요는 없겠으나, 그래도 시장성이 불투명한 이러한 책을 출간하기로 한 결정은 쉽게 내릴 수 없는 것이며 감사드리지 않을 수 없다. 기실 출판사를 정하게 된 과정이 간단하지는 않았다. 중간에 『편집 후기』와 『아무튼, 헌책』의 저자 오경철 선생께서 큰 역할을 해주셨다. 감사드린다. 필자의 게으름으로 집필이 질질 늘어져 출판사에 결과적으로 더 큰 폐를 끼친 셈이 되었다. 까다로운 내용인데도 불구하고 여러모로 애써주신 편집진과 디자이너께도 감사드린다.

긴 역사에 걸친 다양한 내용을 담고 있는 만큼 전문적 분야를 다룬 경우가 적지 않았다. 특히 갑골문, 금문, 간독 등 문자학 관련 분야는 책과 자료만으로는 요령부득이었다. 여러 차례에 걸친 귀찮은 질문 세례에도 언제나 친절히 답해주신 김석진 박사께 감사드린다. 그러나 내용상 오류는 전적으로 필자의 책임임을 분명히 밝힌다. 이런 종류의 책은 과거의 성과에 기대지 않을 수 없다. 당연히 참고문헌으로 일일이 밝히긴 했으나, 국내외 선학들의 노고에 깊이 머리 숙일 뿐이다. 특히 일본의 서예가인 이시카와 규요石川九楊의 성과를 언급하고 싶다. 이 책은 서예사를 문화사와 결부시켜 본 그의 독특한 시각과 개개 작품 및 필획 형태미의 정밀한 분석에 크게 빚지고 있다. 물론 그와 일면식도 없으나, 지면을 통해서나마 특별히 감사의 인사를 전하고 싶다.

한문으로 먹고사는 몸이 되었을 뿐 아니라 한자의 역사에 대한 책까지 내게 되었다. 모두 태동고전연구소 한문 연수 과정 덕택이다. 김만일, 하영휘 선생을 비롯하여 그곳에서 강의를 맡아주신 모든 선생님들께 감사드린다. 하영휘 선생의 지도 아래 조선시대 간찰과 일기 자료를 읽으며 여러 선배 학자들과 동학을 만나 고락을 함께하며 많이 배웠다. 모두 감사할 따름이다. 이 책과 관련해서는 특히 백광열, 유인태, 신민규 세 동학에게 고마움을 전하고자 한다. 새로 쓴 부분을 집필한 전 과정을 지켜보며 여러 가지로 조언을 아끼지 않았다. 감사드린다.

논문 발표나 학교 강의 등 학계에서 자리잡기 위해 꼭 필요한 일은 제쳐두고 현실적으로 별 도움이 되지 않는 작업에만 매달리고 있는 우매한 인간을 배우자로 둔 심정은, 살을 맞대고 함께 사는 사이면서도 짐작조차 할 수 없다. 나의 아내 김미정 선생에게 이 책을 바친다. 못난 아빠를 두었으되 몸과 마음 모두 건강히 잘 자라며 함께 가족을 이루고 있는 아들 윤주원의 지분도 적지 않다. 가족의 일원으로서 그저 감사할 뿐이다.

보잘것없는 책 한 권 내기 위해 참으로 많은 분들께 신세를 졌다.

도움을 받은 분들께 일일이 인사를 드리지 못해 송구하다. 모든 분들
께 깊이 감사드린다.

2026년 봄

윤성훈

제2부 한자의 모양, 어떻게 이루어졌는가 —표준의 성립과 획의 발견

한자, 어디에서 왔는가

한자의 탄생

제1장

한자의 탄생,
동아시아 문명의 여명

춘春. 왕희지王羲之 〈난정서蘭亭序〉(우세남虞世南 임모본) 중에서.
동진東晉 영화永和 9년(353년)

춘

봄, 시작의 어려움

꽃 피는 봄이 오면

검푸른 바위옷 덮인 괴석 위로 매화 고목 세 그루가 솟아 있다. 굵은 둥치, 울퉁불퉁 보굿 가득한 거친 수피. 적잖이 늙은 고매古梅다. 그러나 대지에서 솟아난 바위의 동세를 그대로 이어받아, 갈라지고 또 갈라지면서도 싱싱한 용틀임을 나무초리까지 온전히 전달한 옹골찬 기운에서 노쇠의 징후는 전혀 찾아볼 수 없다. 오히려 얼키설키 엇갈리며 교묘하게 그러나 자연스럽게 공간을 채운 수묵의 가지가지에 흩뿌려진 분홍빛, 옥빛, 눈빛 매화송이들에 새 계절의 화사한 젊음이 가득 담겨 있다. 늙음과 젊음, 고아와 화려, 먹빛과 채색이 맞춤하게 어우러진 이 그림을 그린 사람은 도화서 화원 혜산蕙山 유숙劉淑(1827~1873)이다. 때는 1868년 동짓달 상순. 찬비는 산창을 때리고 사기그릇에 담긴 차는 향기가 짙었다. 그의 나이 42세, 원숙한 기량은 최고조에 달했다. 추사 김정희는 그의 그림에 대해 "오래 묵은 온화한 지취(積潤)가 없다"고 비판했지만 이 매화병풍은 구도, 배치, 필치, 배색 어느 하나 빠지지 않는 최상의 기량에, 적절한 아취까지 갖춘 걸작임에 틀림없다. 당대 최고 기량을 지닌 도화서 화원의 3미터 70센티미터가 넘는 여덟 폭 큰 화면은 필시 어느 고관의 방을 둘러 집주인의 와유臥遊를 도왔으리라.

매화는 학자의 방에 놓인 아름다운 완상물이다. 한편 먼 그리움이기도 하다. 남쪽 땅에 살던 시인 육개陸凱는 북쪽 장안에 살던 친우에게 매화 한 가지를 부치며 "강남에 가진 것 없어 봄 한 가지나마 보내노라(江南無所有 聊贈一枝春)"라는 시를 함께 보냈다. 유숙과 동시대에 살았던 화가 고람古藍 전기田琦가 그린 「매화초옥도」도 그렇다.

눈 내린 날, 흐드러진 매화 숲 가운데 폭 파묻힌 초가집. 주인공은 거문고를 메고 매화 선경 속에 앉아 있는 친구를 찾아가고 있다. 매화

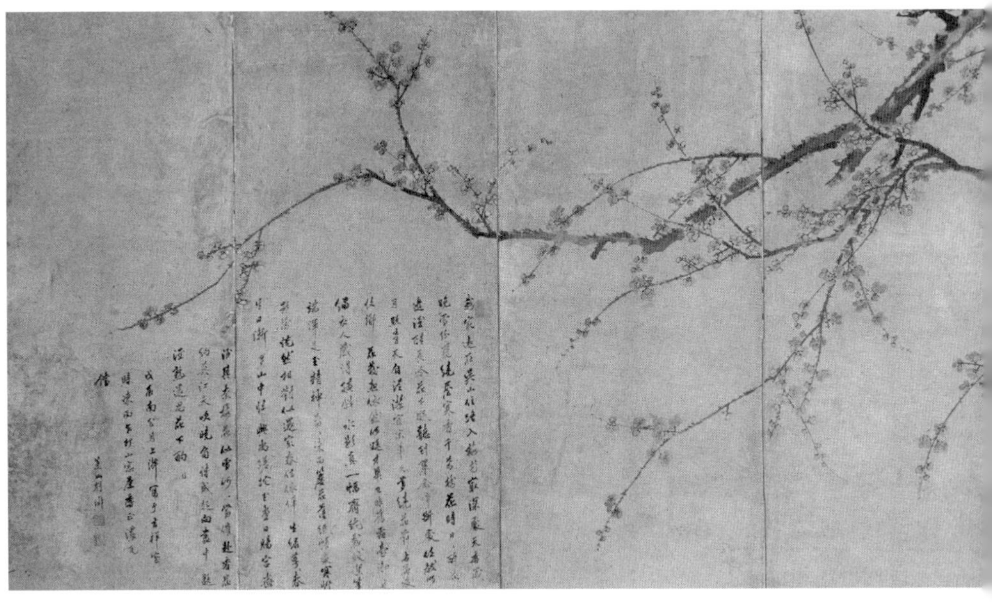

제1부 한자, 어디에서 왔는가

는 고결한 은둔의 경물인 동시에 그리운 친구를 떠올리는 연상물이다. 그리움을 자극하는 원초적 감각, 그것은 후각이다. 매화의 본질은 모양도 빛깔도 아닌 저 맑고 강한 향기에 있다. 아무리 훌륭한 그림도 향기까지 전달할 수는 없는 법. 크기와 솜씨 등 어느 하나 손색없이 갖출 것 다 갖춘 이 시각의 향연에도 어쩔 수 없이 냄새는 없다.

그러나 와유가 가능할진대 와문향臥聞香인들 안 될쏜가. 우리가 보는 건 종이에 묻은 먹과 물감이 아니라 화면 너머의 매화다. 우리가 맡는 건 낡은 종이 냄새가 아니라 맑은 청매 향기다. 청매는 엷은 푸른빛이 도는 흰 매화다. 향이 빼어나다. 은은한 옥색은 흰 꽃잎에 비치는 녹색 꽃받침의 빛이다. 그래서 청매를 다른 말로 녹악매綠萼梅라고도 한다. 화가는 왼쪽 하단의 제발에 청매의 향기를 숨겨놓았다. 명나라 사람 예경倪敬이 쓴 시 〈고 어사가 소장한 매화 그림에 제하다題顧

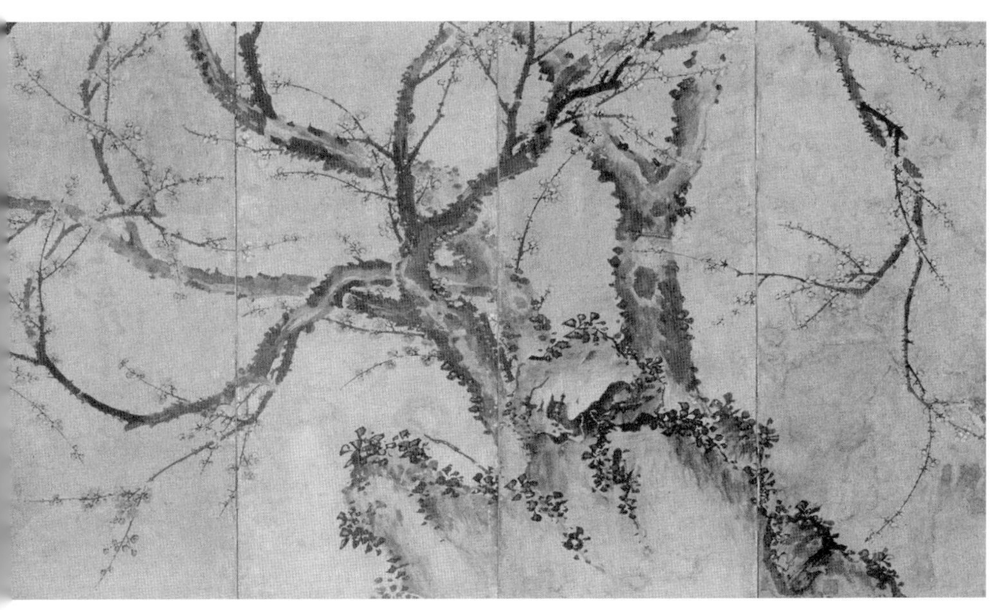

〈유숙劉淑 필筆 매화도梅花圖〉(전체)(8폭 병풍. 각 폭 112×38.7cm)(보물. 삼성미술관 리움 소장)(사진: 한국민족문화대백과사전)

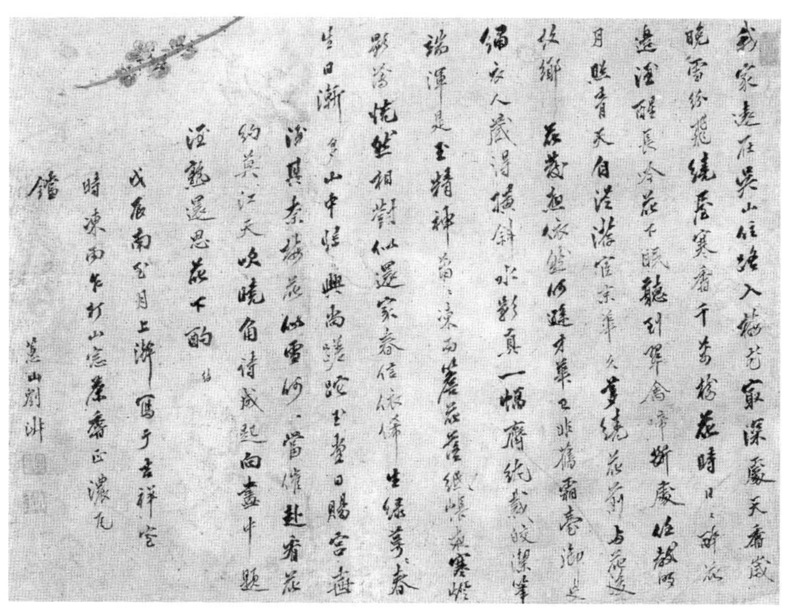

〈유숙 필 매화도〉(제발題跋 부분). 예경의 시는 제7행 제7자부터 시작함.

御史所藏梅花圖〉이다. 수도에서 오래 벼슬살이하던 시인은 찬비 떨어
지는 처마 아래 핀 청매를 보고 먼 고향의 녹악매를 떠올리고 있다.

소슬한 찬비 맞아 처마 아래 떨어지는 꽃 그림자	蕭蕭凍雨簷花落
추운 밤 등불 받은 종이창 너머 가물가물 비치네	紙帳夜寒燈影薄
문득 우리집 생각나네	怳然相對似還家
아스라한 봄기운에 녹악매 피어났겠지	春信依俙生綠萼

제발 끝에는 "1868년 11월 상순, 길상실에서 그리다. 이때 찬비가
산창을 때렸고, 사기다완의 차향은 짙었다. 혜산 유숙(戊辰南至月上澣,
寫于吉祥室. 時凍雨乍打山窓, 茶香正濃瓦鐺. 蕙山劉淑)"이라고 기록되어 있

제1부 한자, 어디에서 왔는가

다. 그림과 함께 놓인 글씨로 인해 매화는 온전한 매화가 되었다.

매화는 추위도 향기를 팔지 않는다. 설중매雪中梅. 매화는 눈 속에서 피어나 봄소식을 가장 먼저 알리는 꽃이다. 매향은 눈 내리는 추위 가운데 감돌기에 더욱 향기롭다. 매화는 추위와 눈을 이기고 핀다. 봄이 봄인 까닭은 추위 끝에 오기 때문이다.

봄, 시작의 어려움

봄 춘春은 원래 이렇게 썼다. 풀을 나타내는 초艸 아래에 어려울 준屯이 있고, 다시 그 아래에 해를 뜻하는 날 일日이 있다. 위의 풀 초(艸頭)는 없는 경우가 많고, 아래 '날 일' 없이 수풀 사이에 '어려울 준'만 있는 경우도 있다.

봄 춘春의 고자古字

결국 '봄 춘'이란 글자에서 가장 핵심적 요소는 준屯이다. '준'은 '봄 춘'이란 글자의 소리를 나타내는 요소이기도 하다. '준'과 '춘'이라는 음이 서로 밀접하게 관련되어 있다는 사실은 꿈틀거릴 준蠢 자에 '봄 춘' 자가 들어가 있는 것에서도 쉽게 짐작할 수 있다. 그런데 '준'은 단순히 소리를 나타내는 음성기호의 차원을 넘어 의미상으로도 중요한 역할을 한다.

갑골문과 금문 춘春

屯은 보통 '둔'으로 읽는다. 군대가 어떤 곳에 머무르는 것을 주둔駐屯이라고 한다. 『삼국지』의 조조는 군사력 증진과 경제적 안정을 위해 둔전屯田을 실시했다. 이때의 屯은 '군대를 두어 수비하다'의 뜻이다. 그러나 이 글자에는 '어려움'이라는 뜻

도 있다. 이때는 '준'으로 읽는다. 땅에서 풀이 나는 모습을 형용했다는 설도 있고, 막 순을 틔우려 하는 잎망울을 본떴다는 주장도 있다. 어느 쪽이건 초목이 막 생겨날 때의 모습이다. 땅을 뚫고 올라온 새 순과 추운 겨울을 견디고 움튼 눈은 고난을 겪고 나온 새 생명이다. 어린아이도 얼마나 어려운 과정을 거쳐 태어나던가. '준'이 '어려움', '곤란'을 뜻하게 된 것은 이런 이유 때문이리라.

'준'은 『주역周易』 세 번째 괘의 이름이기도 하다. 준 괘의 위는 물을 상징하는 감坎(☵)이고, 아래의 세 효는 천둥을 상징하는 진震(☳)이다. 『주역』에서 물은 어려움을 뜻하고, 진은 움직임의 발동을 의미한다. 그래서 준 괘는 전체적으로 시작의 어려움을 상징한다. 괘의 순서에도 숨은 뜻이 있다. 『주역』의 처음은 하늘과 땅의 상징인 건乾 괘와 곤坤 괘다. 하늘과 땅은 곧 이 세상이다. 건과 곤을 잇는 세 번째 괘가 바로 준이다. 작은 싹 하나도 나름의 고난을 거쳐 세상에 나오는데, 하물며 이 세상임에랴. 이것이 하늘과 땅 다음에 어려움을 상징하는 괘가 놓인 이유다. 준 다음 네 번째 괘는 몽蒙이다. 몽은 몽매, 곧 어리석음이며, 어린아이를 상징한다. 세상사에 어두운 어린아이의 어리석음을 열어주는 것이 바로 발몽發蒙, 즉 계몽啓蒙이다. 계啓는 닫힌 문을 열어준다는 의미이고, 계몽은 enlightenment의 번역어다. 어둠을 밝힌다는 뜻이다. 근대의 계몽주의는 중세의 어둠을 몰

아내는 해방자를 자처했다. 그러나 과연 근대 그리고 그 연장인 현대는 밝기만 한가? 그리고 과연 중세에는 캄캄한 어둠과 억압만이 존재했나? 쉽게 결론 내리기 힘든 문제지만 한 가지만은 확실하다. 초창初創의 어려움 없이 조화롭게 어우러진 체계는 탄생할 수 없고, 초고草稿의 산고 없이 걸작은 나오지 않으며, 한 단계 한 단계 어렵게 넘어가는 과정 없이 어린아이는 어른으로 성장하지 못한다.

아내와 사별한 후 어린 아들을 홀로 키운 한 작가는 육아에 대해 어린 시절을 완전히 다시 겪는 기분이라고 말했다.* 아이를 키워본 경험이 있는 이라면 아마 공감할 것이다. 어린아이는 꾸준히 자라지만 지속적으로 성장하지 않는다. 어느 한순간 불현듯 급작스러운 발전이 나타난다. 이 격변 이전과 이후의 국면은 완전히 다르다. 사람의 발달은 정비례 그래프처럼 연속적으로 상승하지 않고 계단식 그래프처럼 불연속적으로 뛰어오른다. 어린아이는 그 한 단계 한 단계를 차근차근 넘어가고 있는 중이다. 어린 시절은 인생 전체로 보아도 봄이지만, 어린아이의 입장에서는 저 매 순간이 또한 봄이라고 할 수 있다. 어른인 나 자신이 어떤 봄들을 거쳐 지금을 맞이했는지는 도저히 기억해낼 방도가 없다. 과거는 컴컴한 어둠 속에 갇힌 낯선 나라이기 때문이다. 매일같이 한 아이를 옆에서 지켜보다 보면 저 찰나의 질적 도약, 순간순간의 '봄'들을 함께 맞이하게 된다. 이렇게 순간의 기적을 공유하며, 과거로의 불가능한 시간여행을 떠난다. 저 어린 인생과 함께 나의 인생도 자라난다. 일상이 곧 기적이 된다. 지난한 일상을 견디고 봄의 기적을 겪은 후 다시 새로운 일상이 시작된다. 시작은 어려움이다. 겨울

---

* 조지 오웰, 『나는 왜 쓰는가』, 이한중 옮김, 한겨레출판, 2011, 252쪽.

끝에 봄이 온다.

술동이 속 봄비 내리는 소리

성장의 기적은 지속된 일상 뒤에 찾아오는 극적인 상태 변화지만, 우리는 때로 부러 정상적 상태를 깨뜨릴 때도 있다. 한잔 술에 잠시 나를 내려놓는 음주의 시간이 그때다. 취함은 일상의 작은 일탈이다. 맨정신으로는 버티기 힘든 일상의 반복을 지속하기 위해 사람들은 종종 스스로 비정상의 심적 상태로 들어간다.

봄 춘春에는 ‘술’의 뜻도 있다. ‘산사춘’은 산사나무 열매로 빚은 술이고, ‘호산춘’은 호산壺山이라고도 했던 전라북도 익산시 여산면의 토산주다. 중국에도 검남춘劍南春이란 사천성 특산의 명주가 있다. 유명한 고급술 이름에 ‘춘’을 붙이기 시작한 것은 당唐나라 때부터다. 그리고 당나라 사람들의 이런 작명법은 다시 더 옛날로 거슬러 주周나라 시대 가요 모음집인 『시경詩經』에서 유래한다. 『시경』의 ‘칠월七月’은 고대 중국의 세시풍속을 읊은 시인데, 여기에 “시월에 벼를 수확하여 봄술을 담가 노인께 오래 사시라 잔을 올리네(十月穫稻, 爲此春酒, 以介眉壽)”라는 구절이 있다. ‘봄술’은 겨울에 담가 숙성시켜 봄에 마셨기 때문에 붙여진 이름이다. 몇 년씩 숙성시키거나 양조를 몇 번 거듭하여 담근 고급주에 비하면 소박한 술이었을 터다. 그래도 춥고 긴 겨울을 보낸 후 새봄과 함께 마신 술은 그 맛이 각별했으리라.

잉여 농산물로 빚어 마시는 곡주는 농경사회와 역사를 함께한다. 게다가 술은 단순한 음료의 차원을 넘어 고대사회에서 중요한 역할을 했다. 사회, 즉 사람의 모임에는 술이 필수였기 때문이다. 고대 농경사

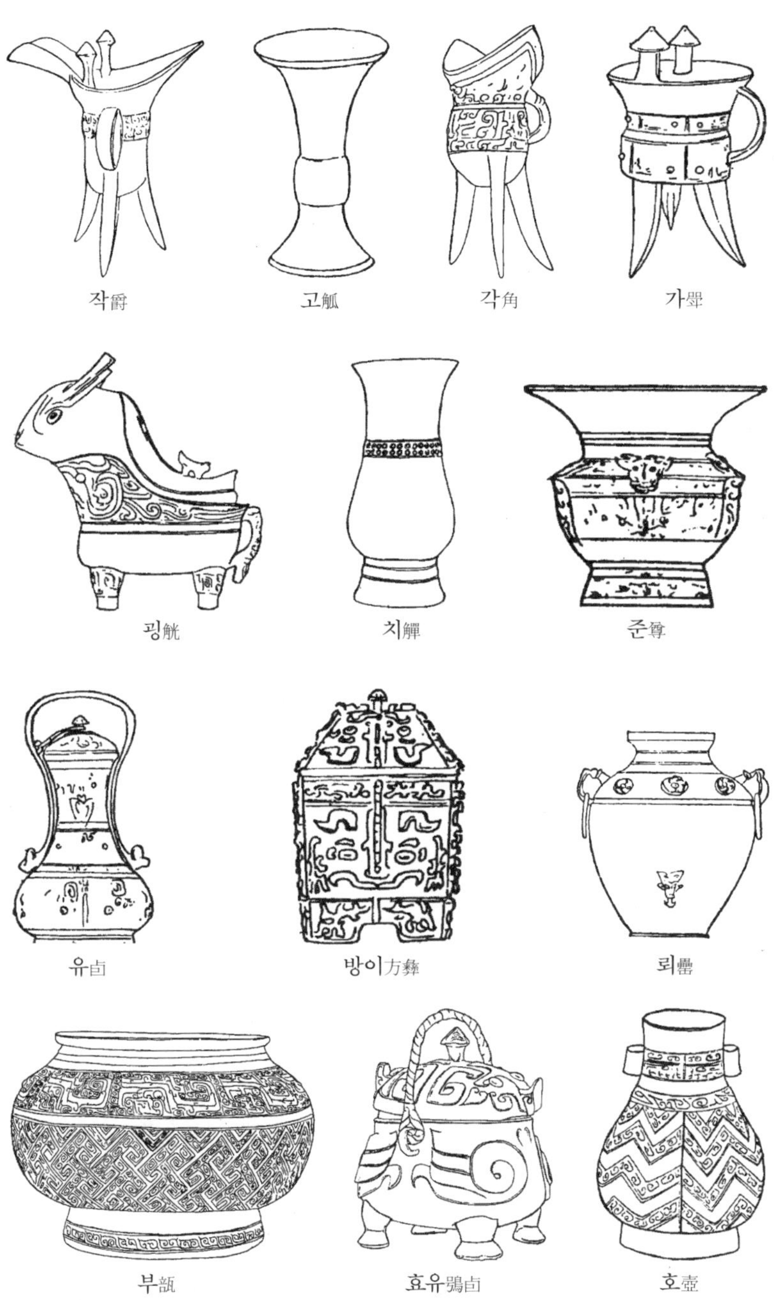

각종 청동 주기酒器들

회의 축제는 지금과 달랐다. 단순한 여흥이나 놀이가 아니었다. 그때는 생산력이 열악했으니 지금과 비교할 수 없을 만큼 음식이 귀했다. 곡물이 많이 드는 술은 더했다. 그런데도 고대인들은 현대인만큼, 아니 오히려 더 축제에 열심이었다. 그들이 우리보다 놀기를 더 좋아했기 때문이 아니라 당시는 마을이라는 지역-씨족 공동체가 곧 생산 공동체였기 때문이다. 축제는 이런 공동체의 결속과 유지를 위해 필수 불가결했다. 그렇기 때문에 축제는 지배자에 의해 주도되고 관리되었다. 지금도 회식자리는 아랫사람들이 자발적으로 만들기보다 주로 상사들에 의해 마련되지 않던가?

술과 노래는 함께 즐김, 즉 동락同樂의 필수적 동반자다. 축제와 음주가무는 현실세계의 속박에서 벗어나 잠시나마 상징세계의 이상에서 노닐 수 있게 한 예술의 싹이다. 예술은 자유롭기에 그만큼 불온하다. 그래서 축제와 음주를 허용했던 현실사회의 지배계층은 다시 이에 질서와 체계를 부여한다. 모임의 질서, 그것이 곧 예禮다. 축제와 제사는 '예'의 학습장이 되었고, 음주도 예외는 아니었다. 지금도 우리네 술자리에는 쓸데없이 시시콜콜한 주도가 많다. 엄격한 계급사회였던 고대 중국의 술자리 예절이 어느 정도였을지, 쉬이 짐작이 간다.

중국 문명의 여명기, 서력기원전 15~11세기경의 상商 왕조에서 제사와 음주는 곧 문화 그 자체였다. 오늘날에도 세계 곳곳의 박물관에서 화려 찬란한 상나라 청동기들을 무수히 볼 수 있다. 특히 상의 중심지였던 허난성河南省(하남성)의 성도 정저우鄭州(정주)에 소재한 허난박물원河南博物院의 청동기들은 일단 그 어마무지한 수량으로 보는 이를 압도한다. 양도 많지만 종류 또한 대단히 다양하다. 물론 지금 박물관에 있는 화려한 청동기들은 의례용이었으며 일상적으로 쓰인 평범한 그릇과는 다른 특별한 기물이겠지만 그래도 당시 사람들에게 '술을 마신다'는 행위가 얼마나 중요한 의미였는지 알 수 있다. 술을 통한 접신, 신을 모시는 제사, 제사를 위한 회합이야말로 상나라 체제의 알파요, 오메가였다. 술은 상나라 문화의 핵심이었던 것이다.

술이 완성되기까지는 일정한 시간이 필요하다. 극적인 화학적 변화의 시간이다. 그리고 변화는 소리와 함께 온다. 보글보글, 쏴, 톡 토도독. 술동이 속에서 봄비 내리는 소리가 난다. 술동이, 봄동이(春甕)가 운다(泣).

봄 또한 인고의 겨울을 견딘 후에 온다. 새로운 탄생의 시간이다. 그리고 봄은 소리와 함께 온다. 『예기禮記』 「월령月令」 편은 1년 열두 달 각각의 자연현상과 그에 따라 올려야 할 예식에 대해 기록하고 있어 고대 중국인들의 시간관과 우주관을 엿볼 수 있다. 음력 2월 중춘仲春에 대해 「월령」은 "이달에 천둥이 처음 소리를 내고 번개가 치며, 겨울잠 자던 곤충들이 집 밖으로 나온다(雷乃發聲始電, 蟄蟲咸動, 啓戶始出)"고 말한다. 봄의 꿈틀거림은 은은殷殷한 하늘의 천둥소리와 함께 찾아오는 것이다. 앞에서도 이야기했지만 『주역』의 8괘 중 하나인 진 괘는 움직임, 발동을 상징하는데, 자연물 중에서는 천둥을 가리킨다. 천둥은 양기陽氣의 발동이다. 양기의 발동은 곧 신神이다.

신神. 〈호종虤鐘〉 명문銘文 중에서. (서주西周 후기)

神

신

청동 그릇의 무늬,
신을 말하다

천둥의 신

한국 사람들이 흔히 갖고 있는 일본에 대한 편견 중 하나가 '일본은 작다', '일본인은 좀스럽다'는 것이다. '일본에 갔더니 식사를 조그만 그릇에 고양이밥만큼 주는 바람에 속 터지는 줄 알았다', '섬나라 사람들은 어쩔 수 없다'며 나름의 일본론을 펼치기 일쑤다. 하긴 예전에 어느 저명한 문학평론가도 '일본인은 축소지향'이라는 그럴싸한 이론으로 책을 썼을 정도니 이런 인식은 한국에 꽤 널리 퍼져 있는 것으로 보인다. 그러나 일본에 대한 자신만의 경험 혹은 지식을 바탕으로 한 자기류의 일본론은 보기에 재미있을지 몰라도 그다지 정확한 논설이 못 된다. 마치 MBTI 등 각종 성격 유형 지표와 비슷하다. 일견 솔깃해 보여도 자세히 뜯어보면 귀에 걸면 귀걸이 코에 걸면 코걸이 식의 하나 마나 한 이야기인 것이다.

이야기가 나온 김에 먹는 양에 대해 말해보자. 물론 그릇이 작고

양이 적을 때도 있다. 가이세키懷石 요리나 고급 요리점의 일품一品 요리 중엔 정말로 양이 적은 경우가 많다. 그렇다고 일본 사람들이 평소에도 그렇게 먹는다고 생각하면 오산이다. 값싼 규동牛丼(쇠고기 덮밥) 집이나 카레 가게에 가서 오모리大盛(곱빼기)나 도쿠모리特盛(특대)를 시키면 꽤 많은 양이 나온다. 화물차 운전자나 물류회사 노동자 등 몸을 쓰는 젊은이들이 주로 이용하는 식당에서 공깃밥은 으레 얼마든지 추가된다. 그들도 같은 사람이다. 한창 일할 나이의 주머니 가벼운 젊은이라면 한국 사람이든 일본 사람이든 밥 한 공기로는 턱도 없는 법이다.

교토 시내만 둘러보아도 '소국小國'이란 오명을 씻어줄 만한 거대한 목조건물들을 많이 만날 수 있다. 그중 백미는 단연 산주산겐도三十三間堂라는 건물이다. 교토역에서 멀지 않아 관광객이 많이 찾는 명소다. 실제 가보면 우선 크기, 정확하게 말하면 길이에 압도당한다. 정식 명칭은 렌게오인蓮華王院 본당本堂이지만 '삼십삼간당'으로 더 잘 알려져 있다. 서른세 칸의 불당이란 뜻인데, 바깥의 복도 부분을 제외하면 본 건물이 실제 서른세 칸으로 구성되어 있다. 서른셋은 본존불인 천수관음을 상징하는 숫자다. 관세음보살은 중생을 교화하기 위해 세상에 서른세 가지 모습으로 '나툰다'고 한다. 즉 이 건물의 '33'은 상징성을 갖추기 위해 일부러 맞춘 수다.

서른세 칸이라는 규모도 드물지만, 한 칸이 일반적인 건물의 한 칸보다 훨씬 길어 거의 두 배에 달한다. 다시 말해 상식적인 길이를 넘어선다. 실제 건물의 전체 길이는 120미터에 달한다. 우리나라 종묘 정전이 101미터인 것을 감안하면, 정말 길다. 종묘처럼 너른 앞마당이 없기 때문에 전체를 한눈에 보기조차 힘들다. 크기로만 따지면 산주산겐도보다 큰 목조건물도 많다. 고에이도•는 세계에서 가장 큰 면적을 갖는 목조건물이며, 나라奈良의 도다이지東大寺 대불전大佛殿도 높이 46.8미터, 길이 57미터, 세로 50.5미터의 규모를 자랑한다. 산주산겐도는 이들에 비해 크기는 약간 작지만 종묘 정전이나 영녕전처럼 가로로 길게 뻗은 비일상적 비례가 주는 엄숙함이 있다.

산주산겐도 안에는 1,000개가 넘는 불상이 봉안되어 있다. 본존불인 천수관음좌상이 가운데 있고, 양옆으로 1,001구의 목조 관음입상이 10열로 늘어섰다. 머리 위로는 11면의 작은 얼굴과 40개의 손을 가진데다 166~167센티미터로 거의 등신대인 관음보살들이 꽉 들어차 있어 당내는 마치 '불상의 숲'과도 같은 느낌을 준다.

산주산겐도 조각상의 백미는 천수관음상들 앞에 배치된 28부중二十八部衆 입상이다. 관음 신앙의 수호자를 형상화한 이 목상들은 매우 세련되고 치밀한 솜씨로 조각되었는데, 하나하나 개성이 또렷하다. 이 정도로 표현력이 뛰어난 조각상은 동아시아 미술에서 찾아보기 힘들다. 그중에서도 극도로 마른 노인의 육체를 사실적으로 묘사한 바수선인婆藪仙人의 처절한 모습이 특히 유명하다.

28부중상 옆, 불당 양쪽 끝에는 우락부락하게 생긴 근육질의 신상神像이 눈을 부릅뜨고 위에서 사람들을 내려다보고 있다. 그러나 무시무시한 위협은 아니다. 오히려 허풍 섞인 공갈을 놓으며 허우대만 좋은 도깨비처럼 살짝 유머러스한 느낌마저 준다. 이 두 신은 바람의 신風神(풍신)과 천둥의 신雷神(뇌신)이다. 뇌신은 작은 북 여러 개가 연

• 고에이도御影堂 : 히가시혼간지東本願寺 중심부에 위치한 건물로 길이 76m, 폭 58m 규모다. 참고로 중국 북경에 있는 자금성紫禁城 태화전太和殿은 길이 63.96m, 폭 37m, 높이 26.92m(기단부를 합하면 35.05m), 면적 2,368m²다.

속적으로 배치된 동그라미를 등에 지고 있다. 풍신 역시 둥그렇게 부푼 기다란 자루를 지고 있다. 모두 자연현상인 천둥과 바람을 시각적으로 형상화한 것이다. 산주산겐도의 풍신과 뇌신은 일본인들에게 매우 친숙한 존재다. 도쿄의 유명 관광지 아사쿠사淺草 센소지淺草寺의 가미나리몬雷門 양측에도 이 두 신이 있다. 그 밖에 두루마리 그림이나 병풍 등 여러 가지 형태로 널리 그려졌는데, 그 최초의 예가 바로 이 산주산겐도의 조각상이다.

이 뇌신의 형상은 도대체 어디서 온 것일까? 그 기원은 인도신화의 바루나Varuna 신이라고 한다. 그러나 바루나 신에게서는 뇌신의 가장 큰 특징인 연속적인 북을 찾아볼 수 없다. 이 도상의 기원은 인도보다는 중국인 듯싶다. 둔황 벽화에서도 이 신의 모습을 찾아볼 수 있고, 결정적으로 한나라 때 화상석 그림에 비슷한 예가 있기 때문이다.

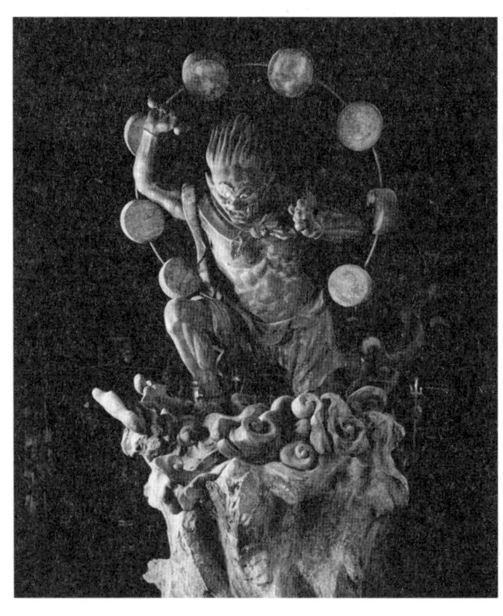

산주산겐도 뇌신상(렌게오인蓮華王院 산주산겐도三十三間堂 공식 홈페이지 sanjusangendo.jp에서)

제1부 한자, 어디에서 왔는가

뇌신. 후한 말. 산둥山東(산동) 자상현嘉祥縣(가상현) 무씨사武氏祠 좌석실 제3석 탁본(부분).
국립중앙박물관 소장 일제강점기 유리건판 자료 중에서(소장품번호: 건판30187)

기원은 중국에 있지만 이 도상은 일본에서 가장 사랑받았다. 외국에서 온 낯선 디자인을 유머러스하고 친근하게 표현해내는 데 성공한 산주산겐도의 조각가가 아니었다면 그렇게까지 널리 유행하지 못했을 것이다. 그리고 어쩌면 저 절묘한 청각의 시각화도 먼지 앉은 고대의 벽화 속에 영원히 묻혀버렸으리라.

우르릉 쾅쾅

둥그렇게 연결된 북들은 연속적으로 울리는 큰 소리, '우르릉 쾅쾅'의 시각적 형상화다. '쾅쾅'은 한자어로 굉굉轟轟이다. '굉' 자에는 수레 거車 자가 세 개 들어가 있다. 많은 수레가 내는 소리를 나타낸 글자다. 오늘날로 치면 화물차로 가득 찬 경인고속도로 옆에 방음벽도 없이 서 있는 경우라고나 할까?

뇌의 고문古文   금문 뇌雷

'굉굉'은 시끄러운 소리를 형용할 때 쓰는 표현이다. 북 치고 장구 치는 소리, 사람 가득한 홀의 와자지껄한 소음 그리고 하늘을 찢을 듯 울리는 천둥 벼락 소리. 그중에서도 가장 크고 시끄럽고 거대한 소음은 천둥소리 아닐까?

우레 뢰雷 자도 '우르릉 쾅쾅'이다. '뇌' 자의 옛 형태는 아래에 밭 전田 모양이 세 개 있는 靁였다. 현재의 '뇌' 자는 생략형이다. 그런데 이 세 개의 田은 '밭 전'이 아니다. 심지어 세 개도 아니다. 모양을 보면, 원래 동그라미 안에 X가 그려져 있는 형태였음을 알 수 있다. 田은 이 모양을 반듯하게 쓰기 위해 나중에 채택된 형태일 뿐이다. 개수는 둘, 셋, 넷 등 다양하다. 요컨대 '많음'을 보여주기만 하면 충분한 것이다. 田 모양이 정확히 무엇을 가리키는지는 확실하지 않다. 수레 거車의 옛 형태에 비슷한 모양이 나오는데 '수레 거'에서는 수레바퀴를 나타낸다. 혹은 뇌신의 예에서 보았듯이 북을 가리킬 수도 있겠으나 정확한 사실은 알 길이 없다. 아무튼 둘, 셋, 넷이 이어진 田들은 '쾅쾅', '굉굉'이라는 시끄럽고 큰 소리의 형용이다.

田이 무엇인지는 사실 중요하지 않다. 그 '사이'가 중요하다. 예전에는 田들 사이에 각 田을 잇는 선이 있었다. 田들을 큰 X 자 모양이 되게 대각선으로 엮기도 하고, S 자 모양으로 잇기도 했다. 이 S 자 모양에 주목해야 한다. 결국

갑골문 뇌雷

중요한 포인트는 田들이 연속적으로 연결되어 있다는
점, 그것도 S 자로 '구불구불' 이어져 있었다는 점이다.

금문 전電

　좀더 오래된 형태로 거슬러 올라가면 이 S 자의 정
체를 확실히 알 수 있다. 田은 작은 네모 모양이고 주
위의 작은 점들은 빗방울이다. 그리고 글자 한가운데에
역동적으로 구부러진 S 자가 있다. 매끈한 S 자가 아니고, 힘을 주체하
지 못하고 가지마저 친 모양이다. 한눈에 보아도 이 S 자가 글자의 주
인임을 알 수 있다. 비슷한 S 자를 번개 전電 자에서도 볼 수 있다. 즉
'뢰' 자는 '번개'에 소리를 나타내는 여러 개의 田만을 더한 모양임을
알 수 있다. 비오는 날 하늘에 '번쩍' 약동하는 빛이 '번개'고 그때 함
께 들리는 연속적인 큰 소리가 '천둥'이다. 너무나 큰 자연현상이라 지
상의 인간은 누구나 '그것'이 있음은 인지하지만 '그것'이 도대체 무엇
인지는 알지 못한다. 그 '무엇'의 시각적인 면을 나타낸 글자가 電이고,
청각적인 부분을 표현한 글자가 雷다.

신神, 도대체 알 수 없는 위대한 힘

　電의 아랫부분, 즉 S 자로 구부러진 선은 펼 신申 자다. 귀신 신神에
도 신申이 포함되어 있다. 아마도 원래 신神이란 글자의 소릿값을 나타
내는 요소였을 것이다. 그러나 '신'이 점차 '제사의 대상인 귀신', 즉 조
상신이란 좁은 의미를 넘어 '세계를 구성하는 한 요소'라는 철학적 의
미를 띠게 되면서, '펼침'과 '신'은 불가분의 관계로 얽히며 의미를 확
장해갔다. 구불구불 약동하는 선은 펼침, 확산, 발동의 기운을 나타낸
다. 세상을 구성하는 펼침의 기운 중 가장 으뜸되는 것이 신神이다. 이

글자는 지금 god의 번역어로 '세상의 창조자' 혹은 '인간을 초월한 신성한 존재' 정도의 의미를 지닌 말로 사용되고 있다. 그러나 이는 근대 이후 서구어를 번역하는 과정에서 탄생한 뜻이며, 원래 한문의 '신'에는 이런 의미가 없었다. '신'은 귀신鬼神의 '신'이었다. 여기에도 약간 오해가 있을 수 있다. '귀신'도 현대어에서 전혀 다른 뜻으로 사용되고 있기 때문이다. 지금의 '귀신'은 ghost의 번역어다. 그러나 원래대로라면 〈전설의 고향〉이나 〈사랑과 영혼〉에 나오는 '죽은 사람의 넋', '괴이하고 흉측한 유령'은 귀신이 아니다. 귀신은 '귀'와 '신'이었다. 딱 부러지게 한정하기는 힘들지만, 대체로 다음과 같은 뜻을 가졌다.

귀鬼
수축, 수렴, 구성적 힘, 몸뚱이, 백魄, 땅의 기운, 돌아감, 귀歸, 음陰
신神
펼침, 확산, 발동의 힘, 넋, 혼魂, 하늘의 기운, 나아감, 신伸, 양陽

귀와 신은 짝 개념이다. 먼 옛날 중국인들은 사람이 혼과 백으로 구성되었다고 생각했다. 혼은 하늘에서 부여받은 것이며, 우리말의 '넋'이나 '얼'처럼 사람에게 생기를 부여하지만 눈에는 보이지 않는 무정형의 기운이다. 사람이 죽으면 혼은 하늘로 올라간다. 백은 땅으로부터 와 골격이나 몸뚱이를 구성하는 기운으로, 죽으면 땅으로 돌아간다. 이런 세계관이 차차 발전하여 다른 사물이나 존재, 나아가 세상 전체를 구성하는 두 가지 원초적인 힘이 있다는 믿음이 생겨났고, 이 두 힘을 이름하여 '귀'와 '신'이라고 했다. 이것이 나중에 좀더 정교하게 개념화되어 '음양'의 이론으로 체계화된다. 그러나 이는 전국시대쯤에나 일어나는 일이며, 상나라 때는 아직 애니미즘 색채를 강하게 띤 원시 관념에 머물러 있었다. '귀'는 존재의 현 상태를 유지시키는 힘, '신'은 낳고 또 낳는 생명력으로 모든 존재를 발동하게 한 싱그러운 양의 기운이다. 이는 중국, 나아가 동아시아 우주관의 원초적 관념에 해당한다.

'귀신'에 대해 『중용中庸』은 이렇게 말한다. "귀신의 덕이여, 성대하도다! 보아도 보이지 않으며 들어도 들리지 않으나 모든 사물에 빠짐 없이 내재하여 만물을 존재하게 하는구나(鬼神之爲德, 其盛矣乎! 視之而弗見, 聽之而弗聞, 體物而不可遺)." 그렇다. 귀와 신은 세계를 존재하게 하는 힘이다. 그러나 그것은 볼 수도 들을 수도 없다. 귀신 중에서도 실체가 없는 '신'이 특히 그렇다. 그래서 더욱 경외하게 된다. 인간의 지력으로는 도저히 파악할 수 없다. 그것이 바로 '신'의 속성이다.

신, 나타나다

지성이 파악할 수 없고 언어가 표현할 수 없는 신이 그 모습을 드러내는 공간이 있다. 보이지 않음과 보임, 은미함과 드러남이 공존하는 이율배반의 공간. 그런 있을 수 없는 세상(無可有鄕, utopia)이 상나라 청동기의 표면에 펼쳐져 있다.

청동 그릇 겉에는 기괴한 문양이 새겨져 있다. 괴물이나 도깨비 얼굴의 정면 모습 같다. 그러나 이 문양은 동물의 측면 상을 서로 마주보게 한 형태로 보는 게 타당하다.* 이 문양은 현실 속 동물에서 모양을 따왔지만 뿔이나 날개 등의 과장된 표현으로 현실을 초월하여 신비한 힘을 가진 존재를 지시한다. 또렷한 두 눈동자는 그릇을 받들며 제사를 올리는 인간들을 절대자의 눈으로 응시하고 있다. 이 강렬한

상나라 청동기 도철문의 예

모티브를 도철문饕餮文이라고 부른다. 도철은 탐식을 멈출 줄 모르는 무서운 괴물이다. 도철문은 이상異常한 모습으로 나타난 상나라 사람들의 이상理想적 귀鬼의 형상이다.

문양 사이사이는 구불구불한 선들이 채우고 있다. 이 선으로 이루어진 장식 문양을 뇌문雷文이라 부른다. 뇌문은 동서고금에 흔한 무늬다. 흔하고 단순하지만 자세히 보면 꽤 특이하다. 우선 시작도 끝도 없다. 꼬리에 꼬리를 물며 문양의 한 단락이 다음 단락으로 이어지기를 끊임없이 반복한다.** 그러니 헷갈린다. 보고 있자면 눈이 빙글빙글 돌고 뭐가 뭔지 모르겠다는 느낌이 든다. 이는 무늬와 배경(figure

---

* 좌우대칭인 두 개의 측면 상을 마주보게 붙여서 하나의 정면 상처럼 보이게 만든 도상을 '분할 재현(split representation)'이라고 한다. 이런 표현 양식은 중국에서는 도철문 이후로 거의 사라졌지만 남북아메리카에서는 최근까지도 널리 쓰였다.
** 이런 문양 중 유명한 것이 서양의 '우로보로스'다. 우로보로스는 자기 꼬리를 입에 문 모습을 하고 있는 뱀이나 용 문양이다.

제1부 한자, 어디에서 왔는가

and ground)이 동등한 위상을 갖고 서로 섞여들면서 나타나는 효과다. 에셔M.C. Escher가 즐겨 그린 모티브다.

뇌문의 예

중국 고대 청동기 표면을 채우고 있는 구불구불한 문양은 영원한 순환과 불가해성의 현현이다. 우리가 사는 우주에 분명히 존재하지만 도대체 무엇인지 알기 어려운 알쏭달쏭하고 무한한 생명력, 즉 신神이 단단한 청동 그릇의 표면에 고정되어 나타난 것이다. 상나라 장인들이 공들여 포착한 저 신비의 무한은 수천 년이 흐른 오늘날에도 보는 사람을 사로잡는다. 이제는 위세 등등한 제사장의 손에서 내려와 푸른 녹에 덮인 채 박물관 유리벽 안에 덩그러니 놓여 있을지언정.

인간은 신을 알 수 없고 신도 입을 열어 인간에게 말을 걸지 않았다. 그러나 인간의 집요한 권력욕은 신의 뜻을 기어코 인간의 말로 표현해내고야 말았다. 알 수 없는 미래를 관장하는 신의 뜻을 묻기 위해 상나라 사람들은 점을 쳤다. 상나라에서는 정인貞人이라는 전문 인력이 점치는 일을 전담했다. 정인이 친 점을 해석하는 권한은 오로지 왕에게 속했다. 주로 거북 배딱지나 소 어깨뼈를 이용했고, 점을 친 후 그 내용을 기록했다. 이것이 상나라 후기에 등장한 중국 최초의 문자, 갑골문이다. 동양에서 문자는 이렇게 탄생했다. 갑골문은 현재 사용되고 있는 한자의 직접적 조상이다. 수천 년의 세월을 거치며 무수한 변화를 거쳤지만 한자는 갑골문의 DNA를 아직도 충실히 보유하고 있다. 지금부터 그 기나긴 생명력의 탯줄을 한번 따라가보자.

갑골문 구求. 상商 중기 무정武丁 시기

求
구

재앙을 점치려
신의 뜻을 구하다

산미치광이

기묘한 이름이다. 산미치광이가 도대체 무엇일까? 산에 미친 등산광? 아니면 산에 사는 미친 사람? 아니다. 산미치광이는 아래 그림처럼 생긴 동물의 이름이다.

설치류, 즉 포유류 쥐목의 짐승이다. 이름만큼이나 생김새도 꽤

인도갈기산미치광이 Hystrix indica

나 특이하다. 길고 날카로운 가시가 등을 뒤덮고 있다. 온몸에 가시가 가득하다는 점에서 고슴도치와 비슷한데 고슴도치는 작고 동글동글하고 가시도 짤막해 오히려 귀여워 보이는 데 반해 이놈은 몸길이 60~90센티미터로 덩치도 훨씬 크고 공격을 받으면 가시를 곤두세우며 상대를 위협하기 때문에 상당히 무섭게 느껴진다. 가시는 쉽게 빠져 상대의 살에 박혀버린다. 저 무시무시한 가시에 찔린다고 생각하니 생각만으로도 몸서리가 난다.

예전에는 흔히 호저豪豬라고 불렀다. 호저라는 이름은 한 번쯤 들어보았을 것이다. 우리나라에는 없고 아시아에서는 주로 동남아시아에 분포한다. 중국 남부에도 서식하고 있다. 호저라는 전통적인 이름 이외에 중국인들은 전저箭猪라고도 부른다. 전箭은 '화살'이라는 뜻이다. 영어로는 '포큐파인porcupine'인데 역시 '가시 돋친 돼지'라는 뜻이다.

그렇다면 산미치광이라는 우리말 이름은 어디에서 온 것일까? 아마도 일본어 야마아라시山荒를 직역한 것으로 추정된다. '야마'는 산山, '아라시'는 '어지럽히다', '망치다'라는 뜻의 동사 '아라스'의 명사형이다.

야마아라시는 원래 요괴의 이름이다. 일본은 도깨비, 요물, 괴물의 나라다. 옛 일본인들은 자연현상이나 주위 사물에 영적인 힘이 있다 믿었고, 이 비현실적으로 강력한 힘은 상상의 세계에서 흔히 기괴한 형상을 지닌 괴물의 모습으로 현실화된다. 일본인에게 괴물은 매우 친근한 존재다. 아라시는 嵐으로도 쓰는데, 이 경우 돌풍이나 폭풍우를 가리킨다. 야마아라시는 거칠고 두려운 산지의 기상현상을 빗댄 괴물이었을 것이다. 야마아라시를 그린 그림 중 아래와 같은 것이 있다.

〈백귀야행회권百鬼夜行繪卷〉 중 '야마아라시'. 마쓰이 문고松井文庫 소장

이는 분명 현실 속 호저를 재해석하여 그린 것이다. 그러나 호저는 일본에 서식하지 않는다. 화가는 어디에선가 전해 들은 호저라는 동물의 모습을 자기 식으로 해석하여 야마아라시라는 괴물을 형상화해 낸 것이다. 그리고 언제부터인가 현실 속 포큐파인과 상상 속 야마아라시가 하나로 결합되었다. 이는 한자문화권 사람들에게 친숙한 존재였던 상상 속의 영물 기린麒麟*이 훨씬 후대에 소개된 생소한 동물의

• 명明나라 영락제永樂帝 때 정화鄭和가 동아프리카에서 중국으로 배에 기린을 실어 와 황제에게 바치며 이 신기한 동물을 '기린'이라고 했다. 기린은 전설 속에서 성인聖人의 치세에만 출현하였다. 정화가 가져온 기린은 황제의 위세를 떨치는 상징물이자 막대한 비용이 들어간 대항해의 효용을 과시하기 위한 증거품이었을 것이다. 이후 20세기 들어 이 아프리카산의 동물이 일본에 소개되자 이시카와 지요마쓰石川千代松(1860~1935)라는 동물학자가 정화의 고사에 착안하여 '기린'이라 명명했다. 현재도 한국과 일본, 대만에서는 기린이라고 부른다. 그런데 정작 중국에서는 다른 이름을 쓴다. 현대 중국어, 즉 구어체 중국어인 백화白話는 직접적인 표현을 선호한다. 기린은 중국어로 장경록長頸鹿, 즉 '목이 긴 사슴'이다.

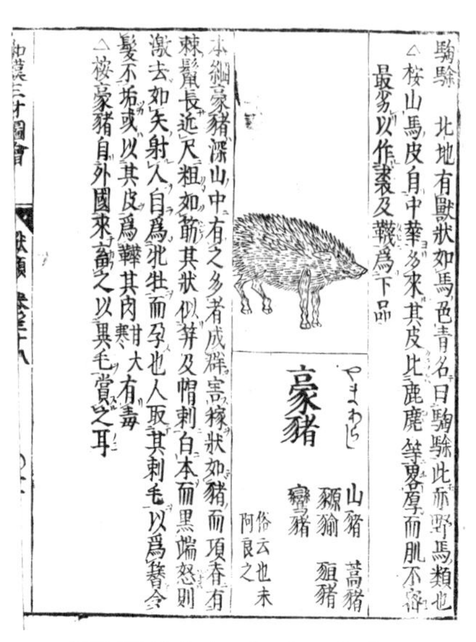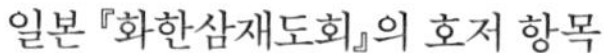

일본 『화한삼재도회』의 호저 항목

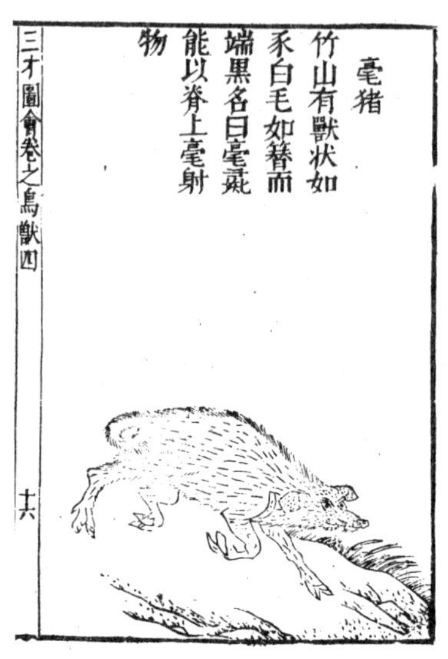

중국 『삼재도회』의 호저 항목

이름(giraffe)이 된 과정과 흡사하다.

요즘은 동물원에서 산미치광이를 볼 수 있다. 그러나 에도江戶시대에 근대의 소산인 대중적 동물원이 존재했을 리 없다. 그렇다면 「백귀야행」의 화가는 일본에 없는 이 동물에 대한 정보를 어디서 얻었을까? 현재의 우리는 구글이나 위키피디아, 네이버를 검색하지만 예전엔 주로 백과사전을 활용했다. 당시 일본의 대표적인 백과사전이라면 단연 『화한삼재도회和漢三才圖會』다. 명나라 말에 왕기王圻가 편찬한 『삼재도회』를 바탕으로 일본 관련 자료를 보충한 대형 백과사전이다. 조선에 수입되어 당시 학자들에게도 큰 영향을 미쳤다. 『화한삼재도회』 제38권 「수류獸類」에 호저 항목이 있다.

이는 중국 『본초강목本草綱目』의 호저 기사[1]를 거의 그대로 옮겨 싣고, 끝에 편자인 데라시마 료안寺島良安의 "호저는 외국에서 들여와 기른다. 기이한 털을 완상할 뿐이다"[2]라는 짤막한 보충 설명을 추가한 것이다. 그러나 데라시마도 실물은 본 적 없는 듯하다. 삽화가 멧돼지와 거의 흡사하여 실제 산미치광이와는 전혀 다르거니와 『본초강목』의 황당한 해설을 아무런 문제 제기 없이 그대로 옮겨 싣고 있기 때문이다. "화가 나면 바늘 털을 사람에게 쏜다"라거나 "스스로 암수가 되어 새끼를 밴다"는 설명은 거의 공상에 가깝다. 『본초강목』의 이 어처구니없는 문장도 다른 책에 전해지는 내용을 약간 손본 것에 지나지 않는다. 『본초강목』은 위대한 의학사전임에 틀림없지만, 여러 책들에 실린 내용을 모은 편저여서 현대인의 눈으로 보면 아연실색할 만한 내용도 적지 않다. 이런 사실들로 볼 때 에도시대 일본인들은 물론 명청대 중국인에게도 호저가 그다지 익숙한 존재는 아니었던 것 같다.

다만 호저라는 이름 자체는 역사가 오래되었다. 원래부터 호豪라는 한자는 산미치광이를 가리키는 글자였다.[3] 다만 이 글자가 '기세가 세차다', '호방하다', '호화롭다', '호걸', '권세 있는 사람' 등 파생된 뜻으로 많이 쓰였기 때문에 산미치광이를 가리키기 위해 다시 호저라는 두 글자 용어를 사용했다. 옛 중국인들은 이 동물을 돼지 종류로 보았던 것 같다. 호豪에는 돼지 시豕 자가 포함되어 있다. 저猪·도 돼지를 가리킨다. 『산해경』에도 호체豪彘가 나오는데 이때의 '체' 자도 돼지다. 한나라 때 문학가인 양웅揚雄의 글에도 호저가 등장한다. 후대로 올수록 부정확하고 흐릿한 이미지로 남긴 했어도 중국에서 호저란 동물의 존재는 옛날부터 비교적 잘 알려져 있었던 것 같다.

• 저猪와 저豬는 같은 글자다.

구求

구求는 '필요한 어떤 것을 찾아 얻다', '바라다', '요구하다' 즉 '구하다'는 뜻의 한자이다. 우리말의 '구하다'가 구求를 그대로 쓰고 있는 것에서 알 수 있듯이, 매우 흔히 쓰이며 혼동의 여지가 없는 기본 동사이다. 같은 뜻의 일본어 '모토메루(求める)'의 표기에도 쓰이고, 중국어에서도 '치우(求)'는 흔히 쓰인다. 즉 한자 문화권에서 널리 쓰이는 보편적인 기초 한자이다. 그런 만큼 쓰인 역사도 오래되어서 한자의 초창기인 상商나라 때의 갑골문에서 벌써 쓰이고 있었다. 그런데 이 '구求'의 어원이 기묘하다. 지금처럼 '구하다'의 의미로도 쓰였지만, 이는 원래 뜻이 아니었다.

예전엔 이 '구求'의 어원을 가죽 옷 즉 '갖옷 구裘'라고 여겼다. 갑골문과 금문 '求'가 털 달린 가죽의 모습을 형상화한 것이라고 보았기 때문이다. 가장 오래된 자전 중 하나이자 후대에 막강한 영향을 미쳤던 허신許愼의 『설문해자說文解字』가 바로 이런 견해를 채택하고 있다. '갖옷 구裘' 항목의 설명을 보자.

『설문해자』 '구裘'

『설문해자』 '구裘'의
고문古文

갑골문 '구求'.
상商 시기

구裘는 가죽 옷이다. 의衣를 의부義部로 하고 구求를 소릿값으로 갖는다. 다른 견해로는 상형이라고도 한다. 이럴 경우 쇠衰와 같은 뜻이다.

　제1부 한자, 어디에서 왔는가

구裘 부수 항목의 모든 글자는 구裘를 의부로 한다. 구求는 고문古文으로서 의衣를 생략했다.

裘, 皮衣也. 从衣, 求聲. 一曰象形, 與衰同意. 凡裘之屬皆从裘. 求, 古文省衣.

『설문해자』 '쇠衰'

구裘의 이체자로 '구求'를 제시하며 구裘의 고문古文 즉 옛 글자체라고 했다. '갖옷 구裘' 안에는 실제로 '구할 구求'가 포함되어 있다. 『설문해자』의 자형 해설은 우선 이것을 이 글자의 음을 나타내는 요소로 보았다. 즉 '구'라고 불리는 글자인데, 이 글자는 털가죽으로 만든 옷을 가리킨다는 것이다. 여기에 또다른 견해도 소개했다. 의부와 소릿값 두 요소의 합으로 구성된 형성자가 아니라, 글자 전체가 어떤 모습을 형용한 상형자라는 분석이다. 그리고 이때는 '쇠衰'와 같다고 했다. 이 쇠는 도롱이(풀로 엮어 만든 비옷)를 가리킨다. 원래 도롱이를 가리키던 '쇠'는 '쇠하다' 즉 '쇠약하다', '노쇠하다'의 뜻으로 가차되어 쓰이게 되었고, 도롱이는 위에 초두草頭를 붙여 따로 '사蓑'라는 전용 글자를 만들었다. 도롱이와 털가죽 옷은 재질은 다르지만 그 외양은 흡사하다. 다시 말해 이 견해는 '구裘'가 마치 도롱이 '쇠衰'라는 글자처럼 비쭉비쭉한 외형을 가진 옷을 상형하여 만들어졌다는 말이다.

그러나 허신의 권위에 힘입어 오랫동안 정론으로 여겨지던 이 견해는 현대에 들어 고문자학이 발전하며 도전받게 되었다. '구求'를 갖옷으로 보는 논리의 가장 큰 약점은 갑골문과 금문의 실제 문장 운용에서 '구求'와 '구裘'가 혼용되는 경우가 거의 없다는 것이다. 당시에도 흔히 쓰인 글자였던 '구求'는 '구裘'가 쓰일 자리에 쓰이는 일이 없었고, '구하다' 혹은 아래에서 서술할 용법으로만 쓰였다. 그렇다면 '구할 구求'는 원래 무엇을 가리키던 글자였을까?

'구求'는 '구裘' 이외에도 몇몇 상용자에서 소릿값 역할을 한다. '구원할 구救'나 야구나 축구의 '공 구球'의 경우가 대표적이다. 그런데 '구求'를 포함한 많은 한자 중 현재는 거의 사용되지 않는 벽자에 이 글자의 기원이 숨어 있다. '蛷'라고도 쓰고 '蝵'로도 쓰는 '집게벌레 구'가 그것이다. 즉 '求'는 원래 몸통의 다리와 꼬리의 집게로 인해 전체적으로 비죽비죽해 보이는 집게벌레를 가리키는 글자였는데, 가차되어 다른 뜻으로 쓰이게 되자 벌레 쪽은 따로 '蝵'라는 글자를 만들어 쓰게 되었다. 이 '蝵'는 『설문해자』에도 수록되어 있으며, "다리가 많은 벌레이다(蝵, 多足蟲也)"라고 해설하고 있다. 다시 시간이 흘러 집게벌레는 이후에 주로 '구수蠷螋'라는 말로 가리키게 되었고, '蝵' 혹은 '蛷'라는 글자는 서서히 존재감이 희미해져 갔다. 그리고 『설문해자』 '갖옷 구裘' 항목의 저 결정적인 오류와 더불어 '求'가 원래 징그러운 벌레를 가리키는 글자였다는 사실은 완전히 잊히고 말았다.

서주西周 이후 금문金文에서 '구求'는 현재 우리가 쓰는 '구하다'의 뜻과 거의 흡사한 의미로 많이 쓰였다. 그러나 한자 역사의 가장 초창기에 해당하는 갑골문의 시대에는 전혀 다른 의미로도 사용되었다. 신과 소통하여 점을 친 사실을 기록한 갑골문에서 집게벌레가 등장할 일은 없었다. 대신 '구求'는 '재앙', '재해', '위해', 즉 '사람에게 해를 끼치는 것'의 의미로 주로 쓰였다.

기실 집게벌레는 사람에게 그리 대단한 해를 끼치지 않는다. 집게

벌레나 그리마 류의 절지동물이 해충이라는 관념은 대체로 징그러운 외양이 주는 나쁜 인상에 기인한다. 여기저기 솟은 다리, 돌기, 집게, 털이 형성한 몸체 전체의 비쭉비쭉한 모습이 주는 기이奇異함이 보는 이에게 재이災異를 연상케 하는 것이다.

갑골문에서 '재앙' 혹은 '나쁜 일'의 의미로 쓰인 이 '구求'를 과거에는 '털 긴 짐승 이希'('제'라고도 읽음)로 판독하기도 했다.

『설문해자』 '이希'

『설문해자』 '이希'
고문古文

금문金文 '이希'. 〈작수상궤作彖商簋〉
명문銘文 중에서. 서주西周 초기

이 글자 역시 상당한 벽자(거의 쓰이지 않는 글자)인데, 『설문해자』에서는 "털이 긴 짐승이다(脩豪獸也)"라고 해설하고 있다. 즉 앞서 이야기한 산미치광이 혹은 호저 류의 동물을 가리킨다. 현대에 들어서며 풍부한 출토 문자 자료를 활용한 고문자학이 발전하면서, '재앙' 혹은 '재해'를 가리키는 갑골문의 저 모양의 글자는 그 가리키는 대상이 털북숭이 네발짐승에서 조그마한 벌레로 수정되었다. 그러나 실제 문장에서 사용되었던 빌려 쓴 의미가 더 중요하기 때문에 원의가 정확하게 무엇인지는 그다지 중요하지 않다. 오히려 중요한 것은 이 글자가 쓰인 맥락이다. 먼 옛날 상商나라 시절 새겨진 실제 갑골문의 예를 보면서 이에 대해 살펴보자.

한자문명의 초창기, 즉 상나라 시기에 이 '求'는 문자문화의 핵심에 있던 글자였다. 한자는 갑골문에서 출발하였다. 갑골문은 귀갑龜甲 즉 거북 껍데기와 수골獸骨 곧 짐승의 뼈에 기록한 글씨 혹은 글을 가리킨다. 거북 배딱지와 소의 어깨뼈 등에 대추씨 모양의 홈을 파고 그 반대쪽을 작은 불씨로 지져서 갈라진 모양을 보고 점을 친 후에 그 내용을 뒷면에 기록한 것이 곧 갑골문이다. 갑골문을 사용했던 상나라 사회에서는 제사와 점이 매우 중요한 위치를 차지하고 있었다. 나라의 모든 일은 점을 쳐서 신의 뜻을 물은 후 행해졌다. 점은 알 수 없는 미래의 일을 신에게 묻는 것이었다. 미래에 있을지도 모를 재앙이야말로 점의 가장 큰 관심사가 아니겠는가? 상나라 갑골문에서 '재앙'을 가리키는 글자가 빈번하게 등장하는 이유다.

여기에서 살펴볼 유물은 『서경』이나 『사기』에도 등장하는 상나라의 중흥 군주 고종高宗 무정武丁 시기의 것이다. 소의 어깨뼈에 새긴 것인데, 세로가 대략 32센티미터, 가로가 19센티미터에 달하여 상당히 큰 편에 속한다. 갑골문은 종종 새긴 후에 붉은 색을 채워 넣어 그 신성함을 강조하곤 했다. 이 유물은 붉은 빛이 특히 잘 남아 있다. 글씨도 큼직큼직하여 웅건한 기상이 있다. 이와 같은 형식미뿐 아니라 내용 면에서도 완정한 체재를 갖추고 있다. 갑골문은 서사敍辭, 명사命辭, 점사占辭, 험사驗辭라는 네 부분으로 구성된다. 서사는 점을 친 시기 및 배경을 서술한 부분이고, 명사는 무엇을 물었는지를 기록한 것이다. 점사는 점을 쳐서 얻은 점괘의 내용이며, 험사는 시간이 흐른 뒤 그 점괘가 실제로 드러난 사실 여부를 기록한 부분이다. 이 네 부분을 모두 갖춘 유물은 많지 않은데, 여기에는 빠짐없이 다 갖추어져 있다. 유명한 문자학자였던 나진옥羅振玉이 소장했던 이 물건은 현재는 베이징의 중국국가박물관에 있다. 이래저래 갑골문의 특성을 잘 드러내며 크기가 크고 글자 모양도 아름다워 감상의 가치도 큰 대표적 유물임에 틀림없다.

그중에서 가운데 부분을 차지하는 문장을 보려 한다. 원문 및 번역은 이러하다.

> 계사일에 정인 각殻이 점을 쳤다. "열흘 안에 근심거리가 있을 것이다." 왕이 점괘를 해석하여 말했다. "이번 열흘 안에 나쁜 일이 있겠다. 곧 점괘와 같이 될 것이다." 갑오일에 왕이 코뿔소를 쫓았는데, 소신小臣 치甾의 마차의 차축이 끊어졌다. 말이 기울어지면서 왕의 마차와 부딪혀 왕의 마차가 뒤집어졌고, 마차를 몰던 자앙子央도 마차에서 고꾸라졌다.[4]
>
> 癸巳卜, 殻貞, "旬亡囚(憂)?" 王固(占)曰, "乃丝(兹)亦㞢(有)求, 若偁." 甲午, 王往逐兕, 小臣甾(甾)車馬硪(俄), 䢅(馭)王車, 子央亦㔾(顚).

세로로 쓰인 3줄로 구성된 이 글은 물방울 다이아몬드 모양으로 생긴 둥글넓적한 뼈 판의 가운데에 새겨져 있다. 옆에 쓰인 다른 기록과 구분하기 위해 양쪽에 가는 선을 쳐서 구획해 놓았다.

첫 문장 다섯 글자, 즉 "계사일에 정인 각이 점을 쳤다"가 서사에 해당한다. 예전에는 연도나 달뿐 아니라 각 날짜마다 간지가 존재했다. 점을 친 시점은 계사일이다. '복卜'은 글자 형태에서 직관적으로 드러나듯이 갑골에 불씨를 대어 균열을 내는 행위를 뜻한다. 이 균열을 보고 길흉을 판단하는 것이다. '각'은 인명으로서, 이 사람은 정인貞人

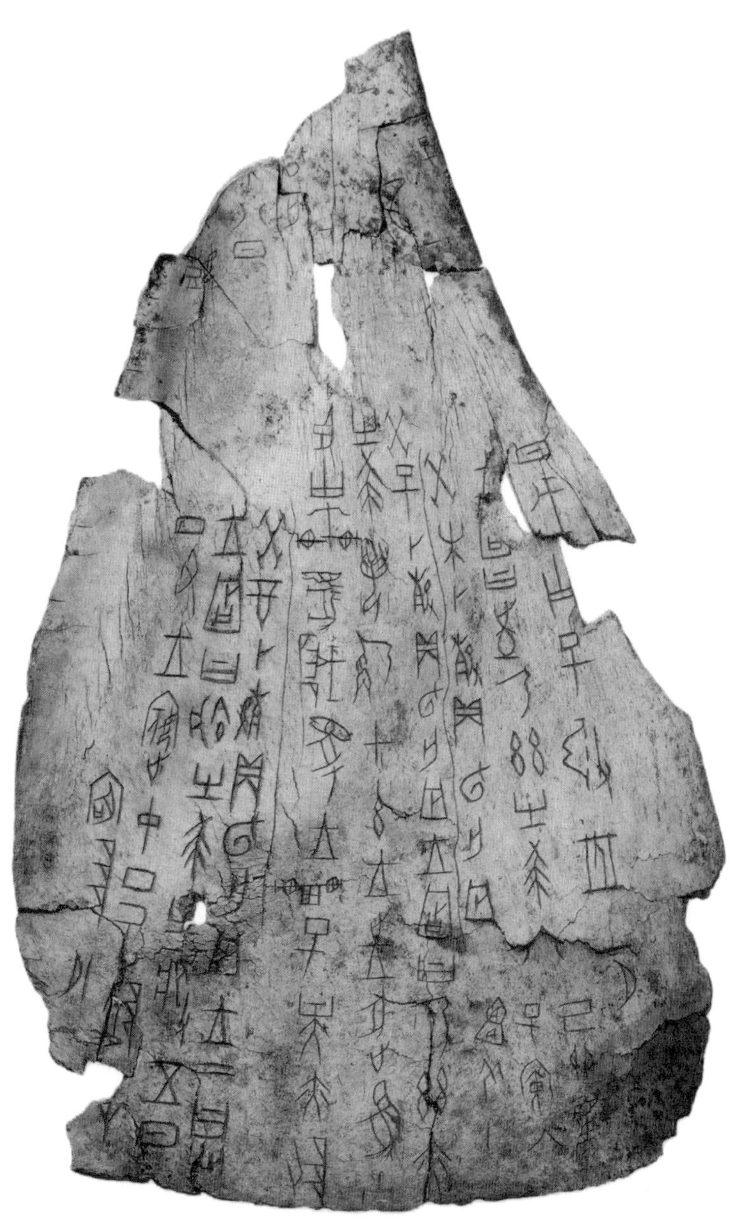

상商 무정武丁 시기 도주塗朱 각사刻辭 복골卜骨.
중국국가박물관 소장

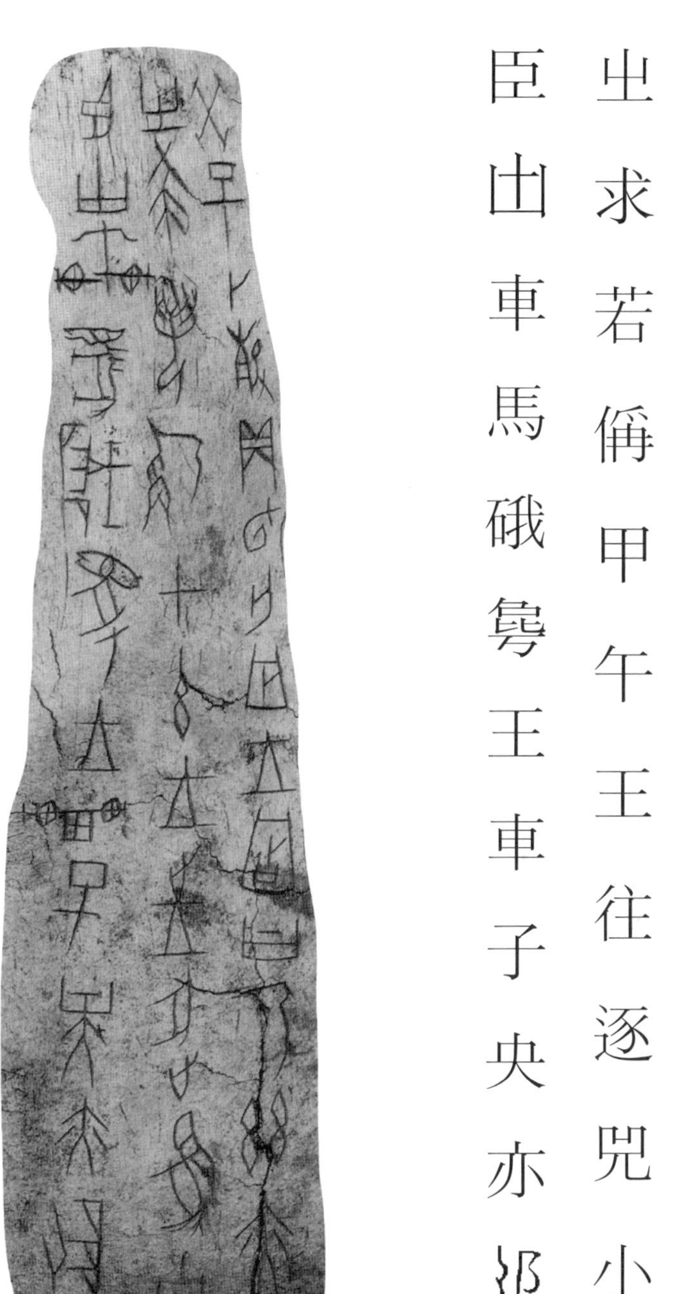

癸巳卜殻貞旬亡囚王固曰乃兹亦
出求若偁甲午王往逐兒小
臣屮車馬磑睪王車子央亦邙

이다. 정인은 '정貞'을 행하는 직책이다. 지금은 '곧을 정'으로 새기지만, '정貞'은 글자에 '점 복卜'이 포함되어 있는 것에서 알 수 있듯이 원래 점을 치는 행위를 가리켰다. 상나라 정치에서 점이 중요한 의미를 갖고 있었던 만큼 정인은 당시 매우 높은 지위를 갖던 중요 인사였다. 현재 전해지는 갑골문 유물에는 많은 정인의 이름이 기록되어 있다. 갑골문을 연구하는 학자들은 이 정인들의 이름을 정리하여 계보를 작성한 다음 이를 통해 해당 유물의 시기를 비정하곤 한다. 원문의 "殻貞"은 주어+서술어 문장이다. 즉 각殻이라는 사람이 정貞을 했다는 말이다. 서사를 통해 점을 친 시기 및 행위 주체자 등 이 기록의 기본 정보를 확인할 수 있다.

다음 세 글자는 명사命辭다. 순旬은 열흘을 가리킨다. 무亡는 보통 '망하다'의 의미로 '망'으로 읽지만, '없다'는 뜻일 때는 '무'로 읽는다. 여기에서는 '무'이다. '구囚'는 현재는 쓰이지 않는 글자다. 원래 갑골판 위의 조문兆紋(점을 쳐 나타난 무늬)의 형상을 딴 글자였으나, 갑골문에서는 주로 '근심할 우憂'의 가차자로 쓰였다. 그러므로 여기의 명사는 점을 행하면서 "앞으로 열흘의 기간 동안 근심이 될 만한 나쁜 일이 없겠는가"라고 물어본 내용을 기록한 것이다.

점은 정인이 치지만 뼈와 거북 껍데기 위에 '복卜' 모양으로 갈라져 나타난 점괘의 해석은 왕도 관여한다. 상나라 최고 권력자의 권위는 곧 점괘의 해석 권한을 의미했다. '왕王'은 커다란 도끼의 날을 형상화한 글자다. 인간사회의 권력이 무력에서 나옴을 웅변하는 날것 그대로의 문자다. 다만 '왕王' 자는 실제 쓰인 살상용의 무기가 아닌 의장용 도끼의 모습을 형상화한 것이다. 다음 '점占' 자는 위의 구囚처럼 '占' 주위에 크게 네모를 둘렀다. 역시 지금은 쓰이지 않는 형태다. 왕이 해석한 점괘는 이렇다. '곧 점괘와 같이 재앙이 있을 것이다'로 번역된 문장의 재앙은 제사를 지내고 점을 치며 점괘를 해석한 당시 사람들의 생생한 느낌을 제대로 전달하지 못한다. 이 소 어깨뼈 위 갑골문자 '求'의 사람을 찌를 듯한 비쭉비쭉한 형상과 선명한 붉은 색은 마치 실제 나쁜 일이 곧바로 현현한 것만 같다.

마지막 부분은 실제로 일어난 사건을 기록하여 점괘를 징험한 것이다. 점을 친 계사일의 다음날인 갑오일에 왕은 신하들과 함께 사냥에 나섰다. 지금과 달리 기후가 온난했던 상나라 시대 황화 유역엔 코뿔소가 서식했다. 사냥은 군사 훈련의 역할도 겸했다. 따라서 말이 끄는 전차를 타고 사냥에 나섰다. 사냥을 나가 코뿔소를 쫓던 왕의 마차가 다른 신하의 마차와 부딪히는 일이 일어났다. 이 부분에 수레 '거車' 자가 2번 등장하는데, 그 모양이 특이하다. 첫 번째 '車' 자는 차축이 어긋나 있다. 차축이 부러졌음을 보이기 위해 해당 획의 모양을 바꾸었다. 두 번째 '車'는 바퀴가 수레 몸체 위로 올라가 마차가 뒤집힌 모양을 나타내고 있다. 이 2개의 '車'는 일반적인 자형字形에 변형을 가해 의미를 풍부하게 한 특수한 사례에 해당한다. 사냥 중에 일어난 이 사고로 왕의 마부인 자앙子央이라는 사람이 마차에서 고꾸라졌다. 이로써 '재앙이 있으리라'고 했던 어제의 점괘가 맞아떨어진 셈이 되었다.

갑골문은 현재까지 확인 가능한 최초의 한자다. 자형字形이 정돈되어 있고 문법 또한 매우 체계적인 것으로 보아 이전 단계의 문자가 존재했을 가능성이 없지 않지만, 어쨌건 매우 오래된 초기 단계의 한자임엔 틀림없다. 3,000년이 넘는 세월 동안 땅속에 묻혀 잊혔던 갑골문은 청 왕조의 종말이 눈앞에 다가왔던 시기, 20세기의 개막과 더불어 갑자기 사람들 앞에 다시 등장했다. 갑골문의 발견은 중국 고대사 연구의 새 장을 연 획기적 사건이었다. 갑골문을 보고 있노라면 두 가지 면에서 놀라게 된다. 우선 한자의 역사가 무척 오래되었음을 깨닫게 된다. 그 모습과 의미에 적잖은 변천이 있긴 했지만 갑골문과 현재의 한자는 동일한 문자 체계이다. 한 자 한 자의 한자에 모두 상당한 두께의 역사적 무게가 얹혀 있다. 다른 한편 갑골문의 자형과 문법이 보는 이에게 상당한 이질감을 선사하는 것 또한 사실이다. 갑골문이 쓰였던 상나라 시대는 현대와 전혀 다른 완연한 고대 사회이다. 제사와 점복이 사회의 중심을 이루었던 고대 사회의 모습을 갑골문만큼 잘 보여주는 자료는 없다. 후대의 문자와 달리 갑골문은 인간과 인간 사이의 소통을 위한 매개체가 아니다. 그것은 왕과 정인 등 극히 소수의 인간과 그들이 섬겼던 어떤 신적인 존재 사이의 소통의 기록이다. 신성에 대한 경건, 재앙에 대한 두려움이 글자마다 생생하다. 갑골문은 뼈나 거북 껍데기에 새긴 글자인 만큼 새김 획이 주는 강경強硬함과 첨단尖端(어떤 물건의 뾰족한 끄트머리)의 날카로움이 상당히 인상적이다. 저 집게벌레 구求가 지닌 비쭉비쭉한 획들은 보는 이를 곧장 저 먼 옛날의 세계로 데려간다. 그것은 산미치광이의 가시보다 날카로운 고대에 대한 통찰을 우리에게 선사한다. 동시에 야마아라시보다 환상적인 고대에 대한 상상력을 불러일으킨다.

달達. 수호지睡虎地 진묘秦墓 죽간竹簡 을종乙種 『일서日書』 중에서.
전국戰國 진秦 후기에서 진시황 시기까지

달

한자,
어렵고 또 어렵도다

한자, 정말 많다

한자는 모두 몇 개일까? 세상의 모든 사물과 현상, 인간의 온갖 행동과 생각에 대응하는 한자가 하나하나 다 있어 그 수만큼 글자가 존재할까? 그렇다면 거의 무한대에 가까운 글자가 필요할 테니 그런 언어로 현실적인 언어생활이 가능할 리 없다. 그러니 적어도 위키피디아의 표제어 수˙보다는 적겠다. 그렇다면 과연 몇 개일까? 모르는 말에 맞닥뜨리면 우리는 사전을 찾아본다. 사전에 표제어로 실린 글자를 다 헤아려보면 한자의 전체 개수를 알 수 있지 않을까?

˙ 2024년 5월 기준 위키피디아 항목 개수는 영어 679만여 건, 일본어 140만여 건, 중국어 140만여 건, 한국어 66만여 건이다.

한자 모으기의 역사 1 : 『설문해자』에서 『강희자전』까지

가장 오래된 한자사전은 『이아爾雅』다. 전국시대에 성립되기 시작하여 대략 한漢나라 초기에 편찬된 것으로 추정되는 『이아』는 중국 고대의 어휘를 풍부하게 싣고 있다. 주로 유교 경전에 실린 어휘를 설명하는 사전이다. 지금의 한자사전처럼 글자 하나하나에 대한 설명이 아니어서 정확한 비교는 어렵지만, 대략 2,091 항목으로 나눠 4,300여 개 글자 및 단어를 풀이하였다.

중국 최초의 본격적인 사전은 『설문해자』다. 후한後漢의 허신許愼이 편찬한 것으로 각 글자별 어원, 구성원리 및 소릿값과 뜻을 밝혀 놓았을 뿐 아니라 모든 한자를 540개의 부수에 소속시켜 체계적으로 정리했다. '부수'라는 공통요소를 추출하여 각 한자가 소속될 상위 집단을 정한다는 발상은 획기적이었다. 이 체계는 오늘날까지도 한자 분류의 기준으로 통한다. 지금은 부수가 214개로 간소화되었고, 1획인 한 일一부터 17획 피리 약龠까지 획수순으로 배치되어 단순히 한자를 쉽게 찾기 위한 도구로 쓰일 뿐이지만 한 일一로부터 시작하여 각종 동식물과 인간의 제도를 훑고 갑을병정의 천간天干을 거쳐 지지地支인 자축인묘진사오미신유술해의 해亥 자로 끝나는 『설문해자』의 부수는 한자의 체계인 동시에 우리가 사는 우주의 체계다. 허신의 아들 허충許沖은 이 책을 황제에게 바치며 다음과 같이 말했다.

『설문해자』는 세상의 모든 지식을 품은 온갖 책에 실린 글자의 뜻을 남김없이 풀이하여 천지와 음양, 산천과 초목, 날짐승·길짐승·벌레들, 온갖 사물과 귀신, 나라의 제도와 문화, 세상만사 등 담겨 있지 않은 내용이 없습니다.[1]

제1부 한자, 어디에서 왔는가

세상의 모든 사물을 보통 '만물'이라고 한다. 공교롭게도 『설문해자』에 실린 표제자는 거의 1만 개에 가까운 총 9,353자다. 중문重文(겹치는 글자)이라 칭한 이체자 1,163자를 합하면 총 10,516자가 된다. 허신은 책 한 권에 하나(一)로부터 분화한 만자萬字, 즉 만물萬物이자 우주를 담아냈다.

그러나 세계의 사상事象(things and events)이 어찌 1만 자에 머물까? 『설문해자』는 거의 2,000년 전 책이다. 한나라 이후 한자문명권은 더욱 넓어졌고, 세상은 점점 복잡해져만 갔다. 그에 따라 한자도 점점 불어났다.

『옥편玉篇』은 남북조시대 양梁나라 때 편찬된 자서字書다. 이 사전은 한국과 일본에 큰 영향을 끼쳤다. 한국에서는 현재까지도 한자사전을 '옥편'이라고 부른다. 『옥편』이 널리 퍼지기 시작했던 남북조 말과 당나라 초기는 한국으로 치면 삼국시대에 해당한다. 한국에 본격적으로 한자문화가 유입되기 시작한 때다. 당시 대표적인 한자사전이 『옥편』이었기에 한자를 배우며 많이 찾아보게 되는 사전을 으레 '옥편'이라 부르게 된 것이다. 이발기를 '바리깡'으로, 청주를 '정종'으로, 인공합성조미료 MSG를 '미원'으로, 트렌치코트를 '바바리'로, 액상소화제를 '활명수'로 부르는 언어습관의 먼 원조쯤 되겠다. 『옥편』은 원래 16,917자의 표제자를 수록하고 있었지만, 원본은 현재 전래되지 않는다. 당나라, 송나라를 거치며 계속 재편찬되었는데, 송나라 때 증보된 현존본에는 22,561자가 실려 있다.

『옥편』 이후로도 무수히 많은 사전이 있었다. 그러나 전근대시대 한자사전의 총화로는 아무래도 『강희자전康熙字典』을 꼽아야 할 것이다. 이 사전은 1716년 청나라 강희제의 칙명으로 편찬되어 이후 한자세계의 표준이 되었다. 현재 우리나라에서 쓰이는 한자의 자형, 한자사전의 부수체계 등도 모두 이 사전을 기준으로 삼고 있다. 『강희자전』에 실린 표제자는 47,035자다.

한자 모으기의 역사 2 : 한자는 모두 몇 자인가?

근대의 도래와 함께 왕정은 종식되었다. 한자로 영위되던 문명도 쇠락했고 왕조적 시스템에 의한 한자의 집대성도 막을 내렸다. 새로운 출판 시스템과 정보처리능력을 갖춘 현대에 편찬된 한자사전을 보면 좀더 정확한 숫자가 나올까? 동아시아 각국을 대표하는 대규모 한자사전에 수록된 표제어 수를 살펴보자.

『한어대사전』과 『중화자해』를 예외로 놓고 보면 대표자는 대략 5만여 자 안팎임을 알 수 있다. 그렇다면 한자의 총수는 대략 5만 자라고 말할 수 있을까? 아쉽지만 문제는 그리 간단치 않다. 여기에는 표준

국가	사전명	완간 연도	표제어 수
일본	『대한화사전大漢和辭典』	1960년	48,902(숙어 530,000)
대만	『중문대사전中文大辭典』	1962년	49,905
중국	『한어대사전漢語大詞典』	1993년	약 23,000(숙어 375,000)
	『한어대자전漢語大字典』	1990년(제1판)	54,678
		2010년(개정판)	60,370
	『중화자해中華字海』	1994년	85,568
한국	『한한대사전漢韓大辭典』	2008년	53,667(숙어 420,269)

글자인 정자正字와 표준에서 벗어난 자형이지만 사실은 같은 글자인 이체자異體字가 뒤섞여 있기 때문이다.

예를 들어 몸 체體는 뼈 골骨 부수로 쓰는 것이 정자다. 정자란『강희자전』에 대표자로 실려 있는 글자체다. 단순히『강희자전』에 실려 있기 때문에 '바른 글자'라 칭하는 것은 아니다. 글자의 형성원리를 가장 잘 반영했으며 역사적 연원을 거치며 사람들에게 가장 널리 쓰여왔고, 국가의 공식적 정리사업―중국의 경우『강희자전』의 편찬―을 통해 공인된 글자체가 정자다. '몸 체'의 경우 당연히 사전에는 體가 대표자로 실려 있다. 그러나 '몸 체'를 '몸 신' 부를 가진 軆로 쓰는 경우도 있다. 이를 속된 글자, 즉 속자俗字라고 한다. 또 현대 중국어나 일본어는 간체자인 체体를 쓴다. 속자나 약자(간체자) 등 어떤 이유에서 다른 하위요소를 동원하거나 간략히 쓴 글자체를 이형자異形字, 즉 '다른 형태의 글자'라고 한다. 또한 정자나 이형자라도 쓰는 사람의 습관에 따라 다른 방식으로 쓸 수 있다. 예를 들어 어떤 사람은 '뼈 골' 자 부분을 다른 형태로 쓰기도 한다. 정확하게는 이런 것을 이체자, 즉 '다른 글씨체의 글자'라고 한다. 그러나 대체로 이체자라고 하면 이형자, 속자, 약자 등을 모두 포괄하는 용어로 쓰인다.

실제로 이체자는 한자 전문가들도 어려워하는 아주 골치 아픈 문제다. 대규모 한자사전들에는 이체자가 무수히 포함되어 있다. 예를 들어 위의 軆나 躰도『강희자전』에 실려 있다. 요컨대 '대략 5만 자'는 이체자를 포함한 숫자다. 이체자를 어느 범위까지 수록하는지에 따라 사전의 표제어 숫자가 달라지게 된다. 앞의 목록에서는『한어대사전』이 가장 엄격하게,『중화자해』가 가장

체體의 이체자

폭넓게 실었음을 알 수 있다.

그렇다면 이체자의 수는 얼마나 될까? 앞에서 이야기했다시피 이체자에는 개인의 필기 습관까지도 영향을 미치기 때문에 아주 미세한 차이까지 다 포괄한다면 그야말로 셀 수 없이 수가 늘어날 수 있다. 지역이나 국가적인 차이도 당연히 크다. 한국에서 썼던 이체자 수는 대략 8,000여 개쯤 된다(물론 현재까지 정리된 것만 그렇다). '한국고전번역원 한국고전종합DB의 이체자 정보' 검색 사이트에는 대표자가 4,837자, 이형자가 6,751자, 이체자가 2,437자 등록되어 있다. 대만의 '이체자자전' 사이트*에는 정자 29,920자, 이체자 74,381자, 기타 2,002자, 도합 106,303자가 수록되어 있다. 중국의 한자정보처리 업체인 북경국안자순설비공사北京國安咨詢設備公司의 한자뱅크에는 91,251자가 저장되어 있다고 한다. 또한 유니코드에 통합된 한자를 살펴보면, 유니코드 한중일월韓中日越(베트남 한자의 비중은 극히 적다) 통합한자의 수(유니코드 버전 15.1, 2023년)는 98,190개다.**

다시 우리의 질문으로 돌아오자. 한자는 모두 몇 자인가? 좁게는 대략 2~3만 자, 대체적으로는 5만여 자, 넓게는 10만여 자라고 할 수 있겠다. 아니 정말 정확하게 말하자면, 답은 "모른다"가 될 테다.

---

* 『이체자자전異體字字典』(중화민국교육부 편찬. 2001년 초판, 2024년 제7판, 웹14판) 검색 사이트.

** 유니코드 한자에 대해서는 다음 책을 참조하기 바란다. 『유니코드 한자 정보 사전』(김흥규 등 편저, 고려대학교 민족문화연구원, 2013). 참고로 이 사전은 한중일 통합한자 및 확장한자 A, B 총 70,195자를 표제자로 수록하고 있다. 고려대학교 민족문화연구원 홈페이지(https://riks.korea.ac.kr)에서도 유니코드 한자에 대한 정보를 확인할 수 있다.

또 하나의 장벽, 다의성. 하나는 여럿이다(一則多)

한자를 더욱 어렵게 느끼게 하는 요인이 '다의성', 즉 한 글자가 여러 개의 뜻을 갖는 특성이다.

단국대학교 동양학연구소에서 펴낸 『한한대사전』의 離 항목을 그대로 옮겨보았다.(다음 쪽 표) 많기는 하지만 40여 가지 뜻이 골고루 쓰이는 것은 아니다. lí 30번 이후 그리고 lǐ, chī, gǔ에 해당하는 뜻은 거의 쓰이지 않으므로 크게 신경 쓸 필요가 없다. 또 나머지도 자세히 보면 대체로 몇 개 그룹으로 나누어짐을 알 수 있다. '이'는 '거리'처럼 '~로부터 떨어짐'이나 '이별'처럼 '헤어짐'의 뜻으로 가장 많이 쓰인다. 그런데 당혹스럽게도 '헤어짐'과는 정반대의 뜻인 '걸리다', '붙다'로 해석되는 경우도 있다. 이는 꽤 골치 아픈 문제다. 때문에 실제 문장에서는 '걸리다'의 뜻일 때 리罹 자가 주로 쓰인다.• '붙다'의 뜻이어서 리麗••와 통하는 용법으로 쓰일 때는 주로 『주역』의 리 괘와 관련되어 쓰이므로 실제 문장에서 헷갈릴 위험은 그다지 크지 않다. 그렇다고 해도 역시 난감한 일이다. 한 글자가 전혀 반대의 뜻을 동시에 가지고 있는 셈이니까. 왜 이런 일이 생겼을까? 글자가 가지고 있던 뜻이 제멋대로 굴러 엉뚱한 곳으로 가버리거나 다른 뜻이 슬그머니 끼어들어 원래 주인을 밀어내고 되레 자리를 차지했기 때문이다.••• 긴 역사를 가진 문자의 피할 수 없는 숙명이다. 리離는 원래 리离였고, 새 추隹는 나중에 붙은 요소다.

• 주로 재앙이나 병 따위에 걸리는 것을 말한다. 이재민罹災民이 대표적 용례다.
•• 고울 려麗. '붙다'의 뜻일 때는 '리'로 읽는다.
••• 어떤 한자의 뜻이 확대, 발전되어 다른 뜻으로 쓰이는 것을 전주轉注라 한다. 뜻은 다르지만 음이 같은 한자를 빌려 쓰는 것을 가차假借라 한다.

1. 새 이름. 꾀꼬리.
2. 신령한 새 이름. 장리長離.
3. 떠나다. 또는 나뉘다. 분리되다. ＝ 分
4. 벗어나다. 피하다. ＝ 避
5. 헤어져 흩어지다. ＝ 散
6. 헤어져 흩어진 사람.
7. 사이를 벌어지게 하다. 이간질하다.
8. ～로부터. 거리나 시간이 떨어짐을 이른다.
9. 분석하다. ＝ 分析
10. 열다. 벌리다. 갈라지다. ＝ 開
11. 배반하다. 등지다. ＝ 違, 畔
12. 관계를 끊다. 단절하다. ＝ 判, 絶
13. 가르다. 쪼개다. ＝ 割
14. 거치다. 지나다. 겪다. ＝ 歷
15. 걸리다. 당하다. 만나다. ＝ 罹
16. 구별. 또는 구별되다. 구별하다.
17. 짝을 짓다. 쌍을 이루다. ＝ 耦
18. 둘. 또는 나란히. ex) 離立, 離坐
19. 벌여 놓다. 진열하다. ＝ 羅, 陳
20. 편집하다. 편성하다. ex) 離磬, 離辭
21. 근심. 또는 슬픔. ＝ 憂
22. 나쁘다. 좋지 아니하다. ex) 不離
23. 두 나라가 회합하다.
24. 많다. 멀다.
25. 흐릿하다. 분명하지 아니하다.
26. 8괘의 하나. 또는 64괘의 하나.
27. 남쪽. 남방.
28. 해. 태양.
29. 밝다.
30. 고대 동방 민족의 음악 이름.
31. 옛 악기 이름. 큰 금琴의 일종.
32. 춘추시대 제齊나라에서 땅을 구획하던 한 단위.
33. 돌벼. 전 해에 떨어진 볍씨에서 돋아난 벼.
34. 향초 이름. ＝ 蘺
35. 울타리. ＝ 籬
36. 돌배. ＝ 梨
37. 줄줄 흐르다. ex) 流離
38. 여자가 시집갈 때 차는 수건. 일설에는 허리띠라고 한다. ＝ 縭, 褵
39. 결혼. 또는 결혼하다.
40. 羅와 통용.
41. 성姓.

리 lí

리 lì	1. 잃다. 상실하다. ＝ 失 2. 버리다. 없애버리다. ＝ 去
려 lí	1. 붙다. 달라붙다. ＝ 麗 2. 과일 이름. 離支.
리 lǐ	힘쓰는 모양. 離跋.
치(리) chī	1. 용龍의 한 종류. ＝ 螭 2. 맹수.
곡 gǔ	산 이름. 離嵞.

리离는 새를 잡는 자루 달린 도구다. 어떤 설에는 끝에 끈끈이가 달렸다고도 하고, 다른 설에는 그물이 달렸다고도 한다. 또다른 설에 따르면 새 잡는 도구가 아니라 어떤 두 마리 동물이 얽힌 모양이라고도 한다. 어느 쪽을 따르건 '걸리다', '붙다'가 리離의 원뜻이 된다. 그랬던 '리'가 정확한 이유는 알 수 없지만 언제부턴가 전혀 반대의 뜻인 '떠나다', '나뉘다'의 뜻으로 쓰이게 되면서 '걸리다'는 곁방살이를 하게 되고, 심지어 리罹라는 새집을 얻어 나가는 신세가 되었다.

갑골문 리離　　　금문 리離　　　금문 리離　　　금문 리離

달達, 먼 옛날의 새끼양

개수도 많고 뜻도 다양하니 한자란 참으로 통달通達하기 어려운 언어다. 그런 면에서 보면 통달할 달達도 뜻 변화를 많이 겪은 글자다. 이 글자는 달奎을 의미요소로 취하는데, 奎은 새끼양이 태어나는 모습을 형용한 글자다. 사람은 머리가 지나치게 큰 신체구조상 아이를 쉽게 낳지 못하고 산통産痛을 겪게 마련이다. 사람의 처지에서 볼 때 양은 새끼를 쉽게 낳는 편이다. 그래서 이 글자는 '원활하게 잘 나온다'는 뜻을 갖는다. 거기에서 '잘 통한다'는 뜻이 나왔고, 나아가 현재 보통 사용하는 의미인 '~에 도달하다', '통달하다'가 되었다. 그리고 양羊 위의 대大는 쓰기 편하게 土 모양으로 변하고, 거기에 '간다'는 의미의 辶이 덧붙여져 지금의 형태가 완성되었다.

'달'의 옛 뜻을 잘 보여주는 예가 『시경』의 〈생민生民〉이란 시다. 이 시는 주나라 시조인 후직后稷의 신화를 노래한 장편 서사시다. 〈생민〉에 따르면 후직의 어머니 강원姜嫄은 거인의 발자국을 밟고 태기를 느꼈다고 한다. 그런데 강원이 후직을 낳은 일을 묘사한 구절에서 "첫아이인데도 새끼양처럼 낳았다(先生如達)"라고 했다. '우리 위대한 주나라 선조의 어머니께선 보통 난산을 겪게 마련인 첫아이도 순풍순풍 쉽게 낳은 황금골반의 소유자였다' 정도의 뜻이 되겠다.

『논어』에 "사달이이의辭達而已矣"라는 유명한 구절이 있다. 보통 "말은 뜻을 전달하기만 하면 된다"고 해석하여 언어를 지나치게 꾸미는 일을 경계하라는 의미로 받아들인다. 이게 종래 모든 주석가들의 해석이다. 그런데 '달'의 본래 뜻을 상기한다면 "말은 자연스레 우러나오는 것일 뿐" 정도의 뜻이 된다. 언어의 진정성을 강조하는 속뜻을 갖게 되니 사실 언어의 조탁을 경계하는 종래의 해석과 별반 다르지는 않지만, 어쨌거나 겉뜻은 완연히 달라진다. 사실 '달'이 이런 뜻을 갖는 용례가 고전에 종종 있다. 『시경』은 워낙 고대의 텍스트니까 논외로 치더라도 『맹자孟子』에도 "마치 불이 막 타오르듯, 샘이 막 솟듯하다(若火之始然, 泉之始達)"라는 구절이 있다.

금문 달𨔶　　금문 달達

'달'의 사례는 날고 기는 한문 전문가인 고전 주석가들조차도 미처 다 알지 못하는 한자의 다양성과 어려움을 상기시킨다. 그러나 한발 비켜 생각해보면 이런 측면이야말로 한자의 재미가 아닐까? 따로 오벨리스크나 로제타석에 새겨진 글자를 머리 싸매고 들여다보지 않고서도, 21세기를 사는 우리들이 흔히 사용하는 단어에 든 한자 안에서 고대의 흔적을 찾아볼 수 있는 셈이다.

고전 한문을 전문적으로 다루는 학자나 번역자에게 한자와 한문은 참으로 통달하기 어려운 대상이다. 그러나 파고 파도 또 나오는 한자의 유적은 그런 어려움을 금세 잊게 만드는 무진장한 매력의 보고다. 해석이란 짐조차 지지 않은 일반인은 그저 흥미진진한 즐김의 대상으로 삼으면 족하다. 학자는 무모하고 어리석게도 이룰 수 없는 통달의 꿈을 꾸지만 자유로운 보통 사람은 한자가 자기 스스로 '달達'하는 대로 그저 '달'하며 완상할 뿐이다. 오늘도 인파 북적이는 한자의 유적지에는 보려는 사람에게만 보이는 고대의 보물이 숨어 있다.

한자,
세상 밖으로 나가 불어나다

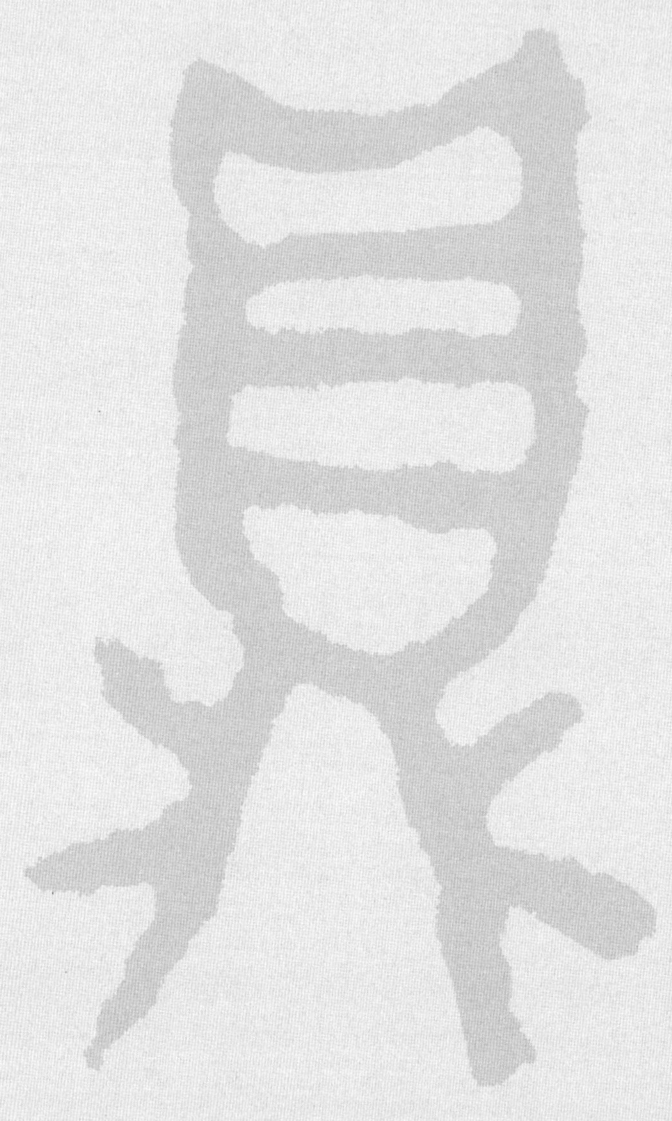

정鼎. 〈모공정毛公鼎〉 명문銘文 중에서. 서주西周 후기 선왕宣王 시기

鼎
정

세발솥,
문명을 담은 그릇

황하의 신, 영웅이 되다

'치아우식증'이라는 말이 있다. 이가 썩는 병, 즉 '충치'를 칭하는 전문용어다. '치'는 알다시피 '이'다. 치齒의 갑골문이 이를 그린 모양이라는 것은 어린아이도 단박에 알 수 있다. 지止는 음을 표시하기 위해 나중에 붙여진 것이다.

'충치'는 무시바虫齒라는 일본어를 그대로 음독한 말이다. '충'은 벌레를 뜻하므로, 시커먼 구멍이 뚫린 이를 '벌레가 갉아먹었다'고 표현한 것이다. '우식'은 한자로 齲蝕이라고 쓰는데, 식蝕은 '갉아먹다', '좀먹다'의 뜻이다. '우' 자는 획수도 많고 꽤나 요상한 글자다. 그러나 자세히 보면 이 치齒 자 옆에 우임금 우禹가 붙어 있어 비교적 단순한 구조라는 것을 알 수 있다. 의외로 오래된 글자여서

갑골문 치齒

갑골문 우龋

상나라 갑골문에서도 발견된다.

갑골문의 자형을 보면 이에 '벌레'가 끼어 있는 모습임을 알 수 있다. '벌레 먹은 이'를 그대로 이미지로 표현했다. 마치 어린아이의 그림 같다. 결국 우龋는 충치蟲齒를 한 글자로 표현한 것이다. 이제 간단한 산수를 해보자. 龋=蟲齒. 여기서 공통요소인 齒를 빼면? '禹=蟲'이 된다. 다시 말해, 우임금은 벌레라는 결론이 나온다!

물론 벌레라고 해도 하찮은 곤충은 아니다. 『대대례기大戴禮記』에 다음과 같은 말이 나온다. "날개 달린 짐승(蟲)이 360가지인데 봉황이 그 우두머리고, 털 달린 짐승이 360가지인데 기린이 그 으뜸이다. 껍데기를 지닌 짐승이 360가지인데 신령스러운 거북이 그 으뜸이고, 비늘 있는 짐승이 360가지인데 용이 그 우두머리다. 그리고 발가벗은 짐승이 360가지인데 성인聖人이 그 우두머리다." 여기서 충은 짐승을 전반적으로 칭하는 이름이다. 우는 꼬물꼬물 기는 미물이 아니라 한 번 꿈틀하면 모두 벌벌 떨고, 구름을 타고 올라 비를 내리는 인충鱗蟲의 우두머리, 다시 말해 '용'이다. 거기다 우禹와 훼虫*는 같은 글자였다. 우임금은 커다란 뱀, 즉 용이었다.

북중국 평원 지대를 가르며 흐르는 거대한 강 황하黃河. 허난성河南省(하남성) 정저우鄭州(정주)는 황토고원과 협곡으로 이루어진 서부 고지대를 지난 황하가 대평원부로 진입하고 나서 만나는 첫 대도시다.

---

* 벌레 충蟲을 현재 일본 상용한자와 중국 간체자에서는 모두 虫으로 쓰고 있다. 그러나 이 글자는 원래 살무사 훼虫라는 별개의 글자였다. 虫은 예전에도 종종 蟲의 약자로 쓰였기 때문에 '살무사 훼'는 따로 虺로 쓰이기도 했다.

정저우의 황하풍경명승구 공원에 가보면 이 강의 거대함을 몸으로 느낄 수 있다.

금문 우禹

막대한 토사를 머금고 평지를 흐르는 황하는 예부터 홍수를 자주 일으켰다. 과거 3,000년 동안 1,500여 차례나 물이 넘쳤다고 한다. 물줄기도 26번이나 변했는데, 그중 주요한 변천만 9회에 달한다. 지금은 지난濟南(제남)을 거쳐 산둥반도 북쪽에 하구가 있지만, 어떤 때는 산둥반도 아래쪽에서 회수淮水와 합쳐져 바다로 들어가기도 했을 정도다.

한 번 꿈틀하여 천하를 온통 물바다로 만들었다가 어느새 보이지도 않는 저 지평선 너머로 훌쩍 물줄기를 옮겨가버리는 대하를 보며 옛사람들은 용을 떠올리지 않을 수 없었다. 우는 '용'으로 형상화된 물의 신, 거대한 황하의 신이었다.

자연은 본래 스스로 그러할 뿐 인간에게 호의적이지도 적대적이지도 않다.* 그러나 황하의 움직임 한 번이면 수천수만 명이 죽는다. 어마어마한 현실에 좌절한 인간은 신화라는 상징 장치를 통해 날것 그대로인 자연의 폭력성을 숙성·발효시켜 자신이 소화할 수 있는 먹음직스러운 이야기로 재탄생시켰다. 신화 속에서 우禹는 사람을 죽이는 황하의 신으로부터 홍수를 다스려 인류를 구원하는 영웅으로 탈바꿈한다. 황제, 요, 순, 설契, 후직后稷, 고요皐陶 등 중국에는 수많은 문화영웅culture hero이 있지만, '우'는 차원이 다르다. 중국이라는 땅 그 자

• 『노자老子』에 "자연은 인간적 감정을 갖고 있지 않아 만물을 짚강아지처럼 하찮게 여긴다(天地不仁, 以萬物爲芻狗)"는 구절이 있다.

체(!)를 창조해냈지 않은가.

세계 주요 문명권의 창세신화처럼 중국에도 홍수 신화가 있다. 인간들은 먼저 거대한 물고기의 신이자 '우'의 아버지인 곤鯀을 고용하여 황하를 다스리려 했다. 그러나 '곤'은 홍수를 다스리는 데 실패하고 인간의 왕 순에 의해 비참한 최후를 맞는다. 그리고 그의 임무는 아들에게 승계된다. '우'는 13년 동안 집에도 들르지 못하고 갖은 간난, 고된 노동을 통해 마침내 중국을 사람이 살 만한 땅으로 만든다. 물을 터서 강줄기와 소택지를 만들고, 땅을 갈라 산맥을 일으키는 등, 혼란한 대지에 질서를 부여하여 현재의 중국 지형을 창조해낸 것이다. 무서운 물의 용은 이제 은혜로운 영웅이 되었다.

신화의 바퀴는 다시 구르고 굴러 역사가 된다. 인간의 문자 기록 속에서 '우'는 순임금의 신하가 되고, 홍수를 다스린 공로로 왕위를 물려받는다. 괴물에서 영웅으로, 영웅에서 다시 성왕聖王으로 거듭나게 된 것이다. 이제 우임금은 하夏 왕조의 개창자로 인간 역사의 첫 페이지를 장식하게 된다.

우禹, 솥을 만들다

하나라는 중국 최초의 세습 왕조다.[1] 자연의 폭력에는 이유가 없지만, 인간의 권력은 정당성을 요구한다.

"저 임금은 어째서 내 위에 군림하는가?"

고대 중국인들의 대답은 이랬다.

"저 왕께선 우리가 먹고 사는 터전인 이 땅을 만들어주신 우임금의 계승자이니까."

제1부 한자, 어디에서 왔는가

"그걸 어떻게 아는가?"

"보라. 왕께서 저기에 우임금이 만드신 아홉 솥을 가지고 있지 않은가?"

아홉 개의 솥은 왕권의 상징이었다. 그것은 중국의 언약궤요, 엑스칼리버요, 삼종신기였다.

왜 아홉 개인가? 우임금이 물길을 소통시키고 지형을 정리하여(治水土) 이 세상의 질서를 정돈하고(地平天成),[2] 인간이 살 만하게 정리된 중원의 땅을 아홉 개로 구획하여 다스렸기 때문이다. 아홉 개의 지방(九州)은 우가 이룩한 인간계의 총칭이었다.

왜 솥인가? 신을 섬기는 제사를 주관하는 권리가 왕권의 핵심이었고, 제사의 중심엔 왕의 권위만큼이나 묵직하고 커다란 청동솥이 놓여 있었기 때문이다. 앞에서도 이야기했다시피 상나라 사람들은 제사를 통해 신과 직접적으로 소통하려 했고 국가의 모든 일 중 제사를 가장 중요하게 여겼다. 그들에게 제사는 곧 정치였다. 어린아이는 자신에게 중요한 의미를 갖는 대상을 크게 그린다. 추상을 모르던, 아니 무시했던 구석기인들이 그린 쇼베 동굴Grotte de Chauvet의 들소는 사진보다도 생생한 즉물적 환시를 불러일으키지 않는가? 현실은 부족이요, 이상은 충만이다. 상나라 사람들의 이상이 담긴 청동기는 그래서 현실적 상식을 훌쩍 뛰어넘는다. 예를 들어, 1939년 은허殷墟 부근에서 발견된 후모무대방정后母戊大方鼎은 높이 133센티미터, 길이 110센티미터, 무게 832.84킬로그램이란 무지막지한 볼륨을 갖고 있다.

또한 상나라 청동기에 새겨진 무시무시한 도철문과 생동감 넘치도록 구불구불한 문양은 현대인들도 놀랄 만한 기술적 성취를 자랑한다. 그러나 그 기술 수준을 "놀랍다"라고 말하는 것은 현대인의 오만

이 아닐까 싶다. "고대의 기술 수준이 놀랍다"라는 찬탄은 피라미드나 나스카 라인을 처음 보고 "미개한 저들이 저런 걸 만들어냈을 리 없다"며 외계인 유래설을 창안해냈던 서구인들의 무식과 다를 바 없다. 엄마 얼굴을 제일 크게 그린 아이에게는 오히려 그렇게 그리지 않는 어른들이 이상해 보일 것이다. 상나라 사람들에겐 저 비일상적 크기와 모양이 곧 정상이요, 진실이었다.

그러나 세상에 변하지 않는 것이란 없는 법(天命靡常). 상 왕조는 멸망했고, 그들의 상징체계는 잊혔다. 상나라 사람들의 이상理想적 신은 이상異常한 괴물이 되었다. 그리고 주나라 사람들은 우임금의 아홉 주州와 상나라 청동기의 이상한 문양을 합쳐 아홉 개의 청동솥, 즉 구정九鼎의 이야기를 만들어냈다. 청동기 위에 새겨진 상나라 신들은 입을 다물고, 대신 주나라 사람들만이 중원에 대한 자신들의 지배권을 소리 높여 외쳤다.

초나라 왕, 세발솥에 질문을 던지다

현실적 힘이 약해졌을 때 정당화의 목소리는 높아진다. 체제의 논리 밖에 있는 사람이 권력의 목소리에 의문을 갖는 법이다. 구정의 의미를 물은 사람은 주나라의 지배력이 약화된 춘추시대, 초楚나라 23대 군주인 장왕莊王 웅려熊侶였다.

초나라는 중원 사람들에게 무시당했다. '왕을 높게 받들고 오랑캐를 물리친다(尊王攘夷)'는 것이 춘추시대 패자의 정치적 프로파간다였다. 여기서 왕은 지난 시기 천하의 지배자였으나 이제는 바티칸의 교황처럼 상징적 권위만이 남은 주나라 왕이다. 그리고 '오랑캐'는 바로 초나라를 가리켰다. 강대한 국력을 자랑했고 나름의 문화적 긍지도 지녔으며 오래전부터 칭왕稱王했던 초나라 임금을 중원 사람들은 초자楚子라 불렀다. 공후백자남公侯伯子男의 작위로 따지면 '자'는 하급 귀족에 해당한다. 중원의 제후들은 대부분 공이나 후를 칭했으니, 초나라 입장에서는 참으로 던적스러운 수작이 아닐 수 없다.

서력기원전 614년, 초 장왕은 주나라 수도인 현재 허난성 뤄양洛陽(낙양) 부근에 와서 무력시위를 벌였다. 주나라 천자 정왕定王은 대부 왕손만王孫滿을 사신으로 보냈다. 인사말을 전하고 나자 초 장왕이 대뜸 물었다.

"주나라 왕이 소유한 청동 세발솥의 크기와 무게가 얼마인가?"

왕손만의 대답이 이어졌다.

"덕이 문제이지 정이 중요한 게 아닙니다. 옛날 하나라 우임금이 천자의 덕을 갖추고 있을 때였습니다. 먼 지방의 우두머리들은 청동으로 주조한 세발솥에 각 지방에서 나는 기이한 산물들을 새겨 넣어 우임금께 바쳤습니다. 세상 모든 것이 거기에 다 그려지니 사람들이 사악한 귀신의 모습에 대해 자세히 알게 되었습니다. 그리하여 숲과 산과 늪과 강에 들어가서도 괴물과 도깨비와 맞닥뜨리지 않아 불상사를 면할 수 있었습니다. 백성이 재난을 당하지 않으니 위아래가 화합할 수 있어 이 공덕으로 하늘의 복을 받아 천자의 지위를 누렸습니다. 그런데 하나라 마지막 임금 걸桀이 그릇된 정치를 해 세발솥은 은나라로 옮겨갔고, 600년이 지나 은나라 마지막 임금 주紂가 포악하여 세발솥은 다시 주나라로 옮겨왔습니다. 주나라의 덕이 약해지긴 했지만, 하늘이 내려준 천하의 소유권은 아직 주나라에 있습니다. 그러니 세발솥의 무게는 물을 수 없습니다."[3]

능수능란한 외교적 대응이다. 초 장왕의 입장에서는 참으로 복장 터지는 소리였겠지만, 어쨌거나 여기서 우리는 주나라 사람들이 어떤 방식으로 종래의 신화와 전 왕조의 유물을 자신들의 논리체계 안으로 끌어들여 전유專有(appropriation)했는지 잘 알 수 있다.

그릇, 예절 그리고 문명

'구정'을 실제 우임금이 주조했는지는 알 길 없지만, 주나라 천자는 실제로 아홉 개의 솥을 소유하고 있었다 한다.[4] 이는 열정列鼎이라는 제도 중 최고 단계다. 열정은 여러 개로 이루어진 솥 세트를 가리키는데, 지위에 따라 그 개수가 엄격하게 규정되어 있었다. 오직 천자만이 아홉 개의 정을 소유할 수 있었다. 경卿, 대부大夫, 사士 등으로 계급이 내려감에 따라 소유할 수 있는 정의 개수도 7, 5, 3, 1로 차감되었다.*

열정제도는 예禮의 특징을 잘 보여준다. 군인과 경찰의 경우 모자나 견장에 놓인 별과 무궁화, 다이아몬드의 개수가 곧 그의 계급이다. 따라서 '예'는 곧 수數다. 왕을 정점으로 하는 지배계급의 층차적 질

---

* 이는 어디까지나 제도상의 규정이고, 현실적으로는 계급의 구분과 정의 개수에 다소 가감이 있을 수 있었다.

     제1부 한자, 어디에서 왔는가

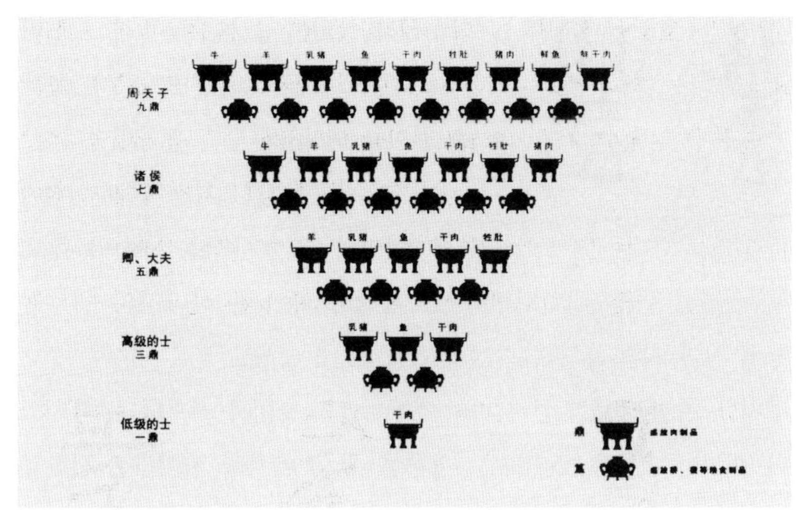

열정의 체제. 허난성 정저우시 허난성박물원의 전시 설명 중에서.

서, 즉 봉건체제를 제도화한 문화적 시스템이 곧 '예'다.

'예'는 옥과 악기를 가지고 의례를 행하는 모습을 형용한 글자다. 물론 이 의례의 핵심은 제사다.

제사에는 수많은 규정이 있게 마련이다. 언제 어디서 지내야 하는지, 누가 지내는지, 무엇을 얼마나 차리고 어떤 순서로 진행하는지. 제사뿐 아니라 남녀의 만남, 어른과 아이의 만남, 지역사회의 만남, 정치적 만남, 국가와 국가의 만남 등 인간에게는 층차가 따르는 만남이 수도 없이 많다. 사람의 모임을 다스리는 것이 곧 사람을 다스리는 길이다. 수많은 만남에 따르는 수많은 의례, 그것이 곧 『중용中庸』에서 말하는 "예의삼백, 위의삼천禮儀三百 威儀三千"이다. 그러나 엄숙한 의례만으로 사람 사이의 만남은 성립하지 않는다. 만남에는 생기를 돌게 하는 즐거움의 요소도 필요하다. 그런 엔터테인먼트 요소를 통틀어

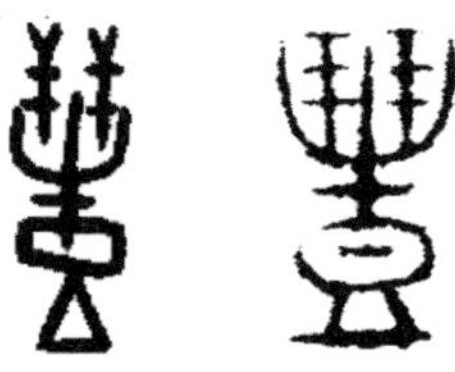

갑골문(좌)과
금문(우) 예禮

악樂이라 불렀다. 물론 '음악'적 요소가 가장 중요했지만, 고대의 악은 시, 음악, 춤, 연희를 분리하기 힘든 종합예술이다.

상나라와 주나라의 가장 큰 차이점이 바로 여기에 있었다. 상은 제사와 점복, 주는 예악의 나라다. 상나라의 제사는 왕이 신과 직접 소통하는 장이었다. 주나라에서도 물론 제사는 중요했지만, 가장 중요한 건 신과의 소통보다는 오히려 제사의 '형식'이었다. 이것이 제사를 주관하는 이(祭主=王)와 제사에 참여하는 사람들 사이의 질서를 재확인하고 그것을 공인하는 계기가 되었기 때문이다.

왕권은 하늘이 명하여 부여한 것, 즉 천명天命이다. 천명은 두렵고 무서운 것이었다. 왕이 선정을 베풀지 않고 폭정을 행하면, 즉 하늘이 그에게 천명을 내려준 뜻에 부합하지 않으면, 왕권은 언제든지 다른 이에게 옮겨갈 수 있었다. 그렇기에 이제 왕은 자신의 왕권에 대해 부단히 '설명'하고 또 신하들에게 '확인'받을 필요가 생겼다.

예악은 국가적 소통의 시스템이었다. 이 시스템은 원시적 종교성에서 벗어난 인문적 체계였다. 주나라 사람들은 이 예악 시스템을 한 사람의 문화영웅이 만든 것으로 믿었다. 그는 바로 주나라 창업자인 무왕武王의 동생, 주공周公이다. 이전 문화영웅들과 달리 주공은 신화적 요소가 거의 없는 역사 속 인물이다. 그는 중국 최초의 인문 영웅이다. 그리고 주나라의 시스템은 중국 인문문화의 가장 먼 원형이 된다. 그래서 공자는 다음과 같이 찬탄했다. "주나라는 앞 두 시대를 거울 삼았다. 찬란하구나, 그 문화여! 나는 주나라를 따르겠노라."5

옛날에나 오늘날에나 인간은 음식을 먹고 산다. 그때나 지금이나 솥 안에서는 날것의 자연물이 먹음직스러운 인간의 음식으로 익어가고 있다. 상나라 솥에서 끓던 제수는 신의 것이었다. 주나라 솥에서 익어가는 음식은 나누어줄 왕과 나누어 받을 신하들의 것이었다. 오늘 저녁 독자 여러분들의 솥에선 어떤 음식이 끓고 있을지.

자字. 〈자보기치字父己觶〉 명문銘文 중에서. 서주西周 후기

자

글자, 불어나다

무늬와 기호, 文字가 되다

문자文字는 문文과 자字 두 글자가 합쳐져 이루어진 단어다. '문'은 본래 문신文身을 가리켰다. 갑골문과 금문의 '문' 자를 보면 쉽게 알 수 있다. 사람 가슴에 문양을 그려 넣은 모습이다. 우리나라나 중국에서 문신의 이미지는 그다지 좋지 못하다. 다섯 가지 기본 형벌(五刑) 중에 포함되어 있어 문신한 사람은 곧 범죄자라는 인식이 강하기 때문이다. 그러나 예전에는 꼭 그렇지만도 않았나 보다. 월越나라 사람들은 머리를 짧게 깎고 문신을 했으며, 묘족苗族 등 중국 남부의 소수민족 사이에서도 문신은 흔한 풍속이었다. 한국도 마찬가지다. 『삼국지三國志』의 기록에 따르면 한韓과 변진弁辰에 문신의 풍속이 있었다.[1] 일본은 더했다. "남자들은 어른과 아이 가릴

문文. 갑골문(좌)과 금문(우)

것 없이 모두 얼굴과 몸에 문신을 한다. 여러 나라의 문신이 각각 다르다. 왼쪽에 하기도 하고 오른쪽에 하기도 하며, 크기도 하고 작기도 하다. 신분에 따라서도 차등이 있다"[2]는 기록을 보면 적어도 3세기 무렵의 일본인 남자들은 모두 문신을 하고 있었다. 에도江戶시대에도 대도시의 좀 노는 남녀들 사이에서 문신 풍습이 크게 유행했다. 오늘날에도 일본인들은 '문신'에 대해 큰 거부감을 가지고 있지 않다.[3]

몸에 문양이나 그림을 그려 넣어 주술적 의미를 부여하는 문신은 사실 매우 흔한 민속이다. 뉴질랜드, 사모아 등 태평양 지역의 여러 섬들에 특히 널리 퍼져 있다. 이런 면에서 보자면 문신을 불경시하는 시선이 오히려 이색적이다. 고대 중국에서도 문신은 상서로움이나 축복의 의미가 강했다.

문文은 돌아가신 조상을 수식하는 형용사로 흔히 쓰였다. 낳을 산産 자에도 '문'이 있다. 이 글자는 갓난아기(生)의 이마(厂)에 문양(文)을 그려 넣어 축복하는 풍습에서 나왔다.

이처럼 문은 원래 문양의 의미였다. 요사이는 문양을 가리키기 위해 따로 실 사糸를 붙인 무늬 문紋을 쓰지만, 원래는 문文이 곧 무늬였다. 사물의 모양을 본뜨거나 간략화하여 장식이나 주술적 용도로 사용하는 것이 문양이다. 어떤 일이나 사물, 생각 등의 한 특징을 잡아내어 그 전체를 떠올리도록 돕는 기호가 '글자'다. 글자와 문양은 사실 종이 한 장 차이다. 나아가 크게는 사람살이의 무늬가 곧 문화다. '문'은 갓난아이부터 죽은 사람에 이르기까지 사람의 몸에 그려진 문신, 사물의 문양, 뼈와 거북 껍데기에 새겨진 글자 그리고 인간사회의 문화다.

아이(子)는 어머니(母)가 낳는다. 자子는 '아들'만이 아니다. 남녀를

    제1부 한자, 어디에서 왔는가

갑골문 자子(좌)와
갑골문 유乳(우)

막론하고 아이면 다 '자'다. 옛 형태를 보면 그저 태어난 지 얼마 되지 않은 어린아이임을 알 수 있다.

어머니는 여성이다. 모母의 옛 글자는 여女와 크게 다르지 않다. 다만 '수유하는 사람'임을 강조하기 위해 가슴에 젖꼭지를 표시했을 뿐이다. 아이를 낳으면 젖을 먹여 키운다. 젖 유乳 자의 갑골문은 아이에게 젖을 주고 있는 엄마의 모습이다.

'기르다'라는 의미로는 보통 육育을 쓴다. 育은 간략화된 형태이며, 원래 모양은 毓이었다. 㐬의 윗부분 ㄊ은 子가 거꾸로 된 모양이다. 아래의 선 세 개는 아마도 아이를 낳을 때 터지는 양수가 아닐까? 이렇게 보면 '육'은 원래 '아이를 낳다'의 의미였음을 알 수 있다. 양육養育의 의미는 여기서 나왔다.

'기르다'라는 뜻에 충실한 글자는 원래 자字였다. 집 속에 있는 아이의 모습이다. '아이가 가정에서 무럭무럭 자란다', 이것이 '자'의 원의다. 이 글자는 후대까지도 '기르다', '보살피다'의 의미로 꾸준히 쓰였다. 조선시대 편지에서는 지방 수령을 지칭하는 글자로 많이 쓰였다. 왕을 대신하여 백성을 보살펴야 하는 수령의 임무가 잘 나타나 있다. 이런 용례는 '어린아이와도 같은 민民이 아버지 왕의 대리자인 지방관의 보호 덕택에 잘 지낸다'는 왕조시대의 관념을 보여준다. 조선 중기의 문신 신정申晸(1628~1687)이 수령에게 보낸 편지를 보자.

갑골문(좌)와 금문(우) 육毓

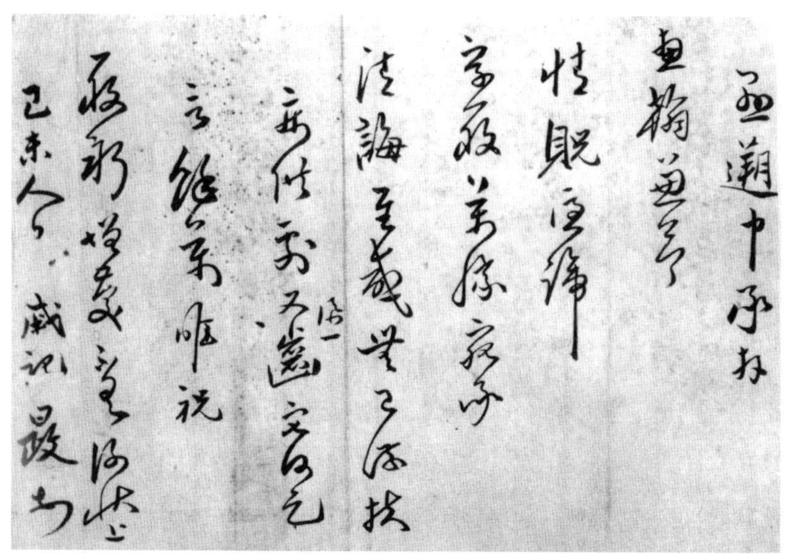

신정의 편지 중에서.

그립던 중에 편지와 함께 정이 담긴 선물을 받고, 백성을 다스리며 잘 지내심을 알았습니다.

懸遡中, 承拜惠翰, 兼荷情眖, 憑諦字履萬勝.

편지 수신자의 안부를 자리字履라고 지칭하는 것을 볼 수 있다.

문자는 상형문자인 文에서 출발했다. 그러나 그림과 기호만으로 세상 모든 일을 표현하는 데는 한계가 있는 법. 그래서 文과 文을 합쳐 새로운 의미를 창출해냈다. 사람들이 떠드는 수많은 말들. 그 말을 다 표현하려 쉴 새 없이 새로운 글자를 만들 때, 뜻을 나타내는 부분과 소릿값을 표시하는 부분을 합치면 가장 손쉽다. 이런 원리로 만들어

• 한국고간찰연구회 편역, 『옛 문인들의 초서 간찰』, 다운샘, 2003, 120쪽.

제1부 한자, 어디에서 왔는가

진 글자를 형성자形聲字라고 한다. 예를 들어 성盛은 '그릇에 음식을 담는다'가 원래 뜻인데, 거기서 '성대하다', '무성하다', '풍성하다'의 뜻이 나왔다. 이 글자는 그릇 명皿에 소리 표시인 성成을 붙여 만든 것이다.

인간과 더불어 태어난 문文은 인간과 인간이 모여 이룬 사회라는 집 속에서 무럭무럭 자라났다. 인간 무리가 자라남에 따라 글자도 자라났다. '문'에서 출발한 글자는 자라나고 또 자라나 문자文字가 되었다.

거북 껍데기 밖으로 나온 글자

갑골문은 아무나 볼 수 없었다. 상나라 왕실의 거북점은 정인이라 불리던 특정 집단이 전담하여 행했다. 그리고 점을 쳐서 나온 갈라진 모양, 즉 복조卜兆를 해석하는 권한은 오로지 왕에게만 있었다. 점을 친 날짜와 담당자, 질문 내용, 점괘의 해석 그리고 그 결과를 기록한 것이 갑골문이다. 갑골문은 신성문자(hieroglyph)였다. 그것은 오로지 왕과 신 사이의 소통만을 위해 존재했다.

상나라의 왕은 죽어서 신적인 존재가 되어 하늘의 최고신, 제와 나란해진다. 생전의 왕은 열심히 제사를 지내 조상신을 섬기고, 죽어서는 신이 되어 제사를 받는다. 왕은 신적인 존재였으며, 심지어 자신을 '제'라 부르기도 했다. 상나라 마지막 왕 주임금은 제신帝辛이라 불렸다. 왕의 뜻은 곧 신의 뜻. 왕에게 필요했던 것은 오직 조상신, 하늘신과의 대화였다.

그랬던 상나라가 멸망했다. 천하의 주인은 이제 주나라다. 보라! 왕도 바뀔 수 있고, 천하의 주인도 바뀔 수 있지 않은가! 왕은 하늘의 명으로만 될 수 있는 지위다. 그런데 하늘의 명은 언제든지 바뀔 수 있다. 명을 바꾸는 것이 곧 혁명革命이다. 사람들은 이제 "하늘의 명은 일정하지 않다(天命靡常)"[4]는 당연한 사실을 알게 되었다. 왕은 두려워해야 한다. 하늘 앞에서 삼가야 한다. 하늘의 뜻은 무섭다. 제후들에게, 백성들에게 신뢰를 얻지 못하면 왕은 하늘의 미움을 받을 수 있다. 왕에게는 두려워하고 삼갈(愼) 줄 아는 마음, 즉 경敬의 미덕이 요청되었다.

이제 왕에게는 정치가 필요해졌다. 정치란 곧 소통이다. 왕은 아랫사람들과 부단히 소통할 줄 알아야 그 자리를 유지할 수 있다. 왕의 글은 신하들에게, 제후들에게 그리고 그 밑의 행정 담당자들과 식자층에게 널리 퍼져나가야 했다. 아랫사람들의 뜻도 계속 위로 올라가야 했다. 글자는 이제 왕의 창고 속 거북 껍데기에서 나와 세상 속으로 퍼져나갔다.

주나라의 책, 시서詩書

당시의 글은 지금 우리도 쉽게 구해 볼 수 있다. 『시경詩經』과 『서경書經』이 그것이다. 경經은 이 두 텍스트를 후대에 경전經典으로 받들어 붙인 명칭이고, 당시에는 그저 '시'와 '서'로 불렀다. 여기서도 『시』와 『서』라 부르고자 한다.*

1) 『서書』

왕의 통치행위에는 다양한 종류의 '말'이 필요하다. 그 말을 기록한

　　　　　　제1부 한자, 어디에서 왔는가

것이 『서』다. '서'는 붓(聿)으로 쓴 글씨, 즉 기록을 의미한다. 『서』는 동양에서 가장 오래된 역사서요, 행정자료다. 다만 현재 전해지는 『서경』이 당시에 기록된 문서의 형태를 그대로 전하고 있는 것은 아니다. 그런 부분도 있고, 아닌 부분도 있다. 이는 많은 학자들을 골치 아프게 한, 상당히 복잡한 문제다. 여기서는 자세히 언급하지 않겠다. 『서』는 가짜가 꽤 섞여 있기는 하지만 그래도 당시 모습을 살펴볼 수 있는 좋은 자료임에는 틀림없다.

왕은 어떤 존재이기에 아랫사람들 위에 군림할까? 가장 훌륭한 왕으로 전해지고 있는 요와 순의 행적을 살펴보면 알 수 있으리라. 그들의 행적은 영원한 모범이다. 그래서 그 기록은 전典이라 불린다. 『서』의 「요전堯典」은 천체를 제어하고 시간을 관장하던 신화적 성군의 모습을 다음과 같이 묘사하고 있다.

요는 희중羲仲에게 명하여 양곡暘谷에서 머물며 떠오르는 해를 공경히 맞이하여 봄의 일이 차례대로 잘 진행되게 하였다.[5]

아! 너희 희씨羲氏와 화씨和氏야! 1년은 366일이니, 윤달을 사용해야

네 계절과 한 해가 정해진다. 그래야 백관百官을 잘 다스려 많은 일을 할 수 있느니라.[6]

해, 달, 별과 시간을 다스리다니, 거의 신과 다름없는 존재다. 『서』의 첫머리 「요전」과 「순전舜典」은 지금의 시각으로 보면 거의 신화나 다름없다. 순임금은 우를 시켜 홍수를 다스리고, 후직을 시켜 농사를 창시하고, 설을 시켜 사람들에게 예를 가르치며, 고요를 시켜 형벌을 다스리고, 기夔를 시켜 음악을 만들게 했다. 인간사회의 제도를 창제한 것이다. 또한 우가 정비한 중국의 지리는 「우공禹貢」 편에서 자세하게 묘사된다.

신화적 시기를 지나 상나라, 주나라의 기록으로 오면 『서』가 좀더 구체적인 역사 기록의 모습을 띠게 된다. 예컨대 상나라의 창업자 탕湯의 사적을 기록한 「탕서湯誓」는 이렇게 시작한다.

왕이 다음과 같이 말했다. "너희들은 이리 오라! 모두 나의 말을 들어라! 내가 감히 난을 일으키려는 것이 아니라, 하나라가 죄가 많아 하늘이 명하여 그들을 정벌하라 하신 것이다."[7]

군주가 사람들에게 널리 내리는 포고령은 고誥라는 형식으로 기록되었다. 주나라 무왕은 상나라를 정벌한 뒤 음주를 금지하는 포고령을 내렸다. 상나라의 핵심은 제사, 제사의 핵심은 술이었는데 망한 나라 사람들이 함께 모여 술을 마시는 게 주나라에 이로울 리 없었다. 상나라 사람들은 이제 마음 놓고 술도 마시지 못하게 되었다. 무왕의 명령은 주고酒誥에 실려 오늘날까지 전해지고 있다.

     제1부 한자, 어디에서 왔는가

무리 지어 술 마신다는 보고가 있거든 모조리 붙잡아 주나라로 데려
오라. 내가 죽이리라. 또 은나라의 옛 신하들 중 지나치게 술을 마시는
자는 죽이지 말고 우선 가르쳐라.[8]

이렇듯 『서』는 제왕의 행적 기록, 포고령, 신하들의 조언, 관직체계
에 대한 설명 등 다양한 형식의 기록물 모음집이다.

2) 『시詩』

신 그리고 극히 제한된 권력 집단만 상대해도 괜찮았던 상나라 통
치자와 달리 주나라 왕은 더욱 체계화된 인간 집단의 수장이었다. 인
간들의 모임에는 절차를 갖춘 의식이 따르게 마련이다. 또한 모임에는
연회, 즉 식사와 여흥이 필요하다. 모임의 여흥을 일러 악樂이라고 한
다. 악은 시와 음악, 춤이 결합된 종합예술이다. 이 악 중에서 시의 가
사만 남아 전해지니 이것이 『시』다. 『시』는 서주西周와 동주東周 시기
노래 모음집이다.

『시』에는 세 종류의 노래가 있다. 국풍國風, 소아小雅 및 대아大雅 그
리고 송頌이다. 풍風은 민간 가요다. 당시 일반 백성들은 공동 경작하
며 지역－혈연－경제 공동체를 이루고 살았다. 이 공동체의 애환을
노래한 것이 풍이다. 풍에는 연애 감정, 권력자에 대한 풍자, 멋진 사람
에 대한 찬탄, 생활의 고달픔 등 온갖 종류의 정감이 녹아 있다. 국풍
은 각 나라별 민간 가요 모음이다.

아雅는 귀족계층의 노래다. 귀족들이 모여 행하던 의식에서 불리던
노래다. 소아와 대아는 큰 차이가 없다. 다만 대아가 좀더 길고, 주나
라 왕실과 관련된 시가 많다. 송頌은 왕실의 종묘에서 조상신께 지내

던 제사의 악이다.

풍·아·송은 모두 네 개의 글자가 한 구를 이루는 4언시四言詩다. 풍과 아는 형식이 거의 비슷하다. 아가 더 길고, 역사적 전거나 의례적 용어가 좀더 많이 등장한다는 차이가 있을 뿐, 이 시들은 대체로 자연물의 정경을 읊은 후 그에 빗대어 자신의 상황이나 감정을 노래하는 형식을 취한다. 그래서 『시』에는 정말 수많은 동식물이 등장한다. 공자孔子도 『시』를 배우면 "새와 짐승, 나무와 풀의 이름을 많이 알게 되는" 부수적 효과가 있다고 말한 바 있다.*

『시』 중에서 두 수 정도 살펴보며 그 분위기를 느껴보자. 먼저 국풍의 주남周南에 수록된 〈도꼬마리卷耳〉란 시다.

도꼬마리를 뜯고 또 뜯어도 등에 멘 광주리 다 채우지 못했네
아, 그리운 내 님이여. 광주리 저 큰길가에 그대로 놓아두었네

저 험한 산에 오르니 내 말 비틀거리네
술동이에서 술을 떠 그리움 잊으리라

저 높은 산에 오르니 내 말 지쳤네
뿔잔에 술을 따라 이 슬픔 잊으리라

---

* 선생님이 말씀하셨다. "제자들아, 어째서 저 『시』를 공부하지 않느냐? 『시』를 읽으면 연상력이 증진되고 사회현상을 보는 눈이 높아지며 사교성도 좋아지고 비판능력도 향상된단다. 가깝게 적용하면 가족윤리가 확립되고, 확장시키면 국가경영에도 도움이 되느니라. 게다가 새와 짐승, 풀과 나무 이름도 많이 알게 되는걸.("子曰:"小子, 何莫學夫『詩』? 『詩』可以興, 可以觀, 可以群, 可以怨. 邇之事父, 遠之事君. 多識於鳥獸草木之名.")(『논어論語』「양화陽貨」)

제1부 한자, 어디에서 왔는가

저 돌산에 오르니 내 말 병들고 마부도 병들었네
아아, 어떻게 하면 그대 있는 곳 바라볼까나[9]

남녀의 그리움을 읊은 시다. 첫째 연과 셋째 연의 화자는 여성, 둘째 연과 넷째 연은 남성이다. 말을 타고 청동 술동이(金罍)와 뿔잔(兕觥)으로 술을 마시니 지체 높은 남녀다. 그런데 왜 궁핍한 집에서나 먹는 도꼬마리 순을 뜯을까? 나물을 뜯어 신께 바치고 기도하여 소원을 이루려는 민간풍습을 본뜬 것이다. 내 님은 징집되어 저 멀리 나가 있다. 그이가 가신 길에 나물을 뜯어놓고 무사귀환을 빈다. 그립고 허전한 내 마음처럼 채워도 채워도 광주리는 차지 않는다. 둘째 연은 멀리 나간 남성의 입장에서 노래했다. 높은 곳에 올라 고향을 그리며 술동이에서 술을 떠 보이지도 않는 고향 땅 연인을 앞에 앉혀놓고 술잔에 술을 따라준다. 임이 따라준 술을 뿔잔에 받아 든 고향의 여인은 시 속에서나마 잠시 시름을 잊는다. 그러나 시는 시일 뿐이고 술도 결국에는 깨는 법. 험한 산길 나아가려 하지 않는 말은 님과 나를 만나지 못하게 하는 현실을 가리킨다. 아무리 높은 곳에 오른다 해도 우리는 서로 바라볼 수 없다. 아아.

이번에는 소아의 〈사슴이 우네鹿鳴〉란 시의 마지막 연이다.

요오옷요오옷 사슴이 울며 달뿌리풀을 뜯고 있네
좋은 손님 오시어 슬瑟과 금琴을 뜯네
슬과 금 뜯으며 잔치하니 즐겁고 또 흡족하구나
맛 좋은 술 대접하여 좋은 손님 마음 즐겁게 해드리네[10]

술동이 뢰罍와 술잔 굉觥

제후가 다른 나라에서 온 손님을 접대하는 잔치에서 연주하던 곡이다. 왜 하필 풀을 뜯는 사슴을 외교 리셉션과 연관시켰는지 지금으로서는 알 길 없다. 하긴 시의 은유를 어떻게 다 설명할 수 있겠는가. 다만 자꾸 읽으며 그 연상(興)의 논리를 짐작해볼 밖에. 어쨌거나 이 시는 귀족계층의 손님맞이 잔치에 쓰이던 대표적인 시였다. 일본 개화기 때 메이지明治 정부는 서양식 연회를 베풀어 외국 사신을 접대하면서까지 서양 문물을 받아들이려 애썼다. 그런 연회를 주최하는 전용 회관도 건립했는데, 그 건물 이름이 로쿠메이칸鹿鳴館이었다는 사실이 흥미롭다.

신의 무늬에서 인간의 글자로

『시』와 『서』는 당시 사회상을 살필 수 있는 훌륭한 텍스트이기는 하지만, 글로만 기록되어 전해지고 또 후세에 편집되어 원모습의 편린만을 엿볼 수 있다는 한계를 지닌다. 그러나 종종 저 옛날의 유물이 직접 땅속에서 튀어나와 당시의 모습을 생생하게 전해주는 기적과도

제1부 한자, 어디에서 왔는가

같은 일이 일어난다. 문자학과 문헌학은 고고학과 만나 생생한 낯빛을 얻고, 고고학은 문헌학의 기반 위에서 풍성한 해석을 얻는다.

〈대우정大盂鼎〉은 청나라 말에 산시성陝西省(섬서성)에서 출토된 서주 시기를 대표하는 청동기다. 솥 안쪽 면에 왕이 우盂라는 귀족에게 한 말이 새겨져 있다. 그 전문은 이렇다.

9월에 왕께서 종주宗周(주나라 수도)에서 우盂에게 명하셨다. 왕은 대략 다음과 같이 말씀하셨다.

"우盂야! 위대하고 밝은 문왕文王께서는 하늘이 도와주시는 큰 천명을 받으셨다. 그리고 무왕武王께서는 문왕을 계승하여 나라를 건립하고 저 사특한 이들을 물리쳐, 널리 사방을 소유하여 길이 백성들을 다스리셨다. 의식을 거행할 때 감히 술에 탐닉함이 없었고, 시柴나 증烝과 같은 제사를 행할 때도 감히 어지러운 행동을 하지 않았으니, 그래서 하늘이 자애롭게 임하여 돕고 선왕先王을 보호하여 널리 사방을 소유할 수 있게 된 것이다. 내가 들으니, 은殷나라는 천명을 실추시켜서, 은나라 변경과 후복侯服과 전복甸服의 제후들과 높고 낮은 여러 관료들이 모두 함부로 술을 마셨기 때문에 천하의 많은 사람들을 잃었던 것이다. 아아! 네가 새벽부터 열심히 일했기 때문에 내가 너에게 명해 우리 왕실의 학교에 가서 공부하도록 한 것이니, 너는 나를 해쳐서는 안 된다. 지금 내가 문왕의 바른 덕을 본받아 문왕과 같이 두세 명의 대신을 임명하려 한다. 이제 내가 너 우盂에게 명하노니, 영榮을 보좌하여 덕과 법칙을 화순하게 공경하고, 아침저녁으로 부지런히 조정에 들어와 간언하며, 분주하게 제사를 지내고 하늘의 위엄을 경외하라."

왕이 말씀하셨다.

"아아! 너 우盂에게 명하노니, 너는 너의 선조인 남공南公을 본받아야
한다."

왕이 말씀하셨다.

"우盂야! 너는 나를 도와 군사일을 주관하며, 재판하는 일을 잘 다스
리고, 조석으로 내가 사방의 많은 이들을 다스리는 것을 돕고, 나와
함께 선왕께서 하늘로부터 받은 백성과 강토를 순수巡狩하여 살피는
것을 도와야 한다. 내가 너에게 울창주鬱鬯酒 한 통(卣)과 모자와 웃
옷과 신발과 폐슬蔽膝과 말과 수레를 내리노라. 또 내가 너에게 너의
선조 남공南公의 깃발을 내리니, 사냥(전쟁)에 나갈 때 그것을 써라. 내
가 너에게 나라의 높은 관원 4명과 마부(馭)로부터 서인庶人 659명의
사람들을 내리노라. 너에게 이민족 왕신王臣 13명과 사람들 1,050명을
내리니, 그들의 토지에 가서 경작하게 하라."

왕이 말씀하셨다.

"우盂야! 너는 공경히 너의 일을 하며, 나의 명령을 저버리지 말아야
한다."

이에 나 우盂는 왕의 아름다운 덕을 칭송하며 나의 선조 남공南公을
기념하는 보배로운 정鼎을 만들었으니, 때는 왕王(주周 강왕康王) 재위
23년이었다.

〈대우정〉 (중국국가박물관 소장)

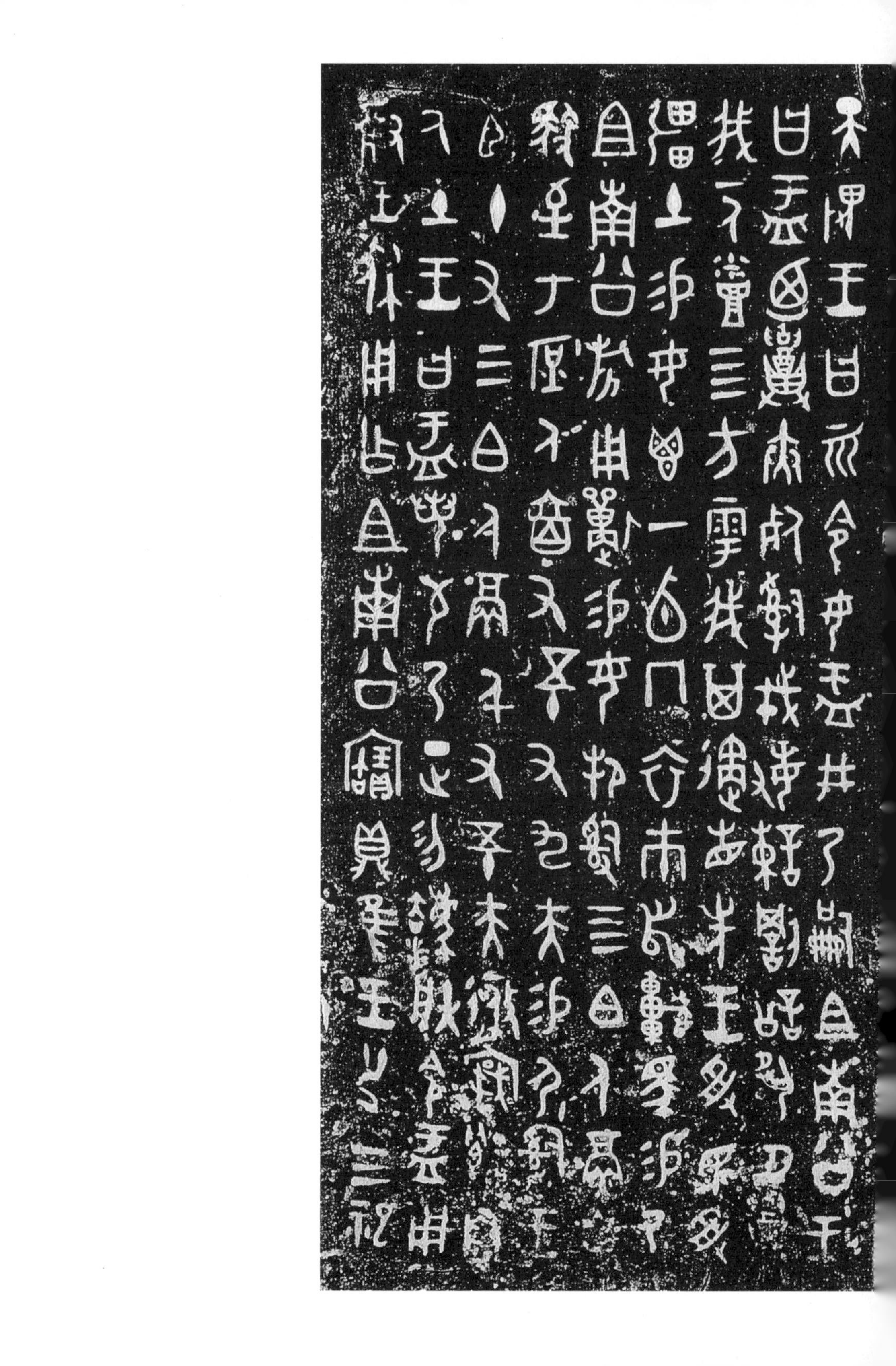

〈대우정〉 명문銘文 탁본(전체)

19 18 17 16 15 14 13 12 11   10 9 8 7 6 5 4 3 2 1

a
b
c
d
e
f
g
h
i
j
k
l
m
n
o

（1）隹(惟)九月、王才(在)宗周、令盂。王若曰：「盂！不(丕)顯

（2）玟(文)王受天有(佑)大令(命)、在(載)珷(武)王嗣玟(文)乍(作)邦、闢(闢)

（3）氒(厥)匿(慝)、匍有三(四)方、畯正氒(厥)民。在雩(于)卸(御)事、戲！

（4）酉(酒)無敢酖(酣)、有柴(祡)蒸(蒸)祀、無敢醺擾、古(故)天異(翼)臨

（5）子、瀍(法)保先王、■(匍)有三(四)方。我聞殷述(墜)令(命)、隹(惟)

（6）殷邊矦、田(甸)雩(與)殷正百辟、率肆(肆)于酉(酒)、古(故)喪

（7）自(師)。已！女(汝)妹(昧)辰(晨)又(有)大服、余隹(惟)即朕小學、女(汝)

（8）勿飢(尅)余乃辟一人。今我隹(惟)即井(型)稟(稟)于玟(文)王

（9）正德、若玟(文)王令(命)二三正。今余隹(惟)令(命)女(汝)盂、

（10）盥(紹)榮敬(榮)、芍(敬)雝(雍)德巠(經)、敏朝夕入讕(諫)、享奔走、畏

（11）天畏(威)。」王曰：「盃(須)！令(命)女(汝)盂井(型)乃嗣且(祖)南公。」王

（12）曰："盂！廼盥(紹)夾死(尸)嗣(司)戎、敏諫(勅)罰訟、夙夕盥(紹)

（13）我一人眔(蒸)三(四)方、雩(與)我其遹省先王受民受

（14）疆土。易(賜)女(汝)鬯一卣、冂(冕)、衣、市(韍)、舄、車馬、易(賜)乃

（15）且(祖)南公旂(旗)、用遱(狩)。易(賜)女(汝)邦嗣(司)三(四)白(伯)、人鬲自

（16）馭至于庶人六百又五十又九夫、易(賜)尸(夷)嗣(司)王

（17）臣十又三白(伯)、人鬲千又五十夫。亟龏(畢)鄝(遷)自

（18）氒(厥)土。"王曰：「盂！若芍(敬)乃正、勿瀍(廢)朕令(命)！」盂用

（19）對王休、用乍(作)且(祖)南公寶鼎、隹(惟)王廿又三祀。

먼저 이 가운데에서 다음 구절을 주목해보자. 원문 제5행 j자부터 제7행 a자까지다(표현을 쉽게 바꾸고, 명문銘文 자형字形의 가차자를 문장의 뜻에 맞는 글자로 바꿈).

나는 다음과 같이 들었다. 은殷나라는 하늘이 부여하신 명을 실추시켰다. 은나라의 제후들과 대소 관료들이 모두 술에 탐닉했기 때문에, 백성들을 잃었던 것이다.

我聞殷墜命, 唯殷邊疾, 旬與殷正百辟, 率肆于酒, 故喪師.

앞에서 살펴본 『서』의 「주고」와 흡사한 내용이다. 청동기 명문은 우리 눈앞에 직접 나타난 『서』 텍스트다.

청동기에 새겨져 있는(청동기 명문은 대부분 진흙 모형에 조각된 후 이를 바탕으로 주조된 것이므로 '새겨져 있다'는 말은 사실 정확하지 않다) 이런 종류의 글씨를 금문金文이라고 한다. 갑골문이 신과 왕의 소통이었다면, 금문은 왕과 아랫사람 사이의 대화다. 비록 청동기 안쪽에 새겨져 아무나 볼 수 없었지만, 적어도 이쪽은 인간과 인간 사이 소통의 결과물이다.

청동기는 진흙으로 만든 틀에 녹인 금속을 부어 만든다. 이 새김글씨(명문銘文)는 진흙 위에 쓴 것이다. 그렇기에 딱딱한 뼛조각 위에 새긴 갑골문보다 곡선이 살아 있고 획의 비수肥瘦(뚱뚱하고 마른 정도), 즉 볼륨감도 드러나 있다. 〈대우정〉 명문의 시작 부분을 보자.

명문에는 왕王 자가 자주 등장한다. 제1행 d, j자, 제2행 j자가 그것이다. 또한 유교의 성인인 주나라 문왕文王을 위한 전용 글자 '문'玟(옥

돌 민. 여기에서는 문)에도 '王'이 포함되어 있다. 이 王은 앞의 '구求' 챕터의 소 어깨뼈 갑골문에 나왔던 것과 동일한 글자로서 원래 의장용 도끼를 가리킨다. 갑골문에서는 도끼의 날을 삼각형의 세 직선으로 표현한 데 비해, 여기 대우정에서는 가장 아래쪽 획이 실제의 날처럼 반월형 곡선을 그리고 있다. 이 청동기의 주인공 우盂의 이름인 제1행 i와 m자의 아랫부분 皿도 운두가 낮은 넓적한 굽달이 그릇 본체의 우묵함을 위로 향한 둥근 호로 잘 나타내고 있다. '넉 사四'(제3행 e자)는 네 개의 횡획으로 직관적으로 표현하고 있는데, 머리는 굵고 둥글고 꼬리는 뾰족한 쐐기꼴의 획들은 이 글씨가 진흙을 긁어 쓴 것임을 웅변하고 있다. '백성 민民'(제3행 j자)과 '과녁 후侯'(제6행 c자)에서는 세로획 가운데가 불룩하게 나와 있는데, 이런 것 또한 갑골문에서는 볼 수 없는 모습이다.

그러나 글자 구성요소 사이의 결합원리는 갑골문과 크게 다르지 않으며, 여전히 원시적 상형성을 지니고 있는 자형 또한 쉽게 찾아볼 수 있다. 첫 글자인 '새 추隹'(어조사인 '유惟'의 가차자)는 정말 살아 있는 실제 새 모양과 비슷하지 않은가? 글자의 모양이나 배열에서 전체적으로 그릇의 모양만큼이나 적잖이 근엄한 맛을 풍기는데, 이는 주나라 사람들의 미의식에서 기인한 것이리라. 이 〈대우정〉이 주나라의 중심부 주원周原* 지역에서 출토되었기 때문이다.

신의 무늬(文)에서 인간의 글자(字)로, 갑골문에서 금문으로. 혁명

---

* 주원: 주나라의 발상지인 기산岐山 남쪽. 원原은 '언덕'이라는 뜻으로, 큰 강의 지류 유역에 발달한 높고 널따란 지형을 가리킨다. 주원은 현재의 산시성(섬서성)에 해당한다.

과 함께 인간 세상도 바뀌고 글자도 변해갔다. 주나라의 지배도 영원
할 순 없는 법. 주나라 왕은 이민족의 침략에 쫓겨 동쪽으로 달아나
고, 왕의 권위도 땅에 떨어졌다. 서주 시기가 종말을 고하고 동주시대
가 도래했다. 제후들이 제각기 독립하여 약육강식의 무한 배틀을 벌
이는 춘추전국시대가 온 것이다. 분열의 시대에 각 지역은 각자의 이
질성을 제각기 발전시켰고 이에 따라 문자의 역사도 크게 요동쳤다.
이제 이 시기에 나타난 다름(異) 중 가장 두드러진 다름, 이夷에 대해
살펴보고자 한다.

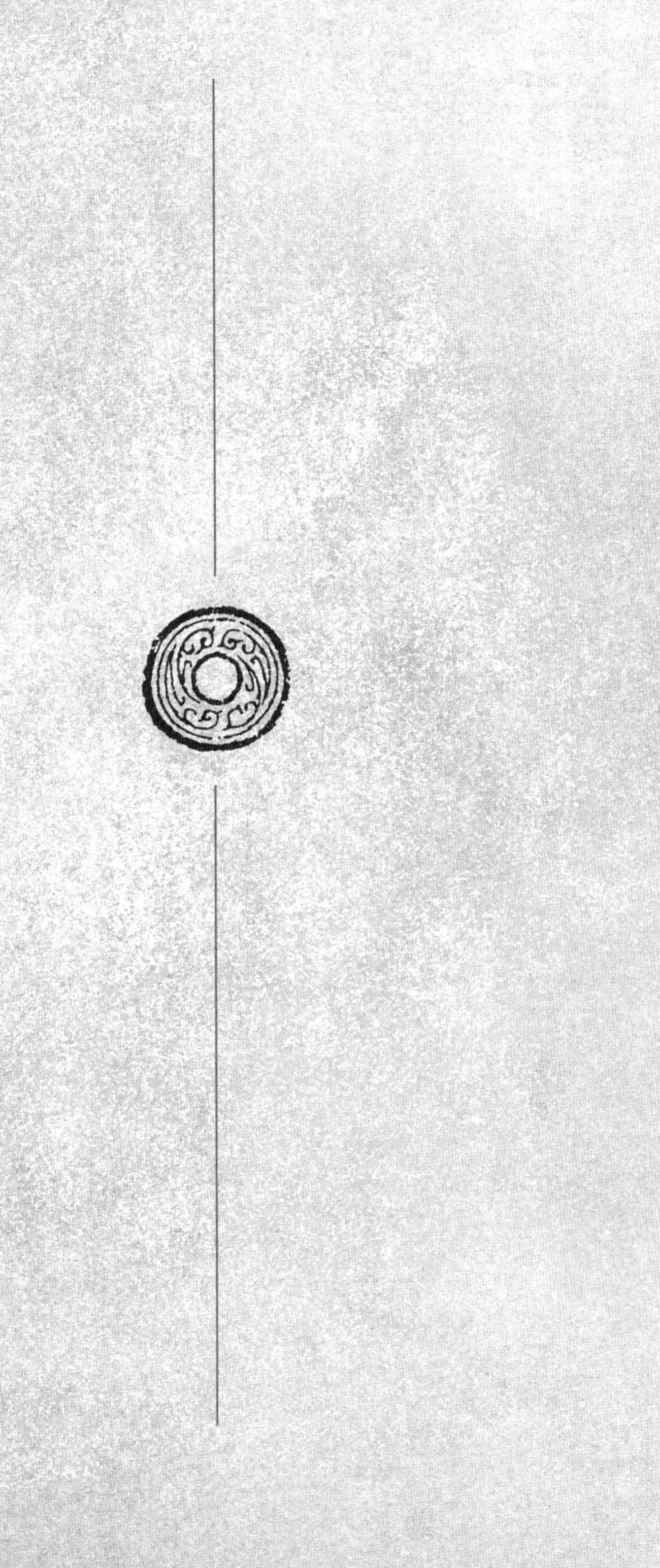

이夷. 〈남궁류정南宮柳鼎〉 명문銘文 중에서. 서주西周 후기

夷

이

분열의 시대,
다양성의 폭발

왕자王子 오午의 세발솥

두꺼비처럼 튼튼히 옴츠린 세 다리, 밖으로 살짝 벌어지며 위로 비쭉 솟은 두 개의 귀. 초나라 왕자王子 오午가 만든 정鼎이다. 정은 권력과 권위를 나타내는 기물이니 당연히 무게감 있고 당당한 모습을 갖추어야 하는 법. 크기도 크게 마련이다. 이 그릇은 높이 62센티미터에 둥근 입구의 지름이 62센티미터다. 제법 크긴 하지만 이 정도 갖고 크다 하기는 힘들다. 훨씬 큰 것도 흔하니까. 〈왕자오정〉의 독특함은 크기가 아니라 모양에 있다.

상나라와 서주시대, '정'은 의례와 정치의 중심에 놓여 있었다. 상나라의 정은 우선 크기가 압도적이다. 게다가 사람을 꿰뚫어볼 듯 강한 인상의 문양이 표면에 큼지막하게 자리 잡고 있어 보는 이를 더욱 주눅 들게 한다. 천자의 권위가 아직 강력하던 서주시대 주나라의 정은 그다지 크지 않고 무늬도 상나라보다 간결하게 처리되었지만, 전체적

〈왕자오정王子午鼎〉. 허난성박물원河南省博物院 소장. 1978년 허난성河南省(하남성) 스촨현淅川縣(석천현) 샤쓰下寺(하사) 초묘楚墓 출토

으로 중후하고 근엄한 분위기를 띠고 있어서 저절로 '정말 중요한 그릇이구나' 하는 인상을 준다.

〈왕자오정〉은 다르다. 무엇보다도 잘록한 허리가 날렵한 인상을 준다. 초나라 영왕靈王이 가는 허리를 좋아해서 굶어 죽는 궁녀가 속출했다고 하는데, 숙부인 왕자 오가 만든 이 솥의 S라인도 초나라 미녀를 닮았다. 가까이 들여다보면 또 하나의 특징이 도드라진다. 몸통과 전두리를 가득 채우고 있는 돋을새김이 그것이다. 몸통 가운데는 아래로 늘어진 비늘처럼 생겼다. 그 아래로는 얼기설기 얽힌 기하학적 무늬가 눈을 어지럽힌다. 위에는 작은 용들이 서로의 몸을 엇걸고 그릇을 빙 둘러 있다. 일종의 뇌문이지만 두 무늬가 교차할 때 아래위를 선명하게 구분할 수 있어 서로 얽혀 있다는 사실이 더욱 강하게 느껴진다. 양각의 섬세함은 위를 향해 달라붙어 있는 여섯 마리 괴수에서 극치를 이룬다. 몸 여기저기에 비죽비죽 솟아나와 돌돌 말려 있는 돌기들은 마치 저 옛날 솥 아래서 타고 있었을 불꽃이 괴수의 몸에 옮겨붙었다가 그대로 얼어붙은 듯한 모습이다. 현대의 기술로도 이런 섬세한 금속세공은 쉽지 않다. 주체할 수 없이 약동하는 양陽의 에너지를 초나라 장인들의 고도 기술[1]로 단단한 금속에 고정시켰다.

화려함과 섬세함이야말로 〈왕자오정〉의 특징을 가장 잘 드러내는 단어다. 그릇의 무늬는 넘치는 에너지를 주체하지 못하고 그릇 전체를 뒤덮어버렸다. 장식은 더이상 장식에 그치지 않고 그릇의 주인이 되었다. 이 초나라의 세발솥은 같은 이름의 '정'이되, 북방의 중후한 정과는 전혀 다른 물건이 되어버렸다.[2]

그릇의 주인 왕자 오는 문정問鼎의 주인공, 초나라 장왕의 아들이다. 그렇다. 그는 왕자다. 자신들을 천시한 주나라 왕에 맞서 당당히 왕임을 선언했던 선대왕들처럼 그릇 안쪽에 새겨진 글에서 그도 분명히 '왕자'라 자칭하고 있다. 명문은 "왕자 오가 좋은 청동을 골라 제사에 쓸 솥을 만들었다"고 밝힌다. 그의 이름은 '오'다. 초 왕실의 성은 미羋, 씨는 웅熊*이므로 이 사람의 이름은 '웅오'가 되겠다. 『춘추좌전春秋左傳』에는 주로 자경子庚이라는 자字로 등장한다. 그는 군대의 총사령관인 사마司馬 그리고 국무총리 격인 영윤令尹의 지위까지 올랐던 인물이다.

• 지금은 '성씨'를 구분하지 않고 사용하지만, 원래 성姓과 씨氏는 다른 개념이었다. 거칠게 이야기하자면 '성'은 혈연 개념이고, '씨'는 같은 성의 종족이 점차 불어남에 따라 지역, 직책 혹은 중씨조의 이름 등 그 지파의 특색을 따서 자기들을 구별 짓는 칭호로 사용한 것이다. 예를 들어 『논어』에 자주 등장하는 맹손씨孟孫氏, 숙손씨叔孫氏, 계씨季氏는 모두 노나라 임금이었던 환공의 세 아들의 후손이다. 그러므로 이들의 성은 모두 희姬가 된다.

〈왕자오정〉은 일곱 개 한 세트로 이루어진 열정이다. '일곱'이라는 숫자는 의미심장하다. 앞서도 이야기했지만 열정의 개수에는 엄격한 제한이 있었다. 일곱은 천자의 주요 대신인 경卿 혹은 제후국의 군주만이 소유할 수 있는 개수다. 왕권이 서슬 퍼렇던 서주 시기까지 이 규정은 잘 작동했다. 그러나 그것은 어디까지나 중원의 논리. 초나라가 왕을 칭한 지도 이미 오래되었다. '왕'의 아들로서 왕자 오는 일곱을 자신의 수로 삼았다.

초사, 거대한 우주적 상상력

천자天子, 즉 하늘의 아들이라 불린 춘추전국 시기 주나라 임금은 남쪽의 초나라를 자신의 영역으로 둔 적이 한 번도 없었다. 주나라는 사실상 반쪽짜리 지배자였다. 초나라는 조상도 중원에서 왔고 영토도 인접했으며 정치적으로도 중원 여러 나라들과 교류가 활발했지만, 중원의 여러 나라들은 항상 초나라를 자신들과 다르다고 여겼다. 그도 그럴 것이 초나라는 여타 나라와 다르게 조금 독특한 문화적 전통을 갖고 있었다.

〈왕자오정〉은 그릇 전체에 이글이글 타오르는 생명력이 넘친다. 초나라 문화도 그렇다. 물처럼 유동하는 자유로운 낭만, 불처럼 타오르는 원시적 생명력, 가볍게 날아오르는 비상, 우주를 아우르는 신화적 상상이 곳곳에 드러난다.

이러한 초의 기풍은 초사楚辭를 통해 단박에 알아챌 수 있다. 초사는 초나라의 독특한 운문체 글이다. 초사의 대표적 작가는 굴원屈原으로, 현재 전해지는 대부분의 초사가 그의 작품이다. 굴원은 초나라가 멸망할 즈음의 인물인데, 당시 끊임없이 초를 침탈하던 진秦나라에 반대하여 여러 차례 왕에게 간언하다 끝내 정치투쟁에서 패배하고 축출당하여 초야를 떠돌다가 강물에 투신자살했다고 한다. 이런 생애 때문에 그는 비극적 애국시인으로, 그의 작품은 우국충정의 산물로 해석되기 일쑤다. 물론 그의 초사에 비장미와 애상감이 감도는 것은 사실이다. 그러나 그의 시구들에는 또한 초나라 특유의 상상력과 생명력도 넘실거린다. 대표적 작품으로 「이소離騷」가 꼽힌다.

소騷는 '소란스러움' 또는 '근심'을 의미한다. '이소'는 '근심스러운 처지를 당함'이란 뜻이다. 그러나 앞에서도 보았듯이 '이'가 '걸리다'와 전혀 반대의 뜻인 '떠나다'로도 해석되기 때문에 어떤 사람은 '추방당한 이별의 슬픔' 정도로 풀이하기도 한다. 어찌되었건 정치적 패배 후 왕에서 멀어진 자신의 심정을 운문으로 노래하고 있다.

「이소」는 향기로운 미덕을 지닌 시인 자신, 즉 굴원이 하늘의 천제天帝를 찾아갔다가 만나지 못하고 돌아오는 여정을 노래한다. 길이도 길고 어려운 표현이 많아 읽어내기가 쉽지 않다. 그러나 그럼에도 불구하고 낭만적 상상력과 비장미가 넘쳐 읽는 사람을 빨아들이는 매력이 있다.

담고 있는 주제라야 몇 마디 말로도 대체할 수 있을 테다. 그러나 모든 문학작품이 그러하듯 「이소」의 진정한 매력은 터무니없이 거창한 스케일과 거침없는 감정 토로, 익숙하지 않은 독자야 골치를 썩건 말건 줄줄이 등장하는 고유명사들에 있다. 이런 요소에 동감을 느끼지 못한다면 2,477자가 그저 지루하기만 할 것이요, 공감한다면 그야말로 흥미진진한 스펙터클 멜로 비극 로드 무비가 될 것이다. 이를테면 아래와 같은 구절을 보자.

아홉 이랑 작은 밭에 등골나물(蘭) 심고, 백 이랑 너른 밭에 바질(蕙)
도 심었네. 작약과 큰까치수염에, 족도리풀과 구릿대도 섞어 심었지.
무성하게 자라면 때에 맞춰 수확하려 했었는데, 비록 시들어버린들
무슨 대수런만, 저 많은 향초가 황폐해지다니 애달픈 일이라네.[3]

온갖 허브의 향연이다. 난蘭은 매란국죽의 난초가 아니라 등골나
물이라는 향초다. 고대 중국에서는 옷에 착용하여 방향 및 구충제로
썼다. 혜蕙도 후대에는 난초 비슷한 혜초의 의미로 많이 사용했으나
여기서는 서양 요리에 흔히 사용되는 허브인 바질basil을 가리킨다. 그
밖의 식물도 모두 향기 나는 풀로서 '덕이 있는 훌륭한 사람', 즉 시인
자신을 상징한다. 이 향초들이 다 잡초에 뒤덮여 버려지리라 생각하니
어찌 아니 슬플쏜가.

우리 누님 뜯어말리며 거듭 나를 나무라네. 곤鯀은 뻣뻣하게 굴다가
신세를 망쳐 우산羽山의 들판에서 죽었단다. 너는 어째서 박학 충직
하고 덕을 닦기를 좋아하여 홀로 이렇게 아름다운 절개를 지녀, 남가
새·조개풀·도꼬마리가 방에 가득해도 단연코 멀리하며 몸에 지니려
하지 않니.[4]

남가새와 도꼬마리 열매에는 가시가 달려 있어 찔리면 매우 아프
다. 조개풀은 어디서나 잘 자라는 흔하디흔한 풀이라 농부에겐 성가
신 잡초였으리라.

옷자락 펼치고 꿇어앉아 순임금께 내 마음 다 말씀드리고 나니 가슴

속 환하게 밝아지며 정신이 하늘로 날아오르네. 네 마리 옥빛 규룡이 끄는 봉황수레를 타고 홀연히 부는 회오리바람에 실려 하늘로 올라가네. 아침에 사이드브레이크를 풀고 창오蒼梧를 떠났는데, 저녁이 되니 곤륜산 현포縣圃에 도착했구나. 이 신령스러운 곳에 잠시 머물고자 했지만 해가 벌써 지려 하기에 희화羲和*에게 해의 속도를 늦추라고 명해 엄자산崦嵫山 쪽으로 가까이 가지 않도록 했네. (…) 함지咸池**에서 말에게 물 먹이고, 부상扶桑***에 고삐를 매어두네. 약목若木****을 꺾어 해를 빨리 가지 못하게 막고 이리저리 소요하려네.[5]

거대한 우주적 상상력이다. 여기에는 세상의 동쪽과 서쪽 끝, 하늘의 천체를 아우르는 거대한 스케일, 자유로운 비상, 온갖 신화적 전거 등 초사가 선호한 이미지의 특징을 잘 보여주는 요소들이 총출동한다. 곤궁한 처지에 빠져 상상력의 정신 승리를 펼치는 자신을 슬쩍 신적 존재로 부상시키는 데는 은근한 천연덕스러움조차 배어 있다. 앞의 예문은 극히 일부에 지나지 않는다. 구구절절 길게 이어지는 이런 신화적 상상을 읽다 보면 「이소」의 진짜 주제가 어디 있는지 헷갈릴 지경에 이른다. 울분의 토로인가 자유의 비상인가, 아니면 둘 다인가? 마치 활달한 과잉의 무늬들이 정의 권위를 압도해버린 저 왕자오정과도 같구나.

---

* 희화: 해를 운행하는 운전사 격의 신.
** 함지: 해 지는 곳에 있는 거대한 연못.
*** 부상: 해 뜨는 곳에 있는 나무.
**** 약목: 옛 신화 속에 나오는 거대한 나무 이름. 곤륜산 서쪽 끝에 자라며, 환하게 빛나 지상세계를 비춘다고 한다.

'오랑캐'의 위대한 유산

춘추시대 패자의 명분은 '왕을 높이고 오랑캐(夷)를 물리치자'였다. 일본 최고 권력자 쇼군將軍의 정식 명칭도 세이이타이쇼군征夷大將軍, 즉 '오랑캐를 정벌하는 대장군'이다. 내부에 휘두를 권력에는 항상 애먼 타자에 대한 공포가 동원된다.

원래 오랑캐 이夷 자에는 멸시의 뜻이 없었다. '이'의 옛 형태는 시尸와 같았다. 尸는 죽어서 누워 있는 사람의 형태라는 설과 무릎을 굽히고 앉아 있는 사람의 옆모습이라는 두 가지 설이 있다. '이'가 원래 무릎 구부린 사람을 의미했다는 증거는 『논어』의 「헌문憲問」 편에 나오는 "(공자의 옛 친구인) 원양이 쭈그리고 앉아 공자를 기다렸다(原壤夷俟)"는 구절에서도 찾아볼 수 있다.

'이'나 '시'는 대체로 동쪽 및 남쪽에 거주하는 이민족을 가리켰다. 특별한 의미가 있기보다 아마도 소릿값이 같았기 때문에 가차자로 선택한 것으로 보인다. 이夷는 줄이 감긴 화살, 즉 주살의 모습을 형상화한 글자다. 비슷한 글자로 제弟가 있다. '아우 제'도 원래 줄이 감긴 좁고 긴 사물을 상형한 글자다. 시矢, 시尸, 이夷, 제弟는 고대에는 음이 비슷했다. 시尸가 점점 '시체'의 뜻으로만 쓰이게 되자 동일한 음운 계통인 이夷가 전적으로 이민족을 가리키는 글자가 되었다.

중원의 역사가 흘러갈수록 이夷는 점차 '오랑캐'를 뜻하는 멸시의 이름이 되었다. 그렇지만 초나라의 문화는 중국 문화 속에 거대한 유산을 남겼다. 사회 속의 인간관계, 규율의 법칙성과 휴머니즘을 중시하는 유교가 북방의 고대문화를 대표한다면, 인위에 대한 자연의 우위와 기존 질서를 초월한 자유로운 해방을 추구했던 도가사상은 남방의 사유였다. 유가와 도가 사상은 음양의 관계로 중국 문화의 양대 축을 형

성한다. 초사는 자연에 대한 찬탄, 자유로운 상상력의 전개를 특징으로 하는 한漢나라 부賦의 모태가 되었다. 또한 도저한 고독감의 시인 굴원은 현실에 좌절한 후대 문인들의 영원한 오마주의 대상이 된다. 초나라라는 타자로 인해 중국 문명은 거대한 풍요를 얻게 되었다.[6]

개성의 탄생

다시 〈왕자오정〉으로 되돌아가보자. 정작 중요한 것은 솥 안쪽에 있다. 솥을 만든 내력과 후손들에게 전하는 메시지가 새겨져 있는데, 대략 '왕자 오가 좋은 청동으로 솥을 만들어 위대한 조상님께 경건히 제사를 지낸다. 나는 정치를 잘하고 덕을 닦아 백성들의 모범이 되겠다. 자손들은 영원히 이 지위와 복을 누리리라' 정도의 내용이다. 일반적 청동기의 새김글과 크게 다르지 않다. 그러나 글씨는 정말 독특하다.

이 기괴한 모습이 도대체 무엇일까? 종래에는 이를 조충문鳥蟲文이라고 부르며 그저 기괴한 장식적 서체로 취급했다. 장식이라고 치부해버리면 문제는 간단하다. 그러나 모든 형태화에는 나름의 논리가 있는 법이다.

갑골문은 그림문자의 성질을 강하게 띠고 있었다. 서주 시기의 금

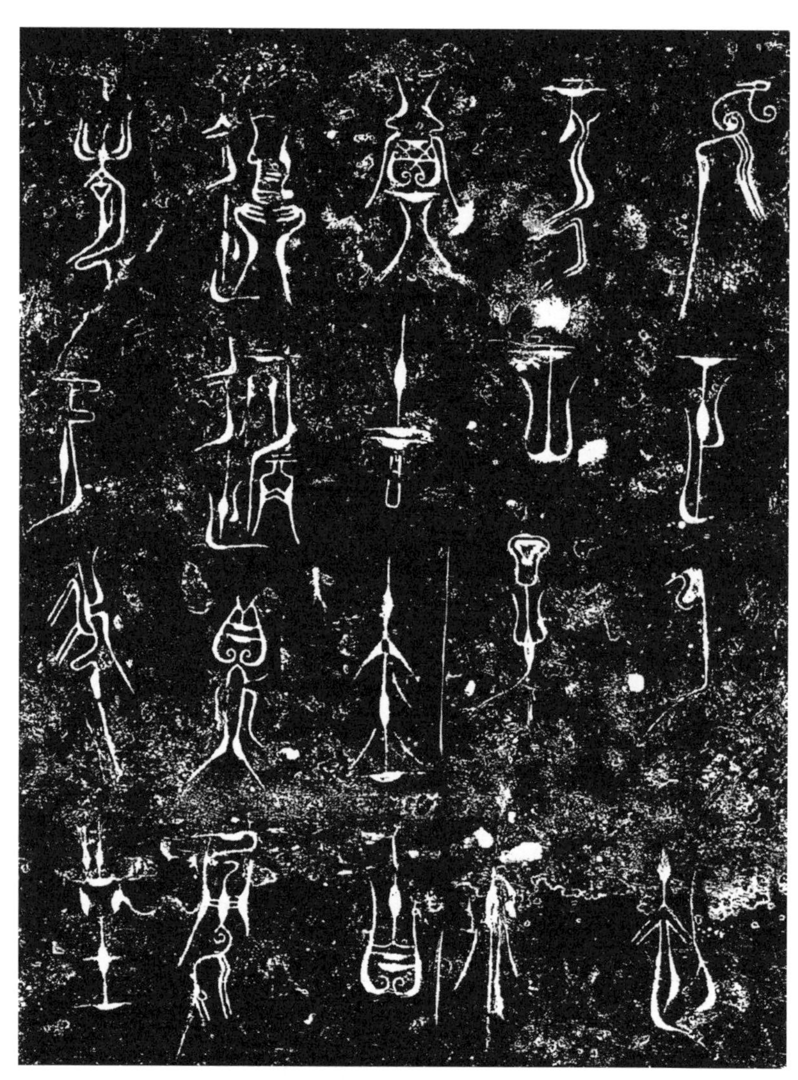

〈왕자오정〉 명문銘文 탁본(부분)

문도 아직 사물과 이어진 탯줄을 완전히 끊어내진 못했다. 그러나 이 〈왕자오정〉의 글자들은 어떠한가? 글자의 의미가 지시하는 실제 세계의 대상이 무엇이든 무슨 상관이냐는 듯 자유롭게 아래위로 늘어나 있다. 마치 대지로부터 그리고 중력의 속박으로부터 벗어나 비상하려는 것처럼. 이 자유로운 힘의 벡터는 글자가 지시하는 사물의 논리가 아니라 글자 자신의 논리를 따르고 있다.

각 글자에는 유달리 눈길을 잡아끌며 길게 늘어난 획이 적어도 하나 이상 존재한다. 대표적으로 맨 첫 글자인 새 추隹(=惟) 자를 보자. 이 글자의 주인은 새처럼 생긴 윗부분이 아니라 아래로 길게 뻗은 획이다. 각 글자의 '주획'은 가운데가 볼록하게 부풀어 있다. 이는 주획을 다른 획보다 더 '힘주어' 그었다는 것을 의미한다. 실제 사물이 그런 형태여서 그런 것도 아니요, 단순히 멋을 위한 포인트도 아니다. 이는 글자의 주획이 그 글자의 조형적 중심임을 드러낸 것이다. 이러한 획의 논리가 가장 잘 드러난 예는 후한後漢시대 팔분서八分書에서 찾아볼 수 있다.

팔분서는 훨씬 후대의 글자이고 또 조형적 추동도 주로 가로 방향이어서 단순 비교하기는 어렵지만 〈왕자오정〉 글씨와 조형적 발상이 비슷하다. 중국 문화 그리고 한자에 대한 초나라의 제일 큰 기여는 어쩌면 솥 안에 숨어 있는 이 기괴한 글씨에 있을는지도 모르겠다. 비록 잡초만 무성한 향초밭이 되어 사람들 눈에 띄지 않은 채 오랫동안 잊혀 내버려진 존재로 지냈음에도 불구하고.

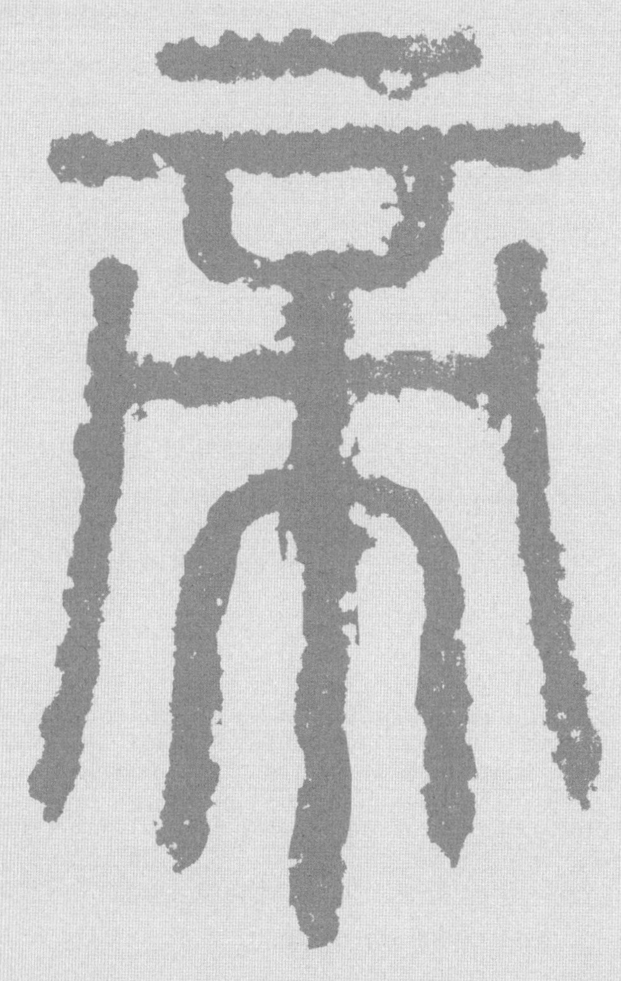

제帝. 〈태산각석泰山刻石〉 중에서. 진秦 시황始皇 28년(기원전 219년)

황제의 문자 통일
―그림에서 추상으로

삼신산의 전설

경상남도 남해는 아름다운 섬이다. 섬이니 바다 경치야 말할 나위 없고, 곳곳에 산이 많아 더욱 멋지다. 그중 상주면에 있는 금산錦山이 특히 유명하다. 반짝이는 남해바다를 등에 지고 비단(錦)처럼 펼쳐진 바위 사이로 난 길을 오르다 보면, 앞뒤로 멋진 단풍을 두고 오도 가도 못하던 피천득 선생의 응접불가* 상태에 빠지게 된다. 그런데 이 금산 속 한 조각 너럭바위 위에 이상한 문양이 새겨져 있다.

• 응접불가應接不暇 : 일일이 응대할 겨를이 없음. 아름다운 경치가 너무 많아 하나하나 다 보며 감상할 겨를이 없음을 형용하는 말. 이 말은 원래 『세설신어世說新語』 「언어言語」 편에 실려 있는 왕헌지王獻之의 다음과 같은 말에서 나왔다. "산음山陰(현재 저장성 사오싱紹興(소흥) 지역)의 길을 따라가노라면 산 경치 물 경치가 서로 멋들어지게 어우러져 있어 하나하나 마주 응대할 겨를을 주지 않는다. 특히나 늦가을, 초겨울에는 마음을 가누기 힘들 만큼 멋지다."(子敬云 : "從山陰道上行, 山川自相映發, 使人應接不暇. 若秋冬之際, 尤難爲懷.")

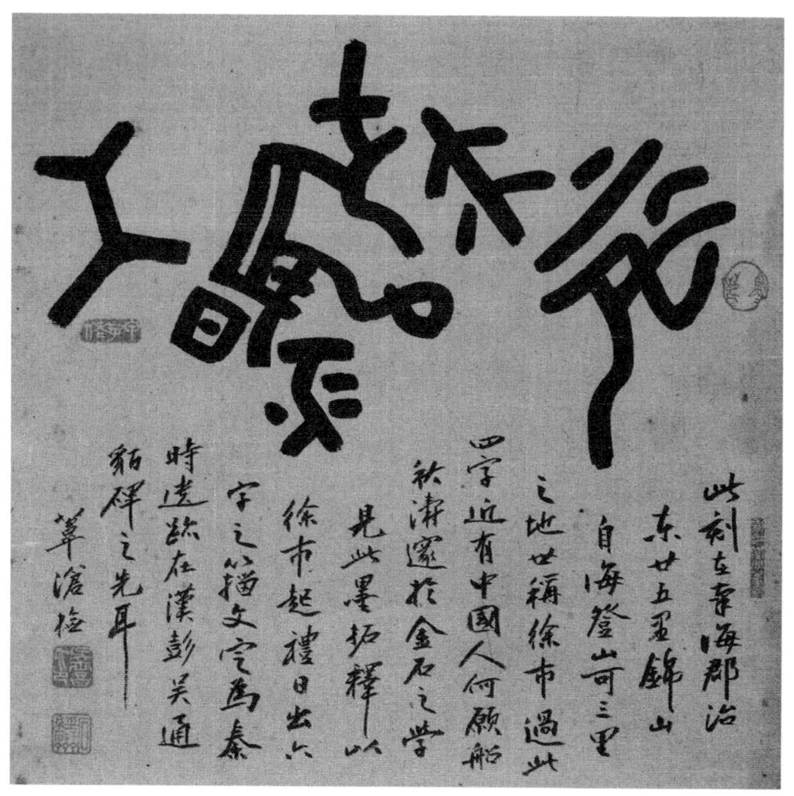

역매 오경석의 아들인 위창葦滄 오세창吳世昌이 임모하고 해설을 단 남해 금산 석각 임모본臨模本

　‘남해 상주리 석각’으로 알려진 이 바위 새김의 정체에 대해서는 여러 설이 분분하다. 그중 제일 유명한 것이, 진시황이 삼신산의 선약仙藥을 찾으라고 파견했던 서불徐市이 새긴 글씨라는 설이다. 구한말의 저명한 수장가이자 감식안이었던 역매亦梅 오경석吳慶錫이 이 석각의 탁본을 중국학자 하추도何秋濤에게 보내 ‘서불이 일어나 뜨는 해에 예를 올렸다’는 뜻의 서불기례일출徐市起禮日出 여섯 자 석문釋文을 받은 일이 이 석각을 둘러싼 거의 유일한 학문적 고증에 해당한다. 하지만 아무리 들여다보아도 좀 무리한 해석이 아닌가 싶다.

그림은 아니고 어떤 기호인 듯한데 무슨 뜻인지는 도무지 알 길이 없다. 그저 아름다운 산에 신비스러운 분위기를 더해주는 흥미로운 수수께끼쯤으로 여기면 족하다. 그러나 알 수 없는 시대에 알 수 없는 사람이 새긴 알 수 없는 부호에 불과한 이 석각을 두고 사람들이 곧장 '서불'이라는 이름을 연상했다는 점은 매우 흥미로운 문화 현상이다. 아닌 게 아니라 서불 전설은 남해 상주리뿐 아니라 제주도 서귀포 등 남해안 각지, 나아가 일본에서도 무수히 전해지고 있다. 야마나시현山梨縣 후지요시다시富士吉田市에는 서복의 무덤도 있다.•

사람들은 왜 한반도 남해안 섬 구석진 바위 조각에 저 옛날 중국 사람의 이름이 새겨져 있다고 생각한 걸까? 진시황과 불로불사의 선약은 그만큼 흥미를 자아내는 주제다. 사실 여부를 떠나 2,000년도 훨씬 더 지난 지금까지 이런 이야기가 회자되고 있으니, 제국은 금세 망했을지언정 중국 최초의 황제는 자신의 존재만큼은 확실히 세상에 남겨놓은 셈이다.

그럼 서불은 왜 바다 건너 멀리 떠나왔던가? 신선을 만나 영원한 삶을 줄 영약을 얻기 위해서였다. 신선은 어디에 사는가? 바로 삼신산三神山, 즉 세 개의 신비로운 산에 산다. 삼신산에 대해서는 『사기』 「진시황본기秦始皇本紀」나 「봉선서封禪書」에도 단편적인 기록이 있지만, 가장 자세한 기술은 『열자列子』 「탕문湯問」 편에서 찾아볼 수 있다. 아쉽게도 『열자』는 위진魏晉시대의 위작일 가능성이 아주 높지만, 그래도 현재로서는 삼신산의 원형의 편린이라도 전해주는 귀중한 텍

• 서불을 서복徐福이라고도 한다. 일본에는 서복 관련 전승이 무척 많다.

스트다. 어차피 상상의 소산이지만 영성한 문자 자료들과 몇몇 도상 자료들을 바탕으로 추론해볼 때 삼신산은 다음과 같은 이미지였으리라 추정된다.

우선 모양을 살펴보면 삼신산은 가느다란 아랫부분이 위로 갈수록 점점 커지다가 맨 위는 둥글고 평평한 탁상형 대지를 이룬다. 그리고 그 둥근 대지 위에 다시 산도 있고 집도 있다. 『열자』에 따르면 전체 높이가 3만 리, 둘레가 3만 리, 대지의 지름은 9,000리라고 한다. 동쪽 바다 가운데에 있다는 세 산은 서로 7만 리의 거리를 두고 떨어져 있는데, 삼신산에 사는 신선들은 산 사이를 날아서 왕래할 수 있다.

가느다란 받침대 위에 둥근 산이 얹힌 와인잔 모양의 모습은 서왕모西王母가 산다는 곤륜산의 모습이기도 하다. 곤륜산 신앙은 한나라

봉래산蓬萊山. 『삼재도회三才圖會』 중에서.

중산정왕中山靖王 묘 출토 박산향로博山香爐 (허베이河北박물원 소장)

때 크게 유행했다. 그리고 역시 한나라 및 위진 시대 때 즐겨 사용된 박산향로의 모양도 삼신산과 유사하다. 즉 전국시대 말, 진나라를 거쳐 한나라 초기까지 유행했던 삼신산의 서쪽 버전이 곤륜산이며, 그 미니어처가 박산향로다. 삼신산의 이런 형상은 바다 위의 섬이 물에 비쳐 생긴 역상逆像(inverted image, 거울상)을 바탕으로 상상된 것이리라. 거대한 산이 아래는 좁고 위로 갈수록 오버행의 절벽을 이루니 볼프강 궐리히 같은 암벽등반가가 아니라면 날지 않고 그 위로 올라갈 재주가 없다. 원래 다가갈 수 없으면 더 가고 싶은 법. 그래서 삼신산이라는 이상향이 이런 모양이 되었으리라.

모양도 모양이지만 삼신산에서 가장 중요한 점은 산이 바다 한가운데 있다는 사실이다. 바다 가운데라는 것은 중국 '바깥'이란 뜻이다. 삼신산 신앙은 중국 사람들이 전국시대 이후 서서히 자신들이 살고 있는 땅보다 더 큰 세계를 상상하기 시작했음을 강력히 증거한다. '우물 안 개구리'라는 표현으로 유명한 『장자莊子』「추수秋水」 편에는 다음과 같은 말이 나온다.

> 사해四海가 천지 사이에 있는 것을 헤아려보면 마치 작은 컵 분량의 물이 거대한 호수 속에 있는 것과 같지 않은가? 중국(여기에서는 중원의 뜻)이 해내海內에 있는 것을 헤아려보면 마치 쌀 한 톨이 큰 창고 속에 있는 것과 같지 않은가?[1]

장자뿐 아니다. 전국시대에는 오행설을 주창한 추연鄒衍의 사상이 크게 유행했다. 『염철론鹽鐵論』의 「논추論鄒」 편이나 『사기』의 「맹자순경열전孟子荀卿列傳」에는 추연이 생각한 세계의 모습이 상세히 묘사되어 있다. 추연의 설명에 따르면 9주로 이루어진 중국, 즉 적현신주赤縣神州는 세상의 81분의 1에 지나지 않는다. 세상 밖은 큰 바다가 둘러싸고 있고, 바다의 끝에서 하늘과 땅이 맞닿아 있다고 한다.

진시황은 통일을 이룩한 후 모두 다섯 차례에 걸쳐 순수巡狩를 나갔는데, 한 번을 제외하고는 모두 동쪽 바닷가를 거쳤다. 그는 내륙에서 나고 자라 장성할 때까지 바다를 본 적이 없었다. 그에게 순수는 자신이 통일한 육지의 동쪽 끝자락에 족적을 남겨 세계의 끝까지 자신이 지배하고 있다는 사실을 보이는 중요한 정치행위였다. 삼신산에 대한 열망도 그렇다. 그것은 불로불사에 대한 광기의 소산이라기보다 중국이라는 정치적 영역을 넘어 세상 전체를 지배하는 진정한 지배자가 되고자 했던 욕망의 표현이 아니었을까? 바다 밖 저 멀리까지 아우르는 더 큰 세상이라는 세계관은 전국시대의 시대정신이자 진나라의 통일을 촉진한 강력한 모티베이션이었다.

진시황이 지속적으로 우임금의 업적을 기렸다는 사실도 의미심장하다. 기원전 219년에 그는 대규모 인원을 동원해 사수泗水에 빠진 구정을 건지려 시도했다. 마지막 순수에서는 우의 무덤이 있는 회계산에 들러 제사를 지내기도 했다. 우는 중국이라는 땅을 창조한 신화적 영웅이다. 우를 받든다는 것은 곧 중국을 통일한 자신의 업적을 드높이는 일이 된다. 현대의 연구에 따르면 중국 아홉 개 주의 지형을 묘사한 『서』의 「우공」 편은 전국 말 진秦나라에서 편집되었을 가능성이 아주 높다고 한다.[2] 또한 진나라의 통일 과정에서 묵가墨家가 큰 역할을 했다는 연구도 있다.[3] 묵가가 가장 높이 받든 성인이 바로 '우'다. 진시황은 우를 경배하고 나아가 우의 업적을 '창조'하여 자신이 정치, 군사적으로 통일한 세계를 다시 '환경설정(configuration)'했다. 그는 평지돌출한 미치광이 전쟁광이 아니라 통일을 향한 거스를 수 없는 역사의 요청을 현실화한 정치 지도자였다.

황제의 등장

진시황이 용의주도한 정치가였음은 통일 후 그가 처음으로 연 조의朝議의 주제가 '황제'였다는 사실에서도 잘 알 수 있다. 조의는 지금으로 따지면 각료회의쯤 되는데, 제왕의 의지를 공론화시키는 동아시아의 전형적 정치행위다. 진시황의 이 조의는 사상 최초의 조의이며, 이후 동아시아 조의의 원형이 된다.

기원전 221년, 제齊를 멸망시켜 통일을 완성하자마자 진왕秦王 정政•

• 진나라 왕실의 성姓은 영嬴이며, 진시황의 이름은 정政이다.

「진왕이 사수에서 주나라 정을 얻다秦王泗水取周鼎圖」. 무씨사 화상석에서.

은 승상과 어사 등 국가 최고위 관리들에게 첫 번째 명령을 내린다.

전에 한韓나라 왕이 땅과 옥새를 바치면서 번신藩臣이 되기를 청했다가 얼마 지나지 않아 약속을 배반하고 조趙나라, 위魏나라와 합종하여 우리나라를 배반했다. 그래서 군사를 일으켜 토벌하고 그 왕을 사로잡았다. (이후에 다른 나라의 죄상도 열거) 여섯 나라의 왕들이 모두 처벌당하여 천하가 크게 안정되었으니, 이제 그 명칭을 바꾸지 않으면 그동안 이룬 공적에 어울리지도 않고 후세에 전할 수도 없다. 제호帝號에 대하여 의논하도록 하라.[4]

이에 신하들이 태황泰皇이라는 칭호를 추천하자 그는 태황에서

'태'를 버리고 제帝라는 칭호는 채택하여 최종적으로 자신을 황제皇帝라고 칭하도록 결정하였다. 이로써 중국 최초의 황제가 탄생하였다.

황제는 왕과 어떻게 다를까? 황제는 그저 왕보다 더 높은 지위의 왕, 왕 중의 왕이 아니다. 황제와 왕 사이에는 질적인 단절이 있다.

왕王은 커다란 도끼의 모습을 상형한 글자다. 도끼는 정복자의 무력, 지배자의 생사여탈권을 상징한다. 도끼가 권위와 권력의 상징인 것은 부父에서도 마찬가지다. '부'는 아버지이기도 하지만 남자의 존칭으로도 사용된다(이때는 '보'라고 읽는다). 도끼는 남성적 폭력의 상징이며, 가부장적 집단의 최정점에 군림하는 자를 제유提喩한다.

왕이 현실적 권력 관계의 정점에 서 있는 인간을 가리키는 반면, 제帝는 하늘의 신이라는 초월적 존재를 지칭하는 말이었다. 그리고 황皇은 이러한 초월적 존재를 형용하는 말이었다. '황'은 환하게 빛나는 모습이다.

상나라의 '제' 관념은 종족신 숭배와 강하게 결부된 형태였다. 상을 멸망시킨 주나라는 상나라 사람들의 자기 종족 중심적·제사 중심적 정치형태의 문제점을 인식하고, 그보다 좀더 보편적인 천天이 정권의 정당성을 부여해준다고 여겼다. 피지배층 일반의 이해에 반하는 정책을 펴는 왕조는 천명, 즉 하늘이 왕조에 부여한 지배의 정당성을 잃

갑골문 왕王

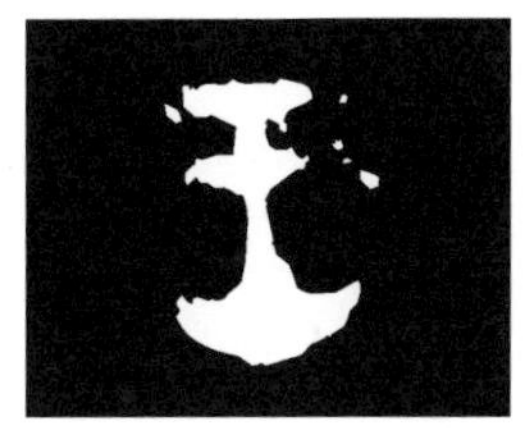

금문 왕王

갑골문 부父

게 되어 천명이 새 왕조로 옮겨갈 수 있다는 생각이다. 하늘이 천명을 부여한 지배자가 곧 주나라의 왕이었다. 춘추시대, 주나라는 쇠약해졌고 각 나라의 제후들이 독립하였으나 아직은 형식적으로나마 주나라 왕을 존중해주었다. 그러나 전국시대로 접어들자 이런 앙상한 형식마저 내팽개쳐지고 제후들은 이제 '왕'을 자칭하게 된다. 이렇게 가치가 하락한 왕들을 통일한 군주가 계속 왕을 칭할 수는 없지 않겠는가? 이제 다시 인간의 수장의 차원을 넘어선 신적 존재의 이름이 요청되었다. 그리하여 진왕 정이 선택한 용어가 바로 '황제'였다. 이후 황제는 중국 최고 지배자의 명칭이 된다.

황제, 문자의 탯줄을 잘라버리다

결국 황제는 왕보다 훨씬 높으신 분의 이름이다. 그러나 실제와 부합하지 못하면 그 이름이 아무리 빛난들 무슨 소용이랴. 그렇다면 왕과 황제의 권력은 도대체 어떻게 다를까?

황제 통치의 성격은 한마디로 '제민齊民 지배체제'다. '제'는 '가지런히 가다듬다', '고르게 하다'라는 뜻이다. 그러므로 제민은 '민, 즉 피지배계층을 균등한 상태로 만들다'라는 의미가 된다.

주나라는 봉건제였다. 봉건체제하에서 각 지방의 제후는 작은 왕이었다. 제후들의 가신들도 자신의 영지에서는 절대적 지배권을 가졌다. 각 영지는 정치 지도자인 제주祭主를 중심으로 하는 제사 공동체이자 생산 공동체였다. 그러나 전국시대가 되자 세상은 날것 그대로의 무한경쟁체제로 진입했다. 국가의 목표는 오직 하나, 부국강병에 초점이 맞추어졌다. 생산력을 최대화하기 위해 봉건제적 혈연 공동체는 해체되고, 한 명의 남성 농민을 중심으로 하는 호戶에 국가가 직접 농토를 주고 세금을 걷게 된다. 이전의 전쟁은 귀족계급 전사를 중심으로 한 전차전이었으나, 전국시대의 전쟁은 모든 농민이 병사로 징집되는 국가 총력전의 양상을 띠었다. 종래에는 이런 변화가 청동기시대에서 철기시대로 생산기술이 발전되어 자연스럽게 일어났다는 식으로 설명했다. 그러나 그렇지 않다. 무한경쟁이라는 환경에서 전쟁이라는 폭력 수단을 최대한 효율적으로 발현하기 위해 지식인들이 고안한 체제를 피지배층에게 폭력적으로 강제한 것이었다.

제민지배체제를 가장 완벽한 형태로, 즉 가장 폭력적인 형태로 구현한 나라는 중원의 선진국들이 아니라 서쪽 변방의 진秦나라였다. 이를 가능하게 했던 인물이 바로 상앙商鞅이다. 오로지 전쟁과 국부의 증진을 위해 조그만 숨 쉴 틈도 남기지 않고 국가를 재조직했던 상앙의 피도 눈물도 없는 체제는, 그의 저작으로 알려진 『상군서商君書』에 잘 드러나 있다. 진나라는 모든 백성에게 20등급으로 이루어진 신분 등급인 작爵을 일률적으로 부여하고, 전투에서 공을 세운 이에게는 더 높은 작을 주는 방식으로 '제민'을 이루었다. 이러한 전국시대 진나라의 체제는 통일 진 제국 그리고 한나라까지 계승된다.

진시황의 문자 통일은 어떨까? 종래의 통념은 진나라 재상 이사李斯가 여섯 나라에서 사용되던 문자들을 종합 정리하여 통일했다는 것이었다. 이런 통념은 두 가지 면에서 잘못되었다.

우선 문자 정리는 이사 혼자 한 것이 아니다. 한나라 역사서인 『한서漢書』에 당시까지 전해지던 각종 서적에 대해 설명한 「예문지藝文志」라는 편이 있다. 여기에 『창힐蒼頡』이라는 책이 나온다. 「예문지」에 따르면 『창힐』은 승상 이사, 거부령車府令 조고趙高, 태사령太史令 호무

<석고문>

경胡母敬이 지었다고 한다. 『천자문』이 나오기 전에는 관리들의 글자 학습 교재로 『급취편急就篇』이라는 책이 널리 쓰였다. 그런데 『급취편』은 『창힐』을 편집한 책이다. 즉 통일 후 급증하는 문서기록의 수요 때문에 국가 최고위 관리인 이사, 조고, 호무경 세 사람이 주도하여 '표준서체'를 지정하고 관리교육용으로 묶은 책이 곧 『창힐』이다. 이사가 행정책임자 중 한 사람으로서 문자의 정리에 큰 기여를 한 것은 사실이나 문자 통일은 이사 혼자 한 일이 아니다.

둘째로 이사 등이 통일 문체로 지정한 소전체小篆體는 천하의 문자들을 종합 정리해서 새로 만든 문자가 아니라 전국시대 진나라 문자를 계승하여 간략화한 것에 지나지 않는다. 그러니 '천하의 모든 문자'를 통일했다는 식의 인식은 과장된 오해다. 전국시대 진나라에서 주로 쓰인 문자를 진계秦系문자라 하고, 나머지 여섯 나라에서 쓰인 문자를 통틀어 육국六國문자라고 한다. 소전체는 기본적으로 진계문자가 발전, 간략화된 글자체다.

과정이야 어찌되었건 최초 통일 제국의 공식 서체가 된 소전체는 이후 모든 한자 발전의 기본이 되어 중국 문명의 정체성은 물론 나아가 동아시아 한자문화권 전체에 지대한 영향을 미치게 된다. 가장 중

제1부 한자, 어디에서 왔는가

요한 것은 소전체에서 한자의 추상화, 문자화가 완결되었다는 점이다. 이 과정에서는 다음 두 가지 형태 변화에 주목해야 한다.

우선 자획화다. 즉 한자의 획이 균질화되는 경향이다. 갑골문은 물론이요, 금문 단계에서도 문자의 획은 글자의 전체 형태를 그리기 위한 중간 단계에 불과했다. 즉 수레 거车라는 글자에서 긴 가로획은 수레의 차축을 '그린' 것이지, 수레바퀴 부분 X 자의 짧은 직선과 같은 위상을 지니는 '획'은 아니었다. 그러나 전국시대 진나라 계통의 문자인 〈석고문石鼓文〉을 보면 이전보다 자획화가 많이 진행된 것을 볼 수 있다.

이사가 쓴 〈태산각석泰山刻石〉에서는 이런 경향이 더 심화된다. 곡선도 여전히 많이 남아 있긴 하지만, 대개의 선이 수직, 수평화되었다. 소전체에서 한자는 문文적 요소를 크게 탈피하여 추상적인 문자로 가는 본격적인 발걸음을 떼게 된다.

또 한 가지 중요한 것이 글자가 일정한 크기의 사각형 틀에 가두어졌다는 점이다. 갑골문과 금문은 대개 글자의 크기도 제각각이고 들쑥날쑥 삐져나오거나 들어간 부분도 많다. 그러나 태산각석의 글자들은 크기가 거의 동일하다.

통일 진 제국의 소전체에 이르러 한자는 무언가의 상징이 아니라 진정한 문자가 되었다. 통일 제국의 황제, 세상의 지배자 진시황은 문자와 사물을 잇던 탯줄을 과감히 잘라버렸다. 추상화를 완성한 최초의 문자인 소전은 중국 전체에 퍼져나갔다. 이 문자체는 원래 진나라라는 지역성을 띠고 있었으나, 진나라의 중국 통일과 함께 중국 전체의 문자가 될 기회를 획득하였다. 그리고 짧은 시간 안에 통일을 이룬 진나라가 갑자기 멸망해버림으로써 '진'의 지역성을 탈각하고 통일

〈태산각석〉

된 중국의 문자라는 대표성만을 지니게 되었다. 그리하여 이 통일 문자를 중심으로 이후 중국의 언어는 하나의 정체성을 갖고 발전해가게 된다. 넓은 지역에 걸쳐 쓰이는 중국어는 필연적으로 지역에 따라 방언이 나뉠 수밖에 없다. 만일 전국 공통의 문어文語가 없었다면 중국이라는 거대한 통일체는 유지되지 못했을 것이다. 진시황의 문자 통일은 자신이 점령한 천하에 진나라의 기준을 강요하여 행정의 편의를 꾀하려는 의도에서 기인한 정책이었으나 그 의도와 달리 진나라가 일찍 멸망함으로써 중국에 통일된 문자라는 선물을 남겨주었다. 이 통일 문자인 한자와 그 문자로 쓰인 통일 문어 한문漢文은 '중국'이라는 정체성을 유지시키는 가장 강고한 접착제로 현재까지 기능하고 있다.

한자는
한나라 글자다

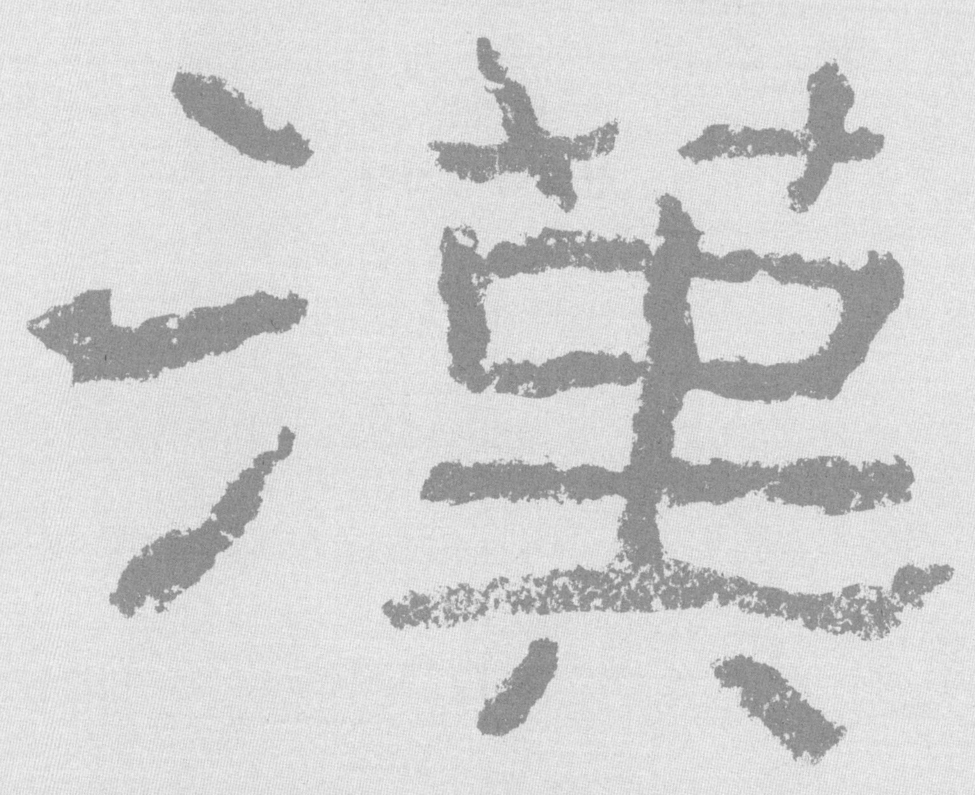

한漢. 〈석문송石門頌〉 중에서. 후한後漢 건화建和 2년(148년)

한

한, 중국을
대표하는 이름

재너두, 서양의 중국 판타지

〈재너두Xanadu〉는 1980년에 개봉한 동명 영화의 타이틀곡이다. 영화에 출연한 올리비아 뉴튼 존이 직접 불렀는데, 영화는 흥행 대실패로 곧 잊혔지만 노래는 크게 히트했다. 이 노래는 올리비아 뉴튼 존의 대표곡 중 하나다. 지금도 가끔 라디오에서 흘러나온다.

'재너두'는 이상향이란 뜻이다. 원나라 쿠빌라이 칸이 세운 여름 수도인 상도上都, Shangdu가 그 기원이다. 상도를 몽골어로 'Šandu'라고 발음하는데, 이것을 영어식으로 표기한 것이 재너두다. 유목민족 정복왕조였던 원은 두 개의 수도를 운영했다. 황제는 여름 기간 동안 상도에 머물며 정무를 처리하고, 겨울철에는 다시 공식 수도인 북경으로 돌아왔다. 상도는 북쪽인 내몽골 지역에 위치했다. 상도의 여름 궁전은 단순한 피서용이 아니었다.

원나라는 몽골 초원 출신 유목민족인 소수 지배층이 인구도 많고 땅도 넓은 중국을 다스리는 체제였다. 한 나라 안에 완전히 상반되는 두 개의 이질적 요소가 공존했다. 황제는 몽골적 가치의 대변자인 동시에 중원의 지배자이기도 했다. 둘 중 어느 하나에도 소홀할 수 없었다. 때문에 두 개의 수도를 두었다. 상도는 칸의 수도요, 북경은 황제의 수도였다. 청나라도 비슷했다. 열하熱河의 피서 산장은 단순한 휴양지가 아니라 거의 부수도에 맞먹는 역할을 수행했다.

그런 '상도'가 이상향이란 뜻을 갖게 된 경위가 재미있다. 서구에 처음 상도를 소개한 사람은 마르코 폴로다. 『동방견문록』에는 상도 궁전의 규모와 호화로운 모습에 대한 자세한 묘사가 나온다. 그리고 1625년 새뮤얼 퍼처스Samuel Purchas라는 영국 저술가가 선원들에게 들은 정보를 바탕으로 방대한 지리서를 썼는데, 여기에 『동방견문록』을 원용한 상도에 관한 소개가 실려 있다. 1797년에는 영국 낭만주의를 대표하는 시인 콜리지Samuel Taylor Coleridge가 〈쿠블라 칸Kubla Khan〉이라는 시를 썼는데 시를 짓게 된 경위를 이렇게 밝히고 있다.

콜리지는 새뮤얼 퍼처스의 책에서 재너두에 대한 부분을 읽다가 아편에 취해 깊이 잠들었다. 잠에서 깨자마자 그는 꿈에서 본 정경을 시로 써내려갔다. 그런데 갑자기 어떤 사람이 방문해서 흐름이 끊겼다. 그가 돌아간 후 다시 시를 쓰려고 했는데 기억이 나지 않아 시를 완성할 수가 없었다. 그래서 이 시는 미완성인 채로 남았다는 것이다.

〈쿠블라 칸〉은 콜리지의 대표작이다. "쿠블라 칸은 재너두에 장려한 환락의 궁전을 지으라 명령했네"라는 구절을 시작으로 몽환적인 비경에 대한 묘사가 가득한 시다. 숲과 골짜기, 거대한 동굴, 포말을 흩뿌리며 흐르는 신성한 강물을 배경으로 인간이 만든 이상향, 쿠블라 칸의 환락궁과 정원이 펼쳐진다. 시를 읽다 보면 내몽골의 황량한 평원이 아니라 『야만인 코난』이나 『반지의 제왕』 풍의 서양 판타지소설 속의 배경이 떠오른다. 시인과 약물과 꿈. 이 삼박자 속에서 재너두는 신비적 색채를 가득 띠게 되었다. 〈쿠블라 칸〉의 재너두는 쿠빌라이 칸의 상도가 아니라 상상 속의 공간이다. 〈쿠블라 칸〉이 유명해지면서 재너두도 중국의 실제 지명으로부터 판타지 속의 도원경으로 점차 의미가 바뀌게 되었다.

가라고코로, 추방된 중국

일본어 '가라から'는 '중국'을 가리키는 예스러운 말로서 주로 접두어로 쓰인다. 예를 들어 그림을 '에絵'라고 하는데, 중국풍 그림을 '가라에'라고 하는 식이다. 가라는 한반도 남부의 고대 왕국 '가야'에서 온 말이다. 바다 건너의 한반도를 가리키다 중국을 지칭하게 되었고 나아가 아예 널리 외국을 가리키는 말로 쓰이기도 한다. 한자로 쓸 때는 주로 唐으로 표기하는데 가끔 漢으로 쓸 때도 있다. 중국 문화를 숭상하는 마음을 가리키는 가라고코로漢心, 漢意라는 단어를 쓸 때 특히 그러하다.

가라고코로는 에도시대 중기의 학자 모토오리 노리나가本居宣長(1730~1801)가 창안한 개념이다.

18세기 일본에서는 고쿠가쿠國學가 크게 유행했다. 고쿠가쿠는 일본 전통사상 및 역사, 문학 등 일본 고유문화에 대한 연구를 중시하는 학문 경향을 가리킨다. 종래 학문의 주류였던 주자학을 비판하며 등장한 고쿠가쿠는 실증을 중시하는 학풍이었다. 이는 일본 근대를 여는 중요한 사상적 기반이 된다. 그렇지만 한편으로 일본적인 것에

모토오리 노리나가 자화상(44세) (일본 미에三重현 모토오리 노리나가 기념관 소장)

대한 중시가 국수주의의 모태가 되기도 했다.

모토오리는 고쿠가쿠의 중심인물 중 한 명이다. 그는 35년이란 긴 세월을 바쳐 일본에서 가장 오래된 역사서인 『고지키古事記』에 대한 주해서 『고지키덴古事記傳』 44권을 저술했다(여기서 전傳은 주석이란 뜻이다). 『고지키』는 신화와 설화, 역사가 한데 섞여 있는데다 한자의 음과 훈을 빌려 고대 일본어를 표기하고 있기 때문에 대단히 난해하다. 모토오리는 이 책에 대한 주석을 통해 고대 일본의 언어, 문화, 사상을 생생하게 되살려냈다. 이 작업을 통해 그가 추구한 궁극적 목표는 고도古道의 회복이었다. 그의 생각은 이렇다.

'옛날 옛적 말(言)과 사물(事), 사람의 생각(意)은 분리되지 않은 하나였다. 그런데 세월이 흘러 사람의 생각이 점점 늘어남에 따라 추상, 도리, 도덕과 같은 것이 우세하게 되어 순수한 옛 도(古道)가 퇴색되었다. 그런데 『고지키』에서는 옛것과 옛말이 그 당시 그대로 우리에게 전달되고 있다. 또한 사람의 마음이 사물과 만났을 때 자연스레 발생하는 순수한 감정인 '모노노아와레(物の哀れ)'가 잘 드러나 있다. 옛 도는 인간에게 공통된 것이지만, 오직 우리나라, 즉 일본에만 있는 그

제1부 한자, 어디에서 왔는가

대로 전해지고 있다. 이는 유학儒學 등 추상적 사변과 도덕에 오염된 중국과는 다르다.'

이런 관점에서 자연스럽게 외국 특히 중국에 대한 일본의 우위가 확립된다. 순수성을 잃고 추상에 오염된 중국 문화에 물든 마음이 '가라고코로'이며 순수한 일본의 옛 정신을 따르는 마음이 곧 야마토고코로和心, 大和心가 된다.

『국화와 칼』이라는 루스 베네딕트의 명저 제목에서도 알 수 있듯이 서로 상반되는 요소가 공존하는 일본 문화는 외국인에게 커다란 수수께끼다. "야마토다마시大和魂(일본혼)!"를 외치며 적군에게 달려드는 제국의 병사와, 감잎 초밥이나 목조건물의 그윽한 그늘을 사랑하는 섬세하고 아름다운 마음은 도저히 양립할 수 없는 것처럼 보인다.' 그러나 실증과 신화, 근대성과 국수주의라는 양가적 가치는 모토오리 노리나가의 야마토고코로 안에서 모순 없는 정합적 체계를 이루고 있다. 그리고 그 와중에 가라(漢)는 오명을 뒤집어쓰고 고대의 이상향에서 추방된다.

이쪽에서는 찬미하고 저쪽에서는 비난하며 자기들 내키는 대로 중국을 가져다 쓰고 있지만, 〈쿠블라 칸〉의 콜리지나 가라고코로의 타

파를 부르짖는 모토오리나 사실 매한가지다. 어느 쪽에도 실제 중국
은 없다. 그저 전하고 전해지는 과정에서 비틀리고 왜곡된 이름과 표
상이 있을 뿐이다.

중국을 부르는 이름은 많다. 영어 이름 'China'는 진秦나라에서 왔
다. 캐세이퍼시픽 항공의 '캐세이Cathay'는 '거란'의 영어 표기다. 중
국인들 자신은 오래전부터 중화中華 혹은 하夏라는 명칭을 선호했다.
'중'은 '중심'의 뜻이고, '화' 또는 '하'는 '문화적 번성'이나 '위대함'을
뜻한다. 자신들이 세상 한가운데 있는 가장 우수하고 위대한 나라라
는 자부심 혹은 오만함의 표현이다. 그러나 뭐니 뭐니 해도 중국을 부
르는 이름 중 가장 보편적 명칭은 한漢이 아닐까? 중화민족은 한족漢
族이며, 그들의 문자는 한자漢字다. 한어漢語를 말하고 한문漢文과 한
시漢詩를 짓고 한약漢藥으로 병을 고친다. 거대한 중국을 싸잡아 부르
는 이름인 '한'은 한漢나라에서 왔다.

한漢, 중국 문명의 아이덴티티

진시황은 천하를 통일했지만 그의 제국은 20년도 채우지 못하고
망해버렸다. 진시황은 폭군의 대명사가 되었으며, '진'이라는 이름은
폭력과 과오의 왕조라는 비난 속에 외국에서나 떠돌게 되었다. 중국적
세계관, 왕조의 시스템 등 모든 것을 '진'이 만들었고 '한'은 그 뒤를
계승했을 뿐인데 중국을 대표하는 영광은 오롯이 '한'의 차지가 되었
다. 왜일까? 크게 두 가지 이유를 들 수 있다.

우선 무엇보다 한나라는 오래 지속되었다. 사람들의 기억 속에 남
을 수 있는 기간이 길었다. 한 왕조는 서력기원후 8~24년에 잠시 존

제1부 한자, 어디에서 왔는가

립했던 신新나라를 전후로 전한과 후한으로 나뉘는데, 둘 다 200년 정도 지속됐다. 서진西晉(265~316), 당唐(618~907), 송宋(960~1279), 원元(1271~1368), 명明(1368~1644), 청淸(1644~1912) 등 중국 거대 제국 중 가장 오래 유지된 나라가 한이다.

둘째, 이게 더 결정적인 이유일 텐데, 한나라는 유교와 경전이라는 문화의 기준을 만들어냈다. 한자를 바탕으로 한 문화는 아주 오래전부터 싹을 틔우고 있었지만 '한자문화를 영위하는 중국 문명'이라는 아이덴티티는 한나라를 거치며 확립되었다. 한나라 이후 '한'이라는 이름은 '중국다운 그 무엇'을 상징하게 된다. 이는 중국 문화사에서 가장 거대하고도 결정적인 사건이다. 자세한 이야기는 다음 장에서 따로 하려 한다. 여기서는 '한'이라는 이름 자체에 좀더 집중해보기로 하자.

한漢은 원래 지명이다. 삼수변氵(=水)으로 알 수 있듯 강의 이름이다. 장강長江의 지류로 1,500킬로미터가 넘는 긴 강이다. 후베이성湖北省(호북성)의 대도시 우한武漢(무한)에서 장강長江으로 흘러들어가며 발원지는 산시성陝西省(섬서성) 한중漢中분지다. 이 한중에서 한나라의 이름이 유래했다.

한중은 진나라가 멸망한 후 패권을 거머쥔 항우가 유방을 왕으로 봉해준 곳이다. 미천한 출신이었던 유방이 한왕漢王이 된 것이다. 이에 대해 항우가 유방을 견제하려 '궁벽지고 척박한 촉 땅'에 보냈다고도 하는데, 여기에는 오해의 소지가 있다. 한중은 지금은 산시성에 속해 있지만 사실 지리적으로나 역사적으로 쓰촨성四川省(사천성), 즉 촉蜀에 더 가깝다. 촉과 한중 사이에도 산지가 있긴 하지만 한중은 시안西安(서안, 장안)이 있는 관중關中 지역과 친링秦嶺(진령)산맥이라는 거대한 장벽으로 분리되어 있다. 서주와 진나라의 수도가 있던 관중은 예부터 문화적 중심지였고 친링산맥은 중심과 변방을 가르는 큰 경계였다. 그러나 그렇다고 아예 길이 없었던 것은 아니다. 자오도子午道, 당락도灙洛道, 포야도褒斜道, 고도故道 등 험준하긴 하지만 교통은 충분히 가능했다. 그리고 한중과 촉 땅은 결코 척박한 산골이 아니었다. 오히려 풍부한 강수량과 온난한 기후, 비옥한 농토를 가진 천혜의 땅이었다. 궁벽지다는 것은 중원의 시각일 뿐이다. 전국시대에 진나라와 초나라가 한중을 두고 뺏고 뺏기는 싸움을 벌여온 것만 보아도 그만큼 탐나는 땅이었음을 알 수 있다. 유방은 이곳에서 힘을 키워 천하를 제패할 수 있었다. 또한 이곳은 기원전 325년 혜문왕惠文王의 정복 이래 진나라의 영토였다. 즉 진나라 문화의 강한 영향 아래 놓여 있던 곳이다.

유방은 패현沛縣 출신이다. 패현은 원래 송宋 땅에 속했고, 제齊, 초楚의 접경지였다. 딱히 어느 쪽이라고 집어 말하기는 어렵지만, 초나라 문화의 영향을 강하게 받았던 지역이다. 거병 초기부터 함께했던 소하蕭何, 조참曹參 등도 모두 이곳 출신이다. 핵심 참모들을 제외하면 유방 집단은 그때그때 필요에 따라 모인 사람들로 구성되었다. 한마디로, 패현 출신 두목을 중심으로 모인 싸움 패거리에 불과했다. 그랬던 유방 집단이 한중 시절을 거치며 진나라 시스템을 흡수하고 체계를 갖추게 된다. 또한 한신韓信을 중심으로 군대도 체계적으로 재편된다. 한중 시절을 통해 유방은 출신 지역의 색채를 지워내고, 당시 천하의 중심지였던 진나라식으로 재빨리 변신했다. 이는 진나라 수도 함양咸陽(현재의 시안)을 함락시켰으면서도 다시 초나라로 회귀해버린 초나라 귀족 출신 항우와 상반되는 모습이다. 결과는 다 아는 대로다. 해하垓

下의 쟁패에서 패배한 초나라 항우는 〈패왕별희〉 속에서나 '패왕'의 지위를 누리는 신세가 되었고, 한왕 유방은 제국 한나라의 초대 황제로 등극하였다.

〈석문송石門頌〉, 거친 암면巖面에 담긴 한의 위업

한중은 실로 유방의 제업帝業이 시작된 땅이요, '한'이라는 위대한 이름이 기원한 곳이다. 그러나 후대에 유방의 고향 패현이 제왕의 출신지로 우러름을 받은 반면* 이곳은 한나라의 창업과 관련해서 크게 주목받지 못했다. 그래도 당시 사람들은 또렷이 기억하고 있었다. 이 땅에서 한나라가 위대한 첫걸음을 떼었음을.

〈석문송〉은 후한시대인 148년, 한중 태수 왕승王升이 오랫동안 황폐했던 포야도를 수복, 개통한 양맹문楊孟文이란 사람의 공적을 기려 지은 글이다. 석문石門은 그 길 중 험준한 석벽을 터널처럼 뚫어 만든 곳이다. 이 터널 안쪽에 〈석문송〉이 새겨져 있었다.

한나라를 대표하는 글씨체는 예서隸書다. 예서는 금문을 간략화한 소전체를 더욱 간략화하여 쓰기 편하게 만든 서체다. '쓰는 맛'이 강조된 만큼 소전체보다도 더 붓질의 영향이 강하게 드러난다. 예서는 후한 중기 이후 더욱더 발전하여 유려한 팔분체로 진화한다. 팔분체가 확립되기 이전의 예서를 특히 고예古隸라고 한다. 고예는 화려한 팔분

---

* 풍패豐沛 : 고조는 패현 풍읍豐邑 출신이다. 한나라 이후 '풍패'는 제왕의 고향을 가리키는 이름이 되었다. 우리나라 전주의 객관에는 풍패지관豐沛之館이라는 커다란 현판이 걸려 있다. 조선을 건국한 태조 이성계의 선조가 전주 출신이었기에 조선시대에 전주는 왕업이 기원한 곳으로 존중을 받았다.

과거 석문의 모습. 석문 안쪽에 새겨진 여러 석각 중 하나인 〈석문송〉은 높이가 261cm, 길이가 205cm에 달한다. 석문은 1973년 댐 건설로 수몰되었고, 〈석문송〉은 통째로 떼어내져 수리복원되어 현재 한중시박물관에 탁본과 함께 전시되어 있다.

체에 비해 소박한 맛이 강하다. 더구나 고예로 쓰인 유물 중에는 깨끗한 비면碑面이 아니라 거친 자연석 위에 새겨진 마애석각이 많다. 거친 돌의 질감과 함께 풍화에 박락된 자획이 소박하고 예스러운 풍취를 더욱 강하게 해준다. 그런 한편 장식이 배제된 직선적인 획, 들쭉날쭉 자연스럽고 자유로운 글자 구성에서 모던한 구성미를 볼 수 있다. 그러나 남아 있는 유물은 극히 적으니, 글씨 좋아하는 사람들의 흥미를 끄는 요소를 두루 갖추었다고 할 수 있다. 예술적으로 뛰어날 뿐 아니라 『설문해자』 이후 정비된 글씨체가 아닌 그 이전 글씨체로 새겨진 〈석문송〉은 문자 연구의 측면에서도 매우 귀중한 자료다. 비록 후한 초기에 새겨진 글씨지만 전한시대의 풍취도 많이 전하고 있다. 이

제1부 한자, 어디에서 왔는가

〈석문송〉 중에서.

〈석문송〉 앞부분에 다음과 같은 내용이 있다.

고조高祖께서 하늘의 명을 받으사 한중漢中에서 일어나셨네. 자오도子
午道를 경유하여 대산관大散關을 나와 진나라로 들어가 황제의 지위를
확립하시고 한나라의 기틀을 놓으셨네.

高祖受命 興於漢中 道由子午 出散入秦 建定帝位 以漢祇焉.

거친 획들이 돌 표면의 요철 속에 들어앉아 자연석의 배경 속에 자
연스레 녹아드니, 배경과 글씨가 하나된 모습이 묘한 추상감마저 준
다. 중中이나 출出의 꺾인 획은 소박한 기하학적 멋을 풍기지만, 고
高의 윗부분 그리고 도道의 착辶 부분이나 자子의 왼쪽으로 돌아 굽
은 획에서는 붓의 느낌도 여실히 살리고 있다. 이는 명命에서 극대화
된다. 아래로 길게 뻗은 획은 예서가 간독 붓글씨의 계승자임을 보
이는 동시에 이후 팔분체에서 만개하게 될 '붓의 파동'의 예표豫表
(antitype)가 된다.

　〈석문송〉은 근대에 이르기까지 크게 주목받지 못했다. 그리고 석문
이 댐 건설로 인해 수몰되자 1971년 통째로 떼어내져 한중시박물관
으로 옮겨졌다. 그때까지 이 기나긴 획은 저 어두운 통로 안 돌벽 위
에 홀로 숨어 400년 세월 동안 지속된 위대한 '하늘의 명'이 바로 이
곳에서 기원하였음을 가만히 증거하고 있었다.

　　　　　　　　　　　제1부 한자, 어디에서 왔는가

경經. 희평석경熹平石經 중에서. 후한後漢 희평熹平 4년(175년)

경

생각의 기준

중구난방 혼란의 시대

기원전 605년, 초楚나라에서 정鄭나라 영공靈公에게 큰 자라*를 보냈다. 어느 날 정나라 공자 자공子公과 자가子家가 입궐하고 있었는데, 갑자기 자공의 검지가 덜덜 떨렸다. 자공은 손가락을 자가에게 보여주며 말했다. "내 손가락이 이러면 꼭 맛있는 음식을 먹게 되더라고." 대궐에 들어갔더니 과연 요리사가 큰 자라를 해체하려 하고 있어, 둘은 서로 쳐다보며 슬그머니 웃었다. 이에 영공이 이유를 묻자, 자가가 자공과 나눈 이야기를 고했다. 영공은 자공을 골려주려고 신하들에게 자라 요리를 나누어줄 때 자공에게만 주지 않았다. 자공은 화가 나서

• 원黿(Pelochelys cantorii)은 칸토어 자이언트 자라Cantor's giant soft-shell turtle라는 자라의 일종이다. 동남아시아 및 중국 남부에 서식하며 최대 2m까지 자란다. 그 크기로 인해 예전부터 상서로운 동물로 여겨졌다. 현재 남획으로 멸종 위기에 처해 있어, 중국에서는 국가 제1급 중점보호 야생동물로 지정하여 보호하고 있다.

손가락을 솥에 담갔다가 빨아 먹고 나가버렸다. 영공이 노해서 자공을 죽이려 하자 자공은 자가에게 선수를 치자고 제안하고, 자가가 이를 거절하자 도리어 자가를 참소했다. 이에 자가는 두려움을 느껴 자공을 따라 영공을 시해했다.[1]

춘추시대 정나라에서 있었던 일이다. 어떠한가? 정말 개판이지 않은가? 주나라 왕의 권위가 무너진 후 각 지방의 제후들이 제각각 독립했던 춘추시대, 제후들의 나라 안 사정도 혼란스럽기 그지없었다. 이 시대의 사정을 상세히 기록한 역사서인 『춘추좌씨전』에는 당시 지배층들의 권력 다툼과 타락상이 날것 그대로 드러나 있다. 온갖 음모, 협잡, 협박, 암살, 강탈, 간통이 횡행했고 무엇보다도 전쟁이 일상이던 시대였다. 전국시대戰國時代가 되자 혼란은 극에 달했다. 아예 시대 이름 자체가 '싸우는 국가들(Warring States)의 시대' 아니던가. 각 나라는 상대방을 제압할 군사력을 극대화하는 데만 골몰했고, 그 와중에 농업 생산과 전쟁의 부담을 온몸으로 짊어진 농민들만 죽어났다. 이런 상황은 서쪽 변방의 진나라가 최강의 전쟁 수행 능력으로 나머지 나라들을 한꺼번에 쓸어버리고 통일을 이룩한 기원전 221년까지 계속되었다.

그러나 혼란이 꼭 나쁘기만 한 건 아니었다. 춘추전국시대에는 갖가지 사상이 꽃을 피웠다. 이름하여 백가쟁명, 온갖 사상가들이 앞다투어 목소리를 높였다. 국가 간 경쟁도 심했지만 자유로운 지식인이 증가했다. 사상가들은 국가의 정책 입안자로 채택되기 위해 자신이 갖고 있는 아이디어를 갈고 닦았다. 중국 문명이 내놓은 다채로운 사상들, 그 원형이 거의 모두 이 시기에 출현했다.

무한경쟁과 자기 홍보의 시대였던 만큼 군사 전문가, 행정 전문가,

홍보 및 외교 전문가가 쏟아져 나왔다. 병가兵家로는 손무孫武가 가장 유명하다. 이회李悝와 상앙商鞅은 국가 시스템을 개편하여 부국강병을 꾀한 법가法家다. 소진蘇秦과 장의張儀는 국제 정세를 꿰뚫는 외교 전략과 능란한 언변으로 일세를 풍미했다.

공구孔丘, 즉 공자는 조금 다른 노선을 걸었다. 그는 예악의 설립자인 주공으로 대변되는 주나라의 전통적 가치를 새롭게 일깨웠다. 근세 유럽의 사례를 들어 비유하자면 종교개혁운동에 대한 대응으로 가톨릭의 가치를 지키며 내부 개혁을 주도한 반종교개혁(Counter Reformation) 예수회 수사쯤 되겠다. 전국시대의 맹가孟軻는 공자를 추종한 유가의 이론가였으며, 순황荀況은 예禮를 특히 강조한 유가사상가였다. 그러나 전국시대까지 전통을 기반으로 한 온건문화주의인 유가는 전반적으로 그다지 주목받지 못했다.

공자로 대표되는 '전통주의'에 대한 가장 강력한 안티테제는 묵가墨家와 도가道家 사상이었다. 묵가는 평등주의 및 반전주의를 지향했다. 전통적 신분사회의 실질적 해체를 추구한 묵가는 강한 결속력을 가진 신흥 집단이었다. 그런데 사상을 실천하는 과정에서 아이러니컬하게도 자신들이 추구한 가치와 상반된 지식에 능하게 되었다. 전통적 지식을 깨부수기 위해 논리학을, 농업사회에 기반한 계급사회를 타파하기 위해 상업을, 그리고 전쟁을 막기 위해 상대방보다 우월한 전쟁 지식을 추구하게 되었다.

후기 묵가 일파가 진나라와 손잡고 통일에 기여했던 것은 역사의 역설이다. 진나라의 몰락과 함께 묵가는 현실 역사 속에서 흔적도 없이 사라졌다.

도가도 유가로 대표되는 전통문화에 반기를 들었다.『장자』의 유쾌한 전복적 상상력은 현대의 독자까지도 상쾌한 기분이 들게 만든다. 『노자』는 조금 특이하다. 지식에 반대하고 무위자연을 주창했다. 부국강병에 반대하는 소국과민小國寡民, 인위에 반대하는 자연을 주창한 것 같지만 어떻게 보면 군주를 위한 우민愚民, 모든 것을 조종하면서도 자신의 실체는 드러내지 않는 무서운 권력의 옹호자 같아 보이기도 한다. 법가 저작인 『한비자韓非子』도 『노자』를 중요한 전거로 활용하고 있으며 진나라 이후 한나라 시대가 되자 도가의 변종인 황로黃老사상이 지배층에서 유행하기도 했다.

마지막으로 빼놓을 수 없는 사람이 음양가인 추연鄒衍이다. 위에 열거한 제자백가들의 이론은 지금으로 치면 사회학 혹은 정치철학에 해당한다. 즉 인간사회에 대한 이론이다. 그러나 추연의 오행설五行說은 오행이라는 다섯 가지 요소로 인간뿐 아니라 자연계까지를 다 포괄해서 설명하는 대통일 이론이었다. 지금의 시각에서 보면 다섯 요소에 모든 것을 다 끼워 맞추느라 억지스러운 면이 많지만, 당시 사람들에게는 아주 매력적으로 보였던 모양이다. 진시황이 검은색을 숭상하고 '여섯'이라는 수를 좋아했던 것도 추연의 영향이었다. 추연의 사상은 통일 진나라는 물론 한나라에도 큰 영향을 주었다.

2,000년을 누린 동양의 패러다임

한나라 초기에는 황로사상이 우세했다. '황로'는 황제와 노자를 가리킨다. 누를 황黃 자를 쓰는 황제黃帝는—최고 권력자의 칭호인 황제皇帝와 다르다—먼 옛날 있었다는 제왕의 이름이다. 어린아이들이 싸울 때 자기 아빠 키가 더 크다고 우기는 것처럼 학자들은 자기 사

     제1부 한자, 어디에서 왔는가

상이 우월하다는 근거로 종종 사상의 연원이 다른 것보다 더 오래되었다는 사실—대개의 경우 날조지만—을 든다. 유가가 요임금, 순임금을 성군으로 추앙하자 전국시대 도가들은 요순보다 더 오래전 사람이라는 황제를 내세웠다. 공자가 종종 조롱의 대상으로 등장하는 『장자』에서 황제는 도道를 체득한 사람으로 묘사된다.

황로사상은 무위無爲의 치治, 즉 아무것도 하지 않는 것이 최상의 다스림임을 내세운다. 말은 그럴싸하지만 따지고 보면 '사상'이라고 이야기하기도 좀 뭣하다. 유방을 비롯한 한나라 창업자 그룹은 일자무식의 무력 집단이었다. 한나라 초기 지배층에게 황로사상이 환영받은 것은 당연한 일이었다. 자신의 지배권만 확보된다면 아랫사람 일에 개입하길 꺼리는 통치 스타일은 오랜 기간 학정에 시달린 당시 피지배층에게도 환영받았다. 최소한 대규모 전쟁을 벌이지는 않았으니 그것만 해도 일단 감지덕지였다. 사실 겉으로 황로를 내세웠지만 한나라 초기의 국가 운영체계는 진나라와 하등의 차이가 없었다.

그런데 문제文帝와 경제景帝의 오랜 평화기를 거치며 지배층의 분위기가 점점 바뀌기 시작했다. 고조 유방의 아내 여후의 사망 이후 여러 여 씨들이 숙청되어 한나라 창업의 두 축 중 한쪽은 사라지고 남자 쪽 성씨인 유 씨의 독점체제가 확립되었다. 경제 때 천하를 뒤흔들었던 오초칠국의 난*도 평정되어 유 씨 지배층 간 권력 다툼도 깨끗이 정리되었다. 이제 황제 지배권을 위협할 만한 요소는 모두 제거되

---

* 오초칠국吳楚七國의 난: 기원전 154년 경제 때 재상 조조晁錯가 입안한 제후국 약화 정책에 반대하여 오왕吳王 유비劉濞, 초왕楚王 유무劉戊 등 7개 국 유 씨 제후가 일으킨 반란. 주아부周亞夫가 거느린 정부군에 의해 반란을 일으킨 왕들이 모두 죽임을 당하며 3개월 만에 평정되었다.

고 한나라도 초창기는 벗어나게 된 것이다. 삶의 안위에 대한 걱정에서 어느 정도 벗어나게 되면 문화를 찾게 되는 것이 사람의 생리. 게다가 슬슬 국가 통치에 어떤 체계가 갖춰져야 할 때도 되었다. 자연스레 통치자 및 지식계층 사이에 유학에 대한 관심이 점차 커졌다. 유학자의 관에 오줌을 갈기고 젊은 학자 가의賈誼를 추방하고 박사 원고생轅固生을 돼지우리에 가두던 때와는 시대가 완연히 달라졌다.

이런 시기에 황위에 오른 무제武帝는 패기만만한 젊은 황제였다. 그는 제왕 통치의 이상을 설파하는 유가와 고전적 지식으로 무장한 문인들의 문기文氣가 마음에 들었다. 이러한 무제의 기질과 시대적 요청에 완벽히 부합하는 사상가가 때마침 나타났으니 그가 곧 동중서董仲舒다. 그의 사상은 무제의 질문에 대한 세 개의 답안(對策)에 잘 드러나 있다. 그는 하늘의 이치와 제왕의 다스림의 원리가 서로 연관되어 있다는 천인합일天人合一을 설파하고, 공자의 도道, 즉 유학이 국가의 통치원리가 되어야 한다고 주장했다. 그의 진언이 채택된 결과, 유가의 다섯 경전을 전문적으로 연구하는 오경박사五經博士 제도가 확립되고, 유교적 교양을 갖춘 인재, 즉 현량賢良을 추천하고 선발하는 제도 또한 상비된다. 향후 2,000년 동안 중국의 중심 이념이 되는 유교의 우위가 이때 확보되었다.

왜 유가였을까? 물론 무제의 개인적 선호나 정치적 결단으로 설명할 수도 있겠지만 유학 자체의 장점도 컸다. 유학의 가장 큰 장점은 극단적이지 않고 포용력이 큰 데 있다. 유학의 내용은 제사를 기반으로 하는 예악과 지식인 교양의 중추인 문학, 즉 고대로부터 내려온 전통문화 그 자체였다. 전국시대를 거치면서 음양오행설을 흡수하여 그 이전에는 부족했던 사상적 시스템도 어느 정도 확보했고, 법가와 같은

제1부 한자, 어디에서 왔는가

희평석경熹平石經 잔석殘石. 후한 말 영제靈帝 희평 연간에 경전을 돌에 새겨 낙양 태학 앞에 세워두었다. 글씨는 채옹蔡邕이 썼다고 전한다.

치밀한 통치술은 갖추지 못했지만 또 그렇게까지 각박하지도 않았다. 도가의 자유와 일탈은 없지만, 대신 상세한 세목을 갖춘 예절이 있었다. 그다지 인기 없던 유가는 계속된 변신을 통해 어느새 시대적 요청에 부합한 사상으로 거듭났다. 그리고 한나라의 발전과 함께 중국, 나아가 동양 문명의 영원한 기준으로 자리매김하게 된다.

모든 것의 기준, 경經

독존유술獨尊儒術. 유가만을 우대한다는 정책이 채택되었다. 그러나 정책은 바뀌면 그뿐이다. 유학이 영원한 기준으로 자리잡게 된 까닭은 경經, 즉 사람들이 읽을 수 있는 책의 형태로 고정되어 널리 유포되었기 때문이다. 사람을 선발하려면 기준이 필요하다. 국가의 관리가 되고자 하는 지식인들은 싫건 좋건 유교 경전을 익혀야 했다. 유교 경전은 이제 지식의 표준, 통치의 근간, 문화의 기준이 되었다.

유교 경전은 십삼경十三經이라 불린다. 십삼경은 한자문명의 열세 기둥이다. 원래 기본은 『시詩』, 『서書』, 『역易』, 『예禮』, 『춘추春秋』의 오경이다. 여기에 후한 때 『논어論語』와 『효경孝經』이 추가되고, 당나라 때 『이아爾雅』가, 송나라 때 『맹자孟子』가 더해졌다. 『예』와 『춘추』는 각각 세 가지가 전승되므로 모두 합하여 열세 개가 된다. 십삼경이 확립된 것은 송나라 때지만 그 기본적인 틀은 한나라 때 만들어졌다고 보아도 무방하다. 열세 개 문명의 기준이 무엇인지 대략 살펴보자.

(1) 『시경』

고대의 시가 모음집. 서주와 동주 시기의 것이 대부분이다. 각 나라의 민요에서는 당대 민중의 풍속을, 지배층의 의례에서 사용된 시에서는 당대인들의 사고방식과 문화양식을 잘 알 수 있다.

(2) 『서경』

요순시대부터 하夏, 상商, 주周 시기에 걸친 역사 기록 및 정치사상론 모음집.

『시』와 『서』에 대해서는 앞에서 어느 정도 설명했으므로 여기서는 생략한다.

　　　　　　　　　　　　　제1부 한자, 어디에서 왔는가

(3) 『역경』

『주역周易』이라고도 한다. 주周나라 역서易書란 뜻이다. 역易은 '바꿈'의 뜻이다. 변화무쌍한 세상에 대해 알고 싶을 때 옛날 사람들은 점을 쳤다. 점서에는 옛날 중국인들이 세상을 이해한 방식이 드러나 있다. 영어로는 'Book of Changes'라고 번역한다. 상나라 때는 거북 껍데기나 짐승 뼈를 불로 지지는 방식으로 점을 쳤지만, 이후에는 산가지를 이용하는 시초점蓍草占이 대세가 된다. 시초 다발을 여러 번 손으로 나눠 음효(--)와 양효(—)를 결정한 후 그렇게 얻은 효를 아래서부터 여섯 개 쌓아올리면 64종류의 괘를 얻을 수 있다. 이 괘의 점괘 그리고 괘의 각 효에 대한 점괘를 기록한 책이 『주역』이다. 점괘만 기록되어 있으면 단순히 점서에 머물렀을 테지만 『주역』에는 괘와 효의 구성원리, 음양의 이치 등에 대한 설명이 포함되어 있었다. 여러 가지 사상이 한데 합쳐져 형성된 『주역』은 다소 복잡하기는 하지만 중국 사상의 원형을 알 수 있는 귀중한 자료가 된다.

(4) 『예』

예禮에 대한 경전은 셋이다. 이를 삼례三禮라 한다.

① 『의례儀禮』: 군주와 신하의 의례, 혼례 등 각종 통과의례와 활쏘기, 모여서 술 마시기 등 지배층 귀족들의 일상적 의례의 세부 절차에 대해 기록해놓은 책. 혹시라도 결혼식 사회를 맡아보았다면 알겠지만 비교적 간단한 요즘 결혼식도, 아무런 문화적 근거도 없이 쓸데없기만 한 의례가 많아 예식장에서 주는 간단한 설명서가 없으면 허둥대게 된다. 혼례는 물론 예전의 모든 의례는 복잡하기 짝이 없었다. 『의

례』는 각종 의례의 절차에 대해 상세히 설명한 매뉴얼 모음집이다.

　②『주례周禮』: 중앙정부의 관료조직에 대해 해설한 책. 주周나라의
이상적인 관료체계에 대한 기록이라 하여 주례라는 이름이 붙었으나
실제로는 후대에 조작된 것이다. 어쨌거나 후대에 중국 정부 체계의
모범적 이상으로 여겨졌다. 대략적으로 다음 여섯 부분으로 나뉜다.
　　－천관天官 : 국정 전반을 담당. 총책임자, 즉 지금의 국무총리에 해
　　　　　　　당하는 관직은 총재冢宰
　　－지관地官 : 교육을 담당. 총책임자는 사도司徒
　　－춘관春官 : 예법과 전례. 총책임자는 종백宗伯
　　－하관夏官 : 군사. 총책임자는 사마司馬
　　－추관秋官 : 형법. 총책임자는 사구司寇
　　－동관冬官 : 토목. 총책임자는 사공司空
　　　　　　　「동관」 편은 일찍이 망실되어 「고공기考工記」로 대체됨

　③『예기禮記』: 이 책은 조금 복잡하다. '예'에 대한 잡다한 기록들
을 모아놓은 책인데 모두 49편으로 구성되어 있다. 각 편의 성격은 중
구난방이다. 맨 앞의 「곡례曲禮」는 세세한 개별 예절에 대한 기록이
다. 「단궁檀弓」 편은 주로 상례喪禮에 대한 문답, 「왕제王制」는 정치제
도, 「월령月令」은 1년 열두 달의 자연현상 및 그에 따른 정치행위에 대
한 기록이다. 그런가 하면 예의 전반적인 원리에 대해 설명한 「예운禮
運」, 음악이론서인 「악기樂記」와 같이 이론적인 편도 있다. 이론 편에
서 가장 중요한 것은 「대학大學」과 「중용中庸」일 것이다. 원래 『예기』의
하위 편에 지나지 않던 대학, 중용은 송나라 때 주희朱熹에 의해 따로

　　　　　　　　　　　　　제1부 한자, 어디에서 왔는가

분리되어 사서四書 중 하나로 격상된다. 여기에 인간 도리의 기본 원칙이 서술되어 있다고 보았기 때문이다. 「예운」 편 등 이론서는 대체로 전국시대 말이나 한나라 초에 성립된 것으로 추정된다. 아마도 「곡례」 등 각종 예의에 대한 기록 모음이 '예'의 원형에 가장 가까운 모습일 것이다.

(5) 『춘추』

공자가 저술한—옛날 유가들은 모든 경전이 공자에 의해 저술 혹은 편집되었다고 믿었다—노魯나라 역사서다. 원문은 '몇 년 몇 월에 무슨 일이 있었다'는 식의 지극히 간단한 기술에 지나지 않는다. 여기에 대해 세 종류의 주석이 전해진다. 앞서도 이야기했지만 경전에 대한 주석을 전傳이라 하기도 한다. 『춘추』에는 공양고公羊高, 곡량씨(이름은 불명), 좌구명左丘明 세 사람의 '전'이 전해지는데 이것을 '춘추3전'이라고 한다.

① 『춘추좌씨전春秋左氏傳』: 『춘추좌전』, 더 줄여 『좌전』이라고도 불린다. 춘추3전 가운데 역사적 사실에 대한 기록이 가장 풍부하다.
② 『춘추공양전春秋公羊傳』
③ 『춘추곡량전春秋穀梁傳』: 공양전과 곡량전은 춘추의 경문經文에 대한 이론적 해설이 주를 이룬다. 해설의 이론적 배경은 두 전이 서로 다르다. 공양전은 동중서 및 한나라 이론가들 그리고 근대의 강유위康有爲에게 큰 영향을 미쳤다. 그에 비해 곡량전은 후대에 그다지 큰 영향을 끼치지 못했다.

『춘추』맨 앞, 노나라 은공隱公 원년 5월의 기록은 "정鄭나라 장공莊公이 동생 공숙단共叔段을 언鄢 땅에서 정벌했다(鄭伯克段于鄢)"는 짤막한 기사가 전부다(이를 '경문'이라 한다). 여기에 대해『좌전』은 그 배경 이야기에 대해 자세히 기술한다. 그에 비해『공양전』과『곡량전』은 왜 죽였다(殺) 하지 않고 이겼다(克) 했는지,『춘추』경문의 글자에 담긴 뜻에 대해 해설하고 있다. 즉『춘추』가 미언대의微言大義의 기록이라는 생각, 다시 말해『춘추』의 모든 글자들은 단순한 역사 사실의 기록에 그치지 아니하고 큰 뜻을 품는다는 사상에 기반한 해설서다.

(6)『논어』,『맹자』

공자와 맹자의 언행을 기록한 책. 유가의 창시자인 공자와 그에 대한 강력한 옹호자이자 이론가인 맹자는 유가에서 가장 중요한 인물이다. 공자에 대한 존숭은 뿌리깊었고 따라서『논어』는 한나라 때부터 매우 많이 읽혔다. 그에 비해 맹자는 한나라 때까지 전혀 중요하게 여겨지지 않았다. 맹자가 주목받게 된 것은 당나라 한유韓愈 이후부터이며, 송나라 때 들어와서야 겨우 경전의 하나로 다루어지게 된다.

(7)『효경』

효는 유교에서 가장 중요시하는 덕목 중 하나다.『효경』은 공자의 제자인 증자曾子의 문인들에 의해 기록되었다고 전한다. 십삼경 중 내용이 가장 적다.

(8)『이아』

중국 고대 경전, 즉『시』,『서』,『예』 등에 실린 한자 단어들에 대한 해석을 실은 책. 요즘으로 치면 사전에 해당한다.

이 '지혜의 열세 기둥'은 중국 문명의 기준이다. 열세 개의 '경'은 문학, 역사, 예의, 세상의 원리, 인간의 덕목, 문자 등을 모두 포괄한다. 이는 인간 세상의 이치, 즉 인문人文의 가장 큰 줄기에 해당한다. 물론 인간 세상을 다른 방식으로 이해하는 것도 얼마든지 가능하다. 그러나 적어도 중국인들은 위와 같은 틀로 자신들의 문명을 파악했다. 이 열세 종류의 책은 한자문화를 구성하는 열세 개의 날줄이다. 이 기준 줄을 바탕으로 다채로운 무늬(文)가 아로새겨졌다. 열세 개의 경은 곧 한자문명의 열세 기준이다.

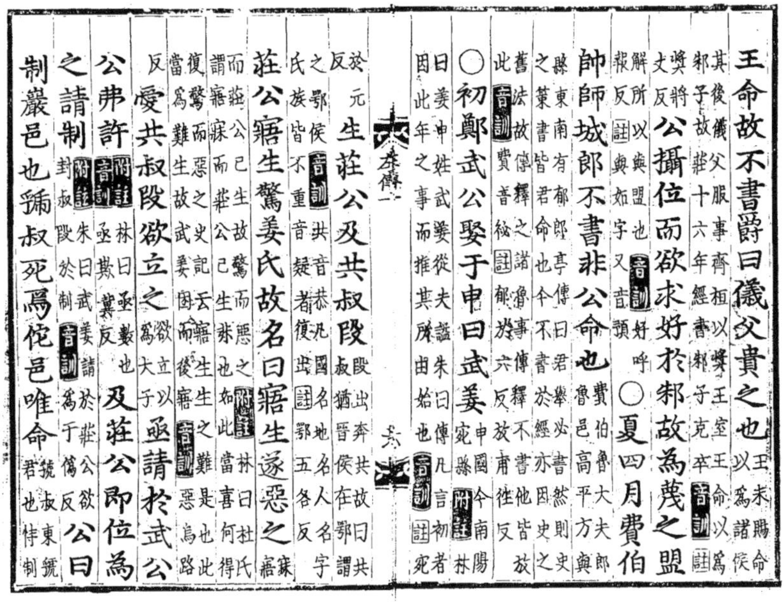
王命故不書爵曰儀父貴之也
公攝位而欲求好於邾故為蔑之盟
○夏四月費伯帥師城郎不書非公命也
○初鄭武公娶于申曰武姜
生莊公及共叔段
莊公寤生驚姜氏故名曰寤生遂惡之
愛共叔段欲立之亟請於武公
公弗許及莊公即位為
之請制公曰
制巖邑也虢叔死焉佗邑唯命

『춘추좌전』 노 은공 원년 5월 기사 부분. 서진西晉의 두예杜預가 주석을 단 『춘추좌전집해春秋左傳集解』에 송宋의 임요수林堯叟와 주신朱申 등의 설을 덧붙여 1440년(세종22) 집현전 학사들이 편찬한 책이다. (한국학중앙연구원 장서각 소장. 청구기호:K1-129)

금今. 〈이맹초신사비李孟初神祠碑〉 중에서. 후한後漢 영흥永興 2년(154년)

옛 기준을
오늘로 불러오다

문명이라는 직조물

동아시아 유교 문화의 기준인 '경'은 문文, 사史, 철哲 등 인간 문명의 온갖 결을 아우르는 다채로운 스펙트럼을 자랑한다. 하지만 여기에는 공통점이 하나 있다. 모두 '옛것'이라는 점이다. 인간문화의 세로줄. 한자문화권 사람들은 경이 아주 오래전에 만들어져 오늘날까지 이어져왔고, 앞으로도 변치 않고 이어져 세상의 기준이 될 것이라고 생각했다. 인간문화의 기준은 인간의 문화 안에 있다. 역사의 반복 속에서 영원성을 추구한다. 이것이 동양적 문명관, 역사관이다. 인간의 기준을 세상 밖 하늘나라에 있는 절대자에게서 찾은 서양과는 좀 다르다.

날줄이 있었다면 당연히 씨줄도 있었다. 피륙의 세로줄은 '경', 가로줄은 위緯다. 한나라 때는 경서 이외에 위서緯書도 있었다. 그러나 위서는 한나라 때 크게 유행했다가 이후엔 거의 주목 받은 일이 없다. 경, 즉 문명의 기준은 예부터 전해 내려왔지만 옛날로부터 오늘로 그냥 손쉽게 던져진 것은 아니다. 옛 기준이 살아 있는 기준이 되기 위해서는 그것을 끊임없이 오늘로 끌어와 베틀에 걸어야 한다. 지금부터 한나라 때 경전이 어떻게 성립했는지 그 경위에 대해 간략히 살펴보고자 한다. 이는 한나라를 이해하기 위해, 나아가 동양 문명을 깊이 알기 위해서는 빼놓을 수 없는 과정이다.

경전을 둘러싼 논란 1: 석거각石渠閣회의

『초한지』의 주인공인 한나라 창업자 고조 유방을 제외한다면 전한 시대를 대표하는 황제로 무제 유철劉徹을 꼽지 않을 수 없다. 동서남북으로 거침없이 영토를 확장하고 유교를 바탕으로 사상을 통일했으며, 장대한 궁궐과 정원을 짓고, 영생을 얻는답시며 거대한 신선 동상을 세워 동상의 쟁반에 고인 이슬을 받아먹는 기행과 함께 54년간 막강한 황제권을 휘둘렀던 그의 치세는 한마디로 한나라의 전성기였다. 무제는 "너무도 위풍당당했고" 그의 시대는 "지극히 시끌벅적"했다. 무제만큼 화려한 면은 없지만 무제의 증손자 선제宣帝 유순劉詢은 '드라마틱한 인생'이라는 면에서 한나라 황제 중 첫손가락에 꼽힐 만하다.

무제 말기, 선제의 할아버지 여태자 유거··는 당시 집권자였던 강충江充과 사이가 좋지 않았다. 무제가 병으로 앓아눕자 그는 이것이 누군가 무고巫蠱로 사주했기 때문이라 믿고 강충에게 조사를 맡긴다. 이때 많은 사람이 투옥되어 죽었다. 평소 강충과 사이가 나빴던 태자는 자기도 결국 화를 입게 될 것이라는 생각에 먼저 병사를 일으켜 선수를 친다. 수도 장안에서 벌어진 닷새 동안의 시가전 끝에 패배한 태자는 자결하고 만다. 이 사건을 '무고의 난'이라 부른다. 당시 태자의 모든 피붙이가 죽임을 당하나 막 태어난 손자만은 옥사를 담당하는 관리였던 병길丙吉에 의해 빼돌려져 겨우 목숨을 건진다. 무제가 사망하고 제위는 무제와 조첩여••• 사이에서 태어난 8세의 유불릉劉弗陵에게 이어지니 이 사람이 소제昭帝다. 당시 소제는 너무 어렸기 때문에 조정의 전권은 대신 곽광霍光에게 있었다. 곽광은 소제가 죽은 후 창읍왕昌邑王 유하劉賀를 황제로 즉위시켰다가 품행이 불량하다는 이유로 27일 만에 폐위시킨다. 그러고 나서 선택한 사람이 여태자의 손자 유순이다. 유순은 무고의 난 이후로 18세에 황제로 즉위하기까지 줄곧 민간에서 성장했다. '순'이라는 이름도 황제가 되고 나서 개명한 것이고 원래는 '병이 낫다'라는 뜻의 병이病己라는 소박한 이

• 요시카와 고지로 저, 『한무제(너무도 위풍당당한, 지극히 시골벅적했던)』, 이목 역, 천지인, 2008.
•• 여태자戾太子 유거劉據 : 무제와 위자부衛子夫 사이에서 태어난 큰아들. 태자로 책봉되었다. 위자부는 대장군 위청衛靑의 누이이자 흉노 원정에서 혁혁한 공을 세운 곽거병霍去病의 이모다. 원래 신분이 낮았던 위자부는 무제의 총애를 받아 황태자 유거를 낳고 황후가 되지만, 나이가 들어 무제의 관심이 다른 여자들에게 옮겨가고 위청과 곽거병도 사망하자 지위를 위협받게 된다. 그런 중 무고의 난이 일어나 태자의 군대가 패하고 황후의 지위를 박탈당하자 자살한다. 선제는 즉위 후 할아버지 유거에게는 여태자, 위자부에게는 사황후思皇后라는 시호를 올려 추존했다.
••• 조첩여趙婕好 : 무제 말년에 무제의 사랑을 받았던 미인. 이름은 알 수 없다. '첩여'는 궁중 여관女官의 명칭이다. 그녀의 미모에 대한 소문을 전해 들은 무제가 그녀를 불러 만나자 그때까지 한 번도 편 적 없는 주먹이 저절로 펴졌다고 한다. 그 손에 옥으로 만든 허리띠 버클 핀(玉鉤)이 들려 있었기 때문에 사람들은 그녀를 주먹부인(拳夫人) 혹은 버클 핀 부인(鉤弋夫人)이라고 불렀다. 첩여로 임명되고, 후에 소제가 되는 유불릉을 낳는다. 『한서漢書』「외척전外戚傳」의 기록에 따르면 유불릉은 임신한 지 14개월 만에 태어났다. 옛날 요임금도 14개월 만에 태어났다는 전설이 있어 무제가 매우 신기하게 여겼다 한다. 게다가 유불릉은 무제를 쏙 빼닮았다. 무제는 무고의 난 이후 유불릉을 태자로 삼고 싶어 했지만 아이가 어리고 어머니가 젊으니 나라가 어지러워질 것이 두려워 주저하였다. 그러다 무제의 질책을 받은 조첩여가 우울증으로 죽자 비로소 태자로 책봉했다. 『한서』의 공식 기록은 위와 같지만 다른 이야기에 따르면 나이 어린 황태자가 즉위한 후 외척이 득세할 것을 우려한 무제가 조첩여를 죽였다고도 한다.

름이었다. 아마도 어릴 적에 병치레를 자주 했던 모양이다. 황제가 되었어도 실권은 여전히 곽광에게 있었고, 황제로서 온전히 권력을 행사하게 된 것은 재위 6년 만에 곽광이 사망하자 곽광의 딸이었던 황후를 폐하고 곽 씨 일족을 멸한 뒤의 일이다.

무제 때 각 경전의 전문가인 오경박사를 두고 박사들이 50인의 제자를 둘 수 있게 했던 조치에 이어, 소제 때는 제자의 수가 100명까지 증원되었다. 이 조치는 유교 국교화의 핵심이라고 할 수 있다. 100명은 대단한 숫자다. 요새도 대학 한 과의 정원이 100명 넘는 곳은 그리 많지 않다. 박사 그리고 그 아래 전공자 100명은 요즘으로 치면 거의 대학 하나에 맞먹는 규모다. 게다가 이들은 황제의 자문 그룹으로 국가의 대소 정책부터 윤리, 도덕, 철학, 예절, 역사 심지어 우주의 구성원리에 이르기까지 당대의 온갖 일에 대한 발언권을 지닌다. 오경박사 및 그 제자 그룹은 베이징대, 도쿄대, 서울대보다도 훨씬 막강한 국가 최고위 국립종합대학이었다.

이렇게 파워가 막강하다 보니 오경의 해석을 둘러싸고 학자들 간에 논쟁이 끊이지 않았음은 자명한 이치. 즉위한 지 23년째 되던 해인 기원전 51년, 선제는 학자들에게 조칙을 내려 오경에 대해 토론하도록 했다. 이런 상황을 정리하기 위한 조치였다. 조칙에 따라 여러 학자들이 석거각石渠閣에 모였다. 석거는 돌로 쌓아 물이 흐르게 한 도랑이다. 저장성浙江省(절강성) 닝보寧波(영파)의 천일각天一閣, 난쉰南潯(남심)의 가업당嘉業堂 장서루 등 중국을 대표하는 개인 도서관은 항상 옆에 연못을 함께 조성했다. 천일각을 모방하여 지은 청나라 황실 도서관도 마찬가지다. 책은 불이 붙기 쉬운 물건이라 화재에 대비하기 위해서였다. 한나라 황실 도서관인 석거각도 마찬가지였을 것이다.

                                    제1부 한자, 어디에서 왔는가

닝보 천일각

    회의 진행방식은 다음과 같았다. 앞에서 말한 것처럼 황제가 조서詔書, 즉 황제 명의로 직접 내리는 명령서를 발표해 학자들을 모으고 경전의 동이同異에 대해 토론할 것을 지시한다.* 학자들이 석거각에 모이면 황문시랑黃門侍郞 양구림梁丘臨이 황제의 질문을 학자들에게 전한다. 그러면 학자들이 그에 대해 각자 의견을 내며 토론을 펼친다. 학자들 중 가장 신망이 두텁고 지위가 높았던 태자태부太子太傅** 소

---

* 석거각회의에 대해서는 그 경위를 전하는 짤막한 기록만 남아 있을 뿐이다. 아쉽게도 석거각회의를 명하는 선제의 조서는 현재 전하지 않는다. 그러나 『후한서』 「장제기章帝紀」에 백호관白虎觀회의를 명하는 장제의 조서가 실려 있어 석거각회의 조서도 비슷했을 것으로 추측할 수 있다.
** 황태자의 교육과 자문을 담당하던 최고위 관직. 태자는 태부에게 스승의 예를 행하였다.

망지蕭望之가 토론 내용을 정리하여 황제에게 보고하면 황제가 친히
답을 선택, 결재했다.

석거각회의의 결과 오경의 세부 학파들에 대해 각각 박사가 세워
져 총 12박사가 갖추어지게 된다. 즉 『역』은 시施, 맹孟, 양구梁丘 등
3학파에 따른 박사 3인, 『시』는 노시魯詩, 제시齊詩, 한시韓詩의 3가家,
『예』의 후씨后氏, 『서』의 구양씨歐陽氏, 대하후大夏候·소하후小夏候씨
등 3가, 『춘추』의 공양公羊, 곡량穀梁 2가다. 이는 기존에 존재하던 경
에 대한 논의의 분화가 국가의 공인을 받게 되었음을 의미한다.

여기서 특히 주목되는 점은 『춘추곡량전』의 박사가 세워지게 된
점이다. 무제 때 세워진 춘추박사는 '공양전'박사였다. 동중서는 공양
학파였으며 무제도 공양전의 설을 선호했다. 석거각회의 때 『공양전』
과 『곡량전』의 차이점에 대한 시비가 분분했는데, 선제는 대체로 『곡
량전』의 설을 많이 따랐다고 한다. 왜일까? 『한서』「유림전儒林傳」하
구강공瑕丘江公 조목에 그 실마리가 실려 있다. 한 무제 때 『춘추공양
전』의 설을 채택하고 태자에게도 『공양전』을 교육했으나 태자는 남
몰래 『곡량전』에 관심을 가졌다는 기록이 그것이다. 선제의 『곡량전』
선호는 할아버지에 대한 정치적 신원이라는 의미도 담겨 있었다.

경전을 둘러싼 논란 2: 아버지와 아들 사이
― 유향劉向과 유흠劉歆 부자

한나라의 창업자 유방은 무식했지만 이복동생 유교劉交는 달랐다.
책 읽기를 좋아했는데 특히 노시 계통의 『시』를 좋아하여 학자들을
우대했다고 한다. 유교는 초한 쟁패기에 유방을 잘 보좌하는 등 공을

세워 초왕楚王으로 봉해졌다. 그런데 그 뒤를 이은 유무는 오초칠국의 난을 일으킨 후 패배하여 자살하고 만다. 경제 때 제후로 봉해진 유교의 다섯 아들 중 유부劉富는 오초칠국의 난 때 유무에게 그러지 말라고 간하다가 유무가 듣지 않자 수도 장안으로 도망쳐버린다. 경제의 아들인 한 무제의 치세가 끝나고 소제가 등극했다. 당시 정권은 온전히 곽광의 수중에 있었다. 이때 누군가 곽광에게 조언했다.

"장군께서도 여 씨 일족이 하는 짓을 보셨겠지요? 권력을 농단하고 종실을 무시하다가 사람들의 믿음을 얻지 못해 끝내 멸망하고 말았죠. 지금 장군의 지위는 높고 황제는 어립니다. 종실의 자제를 조정에 불러들여 기용하세요. 여 씨와 반대로 해야 환란을 피할 수 있습니다."

이때 유부의 아들 유벽강劉辟彊 및 그 아들 유덕劉德이 발탁된다. 유덕은 후에 곽광과 함께 선제를 옹립하는 데 핵심적 역할을 한다. 유덕의 아들이 대학자 유향이다. 유향의 원래 이름은 갱생更生이다. 학문을 좋아했던 그의 집안에는 대대로 책이 많았다. 이런 에피소드가 있다. 선제가 신선술에 관심을 보이자 유향은 아버지가 우연히 얻은 금 만드는 비법이 적힌 책을 진상한다. 그런데 황금이 만들어지지 않자 '위조 황금 주조'의 죄목으로 처벌될 뻔하다 아버지 덕에 겨우 풀려난다. 여하튼 그는 종실의 대표자로서 그리고 저명한 학자로서 선제의 뒤를 이은 원제元帝, 성제成帝 시기에 외척 및 환관 세력의 가장 큰 반대자로 활동하였다. 특히 성제가 즉위한 후 성제의 장인이었던 양평후陽平侯 왕봉王鳳 일족이 권력을 잡자 외척의 전횡을 비판하는 글을 자주 올렸다. 그는 당시 다른 유학자들과 같이 정치가 잘못되면 자연재해가 발생한다는 논거를 사용했다. 정치와 재이의 관계를 설명한 『서』「홍범洪範」 편에 대한 해설서인 『홍범오행전론洪範五行傳論』이나 황후 등 왕실 내 여성들을 경계하기 위해 지난날의 모범적 여성들의 사적을 정리한 『열녀전列女傳』 등을 저술하기도 했다. 학자로서 가장 큰 업적은 황실과 집안에 전해지는 수많은 옛 책들을 수집, 분류, 교감하여 『별록別錄』이라는 도서목록을 편찬한 것이다.

당시의 학문은 통치행위의 근거를 밝히는 '정치이론'으로서의 역할이 컸다. 그래서 유교 경전 연구, 즉 경학經學이 주를 이루었다. 당시 경학의 성격을 이해하기 위해 필수적으로 알아야 할 키워드가 금문今文과 고문古文이다. 금문경학은 금문, 즉 당시에 통용되던 문자인 예서로 쓰인 경전을 근거로 학설을 전개하던 학문 경향을 지칭한다. 금문 경전은 진시황 때 분서를 당해 많은 전적들이 사라진 후, 민간에서 스승과 제자 간에 입에서 입으로 전해지던 유가 경서를 한나라 때 다시 필사한 것이다. 이에 비해 고문 경전은 한나라 이전의 글씨체인 옛 전서체로 쓰인 경전, 즉 진시황의 분서를 거치지 않은 옛 경전을 가리킨다. 대표적으로는 노나라 궁전을 확장하다가 공자의 옛 집 벽에서 발견했다는 이른바 '벽중서壁中書'가 있다. 이렇게만 보면 고문 쪽이 진짜이고 오류가 적을 터이니 그쪽을 따르면 만사 오케이일 것 같지만, 문제는 그리 간단하지 않다. 진위 논쟁에 휩싸인 책은 오히려 고문 경전 계통이 더 많다. 『주례』에 대해서는 유흠이 위조했다는 설이 팽배했고, 『서』 중에서 고문으로 쓰인 부분들은 청나라 때 학자들의 고증을 통해 위작으로 판명되었다. 금문경학을 대표하는 『공양전』과 『곡량전』, 고문경학의 『좌전』은 사실 『춘추』에 대한 해석의 차이다. 또한 『시』의 노, 제, 한 삼가시三家詩와 고문파인 모시毛詩*도 주석의 차이

• 모시 : 모형毛亨과 모장毛萇에 의해 전해진 『시경』의 주석.

　　　　　제1부 한자, 어디에서 왔는가

에 불과하다. 이렇게 볼 때 금문경학과 고문경학의 구분은 경전 자체의 차이보다도 '시각'의 차이에서 생겼음을 알 수 있다. 두 학파의 대결은 문헌학자들 간의 충돌이 아닌 정치철학자들 간의 갈등이었다.

학자로서 그리고 종정*으로서 고군분투했지만 유향은 외척의 득세를 막을 수 없었다. 그가 죽고 난 후 13년이 지나 왕봉의 조카인 왕망王莽이 결국 제위를 빼앗고 신新나라를 세우게 된다. 이때 왕망의 이데올로그로 크게 활약한 사람이 아이로니컬하게도 유향의 셋째 아들 유흠劉歆이다.

왕망은 영민한 정치가였다. 왕 씨 집안의 세력과 함께 그에 대한 반발도 커지자 항상 공손한 태도로 종실을 우대했다. 왕 씨의 가장 강력한 비판자였던 유향의 아들을 천거하여 아버지의 유업을 이어받아 오경을 정리하고 도서목록인 『칠략七略』을 저술하도록 돕기도 했다. 『곡량전』에 정통했고 자연재해와 통치의 관계를 설명하는 재이론災異論을 펼쳤던 유향은 기본적으로 금문학자였다. 그에 비해 아들인 유흠은 『공양전』이나 『곡량전』보다는 공자를 직접 만났던 좌구명左丘明이 저술한 『좌씨전』이 더 우월하다고 여겨서 유향을 곤란하게 만들었다. 앞에서도 보았지만 『공양전』과 약간 다른 『곡량전』이 제도화되는 데도 얼마나 많은 우여곡절이 필요했던가. 그러니 둘과 완전히 성격이 다른 『좌씨전』을 옹호했던 고문파 유흠이 당대 학자들에게 얼마나 배척을 받았을지는 짐작하고도 남는다. 당시 유흠이 자신의 입장을 변호하고 다른 학자들을 비판하며 쓴 편지가 지금도 전해진다.**

---

* 종정宗正 : 왕실의 대표.
** 『한서』 「초원왕열전楚元王列傳」 유흠 조에 수록된 〈이태상박사서移太常博士書〉.

　　종실의 대표자이자 외척의 강력한 비판자였던 유향의 아들이지만 기존 학자들과 판이하게 다른 학설을 지니고 있었던 유흠. 현실적으로 가장 강한 힘을 소유하고 있었지만 유 씨의 나라에서 자신의 뜻을 마음대로 펴기에는 한계를 느끼던 왕망. 이 둘은 서로가 필요했다. 왕망이 황제가 되어 '새' 나라를 세우자, 유흠은 국사國師가 되어 자신의 뜻을 펼친다. 유흠과 왕망은 새 나라의 설계도를 고대 주나라 체제를 담은 『주례』에서 찾고자 했다. 당대의 소수파이자 개혁가였던 '외로운 고문파' 유흠과 왕망은 재이론에 기댔던 금문파와 달리, 정연한 시스템을 갖춘 국가를 꿈꾸었다. 그러나 그들의 꿈은 이루어질 수 없었다. 개혁적 이론가와 왕실의 계승자 사이에서 유흠이 끝내 '유 씨'로서의 정체성을 선택했기 때문이다. 유흠은 왕망을 살해하려다가 발각되자 자살한다. 왕망도 반란 세력과의 전쟁에서 패배하여 죽고 신나라도 멸망하고 만다. 한나라는 현재의 허난성河南省(하남성) 지역의 군벌이었던 유수劉秀에 의해 재건된다. 이 사람이 광무제光武帝이며, 그가 계승한 한나라가 후한後漢이다.

경을 둘러싼 논란 3 : 백호관白虎觀회의와 후한의 경학

　　백호관회의는 서기 79년 후한의 세 번째 황제인 장제章帝의 명령에 의해 낙양 궁궐의 부속 건물인 백호관에서 개최된 경학 관련 세미나이다. 회의 형식은 앞서 본 전한의 석거각회의와 대동소이했다. 그러나 석거각회의가 간략한 기록만 남아 있는 데 비해 백호관회의는 회의의 결과가 한 권의 책으로 정리되어 남아 있다. 후한의 학자 반고班固가 정리한 『백호통의白虎通義』란 책이다. 이 책에는 토론 과정은 실려 있

　　　　　　　　　　　　　　　　　제1부 한자, 어디에서 왔는가

지 않고, 황제가 추인한 결론만 정리되어 있다.

『백호통의』는 백과사전 비슷한 체제다. 오행五行과 성인聖人 등 사상적 개념, 예악禮樂과 오형五刑 등 각종 체제, 천지·일월日月과 같은 자연현상 등 43가지 항목에 대한 해설이 수록되어 있다. 각 항목의 해설은 그 말의 뜻과 유래 및 현실적 의의를 중심으로 전개되는데, 철저히 경전에 근거하고 있다. 세계와 사회를 어떻게 보아야 하는지에 대해 당대 최고 학자들이 내린 결론을 모은 책이니, 한나라의 사상을 이해하는 데는 필수불가결한 저작이다. 모든 것을 한데 모아 설명하는 대통일이론을 세우려 했고 그 이론은 '경전'에 근거해야 한다고 믿었다는 점에서 이 책은 한나라 금문경학의 집대성이다.

그런데 당대의 유가 경전은 '오경'이었고, 그 해석을 다 합친다 해도 열 몇 종에 지나지 않는다. '세상의 모든 것'에 대한 근거가 이 범위 안에 다 수록되어 있을 리 만무하다. 그래서 당대의 학자들은 '경서' 못지않게 '위서'에도 많이 의지했다. 이 '가로줄 책'은 '세로줄 경전'만큼 확실한 근거가 있는 것은 아니지만, 어쨌든 '설명'은 제공해주니까 말이다.

이렇게 되자 거대한 비효율과 부조리가 발생하게 된다. 어떤 한 제도, 한 개념을 이해하기 위해 근거가 확실하지도 않은 방대한 분량의 언설이 동원되었기 때문이다. 금문학의 날조와 견강부회에 대해 당대인들도 서서히 '이건 문제가 있다'고 생각하기 시작한다. 게다가 시대가 완전히 바뀌었다. 거대 통일이론이 붙어서 먹고살 수 있었던 강력한 황제권은 이제 사라졌다. 후한은 호족豪族, 즉 막강한 지방 귀족들이 득세하던 시대다. 『백호통의』는 후한 대에 만들어졌지만 전한의 사상을 담고 있다.

후한 대에는 고문경학이 점차 세력을 확장해갔다. 고문경학은 그 이름에 걸맞게 고증을 중시하는 경향이 뚜렷했다. 후한 말에 출현한 정현鄭玄의 학문이 이를 대표한다. 그는 금문경학도 받아들였지만 주로 고문경학의 입장에서 경전을 정리했다. 그의 경전 주석은 지금도 전한다. 『시』와 『예』 등의 경전에 대한 정현鄭玄의 전箋은 『십삼경주소』 안에 수록되어 있다. 이 경전을 전공하는 사람들이 지금도 반드시 참고하는 주석이다.

또 한 사람 빼놓을 수 없는 인물이 『설문해자』의 저자 허신許愼이다. 당시 허신의 별명이 오경무쌍五經無雙 허숙중許叔重이었다. 숙중은 그의 자字다. 금문경학자들은 어떤 한 개념을 설명하기 위해 경전의 한 구절에 집착하여 막대한 양의 언설을 쏟아냈다. 이와 반대로 허신은 방대한 목록학을 바탕으로 모든 경전에 통달했던 유흠 이래의 고문경학 전통 위에 서서, 한 글자 한 글자에 대한 고증을 쌓아올려 거대한 한자의 우주를 구축했다. 허신의 위대한 사전 『설문해자』는 한나라를 넘어서 중국의 한자문화를 대표하는 저작이다.

이상이 '문명의 기준, 경經'을 둘러싼 한나라 당시(今) 옥신각신의 전말이다. 한자문화의 기준은 그리 간단히 성립된 게 아니다. 400여 년에 걸쳐 무수한 학자들의 논란 끝에 나온 것이다. 게다가 이게 끝이 아니다. 한나라의 경학은 경학사 전체에서 지극히 일부분일 뿐이다. 청나라 건륭제의 명으로 편찬된 『사고전서四庫全書』는 총 네 개 부문으로 이루어져 있는데, 그중 경부經部, 즉 경학 관련 저술에 수록된 책만 모두 788종이다. 수록되어 있지 않은 저서까지 감안하면 역대로 경전에 관한 주석 및 관련 저술이 얼마나 많았는지 가늠할 수 있다.

거대 이론에서 텍스트 분석에 기초를 둔 고증으로. 이것이 한나라

경학사의 전체적 흐름이었다. 그러나 시간이 흐를수록 경학은 점차 '학문의 왕'이라는 지위를 누리기 힘들게 되었다. 제왕에서 호족으로 그리고 개인에 대한 자각으로, 사회도 문화도 그렇게 흘러가며 거대 이론이 설 자리는 점차 줄어들어갔다. 한나라도 끝을 보이고, 이제 개인의 지식과 감수성을 뽐내는 '문학'의 시대가 도래한다. 삼국시대 그리고 위진남북조시대가 온 것이다. 그러나 시대의 페이지를 넘기기 전에 다시 한 번 한자의 역사로 돌아가보고자 한다. 한나라의 한자는 어떤 모습이었을까?

비碑. 〈형방비衡方碑〉 제액題額 중에서. 후한後漢 건녕建寧 원년(168년)

碑
비

돌 위에 새긴 영원의 소망, 한나라 예서

돌에 새긴 글씨의 시작

돌 위에 글씨를 새긴다는 발상은 대체로 전국시대 중반 즈음 나온 듯하다. 지금까지 전해지는 것 중에서 가장 오래된 유물은 〈석고문石鼓文〉이다. '돌 북'이란 이름은 모양이 북 비슷하게 생겨서 붙여진 것이다. 모두 열 개의 돌덩어리로 구성되는데, 자연석에 약간의 손질만 가해 다듬었기 때문에 모양은 각기 조금씩 다르다. 둥근 원통형에 가까워 '북'이라고 했지만, 어떻게 보면 확이 파이지 않은 돌절구처럼 보이기도 한다. 석고는 산시성陝西省(섬서성) 바오지시寶鷄市 부근에서 발견되었는데, 전국 시기 중기 진秦나라에서 만들어진 것으로 추정된다.

석고

석고는 당나라 때부터 이미 유명한 유물이었다. 당나라의 저명한 문인 한유韓愈가 〈석고가石鼓歌〉라는 시를 지었을 정도다. 한유는 한문학 사상 몇 손가락 안에 꼽히는 유명한 문장가다. 한유의 명성으로 인해 이 돌 북은 더욱 유명해졌다.

〈석고문〉은 왕의 사냥을 찬미하는 내용의 시다. 네 글자가 한 구를 이루는 4언시四言詩로 『시경』의 시와 체제가 매우 흡사하다. 앞서 이야기했다시피 『시경』은 경, 즉 문명의 날줄이 되기 이전엔 그저 '시'라고 불렸다. 『시』는 중국에서 가장 오래된 시이자 최고의 권위를 지닌 문학작품으로 그야말로 '시 중의 시the Poem'였다. 그러니 경전의 권위에 대한 경외감이 체화되어 있던 한자문화권의 옛 지식인들에게 석고에 새겨진 시가 준 숭고의 충격은 호박 속에 든 곤충을 꺼내 만져보는 고생물학자의 경외감에 못지않았으리라.

글씨는 주周나라 이래 글씨체의 특성을 잘 간직하면서도 장식 없이 중후하고 질박한 맛을 풍긴다. 아울러 모든 글씨가 비슷한 크기를 지녔고, 여러 글씨에 공통적으로 나타나는 요소(隹나 魚 등 한자를 구성하는 요소)의 모양을 통일시키려는 경향이 엿보인다. 이는 서주西周시대 글씨와 통일 진 제국의 소전체를 잇는 과도기적 특성이다. 이런 면에서 이 글씨체를 소전체의 선구가 된다는 의미로 대전大篆이라고도 부른다.

글자는 판독하기 어려워도 도장 등에 흔히 사용되는 전서篆書의 할아버지뻘이 된다는 것쯤은 알 수 있는 형상이다. 글씨는 상당히 고졸한 맛을 풍긴다. 내용을 파악하기는 힘들지만, 고전 중의 고전이자 문학의 '경'인 『시경』과 흡사한 풍의 내용인 듯하다. 게다가 한유도 이를 주제로 시를 짓지 않았던가.

　　이래저래 옛 문인들이 혹할 만
한 요소는 두루 갖추었다. 하지만
이런 배경 지식 없이 바라보아도
이 돌들은 충분히 사람의 눈길을
끈다. 높이와 지름이 각각 약 70
센티미터인 묵직한 돌덩이에 새겨
진 4~5센티미터의 큼직하고 예
스러운 글씨는 자연스레 드넓은
고원을 배경으로 사냥감을 쫓아
마차를 내달리는 진나라 무사의
기상을 연상케 한다.

　　진나라의 정체성이 더욱 뚜렷
이 드러나 있는 유물로는 〈저초

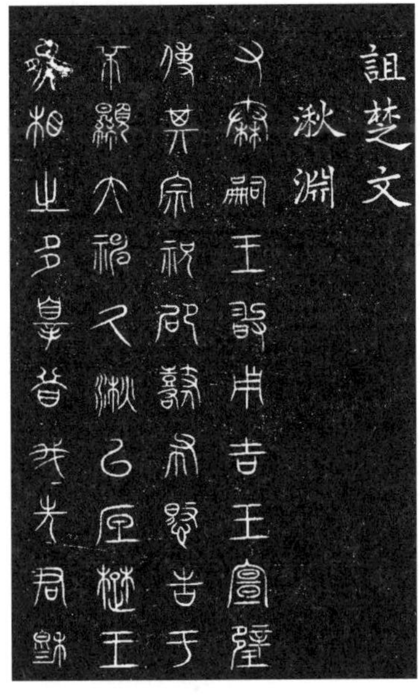

〈저초문〉 중 〈대침궐추문〉

문詛楚文〉이 있다. 〈저초문〉은 '초나라를 저주하는 글'이라는 뜻이다.
〈무함문巫咸文〉, 〈대침궐추문大沈厥湫文〉, 〈아타문亞駝文〉이라는 세 개
의 글로 구성되는데, 기원전 313년 진나라 혜문왕惠文王이 무함이라
는 신 그리고 추와 아타라는 강의 신에게 초나라 왕의 죄상을 고하
고 저주하면서 자신들의 승리를 기원하는 내용이다. 세 글 모두 내용
은 대동소이하며, 기도의 대상만 다를 뿐이다. 글이 새겨져 있던 원래
돌은 현재 전하지 않고 후대의 탁본만 전해지고 있다. 원래 모습을 알
수 없다는 점이 아쉽지만, 어쨌든 글씨를 돌에 새기는 행위가 당시에
분명히 존재했음을 잘 알 수 있는 자료가 된다.

돌에 새긴 글씨의 확립

글씨를 돌에 새긴다는 것에는 어떤 의미가 있을까? 글의 내용은 차치하더라도 청동 그릇과 석고를 나란히 놓고 전체적인 모습을 한 번 살피는 것만으로도 둘의 차이는 단박에 드러난다.

혹시 그릇의 글씨가 보이는가? 당연히 보이지 않을 것이다. 청동기의 명문은 그릇 안쪽에 있다. 사람들에게 보이기 위한 것이 아니기 때문이다. 왕이 나를 제후로 봉해주고 나에게 봉토와 물건을 하사한 것을 기념하려 자자손손 사용할 제사 그릇에 새긴 나만을 위한 글씨다. 글씨는 그릇을 사용하는 사람만이 볼 수 있고, 제사에 참여하지 않는 다른 사람, 즉 '우리 집안 식구'가 아닌 남은 볼 필요가 없었다. 갑골문도 마찬가지였다. 갑골문은 왕과 신 사이에 이루어진 소통의 기록이었다. 점치는 데 사용한 뼛조각 혹은 거북 배딱지는 점을 친 정인,

서주西周 중기 궤簋 및 명문의 탁본

제1부 한자, 어디에서 왔는가

점괘를 해석한 왕 그리고 왕의 측근만 취급할 수 있었다. 물론 당연히 이 시대에도 행정이나 기타 필요에 의해 죽간 등에 쓰인 글씨는 유통되었을 것이다. 그러나 가장 정통적인 매체에 쓰인 국가의 정서체는 어디까지나 '이너 서클'에 속한 사람들만이 볼 수 있었다.

그래서 갑골문과 금문은 크기도 작다. 앞서 소개한 무정 시기 글씨는 그래도 보기에 좀 시원시원한 편이지만, 갑골문 중엔 돋보기를 대고 들여다보아야 겨우 보일 만큼 작은 것도 많다. 금문도 대체로 1센티미터 내외다. 그러나 〈석고문〉은 4~5센티미터로 훨씬 크다. 게다가 돌의 '겉면'에 새겨져 있다. 이런 면만 보아도 〈석고문〉이 사람들에게 널리 드러내 보이며 기념하고 칭송하기 위한 글씨였음을 넉넉히 짐작할 수 있다.

〈석고문〉, 〈저초문〉, 〈공승득수구각석公乘得守丘刻石〉 그리고 편경에 새겨진 명문 등 전국시대 때 돌에 새긴 글씨의 예는 몇몇 전해지고 있다. 그러나 사람들이 널리 볼 수 있게 돌에 글씨를 새긴다는 제도가 확립된 것은 진시황 때였다. 그러니까 '모놀리스monolith(돌기둥)'를 인류에게 전해준 이는 바로 진시황이었던 것이다!

그의 돌은 스케일이 달랐다. '최초의 황제'의 돌 글씨는 세상 모든 사람들에게 보이기 위한 것이었다. 그는 자신의 위대한 공적을 지상의 모든 사람들에게 보여 영원히 남기려 했다. 그런 목적이라면 돌이 최적이다. 널찍한 평면을 얻기도 쉽고, 단단하여 오래가니까. 새기기 적당한 큰 돌을 골라 다듬는 일이 만만하진 않지만 그래도 금속을 주조하는 것에 비할 바 아니다. 게다가 큰 돌에 대한 외경은 저 옛적 구석기시대로부터, 아니 어쩌면 유인원 시절에서부터 전해 내려와 인류의 문화적 DNA에 깊이 아로새겨진 유서 깊은 감정이 아니던가. 진시황은 전국 일곱 군데 명산에 글씨 새긴 돌을 세웠다. 이에 대한 기록은 『사기』「진시황본기」에 상세히 나와 있다. 그중 〈낭야대각석琅邪臺刻石〉은 일부분이나마 지금도 전해지고 있다. 또 〈태산각석泰山刻石〉도 본문은 아니지만 뒤에 덧붙인 이세황제의 조詔 부분이 남아 있다. 모두 진시황의 핵심 브레인 이사李斯의 글씨다. 이 돌들은 모두 비碑의 원형에 해당한다. 그러나 당시까지는 아직 '비'라는 이름이 없었다. 그저 글씨 새긴 돌(刻石, 각석)로 불릴 뿐이었다.

'비'라는 이름의 돌

방귀깨나 뀐다는 집안의 무덤에 가보면 지금도 비석을 쉽게 볼 수 있다. 현재와 같은 비의 형식이 확립된 시기는 대략 당나라 때다. 그러나 어떤 개인을 기려 비를 세우는 관습의 유래는 후한시대로 거슬러 올라간다.

현재의 비는 크게 대좌, 비신, 이수의 세 부분으로 구성된다. 대좌는 받침돌인데, 대개 거북 모양으로 만들었기 때문에 귀부'龜趺라고 부른다. 비신碑身은 비의 본문이 새겨져 있는 부분으로 반듯하게 다듬어진 직사각형 몸체를 말한다. 이수螭首는 비신 위에 얹는 돌로, 교룡(螭)들이 서로 얽혀 있는 모습이 조각되어 있는 경우가 많다. 비의 제목은 대개 전서로 썼기 때문에 전액篆額이라고 부르는데, 원래 이수 부분에 따로 새겼지만 후대에는 대체로 비신 위쪽에 두었다.

조선시대에는 비를 세우는 데 엄격한 규정을 두었다. 종2품 이상 고관의 무덤에만 세울 수 있었고, 그 아래 직위는 갈碣을 세웠다. 갈과 비의 가장 큰 차이는 이수의 여부다. 갈은 이수를 올리지 않고 대

〈공주비孔宙碑〉

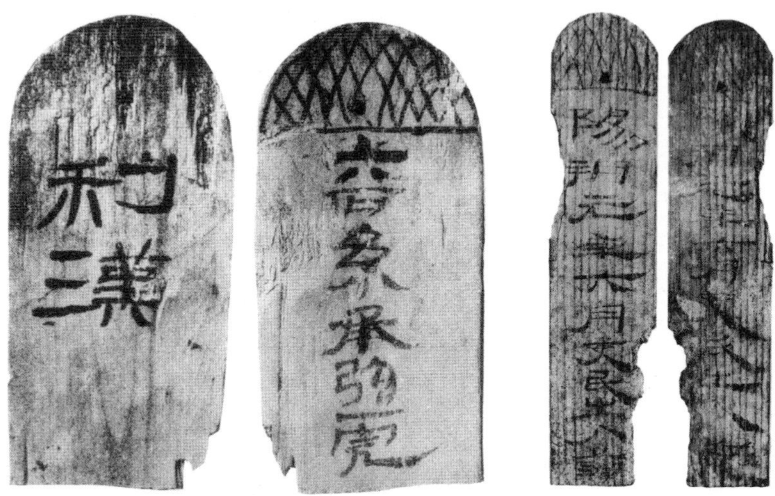

갈碣의 예. 돈황한간敦煌漢簡(좌)과 거연한간居延漢簡(우) 중에서.

부분 비신 윗부분을 둥글게 처리하거나 간단한 지붕돌을 얹는 정도에 그친다. 대좌도 귀부처럼 화려한 형식이 아니라 간략한 받침돌로 대신했다.

그러나 원래 비와 갈 사이에 명확한 구분이 있었던 것은 아니다. 그저 위가 둥근 것은 갈, 모난 것은 비라고 했는데, 후한 이후 묘비墓碑가 크게 유행하면서 대체로 정식의 것은 '비', 형식을 갖추지 못한 것은 '갈'이라고 부르게 되었다. 후한 때 비를 보면 위가 둥글게 처리된 것도 많다.

비와 갈은 어디서 기원한 것일까? 『예기』에는 두 종류의 비가 등장한다. 하나는 제사에 쓸 희생 동물을 매어놓는 돌기둥이고, 다른 하나는 매장할 때 관을 무덤구덩이로 내리는 데 쓰는 도르래를 설치하는 기둥이다. 후자는 후한 경학가 정현의 해석이다. 그는 어째서 이런

210

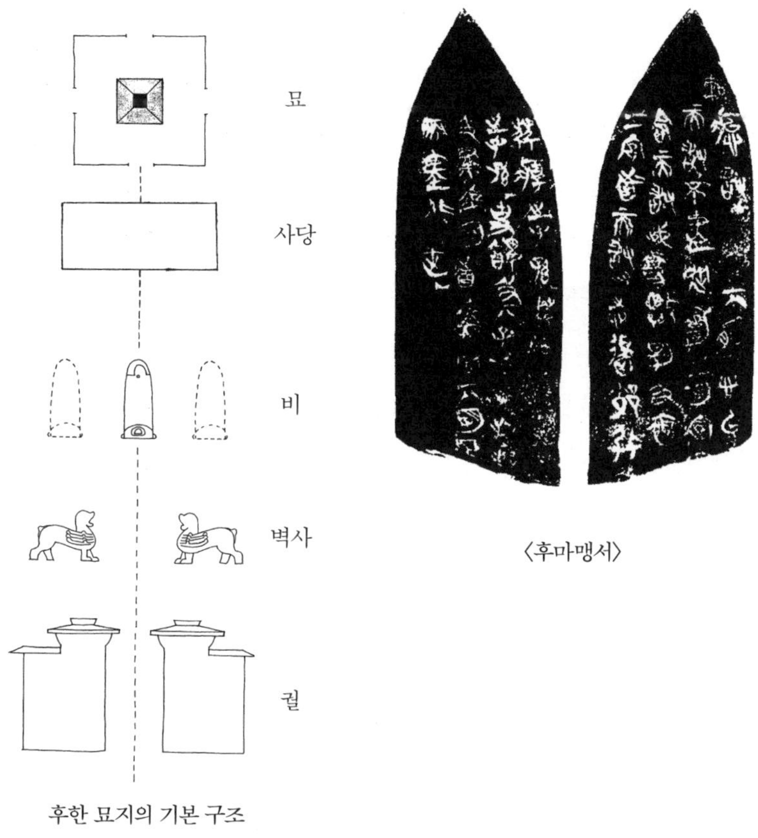

후한 묘지의 기본 구조

〈후마맹서〉

생각을 했을까?

한나라 때 비에는 대개 구멍이 뚫려 있었다. 전문용어로는 천穿이
라고 하는데, '천'은 '뚫다', '구멍'의 뜻이니까 우리말로는 그저 '구멍'
이라 불러도 무방하겠다. 정현은 이것을 도르래 축을 끼우는 구멍으
로 본 것 같다. 정현은 손꼽히는 주석가이자 당대 제일의 학자였으므
로 터무니없는 소리를 할 사람이 아니지만, 비라는 게 원래 정말 그랬
던 것인지 실상은 알 길이 없다. 그건 그렇다 치고, 이 구멍은 또 어디

서 온 것일까?

갈楬이라는 게 있다. 원래 죽은 사람의 무덤가에 이름을 써서 세운 나무판이었다.* 갈은 남아 있는 게 없다. 그런데 종류가 조금 다른 소형의 '갈'이 있었다. 이 갈은 종이가 없던 시대에 글씨 쓰는 용도로 썼던 나무쪽의 일종인데, 지금도 전해지는 게 있다. 그 형태를 보면, 위가 반원형으로 둥글고 몇 줄 쓸 수 있는 정도의 너비다.

갈의 위쪽 반원형 부분에는 그물 모양의 빗금이 쳐져 있고, 가운데에는 구멍이 뚫려 있다. 이 구멍은 당연히 끈을 꿰어 다른 나무쪽과 함께 엮어 매는 용도였을 것이다. 무덤가에 세우던 '갈'도 비슷한 모양이 아니었을까? 나무 갈楬을 돌로 만든 것이 바로 갈碣이다. 후한시대의 묘비 중엔 이 나무쪽 갈과 매우 유사한 형태를 지닌 것이 있다.

그런데 끈으로 꿸 일도 없건만 한나라의 비에도 이 구멍이 존재한다. 일반적인 비의 위치로 볼 때 정현의 설명처럼 관을 내리던 도르래 축을 끼우는 데 썼을 리도 만무하다. 저 구멍은 어떤 실용적 용도를 위해 뚫은 것이 아니다.

후한의 비 중에는 위쪽이 세모꼴로 삐죽한 모양인 것도 많다. 이런 모양의 기원은 옥으로 만든 규圭에 있다. 전통적으로 옥규玉圭는 상서로운 기물로 존중받았다. 〈후마맹서〉**는 맹세와 축도의 말을 규 모양

---

* 『주례周禮』「추관秋官」"길에서 죽은 사람이 있으면 그 자리에 묻게 하고 갈楬을 세웠다. 그가 죽은 날짜를 쓰고 입던 옷을 걸어두었다. 그의 물건은 해당 지역 관리에게 맡겨 유족을 기다리게 했다.(若有死於道路者, 則令埋而置楬焉, 書其日月焉, 縣其衣服, 任器于有地之官, 以待其人)"

** 후마맹서侯馬盟書 : 1965년 산시성山西省 허우마시侯馬市(후마시)에서 출토된 맹서문. 옥이나 돌 조각에 붓으로 붉은 글씨(일부는 검은색)를 썼다. 약 5,000여 점의 유물 중 글씨를 식별할 수 있는 것은 대략 600여 점이다. 춘추 혹은 전국 시대 진晉나라에서 쓰인 것으로 추정된다.

〈백석신군비〉

옥종

옥돌에 쓴 유물이다.

한나라의 규 모양 비는 이 옥규를 거대화한 것이다. 상서로운 기물, 신의 힘이 깃든 규의 뾰족한 끝은 신이 계신 곳, 즉 하늘 위를 향하고 있다. 가뜩이나 천인감응설天人感應說을 신봉했던 한나라 사람들이 산처럼 뾰족한 비의 윗부분을 보면서 무엇을 상상했을지 알 만하다.

추사 김정희의 〈명선茗禪〉에서 언급된 〈백석신군비白石神君碑〉를 보자. 제명題名이 새겨진 저 '산등성이'를 따라 천상에서 용과 우인羽人(신선)이 내려오고 있다.

이렇게 볼 때 한나라 비의 저 '구멍'도 실용적 용도보다는 어떤 상징적 의미를 갖는다고 보는 편이 합리적이다. 선사시대로부터 중국에는 구멍이 뚫린 옥기가 무척 많았다. 대표적인 것이 옥종玉琮이다. 종琮은 바깥 면이 네모지고 가운데 둥근 구멍이 뚫린 형태다.

 　　　　　　　　　　　　제1부 한자, 어디에서 왔는가

천원지방天圓地方, 즉 '하늘은 동그랗고 땅은 네모나다'는 사고방식은 중국적 우주관의 전형이다. 옥종의 뻥 뚫린 구멍은 천지를 관장하는 신의 통로가 아닐까? 그리고 한나라 비의 저 구멍은 비문을 읽으며 조상의 행적을 떠올리고 있는 후손들과 조상신 간의 통로가 아니었을까?

한나라 비, 글씨의 멋

갑골문처럼 뼈나 거북 껍데기에 새겼건, 금문처럼 진흙 모형에 새긴 후 청동 그릇으로 주조했건, 진시황의 각석처럼 돌에 새겼건, 역대의 정서正書, 즉 '공식 글씨'는 모두 딱딱하여 오래가는 매체에 '새긴' 것이다. 그렇다면 당시 사람들은 모든 글씨를 새기기만 하고, 쓰지는 않고 살았을까? 당연히 일상적으로 글씨를 쓰면서 살았을 것이다. 새기는 것보다는 붓으로 쓰는 게 훨씬 간편하고 실용적이니까. 붓은 갑골문 시절에도 존재했다. 그리고 붓으로 쓴 글씨는 뼈나 청동이나 돌과 같은 '기념을 위한 공식 매체'가 아니라 댓조각(竹簡, 죽간)이나 나뭇조각(木簡, 목간) 같은 '일상적 매체' 위에 쓰였다. 기념은 오래 남고 일상은 곧 사라지는 법이다. 죽간이나 목간의 글씨는 썩기 쉬우므로 예전에는 보기 힘들었다. 그러나 20세기 이후 고고학의 발달로 지금은 전국시대 죽간 유물도 쉽게 찾아볼 수 있다. 전국시대의 진나라 혹은 초나라 죽간의 글씨는 기본적으로 당대의 공식 서체인 전서체 금문과 크게 다르지 않다. 붓으로 쓰인 글씨만의 독자적 조형 언어는 전국시대 말부터 서서히 발달하기 시작하여 한나라에 들어와 크게 성행했다. 바로 예서隷書다. 예서는 공식 서체인 전서체가 쓰기 좋게 간략

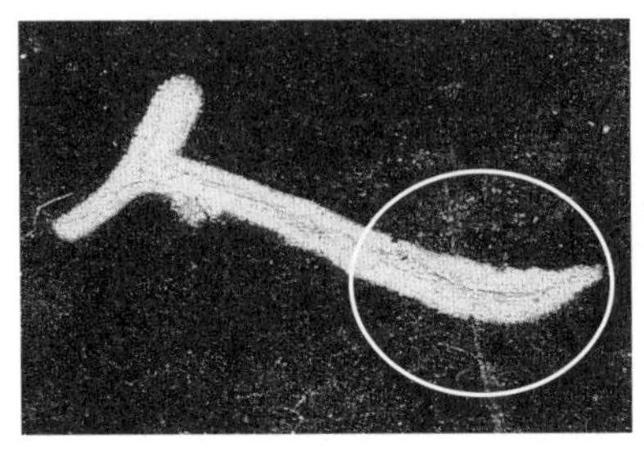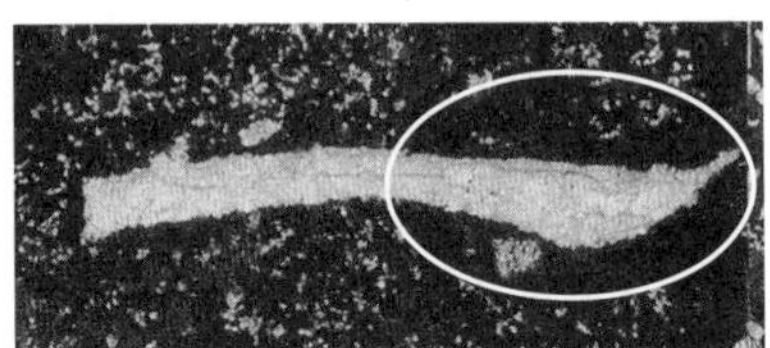

파임의 예. 〈조전비〉(좌)와 〈을영비〉(우)

화된 것이다.

　예서는 한나라를 대표하는 '한의 글씨'로 후한시대 비의 흥기와 함께 절정기를 맞이했다. 예서는 쓰인 매체 및 형태에 따라 대체로 세 가지로 나뉜다. 죽간이나 목간에 쓰인 예서는 간예簡隸다. 붓의 느낌을 잘 살린 서체다. 고예古隸는 자연석에 새긴 예서다. 후한 대에 극성기를 맞이한 예서에 앞서 존재했다. 자연석에 새겨져 '고졸'한 맛을 풍기기에 고예라 부른다. 팔분체八分體는 후한 대의 비에 새겨진, 극도로 발전한 예서다. '팔분'이라는 이름의 유래에 대해서는 여러 설이 있다. 옛 글씨체인 전서가 8푼(八分), 신체新體인 예서가 2푼(二分)이라서 팔분이라고 했다는 설, 팔八 자 모양처럼 좌우로 벌어진 파임이 있기 때문이라는 설, 글자 비율이 가로로 긴 직사각형―정사각형의 80%인 직사각형(八分四方)―이라서 팔분이라고 불렀다는 설 등 여러 가지가 있지만 정설은 없다. 이름의 유래야 어찌 되었건 팔분체 예서는 후한 시대 비의 흥성과 함께 크게 유행했다.

　후한 대의 비는 서기 140년대에서 180년대에 이르는 시기에 집중적으로 세워졌다. 환제桓帝와 영제靈帝에 해당하는 시기다. 외척인 양기梁冀가 실각하고, 청류당淸流黨으로 불린 지방 호족 출신 지식인 일

216

파와 환관 세력이 치열한 정치투쟁을 벌이던 때다. 청류당은 두 차례에 걸친 '당고의 옥'*을 거치며 적어도 중앙정치투쟁에서는 처절하게 패배했다. 그러나 청류의 대두는 이미 거스를 수 없는 시대의 대세였다. 이는 조선시대 역사를 떠올리면 쉽게 이해할 수 있다. 조선 초기에 태종과 세조의 쿠데타로 탄생한 수많은 공신들이 기득권을 형성하고 있었기에 성종 이후 대두한 재지在地 사림파는 연산군, 중종, 인종, 명종 시기에 사화士禍라는 혹독한 시련을 겪었다. 하지만 사림은 차차 세력을 확장하여 선조 이후에는 역사의 주역이 되었다. 청류도 그랬다. 당고의 화 이후 후한 말부터 삼국시대를 거치며 중앙에서 확고한 위치를 굳혔고, 진晉나라와 남북조의 남조 여러 나라에서 역사의 주역으로 올라섰다.

중앙정치 무대에서는 패배하였어도 환제·영제 시기에 지방에서는 이미 확고한 지위를 갖고 있었다. 이 시기 발달했던 '비'는 청류인 재지 귀족의 공덕을 널리 알리는 선전탑이었다.[1] 한나라 이전에는 우주의 주인이었던 진시황이나 세울 수 있었던 기념비가 한나라 말에 이르러서는 이제 집안과 개인 차원에서도 세울 수 있는 것이 되었다. 이 기념비에는 '한나라의 문자', 당대(今)의 문자인 예서체가 새겨졌다. 우

• 당고黨錮의 옥獄 : 후한 말기에 일어난 청류당 탄압 사건. 제1차 당고의 옥은 환제 때인 서기 166년, 제2차는 영제 때인 169년에 발생했다. 166년 환관 일파는 자신들을 비판하던 청류당 200여 명을 투옥했다가 향리로 돌려보내고 금고禁錮 처분을 내린다. 영제가 즉위하고 두태후竇太后가 섭정되자 실권을 잡은 외척 두무竇武는 당인黨人의 금고를 해제하여 청류당과 함께 환관 세력을 일소하려 한다. 그러나 사전에 계획이 누설되는 바람에 도리어 환관들의 반격을 받게 되자 두무는 자살하고 청류당 100여 명은 죽임을 당하고 600~700명은 처벌을 받는다. 두 차례의 당고에 의해 청류당은 철저히 탄압받아 해체되고, 이후 중앙정치에서 환관의 전제가 확립된다.

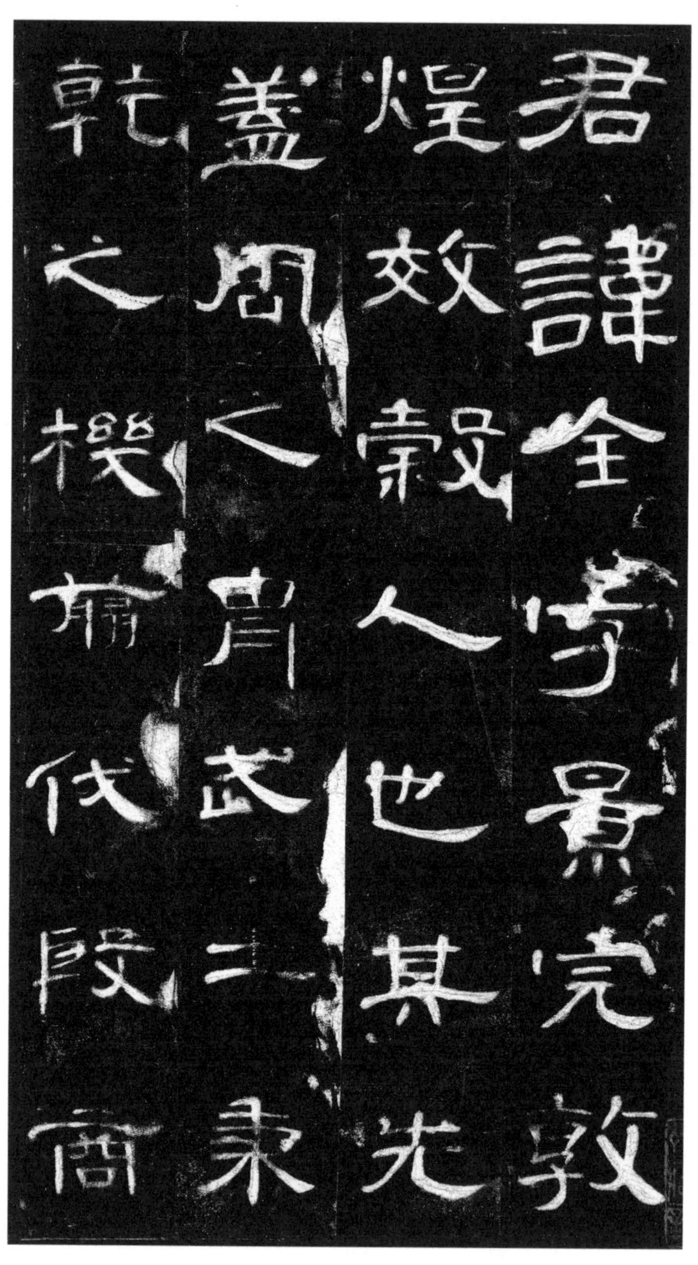

〈조전비〉

君　諟　惡　守　公　方
陳　留　己　吾　人　也
君　坐　先　出　自　有

〈장천비〉

뚝 솟은 비로 '청류'를 헌창하고자 했던 기념비적 문자로 실용적이거나 고졸한 예서는 어울릴 수 없었다. 그렇기에 예서의 화려한 변신체인 팔분체가 채택되었다.

수많은 멋진 한비漢碑가 있지만, 여기서는 대조적인 필치를 지닌 두 비를 보기로 한다.

〈조전비〉는 영제 중평中平 2년인 185년에 세워진 비로, 조전曹全이란 사람의 공덕을 칭송하는 내용이다. 이 비는 무엇보다도 유려한 아름다움으로 유명하다. 〈조전비〉의 글씨는 유려함, 화려함, 우아미의 극치다. 가로획 그리고 오른쪽 아래로 뻗은 획의 파임이 글자 구성의 주인공을 차지하고 있어 자연적으로 글자도 전체적으로 가로로 긴 형태다. 팔분체의 발전은 모필로 쓴 예서의 멋을 돌에 정착시켜간 역사다. 이런 경향은 육필의 맛을 그대로 정착시킨 〈조전비〉에서 절정을 맞이했다. 죽간이나 목간에 모필로 쓴 획의 멋을 정착시키려 한 예는, 좀 극단적으로 과장되게 나타나기는 했지만 〈심부군신도궐沈府君神道闕〉의 가로획에서도 확인할 수 있다. 〈장경조토우비張景造土牛碑〉의 세로획도 마찬가지다. 이런 경향들이 발전을 거듭하여 〈조전비〉의 저 유려한 글씨로 매듭을 맺게 되었다.

우아하고 유려한 〈조전비〉의 반대쪽 극단에 〈장천비〉가 있다. 이 비는 186년에 세워졌다. 〈조전비〉와 동시대의 것이다. 장천張遷이란 사람이 다른 지방으로 영전해갈 때 옛 아전들이 장천의 덕을 칭송하며 세워준 송덕비다. 이때의 '옛 아전들'이란 재지 호족층이다. 그리고 그들이 칭송한 관리의 관인寬仁한 덕이란 곧 자신들 호족의 사회적 위치를 존중해주는 덕을 가리킨다. 청류의 덕은 재지 호족층의 이해와 잘 맞아떨어졌다.

제1부 한자, 어디에서 왔는가

(좌)〈심부군신도궐〉 서궐西闕
(우)〈장경조토우비〉

〈장천비〉의 글씨는 고풍스럽고 소박하다. 제멋대로 길게 뻗어 글자의 사각틀을 크게 벗어난 획도 없다. 획의 파책(파임)도 조심스럽다. 여러모로 〈조전비〉의 유려함과는 다른 멋을 풍긴다. 그렇다면 이렇게 소박하고 고졸한 모습은 과거로의 회귀일까? 아니, 오히려 그 반대다. 〈장천비〉는 예서의 유려한 멋이 극단으로 치닫고, 모필에서는 이미 행서와 초서가 대세를 이루던 시점에 나타난 새로운 각법刻法의 비다. 예서의 가장 큰 트레이드마크이자 팔분체에서 극단을 이루었던 파책은 이제 퇴화해간다. '씀의 새김'의 극단에서 다시 '새김' 쪽으로 조형적 무게 추가 기울기 시작한 것이다. 여기서 우리는 남북조 북조시대 석각의 원형을, 그리고 좀더 나아가자면 먼 훗날 등장할 해서의 아주 희미한 여명을 볼 수 있다.

환제, 영제를 거쳐 헌제獻帝 대에 오면 이미 후한의 쇠퇴는 돌이킬 수 없는 대세로 굳어진다. 그리고 짧은 시기 극적으로 발전했던 한나라의 정서체正書體 예서, 즉 팔분체도 갑자기 종언을 고한다. 희미하게나마 남아 있던 황제의 권위는 진晋나라 황실이 강남으로 도망가며 완전히 내팽개쳐지고, 시대는 이제 귀족, 청류, 유력 가문의 것이 되었다. 그와 함께 글씨도 완연히 행초서의 시대로 접어들게 된다. 헌제 건안建安 10년인 205년에 조조曹操에 의해 발효된 '건비建碑 금지령'은 비의 종언을 더욱 앞당겼다. 이 법령은 후장厚葬, 즉 사치스러운 장례 풍조 금지를 목표로 한다. 그러나 예술사의 측면에서 보자면, 건비 금지는 황제의 각석으로부터 개인의 송덕비까지 이어져 내려온 고대적 기념비의 시대를 완전히 끝장낸 공식적 종지부에 해당한다. 새 시대와 함께 시각예술과 글씨의 역사도 이제 새 장을 열게 되었다.

제4장

한자,
엄격함에서 벗어나 춤을 추다

삼三. 〈위령장설법소조상기魏靈藏薛法紹造像記〉 중에서. 북위北魏 시기

三
삼

셋, 많음, 분열

하나에서 셋으로

위대한 한漢의 시대는 끝났다. 문명의 기준을 세우고, '한'을 중국을 대표하는 이름으로 만든 제국의 시대는 종말을 고했다. 일치일란一治一亂. 한 번 다스려지면 한 번 어지러워지는 것이 천하의 이치. 400년 동안 한나라 황제 일원一元 아래 움직였던 중국은 이제 다원多元의 시대로 접어들었다. 중심의 구심력은 약해졌고, 변방으로의 원심력은 점점 힘을 더해갔다. 분열의 시대, 그 시작은 셋이었다.

세 나라의 시대, 삼국시대는 중국 역사상 가장 유명한 시대일 것이다. 소설 『삼국지연의三國志演義』 덕분이다. 이 책은 유비와 조조라는 히어로와 안티히어로, 죽음을 함께하는 의형제라는 사나이의 로망, 전략의 신 제갈량, 절륜한 무력을 자랑하는 무장들 그리고 주인공의 비극적 종말까지, 남성 독자들이 좋아할 만한 요소를 빠짐없이 갖추었다. 연의는 어떤 이치나 뜻(義)을 상세하게 부연 설명한다는 말이다. 주로 역사적 사실에 픽션을 추가하여 스토리로 재구성한 소설 형식을 가리킨다. 『삼국지연의』는 소설이지만, 동시에 『삼국지』라는 정사正史를 기반으로 하는 일종의 '유사 역사'다. 전쟁의 시대, 혼란기의 역사를 바탕으로 한 중국 소설 중 유명한 것으로는 『삼국지연의』 외에도 『동주열국지東周列國志』와 『초한지』•가 있다. 『열국지』는 춘추시대의 역사를 기술한 『좌전』을 바탕으로 한 소설이고, 『초한지』는 진나라에서 한나라로 넘어가는 시기, 초나라 항우와 한나라 유방의 쟁패를 그리고 있다. 모두 재미있는 이야기이지만 아무래도 『삼국지』의 인기에는 미치지 못한다. 왜일까? 『열국지』의 무대인 춘추전국시대는 중국 역사에서 손꼽히는 분열의 시대다. 따라서 수많은 나라들이 등장한다. 분열의 수가 지나치게 많다. 반대로 『초한지』는 가장 유명한 양자 결투의 시대다. 한쪽이 지면 바로 이야기가 끝난다. 셋이라면 너무 많아서 복잡하지도 않고 양자 대결의 단조로움도 없다. 소설로, 영화로, 게임으로, 역사상 삼국시대만큼 다양하게 활용된 콘텐츠도 없을 것이다.

그러나 삼국시대는 시작에 불과했다. 이후 중국은 더 길고 극심한 분열의 시기를 맞이한다.

• 초한지楚漢志: 초나라 항우와 한나라 유방의 쟁패를 다룬 소설. 원형은 명나라 때 지어진 『서한연의西漢演義』이지만 한국에서는 한국어 번안판인 『초한지』가 더 잘 알려져 있으므로 여기서는 『초한지』라 칭한다.

　　제1부 한자, 어디에서 왔는가

분열의 시대

세 나라가 '청동 세발솥의 세 발처럼 분립했다' 즉 '정립鼎立했다'고 말하지만 사실 삼국은 힘의 불균형이 뚜렷했다. 한나라 마지막 황제인 헌제로부터 황제의 지위를 선양받은 위나라가 진정한 한나라의 계승자였고, 유비의 촉한蜀漢과 손 씨 가문의 오吳나라는 지방정권에 불과했다. 위나라의 지위를 계승한 진晉나라가

서진西晉 초대 황제 사마염司馬炎의 초상. 염립본閻立本의 「역대제왕도」 중에서.

삼국을 통일한 것은 어쩌면 당연한 일이었다. 조조의 아들 조비曹조가 황제가 된 때가 220년이다. 촉의 유비는 그다음 해인 221년에 곧바로 칭제稱帝했고, 오의 손권은 229년에 황제를 칭했다. 삼국 분립의 시대는 위나라의 뒤를 이은 진나라의 장군 두예杜預가 오나라를 멸망시킨 280년까지 지속되었다(촉나라는 위나라 종회와 등애에 의해 263년에 멸망하였다).

나라를 건국하고 외부의 위협이 사라지고 나면 지배층끼리 주도권을 다투는 것이 역사의 법칙이다. 한나라도, 당나라도, 명나라도, 고려도, 조선도 마찬가지였다. 진나라도 예외일 순 없었다. 300년경 진나라에서는 제위 계승 문제로 '팔왕八王의 난'이 일어났다. 306년에 회제懷帝가 즉위하기까지 사마씨司馬氏 일족 간에는 극심한 권력투쟁이 벌어졌다. 다른 왕조들의 경우 지배층 간에 교통정리가 이루어지고 나

면 강력한 황제권 혹은 왕권이 확립되어 안정기에 접어들었던 것이 통례다. 그러나 진나라는 그렇지 못했다. 팔왕의 난을 통해 진나라 내전에 개입하게 된 흉노 등 여러 이민족들도 이후 제각기 독립을 꾀하게 된다. 진나라는 내외의 요인으로 급속히 붕괴되어갔다. 회제 시기부터 진나라는 흉노의―아이로니컬하게도 흉노족인 유연劉淵이 세운 나라는 한漢나라를 자칭했다. 나중에 조趙나라로 개칭한다―군대에게 연전연패하다가, 결국 316년에 유연을 계승한 유요劉曜에게 멸망당하고 만다. 회제 때의 연호가 영가永嘉였기 때문에 이 혼란상을 '영가의 난'이라고 부른다.

진나라가 멸망한 후 황족인 사마예司馬睿가 창장 강 너머 옛 오나라의 수도인 건업建業에서 다시 진을 계승했다. 이를 동진東晉이라 하고, 앞서 멸망한 통일 진 제국은 서진이라고 부른다.

한편 장강 이북 황하 유역 화북 지역에서는 이때부터 5호16국五胡十六國시대가 시작된다. '5호'는 '다섯 이민족'이란 뜻이다. 다섯 민족은 흉노匈奴, 흉노 계통인 선비鮮卑 및 갈羯, 티베트 계통인 저氐 및 강羌 족을 가리킨다. 강족은 현재까지 남아 있지만 나머지는 사라져버려서 정확히 어떤 사람들이었는지 알기 어렵다. 이 다섯 민족에 한족까지 뒤섞여서 화북 지방 여기저기서 나라가 섰다 멸망하기를 반복했다. 당시 상황을 기술한 역사서 『16국춘추』•에 따라 16국시대라고 부르지만, 실제로는 더 많은 나라가 있었다. 5호16국의 혼란기는 439년에 북위北魏가 화북 지방을 통일하면서 종식된다. 이때부터 화북 지방에는

• 『16국춘추十六國春秋』: 북위北魏의 역사가 최홍崔鴻이 지은 역사서. 모두 100권이었다고 하는데 현재는 전하지 않는다.

    제1부 한자, 어디에서 왔는가

북위, 북주北周 등 이민족의 국가가, 강남에는 동진, 송宋, 제齊, 양梁, 진陳 등 한족 국가가 이어지는 '남북조시대'가 시작된다. 남북조시대는 북주를 계승한 수隋나라가 남조의 진陳을 멸망시키고 남북을 통일한 589년까지 계속된다.

삼국, 5호16국, 남북조 시기는 우리나라의 삼국시대에 해당한다. 중국의 분열이 한반도의 세 나라에게도 제각기 발전을 이룩할 기회를 제공해준 것이다. 일본 열도도 초기 국가 단계의 지역 부족체가 난립하던 시기였다. 다시 말해서 이 시기는 동아시아 전체적으로도 분열의 시대였던 것이다.

분열은 당연히 전쟁을 수반한다. 300년이 넘는 이 혼란기는 끊임없는 전쟁의 시기였다. 이런 면에서 이 시기를 결코 아름다운 시대라고 평가할 수는 없으리라. 그러나 모든 일에는 음과 양이 있는 법. 이제 이 혼란과 살육의 시대가 역사의 흐름 속에서 어떤 긍정적 의미를 갖고 있었는지 생각해보자.

남북조시대의 문화

우선 가장 중요한 점으로 한족과 이민족이 본격적으로 함께 살게 되었다는 것을 들 수 있다. 물론 세상에 순수한 단일민족은 없다. 한족의 역사도 끊임없는 뒤섞임의 과정이었다. 황하 중류에 살던 상나라 사람의 입장에서 보자면 주周나라 사람도 엄밀히 말해 '서쪽'에서 온 타인이었다. 애초부터 오랑캐 취급을 받았던 진秦나라 사람들은 말할 것도 없다. 남쪽의 초나라는 또 어떠한가? 춘추시대까지 그들은 양이攘夷의 대상이었다. 그러나 이런 멸시의 역사도 점차 과거사가 되어버리고, 한나라 때는 초 지역 출신들이 중앙 무대에서 활발하게 활약하였다. 그러나 이런 전사前史를 감안하더라도 중국 역사상 남북조시대만큼 여러 민족들이 함께 섞여 살던 때도 없었다. 이는 얼마간 강제된 것이었다. 중원 지역을 이민족 왕조가 정벌하여 다스렸기 때문이다. 앞서 원나라와 청나라가 부수도를 운영한 예를 소개했지만, 소수의 이민족이 다수의 한족을 다스리는 것은 쉬운 일이 아니었다. 때문에 정복왕조들은 여러 제도적, 문화적 노력을 통해 '진정한 중국의 왕조'가 되기 위해 고심했다. 예를 들어 탁발부拓跋部 선비족 국가인 북위는 여러 급진적 개혁을 통해 한화漢化를 추구했다. 수도를 북쪽인 평성平城에서 한족의 중심지인 낙양洛陽으로 옮기고, 탁발부 부족을 해체하고 귀족의 특권을 박탈했으며, 심지어 선비족의 복장과 언어를 금지하고 탁발 씨를 원 씨元氏로 고쳐 한족 귀족과의 통혼을 장려하기까지 했다. 물론 저항은 강렬했다. 군사력을 지닌 탁발 귀족들이 반란을 일으키기도 했고, 유력 한인 관료였던 최호崔浩가 역사서에 선비족 조상들을 부정적으로 묘사했다 하여 한족 귀족들이 대량으로 숙청되기도 했다. 그러나 한족과 이민족은 그렇게 부딪치면서도 함께 살아가는 법을 점차 익혀갔고, 300년이 넘는 갈등기를 거치며 서로 동화되어갔다. 남북조시대가 끝나고 찾아온 수, 당 제국은 이전의 한 제국과는 근본적으로 성격이 다른 국가였다. 당나라는 진정한 세계 제국이었다. '당'이라는 이름 아래 수많은 민족들과 문화가 뒤섞여 하나가 되었다. 5호16국, 위진남북조, 수당 제국을 거치며 현재의 중국 문화가 형성된 것이다.

비근한 예를 하나만 들어보자. 고대 중국인들은 좌식 생활을 했다. 남녀칠세부동석男女七歲不同席, 즉 7세 이상 남자와 여자가 같은 '자리'에 앉지 않는다고 하지, 같은 '의자'라고 하지 않는다. 한나라 때까지는 대나무 등으로 짠 자리를 바닥에 깔고 그 위에 앉는 것이 통례였다. 고대 중국에는 의자椅子란 말이 없었다. 의자란 명칭은 당나라 때 처음 보이기 시작한다. 그 이전에는 의자를 호상胡床, 즉 '북쪽에서 온 상'으로 불렀다. 호상,* 즉 의자는 남북조시대부터 유행하기 시작했다. 의자에 앉아 탁자에서 차를 마시거나 밥을 먹

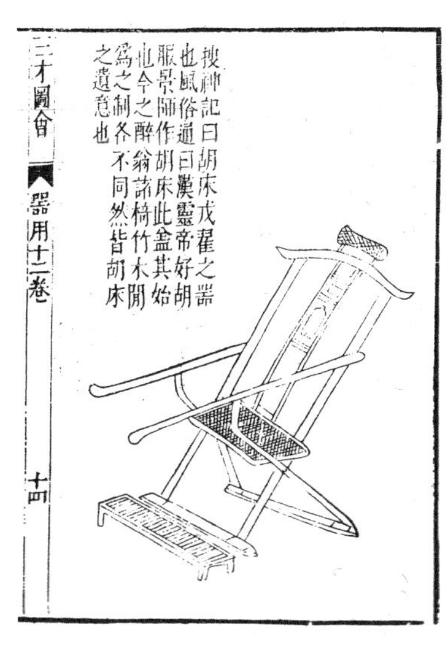

호상. 『삼재도회』 중에서.

으니 당연히 천장 높이가 이전보다 높아졌다. 휑하게 높아진 벽을 채우기 위해 길이가 긴 족자가 유행하기 시작했다. 현재의 중국인은 대개 의자나 탁자에 익숙한 입식 생활을 한다. 이런 예는 무수히 많다. 지금 당연히 중국적인 것으로 여겨지는 요소들이 원래 모두 '중국적인' 것은 아니었다.

또 한 가지 언급해야 할 것은 이 시기 장강 이남 지역인 강남江南이 크게 발전하기 시작했다는 사실이다. 오나라와 월나라의 중심지인 장강 하류 유역, 즉 현재의 난징南京(남경)과 항저우杭州(항주), 쑤저우蘇州(소주) 일대는 이때까지 중원 사람들에게 낯선 곳이었다. 그러나 동진이 건업建業, 즉 현재의 난징에 도읍하고 중원에서 유력 가문들이

---

* 호상은 교상交床 혹은 교의交椅, 즉 접이식 의자였다.

옮겨오는 등 많은 인구가 유입되면서, 이 지역은 일약 문화와 경제의 중심지로 발돋움하게 된다. 과거 이곳은 소택지가 많아 농사를 짓거나 사람이 살기 힘든 땅이었다. 그러나 수많은 인구가 살게 되면서 점차 개간되어갔고, 송나라, 명나라, 청나라를 거쳐 현재에 이르기까지 전국에서 가장 부유하고 융성한 지역이 되었다.

위진남북조 문화사의 키워드로는 귀족, 불교, 도교의 세 단어를 꼽을 수 있다. 이 시기에는 소수 유력 가문의 귀족들이 권력과 부를 독점했다. 그들은 자기들끼리 관직을 나눠 갖고 자기들끼리 통혼하였으며, 자기들끼리 어울려 교유하며 사치와 방종을 누렸다. 위진남북조는 또한 불교와 도교의 시대이기도 했다. 불교는 원래 한나라 말에 전래되었지만 영향력이 미미했다. 그러나 북조 이민족 왕조의 후원을 등에 업고 크게 성장했다. 낙양 근처의 용문龍門석굴, 산시성山西省(산서성) 다퉁大同(대동) 부근의 운강雲崗석굴이 이 시기에 조성된 것이다. 당시 융성했던 불교문화를 여실히 보여주는 수많은 아름다운 석불과 조각들을 지금도 볼 수 있다. 남조의 귀족 지식인 사이에서는 도교가 크게 유행했다. 당시의 도교는 현학玄學과 신선술 두 가지 용어로 설명할 수 있다. 현학은 형이상학적 담론을 중시하는 도가의 학문 경향이다. 또 당시 사람들은 단약丹藥 복용 및 여러 도교적 수련을 통해 장생불사를 추구하는 신선술에 탐닉했다. 그들은 술과 음악을 곁들이며 자연 속에서 현학적 이야기를 나누는 청담淸談을 즐겼다. 현학과 청담에 대해서는 뒤의 현玄 챕터에서 자세히 이야기하기로 한다. 북조만큼은 아니지만 남조에서도 불교는 융성했다. 남조 양梁나라 무제武帝가 특히 불교를 좋아했다. 몇 번이나 출가 소동을 벌인 탓에 신하들이 그를 다시 환속시키느라 거액을 지불하여 나라 경제가 기울

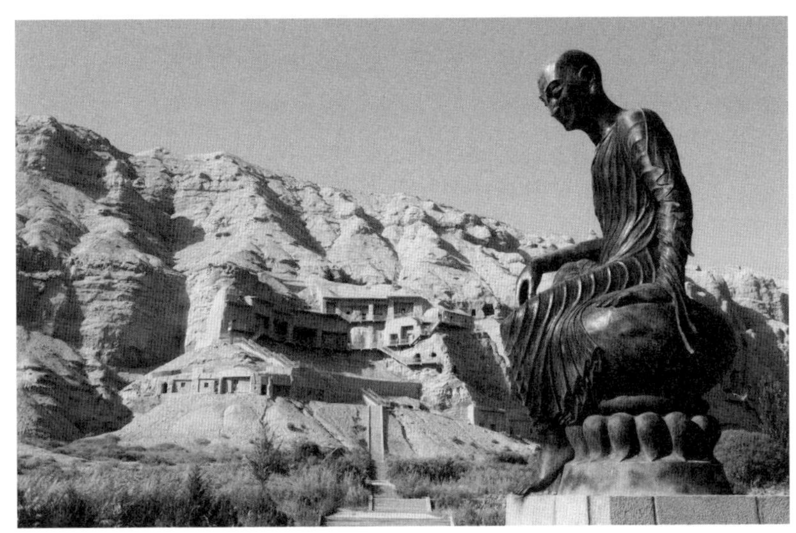

쿠차 키질석굴 입구의 쿠마라지바 동상

지경이었다. 북조에서도 북위의 도사道士 구겸지寇謙之가 황제의 스승으로 활동하는 등 국가적 차원에서 도교를 후원하기도 했다.

이 시기 반드시 기억되어야 할 인물은 쿠마라지바(구마라집鳩摩羅什)다. 그는 서역 쿠차(구자국龜玆國) 출신으로, 5호16국 후진後秦에 국사로 초빙되어 활동하며 수많은 산스크리트어 및 팔리어 경전을 한문으로 번역했다. 물론 쿠마라지바 이외에도 도안道安, 승조僧肇 등 많은 승려가 인도 경전 한역漢譯 작업을 수행했다. 이들의 노력 덕택에 수많은 불교 용어가 한자 어휘로 편입되고, 중국 문명은 불교라는 이질적 사상을 온전히 자기 것으로 흡수할 수 있었다.

또 한 가지, 한자와 관련해서 중요한 사항은 한자가 이 시기에 본격적으로 주변의 다른 언어권으로 퍼져나가기 시작했다는 점이다. 당시 한반도의 3국은 중국으로부터 경쟁적으로 불교와 한문 서적을 받

아들였다. 토착적 부족 연합체로부터 강력한 왕권과 행정체제를 갖
춘 국가로 발돋움하기 위해서는 토착 종교가 아닌 선진 외래 종교였
던 불교를 받아들여 토착 귀족을 억압하고 왕권을 강화할 필요가 있
었기 때문이다. 또 행정체제의 정비를 위해서 중국의 문물도 대량으
로 받아들여야 했다. 이에 따라 중국의 서적이 많이 들어왔고, 한자도
함께 전래되어 국가 표준 문자로 정착되어갔다. 일본 열도에도 백제를
통해 한문 전적이 전해졌다. 위진남북조시대를 거치며 한자와 한문은
중국 본토를 넘어 동아시아 전체로 확산되면서 점차 각 나라에서 문
어文語로서 그 지위를 굳혀나갔다.

간簡. 왕희지王羲之 〈집자성교서集字聖敎序〉 중에서. 당唐 태종太宗 시기(7세기경) 집자

簡
간

생략과 단순의 위대함

간이簡易

언뜻 보기에 『주역』만큼 복잡한 책도 없는 듯하다. 64개의 괘와 384개의 효爻, 변효變爻와 지괘之卦 그리고 괘사卦辭, 단사彖辭, 효사爻辭, 상전象傳 등 각종 풀이가 얽히고설켜 낯선 이를 해석의 바다에서 헤매게 만든다. 그런데 정작 『주역』 스스로는 이렇게 말하고 있다.

건乾이 기획하고 주관하여 위대한 창발을 행하고, 곤坤이 일을 하여 실제 세계의 안정된 구조를 만든다. 건은 쉬움(易)으로써 창발하며, 곤은 간략함(簡)으로써 세계를 이룬다. 쉬우면 알기 쉽고 간략하면 따르기 쉬우며, 알기 쉬우면 친숙함이 있고 따르기 쉬우면 작은 성취가 있다. 친숙함이 있으면 지속 가능하고 작은 성취가 있으면 다른 일로도 확대 적용할 수 있으니, 뛰어난 사람이란 지속 가능성을 체화하고 적용이 쉬운 일을 추구하는 이다. 쉽고 간략하여야 천하의 이치를 얻을

수 있으니, 천하의 이치를 얻어야 사람이 하늘과 땅 사이에 참여하여 제자리를 얻게 된다.[1]

세상을 움직이고 세계를 이루는 하늘과 땅, 건과 곤, 음과 양의 이치는 다른 것이 아니요, 곧 쉬움과 간략함, 즉 '간이'라는 이야기다.

주나라의 문물제도는 복잡하기 그지없다. 예의삼백禮儀三百 위의 삼천威儀三千, 즉 '큰 줄기의 예 300개, 세세한 에티켓이 3,000개였고, 『주례』에 기재되어 있는 수많은 정부조직과 관직들은 사람의 눈을 어지럽게 한다. 주나라 문물을 창시했다는 주공周公을 꿈에서 볼 정도로 사모하며, 주나라의 문화를 시대에 맞게 재해석하는 데 평생을 바친 공자는 "찬란하고 성대하도다. 주나라의 문화여! 나는 주나라를 따르겠노라!"라고 말했다. 그러나 섬세한 문화주의자였던 공자도 다른 한편으로는 우직하고 질박한 인격을 사랑했다. "중도中道의 사람을 얻어 함께하지 못한다면, 반드시 래디컬리스트나 우직한 사람과 함께할 것이다."[2] 이런 면모 때문에 3,000명이나 되는 제자가 공자를 따랐는지도 모르겠다.

한자는 매우 복잡하고 어려워 보인다. 현재 사용되고 있는 표준 한자체인 해서楷書는 그나마 반듯하여 알기 쉬운 편이다(물론 지금 쓰고 있는 해서체 한자도 어렵다! 상대적으로 쉽다는 말이다). 그러나 저 옛날 갑골문이나 전서체는 정말 난삽하고 어렵다. 그런데 한자의 발전 도상에는 한자의 복잡함에 정면으로 반하는 '생략과 간략'의 단계가 있었다. 이 위대한 간략체의 시기를 거쳐 한자는 현재의 성숙된 모습을 갖출 수 있었다. 여기에서는 간이의 한자, 행초서에 대해 알아보겠다.

붓의 글씨, 예서

진시황의 문자 통일로 인해 출현한 소전체는 그때까지의 문자 발전에 하나의 단락을 짓는 작은 완결점이었다. 소전체는 상형성을 완전히 벗어버렸으며, 한 글자를 구성하고 있는 모든 획을 균질화시켰다. 한나라로 들어서며 소전은 다시 예서로 발전한다.[3] 예서는 전서를 간략화한 글씨체다. 물론 한자는 탄생 이후 꾸준히 간략화의 길을 걸어왔고, 전서도 이전의 글씨체에 비하면 간략하다. 그러나 예서는 그때까지의 간략화와 결정적으로 다른 점이 있다. 바로 붓으로 쓰는 '필기'에 기반을 두었다는 점이다. 전서의 시대에도 물론 붓으로 글씨를 썼다. 그러나 정서正書, 즉 정식 서체, 공인 서체는 어디까지나 '새긴(혹은 주조한) 글씨'였다. 20세기 들어 전국시대 진秦나라와 초楚나라의 죽간 유물이 많이 발굴되어 당시의 필기체를 생생하게 확인할 수 있다. 당초 죽간에 쓰인 글씨체—예서가 본격적으로 발전하기 이전의 간독체—는 청동기에 새긴 글씨체와 기본적으로 크게 다르지 않았다. 문자를 구성하는 획들의 짜임이 동일하다. 다만 획 하나하나의 성질은 약간 다른데, 죽간의 전서 획은 붓을 처음 찍는 부분에 힘이 들어가기 때문에, 처음이 동그랗고 끝으로 갈수록 힘이 빠져 뾰족하게 되는 경향이 강하다. 옛날 사람들은 옛 전서체, 즉 주문籀文을 과두문자蝌蚪文字라고도 불렀다. 이러한 획의 모습이 과두, 즉 올챙이와 비슷하다고 생각했기 때문이다. 이에 비해 진흙 모형에 새겨 청동으로 주조한 금문의 획은 비수肥瘦가 살아 있어 좀더 힘이 있어 보인다.

예서가 이전의 서체와 가장 크게 다른 점은 바로 획에 있다. '붓의 힘'을 의식하고 그은 획이 예서에서 나타난다. 죽간이나 목간은 대나무 혹은 나무를 세로로 쪼개서 가늘게 다듬은 서사 재료다. 따라서

전국시대 초나라 죽간. 곽점초간노자郭店楚簡老子 중에서.

거연한간居延漢簡 중에서.

거기에는 매체의 물리적 특성상 필연적으로 세로로 결이 지나게 마련이다. 붓으로 죽간에 가로획을 그어보면 당연히 쭉 미끄러지지 않고 저항이 발생한다. 이 저항은 거추장스러운 방해꾼이 아니다. 오히려 붓털이 가진 고유한 탄력과 죽간 세로결의 저항이 크로스(!)되어 아름다운 예서의 파임이 탄생한다. 그때까지 붓은 단지 먹을 찍어 바르고 죽간은 먹을 받아들여 흔적을 남기는 역할을 할 뿐이었는데, 이제 자신의 잠재된 가능성을 발휘하여 새로운 형상을 창조한 것이다. 한 번 발동한 '붓놀림'의 재미는 멈출 줄 몰랐다. 가로획, 세로획, 오른쪽 아래로 삐침, 왼쪽 아래로 둥글림……. 이제 모든 획들에서 '쓰는 획'의 멋이 발현되기 시작했다.

둔황敦煌(돈황)에서 출토된 목간 하나를 보자.(다음 쪽) 글씨를 연습

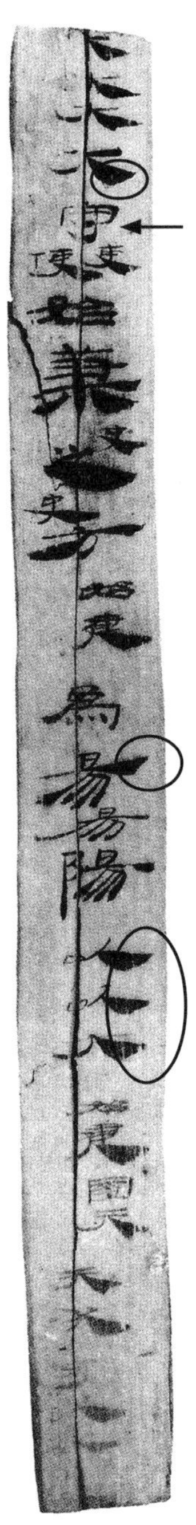

한 흔적이 남아 있는 목간이다. 대大나 이以 자 등의 파임, 수守 자의 寸 부분에서 세로획을 왼쪽으로 둥글게 구부린 부분, 양陽 자 가로획의 파책 등을 보면, 붓끝을 눌렀다가 빼면서 파임이나 만곡을 만드는 연습 중이었음을 알 수 있다. 글씨를 쓴다는 것은 곧 붓의 감각을 익히는 것이다. 목간에 붓으로 단어를 쓴다는 것은 나의 신체 및 그 연장선인 붓의 탄력과 그것을 받아들이는 목간의 저항력 간의 대화라는 사실을 이 변경의 미숙한 습자習字 목간이 여실히 보여주고 있다.

파임의 발견, 붓질의 발견을 추진력으로 한 예서의 발전은, 앞서 비碑 대목에서 이야기했듯이 후한대 석비에서 절정에 달한다. 옛 전서에 대응하는 지금(今)의 예서는 후한 말 비 위에 새겨진 아름다운 팔분체에서 정서체正書體의 지위를 획득하여 자신의 존재를 널리 알렸다. 비록 그 전성기는 후한의 멸망, 조조의 금령과 함께 얼마 안 가 끝나버렸지만.

운동의 형상화, 초서

글씨가 획들의 위상기하학적 집합으로부터 붓질 덩어리로 변신했으니, 다음 단계로 초서가 출현하게 된 것은 당연한 수순이었다. 붓질에는 힘과 함께 속도라는 요소도 포함되어 있기 때문이다. 이제 붓으로 대상(목간)과 나(붓) 간의 힘의 길항뿐 아니라 그 위를 지나가는 나의 속도까지 표현할 수 있게 되었다. 초서는 단순히 예서의 획을 덜어낸 생략체 혹은 간편체가 아니었다. 초서는 예서의 필획에서 속도의 요소를 특히 강조하여 '속도의 구조', 즉 '붓이 지나간 시간과 운동의 흔적'만을 남겨놓은 서체다. 그렇기에 일견 원래 있어야 할 것이 빠져 있는 것처럼 보이지만, 사실은 남겨진 획 안에 원래 있던 획들이 '붓의 운동'으로서 다 들어 있다. 남겨진 모양의 껍데기만 보지 말고 그 안에 숨어 있는 '운동', 거기에 녹아 있는 '시간'을 보아야 한다. 두세 개의 획이 하나로 합쳐져 있건, 그것들이 점 하나로 처리되어 있건 그것이 남겨놓고 있는 원래의 운동을 상상해야 한다.

돈황에서 출토된 또다른 목간에서 보이는 군君의 초서체에서 口는 단순히 점 하나로 생략되어 있다. 君의 원래 모습이 이미 대전체로서 머릿속에 확실히 입력되어 있다면, 口가 붓의 속도를 높인 결과 점 하나로 변해버렸어도 초서체가 지시하고 있는 것

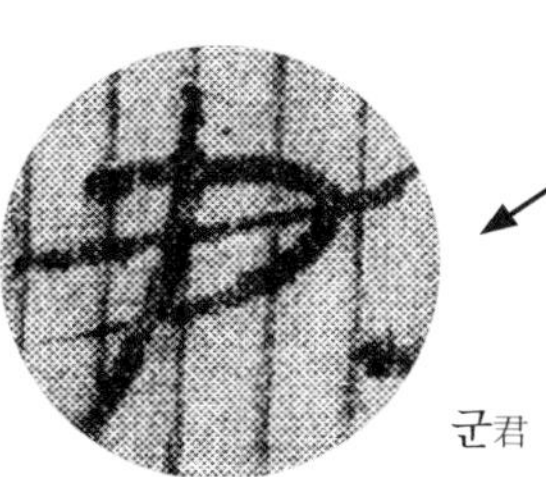

군君

이 사실은 君임을 재빨리 인지할 수 있다. 口가 단독으로 쓰일 때는
결코 점 하나로 줄어드는 법이 없지만, 그렇다고 '이 글자와 저 글자의
口가 왜 언제나 똑같이 점으로 줄어들지 않는가'라는 의문을 품거나
君을 판독하지 못하게 되는 경우는 없다. 속도란 어디까지나 상대적인
것이며, 맥락에 따라 가변적인 것이기 때문이다.

그렇다고 운동을 빨리 하는 방법이 완전히 개인의 자유에만 맡겨
지지는 않는다. 초서의 고속도로에도 차선과 속도제한은 있다. 누구나
중구난방 생략한다면 남이 판독하기 어렵지 않겠는가? 초서를 쓰는
법에도 어느 정도 일반적으로 받아들여지고 있는 규약이 존재했다. 그
래서 개인에 따라 약간의 차이는 발생할지언정 대체적인 모습에는 일
정한 패턴이 있었다. 이 패턴이 모여 법칙이 되었다. 초서는 결코 중구
난방 멋대로 쓰는 글씨체가 아니었으며, 누군가 써놓은 것을 다른 사
람이 충분히 읽어낼 수 있는 '언어'였다. 이에 대해서는 뒤의 '용龍'에
서 이야기하겠다.

거연居延 지역에서 출토된 한나라 때의 물건 장부를 보자. 거연과
돈황은 서역지방이다. 20세기 들어 이곳에서 한나라 및 위진남북조
시대 목간들이 대량으로 발견되었다. 건조한 사막 기후 덕택에 보존
상태가 매우 좋다. 목간과 죽간이 본격적으로 발굴되기 전까지는 전
국시대나 한나라 때의 글씨 자료는 청동기나 석각, 비에 의존할 수밖
에 없었다. 이 목간들의 발견으로 우리는 당대 문자 생활의 실상을 좀
더 본래의 맥락 그대로 바라볼 수 있게 되었다.

이 모습이 바로 책冊이다. 책은 글자 모양에서 바로 알 수 있듯이
죽간이나 목간을 끈으로 엮은 것이다. 이 책을 둘둘 만 것이 권卷 혹
은 편篇이다. 이렇게 끈으로 엮었기 때문에 종종 죽간의 순서가 바뀌

  제1부 한자, 어디에서 왔는가

영원기물부永元器物簿 (후한後漢 시대)

는 일도 발생했다.

　이 책의 원형이 매체의 변화는 있었을지언정 이후 수천 년 동안 동아시아 서사 매체의 기본 형태로 살아남는다. 종이책의 괘선은 먼 옛날 冊의 흔적이다. 경전經典의 '전'은 책冊을 두 손으로 받들어 올리는 모습이다.

　종이가 일상화된 후에도 왕실에서 책봉 등 중요한 의례가 있으면 종이가 아닌 옥으로 만든 옥책玉冊을 써서 권위를 더했다. 옛 사람들의 인식에는 '책이란 모름지기 이런 형태라야 하는 법'이란 생각이 굳건하게 자리잡고 있었던 것이다.

　영원기물부의 글씨를 보면 금今의 마지막 획이 길게 늘어나 있는 모습을 볼 수 있다(이런 획을 현침懸針, 즉 '늘어뜨린 바늘'이라고 부른다). 이 획은 속도감 있게 붓을 내리긋는 기쁨을 여실히 보여주고 있다. 이는 한나라 글씨의 습관 중 하나다. 돌 위의 글씨에서도 곧잘 찾아볼 수 있다(《석문송》이나 〈장경조토우비〉의 예를 떠올려보자). 이 획은 붓의 운동이 자신의 가능성을 마음껏 드러내기 시작한

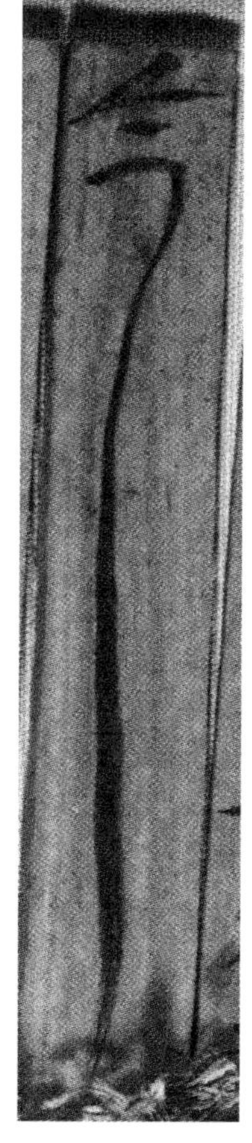

금今
영원기물부 중에서.

고두叩頭. 영원기물부 중에서.

시대정신의 표출이다.

이번에는 고두叩頭, 즉 '머리를 땅에 대어 인사하다'라는 표현이다. 이는 의례적 표현이다. 따라서 문장을 읽다 보면 으레 들어갈 부분이 보이게 마련이다. '고'가 나오면 자동적으로 다음 글자는 '두'이겠거니 하고 읽게 된다. 여기서 두는 단지 점 세 개로 처리되어 있다. 만일 이 점 세 개만 따로 떨어뜨려놓으면 이게 무슨 글자인지 도저히 알 수 없 겠지만, 여기서는 당연히 '두'이겠거니 하고 읽게 된다. 초서가 현장성 이 풍부한 '생활의 글씨'임을 잘 보여주는 사례다.

초서는 한나라 때 크게 유행했다. 후한 대에 이르면 실용적 수요를 넘어 '예술적' 가치까지 추구되어 너도나도 초서 쓰기에 몰두하는 사회현상까지 벌어진다. 당시의 초서는 장초章草였다. 장초는 글자끼리 이어진 연면連綿 없이 한 글자 한 글자가 따로 떨어져 있는 초서를 가리킨다. 죽간과 목간이 대세였던 당대의 서사 환경을 생각한다면 당연한 형태다. 후한 대에 종이가 발명되었다지만, 매체의 가능성이 충분히 인식되기에는 시간이 더 필요했다. 한나라 때 발전하기 시작한 초서와 행서는 남북조시대에 꽃을 피운다. 한나라 죽간이나 목간에 쓰인 초서의 맹아적 형태는 후대의 우리들에게는 조금 낯설다. 후대 사람들에게 익숙한 형태의 초서와 행서는 왕희지王羲之로 대표되는 남조의 행초서다. 그에 대해 살펴보기 이전에, 먼저 당시의 문화적 환경에 대해 이야기해보자.

현玄. 〈원정묘지명元楨墓誌銘〉 중에서. 북위北魏 태화太和 20년(496년)

물의 사상, 도가

대숲의 일곱 현자

가지런한 벽돌 위에 한가로이 노니는 사람들의 모습이 새겨져 있다. 이 사람들은 죽림칠현竹林七賢이다. '대숲의 일곱 현자'라는 뜻으로 혜강嵇康, 완적阮籍, 완함阮咸, 산도山濤, 유령劉伶, 상수向秀, 왕융王戎을 말한다. 모두 삼국시대 위나라에서 진나라에 걸쳐 살았던 사람들이다. 이들은 술친구였다. 시끄러운 도성을 떠나 대나무 숲에서 술을 마시며 떠들기를 즐겼다. 당시 집권자들이 꼴 보기 싫었기 때문이다. 무엇을 이야기했을까? 술도 한잔 걸쳤으니 당연히 온갖 이야기를 다 했겠지만, 이들의 맑은 풍모와 절개를 숭상했던 사람들은 이들이 '맑은 이야기', 즉 청담淸談을 했다고 생각했다. 청담가들은 유가 도덕과 세속의 가치를 무시하고 도가적 입장에서 해석한 존재의 형이상학적 근원, 즉 현학玄學을 논했으리라는 것이 '세속적 인식'이다. 사실이야 어찌 되었건 사람들은 그렇게 생각했고, 이들의 풍모는 곧 전설이 되었

〈죽림칠현과 영계기榮啓期 화상전畵像磚〉 모본摹本. 난징南京(남경) 서선교西善橋 남조묘
南朝墓 출토. 난징박물원 소장

다. 세속을 떠난 은거는 누구나 꿈꾸지만 쉽사리 실천하지 못하는 것
아닌가? 그러니 그런 일을 했다는 일곱 현인이 존경스러워 보일 수밖
에. 그래서 이렇게 벽돌 그림으로까지 만들어놓은 것 아니겠는가?

죽림칠현에게 술은 빼놓을 수 없는 동반자였다. 그중에서도 유령은
특히 호주가로 유명하다. 그는 술고래의 대명사였다. 수주 변영로의 『명
정 40년』은 어느 부분을 읽어도 포복절도하게 재미있지만, 특히 「백주
白晝에 소를 타고」라는 글이 압권이다. 이 글에서 그날의 기행이 어떻
게 시작되었는지 그 내막을 설명하는 초입부에 이런 문장이 나온다.

어느 하룻날 바쿠스의 후예들인지 유령의 직손들인지는 몰라도 주도

제1부 한자, 어디에서 왔는가

의 명인들인 공초空超(오상순), 성재誠齋(이관구), 횡보橫步(염상섭) 3주선酒仙이 내방하였다.

이때의 '유령'이 죽림칠현의 유령이다. 유령이 음주자의 대표 격으로 사람들 뇌리에 박히게 된 것은 『고문진보』에도 실려 있는 유명한 글인 '주덕송' 덕택이다.

대인선생大人先生은 오직 술에만 힘쓰며 다른 것은 알지 못했다. 그러자 높은 사람들이 대인선생의 소문을 듣고 비판하러 왔다. 그들은 소매를 떨치며 옷깃을 걷어붙이고 눈을 부라리며 이를 갈면서 예법을 늘어놓고 시비를 따졌다. 그러거나 말거나 대인선생은 술단지와 술통을 들고 술잔을 입에 대어 탁주를 마시며, 수염을 떨치고 두 다리를 쭉 뻗고 앉거나 누룩을 베고 술지게미를 깔고 누웠는데, 아무 생각도 걱정도 없이 오직 즐거움만 도도하였다. 우렛소리도 들리지 않고 태산의 형상도 보이지 않으며, 피부에 파고드는 추위와 더위, 기호와 욕심의 감정도 느끼지 못했다. 만물을 굽어보니 마치 장강이나 한수漢水에 어지러이 떠 있는 개구리밥과도 같았다. 그를 비판하러 왔던 두 사람이 그의 곁에 모시고 서 있는 꼴이 마치 배추벌레를 잡고 있는 나나니벌 같았다.[•]

지금 읽어도 통쾌하다. 여기서 술은 예교와 도덕을 무시하고, 유유자적 오만하게 세속을 깔보는 대인선생의 동반자다. 술 취함(酩酊)은

• 「주덕송酒德頌」, 『고문진보古文眞寶 후집後集』.

일상의 벗어남이요, 세속적 가치의 초탈이었다.

죽림칠현과 술 그리고 약

그런데 정말 그랬을까? 죽림칠현의 음주는 그토록 고상하기만 했을까? 다시 한 번 저들의 모습을 잘 들여다보자. 이들은 항상 술을 달고 산다. 그리고 느슨한 허리띠에 소매가 넓고 품도 낙낙한 옷을 입고 있다. 세속이 꼴 보기 싫어 그냥 술에나 취해 있고 싶고, 해의반박解衣般礴(옷을 풀어헤치고 멋대로 앉아 있음)으로 자유로운 정신을 나타내고 싶어서였을까? 아니다. 그들이 이런 행동을 취했던 진짜 이유는 한식산寒食散이라는 단약을 복용했기 때문이다.

한식산은 다섯 가지 광물질을 섞어 만든 가루약인데, 종유석, 석영, 웅황 등이 주성분이다. 웅황雄黃은 삼황화비소As_2S_3(arsenic trisulfide)를 주성분으로 하는 독성 물질이다. 단사丹砂가 성분으로 들어가는 처방도 있는데, 단사는 황화수은HgS(mercuric sulfide)을 주성분으로 한다. 이것은 원래 중풍 등을 치료하는 처방인데, 정신이 맑아지고 기력이 좋아지며 수명이 늘어난다는 이유로 위진시대에 크게 유행했다. 이 약을 먹으면 열이 뻗쳐서 찬 음식만 먹어야 한다고 해서 '한식산'이라고 했다.

약이 작용하기 시작하면 마비감이 드는데, 이때 옷을 벗고 냉수로 전신을 잘 씻어야 한다. 또한 약 기운이 퍼지면 가만히 있지 못하고 계속 돌아다니게 된다. 한식산 중독을 푸는 데는 술이 중요한 역할을 했다. 술은 혈액순환을 도와 약 기운을 흐트러뜨리는 것으로 여겨졌다. 그래서 한식산 복용자는 항상 따뜻한 술을 함께 마시는 것이 철칙이었다. 그리고 이 약을 먹으면 피부가 극도로 약해지기 때문에 옷도 품이 넉넉한 것을 입어야 했다. 이렇게 보면 위진시대 은자들의 풍모와 음주 습관 아래 깔린 '물리적 이유'가 이해된다. 그들은 기본적으로 약물중독자였던 것이다.

루쉰 초상.
자오옌니안趙延年의 목판화.

이런 사실을 최초로 지적한 사람 중 한 명은 놀랍게도 중국 현대문학의 아버지 루쉰魯迅(노신)이다. 루쉰은 1927년 한 학술대회에서 「위진시대의 기풍 및 문장과 약 그리고 술의 관계魏晉風度及文章與藥及酒之關係」라는 논문을 통해 한식산의 복용과 위진남북조의 문화의 관계에 대해 논했다. 루쉰이 전통적 시각을 벗어나 이런 사회문화사적 접근을 할 수 있었던 까닭은 그가 문학에 투신하기 이전에 의학도였기 때문이었다. 그는 의학으로 중국 민중의 병을 치료하겠다는 목표를 갖고 일본 센다이仙台의학전문학교에 유학했는데, 이때 유명한 '환등기 사건'을 통해 문학으로 전향하게 된다. 저간의 사정은 「후지노 선생藤野先生」이란 수필에도 잘 나와 있다. 또 한 가지 언급하지 않을 수 없는 사실은 그가 저장성浙江省(절강성) 사오싱紹興(소흥) 출신이라는 점이다. 이곳은 과거 월나라의 수도였고, 또한 위진시대 남조의 중심지였다. 루쉰은 『혜강집嵇康集』을 교감하기도 했다.

완적과 유령이 음주와 예교의 무시 등 기행奇行 면에서 죽림칠현을 대표한다면, 혜강은 문장과 음악이라는 예술적 측면의 대표자다. 그

혜강. 난징박물원 소장
「죽림칠현 화상전」 모본 중에서.

유령. 난징박물원 소장
「죽림칠현 화상전」 모본 중에서.

는 당시 집권층이었던 사마씨에게 끝까지 협력하지 않았고, 이 때문에 누명을 쓰고 처형받았다.

혜강은 시도 잘 지었지만, 금琴의 명수로 특히 유명했다. 그의 글 중 「성무애락론聲無哀樂論」이라는 논저가 있다. 여기서 그는 "소리에는 슬픔의 감정도 기쁨의 감정도 담겨 있지 않다"는 주장을 편다. 이는 음악을 통해 사람을 교화시키려 했던 유가의 입장에 대한 통렬한 비판이었다. 혜강은 음악가답게 음악으로 유가의 전통을 비판했던 것이다.

제1부 한자, 어디에서 왔는가

현학玄學

유가로 대변되는 기존 가치에 대한 비판은 위진남북조의 시대정신이었다. 이러한 가치 전복의 이론적 근거가 곧 현학이었다. 앞서 살펴보았듯이 한나라의 유학은 통치자의 통치행위의 정당성을 설명하기 위해 하늘과 땅의 자연현상을 끌어들이는 천인감응설天人感應說과 재이설災異說 위주였다. 이런 경향은 특히 참위론讖緯論으로 대표되는 금문경학에서 심했다. 한나라의 유학자들에게 이 세상 모든 문물과 자연현상은 어떤 의미를 갖고 있는 것이었으며, 이 의미 부여의 중심에는 항상 통치자가 있었다. 쉽게 말해서, 홍수와 가뭄이라는 재앙은 천자가 정치를 잘못했기 때문에 생긴 것이며, 반대로 순조로운 기후는 정치를 잘한 덕에 나타나는 현상이었다. 곧 '인간의 모든 제도는 옛 성인께서 만들었으며, 오늘날 우리 황제님께서 그것을 계승하여 유지하고 계시는 것이다'라는 논리다. 그러나 한나라라는 거대 제국이 해체되자 코에 걸면 코걸이 귀에 걸면 귀걸이 식의 견강부회적 대통일 이론은 설 자리를 잃게 되었다. 온통 전쟁터인 세상에서 하루가 멀다 하고 사람이 죽어나가며 내년에 어떤 놈이 천자의 지위를 탈취할지 모르는 마당에 천자의 논리가 다 무어고 유교는 대체 어디에 쓴단 말인가. 이게 당시 사람들의 솔직한 심정이었으리라. 이때 사람들을 사로잡은 것이 유학의 영원한 안티테제, 도가사상이었다.

현玄은 검다는 뜻이다. 그러나 시커먼 흑黑과는 다르다. 거뭇거뭇하고 가물가물한 색, 미묘하고 오묘하여 딱히 형용하기 힘든 상태에 가깝다. 이 형용사는 현지우현玄之又玄, 즉 '검고 또 검은', '현묘하고 또 현묘하여 그 위대함을 파악하기 어려운' 도道를 형용하는 공식적 관형어였다. 그렇다면 현학은 그때까지의 도가사상과 무엇이 달랐는가?

현학은 도가의 기본 텍스트인 『노자』, 『장자』와 함께 『주역』도 중시했다. 현학가들은 도道 그리고 무無를 존재의 근원으로 이해하여 도가에 형이상학적 색채를 더했다. 아무것도 하지 않음으로써 무엇인가를 하는 것보다 더 나은 결과를 얻는다는 기존의 무위無爲가 처세적이고 정치적인 맥락에서 이해된 것이었다면, 현학을 통해 본 '무위'는 인간에게는 실존적 의미를 띤 행위, 자연의 차원에서는 도의 작동원리로 격상되었다. 이런 의미 변환의 중심에는 『노자』 텍스트에 대한 재해석이 있었다. 『노자』는 아무 선입견 없이 평심하게 읽으면 정치철학적 성격이 강하게 느껴지는 책이다. "대도가 없어지고 나서 인의가 생겨나고, 지혜가 있고 나서 거짓이 나타났다"는 반주지주의나 "백성을 어리석게 한다"는 우민사상은 좀 꼬아서 보면 온순한 탈을 쓴 마키아벨리즘으로 읽힐 여지마저 있다. 실제로 도가와 가장 가까운 사상은 법가法家였다. 아랫사람 그 누구도 실체를 파악할 수 없는 보이지 않는 자리에서 팬옵티콘의 눈으로 모든 것을 파악하며 보이지 않는 술수로 나라 안 모든 것을 조종하는, 다시 말해서 아무것도 하지 않는 듯 모든 것을 행하는 무위無爲적 유위有爲의 군주야말로 법가가 추구한 이상이었다. 『한비자韓非子』에는 실제로 『노자』를 해설하는 편이 존재한다. 「해로解老」 편과 「유로喩老」 편이 그것이다. 「해로」에서는 노자의 구절들을 한비자식으로 상세히 풀어 해설하고 있고, 「유로」는 노자의 구절의 뜻과 들어맞는 옛 고사들을 소개하는 형식을 취하고 있다. 「해로」 편의 한 구절을 보자.

하는 일을 자주 바꾸는 기술자는 제대로 된 성과를 낼 수 없다. (…)
일을 자주 바꾸는 사람이 많아지면 많아질수록 일의 어긋남이 더 커

　　　　　제1부 한자, 어디에서 왔는가

지게 된다. 법령을 바꾸면 이해관계가 바뀌고, 이해가 바뀌면 백성들이 힘쓰는 것이 바뀌게 된다. 힘쓰는 것이 바뀜은 곧 기술자가 하는 일을 바꾸는 것과 같다. 그러므로 많은 사람을 다스리면서 자주 그들을 흔들면 성공함이 적다. 중요한 기물을 소장하면서 자주 옮기면 기물이 상한다. 작은 생선을 삶으며 자주 뒤집으면 생선의 광택에 손상이 간다. 큰 나라를 다스리면서 자주 법을 바꾸면 백성들이 괴로워한다. 그러므로 바른 도를 지닌 군주는 안정(靜)을 귀하게 여기며 가벼이 변법變法을 행하지 않는다. 그러므로 『노자』에서 "큰 나라를 다스릴 때는 작은 생선을 요리하듯 하라"고 한 것이다.[1]

한비는 『노자』를 철저하게 통치술의 관점에서 읽었다. 그러나 현재 우리는 『노자』라는 책을 결코 이런 식으로 이해하지 않는다. 우리는 노자라는 사상가를 기존 가치의 전복자 혹은 역설의 철학자로 본다. "도를 도라고 하면 진정한 도가 아니다"라든지 "큰 교묘함은 졸렬한 듯이 보인다"는 언설과 연결시켜 노자를 떠올린다. 이런 이해는 전적으로 왕필王弼의 해석에 힘입은 것이다. 위魏나라 왕필의 위대한 『노자』 주석 이래로, 『노자』에 대한 이해는 '현학'적인 것으로 고정되었다.

산수와 은거

단약을 먹고 술을 마시며 느슨한 옷을 걸친 이 시대 귀족계층은 서로 모여 '현학'을 담론했다. 다시 난징박물관의 화상전을 보자. '죽림칠현'이지만 대나무 숲은 보이지 않는다. 대신 모두 나무 그늘 아래 앉아 있다. 당시는 저런 모양이 나무를 나타내는 전형적 도상이었다. 나무는 저들이 붐비는 거리가 아니라 '자연' 속에 있음을 상징적으로 나타낸다. 자연, 즉 산수山水에 대한 선호는 당시의 문화를 설명하는 데 빼놓을 수 없는 키워드다.

팽택령彭澤令의 지위를 내팽개치고 고향으로 돌아가 집 주변에 버드나무 다섯 그루를 심고 국화를 꺾으며 소일한 도연명陶淵明은 은자의 영원한 표상이다. 송宋나라 사령운謝靈運은 명문 귀족 출신으로 태수를 지냈지만 회계會稽로 돌아와 산수에서 노닐며 많은 시를 지었다. 사령운은 중국에서 본격적으로 산수시를 지은 최초의 인물이다. 산수화도 이때 출현했다. 당시의 산수화는 현재 실례가 남아 있지 않지만, 종병宗炳이 「화산수서畫山水序」를 지어 산수 그림을 그리는 의의를 설명한 점을 보면 당시 산수화가 분명 존재했음을 알 수 있다.

정치적 격변의 시대에 가장 현명한 정치적 선택은 '정치를 하지 않는 것'이었을지도 모르겠다. 갑남을녀는 은거할 수 없다. 은거란 어느 정도 지위에 있는 사람이 할 때 의미를 갖는 것이다. 은거는 당시 가장 적극적인 정치행위였다. 그리고 은거의 배경은 항상 산수, 즉 자연이었다. 저장성의 산수는 지금 보아도 빼어나게 아름답다. 어찌 되었거나 당시의 '은자'들 덕택에 한자문화권 사람들은 아름다운 산수를 노래한 문학과 회화를 얻었고, 산수에 대한 찬탄은 동아시아 문명의 빼놓을 수 없는 특징으로 남게 되었다.

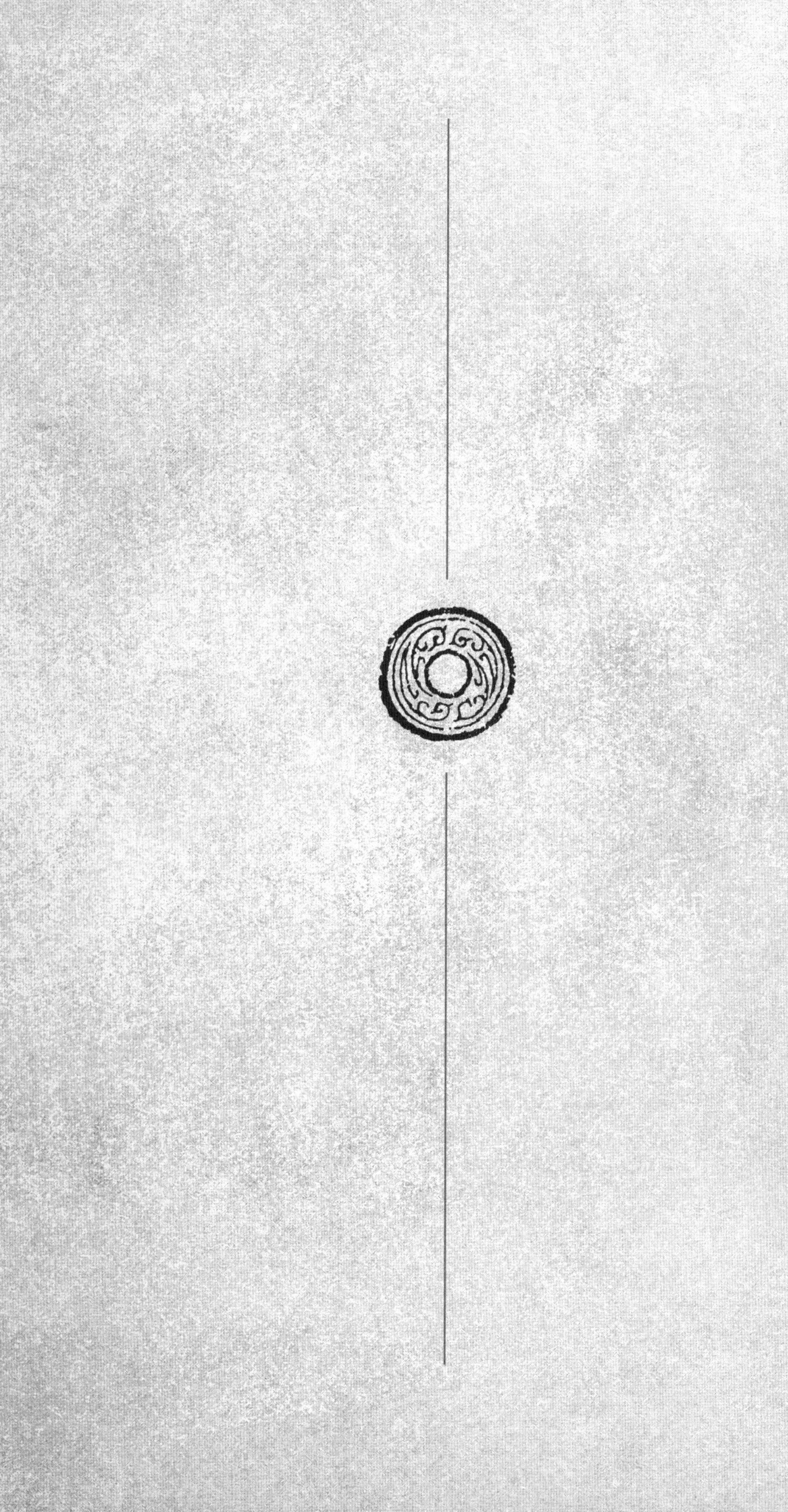

용龍. 장욱張旭(675?~750?) 〈고시사첩古詩四帖〉 중에서.

龍
용

용과 뱀이 붓끝을 다투다
─초서의 세계

여기에 용이 있다[1]

'여기에 용이 있다.' 서양 중세의 옛 지도에 종종 등장하는 문구다. 주로 지도의 공백 지대, 즉 미지의 영역에 써넣는 상투 어구였다. 1510년경에 제작된 한 지구본에는 동남아시아 부근에 이 말이 쓰여 있다.[2] 현재 바티칸도서관에 소장되어 있는 15세기 초반의 보르자 세계지도 The Borgia Map는 지름 63센티미터의 구리 원반에 새겨진 지도인데, 세계 각지의 지명과 간단한 설명 그리고 그곳을 대표하는 신기한 물산을 작은 그림으로 나타낸 도상이 표면 가득히 새겨져 있어 매우 화려한 유물이다.[3] 이 지도는 남쪽이 위로 가게 그려져서 원반 위가 아프리카이고 왼쪽이 아시아에 해당한다.

10시 방향 가장 구석진 구획에 '낙원'이 있고, 그 오른쪽에 인도, 아래쪽에 중국이 있다. 중국 부분에는 나뭇잎을 따고 있는 사람이 그려져 있다. 뽕잎을 따는 장면이다. 당시 서양인들에게 중국은 '비단이

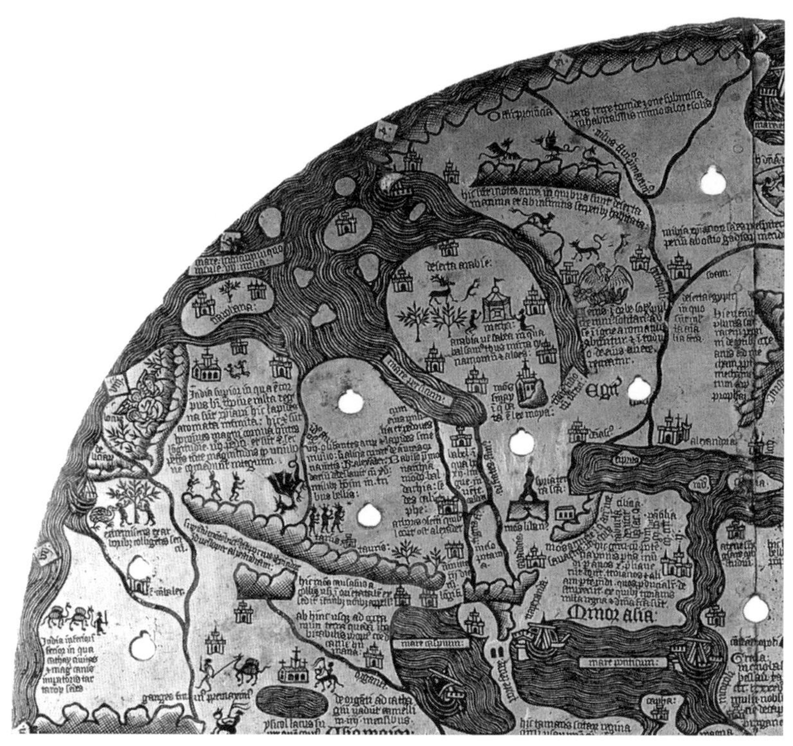

보르자 지도. 아시아 부분.

나오는 곳'이었다. 인도에는 '머리에 뿔 달린 사람'(!)이 있고, '황소를 통째로 집어삼킬 정도로 큰 뱀'인 '용'도 있다.

극동아시아는 당시 서양인들에게 가볼 수 없는 미지의 땅이었다. 그곳에서 오는 것이래야 비단이나 도자기 등 어떻게 만드는지 도대체 짐작조차 하기 힘든 초고가 하이테크 상품 혹은 황금과 보석이 지천으로 깔린 도시가 있다는 소문뿐이었다. 아니면 지나간 곳마다 풀 한 포기 남김없이 휩쓸어버릴 정도로 무시무시한 타타르 군대를 거느린 칸의 수도 칸발릭*에 대한 이야기, 세상에 만연한 이교도를 일거에 쓸

나가에 의해 보호받는 부처 상. 캄보디아. 12세기. 미국 메트로폴리탄 미술관 소장

케찰코아틀. 멕시코. 텔레리아노 레멘시스 문서 (Codex Telleriano-Remensis) 중에서.

어버릴 수 있을 정도로 막강하다는 사제왕 요한Presbyter Johannes 왕국의 전설 등 믿기 힘든 풍문이거나. 물건이건 이야기건 중간에 몇 단계나 거쳐 이미 현실의 색깔이 상당히 바랜 채였다. 미지의 왕국은 환상의 이야기로 윤색되었고, 무지의 공백은 공포의 동물로 채워졌다. 이곳 동쪽 땅은 오랫동안 서양인들에게 그저 용이 사는 곳에 지나지 않았다.

드래건은 두려운 악의 화신이고, 용은 영험한 숭모의 대상이다. 그

• 칸발릭Khanbaliq : 원元 제국의 겨울 수도인 대도大都(현재의 북경)를 가리키는 말. 대도는 한자어이고, 몽골어 혹은 투르크어로는 '칸의 수도'라는 뜻의 '한발릭(汗八里, Khān Bālīq 혹은 Qan-balïq)'으로 불렸다. 마르코 폴로는 Cambaluc, Cambuluc, Kanbalu 등으로 표기했다. 원나라가 멸망한 후에도 중앙아시아나 중동 지역에서는 중국의 수도를 흔히 칸발릭이라고 불렀다. 마테오 리치도 1598년 명나라의 수도 북경에 가서 중앙아시아 출신 사람들을 만난 후에야 마르코 폴로가 말한 '캄발룩'이 곧 북경임을 깨달았다고 한다. 17세기에 제작된 유럽 세계지도에도 여전히 '칸발릭'이란 지명이 등장한다.

러나 선과 악, 신비와 공포, 숭배와 혐오 사이의 경계선은 의외로 흐릿하다. 큰 뱀에 대한 양가감정은 과연 동서양의 공간적 격절에서 기인한 것일까? 유럽의 드래건, 인도 및 동남아시아의 나가Naga, 중국과 동아시아의 용, 오스트레일리아 애버리지니의 무지개 뱀, 멕시코의 케찰코아틀 등 신성한 뱀은 세계 곳곳에 있다.

이 뱀들은 모두 어디서 왔을까? 뱀 신앙과 도상이 이렇게 뿌리 깊고 보편적인 까닭은 그것이 인간 심성 속의 근원적인 그 무엇을 건드리며, 또한 조형원리의 근본원칙 중 하나에 닿아 있기 때문이다. 자신과 다른 이형異形에 대한 놀람과 아리송함은 곧잘 두려움으로 연결된다. 두려울 때 달아나는 행동은 동물의 생존본능이다. 인간은 다르다. 무섭지만 어쩐지 더 자세히 들여다보고 싶은 생각도 든다. 상상의 세계 속에서 그 두려움의 원천인 이형성을 더욱 증폭시키기도 하고, 남들과 이야기 나누는 사이에 무서움이 되레 부러움으로 뒤집히기도 한다. 공포와 숭배를 넘나드는 원시적 경외는 예술을 포함한 인간의 고차원적 지적 활동을 낳는 원동력인 '숭고(the sublime, Das Erhabene)'의 맹아가 된다. 가장 기본적인 도형인 동시에 순환의 상징인 원, 원의 파생형이자 응축된 힘의 현현인 소용돌이무늬(渦文, 와문), 와문의 자가증식이며 무한한 생명력과 불가지의 신비성의 형상화인 뇌문雷文의 예는 너무나 흔해 일일이 열거하기조차 힘들다. 원, 와문, 뇌문과 뱀의 도상은 강한 연관성을 갖는다. 서양의 우로보로스와 중국 홍산문화紅山文化의 곡옥曲玉은 자기 꼬리를 물고 도는 원-뱀(용)이다. 와문은 흔히 똬리를 틀고 있는 뱀으로 표현된다. 뇌문의 가장 유명한 예는 앞에서도 살펴본 도철문이다.

그렇다면 원-와문-뇌문이 곧 뱀-용 문양인가? 그렇지는 않다. 어

홍산문화 후기 옥저룡玉豬龍. 타이베이 국립고궁박물원 소장

떤 문화권에서는 이 기하학적 도형이 당초문唐草文이나 아라베스크 등 식물 계통 문양으로 나타나기도 하기 때문이다. 그러니 식물이건 동물이건 어떤 자연물에서 와문이나 뇌문과 같은 문양이 온 것이 아니라, 거꾸로 기본적 도형이 점차 문양으로 발전하여 자연물과 결합하게 된 것이라는 설명이 더 그럴듯해 보인다. 도상이 먼저인지, 아니면 이야기나 신앙 혹은 어떤 관념이 먼저인지도 확실히 말하기 어렵다. 아마도 그저 함께 발전해와 떼려야 뗄 수 없는 관계라는 정도로 말해 두는 편이 낫겠다.

용이 어디서 온 것인지에 대해서도 이러쿵저러쿵 설이 많다. 용은 악어나 뱀과 같은 파충류에서 왔을까? 아니면 용오름 등 기상현상을 보고 만들어낸 것일까? 용처럼 상상력을 자극하고 문화적 영향력이 센 존재에 대해서는 그만큼 관심도 큰 법이다. 그러나 우리는 옆집에 '용이 사는' 동아빌라 6동 302호 최우혁 씨가 아니니까 어디 물어볼 데도 없다.* 그렇다면 물어보지 말자! 집요하게 용의 '민증을 까라'고 요구하는 건 사실 유치한 일이다. 뱀 신神의 전설이 중국과 극동아시아에만 있는 것이 아닌 이상, 유독 뱀과 흡사한 형상을 띄고 있다고 해서, 그리고 양자강에 예전부터 민물악어가 살고 있었다고 해서 유별나게 용만 양자강 악어와 같이 실제 서식하고 있는 특정한 동물을 기원으로 가질 필요는 없다. 용 문양이 어떤 발전과정을 겪었는지, 그 원시적 형태와 발전된 형태가 무엇인지, 와권문, 뇌문, 도철문, 운문雲紋, 당초문 등 다른 기하문, 식물문, 동물문과 어떤 관계를 갖는지 자세히 밝히는 것은 물론 미술사의 중대 과제다. 하지만 이는 동시에 미술사라는 특정 학문 분야의 차원을 넘어서는 문제이기도 하다. 이런 거대한 문화적 주제를 앞에 놓고, "용은 악어 혹은 뱀에서 기원한 것"이라는 식의 대답을 내놓는 것은 참으로 한가한 대응이다. 나아가 도상이건 관념이건 간에 어떤 문화현상에 대해 그놈의 '기원'이라는 것을 찾는 것처럼 미개한 짓도 없다. 어떤 문양을 해석할 때 손쉽게 기원에 기대는 경향에 대해 이미 19세기 말, 한 미술사학자가 다음과 같이 말했다는 사실을 기억해야 한다.

단순히 원시적 기술과 연관시킨다든가 혹은 어떤 특정한—큰 의미도 없는—자연의 원형과 결부시키지 않고 장식발전사적 문제로 문양 해석을 전개할 수 있다. 다시 말해, 이미 유통기한이 지나 죽어버린 기술

---

* 네이버 웹툰 「용이산다」(작가: 초)의 설정 내용.

이나 자연물의 공허한 모사 혹은 원시민족은 공감할 수도 없는 자연
의 산물을 끌어들이지 않고도 예술의 독자적 기반을 지킬 수 있는 것
이다.[4]

따라서 공허한 '기원놀이'일랑 이제 그만두자. 용이 어디서 왔는지가
중요한 게 아니라 전 세계에 걸쳐 보편적으로 나타난 소용돌이 문양 –
뱀 신앙이 유독 중국에서 더 크게, 오래 사랑을 받고 지배자의 권력과
결부되어 주류 문화의 중요 구성요소로 확고한 위치를 굳혀 발전했다
는 사실이 더 중요하지 않을까? 예전에는 상량식 때 흔히 용龍, 귀龜
라고 마룻대에 쓰기도 했는데, 지금 마룻대를 얹은 한옥을 보려면 동
네를 한참 돌아다녀야 한다. 우리는 더이상 용의 가호 아래서 살지 않
는다. 더이상 곤룡포를 입은 왕의 치하에서 살지도 않는다. 케케묵은
용보다 판타지 문학이나 게임 속의 드래건에 더 익숙한 세상이다. 용
을 파충류의 한 종류쯤으로 보고 있는 우리는 어쩌면 지도 동쪽 귀
퉁이에 "여기에 용이 있다"라고 써 넣은 중세 서양인들과 그리 다를
바 없는지도 모르겠다.

어렵고 또 어려운 초서

위대한 표음문자의 시대에 살고 있는 우리들에게 한자는 용만큼이
나 철 지난 유산이다. 때문에 낯설고, 또 어렵게 느껴진다. 그중에서도
흘림체인 초서는 대개의 사람들에게 문자의 한 종류라기보다 전혀 이
해할 수 없는 암호에 지나지 않는다. 한자만으로도 고리타분하고 따
분하고 어려운데 필기체라니, 나와 동떨어진 세계의 유리알 유희가 아

닌가? 그러나 이 어려움 속에는 어렵다고 한마디로 무지르고 돌아서기에 아까울 만큼 신비한 곡절이 숨어 있다.

초서의 어려움은 이중적이다. 초서에 대한 가장 일반적인 오해 중 하나는 초서가 해서의 흘림체라는 것이다. 즉 해서가 구성이 복잡하고 획이 직선적이라 쓰기 어려우니까 그것을 조금 흘린 것이 행서行書고, 행서를 다시 더 간략하게 쓴 것이 초서草書라는 인식이다. 그런데 실상은 오히려 완전히 반대다. 초서는 해서보다 훨씬 앞서 출현한 서체다. 예서의 필기체인 초서는 한나라 때 이미 등장했고, 행서는 거의 동시적으로 발전하기 시작하여 위진남북조 때 성행했지만, 해서는 위진남북조 때부터 서서히 발전하기 시작하여 당나라 때 완성된 글씨체다. 길고도 복잡한 서체의 발전사를 여기서 자세히 서술할 수는 없지만, 어쨌든 확실한 것은 해서가 나머지 모든 서체의 종합으로서 가장 나중에 등장한 서체라는 점이다. 해서楷書의 해楷에는 '규범', '법도'라는 뜻이 있다. 당나라 초기에 해서가 확립된 이후, 해서는 한자의 표준 서체가 되었고, 다른 서체들은 부수적 변용체가 되어 공식적 용도에서 추방되고 제한된 범위에서만 사용되었다. 초서도 마찬가지다. 초서는 이제 정식 기록이 되기 이전의 초본草本, 공식 기록이 되지 못할 사적私的인 기록, 개인 간의 통신인 편지에 한정된 '개인의 필기체'로 한자 세계의 2등 시민이 되었다. 그래도 지필묵을 사용한 필기가 문자 생활의 대부분을 차지했던 시대에 초서의 효용은 매우 컸다. 그런데 정자체가 해서이고, 표준이 해서이며, 어린 시절부터 해서를 기준으로 교육이 이루어진 이상, 기본적으로 해서의 흘림체가 아닌 초서는 읽기도 쓰기도 쉽지 않게 되었다. 그렇기에 따로 공을 들여 익혀야 하는 서체가 되어버렸다. 기본적으로 필기체란 편하게 쓰기 위한 것이다. 그

270

런데 그런 필기체가 기본 서체의 흘림체가 아니고 따로 익혀야 할 정도로 쉽지 않다면? 가장 자연스럽고 편안해야 할 필기체가 어긋난 기원으로 인해 부자연스럽고 불편하다면? 바로 이것이 초서의 난해함이 이중적인 까닭이다.

편리하게 쓰기 위해 어렵게 배워야 하니 교재가 필요하였다. 가장 대중적인 초서 교재 중 하나가 『초결가草訣歌』다.

『초결가』는 다섯 자가 한 구가 되고, 두 구가 한 쌍을 이루어 열 글자가 한 행이 되고, 같은 운자韻字를 갖는 두 행이 계속 연속되며 시詩, 즉 노래(歌)와 같은 형식을 갖는 체제다. 약 100개의 운으로 이루어져 있기 때문에 흔히 『초결백운가草訣百韻歌』라고도 한다. '초결'은 '초서의 비결'이라는 뜻이다. 초서의 형태를 요소별로 분리하여, 즉 파자破字하여 외우기 쉬운 다섯 글자의 '공식'처럼 만들었다. 이를테면 이런 식이다.

보관우인족步觀牛引足 **수견양답전**羞見羊踏田
육수의위품六手宜爲稟 **칠홍즉시원**七紅卽是袁

보步 자에서 소(牛)가 발을 끄는 것을 보며
수羞 자에서 양羊이 밭(田)을 밟고 있는 것을 보아라.
육六과 수手는 품稟 자가 되며,
칠七과 홍紅이 원袁 자다.

글자의 뜻만 따라 해석하면 무슨 말인지 알 수 없지만, 초서로 쓰인 글씨와 함께 보면 어렵지 않게 의미를 파악할 수 있다. 보步 자는

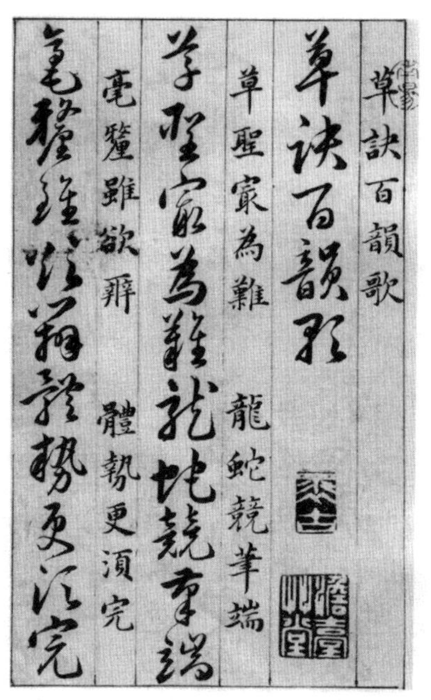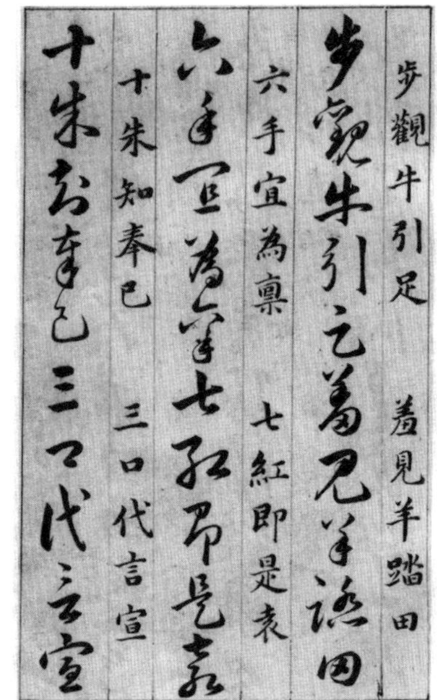

정말 초서체 소 우牛 자의 마지막 획을 아래로 돌려 끌고 있어서 '발을 끈다'는 표현이 그 부분을 가리키는 것임을 알 수 있다. 이런 식으로 다섯 글자씩 외우기 좋게 만든 '초서 암기 비결'을 죽 늘어놓은 것이 곧 『초결가』다.

예전에는 『초결가』를 왕희지가 지었다고 믿었는데, 이는 서성書聖, 즉 글씨의 최고 권위자인 왕희지의 이름을 빌린 터무니없는 가탁이고, 사실 훨씬 후대인 송宋나라 때 만들어졌다. 북송北宋 때 최초로 등장한 것이라 생각되는데, 현재 흔히 볼 수 있는 판본은 명明나라 때 쓰인 것이다.

『초결가』는 우리나라에서 특히 사랑받았다. 대표적인 초서 교재로는 『천자문』을 초서로 쓴 『초서 천자문』, 손과정孫過庭의 『서보書譜』

(좌) 연年. 영원기물부 중에서.
(우) 禾乎手似年. 『초결가』 중에서.

그리고 『초결가』가 있다. 중국에서는 여러 교재가 두루 쓰였고, 일본은 문자 자체가 한자의 초서체에서 기원하였기에 딱히 교재가 필요하지 않았다. 그런데 우리나라에서는 유독 『초결가』가 선호되었다. 조선 중기 이후에 왕희지체가 풍미하였는데, 아마도 이때부터 기본 교재로 쓰이기 시작한 게 아닌가 추정된다. 또한 '중국의 성인'이라는 권위에 특히 취약하고, 최고의 명품이라는 인식이 한 번 박히면 다른 것은 잘 거들떠보지 않으며, 기준에서 벗어나는 것을 잘 용납하지 않아 문화가 쉽사리 획일화되는 우리 문화의 경향도 한몫하지 않았을까 추정한다.

매우 유용한 교재인 것은 틀림없지만, 사실 『초결가』의 기본 발상은 매우 속되고 오류로 가득하다. 품稟의 윗부분이 六 모양으로 획이 줄어들고, 아래의 벼 화禾 자가 手 자와 비슷한 초서형으로 변하는 것은 붓놀림으로 획을 줄일 때 일반적으로 정해진 규약상 어쩔 수 없는 것이다. 回 자와 같이 복잡한 모양을 점 두 개로 줄이는 일은 초서의 생략 법칙에서 흔히 발생하는 일이기 때문이다. 그런 것을 "稟의 초서형은 六과 手가 합쳐져 이루어진 것이다"라고 말하는 것은 외우기에는 편리할지 몰라도 글자 구성의 실제 사정을 왜곡시키는 결과를 초래한다.

이렇게 어떤 한자를 다른 여러 한자들의 조합으로 보고 그것들을 쪼개서 구성원리를 설명하는 방법을 파자라고 한다. 파자는 매우 흥미로운 현상이며 자유로운 상상력이 발동되는 재미있는 놀이다. 그런데 이 놀이를 심각하게 받아들여 사실과 혼동하는 데서 문제가 발생한다. 유명한 파자의 예로, 초楚 장왕莊王이 "무력(武)이란 병기(戈), 즉 전쟁을 그치게(止) 하는 것(止戈爲武)"이라고 풀이했다는 고사가 있다. 꽤 멋진 말이긴 하지만 사실과는 어긋난다. 그칠 지止는 발 모양을 상형한 글자로, '~에 서다'는 의미가 원뜻이고, '~을 하지 못하게 하다'는 파생의이기 때문이다. 무武는 창을 들고 행진하는 모습을 본뜬 글자로서, '보무步武가 당당하다'고 말할 때가 원뜻에 가깝다.

글자의 모습이 왜 이러하며 그것이 의미나 소릿값과 어떤 연관성을 가지고 있는가를 정확히 알기 위해서는 그 글자의 역사적 변천 과정을 살펴야지, 그 변화 과정이 마지막 흔적으로 남은 지금의 형태만을 보고 함부로 추측해서는 곤란하다.

초서의 형태가 현재의 해서가 아니라 더 이전의 옛 형태와 관련이 있다는 것은 연年을 보면 쉽게 알 수 있다. 『초결가』에도 "禾, 乎, 手는 年과 비슷하다(禾乎手似年)"는 구절이 있다. 禾와 手를 흘려쓰면 형태가 비슷해진다는 것은 쉽게 추론할 수 있는데, 해 년年은 왜 그럴까?

그것은 해 년年의 옛 형태가 秊이었기 때문이다. 연年은 원래 '곡식이 익는 주기'를 가리키는 시간단위였다. 글자에 원래 벼 화禾가 들어가 있었으니 그 생략형이 禾와 비슷할 수밖에 없다.

초서의 발자취 1: 후한後漢시대

붓으로 쓴 필기체는 아주 예전부터 존재했다. 붓을 가리키는 한자인 율聿은 손으로 붓대를 잡고 글씨를 쓰는 모습을 형상화한 글자다. 붓대 끝에 붓털도 있음을 알 수 있다. 지금의 붓 필筆은 나중에 만들어진 글자로서 '율' 위에 대죽머리(竹)만 씌운 것이다.

뼈나 거북 껍데기에 갑골문을 새기기 전에 먼저 붓으로 초를 잡기도 했을 것이고, 갑골문 이외에 일상적 문서는 당시에도 죽간이나 목간에 썼다. 다만 현재까지 전해지는 유물이 없을 뿐이다.

그렇다면 붓과 먹이 있었고, 죽간과 목간과 같은 서사 매체도 있었기 때문에 초서가 한자 역사 초창기부터 계속 존재해왔을까? 대답은 부정적이다. 전국시대 중기 이후의 죽간도 많이 발견되었지만, 여기에 쓰인 글자체는 대개 당시의 정식 자체인 전서체와 기본적으로 크게 다르지 않았기 때문이다. 초서의 본격적인 발전은 역시 한漢나라 때부터라고 말할 수 있다. 한나라는 전서의 간략형인 예서가 극히 번성했던 시대다. 한번 발동된 간략화의 수레바퀴는 멈추지 않고 계속 굴렀다. 거대 제국의 유지를 위해 죽간이나 목간을 이용한 문서 행정도 폭발적으로 증가했고, 경학의 발전으로 서적도 많이 제작되었으므로, 이 시기 문서와 책의 양도 크게 늘어났을 것이다. 덩달아 초서도 크게 발전했다. 이에 대해서는 앞의 간簡 챕터에서 대략 서술했다.

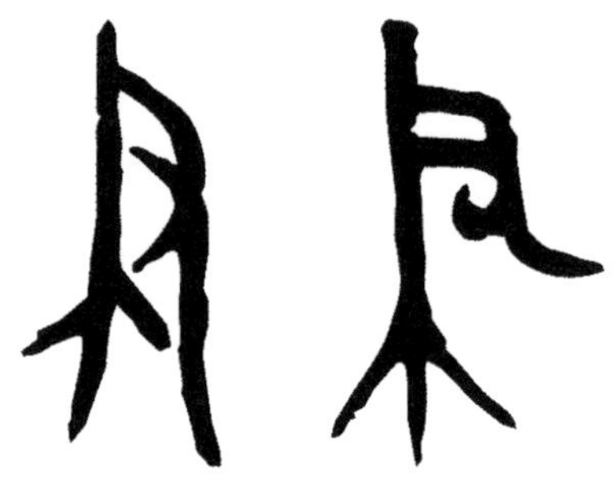

갑골문(좌)과 금문(우) 율聿

초서는 후한後漢 시대에 첫 번째 획기적인 변화기를 맞이한다. 이때에 이르러 사람들은 실용적 용도의 차원을 넘어, 초서에 어떤 예술적 가치가 있다고 생각하기 시작했다. 이는 광적인 초서 열풍을 불러왔다. 초서를 써서 서로 보여주며 감상하고, 초서를 잘 쓰는 능서가能書家를 존숭하는 풍조마저 일어났다. 후한 말의 문장가 조일趙壹은 이런 풍조가 못마땅했다. 그는 「초서를 비난한다(비초서非草書)」에서 당시의 초서 광풍을 다음과 같이 묘사했다.

두도杜度와 최원崔瑗, 장지張芝는 모두 세속을 초월한 뛰어난 인재이며, 학문을 하는 틈틈이 취미로 글씨를 썼다. 그런데 후세 사람들은 그들을 흠모하여 오로지 글씨만을 일삼고, 그 높은 경지를 좇아 피곤한 줄도 모르고 밤늦도록 쉬지 않으며 끼니를 때울 틈도 갖지 않는다. 열흘에 붓 한 자루, 한 달에 먹 몇 덩이를 소모하며, 소맷자락은 까맣고 입술과 이빨은 항상 시꺼멓다. 여럿이 모여 앉아 있을 때도 서로 이야기를 나누지 않고, 끊임없이 손가락으로 땅에 글씨를 쓰거나 풀줄기로 벽을 긋는다. 팔꿈치에 구멍이 나 피부가 쓸리고, 손톱이 부러져 손가락뼈가 드러나 피가 흘러도 그치지 않는다.[5]

제1부 한자, 어디에서 왔는가

열흘에 붓 한 자루가 다 닳았다거나 뼈가 드러날 정도로 글씨를 썼다는 표현에는 얼마간 과장이 섞였으리라. 그러나 모여 앉아 있을 때도 글씨에만 열중하고 있는 모습은 한자리에 앉아 각자 스마트폰만 들여다보고 있는 우리네 일상사와 닮아 있어 그리 낯설지 않다.

조일이 초서를 비난했던 가장 큰 이유는, 공자와 같은 성인의 학문을 배우기도 모자라는 판에 사람들이 쓸데없는 말기末技에 시간과 공력을 낭비한다고 보았기 때문이다. 게다가 그가 볼 때 초서에 열중하는 것은 초서의 본질에 어긋나는 이율배반적 행위가 된다. "초서는 본래 쉽고 빨리 쓰는 서체인데, 지금은 거꾸로 어렵게 일삼고 천천히 공을 들여 쓰니, 본래의 뜻과 많이 어긋난다"고 말한 것을 보면 래디컬리스트 조일이 보기에 초서 유행은 뭘 모르는 이들의 '잉여 짓거리'에 불과했다.

그러나 엄숙주의자 아저씨가 목소리를 높이건 말건, 사람들은 이 '쓸데없는 기예'에 열광했다. 당대 최고의 스타 서예가는 단연 장지였다. 연못가에서 오로지 글씨에만 열중하다가 연못물이 모두 까매지기에 이르렀다는 고사(임지학서臨池學書)는 유명하다. 그의 초서는 어떤 모습이었을까? 확실한 유물은 없지만, 전해지기로 그는 장초章草에 능했다고 한다.

장초는 글자 사이가 이어지지 않고 한 글자 한 글자가 따로 떨어져 있는 초서다. 당시까지는 초서가 처음 발생했던 한나라 초기의 모습에서 완전히 벗어나지 못하고 있었음을 짐작할 수 있다. 미적 가치를 극대화하는 방향으로 발전시켰을 따름이다. 예서의 극대화인 팔분체의 유행도, 초서의 대유행도 모두 후한시대 최말기의 현상이다. 그러나 팔분체가 후한의 멸망과 함께 신기루처럼 사라진 데 비해, 초서는 왕

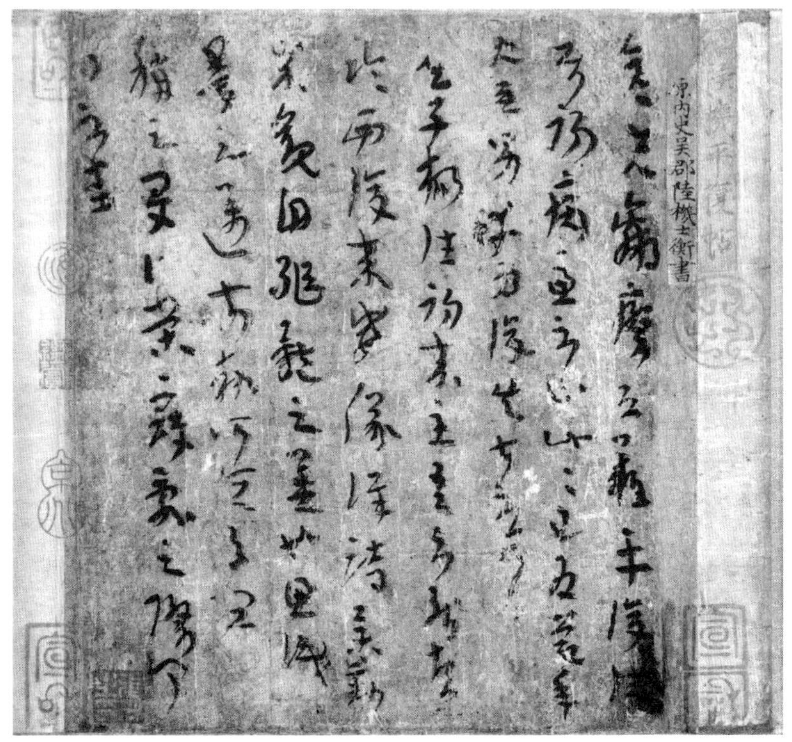

장초의 예. 육기陸機(261~303) 〈평복첩平復帖〉 (베이징 고궁박물원 소장. 23.7×20.6cm)

조의 멸망에도 아랑곳하지 않고 눈부신 발전을 거듭한다. 이 새로운 예술형식은 돌에 새겨 과시한 '권력의 문자'가 아니라 성인의 업적으로부터 멀리멀리 떨어진 '파생된 잉여'였기 때문이다.

초서의 발자취 2 : 초서, 남쪽으로 가다

위진남북조 시기는 중국 역사상 최악의 혼돈기 중 하나였다. 문화사의 측면에서 보면 혼란이 꼭 나쁜 것만은 아니다. 중심이 사라진 세

                                        제1부 한자, 어디에서 왔는가

상은 자유와 일탈의 무대가 된다. 권력은 정합적 체제의 자기복제와 동어반복밖에 허용하지 않는다. 답답하고, 따분하고, 재미없다. 진정한 의미의 개인과 개성은 거대 권력이 사라진 자리에서 자라난다. 대강大江이라는 거대한 천연 장벽, 살기 좋은 자연환경과 풍요한 경제력을 기반으로 자유분방한 남조南朝의 귀족문화가 폭발했다. 조일의 비난을 받았던 저 잉여 짓도 아무런 제약 없이 발전을 거듭하였다. 이제 유려한 초서와 행서가 이 시대 문자문화를 대표하게 되었다.

이 시대의 글씨를 논하면서 왕희지王羲之를 빼놓을 수 없다. 그는 당대를 대표하는 서가書家였을 뿐 아니라, 중국 문자문화사에서 그 오른쪽에 나설 자 없는 서성書聖이기도 하다. 그가 왜 '서성'이 되는지, 그 문화사적 의의에 대해서는 나중에 다시 이야기하기로 하자. 여기서는 왕희지와 이 시대 행초서의 특징에 대해서만 간략히 서술하기로 한다.

후한시대까지의 글씨와 위진남북조의 글씨를 말하면서 빼놓을 수 없는 것이 바로 매체의 변화다. 비록 후한 중기부터 종이가 쓰이기는 했지만, 후한 말까지도 기본적인 서사 매체는 전통적인 죽간과 목간이었다. 그러나 한 왕조의 멸망과 함께 서서히 종이가 중심적 자리를 차지해가기 시작했다. 매체의 교체는 단순한 물질적 대체가 아니었다. 매체의 변화와 더불어 글씨를 쓰고, 그 글씨를 주고받는 환경 자체가 변화했다. 이 시기 글씨의 중심에는 '편지'가 있다. 편지는 행정문서나 성인의 말씀을 적은 경전과 근본적으로 다르다. 지극히 개인적인 의견과 정보 그리고 정서의 교환이기 때문이다. 편지의 사연에는 자조와 한탄, 연민과 동정이 가득하다. 편지의 글씨는 제왕과 공公을 위한 것이 아니라 개인적 감정과 사私를 표현하기 위한 것이었다.

왕희지 〈유목첩遊目帖〉, 『어각삼희당석거보급법첩御刻三希堂石渠寶笈法帖』(제1책) 중에서.

종이 평면은 간簡보다 훨씬 넓다. 기본적으로 한 줄, 기껏해야 두세 줄이 고작이었던 나무나 대나무 간독에 비할 바 아닐 만큼 획기적으로 장場이 확대된다. 이제는 면의 구획과 단절 없이 글씨가 쓰인 장을 폭넓게 조망할 수 있게 되었다. 한 글씨 내에서뿐만 아니라 글씨와 글씨, 행과 행을 뛰어넘는 전체적 변화와 조화를 바라볼 수 있는 길이 열린 것이다. 이렇게 글씨는 '읽는 것'을 넘어 '감상'의 대상이 되고, 편지는 정보교환 매체인 동시에 '작품'이 된다.

왕희지는 획의 굵고 가늚은 물론, 글자와 행의 강약을 자유

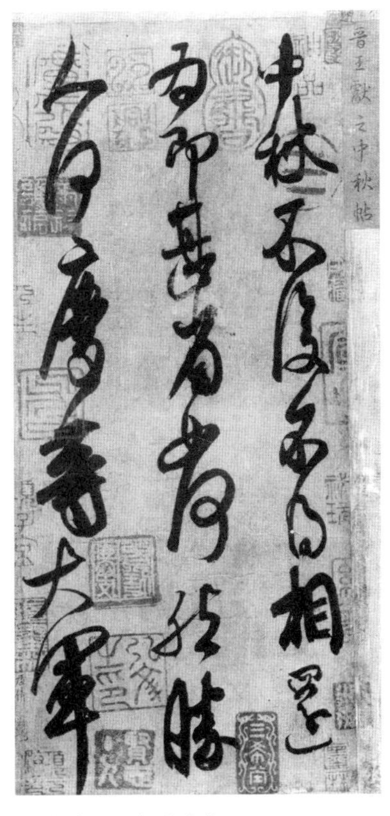

〈중추첩中秋帖〉 중에서.

자재로 변환하고 조화시키는 데도 대가였다. 꺼끌꺼끌한 간독 위에서 단련된 붓과 먹의 획은 매끄러운 종이 위에서 그 가능성을 폭발시켰다. 대쪽 위에서는 과장하여 길게 내리그어 뽐낼 수밖에 없던 획의 유려함을 이제는 좀더 정돈된 모습으로도 얼마든지 표현할 수 있게 되었다. 왕희지의 획은 유려하고 또한 우아하다. 과불급 없이 절제된 우아미의 획은 왕희지가 고전적 서예미를 대표하는 서성이 된 이유가 되며 이후 모든 획의 시작점이 된다. 초서의 지나친 생략은 때로 획의

아름다움을 나타내는 데 방해가 된다. 초서의 흘림 상태에서 고아하고 우미한 획을 좀더 강조하면 곧 행서가 된다. 현재 전해지는 왕희지의 대표작들이 대부분 행서인 이유다. 왕희지의 아들인 왕헌지王獻之는 '유려함'이라는 측면에서 아버지의 글씨를 더욱 발전시켰다. 그의 유명한 편지 〈중추첩〉을 보면, 이전까지는 기껏해야 두 글자 이상 이어지지 않던 필획이 이제 몇 글자에 걸쳐 계속 유려하게 이어지며 연면連綿하고 있음을 볼 수 있다. 왕희지와 왕헌지로 대표되는 남조南朝, 즉 남쪽 왕조의 시대는 행초行草의 획이 우아와 유려의 가능성을 꽃피운, 제2의 획기적 변환기였다.

초서의 발자취 3 : 미친 초서, 취한 초서

새로운 거대 제국 당唐 왕조가 세워진 후 한자 왕국에도 새로운 황극皇極이 세워졌다. 해서가 그것이다. 그러나 당나라는 진나라나 한나라와 같은 고대 제국과는 달랐다. 당은 중국의 통일 왕조인 동시에, 광대한 지역과 다양한 인종을 포괄하는 세계 제국이기도 했다. 고대 제국에 황제 한 명, 즉 일원一元의 광원에서 나온 빛만 존재했다면, 당나라에는 다원多元의 다채로움이 빛났다. 해서라는 강력한 통일 기준이 확립된 당나라에서 초서도 눈부신 발전을 이룬다. 그리하여 완성된 제3의 초서를 광초狂草, 즉 미치광이 초서라 부른다.

광초의 선구자는 장욱張旭이다. 장욱은 당대의 스타 서예가였고 신들린 글씨, 음주 광태의 기행으로 유명했다. 두보杜甫는 유명한 시 〈음중팔선가飮中八仙歌〉에서 당대의 8대 호주가 중 한 명에 장욱을 넣었다. 그 밖에도 장욱은 이기李頎의 시에도 등장하고, 『신당서新唐書』에

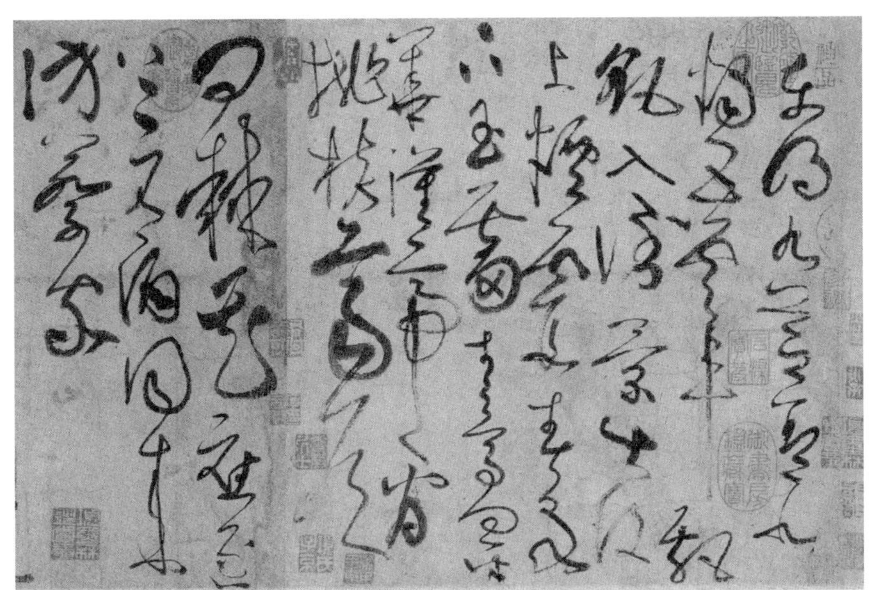

장욱 〈고시사첩古詩四帖〉(부분)

도 열전이 실려 있다. 여러 기록에 묘사된 장욱의 이미지는 이렇다.

명사들이 모인 술자리. 주흥이 도도해지니, 장욱이 술 석 잔을 들이켠 후 쓰고 있던 모자를 벗어던지고 사람들 앞으로 나선다. 지체 높은 왕후장상이 즐비하건만 그의 태도엔 조금의 거리낌도 없다. 사람들이 웅성거리기 시작한다.

"저 사람이 바로 초성草聖 장욱이로군."

"그 장 미치광이(張顚) 말인가."

"태호太湖의 정기를 받았다는 그 글씨를 오늘 한 번 볼 수 있겠구먼."

그는 호상胡床에 척 걸터앉아 종이에 붓을 휘두른다. 빈 지면이 금세 꿈틀꿈틀 살아 움직이는 글자들로 가득 찬다. 흥이 오른다. 몇 마

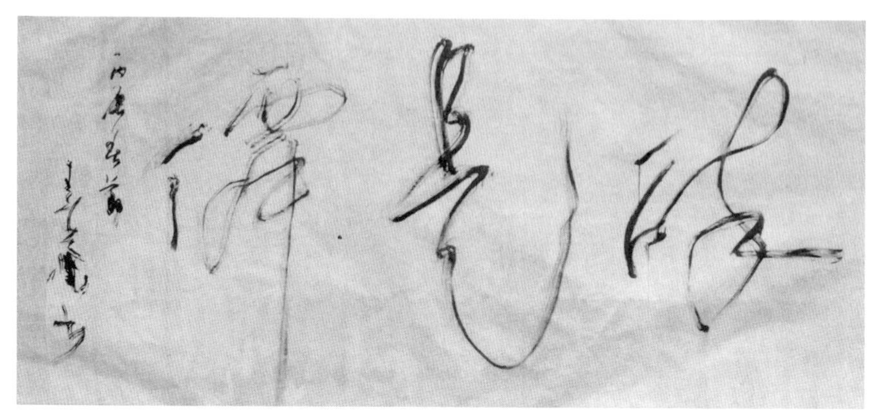

소암素菴 현중화玄中和 〈취시선醉是僊〉. 180×400cm. 서귀포시 소암기념관 소장

디 괴성을 지른 장욱이 이번에는 연회장 한쪽 벽으로 가 붓질을 한다.
벽서壁書를 쓰는 신들린 모습이 흡사 검무劍舞를 추는 무인과도 같다.
급기야 그는 풀어헤친 머리에 먹물을 묻혀 글씨를 쓰기에 이른다. 명
성이 자자한 장 미치광이의 광태를 몸소 목격한 관객들의 흥분도 절
정에 달한다.

　장욱은 쑤저우蘇州(소주) 출신이었다. 쑤저우는 남조南朝의 중심지
다. 당나라의 음주문화가 앞서 언급했던 남조의 단약 – 음주 – 현학
문화의 연장선상에 있으며, 장욱이 남조의 음주전통에 익숙한 인물이
었음은 말할 나위도 없겠다. 그에 더해 위와 같은 기이한 행태에는 모
종의 문자문화사적 의미도 내포되어 있었던 게 아닐까?
　우선 사람들 앞에서 기예를 펼쳐 보이는 서예가와 그를 관람하는
관객이 있다는 것은 '글씨란 감상의 가치가 있는 하나의 독립된 예술
장르'라는 전제가 공유되어 있음을 의미한다. 서로 글씨를 돌려보거

　　　　　제1부 한자, 어디에서 왔는가

나 몇몇 친우들만이 모여 감상을 나누던 단계를 넘어, 이제 서예는 공공의 관객 앞에서 펼쳐지는 퍼포먼스로까지 발전했다. 그만큼 장르적 지위가 공고해졌다는 증좌다.

그리고 벽서. 죽간과 목간을 넘어 종이로, 종이를 넘어 벽으로, 글씨의 장은 계속 확대되어간다. 단순한 물리적 확장이 아니다. 나뭇결의 저항이라는 매체적 성질로부터 촉발된 획의 가능성은 이제 서사 매체라는 배경을 완전히 벗어났다. 획의 자율성이 한층 극대화되고, 술의 힘을 빌린 이 탈주는 붓의 제약마저도 벗어던진다. 머리에 먹을 묻혀 쓰는 광태로 인해 이제 글씨 쓰는 사람의 신체 전체가 '붓화化' 한다. 이 해프닝은 글씨가 이제 온전히 개인의 예술이 되었음을 증거하는 문화사적 사건이 된다.

장욱의 벽서를 직접 볼 수는 없지만, 20세기 한 서예가의 작품으로 그 면모를 어렴풋이 짐작할 수 있겠다. 소암 현중화(1907~1997)는 제주 서귀포 출신의 서예가로 제주를 넘어 현대 한국을 대표하는 서가 중 한 명이다. 주흥에 찬 소암이 즉석에서 음식점 벽에 쓴 커다란 벽서를 보면 장욱의 흥취가 느껴진다. '취시선醉是僊'. 僊은 仙과 같은 글자다. 보통은 仙으로 쓴다. 그러나 너울너울 우화등선羽化登仙하는 모습은 이 글자체에 더 잘 살아 있다. 취시선, 취함이 곧 신선이라. 비록 글씨는 장욱의 것이 아닐지언정 한반도 아래 바다 한가운데 떠 있는 작은 섬 영주瀛州의 한 주점 벽도 이때만큼은 장안長安 연회장의 한쪽 벽과 다를 바 없었으리라.

용, 붓끝에 살다

『초결가』는 이렇게 시작한다. "초서 성인의 경지는 가장 이르기 어렵나니, 용과 이무기가 붓끝을 다투네(草聖最爲難, 龍蛇競筆端)." 그렇다. 바늘 끝에 몇 명의 천사가 있는지는 알 수 없지만, 초서를 처음 배우는 초보자도 아는 사실이 하나 있다. 저 작은 붓촉에 천지의 기운을 머금은 용과 이무기가 꿈틀대는 거대한 힘이 숨어 있음을.

원초적 힘의 상징인 거대한 뱀 그리고 그 동아시아 버전인 용은 고대인의 토템이었다. 그 애니미즘적 생동감은 용이 황제권력과 붙어먹으면서 깡그리 신기를 잃는다. 신성했던 용의 진정한 후예는 모습만 같은 저 곤룡포 위의 용이 아니라 꿈틀대는 생명력의 선, 초서의 획이다. 이 곡선은 한자문화의 굳건한 축이다. 그것을 온몸으로 실천한 장욱의 퍼포먼스는 더이상 볼 수 없지만, 위대한 광초의 용틀임은 지금도 볼 수 있다.

현재 타이베이 고궁박물원에 소장되어 있는 회소의 〈자서첩〉이 그것이다. 이 도도하고 자유로운 획의 흐름은 가시화한 가야금 산조요, 찰리 파커의 솔로다. 연주의 클라이맥스에 이른 대戴 자를 보라. 동물로서의 기원을 완전히 탈피한 후 오히려 자신이 가진 힘의 가능성을 극대화한 모습의 용이 바로 여기에 있다.

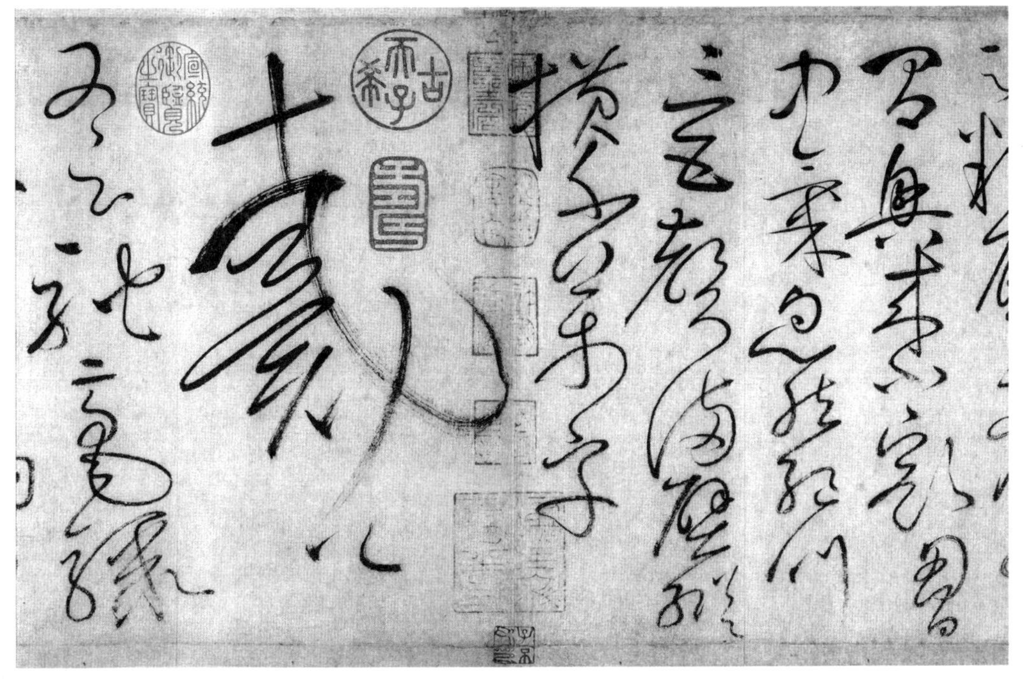

회소懷素 〈자서첩自敍帖〉(부분)

한자의 모양, 어떻게 이루어졌는가

표준의 성립과 획의 발견

당 제국과
해서의 성립

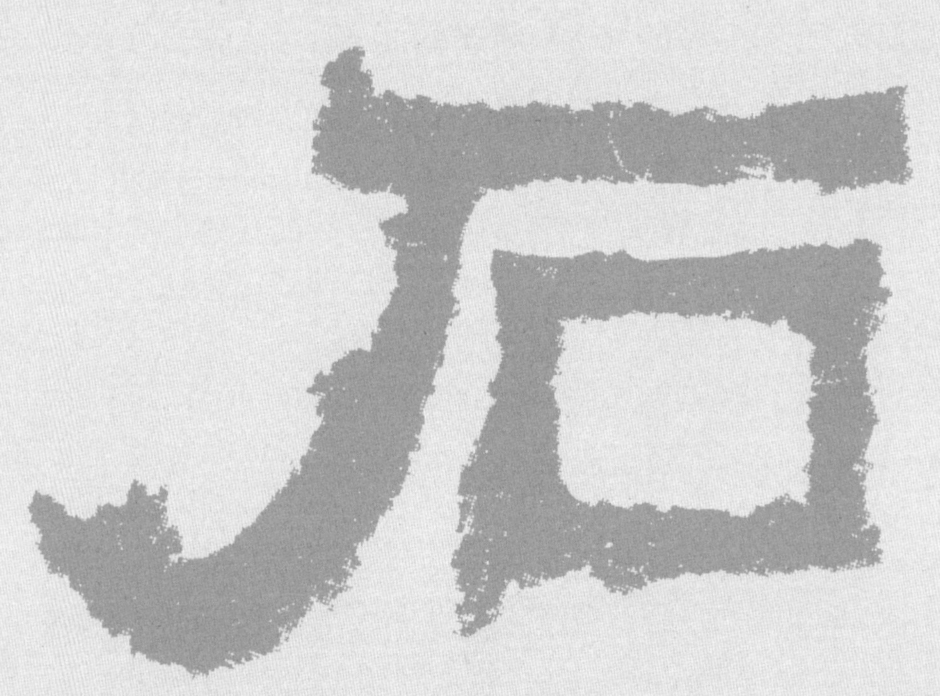

석石. 〈찬보자비爨寶子碑〉 중에서. 동진東晉 시기

석

돌의 문자, 북조 석각

탁본•의 추억

태동고전연구소 재학생 시절, 어느 한가한 일요일 오전이었다. 늦은 아침을 먹고 나니 할 일이 없었다. 기숙사 3층 방에 누워 있다가 1층 연구소 입구 계단에 걸터앉았다가 다시 방으로 올라와 방바닥 비닐장판에 착 달라붙어 있었다. 그러다 K가 찾아왔다. "M 선생님이 오셨는데, 날씨도 좋고 하니 별일 없으면 근처로 탁본이나 같이 뜨러 가자고

• 탁본은 금석金石 자료를 얻는 가장 전통적인 방법이며, 유물을 직접 보는 것과는 또다른 인상을 선사하기 때문에 그 자체로 감상의 대상이 되는 하나의 예술 장르다. 그러나 숙련되지 않으면 자칫 먹물로 탁본 대상을 손상시키기 쉽고, 또 현대에는 촬영이나 영상 스캔 기술의 발달로 직접 유물과 접촉하지 않고도 얼마든지 정밀한 화상을 얻을 수 있기 때문에 특수한 경우를 제외하면 가급적 탁본을 뜨지 않는 편이 좋겠다. 게다가 한국의 웬만한 금석문 자료는 국립문화유산연구원의 '국가유산 지식이음–금석문 검색' 사이트(https://portal. nrich.go.kr/kor/ksmUsrList.do?menuIdx=584)에 망라되어 있기 때문에 굳이 개인이 직접 탁본을 해야 할 경우는 그리 많지 않을 것이다.

하시네.” 전 시간에 배운 걸 암송해야 하는 사서四書 수업이 있는 날 아침이면 제발 폭우든 폭설이든 태풍이든, 거대운석이라도 떨어지든, 어찌 되었건 간에 오늘만은 제발 출근하시지 않기를 바라는데, 그날만큼은 선생님이 반갑기 그지없었다. 그러고 보니 정말 방 안에 들어앉아 있기가 미안할 만큼 화창한 날씨다. 사실 탁본의 ‘탁’ 자도 몰랐지만, 아무려면 어떤가?

예전에 선배들이 썼다던 탁본 도구들이 연구소 창고 한구석에서 먼지를 뒤집어쓰고 있었다. 시키는 대로 이것저것 챙겨 종이상자에 담고, 사다리도 선생님 차 트렁크에 싣고 읍내를 향해 출발했다.

우리 일행이 향한 곳은 마석 근처 야산에 있는 흥선대원군 묘역이었다. 그곳에 글씨가 좋은 신도비가 있다 하였다. 나중에 알게 된 것이지만, 고종의 형 이재면의 아들인 이준용의 비였다. 비문은 김윤식金允植이 지었고 글씨는 윤용구尹用求가, 제액은 김성근金聲根이 썼다. 이준용이야 그다지 기릴 만한 행적이 없는 인물이지만, 김윤식은 고종 때의 거물 정치인이고 윤용구와 김성근 모두 구한말의 알아주는 서가書家였으니 비 자체는 그럭저럭 볼 만한 물건이라 할 수 있었다.

느지막이 출발했기 때문에 서둘러 작업에 착수했다. 햇살이 강해지면 탁본 뜨기가 힘들어지기 때문이다. 선생님을 빼고는 당연히 모두 탁본이 처음이었기에 우리는 선생님 옆에서 종이를 붙잡으며 보조하거나 나중에 따라 해보는 식이었다.

비가 꽤 컸기 때문에 사다리를 걸쳐놓고 위에서부터 작업했다. 먼저 종이를 대고 분무기로 물을 뿌려 종이를 비면에 밀착시키는데, 기포가 생기거나 종이가 울지 않게 수건으로 잘 눌러가며 붙인다. 그리고 양복용 옷솔로 종이 위를 탁탁 두드린다. 그러면 글씨가 새겨진 오목한 홈을 따라 종이가 들어가 입체감이 생긴다. 두드리는 동안 종이가 말라가니 속도감 있게 두드려야 한다. 이제 적당히 마르기를 기다려 먹방망이를 친다. 먹방망이는 천뭉치나 솜 혹은 좁쌀 따위를 천으로 싸서 둥근 찐빵처럼 만든 것인데, 여기에 먹을 묻혀 종이 위를 두드리면 된다. 먹을 너무 많이 묻히면 시커멓게 되고, 거꾸로 먹이 너무 적으면 색이 잘 나오지 않기 때문에 '적당히' 잘 묻혀야 한다. 두 개의 먹방망이에 먹을 묻히고 맞부딪히며 털어내 적당한 농도를 맞추는 것이 요령이다. 종이가 완전히 마르면 먹이 배지 않기 때문에 습기가 적당히 있는 동안 잽싸게 다 두드려내야 한다. 너무 강하게 쳐도 안 되고 너무 약하게 두드려도 안 된다. 둥근 자국이 생기지 않고 색이 고르게 나오도록 힘을 균등하게 주어야 한다. 처음엔 색이 들쑥날쑥하게 나오지만 계속 하다 보면 요령이 생긴다. 손놀림이 차차 리드미컬해지고 실수가 줄어들면, 점점 드러나는 글씨들에 슬슬 재미가 붙기 시작한다. 비면이 상당히 넓고 글자도 많아서 어지간히 팔이 쑤시지만, 물이 마르는 속도가 있으니 쉴 수가 없다. 같이 간 사람이 여럿이면 돌아가며 두드릴 수 있어 좋다. 선생님이 두드린 곳과 우리가 두드린 곳이 확연하게 차이 나는 건 어쩔 수 없다. 다 두드릴 때쯤 되니 종이도 적당히 말랐다. 비가 커서 종이도 여러 장을 썼다. 종이들을 비면에서 떼어내 잔디 위에 죽 늘어놓고 완전히 말리는 걸로 작업은 끝이다.*

　마르기를 기다리는 동안 아마 짜장면을 시켜 먹었던 것 같다. 당연히 술도 몇 병 시켰겠지. 그때 떴던 탁본은 이후 어디다 내팽개쳐두었

---

* 올바른 탁본 과정에 대해서는 다음 책을 참고하기 바란다. 『탁본의 세계』(병진 저, 일지사, 1997).

는지 모르겠다. 내가 탁본을 해보았다는 사실마저도 기억의 창고 한 구석에 방치하고 산다. 다만 빨래가 잘 마를 성싶은 날이면 이따금 생각난다. 그날의 나른한 햇살과 햇살에 따뜻해진 빗돌, 묵향 풍기며 말라가던 종이쪽이 늘어선 오후의 잔디밭 그리고 짜장면과 고량주 냄새가.•

한 청나라 문인의 탐비探碑 여행

태동고전연구소가 위치한 수동에서 마석 읍내까지는 자동차로 10여 분밖에 걸리지 않고 그날의 탁본이라는 것도 초보자들의 연습 수준이 었으니 탁본은 그저 핑계였을 뿐 결국 한나절의 나들이에 불과했다. 그러나 1796년 가을 청나라 문인 황역黃易의 여행은 차원이 달랐다.

당시 산둥山東(산동) 지닝濟寧(제녕)에서 관리 생활을 하고 있던 황역은 오로지 낙양洛陽의 희귀한 옛 비석 탁본을 얻겠다는 일념으로 전문 탁본 장인 두 사람까지 대동하고 머나먼 허난河南(하남) 지역으로 여행을 떠난다. 황역은 저장浙江(절강)성 항저우杭州(항주) 출신이다. 지금도 그렇지만 당시 항저우는 풍요로운 경제적 기반을 바탕으로 예술과 학문이 전국에서 가장 발달한 지역 중 하나였다. 그는 전각篆刻 예술과 금석학이 발달했던 항저우에서 나고 자라 그 문화적 자양분을 듬뿍 흡수한 문화인이었다. 영민하고 학식도 풍부했지만, 안타깝게도 집안이 몹시 가난했다. 그래서 중년 이후 외지로 나돌며 하급 벼

• 2004년 3월 28일의 일이다. 2005년 9월 흥선대원군 묘역이 정비되면서 대원군 신도비를 제외한 다른 석비 및 묘표들은 후손들에 의해 서울역사박물관에 기증되었다. 따라서 현재 이 비는 서울 시내 한복판 신문로에 위치한 서울역사박물관 앞뜰에 전시되어 있다.

　　　　제2부 한자의 모양, 어떻게 이루어졌는가

슬살이를 하며 지내다 지닝에서
겨우 그럴싸한 직위를 맡아 생
활의 안정을 찾을 수 있었다. 금
석 자료에 대한 성심이 깊었던
황역은 바쁜 행정의 와중에도
틈나는 대로 산둥 지역의 옛 자
료를 수집하러 돌아다녔다. 당시
의 가장 빛나는 성과가 무량사
武梁祠 화상석의 발견이다. 무량
사 화상석은 후한시대에 조성된
석실 묘당 벽에 새겨진 그림으
로, 중국 고대문화를 연구하는
데 빼놓을 수 없는 미술사 및
역사 자료다. 중국에 화상석이

비석 연구를 위해 낙양으로 여행을 떠났던 청나라 문인 황역(1744~1802)의 초상. 그가 사용한 인장들.

많은데 아마도 그중에서 가장 유명한 것이 아닐까 싶다. 중국 고대 금
석 자료 수집에 열심이었던 황역이 후한과 북조의 중심부였던 허난 지
역의 금석에 관심을 가진 것은 당연한 일이었다. 그는 당시까지 얻을
수 있는 자료는 이미 대부분 갖추고 있었지만, 그래도 입수하기 어려
웠던 일부 자료를 직접 얻기 위해 이 특별한 여행을 기획했던 것이다.
당시 허난은 매우 낙후된 지역이었다. 교통편도 열악했던 시대에 이런
여행을 한다는 것은 관리 신분이었다 해도 결코 쉬운 일이 아니었다.
그는 이 여정을 「숭락방비일기嵩洛訪碑日記」[1]에 상세히 기록해놓았다.
이 짧은 일기를 통해 당시 황역의 옛 비석에 대한 열정이 얼마나 컸는
지 그리고 청나라 금석학자들이 자료 확보에 얼마나 열심이었는지 넉

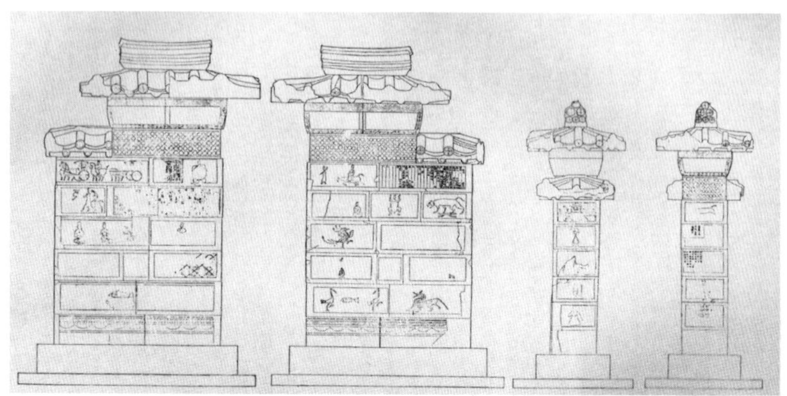

후한시대 석궐인 태실궐太室闕 서궐西闕 화상 배치도.
덩펑 시내 중악묘中岳廟 앞 소재.*

넉히 짐작할 수 있다.

일기는 가경제嘉慶帝가 즉위한 해인 1796년 9월 6일에 상부祥符의 상국사相國寺를 방문하여 송宋나라 때 경당經幢(경전을 새긴 돌기둥)의 탁본을 뜨는 장면으로 시작한다. 이후 정저우鄭州(정주)를 거쳐 호뢰관虎牢關을 넘어 쑹산嵩山(숭산) 아래 덩펑登封(등봉)에 이른다. 덩펑에는 한나라 때의 석궐石闕(묘당으로 가는 길 양쪽에 문처럼 세운 돌)을 비롯하여 이름난 석각이 많다. 한국에서 직항편으로 정저우까지 가면 거기서 덩펑까지는 한나절 거리다. 한데 보통은 무술로 유명한 소림사만 들르고 넘어가기 일쑤다. 시내에도 고적古蹟이 널려 있으니 관심 있는 독자들은 기회가 되면 한 번 들러보기 바란다.

덩펑 다음은 뤄양洛陽(낙양)이었다. 뤄양은 후한의 수도이기도 했지만 이후 북조北朝 여러 왕조들도 수도로 삼았던 곳이다. 뤄양의 포인

---

* 신립상,『한대 화상석의 세계』, 김용성 역, 학연문화사, 2005, 368쪽.

    제2부 한자의 모양, 어떻게 이루어졌는가

트는 역시 용문석굴龍門石窟. 황역은 이곳에서 엿새간 머물며 지역의 장인들까지 동원하여 300여 점이 넘는 석각들을 샅샅이 탁본했다. 이후 맹진孟津에서 황하를 건너 10월 10일 산둥에 도착하는 것으로 대장정을 마친다.

용문석굴과 북조의 글씨

용문은 청대 금석학자들에게 성지와도 같은 곳이었다. 북조 글씨의 정수가 바로 여기에 남아 있었기 때문이다. 용문석굴은 뤄양 남쪽 이하伊河 강변의 바위산인 용문산에 있는 석굴들을 총칭하여 부르는 이름이다. 선비鮮卑족이 세운 북위北魏가 북중국을 통일한 후 낙양으

용문석굴의 전경. 표시된 쪽에 고양동 석굴이 있다.

로 천도하여 중국 한족의 제도 및 문화를 받아들이는 정책을 펴기 시작한 때가 대략 5세기 끝 무렵이다. 용문석굴은 이때부터 조성되기 시작하여 당나라 때 완성되었다. 1,000개를 훌쩍 넘는 크고 작은 석굴들이 모인 거대 석굴사원이다. 가장 크고 화려한 곳은 봉선사奉先寺 구역인데, 당나라 고종高宗 및 측천무후 때 조성된 곳이다. 측천무후 얼굴을 모델 삼아 가운데에 커다란 비로자나불의 얼굴을 만들었다 한다. 용문석굴 중 가장 관광객이 몰리는 곳이 이 부근일 것이다. 또 빈양동賓陽洞 구역, 당의 서예가 저수량이 쓴 〈이궐불감비伊闕佛龕碑〉도 명성이 높다. 룽먼산 건너편 강 동쪽 기슭 향산香山에서 위대한 시인 백거이白居易를 회상하며 차 한잔 음미하는 것도 나쁘지 않겠다.

그러나 금석학자들에게 그리고 한자의 역사를 돌아보려는 우리들에게 가장 중요한 곳은 고양동古陽洞이라는 작은 석굴이다. 고양동은 용문에서 제일 오래된 석굴로, 이곳에는 북위시대의 불상 수십 기가 조성되어 있다. 중요한 것은 불상을 조성하며 내력을 새겨 놓은 조상기造像記다. 용문석굴에 존재하는 수백 개 조상기 중 글씨가 뛰어난 20개를 가리켜 용문20품龍門二十品이라 부른다. 용문20품 중 19개가 바로 이 고양동에 집중되어 있다. 그중에서도 가장 오래된 〈우궐조상기牛橛造像記〉를 한번 살펴보자.

용문석굴에서 가장 오래된 조상기인 우궐조상기. 불감佛龕 옆쪽에 있다.
불감의 크기는 높이 104cm,
폭 106cm, 깊이 21cm.

太和
九年十一月使持節司空公長樂
王丘穆陵亮夫人尉遲為亡息牛橛請工
鏤石造此弥勒像一區頒牛橛捨於命殳
之鄉騰遊无礙之境若存託生生於天上
諸佛之所若生世界妙樂自在之處若有
苦累即令解脱三塗惡道永絶因趣一切
衆生咸蒙斯福

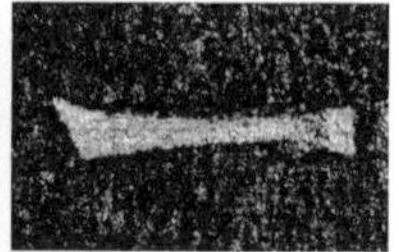

〈우궐조상기〉 우牛, 어於, 화和, 일一

〈우궐조상기〉는 북위의 귀족인 선비족 탁발부拓拔部 구목릉량丘
穆陵亮과 그 부인 위지씨尉遲氏가 죽은 아들 우궐을 위해 불상을 조
성하고 극락왕생을 기원하며 새긴 조상기다. 내용이야 일반적인 불상
조상기와 크게 다를 바 없고, 중요한 것은 글씨다. 획의 끝이 마치 찔
릴 것같이 뾰족한데, 이 날카로운 예각이 곧 용문 조상기의 특징이다.
〈우궐조상기〉는 그중에서도 정도가 가장 심하다. 이 날카로운 새김의
획이 곧 위진남북조시대의 획이다. 이 시대는 행서에서 해서로 발전해
가는 중간 단계로, 당대의 역사만큼이나 획의 성격도 극적인 변화를
겪었다.

 획의 역사는 '씀'의 역사인 동시에 '새김'의 역사다. 씀을 통해 활발
한 동력의 가능성을 확장한 획은 새김을 통해 그것을 고정시켜 정식
서체로 정형화하거나 형태적 극단화를 보이며 다음 시대를 예기한다.
우궐조상기를 보면 일견 날카로운 획의 해서 같은데, 사실 필의는 행
서에 가깝다. 우리 눈앞에 나타난 해서의 모습 너머에 행서 원본의 환
영이 너울거린다.

 소 우牛 자를 보자. 특히 제1획과 제2획의 이어진 필획을 보라. 어
조사 어於 자의 글자 구성도 명백히 행초서의 결구結構다. 화和 자의
입 구口는 오른쪽 어깨를 비스듬히 깎아 떨어뜨렸다. 이런 현상을 어

　　　　　　제2부 한자의 모양, 어떻게 이루어졌는가

떻게 설명해야 할까? 아마도 이 글씨의 원본은 육조시대에 흔했던 행서풍의 해서일 것이다. 원본을 바탕으로 획 끄트머리의 예각을 강조하고 전절부의 필의를 강조하면 바로 〈우궐조상기〉의 글씨가 된다. 극단적으로 뾰족한 느낌은 이런 종류의 각법刻法이 막 성립된 시기의 약간은 풋내 어린 과장에서 기인한 것이리라.

다시 말해, 지금 우리가 보고 있는 〈우궐조상기〉의 글씨와 그 붓글씨 원본에는 명백한 차이가 있었을 것으로 추정된다. 〈우궐조상기〉의 예각의 획은 분명 새김의 획이다. 그리고 이는 다시 해서라는 대강大江에 가장 큰 수량을 공급하는 한 줄기의 원류가 된다.

청대 금석학자들의 노력으로 북조의 글씨들은 새롭게 부각되었다. 그들이 보기에 첩帖에 의해 전해진 남조南朝의 글씨는 미려하기는 하지만 유약하고 계속된 번각을 통해 원본의 모습을 잃은 것이었다. '위대한 한나라 예서의 적통은 북조의 글씨로 이어져 다시 해서로 전해진 것이다. 남과 북은 각기 독자적인 서풍을 이어왔으며 이는 혼동되면 안 된다.' 이런 생각은 완원阮元(1764~1849)의 「남북서파론南北書派論」과 「북비남첩론北碑南帖論」에 잘 나타나 있다. 완원은 『십삼경주소十三經註疏』를 교감하고 『황청경해皇淸經解』를 편집한 당대 최고의 고증학자다. 청대는 고증학의 시대였다. 고증학은 성리학 등 사변적 이론 중심의 학문을 비판하고 텍스트의 엄밀한 고증을 중시하는 학풍이다. 이에 따라 문자학과 음운학이 크게 발전했고, 자연히 금석학도 큰 관심을 받게 되었다. 예술 사조의 발전은 학술 사조의 변화를 뒤따른다. 그때까지 글씨의 전범은 왕희지를 중심으로 명가들의 글씨를 새긴 목판 혹은 석각 법첩法帖이었다. 그중 가장 권위 있는 것이 송나라 때 출간된 『순화각첩淳化刻帖』이다. 이른바 송학宋學, 즉 성리학으로 대변되는 이론적 유학에 반발한 고증학이 유행했던 청나라에서 각첩 및 법첩에 비해 그때까지 주목받지 못했던 한나라 및 북조의 석각을 연구하는 금석학이 융성한 것은 당연한 일이었다. 완원은 「남북서파론」에서 "북조의 경학經學은 질박하고 실질적이며, 남조의 경학은 가볍고 부박하여, 원래부터 구별이 있었다. 남북조의 역사가들도 항상 서로를 '오랑캐'라고 욕했다. 어찌 서예의 유파만 유독 나뉘지 않을 리가 있었겠는가?(南北朝經學, 本有質實輕浮之別, 南北朝史家, 亦每以夷虜互相詬詈, 書派攸分, 何獨不然)"라고 말했다. 황역은 항저우 출신이고, 완원은 장쑤江蘇(강소) 양저우揚州(양주) 출신이다. 두 곳 모두 경제 및 학문과 문화가 극도로 번성했던 '윤택한 남쪽지방'이다. 청나라 고증학자 및 금석학자 중에는 창장 강 하류 유역 출신이 많다. 이 '남쪽 사람들'의 남쪽 학문에 대한 의도적인 경시와 북쪽 글씨에 대한 경도는 확실히 과도한 면이 없지 않았다. 이 우아한 문화인들의 질박함에 대한 애호와 근원 회귀의 열망이 북쪽 돌덩어리들에 대한 동경과 수집욕을 불러일으켰다. 남북의 경제적 격차를 생각한다면 이를 유사 오리엔탈리즘이라 불러도 무방할 것이다.[2] 그러나 이들의 치우친 열정 덕택에 우리는 기울어짐 없는 남과 북의 날개로 날아올라 한자의 영토를 조감할 수 있게 되었다.

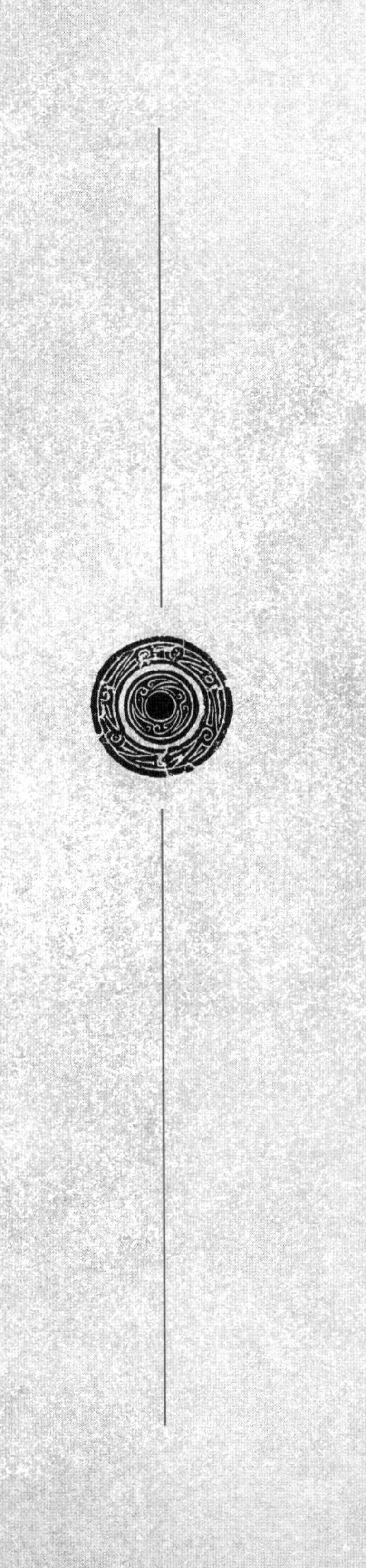

희羲. 왕희지 〈흥복사단비興福寺斷碑〉 중에서.

희

획의 시작과 끝,
왕희지

서성書聖 왕희지

성인聖人이란 무엇인가? 사람이되 사람의 경지를 초월한 위대한 사람이다. 왜 위대한가? 사람이 사람답게 살 수 있도록 만들었기 때문이다. 동양의 성인은 인간의 조건, 즉 문명의 창조자다. 요는 하늘의 운행을, 순은 법률과 교육과 음악을, 우는 땅의 모습을, 주공은 예악제도를, 공자는 옛 성인들의 언행을 기록한 전적을 짓고, 정비하고, 널리 알렸다. 그들은 문명의 기준을 제시한 입법자였다.

한자는 어떠한가? 전설에 따르면 한자는 황제의 사관 창힐이 만들었다고 한다. 또한 전국시대의 혼란스러운 문자상을 통일한 이는 진시황과 이사라고 한다. 그러나 창힐의 전설은 말 그대로 전설에 지나지 않으며, 진시황의 문자 통일은 실제와 달리 과장된 면이 없지 않다. 무엇보다 현실 속에서 이들은 '성인'이라는 이름에 어울리는 존경을 전혀 받지 못했다. 그러나 글자의 모양이라는 측면에만 한정한다면 한자

'왕희지'王羲之.
〈이모첩姨母帖〉 중에서.

의 성인은 존재한다. 서성書聖, 즉 글씨의 성인이라 불리는 왕희지王羲之가 바로 그에 해당한다.

왕희지가 왜 서성인가? 이는 한자 문명 전체의 성격을 묻는 거대한 질문이다. 거대한 질문에는 거대한 답이 필요하다. 어려운 공안公案이다. 그러나 조금 단순하게 생각해보고자 한다. 우리에게 좀더 익숙한 사람을 대상으로 이 질문을 치환해보자.

윌리엄 셰익스피어가 왜 영문학에서 그토록 중요한 위치를 차지하고 있는가? 답은 대체로 이러할 것이다. 첫째, 그는 중세 영어에서 근대 영어의 시대로 넘어온 후 최초로 등장한 문학의 거장이다. 아니, 오히려 이렇게 말해야 할지도 모르겠다. 셰익스피어의 언어가 곧 근대 영어를 이루었다. 산업혁명과 식민지 경영을 통해 영국이 세계를 제패하기 직전 근대 영국이 성립하던 시기에 근대 영어의 틀이 완성되었고, 셰익스피어는 이 새로운 영어의 정체성을 상징하는 아이콘이었다. 둘째, 작품 자체가 매우 아름답다. 시와 희곡 모두 지금 읽어도 감탄스러운 언어와 구성을 자랑한다. 셋째, 그의 희곡은 인간 심성의 근원적이고 보편적인 무엇을 건드리는 면이 있다. 즉 누구나 공감할 수 있는 보편적 주제와 뛰어난 형식을 갖추고 있다.

그럼 파블로 피카소는 왜 현대미술의 아버지인가? 피카소는 세잔이 기반을 다진 새로운 공간 인식과 새로운 화면 효과를 보다 극단적

제2부 한자의 모양, 어떻게 이루어졌는가

으로 밀어붙여 그때까지의 구상 회화와 완전히 단절된 현대 추상화를 창조했다. 그는 새로운 시대를 연 최초의 대가였다. 게다가 그는 표현력이 뛰어났다. 흥미로운 소재를 자극적인 방식으로 제시했다. 피카소와 거의 동시대를 살았던 조르주 브라크는 피카소와 함께 큐비즘을 창안한 대가이지만 피카소만큼 이름을 알리지 못했다. 피카소는 화제를 불러일으킬 줄 알았다. 또한 빈곤이나 전쟁과 같이 현대사회의 문제를 다룬 작품이 많았다. 〈게르니카〉와 같은 작품이 그 예가 될 것이다.

다시 왕희지로 돌아와보자. 왕희지는 왜 글씨의 성인인가?

1.

한자의 탄생 이래 언제나 새김 글씨에 눌려 보조 노릇밖에 하지 못하던 '붓의 글씨'는 한나라에 이르러 드디어 그 가능성을 폭발시킨다. 예서의 탄생, 죽간과 목간 위의 초서, 팔분서의 발전과 후한 대 초서 열풍까지 붓의 획은 쉼 없이 내달리며 영역을 확장하고 갖가지 모양새를 연출했다. 한나라가 멸망하고 이제 수렴과 집대성의 기운이 무르익는 가운데 후한 대에 종이가 서사의 주매체로 부상하자 붓이라는 고기가 뛰놀 최적의 수역이 마련된다. 종이는 간독과 비교할 수 없이 넓었고 비단에 비해 구하기도 쉬웠다. 새 시대의 요청에 맞추어 새로운 형태를 제시한 천재, 그가 바로 왕희지다. 후한 이후 글씨는 점차 개인의 기예가 되어간다. 후한 초서 대가들의 글씨는 현재 확인하기 힘들지만, 왕희지의 글씨는 모작이나마 실물을 볼 수 있다. 왕희지 이전의 글씨는 작건 크건 대개 공적公的인 글씨였다. 잘 쓴 글씨란 기본적으로 공중의 기억을 간직하여 역사로 재창조하거나 산 자와 죽은

자를 통해 현재와 미래를 연결해주는 책무에 봉사한다는 '기념비성'을 갖춘 것이었다.[1] 그러나 왕희지는 그렇지 않았다. 그는 문인이자 예술가인 '개인'이었다. 아이로니컬하게도, 역사는 최초로 꽃을 피운 온전한 개인의 글씨를 동아시아 글씨의 역사 가운데 가장 우뚝한 기념비로 재창조했다.

2.

상식적으로 개인 글씨의 아름다움은 '개성'에서 나와야 할 터다. 그러나 왕희지의 경우는 그렇지 않다. 왕희지 글씨의 가장 큰 특징은 자연스러움이다. 즉 그의 글씨에서 개성을 읽기는 쉽지 않다. 왜일까? 그의 글씨가 그 이후 글씨의 기본 바탕이 되었기 때문이다. 서양의 연대기가 그리스도의 탄생을 중심으로 기원전과 기원후로 나뉘는 것처럼 한자 문명의 서사書史도 '왕희지 전'과 '왕희지 후'로 나뉜다. 붓을 잡은 사람이라면 왕희지 이후로 누구도 그의 영향에서 자유로울 수 없었다.

그러나 단순히 그가 후대의 기준이 되었기 때문에 그의 글씨가 훌륭한 것이라고 말한다면, 이는 순환논리다. 왜 하필 왕희지인가? 이 점이 설명되어야만 한다.

현재 남아 있는 왕희지 글씨의 대부분은 편지다. 이 시점에서 왕희지와 동시대에 쓰인 편지 한 점을 살펴보도록 하자. 스웨덴 탐험가 스벤 헤딘(Sven Hedin, 1865~1952)이 누란樓蘭 유적에서 수집한 진晉나라 때의 편지다.

당시 실제로 쓰였던 일상 문서를 보여주는 귀중한 유물이다. 누란 한문漢文 간지簡紙 문서, 즉 '누란에서 발견된 한문으로 쓰인* 종이 간

　　　　　제2부 한자의 모양, 어떻게 이루어졌는가

독 문서'라고 불리는 수많은 종이쪽들 중 하나다. 이것은 당시의 진짜 편지이므로 유물로서 갖는 가치는 사실 후대의 모작인 왕희지의 편지보다 훨씬 더 크다. 이 유물은 모습이 정비된 행초서行草書가 서진西쯤 시대에 이미 일상적으로 사용되고 있었음을 보여준다. 후한 대 초서의 대유행 시기를 거치며 사람들은 획의 아름다움에 다시 주목하게 된다. 이때 단련된 획을 중심으로 한자는 다시 획수를 약간씩 늘려 행서로 발전했다. 이 편지는 초서보다는 행서에 더 가까운데, 초창기 행서의 모습을 잘 보여주고 있다.

편지를 쓴 사람은 소덕흥蘇德興이란 사람이다. 편지를 쓴 이는 스스로 가장 앞부분과 가장 뒷부분 두 군데에서 자신이 누구인지 밝혔다. 즉, 맨 앞에 '정월 24일'로 날짜를 쓴 후 '회淮 백白'이라고 했고, 맨 뒤에서는 '소덕흥 백'이라고 했다. 여기에서 '백'白은 '말하다'의 높임말 즉 '아뢰다'의 뜻으로서, 요사이는 거의 쓰이지 않지만 예전에는 '주인 백' 등 알림문이나 공지문 뒤에 흔히 썼다. 앞에서는 '회'라고 하고 뒤에서는 '소덕흥'이라고 하며 자신을 달리 지칭한 이유는 수수께끼다. '회'가 이름이고 '덕흥'이 자字일 수도 있겠으나, 어디까지나 추정에 불과하다. 불일치는 이뿐만이 아니다. 편지 본문에서는 자신을 '나 오'吾로 지칭하고 있는데, 편지 수신자인 상대방은 '족하'足下로 칭하기도 하고 '너 이'爾로 부르기도 한다. 원래 '오'吾에 제대로 상응하는 2인칭은 '이'爾가 된다. '족하'는 경칭이고, '이'는 평칭이기 때문이다. 이렇게 일관성이 결여되어 있을 뿐 아니라, 문장 자체도 거칠기 짝이 없다. 편지를 쓴 소덕흥이나 편지를 받는 사람은 변경 지방인 누란과 그 근처

• 누란, 즉 크로라이나는 원래 카로슈티 문자를 사용했다.

의 장새障塞 즉 요새 혹은 보루를 지키는 하급무장인 장새위障塞尉인 것으로 보인다. 따라서 문장의 구사가 다소 졸렬하다. 게다가 아래 일부가 헤져 떨어져 나가서 그 부분은 문장이 온전치 않기도 하다. 이래저래 읽어내기가 몹시 어렵다. 그래도 이 중요한 유물의 전모를 한 번 살펴본다는 차원에서 전문을 보고자 한다.

정월 24일, 회淮 아룀.

다른 요새에서 각기 멀리 떨어져 있느라 자주 소식을 주고받지 못하여 항상 탄식하며 그리워하고 있던 차에, 소식을 듣고 평안히 지내고 있음을 알게 되어 매우 좋네. 나는 지금 하늘의 가호로 잘 지내고 있네. 족하足下께서 멀리 있기는 하지만, 전쟁 소식을 듣지 않고 즐겁게 지내기를 바랄 뿐이네.

나는 오늘 동조東曹를 정비할 것이며, 또 (…) 다시 못 견디게 되지 않기를 바라네. 중형仲衡은 돈황敦煌을 정비할 것이며, (…) 동현東縣과 서현西縣은 끝내 (…)하지 않고자 하는데 (…) 돌아와서 의화宜禾를 관장하는데, 대신하는 곳에서 결국 잘할 것인데 (…) 나는 스스로 택한 곳에 속해 있는데, 지금 이 문안 편지를 받았기 때문에 (…) 족하가 돌아갈 것을 요청한 지 오래되지 않아서, 지난달 27일에 족하가 있는 곳으로부터 (…) 들어왔네. 다시 평안하다네. 다만 적절한 사람이 없다고 이야기하네.

나머지는 달리 할 말이 없네. (…) 다만 힘들게 의지하여 편지를 쓰는데, 바빠서 무슨 말을 해야 할지 모르겠네. (…) 자애自愛하며 편지하여 듣지 못하던 소식을 자주 알려주기 바라네.[2]

소덕흥蘇德興 아룀.

제2부 한자의 모양, 어떻게 이루어졌는가

누란 한문 간지 문서 중 장새위障塞尉 소덕흥蘇德興의 편지

正月廿四日 淮白 別障各爾在遠 不數音問 常用歎想 信息知平安甚善 卽日此間悉

蒙祐耳 但願足下雖遠 由不聞梟鳴聲爲快也 吾今日備東曹 又復討 (…) 會 欲不

復可堪 仲衡備敦煌 淸 (…) 爾東西縣諸又欲不可竟適 (…) 還尹宜禾代處竟能 爾

不大對 (…) 爾處 吾屬自擇地 今得此問 故 (…) 足下求還不久 以故月廿七日 從足

(…) 入 更平安 但言無人 餘無他異 (…) 府內 但苦據作書 悤悤不知何所說 (…) 自
愛有信數示不聞 蘇德興白

　이미 이야기했다시피 상태가 온전하지 않고 워낙 오래전 것이기도
하여 정확한 문맥을 파악하기는 지극히 어렵다. 다만 중간 하단부의
탈락이 있을망정 전체가 모두 남아 있다는 점이 중요하다. 덕분에 이
오래된 편지도 후대 것과 마찬가지로 거칠게나마 편지의 형식을 갖추
고 있음을 알 수 있다. 첫머리에는 날짜와 보내는 이를 밝힌 후, 멀리
떨어져 지내며 자주 소식을 주고받지 못하는 안타까움과 편지를 받
고 나서 느낀 기쁨을 말하고, 다시 자신은 잘 지내고 있다는 것을 알
리며 상대방의 평안을 빌었다. 이 서두 부분의 취지는 후대 편지의 머
리 부분과 놀랍도록 유사하다. '별장'別障 즉 '다른 요새'라는 특수한
배경만 제외한다면, 심지어 오늘날에 쓰인 편지로 보아도 무방할 지경
이다. 본래 가장 중요했을 중간의 본 용건 부분은 아쉽게도 내용 파
악이 쉽지 않다. 그러나 마무리 부분은 다시 일반적 편지와 유사하다.
'바빠서 무슨 말을 해야할지 모르겠다', '자애(스스로를 아낌)하며 소식
을 자주 알려주기 바란다'는 등의 말은 다른 편지에서도 흔히 찾아볼
수 있는 마무리 방식이다. 마지막으로 보낸 사람을 기재하면서 편지
를 끝냈다. 편지는 원래 공문서에서 유래했다. 변방의 무관들끼리 주
고받은 이 종이 문서는 물론 정식 공문서는 아니며 분명 개인 간 사
사로운 편지에 가깝다. 그러나 고대적 형태를 간직하고 있으면서도 시
대적 간극을 초월하는 편지의 보편적 양식을 보여주고 있다는 점에서
무척 놀라운 유물이다.
　글씨의 측면에서는 시대적 배경의 단면이 예리하게 드러나 흥미롭

　　　　　제2부 한자의 모양, 어떻게 이루어졌는가

소덕흥 편지 탄歎

소덕흥 편지 즉卽

소덕흥 편지 불不 (제1행)

다. 서진 시대는 한나라 직후의 시기이다. 따라서 한나라 때 가장 보편적으로 쓰인 글씨체인 예서隸書의 흔적을 곳곳에서 드러내고 있다. 제2행 제3자인 '탄'歎에서 오른쪽 방旁인 '흠'欠의 아랫부분의 처리는 우리가 지금 쓰는 해서와 분명히 다르며 명백히 예서의 모습을 띠고 있다.

같은 행 가장 아래에서 4번째 글자인 '즉'卽의 좌변인 '皀' 아래 2개 획도 옛 자형의 경향을 보인다.

본문 곳곳에서 보이는 '아닐 불'不(예를 들어, 첫 행 아래에서 4번째)은 오른쪽 아래를 현재와 달리 점 2개로 처리하고 있다.

이는 전서篆書에서 온전히 탈피하지 못한 '不'의 예서적 형태를 반영한 것이다. 그런데 대체로 5개 점획으로 처리되었으면서도 몇몇 개소에서 현재의 자형처럼 4개의 획을 가진 '不'이 등장하고 있어 더욱 흥미롭다. 이 '不'이라는 글자에서 예서의 흔적을 지닌 초창기 행서라는 이 유물의 과도기적 성격을 가장 잘 볼 수 있다.

글씨의 운필은 무척 소박하다. '可'나 '不' 등 긴 가로획을 가진 글자들이 골고루 흩어져 있어 화면 전체의 동세를 쉽게 파악할 수 있다. 이 우상향의 방향성은 일관적이며 그다지 변주가 없다. 제3행의 '족

소덕흥 편지 하下 (제3행)

소덕흥 편지 인人 (제10행)

'하'足下에서 볼 수 있는 '下'의 마지막 2개 획이나 제10행 '무인'無人의
'人'의 마지막 획은 마치 간독의 획과 같이 고졸하다.

즉 이 편지의 서사자는 변화를 통한 다양한 색채의 부여나 우아한
운필 등 글씨의 형태미에는 전혀 관심이 없다. 이런 면에서 이 편지는
오히려 당시 일상적 글씨의 모습을 지극히 투명하게 드러내고 있다고
볼 수 있다.

왕희지의 〈초월첩初月帖〉은 위의 소덕흥의 편지와 모든 면에서 대
조적이다. '초월첩'이라는 이름은 맨 처음 나오는 두 글자를 따서 붙
여진 것이다. 현재 중국 랴오닝성遼寧省(요녕성) 박물관에 소장되어 있
는데, 원래 〈만세통천첩萬歲通天帖〉이란 첩의 일부이다. 〈만세통천첩〉
은 왕희지 등 왕씨 가문 인물 7명의 편지 10통을 한 데 이어서 만든
것으로서, 당나라 측천무후 시기에 왕씨 가문의 후손인 왕방경王方慶
이 황실에 진상한 것이다. 이때가 측천무후의 연호인 만세통천 2년이
었다. 원래 10권으로 이루어진 것이었는데, 지금 이 유물은 후대에 일
부만 추려 모사한 것이다. 후대에 모사된 것이고, 또 일부 불에 탄 흔
적이 있는 등 상태도 썩 좋지 않지만, 왕희지의 진본이 전혀 전하고 있

     제2부 한자의 모양, 어떻게 이루어졌는가

지 않은 현 상황에서 그 원형을 그나마 가깝게 엿볼 수 있는 소중한 유물이 된다.

먼저 전문을 살펴보자.

1월 12일, 산음山陰의 희지羲之 알림.

얼마 전 이 편지를 보내려고 했었는데, 가던 길을 멈추는 통에 사람을 구할 수 없어 편지를 보낼 수 없었네. 어제 여기로 와서 지난달 16일에 보낸 편지를 받아볼 수 있었으니, 서로 멀리 떨어져 있으나 위로가 되네. 편지에서 한 부탁은 과분하네. 그대는 잘 지내는가. 나는 이런저런 병을 앓느라 몸이 매우 좋지 못하여, 지금 힘들게 길을 가느라 매우 근심스럽네. 억지로 쓰며 이만 줄이네.

희지 알림.

初月十二日 山陰羲之報 近欲遣此書 停行無人 不辦遣信 昨至此 且得去月十六日 書 雖遠爲慰 過囑 卿佳不 吾諸患殊劣劣 方涉道憂悴 力不一一 義之報

먼저, 첫머리에 날짜를 쓰고 편지 쓴 자신의 이름을 밝힌 점, 그리고 마지막에도 쓴 사람을 기재하면서 맺은 점은 위에서 살펴본 편지와 같다. 다만 '백'白이라는 동사가 '보'報(알리다)로 바뀌었을 뿐이다. 그리고 날짜를 말할 때 원래 '정월'正月이라고 해야 했지만, 할아버지인 왕정王正의 이름을 피휘하여 '정'을 '초'初로 바꿨다. 이런 세부적인 차이를 제외하면, 형식은 위에서 살펴본 소덕흥의 편지와 같다. 따라서 이 첫머리와 마지막의 문구가 초창기 편지의 일반적 형식임을 잘 알 수 있다. 전체가 서두, 본문, 마무리의 세 부분으로 이루어진 것 또한 일치한다. 본 용건 부분이 극단적으로 짧아 특이하다. '과촉'過囑

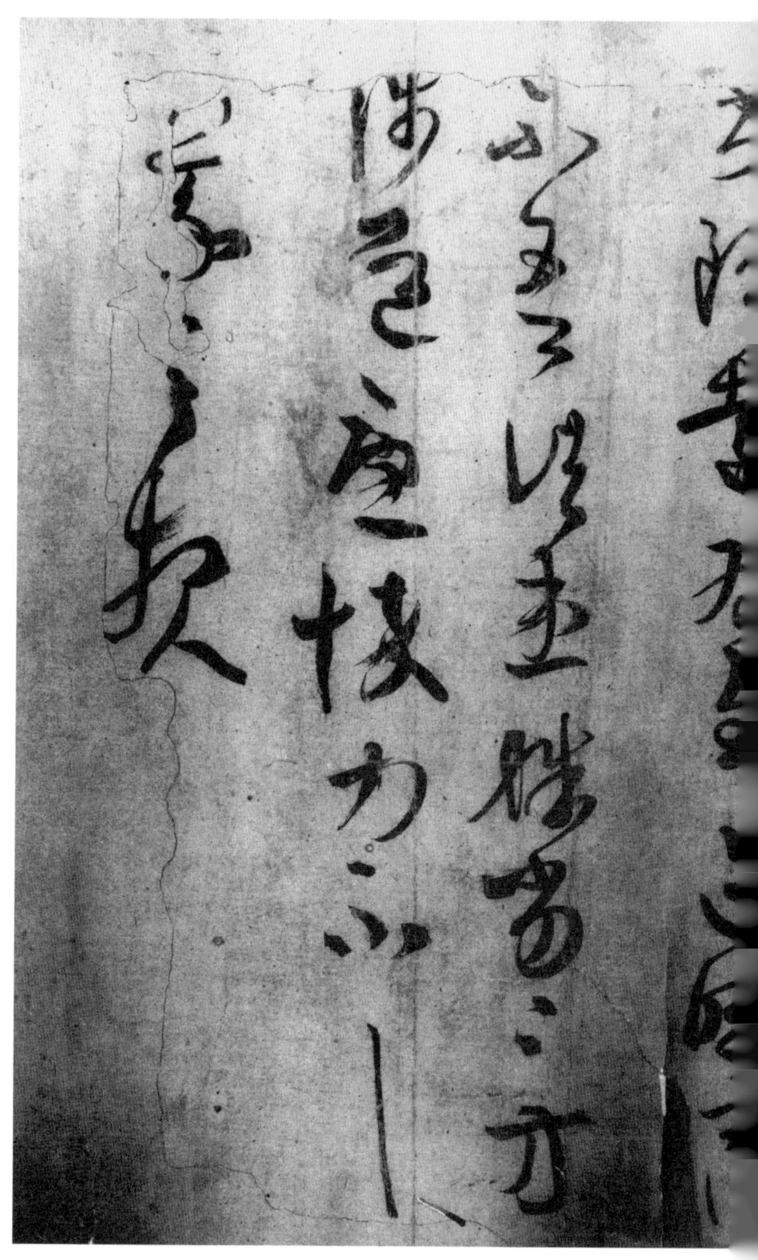

왕희지 〈초월첩初月帖〉 (중국 랴오닝성박물관 소장)

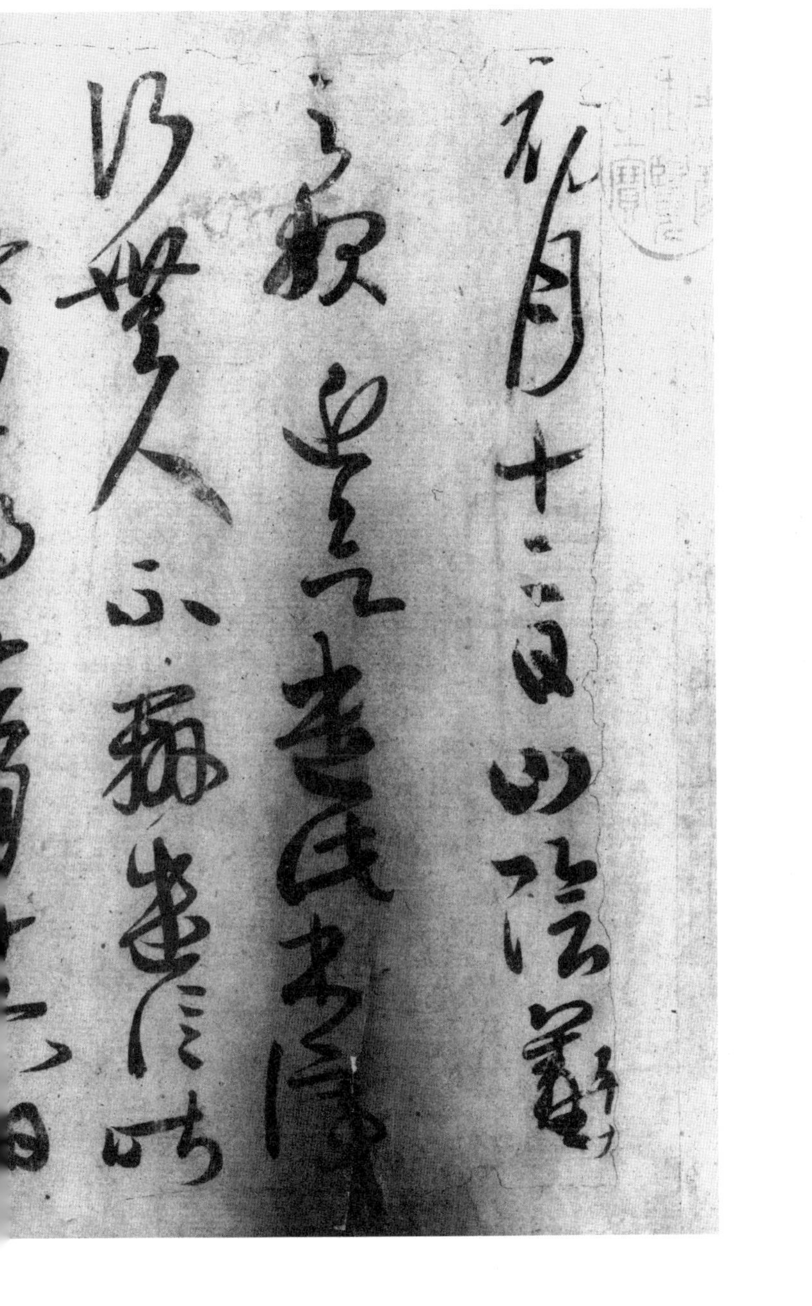

〈초월첩〉 보報

〈초월첩〉 근近

즉 '과하게 부탁했다'(편지에서 한 부탁은 과분하네) 두 글자가 여기에 해당할 텐데, 사실상 실질적 내용이 없기 때문에 본문이 없는 편지로 보아도 무방할 것이다. 이런 면에서 이 편지는 그저 안부를 확인하기 위해 보낸 편지, 즉 편지를 보내는 것 자체에만 의미를 둔 형식적 편지로 볼 수 있다. 물론 원형 그대로가 아니고 후대에 상당한 개변이 가해졌을 가능성을 열어두어야 한다.

〈초월첩〉의 진정한 가치는 글씨에 있다.

우선 눈에 띄는 점은, 세로획에서 가로획으로 혹은 가로획에서 세로획으로 넘어가며 붓을 둥글게 돌린 운필이다. 이런 유연한 처리법은 소덕흥 편지 등 누란 문서에서 전혀 찾아볼 수 없다. 2번째 행 두 번째와 세 번째 글자인 '보'報와 '근'近은 유려한 획의 멋이 특히 잘 살아 있다.

현재 중국에서 쓰는 간화자 '보'报는 '報'의 초서체에서 온 것인데, 〈초월첩〉의 '報'에서 그 생생한 간화의 초기 모습을 엿볼 수 있다. 왼쪽의 재방변 '扌'의 긴 세로획의 마지막에서 세 번째 획을 오른쪽 위로 비스듬하게 들어올리며 둥근 호를 그리고, 이어받은 오른쪽 방旁 윗부분의 '口'에서 반대 방향의 둥근 호를 크게 만든 후 다시 그 안에 작은 동그라미의 돌림을 만들며 회전의 동세를 이어가고 있다. 다음 글자인 '근'近은 '報'보다 회전의 숫자는 적으나, 대신 씨앗 혹은 북(shuttle) 모양이 글자 전체에서 가장 큰 공간을 차지하며 압도적 동세를 형성하면

제2부 한자의 모양, 어떻게 이루어졌는가

서 우아미의 극치를 보이고 있다.

누란의 소덕흥 편지와 왕희지 〈초월첩〉의 차이는 공통적으로 등장하는 글자 사이의 대조를 통해 더욱 극적으로 드러난다.

소덕흥 편지 서두 안부 교환 부분의 '족하께서 멀리 있기는 하지만'(足下雖遠)의 '수원'雖遠 두 글자는(제3행 제9, 10자), 〈초월첩〉의 '서로 멀리 떨어져 있으나 위로가 되네'(雖遠爲慰)의 '수원'에 그대로 대응된다.

소덕흥 편지 '수'雖의 우방의 '隹'가 예서 혹은 전서篆書적 원형을 비교적 잘 간직하고 있는 데 반해, 〈초월첩〉의 그것은 유려한 회전 운동을 지닌 완연한 행서의 모습을 보인다. '원'遠의 차이는 더욱 극적이다. 소덕흥 편지에서 '遠'은 두 군데 등장한다. 첫 행(제13자)과 세 번째 행이다. 첫 번째 '遠'은 책받침(辶)의 원래 형태가 어느 정도 보존되어 있다. 글자 전체도 비교적 균형이 잘 잡혀 있다. 그러나 '雖遠'의 '遠'은 책받침을 아주 간략하게 처리하여 약간 굽은 하나의 획이 되었다. 이 간략화로 인해 글씨 쓰기는 무척 편리해졌다. 그러나 그 결과 글자 전체의 균형감은 심각하게 손상되었다. 이 지점에서 〈초월첩〉의 '遠'을 보자. 이 '遠'의 '辶'은 크기가 더 작다. 이에 비해 '遠'의 윗부분 '土'는 너

소덕흥 편지 '수원'雖遠

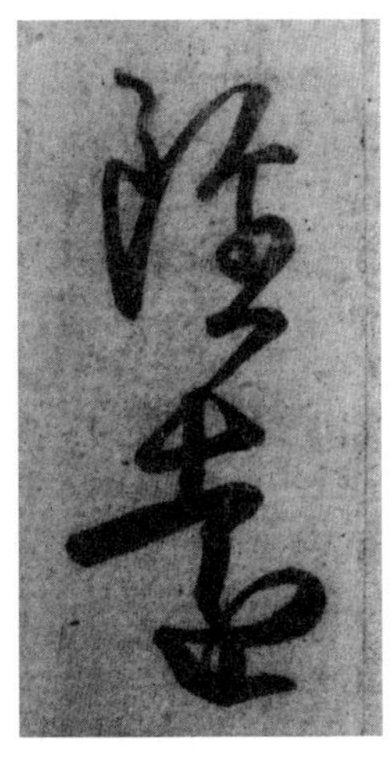

〈초월첩〉 '수원'雖遠

무 크다. 그런데 부분의 지나친 확대는 글자 전체에 의외의 효과를 가져왔다. '土'의 가로획을 왼쪽으로 크게 내밀며 발생한 불균형은 '辶'을 오른쪽 아래로 치우치게 배치함으로써 어느 정도 상쇄된다. 여기에 더해 '辶' 직전에 위치한 둥그런 회전부가 오른쪽으로 머리를 불쑥 내밀며 불균형은 온전히 해소된다. 이 회전부는 글자 전체에 유려한 동세를 더하는 역할도 한다. 〈초월첩〉의 '遠'은 위아래와 좌우의 부분적 치우침이 서로를 상쇄하며 전체적 균형미를 성취했다. 놀라운 조형미다. 소덕흥 편지 '遠'의 '辶'의 생략은 실용의 추구에서 나온 무의지적 솔직함의 결과다. 그러나 〈초월첩〉 같은 글자의 같은 부분의 생략은 의도적인 과장에서 나왔다. 그리고 이 과장은 글자의 다른 부분의 과장을 통해 역설적 균형을 이루었다. 이는 분명 조형 의지에서 나온 예술적 결과물이다.

　소덕흥 편지와 〈초월첩〉의 가장 중요하고도 본질적인 차이는 획의 성격에 있다. 소덕흥의 획은 무의식적이며 소박하다. 좋게 말해서 질박하고, 나쁘게 말하면 표정과 깊이가 없다. 〈초월첩〉 등 현재 전해지는 왕희지의 묵적들은 진본이 아니기에 이것으로 왕희지 획의 성격을 말한다는 것은 결국 일종의 '상상'에 지나지 않는다. 하지만 모사된 획 너머로 왕희지의 원래 획이 가졌던 힘과 절제, 강경함과 유연함, 속도와 구성의 우미한 조화를 넉넉히 짐작할 수 있다. 이는 충분히 개연성 있는 상상이다. 왕희지 이후 그 오랜 시간 동안 많은 서예가들이 수없이 베껴 썼던 '자연스러운 성인의 모습'은 결코 환상이 아니었다. 종이 위에 남은 베껴 쓴 점획은 환상이지만, 그 너머를 넘겨보며 재현한 임모臨摹의 운필은 실제이다. 모본의 스크린을 사이에 두고 글씨의 성인과 후대의 재현자들은 동기화한 손놀림을 통해 행복한 창조의 계기를

　　　　제2부 한자의 모양, 어떻게 이루어졌는가

공유했다. 후대의 가짜인 왕희지 편지의 의의가 바로 여기에 있다.

3.

〈초월첩〉이나 대만 고궁박물원에 소장되어 있는 〈봉귤첩奉橘帖〉, 혹은 '글씨 가운데 용'(書中龍)이라 상찬되었던 〈십칠첩十七帖〉 등의 편지 글씨도 후대 서가들이 우러러보며 임모하던 대상이었지만, 하나의 예술작품으로서 감상과 찬탄의 대상이 되었던 왕희지 글씨로는 역시 〈난정서蘭亭序〉를 들어야 할 것이다.

난정蘭亭은 저장성浙江省(절강성) 사오싱紹興(소흥) 부근의 지명이다. 그의 나이 47세 때인 동진東晉 영화永和 9년(353) 3월, 왕희지는 당대의 명사 41명을 이곳으로 불러 시회詩會를 열었다. 봄을 맞아 상서롭지 못한 것을 떨쳐버리는 제사인 계제사禊祭祀를 지낸 후 함께 술을 마시며 시를 짓고 노는 모임을 갖는 것이 예부터 내려온 풍습이었다. 이때 굽이진 물길 따라 물가에 늘어앉고서, 술잔을 물에 띄우고 자기 앞으로 오기 전까지 시를 짓지 못하면 벌주를 마시는 놀이—이런 연회를 유상곡수流觴曲水라고 한다—를 하곤 했다. 〈난정서〉는 이때의 시를 모은 시첩 맨 앞에 왕희지가 짓고 써서 붙인 서문이다. 지금 우리가 보고 있는 것은 당나라 우세남虞世南이 임모했다고 전해지는 후대의 모본이다.

시회의 시첩에 부친 서문이지만, 단순한 모임의 배경 설명에 그치지 않는다. 모인 때와 모이게 된 계기를 간단히 언급한 후, 모임의 장소인 난정의 아름다운 경치를 간략하게 묘사한다. 그러고는 곧바로 이 시집의 의의에 대해 설명하고 있는데, 이 부분이 대단한 명문이다. 왕희지는 시집에 실린 시가 어떠하다고 구구절절 설명하지 않는다. 시

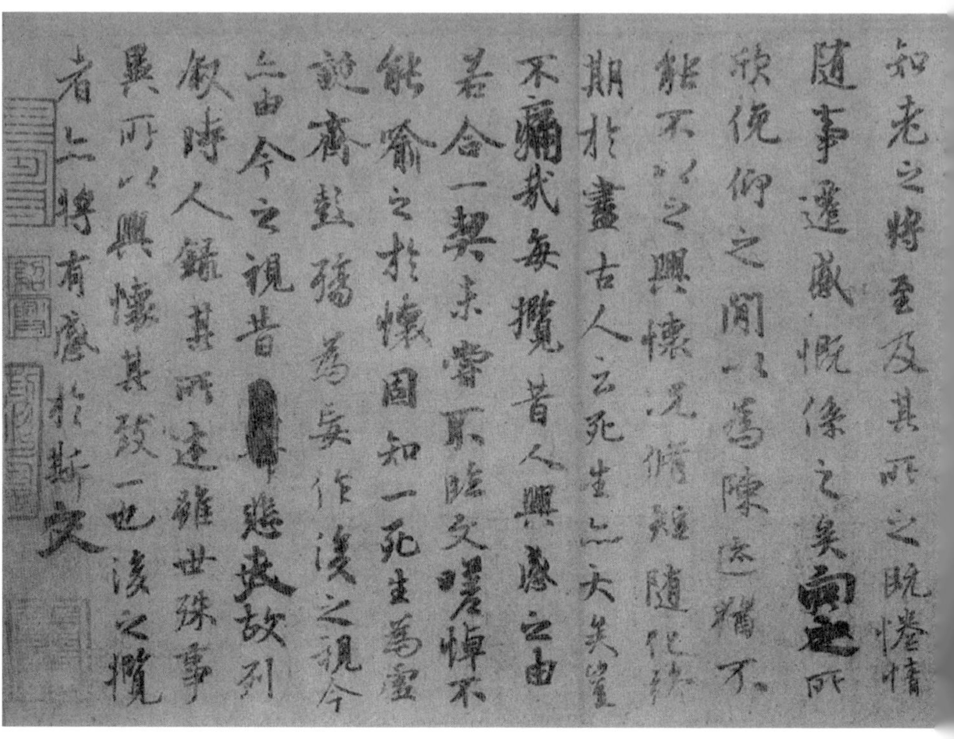

왕희지 〈난정서〉. 팔주제일본八柱第一本. 중국 베이징 고궁박물원故宮博物院 소장

를, 그리고 글을 읽는다는 것이 갖는 보편적 의의로 곧장 들어간다. 좋은 날, 좋은 곳에, 좋은 사람들이 모여 즐거운 모임을 갖는다. 그리고 그 감회를 시와 글로 남긴다. 그래서 그게 어쨌단 말인가?

사람의 취향과 성정은 모두 제각각이다. 고요한 성품을 지닌 이는 뜻이 맞는 이들과 방 안에 모여 평소 품고 있던 생각에 대해 도란도란 이야기를 나누길 좋아한다. 한편 자유분방한 사람은 자신의 마음을 사물에 깃들여 물화物化의 자유로움을 따라 마음껏 상상의 나래를 펼쳐 이 세상 끝까지 노닐곤 한다. 침잠의 사색, 교유의 단란, 물화의

     제2부 한자의 모양, 어떻게 이루어졌는가

상상, 물외物外의 자유 등등 만 가지로 다른 이러한 향유의 길의 공통
점은 무엇인가? 잠시의 골몰과 자득自得 뒤로 찾아오는 권태, 그리고
그에 따라오게 마련인 강한 감회이다. 시간의 흐름이란 모두에게 같다.
사물의 변천 또한 자연의 섭리이다. 사물만 변하는가? 아니다. 그에 따
라 사람의 마음도 변한다. 변화에 따른 감개는 피할 수 없다. 스스로
어찌할 수 없는 이 감개는 형언할 길 또한 없다. 만물의 유장한 흐름
에 비한다면 사람의 인생은 한순간에 불과하다. 그러니 사람에게 이
감개란 지극한 의의가 있다. 이러한 감회가 있기에 생사 또한 소중한

것이 된다. 지금의 나만 그러한 것이 아니다. 예전에 살았던 사람들도 그랬으며, 앞으로 살 후대인 또한 모두 같은 종류의 감회를 느낄 것이다. 그것을 어떻게 아는가? 옛사람들이 남긴 시문이 있지 않은가? 우리가 오늘 여기에 모여 남긴 글을 읽을 후대의 사람들도 지금 우리가 옛글을 읽으며 느낀 감회와 같은 감정을 느낄 것이다.

이것이 〈난정서〉의 요지이다. 시문집을 여는 글로서 이처럼 강한 설득력을 가진 서문은 찾아보기 힘들다. 이 강력한 보편성에 〈난정서〉의 문학적 가치가 있다.

이렇게 훌륭한 문장이니 그 글씨가 더욱 빛난다. 〈난정서〉의 글씨는 곳곳에 수정의 흔적을 지닌 초고이다. 그러나 마음먹고 쓴 글씨인 만큼 그에 들인 공력은 일상의 안부 편지인 〈초월첩〉에 비할 바 아니다. 〈난정서〉 28행 324자의 글씨는 유려하기 짝이 없다. 자연스러운 기품과 우아한 아름다움이 넘실대는 이 글씨는 한 글자 한 글자 모두 한자 서예 역사상 가장 빛나는 별이 되었다. 곡수曲水에 실린 잔은 영영 흘러가버렸어도 〈난정서〉는 영원한 한자 글씨의 모범으로 남았다.

당唐. 저수량褚遂良 〈안탑성교서雁塔聖敎序〉 중에서. 당唐 정관貞觀 19년(645년)

唐
당

최치원, 지리산, 당나라

첩첩산중 바위 사이 내달리며 아우성치니 　　狂奔疊石吼重巒

코앞에 있는 사람 말조차 들리지 않네 　　人語難分咫尺間

세상사 시비 다투는 소리 귀에 들릴세라 　　常恐是非聲到耳

흐르는 물소리로 온 산을 둘러싼 셈이지 　　故敎流水盡籠山

당나라 과거에 급제한 후 중원 땅에 화려한 문명文名을 떨치고 귀국한 최치원. 고향에 돌아왔지만 현실은 그리 녹록지 않았다. 몸에 익힌 선진지식과 세련된 문화를 펼쳐 보일 곳이 없었던 것이다. 최첨단 가속기로 실험하던 물리현상을 시험관 몇 개로 재현해 보일 수는 없지 않은가. 그러나 그는 이내 마음을 고쳐먹었다. 그는 당나라를 뒤흔든 황소黃巢의 난을 겪어낸 몸이었고 시대의 흐름을 볼 줄 알았다. 저

거대 제국은 이미 돌이킬 수 없는 쇠락의 길로 접어들었다. 고국 신라
도 그리 다를 바 없었다. 백성들의 비참한 삶, 귀족들의 공고한 기득
권. 물 건너에서 아무리 고급문화를 익히고 왔다 해도 이곳에서는 그
도 옴짝달싹할 수 없는 육두품 신분일 뿐이었다. 총체적 쇠세衰世에
개인의 유위有爲로 할 수 있는 일은 없었다. 그렇다면 도道의 세계로,
자연의 품으로 돌아가면 될 일. 유위의 유교, 무위無爲의 도교, 해탈의
불교란 사실 하나의 도 아니겠는가. 중원 문단의 최전선에서 활약하
던 그가 택한 말년은 이 땅의 자연 속에 녹아든 삶이었다. 전해지는
이야기로는 신선이 되었다고도 한다. 최치원은 사망 연도가 알려져 있
지 않다.

앞의 시는 그가 가야산에서 지내며 지은 것이다. 책 읽으며 소일하
던 작은 집은 하필 귀가 먹먹할 정도로 우렁찬 소리를 내며 세차게
흐르는 계곡 옆에 자리했지만, 오히려 잘되었다. 시끄러운 세상 소식
이 귀에 들어올 일 없을 테니까. 화려했던 젊은 날과 쓸쓸한 노년, 세
상을 향한 도전과 좌절, 유위와 무위, 주어진 자연조건과 시적 전환을
통해 창조된 마음속 자연, 모든 아름다운 이율배반이 저 한 글자 짐
짓(故)에 깃들어 있다.* 이렇게 정치적으로 실패한 귀국 유학생 최치원
은 우리에게 아름다운 은거시 한 편을 남겨주었다.

시인은 진작 떠나고 없지만 그가 쓴 글씨는 지금도 남아 전한다. 지
리산 쌍계사의 〈진감선사비眞鑑禪師碑〉가 그것이다. 천년을 훌쩍 넘는
세월의 풍상에도 빗돌에 새겨진 글씨는 여전히 놀랍도록 선명하다. 비

---

* 고故는 주로 '그러므로'의 뜻으로 쓰이지만 여기서는 '일부러', '짐짓'의 뜻으로 쓰였다. 그
뒤의 교敎는 사역동사로 쓰였다. 앞의 번역에서는 이 두 글자를 '〜한 셈이지'로 의역하였다.

   제2부 한자의 모양, 어떻게 이루어졌는가

〈진감선사비〉 탁본(부분)

록 육필은 아니지만 그의 글씨의 맛을 느끼기에 충분하다. 마치 옛사람을 마주 대하는 듯하다. 최치원이 글을 짓고 글씨까지 직접 쓴 이 비에는 진감선사 혜소慧昭가 지리산 쌍계사에 자리잡을 때 호랑이 몇 마리가 포효하며 산길을 인도하였다는 신비한 이야기가 적혀 있다. 혜소는 우리나라에 범패梵唄를 전한 인물이다. 천년의 침묵과 함께 서 있는 돌 위에 새겨진 글자 사이사이에서 장인굴곡長引屈曲의 묵직하고 구성진 노랫가락, 심산유곡에 쩌렁쩌렁 울리는 호랑이의 울부짖음이 들리는 듯하다. 과연 독서당 앞 시냇물로 가야산을 둘러싼 작자의 글솜씨답다.

비문은 화려한 수사와 수많은 전거를 자유자재로 구사하며 고도의 형식미를 자랑하는 사륙변려체다. 한문에 어지간히 능통한 사람이라도 해석해내기 쉽지 않다. 그러나 뛰어난 문장임에는 틀림없다. 딱딱한 형식, 판에 박힌 내용의 다른 비문과 달리 압도적 수사와 함께 생동감 있는 내용도 갖추고 있다. 관심 있는 독자는 번역문으로나마 황소黃巢도 놀라게 했다던 신라 최고 문필가의 문장력을 느껴보기 바란다.

최치원의 글씨는 글을 꼭 빼닮았다. 꽉 짜여 엄정한 형식 속에서도 화려하고 유려한 수식이 돋보인다. 그러나 모든 고전적 예술작품이 그러하듯, 부조화의 파격은 전체를 지배하는 원칙과 조화를 결코 훼손하지 않으면서 설핏 보면 알아차릴 수 없을 정도로 잘 통제된 채 곁들여져 있다. 각 글자의 범위가 세로로 긴 직사각형의 틀을 벗어나지 않으면서 배세背勢(획이 안쪽으로 휘는 느낌) 위주여서 선승을 기리는 비문다운 팽팽한 긴장감이 전체를 지배하고 있다. 획도 가늘고 단단하여 붓끝을 쉽사리 노출하지 않으면서도 각은 날카롭고 끝은 뾰족하여 꼿꼿한 강건함을 갖추고 있다.

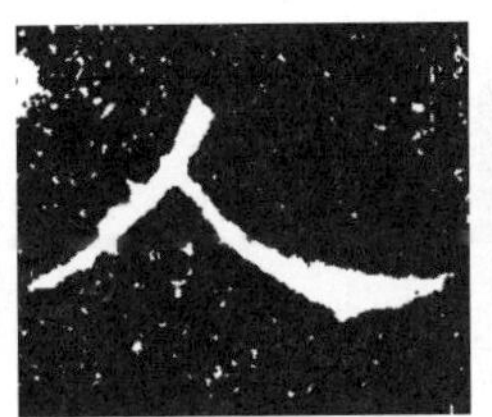

문門, 수殊, 인人, 도道. 〈진감선사비〉 중에서.

이런 면은 당나라 초기에 쓰인 해서의 기준작, 구양순歐陽詢의 〈구성궁예천명九成宮醴泉銘〉을 계승한 것이다.[1] 그러나 〈구성궁예천명〉의 엄정한 법칙은 다른 각도에서 보면 조금의 빈틈도 없이 딱딱하기만 한 관료주의적 엄숙함으로도 느껴진다. 그에 비해 곡선이 부드럽고 점點은 모나지 않은 〈진감선사비〉가 훨씬 세련미 넘친다. 군데군데 행서적 운필마저 보여 우아함을 더한다.

그렇다고 우세남虞世南처럼 온화함 위주인 것도 아니고 저수량褚遂良처럼 유려함이 우세한 것도 아니다. 최치원의 우아함과 유려함은 절제된 고전미의 통제에서 결코 벗어나지 않는다. 이 정도 수준의 글씨는 당대 중국에서도 찾아보기 힘들다. 과연 중원 땅에서도 인정받은 문인관료 출신답다.

그러나 여기서 그쳤다면 우아한 이 글씨는 생뚱맞게 지리산 산골

이以와 위爲.
〈진감선사비〉 중에서.

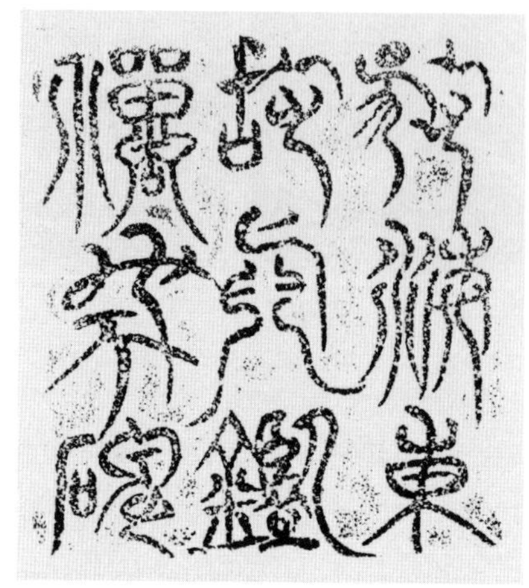

〈진감선사비〉 전액 탁본

에 들이닥친 당나라 제국주의의 미에 지나지 않았을 것이다. 붕괴해 가는 제국에서 내전의 피비린내를 맛보았던 최치원은 결국 고국의 자연 속에서 선도仙道의 길을 찾았다. 최치원의 신라 풍류風流는 비신 위 이수로 올라가 현묘한 도(玄妙之道)의 파워를 발산하고 있다.[*]

전액篆額의 기묘한 첫 글자 당唐을 보자. 전혀 '당나라 당' 자처럼 생기지 않았다. 당唐의 옛 글자 형태 중 하나인 㪍을 따른 것이다. 唐은 입 구口 부수에 경庚이라는 소리 부호로 구성된 글자다. 그런데 예전에는 소리 부호를 양昜으로 쓰기도 했다. 그래서 지금 통용되는 당

---

[*] 최치원은 화랑 난랑鸞郎을 기리는 「난랑비서鸞郎碑序」에서 다음과 같이 말했다. "우리나라에 현묘한 도가 있으니 '풍류'라 한다. 그 가르침의 근원이 선사仙史에 상세하게 나와 있는데, 실로 유불도 삼교를 포괄하여 중생을 교화하는 것이다. 집에서 효도하고 나라에 충성하니 이는 공자의 뜻이다. 무위로 일을 처리하고 말없이 가르침을 행하는 것은 노자의 종지다. 악한 일을 하지 않고 선을 받들어 행하는 것은 부처의 교화다."(國有玄妙之道, 曰'風流'. 設敎之源, 備詳仙史, 實乃包含三敎, 接化群生. 且如入則孝於家, 出則忠於國, 魯司寇之旨也 ; 處無爲之事, 行不言之敎, 周柱史之宗也 ; 諸惡莫作, 諸善奉行, 竺乾太子之化也.)

제2부 한자의 모양, 어떻게 이루어졌는가

唐이라는 형태 이외에도 暘, 㬺, 㬜 등 여러 자체가 존재했다. 고유명사가 아닐 때는 '허풍을 떨다', '크다', '호탕하다'의 뜻으로 쓰이기도 한다. '황당荒唐하다'라고 쓰일 때가 그렇다.

〈진감선사비〉 전액의 '당' 자는 참으로 황당한 모양새를 하고 있다. 비문의 첫머리가 "유당신라국有唐新羅國"으로 시작하고 있는 것과 마찬가지로, 전액의 "당해동唐海東"도 비의 주인공인 진감선사의 소속 국을 밝히는 어구다. 이것은 형식상 정해져 있는 시작 어구

이양빙의 〈삼분기三墳記〉

로 그 자체가 큰 의의를 지니는 것은 아니다. 그런데 기괴한 생김새의 전서체 '당'은 당나라를 풍미한 이양빙李陽冰류의 전아한 전서와 판이하게 달라 유독 눈에 띈다. 매끈한 비신에 새겨진 우아한 본문 글씨와 대비되어 제약이나 구속에 아랑곳하지 않고 자유롭게 드날리며(揚) 마음껏 큰 소리를 내지르는 듯하다.

자유로운 파격의 전서, 심지어 구름 모양, 꽃 모양, 새 모양을 한 그림 같은 글씨체인 잡체서雜體書는 사실 중국 남조南朝의 제齊나라, 양梁나라 때도 있었다. 〈진감선사비〉의 전액 글씨는 굳이 따지자면 잡체서 중 현침전懸針篆(바늘을 늘어뜨린 모양의 전서)에 해당한다.

그러나 이런 분류학적 동정同定(identification)은 글씨의 생태에 대해서는 조금의 설명도 내놓지 못한다.

최치원보다 약 80년 정도 앞서 태어난 일본의 구카이空海(774~835)

꽃모양, 물고기 모양 잡체서의 예.
(왼쪽부터) 서화서瑞華書. 전신조서傳信鳥書. 어서魚書.

현침전의 예. 삼국三國 오吳.
〈천발신참비天發神讖碑〉

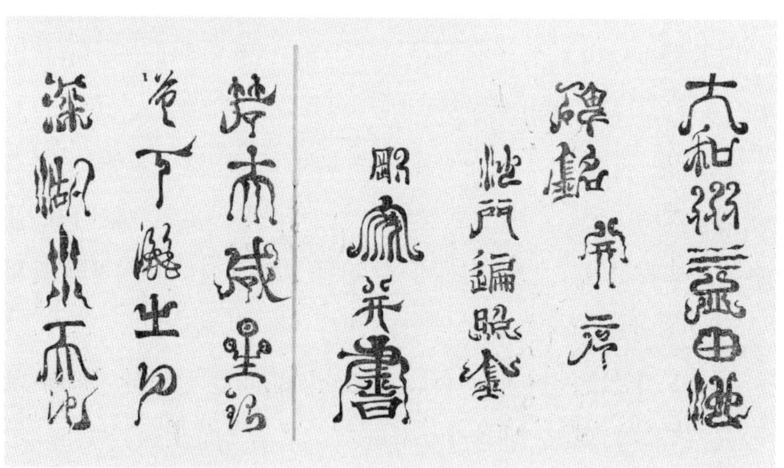

구카이 〈마스다이케 비명〉

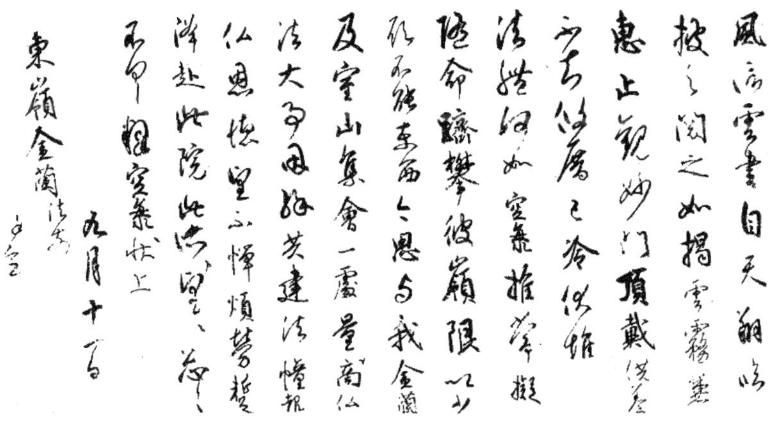

구카이 〈풍신첩風信帖〉

가 썼다고 전하는 글씨 중 〈마스다이케 비명益田池碑銘〉이 있다. 진감선사비 제액은 명함도 내밀지 못할 정도로 기괴하고 황당하다. 구카이는 최치원만큼은 아니지만 나름 유려하고 섬세한 정통 중국 글씨체(왕희지체)를 구사했다.

구카이는 당나라에서 밀교密教를 배우고 일본으로 돌아와 진언종眞言宗이라는 불교 유파를 창시한 승려다. 최치원처럼 그도 당나라 유학파였다. 이들의 '황당한' 글씨를 어떻게 바라보아야 할까?

고구려 유민 고선지는 당나라 장수가 되어 머나먼 서쪽의 석국石國(타슈켄트)까지 원정했다. 바다 건너 동쪽 헤이안시대 일본의 헤이안쿄平安京(현재의 교토)는 당나라 수도 장안을 모델로 건설되었다. 세계 제국 당나라는 무서운 구심력으로 주변 민족과 문화를 중국 문화의 용광로 안에 녹여냈다. 그리고 다시 강력한 원심력으로 주변 지역에 문화적, 정치적 영향력을 행사했다. 당나라 문화 파워의 범위는 광대했고, 영향력은 강대했다. 최치원과 구카이의 '잡체'는 세계 제국의 수도인 장안의 정제되고 세련된 문화 이외에 우리들 땅에도 생명력 가득한 우렁찬 목소리를 가진 우리만의 형상이 있음을 보여준다. 장안과 멀수록 세련미가 떨어지고 독자성이 증강되는 형태적 특징이 드러나 더욱 흥미롭다.

당나라의 문화적 유산

당나라 문화사는 보통 초당初唐, 성당盛唐, 중당中唐, 만당晚唐의 네 시기로 나뉜다. 초당은 당의 개국으로부터 현종 개원開元 전까지의 약 100년간이다. 성당은 개원 원년인 713년부터 두보가 죽은 770년까지다. 당나라의 국운이 최고조에 달해 태평을 구가하다가 755년, 안녹산의 난이 일어나 쇠퇴가 시작된 시기다. 중당은 770년에서 835년까지 약 65년간이다. 번영과 활력의 시기를 뒤로 하고 날로 쇠퇴해져간 시기다. 중당의 대표적 문화 인물로는 한유를 꼽을 수 있다. 만당은 당 멸망까지 약 70년간을 이른다. 이 시기에 환관은 전횡을 일삼았고 절도사 세력은 강대해졌으며 중앙정부는 점점 힘을 잃어갔다. 그런 가운데 황소의 난이 일어났다. 난은 평정되었으나 왕조는 만회되지 못했고, 당나라는 난 토벌에 공을 세운 주전충에게 멸망하고 만다. 이 시기는 퇴폐적이고 유미적인 경향의 문화가 풍미했다.

위의 구분법은 당시唐詩의 시대 구분을 따른 것이다. 당나라를 대표하는 문화 상품으로는 무엇보다도 당시를 꼽아야 할 것이다. 성당의 찬란한 두 스타, 시선詩仙 이백李白과 시성詩聖 두보杜甫는 중국 시, 즉 한시漢詩의 대명사라고도 할 수 있다. 명징한 이미지, 정제된 시어의 왕유王維도 이들 못지않은 대시인이다. 이들 이외에도 당나라 때는 수많은 시인들이 활약했다. 물론 당 이전에도 시는 있었다. 한시의 역사에서 당 이전의 시를 고체시古體詩 혹은 간단히 고시古詩라 하고, 당나라에서 확립된 시 형식을 근체시近體詩라고 부른다.

근체시의 형식은 네 개의 구로 이루어진 절구絶句, 여덟 개의 구로 이루어진 율시律詩 그리고 열 구 이상의 배율排律로 구분된다. 어떤 형식이건 압운을 정확히 지켜야 하고, 글자 배열에 있어서도 각 글자의 평측平仄에 따르는 규칙을 엄격히 지켜야 한다. 고시의 경우는 압운과 평측의 규칙이 당시처럼 엄격하지 않았다.

한자는 각 글자마다 성조, 즉 음의 장단과 높낮이가 정해져 있고, 크게 평성平聲 혹은 측성仄聲에 소속된다. 절구와 율시는 평성글자와 측성글자의 자리가 정확하게 정해져 있다. 이 때문에 시 짓기가 매우 까다롭다. 생각나는 대로 아무렇게나 28자를 배열한다고 7언절구가 되는 것이 아니다. 예를 들어 위의 최치원 시에서 첫 두 구를 보자. 평성을 ○, 측성을 ●로 나타내면 다음과 같은 배열이 된다.

狂奔疊石吼重巒 ○○●●●○○
人語難分咫尺間 ○●○○○●●○

1구의 두 번째 글자가 평성이면 평기식이라 하고 측성이면 측기식이라 하는데, 위의 시는 평기식이다. 평기식 7언절구 첫 두 구의 공식은 다음과 같다.(◑은 평측 통용)

◑○◑●●○○

◑●◑○◑●○

이렇게 보면 최치원의 시 〈가야산 독서당에서題伽倻山讀書堂〉는 절구의 법칙을 정확히 지키고 있음을 알 수 있다. 시상을 떠올리고 또 참신한 이미지를 고심하여 마음에 드는 적당한 시어를 찾기도 어려운데 평측까지 지켜야 하니 한시 짓기가 얼마나 어려운 일일지 짐작이 간다.

현대 중국어로 따지면 대체로 1성이 평성, 나머지 2, 3, 4성이 측성이다. 한어가 모국어인 중국인들은 물론 쉽게 평측을 구분할 수 있지만, 그렇지 않은 우리나라 사람들에게는 여간 어려운 문제가 아니었다. 그래도 옛날 사람들은 한자를 배우면서 자연스레 함께 익혔으니 고저장단을 거의 구분하지 못하는 현대의 우리들보다는 사정이 좀 나았다. 이에 익숙하지 않은 사람이라면 일일이 사전을 찾아 확인해야 한다.

한 글자가 뜻이 달라지면 평측이 달라지기도 한다. 예를 들면 앞의 重 자의 경우, 음은 항상 '중'이지만, '무겁다'의 뜻일 때는 측성이고, '겹치다'의 뜻일 때는 평성이 된다. 위의 시에서는 물론 '중첩된'의 뜻으로 쓰였다. 그래서 '무겁다'는 뜻일 때는 저 자리에 쓰일 수가 없다. 이런 데 한시 시어의 묘미가 있기는 하다. 평측은 짓는 입장에서 보면 꽤나 까다로운 규칙이지만, 평측에 맞춰 지어진 시는 '소리 내어 읊조리면' 매우 리드미컬하고 유려하게 들린다. 평측의 규칙이 시의 음악적 매력을 증강시키는 강력한 도구가 되어주는 것이다.

율시의 경우는 또 하나의 엄격한 법칙이 있다. 3구와 4구, 5구와 6구가 대구를 이루어야 한다는 규칙이다. 즉 마주보는 구의 각 글자가 문법적 기능과 의미에서 유사해야 한다.

분명 상당히 까다로운 규칙이지만, 이를 지켜 시를 지으면 음악적 아름다움과 형식미를 저절로 갖추게 되어 있었다. 게다가 시인들의 천재적인 비유, 명징한 정경 묘사, 적절한 고사의 활용 그리고 가슴을 울리는 감정 토로까지, 명확한 형식과 풍부한 내용으로 당시는 한자의 문학적 가능성을 최대치로 끌어올렸으며 형식으로나 내용으로나 이후 한시의 거대한 기준이 되었다.

문학의 혁신이 시 부문에서만 일어난 것은 아니었다. 당나라의 산문도 하나의 모범을 후세에 전했다. 고문古文이 그것이다. '고문 운동'을 주도한 사람은 한유韓愈와 유종원柳宗元이었다. 이들은 딱딱한 형식과 넘치는 수사를 바탕으로 한 변려문에 반대하며, 현실과 감정을 진솔하게 표현했던 '옛 문장', 즉 '고문'으로 돌아가야 한다고 주장했다. 또한 한유는 화려한 변려문은 사람을 타락시키는 공담만 반복하고 있으므로 진실한 문장은 인간에게 진정 도움이 되는 성현의 가르침, 즉 유교적 가치를 담아야 한다고 주장하기도 했다. 고문 부흥의 기치는 자연스레 현학에 대한 반대, 유교에 대한 긍정으로도 이어졌다.

통일 제국의 경전 표준화 사업

당 황실은 사실 도가를 선호했다. 노자의 성인 이李가 당 황제의 성이기도 했기 때문이다. 그러나 거대 제국의 운용에는 역시 유학의 힘이 필요했다. 관료제란 서류를 기반으로 하고, 서류는 문자로 작성된 공식 텍스트다. 중국의 문자문화는 유교 경전을 빼놓고는 영위될 수 없다. 따라서 문장력을 갖춘 관인을 선발하는 데 유교 경전에 대한 소양을 묻는 절차가 필수적으로 포함될 수밖에 없었다.

건국의 혼란이 어느 정도 잦아들자 당 제국은 곧바로 유교 경전 정

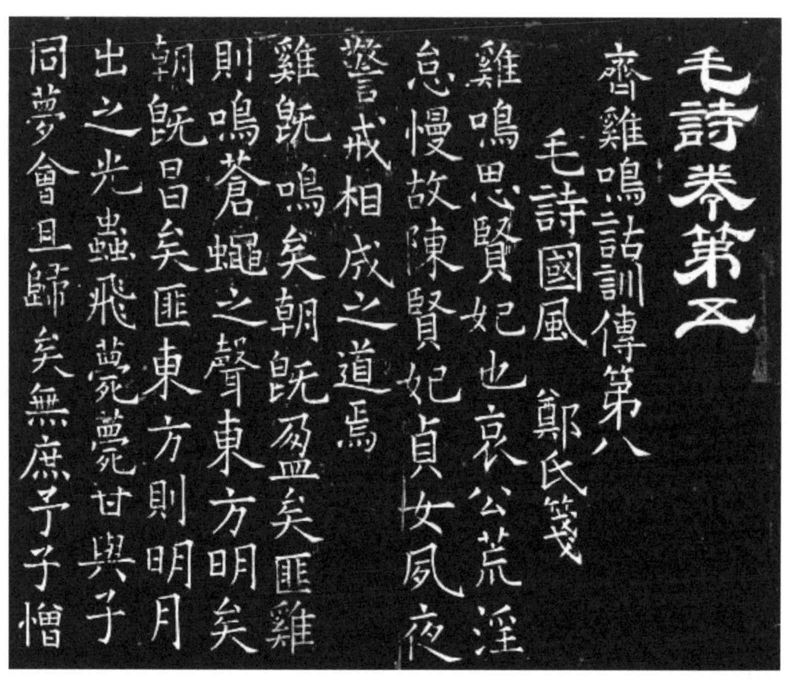

개성석경

리 작업에 착수한다. 한나라 이후로도 유교 경전에 대한 연구는 계속 축적되었으나 세월이 적잖이 흐르자 경전의 글자 출입이 심해졌다. 시험을 실시하려면 확정된 교과서가 있어야 했다. 이에 당 태종太宗은 공영달孔穎達과 안사고顔師古 등 당대 최고의 학자들을 동원하여 『주역』, 『시경』, 『서경』, 『예기』, 『춘추좌씨전』 등 다섯 가지 유교 경전을 다시 정리하게 했다. 이전의 해석 중 가장 좋다고 판단되는 것을 '표준 주석'으로 지정하였고, 공영달이 그 해석을 바탕으로 다시 상세한 뜻을 풀이하여 '주석의 주석'인 소疏를 달았다. 이렇게 정해진 다섯 경전에 당 태종은 오경정의五經正義, 즉 '다섯 경전의 바른 뜻'이라는 이름을 하사했다. 『오경정의』를 시작으로 기본 유교 경전의 원문과 해석을 확정하려는 노력은 계속되었고, 이는 송宋 대에 『십삼경주소十三經注 疏』로 결실을 맺게 된다. 『십삼경주소』는 성리학의 새로운 주석이 등 장하기 전까지 유학의 표준으로 기능했다.

경전의 원문을 확정하려는 시도도 계속되었다. 당 제국은 확정한 유교 경전을 돌에 새겨 영원한 표준으로 남기고자 했다. 돌에 새긴 경 전, 즉 석경石經은 한나라 때부터 있었다. 지금까지 전해지는 것 중 가 장 오래된 것은 후한 말 영제 때 세워진 희평석경熹平石經인데, 몇 조 각만 남아 있을 뿐이다. 그에 반해 당나라의 석경은 지금도 온전히 남 아 전해지고 있다. 시안비림西安碑林의 개성석경開成石經이 그것이다.

만당이 시작될 무렵인 당 문종文宗 개성 연간(836~840)에 세워진 개성석경은 청나라 때 추가된 『맹자』 부분을 제외하고도 높이 1.8미 터, 가로 80센티미터 크기의 돌판 114개에 12개 경전 65만여 자를 새 긴 거대한 규모다. 경학經學을 연구하는 학자가 아닌 이상 한 글자 한 글자를 뜯어볼 일은 아마 없을 것이다. 흠정欽定의 정본을 목표로 한 것이니 2센티미터 남짓 되는 65만 자는 획일적 모습을 하고 있다('글 씨의 미'라는 측면에서는 구례 화엄사에 있는 신라의 화엄석경이나 고려의 팔만대장경 쪽이 훨씬 우수하다). 시안비림박물관의 어두침침한 진열관 안에 끝도 없이 늘어서 있는 서늘한 검은 돌판들을 보고 있노라면, 인간의 사상을 이루는 글자 하나하나까지 황제의 권위로 표준화하려 했던 제국의 욕망이 온몸을 칭칭 감아오는 듯해 나도 모르게 숨조차 조심하게 된다. 65만여 자가 촘촘히 쓰여 있는 석벽은 한자의 대양大 洋이다. 나는 무음無音이나 다름없는 단일한 곡조의 대음大音 대양보 다는 물소리, 새소리가 조잘조잘 제 목소리로 시끄러운 가야산 계류 에 발을 담그는 편을 택하련다.

해서의 성립, 수천 년 획의 집대성

한자의 역사에서 당나라 초기만큼 중요한 시기도 없다. 바로 이때 한자 글자꼴의 위대한 기준인 해서楷書가 성립되었기 때문이다. 당나라 해서의 기준작은 구양순의 〈구성궁예천명〉, 우세남虞世南의 〈공자묘당비〉, 저수량의 〈안탑성교서〉의 세 가지 작품이다.

세 서예가의 개성은 판연히 다르다. 따라서 세 작품도 그 서풍이 서로 크게 다르다. 종종 '해서의 극칙極則'이라고 칭송되는 〈구성궁예천명〉은 엄격한 글자의 짜임, 철판이라도 뚫을 듯 송곳 같은 강인한 획이 특징이다. 반듯하고 엄격한 선생님 같다. 그에 비해 온화한 기품의 〈공자묘당비〉는 한결 따뜻하다. 같은 선생님이라도 이쪽은 훤한 머리에 농담도 즐겨 하고, 조용히 함께 이야기 나누다 보면 슬그머니 미소가 떠오르는 타입이랄까. 〈안탑성교서〉는 유려하기 짝이 없다. 세련된 차림의 늘씬한 숙녀를 마주한 것 같다. 그러나 등이 파인 드레스를 입었어도 야하지는 않다.

삼자 간의 적지 않은 차이에도 불구하고 이 글자들에는, 정확히 말해 그 획에는 공통된 시대정신이 관통한다. 그것은 바로 통일 제국의 문화적 자신감을 바탕으로 기나긴 한자 역사의 다양한 스펙트럼을 한 획 안에 그러쥔 당나라 해서 획의 정신이다.

이쯤에서 다시 한 번 되돌아보자. 신성문자 갑골문에서 출발한 한자는 금문의 시대를 거치며 점차 획의 멋에 눈을 떠가기 시작한다. 그리고 전국시대 전서를 거쳐 통일 제국 진나라에서는 획의 모둠으로서 기호화를 완성한다. 한나라 때는 한자가 '붓'글씨로서 폭주하기 시작한다. 그리하여 팔분체라는 극단적 형태의 정형화로 나아가기도 하고, 죽간 위의 초서라는 운동성 극대화의 방향으로 달려가기도 한다. 붓

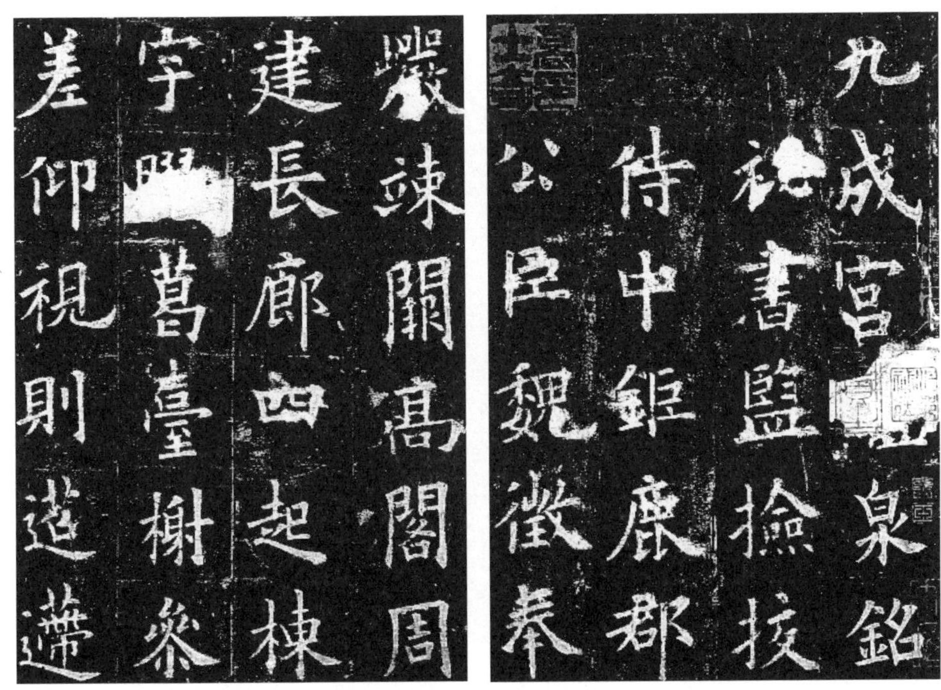

구양순 〈구성궁예천명〉

글씨로서의 한자는 왕희지에서 꽃을 피운다. 그러나 남북조라는 극단의 시대는 한자의 음과 양을 더욱 극단적으로 분리시킨다. 이북의 돌과 이남의 초草. 강남 귀족문화의 유려한 물길을 타고 온 초서는 당나라에서 만개했고, 용문석굴의 돌 위 글씨는 북방의 강剛이 최대한 힘을 발휘한 경우다. 그리고 거대 통일 제국의 시대를 맞이한다. 당나라 해서는 이 모든 획의 역사가 집대성集大成된 결과다.

붓을 들어 해서 한 일一을 써보자. 이 단일해 보이는 획은 기실 세 단계로 구성되어 있다. 기필起筆, 송필送筆, 수필收筆의 단계다. 먼저 시작 부분의 기필. 붓끝을 노출시켜 바로 쓰기 시작하는 것이 아니라,

우세남 〈공자묘당비〉

저수량 〈안탑성교서〉

한 일一. 〈구성궁예천명〉

〈공자묘당비〉

〈안탑성교서〉

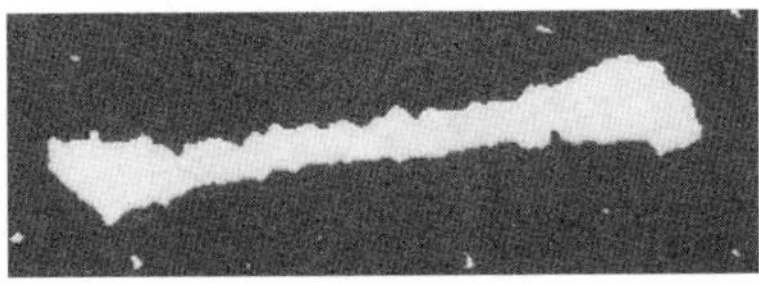

〈진감선사비〉

오른쪽으로부터 거꾸로 들어갔다가 힘을 모아 반듯한 사선과 아래쪽 돌출부를 만들어야 한다. 붓을 오른쪽으로 보내는 가운데 부분의 송필에서도 적절한 힘의 안배가 중요한 것은 마찬가지. 붓을 가게 하는 데만 집중하느라 빨리 나아가면 힘이 빠져 보이고, 속도를 늦추면 힘이 응축되기만 한다. 이제까지 진행된 붓의 힘을 모으는 수필부에서는 다시 한 번 힘을 주어 위로 살짝 솟았다가 힘 있게 마무리해야 한다. 정말 어렵지 않은가? 이런 점 때문에 붓글씨는 어렵다. 하지만 동시에 이런 점이 붓글씨의 매력이다.

그런데 왜 이리 어렵게 써야 할까? 왜 세 단계나 거쳐야 할까? 왕희지 행초서처럼 기필, 송필 혹은 송필, 수필만으로 구성될 수 없을까?(그렇다고 왕희지 글씨가 쓰기 쉽다는 말은 결코 아니다.) 이 문제는 간단치 않다. 앞서 이야기한 것처럼 해서의 획 하나에 길게는 수천 년, 짧게는 남북조 수백 년의 집대성이라는 무거운 역사가 녹아 있기 때문이다. 붓으로 쓰기는 했지만 당나라 해서는 단순한 붓글씨가 아니다. 3단계의 획에는 북조 석각 글씨의 전통이 강하게 녹아 있다.

한자는 이미 왕희지에서 붓으로 쓴 글씨가 얼마나 아름다울 수 있는지 그 극점을 보여주었다. 그러나 종이 위의 글씨는 국가의, 아니 문명을 대표하는 정서正書가 되기에는 조금 유약해 보인다. 그래서 왕희지체의 붓글씨는 훨씬 더 엄숙한 얼굴을 한 돌 위의 글씨가 되어야만 했다. 이때 흘러들어온 물줄기가 바로 북조 석각이었다. 이 둘의 결합으로 기품 있으면서 동시에 위엄 있는 초당 해서체가 완성되었다. 이것이 바로 〈구성궁예천명〉이 '극칙'이 된 까닭이다. 전절에서의 각, 기울어짐 없이 엄격한 수직선, 예각적 파임과 점은 북조의 유산이다. 그러나 부드러운 책받침이나 수평 획이 오른쪽 위로 올라가는 경향은 이 글씨의 바탕이 분명 붓글씨임을 보여준다.

〈구성궁예천명〉에만 한정해서 말한다면, 오히려 북방의 돌의 기운이 본류이고 행초의 유려함이 지류로 흘러든 것이라고 말할 수 있겠다. 종이 글씨의 감성은 〈공자묘당비〉에서 좀더 강조되고, 〈안탑성교서〉에 이르면 가장 극대화된다. 그러나 한 획이 세 단계로 이루어진다는 대전제에는 변함이 없으며, 이는 석각의 유산을 붓질 안에서 살리려 애쓴 노력을 상징한다.

후한의 팔분서도 붓의 획을 돌 위에 새겨 정서가 되기를 시도했다. 그러나 그것은 아주 잠깐 화려하게 꽃피었다가 신기루처럼 사라졌다.[2] 그에 비해 초당 해서는 한자의 영원한 '제1서체(the Prime Script)'라는 지위를 오늘날까지 유지하고 있다. 왜일까? 팔분서는 제국의 말기에, 그것도 지방 귀족들에 의해 등장한 서체다. 이에 반해 해서는 제국이 막 세워져 위세가 등등할 때 황제의 칙명을 받은 비에 새겨진 글씨였던 데에서 이유를 찾을 수 있다.

〈구성궁예천명〉은 당 태종의 명에 의해 당대 최고의 학자이자 대신이었던 위징魏徵이 글을 지었고, 〈공자묘당비〉 역시 당 태종이 명해 우세남이 직접 짓고 글씨까지 썼다. 〈안탑성교서〉는 비 자체는 당 고종 때 만들어졌지만, 글은 현장법사가 인도에서 경전을 가져온 위업을 기념하여 태종이 직접 지어 내린 것이다. 모두 제국의 중심에서 황제의 권위를 높이기 위해 건립된 비에 새겨진 글씨였던 것이다. 그러나 당 제국이 멸망한 후에도 그 영예가 지속되고 있으니, 단지 황제의 권위에 의한 것이라고 설명할 수는 없다. 결국 해서 자체가 지닌 힘에 더 큰 이유가 있다.

해서에는 상나라 때부터 지속되어 유구한 역사 끝에 찾아온 남북조 석각과 행초서라는 양극단적 발전이 정말 흠잡을 데 없이 완정한 형태로 하모니를 이루며 녹아들어 있다. 이 균형은 해서의 전체적 모양새뿐 아니라 한자의 DNA인 획 속에까지 새겨졌고, 때문에 그 후 1,000년이 훌쩍 넘는 세월에도 전혀 흔들리지 않았다. 한자를 사용하고 있다면, 설령 그것이 가장 간단한 획인 한 일一 자라 할지라도 우리는 당나라 초기의 위대한 집대성자인 저 세 서가書家의 이름을 영원히 기억해야 할 것이다.

당 제국에서 획의 법칙을 확립한 후 한자 자형字形의 발전사는 일단락을 맺는다. 해서 이후 한자는 '시대를 함께하는 거대 서체'로서의 발걸음을 멈추었고, 획은 온전히 개인의 것이 되었다. 이제는 다채로운 각개 약진의 시기로 접어든다. 글씨는 예술이 되고, 수많은 서예가, 즉 글씨의 예술가들이 화려한 문자문화의 꽃을 피운다. 서書, 즉 글씨는 한자 문명의 예술의 정화가 되었다. 이제 3개 챕터에 걸쳐 당나라의 서 예술에 대해 살펴보려 한다.

제2장

획의
발견

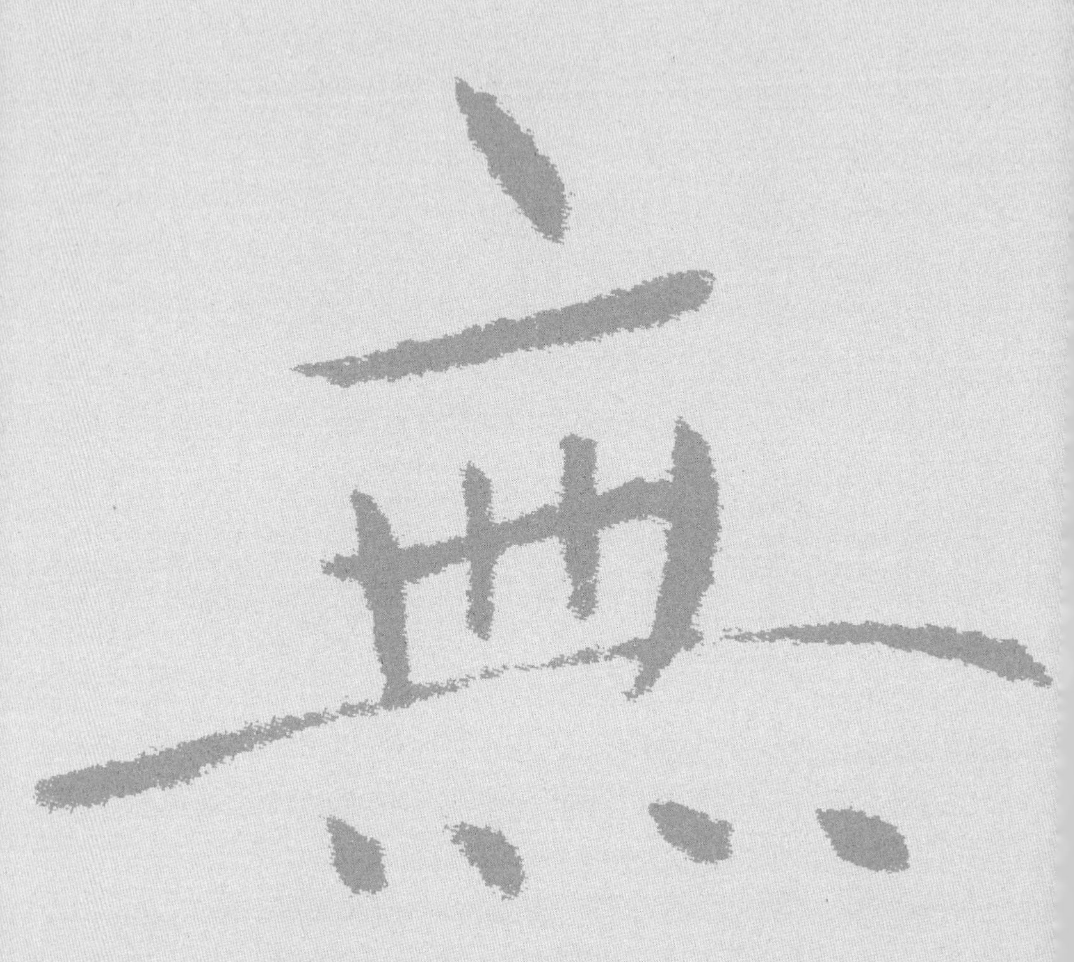

무無. 저수량褚遂良 〈안탑성교서雁塔聖教序〉 중에서. 당唐 정관貞觀 19년(645년)

붓과 칼
―저수량의 우아한 글씨

영화 〈와호장룡〉의 한 장면. 사형 이모백李慕白의 명검 청명검靑冥劍을 훔친 도둑이 숨어들어간 옥玉 대인大人의 집을 방문한 수련秀蓮(미셸 요[양쯔충楊紫瓊] 분). 마침 서방書房에서 붓글씨를 쓰고 있던 옥대인의 딸 교룡嬌龍(장쯔이章子怡 분)과 대화를 나누게 된다. 내키지 않는 결혼을 앞두고 글씨(이때 쓰고 있던 글씨가 조식曹植의 〈낙신부洛神賦〉라는 것도 의미심장하다)나 쓰며 마음을 달래던 옥교룡은 반색하면서, 수련의 이름을 써주겠다고 하며 새 종이를 펼쳐 신이 나서 붓을 놀린다.

교룡이 쓴 자신의 이름 석 자 유수련兪秀蓮의 첫째 글자인 '兪'를 본 수련은 말한다.

"이 兪 자는 정말 검劍 자를 닮았네. 서법書法과 검법劍法의 도는 서로 통한다지요?"

유兪. ① 『설문해자說文解字』 소전체小篆體 ｜ ② 북송北宋 채양蔡襄 〈자서 사표 병시自書 謝表並詩〉 중에서 ｜ ③『강희자전』 입부(入部)

겉으로 보기엔 평범한 규수인 교룡이 사실 검술에 능통한 검사임을 넌지시 암시한 수련. 서법으로 말문을 튼 두 사람은 각자의 자리에서 여성으로서 겪는 답답한 심정을 나누며 이내 친해지지만, 이 장면 이후 둘의 운명은 크게 갈리며 결국 서로 칼을 겨누는 사이가 된다.

교룡이 쓴 兪는 정말 劍과 닮았다. 유씨 성의 兪 자의 마지막은 지금의 정자체에선 '巛'로 쓰지만, 전서체에서 기원한 이 요소는 『강희자전康熙字典』 등 명조체에서만 이렇게 쓰고, 그 이전의 해서체에선 일관되게 'ㅣ'로 마무리짓는 '兪'를 썼다.

글자의 어원에서 칼(刀)을 포함하고 있지 않을 뿐 아니라 『설문해자』에서 '巛'로 쓰기도 하니 兪의 자형이 정자체로서 타당하겠지만, 아

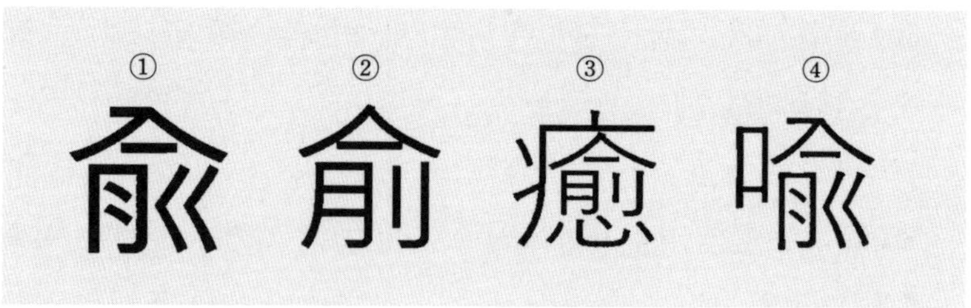

① 한국 대표자 유兪(네이버 한자사전) ｜ ② 중국 대표자 유俞 ｜ ③ 일본 '병 나을 유癒'(그, いやす) ｜ ④ 일본 '깨우칠 유喩'(그, たとえる).

제2부 한자의 모양, 어떻게 이루어졌는가

유兪. 영화 〈와호장룡〉 중
옥교룡玉嬌龍이 쓴 글씨의
재현. 김새미오 필筆

무래도 붓으로 글씨를 쓸 때는 'ㅣㅣ'로 쓰는 것이 편하기 때문이다. 실제로 중국의 간화자에선 이 글자를 포함하는 모든 글자를 俞로만 쓴다. (한국은 일관되게 兪, 일본은 글자에 따라 오락가락하는 편이다. 예컨대 정경유착政經癒着과 이야시(癒やし, いやし)의 유(癒, '疒+俞+心')에서는 俞로, 비유의 喩에서는 兪로.)

영화에서 교룡은 일부러 ㅣㅣ 부분을 크게 쓰고 있는데, 이렇게 써놓으니 정말 '검劍' 자와 비슷하다. 명말청초의 서예가 왕탁王鐸의 〈행서이하시첩行書李賀詩帖〉의 '검劍' 자와 비교해보자.

흘림 글자체의 우연한 유사성을 화두로 끄집어낸, 한자에서만 가능한 말장난이며, 글씨로 그 사람의 숨은 능력을 파악한다는 것 또한 영화적 상상력에 가깝지만, 이후 영화에서 보여주는 화려한 무예 시퀀스들은 과연 검법과 서법의 유사성을 시각적으로 아름답게 형상화해내고 있다. 이모백, 유수련, 옥교룡 세 사람이 주고받는 검술의 향연은 무술감독 원화평袁和平의 빛나는 성취다. 그 비현실적으로 유연한 움직임을 보고 있자면 자연스레 무용을 떠올리게 된다. 영화 속에서 벌어지는 검술 대결은 무예라기보다는 무용, 즉 검무劍舞에 가까워 보인다.

기실 붓놀림을 검무에 빗댄, 아니 신기에 가까운 생명력 넘치는 붓의 움직임의 원천을 검무에서 찾았던 기제는 중국의 문자

검劍. 왕탁
〈행서이하시첩〉에서.

문화에서 그리 낯선 일이 아니다. 이는 당나라 시기까지 거슬러올라
간다.

당唐의 국력과 문화가 최고조에 달했던 시기에 삼절三絶이라 불리
던 사람들이 있었다. 그림의 오도자吳道子, 검무의 배민裵旻, 글씨(초
서)의 장욱張旭 세 사람이다. 벽화를 그리던 오도자가 그림이 막혀 고
민하던 차에 배민의 검무를 보고 자극을 받아 붓을 놀려 그림을 완
성했다는 고사가 유명하다. 또한 오도자는 장욱의 글씨에서 영향을
받았다고도 한다. 현재 중국 베이징 쉬베이훙(서비홍) 기념관(徐悲鴻
紀念館)에 오도자가 그렸다고 전하는 〈팔십칠신선권八十七神仙卷〉이란
작품이 소장되어 있다. 세로 30cm, 가로 292cm에 달하는 대작 두루
마리로서, 동화제군東華帝君, 남극제군南極帝君 등 도교道敎의 신이 의
장대와 악단을 거느리고 여러 진인眞人, 신선, 선녀, 신장神將들과 함
께 행렬을 이루고 있는 모습을 묘사한 그림이다.

〈팔십칠신선권〉은 윤곽만 그린 초고이며, 후대의 모본이라는 설도
있지만, 악기를 연주하는 선녀들의 휘날리는 옷자락 등에서 보이는 역
동적인 붓놀림을 통해 그림을 그린 이가 꽤 훌륭한 솜씨를 지닌 화가
임을 짐작할 수 있다.

안진경顔眞卿의 〈배장군을 전송하며送裵將軍〉라는 글씨는 배민의
전공과 무용武勇을 찬양한 시를 쓴 것이다. 여기에도 배 장군의 검무
가 어김없이 등장한다.

이 가운데 "(배장군의) 검무는 번뜩이는 번개처럼 약동한다네(劍舞
躍游電)"라는 구절에서 안진경이 쓴 '춤출 무舞' 자를 확인할 수 있다.
선녀의 휘날리는 옷자락만큼, 배민의 검무만큼이나 역동적인 붓놀림
이다.

〈팔십칠신선권八十七神仙卷〉(부분). 베이징 쉬베이훙 기념관 소장.

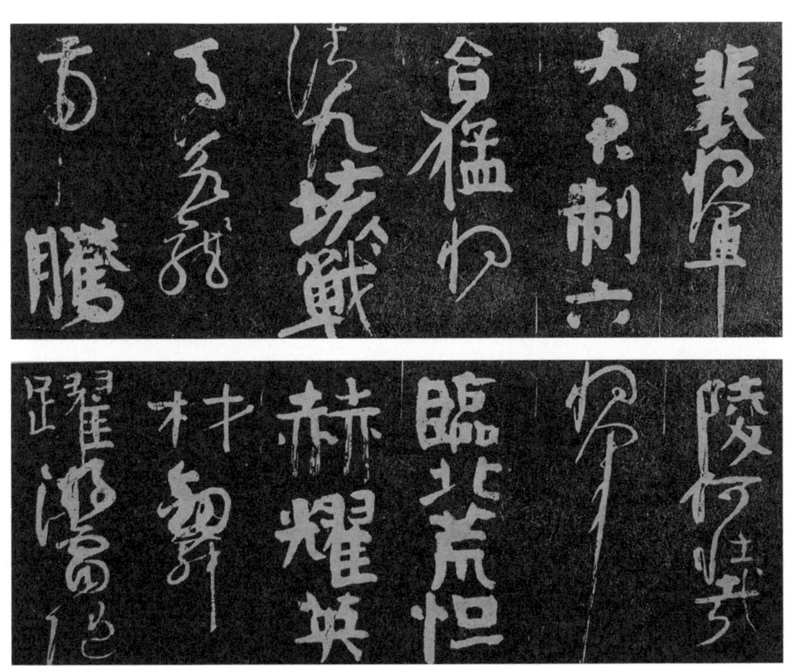

안진경 〈배장군을 전송하며送裴將軍〉 탁본

'없을 무無'는 원래 '춤추다'는 뜻이었다. 이 글자가 점차 '없다'는 뜻으로 쓰이게 되면서, '춤추다'라는 의미를 나타내기 위해 따로 '춤출 무舞' 자를 만들어 쓰게 되었다. 먼 옛날 초창기의 無는 정말 양손에 술 달린 무언가를 들고 팔 벌려 춤추는 사람처럼 생겼다.

상商나라 후기 〈작책반언作冊般甗〉의 무無는 그 생생한 실례다. 그리고 당시의 유물이 아닌, 수천 년 후 전서篆書 작품들에 보이는 無들도 이 춤추는 모습을 훌륭히 계승하고 있다.

능호관 이인상의 동인同人, 단릉丹陵 이윤영李胤永(1714~1759)의 석각 글씨 '독립불구獨立不懼 둔세무민遯世無悶'이 그렇다. 지금도 단양 사인암에 가면 찾아볼 수 있다. 시대에 굴하지 않는 고고한 정신세계가 저 옛 모습을 충실히 계승하면서도 홀로 직립해 있는 無에 담겨 있다.

그에 비해 미수眉叟 허목許穆(1595~1682)의 무無들은 개성이 훨씬 강하다. 여기에는 꼿꼿함 대신 무의 활달한 운동성, 그 원시적 생생함과 기괴함이 담겨 있다.

다시 검무와 초서가 결합한 시대, 광초의 붓놀림의 발견에 열광하던 당나라 시기로 돌아가보자. 오도자의 그림은 현재의 우리가 볼 길

검무劍舞. 안진경 〈배장군을 전송하며〉에서.

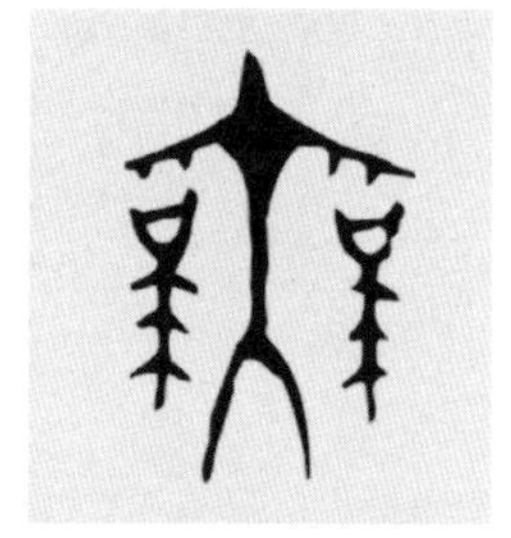

금문 무無.
〈작책반언作冊般甗〉에서.

제2부 한자의 모양, 어떻게 이루어졌는가

이윤영 '독립불구獨立不懼
둔세무민遯世無悶' 석각.
단양 사인암 소재.

없지만, 장욱과 안진경의 담대한 붓놀림의 흔적은 지금도 여실히 볼 수 있다. (모작 여부는 제쳐두더라도) 당대인들이 열광했던 것은 붓의 놀림이, 종이(혹은 벽) 위의 그 흔적이, 나아가 그것을 쥐고 놀리는 팔의 그리고 온몸의 움직임이 예술이 될 수 있다는 사실이었다. 그 가능성을 실제로 목도하면서 드는 열광, 그것이 검술과 서예와 회화의 경지를 관통한다는 통찰을 가능케 했고, 그렇게 열린 가능성은 이후로 죽 한자 문화의 화려한 일면이 되었다.

여기서 과거로 다시 한 걸음 내딛어보자. 그렇다면 멀리 유수련과 옥교룡의 저 수작(말 주고받음)을 가능케 한, 가까이 안진경, 장욱, 오도자의 저 생동감 넘치는 놀이를 가능케 한 가장 큰 원동력은 어디에 있는가. 바로 성당盛唐 시기를 살았던 이들의 선배, 초당初唐의 저수량褚遂良의 글씨, 구체적으로는 그의 〈안탑성교서雁塔聖敎序〉에 있다.

불교의 공덕, 그리고 불경을 중국으로 전한 현장법사의 공적을 찬양하여 당 태종太宗이 지은 이 글에는 '無' 자가 열한 번 나온다. 엄정한

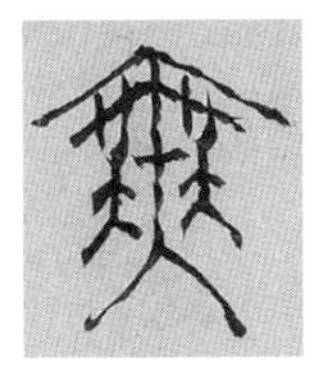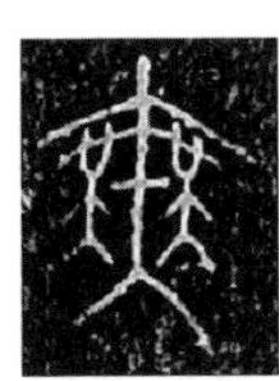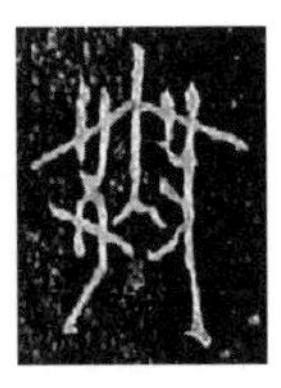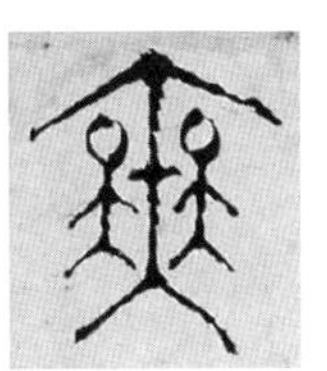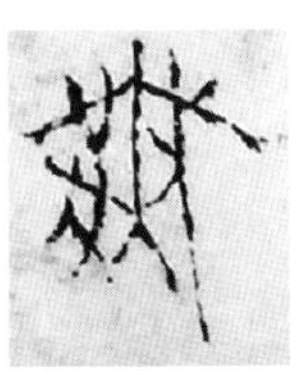

미수 허목이 쓴 무無의 예. (왼쪽부터) ① 〈사물잠四勿箴〉 ┃ ②, ③ 〈척주동해비〉 탁본 ┃ ④ 〈척주동해비〉 원고 ┃ ⑤ 『고문운부古文韻部』

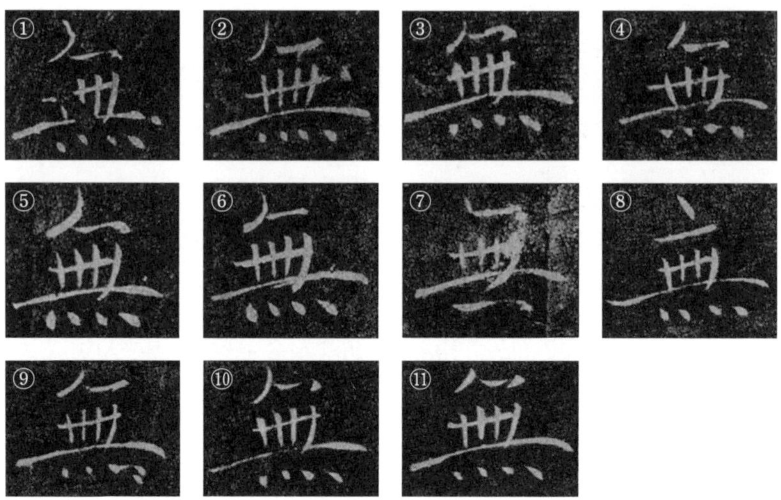

저수량 〈안탑성교서〉의 무無들

골기가 느껴지는 구양순歐陽詢의 글씨와 달리 저수량의 글씨는 유려하기 그지없다. 그는 해서의 붓놀림의 가능성을 거의 극한까지 밀어붙이고 있다. 특히 제8획(몇몇 경우 이 제8획은 제4획이 된다)의 가로획이 전례 없이 그리고 후대에도 그 예를 찾기 힘들 만큼 강조되고 있다. 11개 모두 제각기 아름답지만, 특히 7번과 8번 글씨에 주목해보자. 7번 글씨체는 왕희지를 연상시키는 행서풍의 마무리를 선보인다. 아래의 네 점이 자연스레 연결되어 있다. 여기를 보면 가로획들을 먼저 쓰고 4개의 세로획을 쓰고 나서 곧바로 가장 아래의 이어진 점들로 구성된 가로획으로 넘어갔음을 알 수 있다. 그리고 8번 무無. 여기에서는 유일하게 제1획이 곧추선 점으로 표현되어 있다. 시작부터 붓놀림의 글씨임을 천명한 이 無의 절정은 저 긴 가로획이다.

기필起筆과 송필送筆과 수필收筆이 완벽하다. 활처럼 휘어진 동세 덕택에 중앙의 얇은 부분은 거의 끊어질 듯 가늘다. 그러나 이 세요細

제2부 한자의 모양, 어떻게 이루어졌는가

저수량 〈안탑성교서〉의 8번째 무無

腰(가는 허리)는 연약함이 아니다. 안 진경이나 회소懷素나 장욱의 광초가 아닌 이상, 황정견黃庭堅이나 허목처럼 무한히 구불거릴 듯한 연동의 획이 아닌 이상, 고전적古典的 해서의 획에서는 저 동세가 극한이다. 한계까지 밀어붙인 저 동세와 길이는 이후로는 다시없을 옛 대가의 서법이자 검법이다. 여기에서 붓의 움직임은 그 고전적 가능성의 극한을 찍었다. 원화평의 코레오그라피로 되살아나기 이전, 호랑이와 용은 여기에 누워 잠자고 있었다.

진眞. 안진경顔眞卿 〈안씨가묘비顔氏家廟碑〉 중에서. 당唐 건중建中 원년(780년)

안진경, 진정의 형상

'참 진'의 진상을 찾아서

중국, 대만, 홍콩, 일본, 한국. 한자를 쓰는 동아시아 5개 지역이다. (북한은 논외로 한다. 북한의 한자 사정에 대해선 정보를 얻기가 힘들다.) 이 다섯 지역은 이런저런 기준에 따라 분류할 수 있겠지만, 적어도 한자라는 관점에서 보자면 크게 간체자(간화자)를 쓰는 중국과 일본, 전통적 번체자를 쓰는 대만·홍콩·한국이라는 2개의 카테고리로 나눌 수 있겠다.

물론 저마다 독자적으로 간화簡化(한자 모양 간략화)를 진행한 일본과 중국은 표준 글자체가 크게 다르다. 번체자를 쓰는 입장에서 보자면 중국 쪽의 자형 변화가 훨씬 과격하게 보인다. 여기에는 신중국 수립 이후 배우고 쓰기 힘든 복잡스러운 모양의 기존 한자를 국가 현대화의 가장 큰 걸림돌 중 하나로 지목하고는 서둘러 '시정'해야 한다고 여겨 강력하고 일관된 간화 정책을 밀어붙였던 '대륙의 사정'이 있었다. 예를 들어 '들을 청聽'의 경우, 일본은 귀 이耳 변 아래의 '정王'(임 王 혹은 왕王처럼 보이지만 '정'이라는 전혀 다른 글자)을 삭제하고, 원래의 획 하나를 없앴던 덕德의 우방右旁을 채택하여, '聴'이라는 '신자체新字体'를 사용하고 있다. 상당히 간략화하긴 했지만 여전히 기존 聽의 틀은 지키고 있다. 그러나 중국의 '听'은 완전한 환골탈태다(자주 쓰이지는 않았지만 원래 '은'이라는 전혀 다른 글자였다). 물론 일본 신자체도 '관청 청廳'의 경우는 '庁'을 쓰는 등 상당히 간략하게 개변한 글자도 있지만, 전반적으로 번체로부터 떨어진 정도는 중국 간화자의 경우가 훨씬 심하다.

일반 문자 생활에서 한자가 보조적 역할만 하는 한국에선 간화가 발생하지 않았다. 그리고 정치적·문화적 이유로 간화를 하지 않았던 대만과 홍콩의 경우도 전래의 한자 즉 번체자로 문자 생활을 영위하고 있다. 따라서 한국·대만·홍콩의 한자는 거의 다르지 않다. (대만의 경우 약간 특수한 예외가 있긴 하다. 일부 한자의 경우 어원에 따른 차이를 그 외형으로도 식별할 수 있게끔 하는 자형을 고수하고 있기 때문이다. 예를 들어 '육달월'과 '달 월'의 경우 한국 한자에서는 그 외형을 구분할 수 없으나, 대만에서는 육달월을 반드시 '⺼'로 써서 '月'과 구별하고 있다(月은 안의 二가 평형, ⺼은 冫의 모양). 또 '버금 차次'의 경우 좌변을 冫이 아닌 二의 모양으로 쓰도록 하고 있다.)

이런 면에서 '참 진眞'은 참 특이한 존재다. 『강희자전』에 수록된 정자正字인 번체 '眞'을 여전히 표준 자체로 쓰고 있는 곳은 한국밖에 없기 때문이다. 일본, 중국, 대만, 홍콩 모두 『강희자전』 대표자와 다른 자체를 쓴다. 적어도 '참 진'의 경우엔 동아시아 한자 문화권의 바다 안에서 한국이 외로운 섬이다.

 　　　　제2부 한자의 모양, 어떻게 이루어졌는가

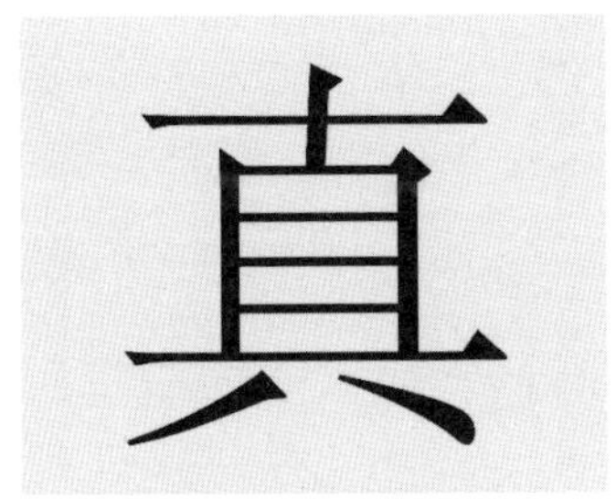

'참 진'. 유니코드(UCS) 771F.

타이베이 청진사淸眞寺 발행 할랄 인증 마크. 모스크를 중국어로 청진사라고 한다.

중국 대륙 표준 자체의 '참 진'은 이렇게 쓴다.

약간 옆으로 긴 '열 십十' 아래에 '또 차且'를 쓴 후 다시 그 아래에 '여덟 팔八'을 써서 마무리한 모양새의 글자다.

이 모양의 '참 진'은 대만과 홍콩에서도 쓰인다. 真은 대만 초등1학년에서 배우는 한자 500여 자에도 포함되어 있을 정도로 흔히 쓰이는 글자다.

이런 사정을 보면 알 수 있듯, '真'은 구자체舊字體이자 번화자인 '眞'을 대체하기 위해 새로 만들어 낸 '간화자簡化字'는 분명 아니다. 그저 조금 복잡한 모양의 眞과 약간 간략한 모양의 간체자 真 둘 모두가 예전부터 사이좋게 함께 쓰여오다가, 현대의 표준 자체로 터를 잡은 곳이 달라진 것일 뿐이다. 다만 중국 본토 및 홍콩, 그리고 대만이라는 한자의 종주국이자 주된 사용 지역의 기초 한자로서 일상생활에서 흔히 쓰이는 真의 압도적 기세와 비교하자면, 한글 사이에서 '진로眞露'라는 주류 상표 등에서나 간혹 눈에 띄며 명맥을 유지할 정도인 한국의 眞의 신세에서는, 강희제 흠정欽定이라는 위세 등등한 제국의 정통성(legitimacy)을 업은 과거의 영광은 전혀 찾아볼 수 없다.

진로소주(진로25)

일본 와카야마현 고야산高野山 진언종真言宗 곤고부지金剛峯寺 홈페이지에서.

일본은 같은 '眞'이긴 해도 미세하게 다르다.

이 경우는 중앙 부분이 且 모양이 아니라 '눈 목目'과 '한 일一'로 아랫부분이 조금 떨어져 있다.(眞) 한국어와 일본어 기반의 폰트들은 모두 이 자형을 채택하고 있어서, 중국 간화자 '참 진'의 참모습을 구현하기가 참 힘들다.

真의 압도적 기세 아래서 眞의 처지는 옹색하기 그지없다. 하지만 2천여 년 전에 잠시 眞이 기를 펴던 시절이 있었다. 우선 그때로 돌아가 '참 진'의 과거로 떠나는 여행을 시작해보자.

진眞, 날아오르다 – 『설문해자說文解字』와
진인眞人의 비상

'~짜'로 끝나는 한국어 단어가 꽤 있다. 진짜, 가짜, 초짜, 공짜, 퇴짜……. 이 가운데 퇴짜의 '짜'는 '자字'가 변하여 된 것이 맞지만, 나머지 단어는 확실치 않다. 그러나 '짜'의 정확한 어원이 무엇이건, 뒤에 붙은 '짜' 덕분에 책 속에 존재하는 개념에 불과했던 한자가 일상의 구체적 맥락이 살아 있는 생생한 우리말 입말로 변신할 수 있었다. 그리하여 한자 '참 진眞'의 뜻이라면, 한국인은 우선 '진짜'를 떠올리기 십상이다. 진짜. '가짜'의 반대어, 거짓의 대척인 참. 참true인 명제는 진리truth이다. 진리는 논리학·수학·철학의 바탕이다. 그리고 진짜 물건은 바른 거래와 감상의 토대가 된다. 학문의 세계에서건 골동품 거래에서건 그리고 일상 경제의 어떤 측면에서건, 명제의 참·거짓 판단, 진가眞假 혹은 진안眞贋의 변별은 지극히 중요한 사안이다. 그리고 이 변별은 거의 언제나 가짜의 배제라는 결과를 낳는다. 가짜란 어디에서도 환영받지 못하는 법이다. 그런데 가짜는 과연 순수한 악인가? 문제는 그리 간단치 않아 보인다.

나는 진위眞僞 문제를 부둥켜안고 2019년 언저리 꼬박 몇 년을 보냈다. 박사 학위논문의 주제였던 조선 후기의 서예가 미수眉叟 허목許穆(1595~1682)은, 후대에 만들어진 '가짜'인 하우夏禹(하나라 우왕)의 비석에 새겨진 글자에 근거를 둔 '가짜 전서' 즉 '위전僞篆'을 구사했다는 비판을 종종 받았던 인물이다. 기실 이 말은 맞다. 허목이 상찬했던 〈신우비神禹碑〉는 정말로 후대에 날조된 가짜였기 때문이다(〈신우비〉는 '형산衡山 〈우비禹碑〉' 혹은 〈구루비岣嶁碑〉로도 불린다). 그렇다면 허목의 글씨는 한갓 거짓을 모방한 열등한 예술인가? "금가고 깨어진 옛날 기물(결정파대缺鼎破敦)"과 같다는 둥 "흉악하다"는 둥 허목의 글이나 글씨에 대한 반대파의 비난이야 당대에도 심했지만, 허목의 글씨에 대한 이러한 인식이 본격적으로 자리잡게 된 시기는 대체로 선진先秦(은주와 춘추전국 시대)·진한秦漢·남북조 시대의 실물 자료를 글씨 창작의 원천으로 삼는 사조가 자리잡고 난 이후다. 글씨의 예술적 가치가 그 원천 자료의 '오래되고 바른 유래'에 기인한다는 발상은 글씨의 문예적 지위를 극적으로 높였다. 전각의 정경丁敬, 글씨의 등석여鄧石如, 이론가 완원阮元이 이런 문예사조를 대표한다. 그리고 완원의 영향을 짙게 받은 추사 김정희라는 거인의 존재로 인해 이런 생각은 근세 이후 한국에서도 주류로 자리잡았다. 정경, 등석여, 이병수伊秉綬, 김정희 글씨의 아름다움에 대해 여기서 다시 이야기할 필요는 없을 것이다. 그리고 그들이 고대의 문자 자료를 수집·연구·감상하며 보인 열정과 안목은 지금 보아도 경탄스럽다.

그러나 그들이 쌓은 금자탑의 그늘 아래에서 적당한 시구나 문구를 무난한 예서나 전서로 써놓고 만족하는 후대의 서예가들은 서예의 가치를 스스로 떨어뜨려왔다. 기예의 완성과 근원적 질문은 어느 것 하나 빼놓을 수 없는 예술의 양대 기둥이다. 먼저 이런 질문부터 던져야 하지 않겠는가? 추사는 과연 개성을 추구한 예술가였는가? 아니라면 옛것을 진지하게 궁구한 그의 손에서 어떻게 한국 시각 예술의 역사상 유례를 찾기 힘든 개성과 매력을 갖춘 글씨가 탄생했는가? 개성을 추구하지 않은 사람의 글씨에서 개성을 찾는 것이 전근대의 예술을 바라보는 현대인의 아나크로니즘이 아니라면, 그리고 좀더 진지한 질문을 던질 줄 아는 이라면 다음과 같은 질문을 던질 줄 알아야 하지 않겠는가? 과연 옛것을 추구한다는 것은 무엇인가? 그것을 재현하거나 재해석하는 행위에는 어떤 의미가 있는가?

추사 김정희의 예술 세계에 대해선 전문 연구자들이 많이 있으니 나까지 나서서 중언부언할 필요는 없을 것이다. 추사와는 적잖이 다르지만 역시 나름의 진지한 방식으로 전서나 예서를 탐구하여 자신만의 글씨를 썼던 능호관 이인상의 서화 세계에 대해서도 집대성적 연구가 나와 있으므로 이쪽도 상고尙古(옛것을 높임)와 예술의 관계에 대한 훌륭한 참고가 된다(박희병, 『능호관 이인상 서화평석』, 돌베개, 2018). 그러나 추사와는 완전히 다른 상고의 방식으로 완전히 다른 종류의 개성을 지닌 예술 세계를 창조해낸 조선시대의 다른 사람, 즉 미수 허목의 글씨의 경우를 들여다본다면 상고라는 행위의 전체상을 더 입체적으로 파악할 수 있지 않을까? 이것이 바로 내가 미수를 연구한 이유였다.

친교가 깊었던 낭선군 이우가 청나라에서 구해온 〈신우비〉 탁본을 전해 받고 그 글씨를 상찬한 사실은 분명 있지만, 허목의 글씨에서

<구루비> 서체의 영향은 거의 찾아 볼 수 없다. 그의 글씨는 오랜 야인 기간을 보냈던 젊은 시절에 이미 완성되었으며, <신우비>를 전해 받아 본 것은 60대 말의 일이기 때문이다. 그렇다면 그의 파천황적 글씨는 어떤 과정을 통해 탄생했는가? 북송 시대 송나라 전성기에 편찬된 각종 고문자 집성 자료들을, 명나라 후기에 편집하여 목판으로 출판한 자료를 통해서 보고 손수 써서 베끼

1641년 아우 허의許懿가 그린 것으로 추정되는 미수 허목 초상. 허목은 당시 47세였다.

며 탐구에 탐구를 거듭한 결과 나온 것이 그의 글씨다. 청나라 비학파 碑學派 학자들의 연구 방식과 달리 북송 때 자료는 옛 금석 자료의 탁본이 아닌, 베껴 편집한 '전초傳抄' 고문자 자료다. 이것을 다시 편집한 명나라 자료를 보고 손수 베끼며 조형적 가능성을 이리저리 탐구하며 때로 변형도 가했으니, 원자료의 원래 형태와 얼마나 달라졌을지 가히 짐작이 간다. 청나라 고증학자, 추사 김정희의 에피고넨, 이데아의 미메시스가 아니라며 예술을 비난한 플라톤 등의 시각에서는 기절초풍할 가짜 놀음이 되겠다. 그러나 다른 시각을 제시하라고 인문학 연구가 있는 것이 아니겠는가? 나는 세 가지 방향에서 허목의 글씨가 갖는 가치를 탐구했다.

첫째, 동아시아 한자 문화권에서 옛것 즉 '고古'를 추구한다는 행위가 어떤 전통과 맥락을 갖고 있는지, 그러한 거시적·통시적 관점에서,

　　제2부 한자의 모양, 어떻게 이루어졌는가

조금 좁게는 조선 중기 이후 복고주의 문예사조의 흐름에서 허목의 상고주의가 갖는 의의를 살폈다.

둘째, 허목 개인의 성향과 범상치 않았던 인생 역정 속에서, 옛것 등 여러 사실과 사상事象을 가져와 내면화하는 행위가 체화될 수밖에 없었던 사정을 살피고 그 양상을 규명했다.

셋째, 개인의 창작이라는 관점을 배제하고도, 진지한 상고의 자세에 입각해서 여러 상이한 연원을 가진 옛 글자를 여러 상이한 방식으로 가져오는 행위 자체가 전례 없는 개성을 산출할 수 있음을, 허목의 대표작인 〈척주동해비陟州東海碑〉의 분석을 통해 드러내 보였다.

셋째의 시도가 특히 무모했는데, 허목이 손수 필사한 고문자 자전을 한 글자 한 글자 들여다본 과정을 제외하고도, 총 227자, 중복된 글자를 제하면 겨우 178자인 작품을 분석하기 위해 3,280컷의 이미지를 활용해야만 했다. 논문 통과와 학위 취득이야 어찌어찌 되었지만, 냉정히 평가하자면 결코 성공적인 연구였다고 할 수 없다. 통시적·공시적·거시적·미시적 관점이 마구 뒤섞여 있고, 기존 미학·문예·문학사의 연구 경향에서 크게 벗어나 있으며, 무엇보다 논문의 고갱이라 할 수 있는 저 기가 아득해지는 자형 분석 부분은, 이건 허목의 특수이지 서예 혹은 문자 조형 원리의 일반이라고 할 수 없다, 다시 말해 "용쓴 건 알겠지만 그래서 뭐 어떻다는 건데?"라고 반박하면 답변이 궁해지기 때문이다. 그래도 이것만은 말할 수 있다. 이례 중의 이례도 분석은 가능하다고, 복고와 창조 그리고 전거 준수와 개성의 관계란 그리 간단치 않다고, 그리고 무엇보다 '위僞'(거짓)라고 한마디로 무질러 무시하기 이전에 한 번 더 자세히 들여다보자고. 그러면 그 속에

'진짜 그 경치'(진경眞景)는 없을지라도 나름의 진실을 담고 있는 '참된 경지'(진경眞境)는 있을 거라고.

박사논문을 쓰고 난 후 소동파가 썼다고 전하는 〈백수산불적사유기白水山佛跡寺遊記〉라는 작품을 접하고 그것이 가짜임을 밝힌 글을 쓴 일이 있다. 조선 땅에서도 비주류였던 허목과 달리 소동파는 대륙의 스타였다. 그런 소동파 글씨의 진위 문제라면 결코 간단한 사안이 아니다. 그래서 사실 저 지대한 시간과 노력을 쏟아부은 허목의 '위僞'의 성격에 대한 분석에 비하면 훨씬 작은 글이었을지언정, 소위 〈백수산불적사유기〉가 진짜가 아니라고 의문을 제기한 일은 의의가 작다고 할 수 없다. 비록 큰 주목은 받지 못했지만 개인적으로 큰 재미와 보람을 느낀 작업이었다. 특히 조사 과정에서 문집인 『동파전집』에서 찾을 수 없던 이 글씨의 원문을 남송의 여조겸呂祖謙이 편찬하고 명대에 본격적으로 목판으로 간행·유통된 『와유록臥遊錄』에서 찾아냈던 일은 잊을 수 없다. 이 가짜의 의의가 명말청초라는 거대한

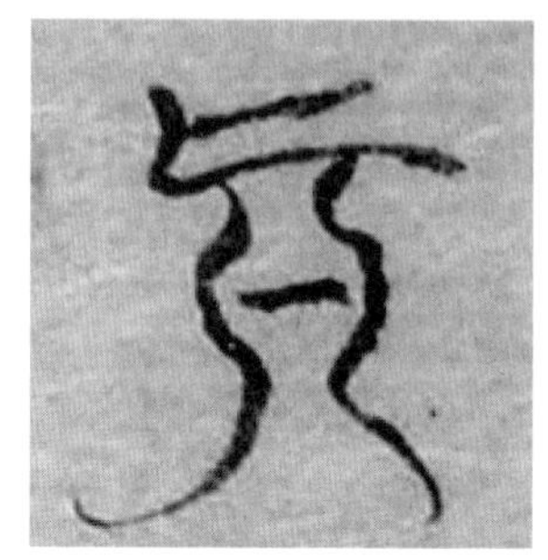

허목이 쓴 진眞
(『고문운율古文韻律』)

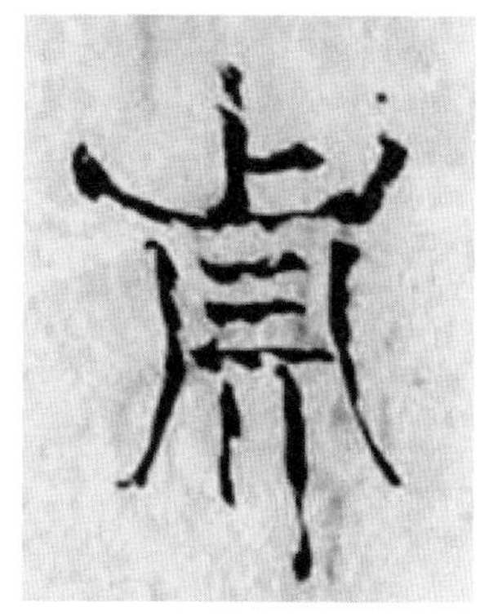

허목이 쓴 진眞
(『고문운부古文韻部』)

소동파가 쓴 진眞. 〈황주한식시권黃州寒食詩卷〉 중에서. 대만 국립고궁박물원 소장.

     제2부 한자의 모양, 어떻게 이루어졌는가

문예사적 전환기 속에서 발견할 수 있는 돌파구를 마련한 셈이기 때문이다. 분석은 계속되어야 하며, 진가眞假는 엄정히 분별되어야 한다. 그러나 그런 일과는 별개로, 가짜를 뚫어져라 살펴보다가 불현듯 나타난 저 한 시절의 시대상은, 적어도 나에게는 과거의 진상을 제대로 들여다보게 된 진정 중요한 계기가 되었다.

진眞의 원래 뜻은, 진짜가 아니라 진정 혹은 참됨에 가까웠던 것으로 보인다. ('현재 우리가 갖고 있는 참·거짓 개념에 근대 이후 서구에서 수입된 지분이 어느 정도 되는가?'라는 문제는 이와는 별개로 중요한 의의를 지닐 터다. 그러나 이러한 개념사적 탐구는 또다른 거대한 작업이 되겠기에 여기에서는 일단 논외로 한다.)

진眞은 갑골문에는 보이지 않고, 주대周代 청동기의 금문金文에서 초기의 예를 찾아볼 수 있다. 이를 예스럽게 표현하면 이렇게 된다. "하은주 성인의 경전에는 '성실'이라고만 했지 '진실'이라고 말한 경우가 없다. 주나라 후기 제자백가의 시대에야 비로소 '진' 자가 있게 되었다(經典但言誠實 無言眞實者 諸子百家乃有眞字耳)." 청나라 고증학자 단옥재가 『설문해자주說文解字注』에서 한 말이다. 이어서 그는 '眞' 부건部件(글자의 하위 단위)을 포함한 글자들에 공통적으로 '충실充實'(꽉 채워 넣음)의 뜻이 있음을, 그리고 대표적으로 '신愼'에 '성誠'(정성스러움)의 뜻이 있음을 여러 경전의 인용을 통해 논증하고 있다. 이는 정확한 통찰이다. 진眞의 초기 형태를 보면 그 원의와 상통하는 면이 많다.

현재 한국의 대표자인 '眞' 말고 원래 해서에서 많이 쓰인 '真'의 형태를 놓고 보면, '참 진'의 아랫부분은 '갖출 구具'인데, '具'는 원래 '솥 정鼎' 아래에 '들 공廾'(두 손으로 받들어 드는 모양)으로 구성된 글

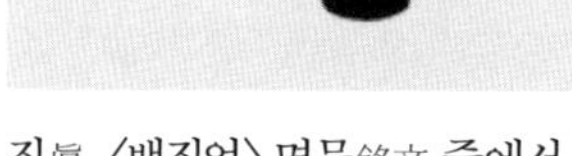

진眞. 〈백진언〉 명문銘文 중에서.

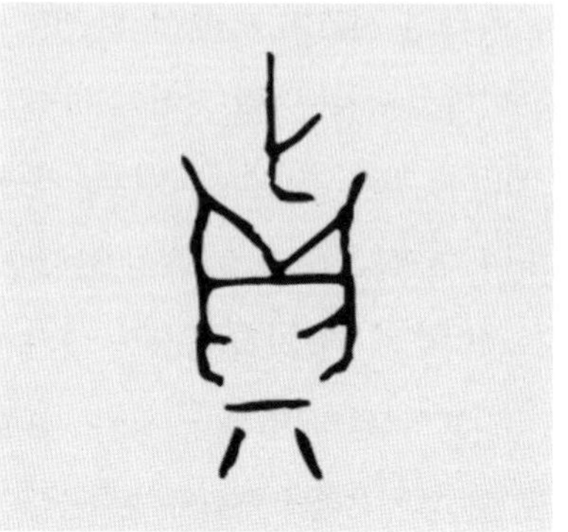

진眞. 〈진반〉 명문銘文 중에서.

자다. 또한 '眞'의 옛 형태 중 어떤 것은 아래가 그저 '조개 패貝'처럼 된 것도 있다. 주나라 초기 금문 중 〈백진언(伯眞甗)〉이라는 기물을 보면 맨 아래가 '廾'이 아닌 '丁'(丁은 원래 '못 정釘'으로서 못대가리를 형상화한 검은 동그라미 모양)으로, 이 글자의 소리를 나타내는 성부聲部를 이루고 있다. 비슷한 시기의 다른 기물인 〈진반眞盤〉에서는 '丁'의 자리를 '廾'이 차지하고 있다. 그리고 유명한 〈석고문石鼓文〉의 네 번째 시詩인 '난거鑾車' 편에도 '眞'이 나오는데, 여기는 아래가 '廾'으로 되어 있다. (현재 전하는 〈석고문〉 실물이나 탁본에는 모두 '眞' 자 부분이 탈락되어 있다. 그런데 송宋 설상공薛尚功의 『역대종정이기관지법첩歷代鐘鼎彝器款識法帖』에 이 부분이 실려 있어 원 모습을 짐작할 수 있게 해준다.) 〈석고문〉은 전국시대 진秦나라 계통의 유물로서, 여기에 새겨진 글자들은 통일 진 제국과 한대에 널리 쓰인 소전小篆 자형의 원형이 된다. 따라서 주나라 초기에 원래 아랫부분이 '丁'인 것과 '廾'인 것 등 여러 계통의 '眞' 자들이 존재했는데, 진秦계 문자의 '廾' 형태가 진계 문자를 계승한 소전체로 이어졌다고 추정할 수 있다.

제2부 한자의 모양, 어떻게 이루어졌는가

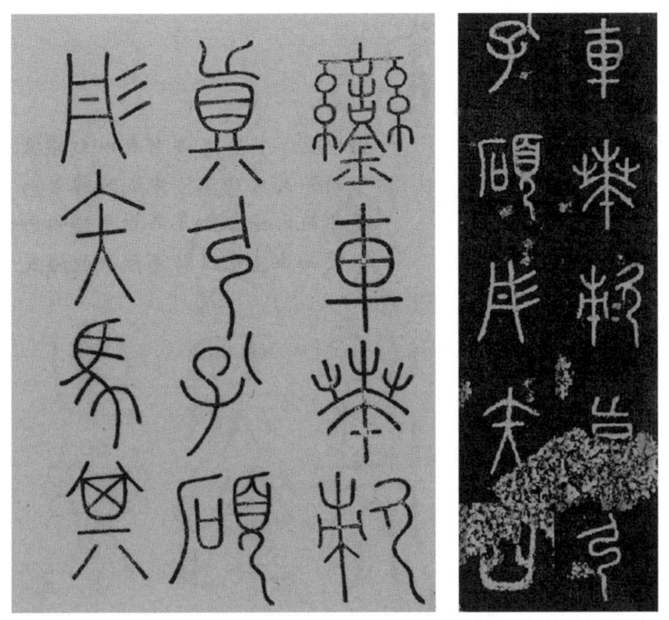

〈석고문〉 '난거鑾車'(부분). (좌) 『역대종정이기관지법첩』 | (우) 탁본. 청淸 완원阮元 구장본舊藏本

아랫부분의 사정은 그렇다 치고 이제 중심부로 들어가보자.

초기 '참 진眞'에서 글자 모양의 핵심은 '鼎'의 생략형인 '貝'이다. 여기서 우리는 이 글자의 조형 원리가 상商나라(은나라) 사회에서 중요한 역할을 했던 글자인 '곧을 정貞'과 맞닿아 있음을 알 수 있다. '貞' 또한 원래 'ト' 아래에 '鼎'이 있는 글자였기 때문이다. '貞'은 상나라 정치와 사회의 알파요 오메가인 제사(제사의 대표 기물인 '솥 정鼎'으로 형상화)에서 점(거북 배딱지의 갈라진 모양인 'ト'으로 형상화)을 치는 행위이며, 그것을 주관하는 사람이 곧 '정인貞人'이다. 귀신의 뜻을 묻고 또 그것을 해석하자면, 그 사람은 '곧은' 이여야만 한다. 후대의 '貞'은 시간이 흐르고 흘러 그것이 상나라 사회에서 수행했던 실제 행위의 맥

락에서 떨어져나와 도덕적 개념으로 변신했다.

　마찬가지의 일이 '眞'에서도 일어났던 것으로 보인다. 眞의 윗부분은 정확히 무엇이었는지 불분명하다. 『설문해자』의 이 설명처럼 '化'의 오른쪽 부분인 'ヒ'는 아닌 듯하며, 혹자는 '다할(죽일) 진殄'의 옛 형태인 'ヒ'이라고 하기도 하고(당란唐蘭의 설), 혹자는 '爿(도마 俎의 모양)+月(肉 고기)+刂(칼)'이 '鼎' 위에 위치한 '虘'(寸 대신 刀)과 같은 계열의 글자인데 여기서 '칼'의 모양이 'ヒ'가 된 것으로 보기도 한다(계욱승季旭昇의 설). 'ヒ'의 경우에는 소리를 나타내는 성부聲部일 것이고, '칼'의 경우에는 제사에 쓸 제물인 고기를 해체하여 솥 위에 놓고 제사지내는 모습을 형상화한 것이 아닐까. 후자의 경우에는 '貞'과의 연관성이 더 잘 드러난다. 즉 제사에서 점치는 행위가 '곧고 바른' 행위여야 하는 것처럼, 제의에서 신에게 바치는 제물인 고기의 '진정한 모습'을 드러내는 행위 혹은 그 고기의 상태는 '참됨' 및 '진정'의 개념 혹은 도덕성과 연관될 여지가 크기 때문이다.

　상나라 시절 정인貞人이 얼마나 중요한 역할을 했는지는 갑골문이 발굴되어 본격적으로 연구되기 이전까지는 완전히 도외시되었다. 그런데 반대로 진인眞人은 전국시대 이후 지극히 중시되어 이윽고 '眞'의 원의마저 삼켜버렸다. 『장자莊子』에도 중요하게 등장하는 진인은 도道를 체화한 사람을 가리킨다. 유가나 유교의 최종 목표는 성인聖人이다. 그러나 도가나 도교는 성인을 우습

『설문해자』의 진眞

게 여긴다. 인간 도덕의 허위가 한갓된 것임을 진정 깨달은 사람이 곧 진인이다. 그런데 속된 인간들은 도덕의 초탈이나 자연의 도의 체화보다는 『장자』에서 이야기한 진인의 속성에 더 마음이 끌렸다. 즉 "물에 들어가도 젖지 않고 불길 속에서도 타지 않는다(入水不濡 入火不熱)"(「대종사大宗師」 편)는 등의 진인의 초인적 능력이 그것이다. 진인은 곧 선인仙人과 동일시된다. '선仙'은 곧 '선僊', 즉 훨훨 나는 사람이다. 『설문해자』의 '眞'에 대한 설명이 여기에서 나왔다.

> 선인이 모습을 바꿔 하늘로 오르는 것(을 형상화한 글자)이다. 匕와 目과 乚으로 구성된다. 八은 선인을 태워서 싣는 도구이다.[1]

사실 이 구절만으로는 허신許愼의 원의를 파악하기 힘들다. 단옥재의 『설문해자주』의 설명을 보충해서 보면 이렇다. '匕'는 '화할 화化'이다. 즉 변형變形으로서, 도를 체득한 선인이 평범한 사람의 모습을 벗어던지고 날개가 돋는다든지 하는 선인의 형상으로 변화하는 것을 말한다. '目'에 대해서 단옥재는 "악전은 눈이 네모나다(偓佺方眼)"라는 구절을 들고 있다. 악전은 옛 선인의 이름이다. 창힐이나 순舜 임금이 겹친 눈동자(重瞳)를 가졌다는 전설이 있다. 즉 이는 성인이나 선인의 초월적 능력을 곧 겉모습의 변형으로 치환하는 옛사람들의 원형적 사고를 반영한다. 아래의 '八'은 숫자 8과 아무 연관이 없다. 단옥재는 이것을 어떤 탈것의 받침대 혹은 아랫부분을 형상화한 것이라고 보면서 『포박자抱朴子』의 구절을 인용한다.

선인은 승교술로 천하를 주유할 수 있다. 승교의 방법에는 세 가지가 있

다. 첫째는 용을 타는 것이요,
둘째는 기운을 타는 것이요,
셋째는 녹로를 타는 것이다.[2]
(둘째는 '호교'虎蹻 즉 호랑이를
탐이라고 되어 있기도 함. '녹로'
는 원래 도르래인데 여기에서는
정확히 무엇을 가리키는지 알 수
없음.)

'乚'에 대해 단옥재는 '숨을

〈인물어룡백화〉. 후난성박물관 소장

닉匿' 즉 '숨을 은隱'의 뜻이라
고 본다. 선인이 모습을 드러내지 않고 숨긴다는 것이다.

그러나 우리는 문자학자이자 경학자였던 단옥재처럼 전거 문헌에
얽매일 필요는 없을 것이다. '匕'와 '目'이 선인의 모습 혹은 능력을 보
여주는 부분이고, '乚'과 '八'은 그가 하늘을 날며 타는 것이라고 보는
편이 나으리라. 허신이 상상한 진인眞人의 모습은 전국시대 말기 비단
그림의 용을 탄 사람과 비슷하지 않을까.

1973년 후난성湖南省(호남성) 창사長沙(장사) 부근에서 발굴된 〈용
을 모는 사람 비단 그림〉(인물어룡백화人物御龍帛畫)을 들여다보자. 새
겨서 주조한 것이 아닌 붓으로 그린 그림 중 가장 이른 예 중 하나로
서 중국회화사에서 지극히 중요한 유물이다. 여기서 용을 타고 있는
사람은 '선인'은 아니고, 묘에 묻힌 묘주墓主일 것으로 추정된다. 그러
나 평범한 사람이 아닌 선인은 꼭 죽어서가 아니라 살아서 이런 경지
에 이를 수 있지 않을까. 이 그림을 선인의 용교龍蹻 장면으로 보아도

                    제2부 한자의 모양, 어떻게 이루어졌는가

큰 무리는 없으리라. 묘주의 생생한 모습, 함께 길을 가는 물고기나 꼬리 부분에 올라탄 선학仙鶴 등 흥미진진한 요소가 한둘이 아니지만, 『설문해자』의 설명과 관련하여 가장 주의를 끄는 것은 용이 곧 수레의 모습이 되어 있다는 것이다. 수레 위의 우산 모양 덮개는 진시황 병마용 출토 수레나 한대 화상석의 수레 모습 등에서 흔하게 볼 수 있는 것이다. 인간의 수레는 말의 동력을 필요로 하지만, 이 용거龍車 혹은 선주仙舟는 동력과 탈것이 일체화된 '자동차自動車'이다.

『설문해자』의 설명은 각종 출토 문물을 참조할 수 있고 훨씬 발전한 방법론으로 무장한 현대 문자학의 견지에서 보면 물론 말도 안 되는 것이다. 그러나 옳고 그름을 따지는 문자학적 전거라는 시각에서 보지 않는다면, 오히려 『설문해자』는 더 풍부한 의미 맥락을 담은 문화사적 텍스트가 될 수 있지 않을까. 허신에게 '眞'의 진상眞相은 저 용을 탄 사람이었을 것이다. 그리고 그는 이 이미지를 저 『설문해자』의 설명에 진지하고 충실하게 담아냈다. 허신의 유산은 고스란히 소전체 '眞'에, 그리고 지금은 한국만이 사용하는 『강희자전』 글자체의 '眞'에 남았다. 동아시아 한자 문화권의 소수자인 한국 대표자 '참 진眞'의 문화사적 의의가 바로 여기에 있다. '진위'의 차원을 넘어 옛것을 바라보는 후대 사람의 진정 어린 눈길이 머물러야 할 곳도 바로 이 지점이리라.

진眞, 벅차오르다 – 안진경과 전서篆書의 부활

선인仙人이 되어 날아오른 『설문해자』의 진眞은 『강희자전』의 대표자가 되어 속세로 다시 내려오기까지 오랫동안 사람들의 눈에 띄지

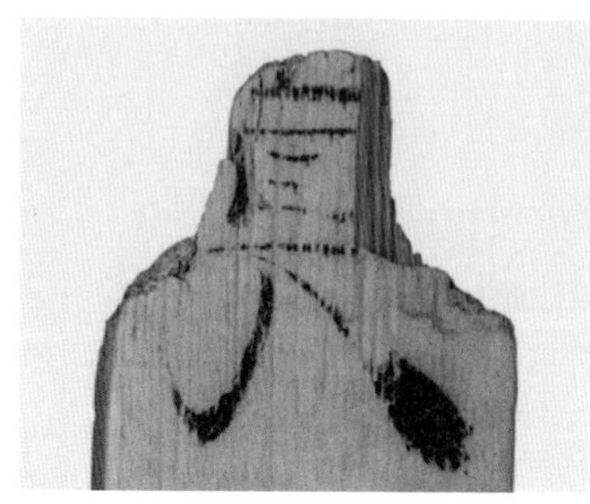

거연한간居延漢簡 진眞   〈예기비〉 진眞

않았다. 인간 세상에는 인간사 나름의 순리가 있는 법. '참 진' 또한 다른 글자들의 숙명과 같이 간독簡牘 문자에서 예서로, 예서에서 행초서와 해서로, 손글씨의 정서화正書化 과정을 착실히 거쳤다. 하늘로 날아간 '진眞' 대신 지상에선 '진眞'이 진서眞書(참된 글자체. 정서인 예서 혹은 해서를 지칭)로 자리잡았다.

한대 목간木簡 글씨의 '진眞'을 보자.

마른 셀룰로스 위에 남은, 낭창낭창한 털뭉치가 움직인 먹의 흔적이 2천 년 세월의 풍화를 거쳤어도 생생하다. 아랫부분이 지나치게 커서 비례는 우스꽝스러우나, 훗날의 정서체 '眞'과 글자 구성은 거의 일치한다.

이 간독 손글씨의 예쁜 정서체가 팔분 예서의 대표작 중 하나인 〈예기비禮器碑〉의 '眞'이다.

손글씨 진眞의 형태가 이루어져간 방향성은 명확하다. 금문金文과 전서篆書 맨 위의 '匕'와 중단 및 하단의 경계에 위치했던 'ㄴ'에서 굴곡이 배제되면서, 글자가 직선 자획 및 점획 위주로 재편성된 것이다. 이는 예서 단계의 모든 한자에서 공통적으로 발생한 일이다. 이 단

    제2부 한자의 모양, 어떻게 이루어졌는가

계에서 갑골·금문·전서라는 초기 단계의 한자 한 자 한 자가 가졌던 중구난방의 개성은 상당수 소거되고, 글자의 각 부분에서 표준화가 진행되었다. 표준화의 방향성은 뚜렷했지만 딱히 규정된 바는 없었다. 眞의 경우에도 상단은 'ㅗ' 혹은 '十'으로 정리되었고, 중단과 하단도 '目+一+八'이나 '具'로 수렴되어갔지만, 각 부분의 모양은 쓰는 이에 따라 조금씩 달랐다. 〈예기비〉에서는 'ㅗ+目+一+八'로 정리된 모습을 확인할 수 있다. 이러한 정리 과정에서 잃은 것은 『설문해자』 진인眞人의 승교乘蹻의 비상이요, 얻은 것은 저 긴 가로획의 파임의 동세다. 이후 당나라 초기 해서의 정립기까지 이런 기조가 이어졌다. 쓰는 이에 따라 부건의 결합 방식(결구結構)과 점획의 성질에서 약간의 배리에이션이 가해졌을 뿐이다. 몇몇 예를 살펴보자.

큰 새인 두루미는 오래 살기로도 유명하다. 장수의 상징이자 고고하고 깨끗한 자태를 갖춘 학은 신선의 동반자로서 손색이 없다. 창장長江(장강) 가의 옛 도시 전장鎭江(진강)의 섬 자오산焦山(초산)에 위치한 마애각석 〈예학명瘞鶴銘〉은 남조南朝 시기를 대표하는 해서 글씨다.

'학을 묻으며'라는 뜻의 〈예학명〉은 어떤 도사道士가 자신이 키우던 두루미를 장사지내며 쓴 글이다. 글의 내용이 환상적일뿐더러, 장강 강물 속에 잠겨 있다가 글씨를 흠모한 후대 사람들에 의해 건져 올려져 세상의 빛을 쬐게 되었는데, 이렇게 물에 잠겼다 건져졌다 한 일을 천년 넘는 세월 동안 되풀이한 연혁 또한 현실감 희미한 스토리다. 그러나 분명 이 2개의 해서 '眞'은 역사 속 예서 '眞'의 자형을 충실히 계승한 현실 세계의 실제 유물이다.

〈예학명〉에는 '진眞'이 두 번 나오는데, 모두 〈예기비〉 이래 '眞'의 구성을 계승한 자체이나, 위가 '十'의 모양이고 아래 또한 '具'에 가까

〈예학명瘞鶴銘〉 원석原石

워 현재의 해서 '真'에 훨씬 가까운 모습이다. 오래된 글씨라 필획인지 그저 바위가 파인 흔적인지는 불분명하지만, 첫 번째 '真'은 전서篆書를 연상케 하는 'ㄴ' 부분인 것처럼 보이는 획이 있어 흥미롭다. 획의 성질은 예서와 크게 다르다. 북조北朝를 대표하는 정도소鄭道昭의 해서를 연상시키는 소박한 분위기를 풍기지만 중봉中峰을 위주로 한 더욱 원만한 성격의 획이다.

    제2부 한자의 모양, 어떻게 이루어졌는가

〈예학명瘞鶴銘〉의 진眞들

〈집왕성교서集王聖敎序〉의
행서체 진眞

남조의 글씨라면 역시 왕희지를 빼놓을 수 없다. 현장법사의 공덕을 기리기 위해 당 태종이 지은 글인 〈대당삼장성교서大唐三藏聖敎序〉를, 장안 홍복사弘福寺의 승려 회인懷仁이 왕희지의 글자를 골라 모아 붙여서(집자集字) 새긴 비문이 있다(〈집왕성교서集王聖敎序〉라고 부르기도 하며, 저수량이 쓴 것도 유명하다). 이 비문에 '眞'이 꽤 나오는데, 아래 그림의 예는 매우 유려한 행서 글씨다.

글자의 기본 구성은 〈예학명〉의 '眞'과 정확히 일치한다. 다만 '具' 안 '三' 부분만 제외하면 마치 한붓 그리기를 한 것과 같은 물 흐르듯 자연스러운 흐름은 과연 서성書聖의 경지라는 감탄이 절로 나오게 하며, 획의 성격 또한 〈예학명〉과 전혀 다르다.

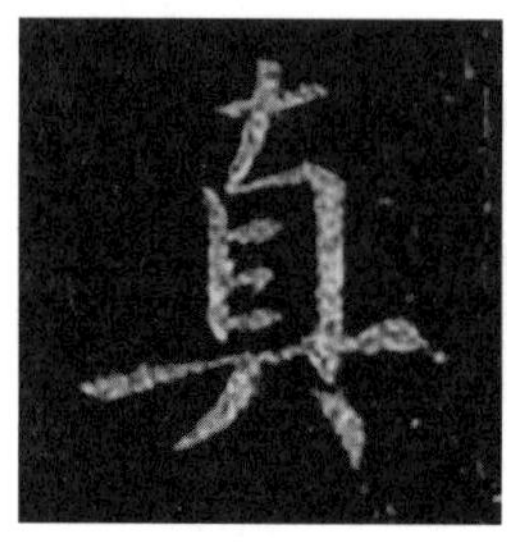

〈집왕성교서集王聖教序〉의
해서체 진真

북위 〈숙손고묘지叔孫固墓
誌〉의 진真

수隋 〈미인동씨묘지명美人
董氏墓誌銘〉의 진真

한나라 이후 남북조를 거쳐 당나라 초에 이르기까지, '真'은 글자 결구의 변화가 거의 없이 착실하게 정착의 길을 걸어갔다. 위의 도판들은 〈집왕성교서〉의 해서체 '真' 및 북위北魏와 수隋나라 대의 묘지명에 쓰인 것이다.

손글씨의 진서眞書인 해서楷書의 손글씨의 맛은 저 저명한 저수량의 글씨가 진미眞味(참맛)가 아닐까. 〈집왕성교서〉의 '真'에 해당하는 〈안탑성교서雁塔聖教序〉의 '真'을 보자. 〈대당삼장성교서〉에는 모두 4개의 '참 진真'이 나오는데, 그중 세 번째 "截僞續眞"이라는 구절에서 등장하는 真의 형태가 가장 정제되어 있다.

〈안탑성교서〉의 이 '真'들에서 저 가장 긴 가로획이 주는 손맛은 대단하다. 여기에서 손글씨가 이룩한 획의 우아함은 그 성취의 극점

〈안탑성교서雁塔聖教序〉의 진真들

제2부 한자의 모양, 어떻게 이루어졌는가

을 찍었다.

정점에 이른 후 어떻게 다시 나아가는가? 여러 대답이 나올 수 있다. 가장 흔한 답은 "백척간두진일보(백척이나 되는 긴 장대 끝, 즉 더 나아갈 데가 없는 곳에서 과감히 한 발 더 내딛어라)" 정도가 될 것이다. 하지만 혁신이나 창조가 꼭 기성으로부터의 탈출일 필요가 있을까? 아니 혁신이란 과연 무엇일까? 대개의 사달은 질문과 의문을 화두나 공안으로 착각하는 데서 난다. 의문에는 답을 내놓아야 한다는 프레임에 얽매이지 말고 차근차근 다시 생각해보자.

기나긴 한자의 역사를 통틀어 안진경만큼 강렬한 개성을 가진 글씨를 쓴 이도 드물다. 아니, 정확히 말하자면 안진경이야말로 역사상 최초로 자기만의 얼굴을 가진 글자를 선보인 서자書者다. 어떻게 그럴 수 있었는가? 길고 긴 '참(眞=真)'의 여정을 톺아본 까닭이 바로 여기에 있다. 개성은 어디에서 생기는가? 비개성, 즉 표준의 정착이 전제되어야 한다. 그리고 몰개성의 이 세계 밖, 즉 지금 여기가 아닌 곳에서 온 요소도 필요하다. 표준을 곱씹어 소화하는 일도 물론 선행되어야 한다. 그것은 하이브리드와 옹고집의 절묘한 동거에서 온다. 그리고 그 동거는 충분한 시간을 필요로 한다. 이 대목에서 역사가 개입한다.

안씨 가문이 공자의 제자인 안회顔回에서 비롯되었다는 설은 만들어 낸 역사의 혐의가 짙지만, 이 집안이 춘추시대 노魯나라 출신이라는 점은 분명하다. 대대로 산둥山東(산동) 성省 남부의 린이臨沂(임기. 옛 이름은 낭야琅琊)에 살던 안씨들은 4세기 초 혼란기 통일 진晉나라가 망하고 동진東晉이 성립함에 따라 강남으로 근거지를 옮겼다. 여기까지는 왕희지의 낭야 왕씨 등 일반적인 남조 명문가의 내력과 크게 다르지 않다. 그러나 이 가문의 역사를 색다르게 한 인물이 있으니,

그가 곧 안진경의 5대조 안지추顔之推다. 안지추는 『안씨가훈顔氏家訓』의 저자로 유명한데, 이 책은 여러모로 흥미롭다. 안진경 글씨의 연원을 알기 위해 반드시 읽어야 할 텍스트이기도 하다.

가훈이라면 '가화만사성' 같은 상투적 어구를 떠올리기 십상이다. 그러나 사려 깊은 부모라면 '가화만사성'처럼 훌륭하지만 어쩐지 와닿지 않는 가르침보다는 '선주후면'과 같은 소소한 삶의 지혜를 자식에게 일러주고 싶지 않을까? 가훈家訓은 문자 그대로 '집안의 가르침'이다. 여기엔 원래 상투나 엄숙보다는 곰살스러울 정도의 자상함과 연륜과 경험에서 우러난 통찰이 더 어울린다. 『안씨가훈』은 가훈의 원조쯤 된다. 이 책은 '가훈'이라는 이름이 주는 통속적 인상과 거리가 멀다. 여기에는 산전수전 다 겪은 어른의 진솔함이 가득하다. 당대의 현실을 담아낸 사료이기도 하다. 흥미로운 텍스트이며 일독의 가치가 충분하다.

당대를 충실히 담은 모든 텍스트가 그러하듯이 기실 『안씨가훈』은 읽어내기가 만만치 않다. 종래 주로 통속적 관점의 '가훈'으로 소비되었기에 번역하기 어려운, 즉 일반 독자가 소화하기 어려운 부분이 생략된 축약본으로 더 널리 통용되어왔다. 자세한 역주 및 해제가 달린 전문적 수준의 한국어 역으로 정재서·노경희의 번역본이 돋보인다(『역주 안씨가훈』, 전통문화연구회, 2014). 정확하게 말하자면 한문 원문에 주석과 출전을 꼼꼼하게 단 후 번역을 한 대역본인데, 대체로 일반 독자보다는 한문 학습자에게 적합한 편집 양식이긴 하다. 그러나 이미 언급했다시피 이 책에는 상당히 전문적인 내용이 포함되어 있어서 상세한 주석이 불가피하다. 필자가 주목하고자 하는 부분 역시 그러한데, 이에 대해서는 조금 뒤에 이야기해보자.

총 20편으로 이루어진 『안씨가훈』은 서문 격인 「서치序致」편으로 시작한다.

성현의 책은 사람들에게 충효를 가르친 것인데, 말을 삼가고 몸가짐을 단속하여 입신양명하라는 내용 또한 갖추고 있다. 그런데 위진 이래 여러 학자의 저술은 도리와 내용이 중복되고 서로 베껴 모방한 것이 마치 지붕 아래 또 지붕을 내고 침상 위에 다시 침상을 편 것 같다. 내가 이제 다시금 이런 책을 짓는 까닭은 감히 법도를 세우고 세상에 모범을 보이기 위함이 아니라, 다만 집안을 바로잡고 자손을 타이르기 위해서이다. 똑같은 말을 일러 실천하도록 하여도 친한 사람의 말이 미덥고, 똑같이 명령하여 행하도록 하여도 따르던 사람의 명령을 행하기 마련이다. 아이의 버릇없는 장난을 그치도록 하는 데는 스승의 훈계보다 평소 돌보던 여종의 이끎이 낫고, 평범한 사람들의 형제간 다툼을 그치게 하는 데는 요순의 도리보다 아내의 달램이 낫다. 이 책이 너희들에게 여종이나 아내보다 그나마 낫다고 미덥게 여겨지기를 바란다.[3]

책을 이렇게 시작하고 있는데 그 어조가 매우 진솔하다. 안지추의 이런 솔직하고 허물없는 태도는, 시대의 풍파를 온몸으로 맞으면서도 버티고 버텨 작으나마 노년의 평온과 성취를 이뤄낸 이의 자신감과 초탈함의 발로다. 그는 대대로 학문을 바탕으로 관직을 한 명가의 후예였으나 남북조 말의 혼란에 휘말려 상당한 고초를 겪었다. 동위東魏에서 망명한 후경侯景에 의해 양梁 무제武帝가 유폐되어 죽은 일명 '후경의 난' 때 한 차례 죽을 고비를 넘겼던 안지추는, 이후 서위西魏

의 침공 때 포로가 되어 서안西安으로 끌려가게 된다(554년). 이후 어떤 장군의 눈에 들어 문서 담당 일을 하며 노비 신세를 면해 그럭저럭 살아가던 중, 동위에 이어 성립한 북제北齊가 양조梁朝 재건 운동을 지원하며 남조南朝 인사들을 양나라로 내려보내 서위를 견제하고자 한다는 소식을 듣고, 556년 황하의 범람을 틈타 가족을 이끌고 배로 하룻밤 사이 700리를 내달아 북제 낙양洛陽 근처로 탈출했다. 그러나 북제가 양나라와의 전쟁에서 패배하고 양에 이어 진陳나라가 들어서자, 안지추는 고국으로 복귀하려던 계획을 단념할 수밖에 없었고 그대로 북제에 머물게 된다. 북제에서 능력을 인정받아 벼슬을 하던 중에도 선비족과 한족 출신 관료들의 세력 다툼 속에서 죽음의 위기를 넘기는 등 기구한 역정이 있었다. 이후 북주北周와 수隋나라에서 고위직을 역임한 후 생을 마쳤다(수 개황開皇 10년, 즉 서기 590년경으로 추정). 『안씨가훈』은 수나라가 남조의 진나라를 멸망시키고 중국을 통일한 이후인 생애 말기에 저술된 것으로 보인다.

이런 까닭에 『안씨가훈』에는 남조와 북조의 체제나 풍조를 비교하여 설명하는 구절이 많다. 유학자답게 경전이나 고전에서 인용한 문구도 즐겨 썼지만, 안지추는 당대의 실제 사례를 드는 방식을 더 선호했다. 이를테면 자식을 너무 아껴 망친 예로 북제北齊 무성제武成帝의 아들 낭야왕琅邪王의 패가망신 사례를 든다거나, 재혼 문제에 대해 이야기하며 서자를 꺼리지 않는 강남江南과 달리 적서 차별이 심했던 하북河北에서는 아내가 죽으면 반드시 재혼을 하는데 이 때문에 전처와 후처 소생 간 다툼이 심하다는 설명과 함께 이야기를 전개하는 식이다. 서문의 말대로, 폼나는 책을 저술한 것이 아니라 자식들에게 실제로 들려주고 싶었던 이야기를 글로 쓴 것임을 알 수 있게 하는 점

　　　제2부 한자의 모양, 어떻게 이루어졌는가

이다.

우리의 주제인 한자나 한문 관련 항목도 상당히 많이 수록되어 있는데, 이런 부분에서도 그런 면이 여실히 드러난다. 세세한 사항에 대한 시시콜콜한 주의, 남북과 동서를 종횡하며 몸으로 겪고 눈으로 본 사례의 진술 등이 그것이다. 몇몇 예를 보자.

먼저 한문에서 숱하게 등장하는 어조사 '也'에 대한 지적이다. 이런 부분을 보면 안지추가 문장을 세심하게 읽어낸 독서가였음을 잘 알 수 있다.

'也'자는 종결사 및 어조사로 문헌에 두루 쓰인다. 하북河北의 경經과 전傳에서는 모두 이 글자를 생략해버리지만, 그 가운데 어떤 것은 없을 수 없는 것이다. 예컨대 "낭군님이여, 창을 잡으시고(伯也執殳)"라거나, "예악의 도리를 완성하고서라야 대화를 나눌 수 있었다(於旅也語)"거나, "안회顏回는 양식이 자주 떨어졌다(回也屢空)"거나, "풍風이란 풍자諷刺요, 교화敎化이다(風風也敎也)"라는 문장들이나, 『모시고훈전毛詩故訓傳』에서처럼 "거두지 않으면 거두게 하며, 공손하지 않으면 공손하게 하며(不戢戢也 不儺儺也)"나, "많지 않으면 많게 하며(不多多也)"라는 등의 경우, 이런 유형의 문장에서 만약 이 글자를 지워버린다면 의미가 적잖이 훼손되거나 결여된다.

『시경詩經』에는 "푸르디푸른 그대 옷깃(靑靑子衿)"이라는 시구가 있는데, 『모시고훈전』에서는 "청금靑衿은 청령靑領과 같은 말로 학생의 옷이다(靑衿靑領也 學子之服)"라고 했다. 생각건대, 옛날에는 비스듬히 드리워진 영領(옷깃, 목)이 밑으로 금衿(옷깃, 소매)에 이어지므로 '領'을 '衿'이라고 부른 것이다. 손염孫炎과 곽박郭璞이 『이아爾雅』를 주석하고 조대가曹大家가 『열녀전列女傳』을 주석하면서 한결같이 "금衿은 영領이 교차된 것이다"라고 했다. 지금 업鄴 지역의 『시경』 판본에 '也' 자가 없으므로, 많은 학자들이 이 때문에 잘못 설명하기를 "청금과 청령은 옷의 두 부위의 이름으로 모두 청색으로 꾸며졌다"라고 한다. 이렇게 '靑靑'이라는 두 글자를 풀이한 것은 매우 큰 잘못이다. 게다가 항간의 어떤 학자들은 경經과 전傳에 때로 '也' 자가 꼭 필요하다는 말을 듣고서 멋대로 첨가하나 매번 적절한 곳에 쓰지 못해 더욱 웃음거리가 되곤 한다. (「서증書證」 편)[4]

이런 구절은 또 어떤가.

드렁허리(swamp eel, 모놉테루스Monopterus속 민물고기의 총칭)는 원래 철갑상어(Chinese sturgeon, Acipenser sinensis)와 전혀 다른 물고기다.

중국 남부나 동남아에서는 식용하기도 한다. 그러나 드렁허리 '선(鱓 혹은 鳝)'은 음이 비슷하다는 이유로, 종종 『시경』에 나와 (중국 문인들에게는) 친숙한 글자인 '전鱣' 자로 대체되곤 했다(그래서 鱣 자는 '철갑상어'의 뜻일 때는 '전'으로, '드렁허리'일 때는 '선'으로 읽어야 한다). 아

드렁허리(좌)와 철갑상어(우)

제2부 한자의 모양, 어떻게 이루어졌는가

래에서 예로 들고 있는 후한의 학자 양진楊震의 고사로 인해 공부를
하는 학당을 '鱣堂'이라고 하고 그런 자리를 '鱣席'이라고 부른다. 이
경우 원래는 '선당'·'선석'으로 읽어야 하지만 흔히 '전당'·'전석'으로
읽는다. 아래 구절은 이 고사의 '鱣'을 아예 '철갑상어'라고 오해하는
사태에 대한 비판이다.

『후한서』「양진楊震」 전의 "황새가 드렁허리 세 마리를 물어 왔다(鸛雀
銜三鱓魚)"라는 구절에 '선鱓'자 대신에 '전유鱣鮪'의 '전鱣'자를 가
차하여 쓰는 경우가 많아서, 세간의 학자들은 이 때문에 여기의 드렁
허리를 철갑상어로 여기곤 한다. 생각건대, 위 무제 조조曹操가 지었다
는 『사시식제四時食制』에서는 "철갑상어는 크기가 5말 들이 함만 하
고 길이가 한 길이다"라고 하였고, 곽박郭璞은 『이아爾雅』를 주석하면
서 "철갑상어는 길이가 두세 길이다"라고 하였으니, 세 마리는커녕 어
찌 한 마리라도 감당하는 황새가 있을 수 있겠는가? 또한 철갑상어는
순회색 바탕에 무늬가 없다. 드렁허리는 길이가 3척을 넘지 않고 굵기
도 불과 손가락 3개 정도에 누런 바탕에 검정 무늬가 있다. 그래서 도
강都講(수제자. 양진의 수제자를 말함)이 "뱀처럼 생긴 드렁허리는 경대
부가 입는 옷의 상징입니다"라고 말한 것이다(몸에 무늬〔文章〕가 있다
는 말). 『속한서續漢書』와 『수신기搜神記』도 이 이야기를 하면서 모두
'선鱓'자를 썼다. 그런데 손경孫卿(순자荀子)은 "魚鼈鰌鱣"라고 했고,
『한비자』와 『설원』에서도 모두 "鱣은 뱀과 비슷하고 누에나 나비 애
벌레 같다"고 하면서 모두 '鱣'자를 썼으니, '鱣'자를 빌려 '鱓'대
신 쓴 일은 그 유래가 오래되었다.[5]

안지추는 글자 문제, 즉 정자正字와 속자俗字 문제, 남북의 자음字音 차이 및 글씨 쓰기에 대해서도 지대한 관심을 표했다.『안씨가훈』제 17편「서증書證」은 훈고와 교열, 정자 문제, 제18편「음사音辭」는 자음 字音, 제19편「잡예雜藝」는 서예 등 각종 기예에 대해 서술하고 있다. 그는 어째서 자식들에게 주는 교훈을 쓴 책에 이런 문제에 대해 3개 장이나 할애했을까? 그것은 그의 집안이 대대로 문서와 문장을 관할 하는 문한文翰 직을 역임했기 때문이다. 게다가 그에게 이 직은 단순 한 가업이 아니었다. 전적을 관할하고 문장을 짓는 솜씨가 남보다 뛰 어나지 않았다면, 고향은 파괴되고 고국은 멸망한 전란의 와중에 이 나라 저 나라로 떠돌며 벼슬하면서 몇 번이나 죽을 고비를 맞았던 위 기를 어떻게 넘길 수 있었겠는가? 위진남북조 시기 문인들의 문장 실 력은 상당했다. 그러나 그들이 구사한 화려한 변려문은 부화浮華한 느 낌을 주는 것 또한 사실이다. 안씨의 가풍은 적잖이 달랐다. 당장 이 『안씨가훈』만 해도 화려한 문장과는 거리가 멀다. 사실 전달에 충실 한 정확한 고문古文 문장을 구사하고 있다. 안지추 선대의 학문 또한 당대의 유행인 현학玄學이 아닌『좌전左傳』등 유교 경전을 연구한 유 학이었으며, 그가 고전에 정통했음은『안씨가훈』에도 잘 나타나 있 다. 안씨 가문의 이러한 학풍은『한서漢書』등 각종 문헌에 대한 주석 으로 유명한 안지추의 손자 안사고顔師古에서 정점을 맞는다. 따라서 『안씨가훈』의 시시콜콜한 글자 및 문장 고증은 문예나 교양을 위한 것이 아니었다. 비유하자면 IT 기술로 경제 위기에서 간신히 살아남은 아버지가 아들·손자와 프로그래밍 언어의 세부에 대해 논하고 있는 것이다. 국제 시사와 경제 동향의 실례에 기반한 처세술과 경영학 이 야기를 곁들여서 말이다.

   제2부 한자의 모양, 어떻게 이루어졌는가

이야기가 나온 김에 좀더 해보자면, 안사고는 이름부터가 '옛것을 스승 삼는다(師古)'이다. 그러면 그 옛것은 무엇인가? 옛 책이요 거기에 쓰인 옛 글자다. 안사고의 자字가 바로 '주籀', 즉 전주篆籀 문자의 그 '주'이다. (일설에는 이름이 '주'이고 자가 '사고'라고도 한다. 그러나 동생 안근례顔勤禮의 자가 경敬인 것을 보면 아마도 '사고'를 이름, '주'를 자로 보는 편이 타당할 듯하다.) 안사고는 경전 주석 이외에도 해서楷書의 표준체를 집성한 『안씨자양顔氏字樣』을 짓기도 했다. 안씨의 자양학(글자체를 연구하는 학문)은 안사고의 손자 안원손顔元孫의 『간록자서干祿字書』로 집대성된다. 안원손의 동생의 아들이 곧 안진경이다. 안진경이 손수 써서 돌에 새긴 『간록자서』(정확히는 그 중각본의 탁본)가 현재도 전한다.

『간록자서』에는 800여 글자가 수록되어 있고, 각 표제자의 '속俗', '통通', '정正' 3개 글자체를 표시했다. 안원손의 서문에 따르면 이 구분의 기준은 이렇다.

'속' 즉 속자는 대체로 천박하고 비근鄙近한 글자이나 공문서나 계약서, 약방문 등에는 쓸 수 있다.
'통' 즉 통용자는 예부터 쓰인 글자로서 상주문·보고서·편지·판결문 등에 써도 좋다.
'정' 즉 정자는 근거가 있는 것으로서 저술의 문장·대책對策(과거 답안)·비갈碑碣 등에 쓸 수 있는, 도리道理에 바르게 들어맞는 글자이다.
예를 들어, '曰'은 속자이고 '因'은 정자이며, '聪'과 '聡'은 통용자이며 '聰'이 정자로서 '悤'을 포함하는 글자는 모두 이 기준을 따른다.

그런데 안원손의 이런 구분법의 원형을 『안씨가훈』에서도 찾아볼
수 있다.

세상의 소학小學(문자학)을 하는 이들은 고금에 통달하지 못하여 꼭
소전小篆(『설문해자』의 대표자)에 의거하여 글씨나 기록을 고치곤 한다.
그러나 『이아爾雅』와 『삼창三蒼』(이사李斯의 『창힐편蒼頡篇』과 조고趙高
의 『원력편爰曆篇』, 호무경胡毋敬의 『박학편博學篇』을 하나로 합쳐 편찬한
소학서), 『설문해자』가 어찌 모두 창힐의 본뜻에 맞을 수 있단 말인가?
이 책들에도 시대에 따라 가감되어 서로 달라진 글자들이 있다. 서진
西晉 이후의 사전들이 어떻게 모두 다 틀릴 수 있겠는가? 다만 글자체
나 용례를 잘 갖추어 함부로 가져다 쓰지 않도록 하면 된다. 문자의 맞
고 틀림을 고찰할 때는 특히 그 자형의 변천 과정을 잘 고려하여야 할
것이다. (…) 예전에 내가 처음 『설문해자』를 보고는 세간의 글자들을
업신여겼다. 그래서 정자를 따르자니 사람들이 알아보지 못할까 두렵
고, 속자를 따르자니 그 잘못된 것이 싫어서, 거의 글을 쓸 수가 없을
지경이었다. 그러나 소견이 점차 넓어지고 융통의 도리를 새삼 깨닫게
되자, 이전의 집착을 고쳐 반반씩 절충을 시도하게 되었다. 글을 저술
할 때는 속자에 큰 영향을 주지 않는 정자를 골라 쓰며, 관청의 문서
나 세간의 편지라면 속자를 어기지 않는 것이 바람직하다.[6]

물론 고문자 사전 중 가장 용례가 풍부하고 체계적인 『설문해자』
는 '소학'의 왕이자 정자 판단의 최상위 심급일 수밖에 없다. 위의 인
용문 바로 앞에서도 안지추는 『설문해자』의 훌륭함을 극찬했다. 그러
나 세상일은 옳고 그름, 정통과 비속, 원칙과 권도로 일도양단할 수 없

　　　제2부 한자의 모양, 어떻게 이루어졌는가

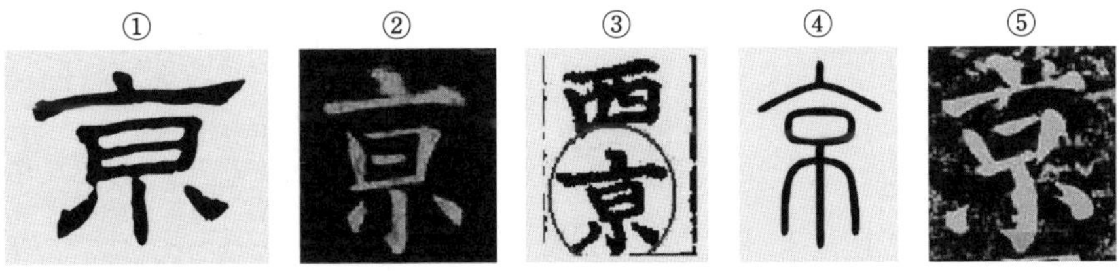

경京과 경京. 왼쪽부터 ① 동한東漢 희평석경熹平石經의 京 | ② 당唐 〈구성궁예천명〉의
京 | ③ 조선朝鮮 오억령吳億齡의 『만취집晚翠集』(1662년 간행)의 京 | ④ 동한 『설문해자』
의 京 | ⑤ 당 안진경 〈안근례비〉의 京 (779년경)

는 법. 적의 칼날 앞에서 목숨이 오락가락하는 위기를 몇 번이나 넘
긴 노련한 안지추라면 이런 세간사의 이치를 더욱 잘 알고 있지 않았
겠는가. 물론 원칙은 지극히 소중한 것이지만, 원칙과 현실 사이의 괴
리는 때로 너무나 크다. 안지추의 고민은 바로 이 점에서 우러난 것이
다. 오늘날에도 참고가 될진대 당대의 직계 후손, 그것도 글씨를 쓰는
이에게는 어떠했겠는가. 안지추와 안원손의 지침을 고려하며 안진경의
글씨를 보면 그가 취한 글자 모양(자체 및 결구)의 선택이 십분 이해가
간다. 몇몇 예를 보자.

'서울 경' 자는 '京'이 정자(대표자)로서 이는 현재도 그러하다. 그런
데 예전에는 통용자(이형자)인 '京'의 자형이 더 많이 쓰였다.

한漢나라 시기부터 위진남북조를 거쳐 당나라 초기에 이르는 자료
를 보면 오히려 현재 우리가 쓰는 '京'이 드물게 보일 정도다. 해서楷書
의 극칙極則, 즉 해서 자체의 가장 훌륭한 표준이라 칭송받는 〈구성궁
예천명九成宮醴泉銘〉의 경우도 예외가 아니다. 물론 '京'이 글자의 어
원('높은 집'. '高'와 상통)에 충실한 자형임은 말할 나위도 없겠다. 안씨
들은 이를 정확히 인지하고 있었다. 『간록자서』의 해당 부분을 보자.

안진경이 직접 쓴 『간록자서』이다. 평성平聲의 '경庚'·'청淸' 운韻

에 해당하는 글자들로서, '글방 횡黌'·'가로 횡橫'·'맞을 영迎'·'기 정旌'·'밝을 명明'·'서울 경京'·'가벼울 경輕'·'찰 영盈'의 통용자와 정자를 나열했다. 마멸이 심해 제대로 판독하기 어렵지만, 마지막 '盈' 자 아래에 행간주로 "上通下正", 즉 "위는 통용자, 아래는 정자"라고 쓴 것을 확인할 수 있다. 안진경 또한 그의 서체가 확립되기 이전 초기작에 해당하는 〈다보탑비多寶塔碑〉에서는 '京'이라고 쓰기도 했다. 그러나 〈안근례비顔勤禮碑〉 등 후기작에서는 예외 없이 '京'의 자형을 준수했다.

전서篆書에 근거하는 정통적 자형을 중시한 안진경 글씨의 모습은 '밝을 명'에서 더욱 잘 드러난다. 특히 〈안근례비〉에서 그는 '明' 혹은 '眀' 대신 전서체(정확하게 말하면 전서체의 자형을 그대로 해서화한 해서체)인 '朙'을 고수했다.

〈안근례비〉에는 10개의 '明'이 등장하는데, 모두 '朙'의 자형이다. 『설문해자』에서는 '朙'이 소전체인 대표자이며, '明'은 고문古文 즉 이체자이다. 허신許愼의 오해와는 달리 사실 '朙'이 글자의 어원에 충실한 '오래된' 자형이다. '밝을 명'은 원래 창문(囧)으로 새어드는 달빛의 희부연함을 가리키는 글자이기 때문이다. '囧'은 '밝을 경囧'의 이체자로서, '창호'를 가리키는 의부意符인 동시에

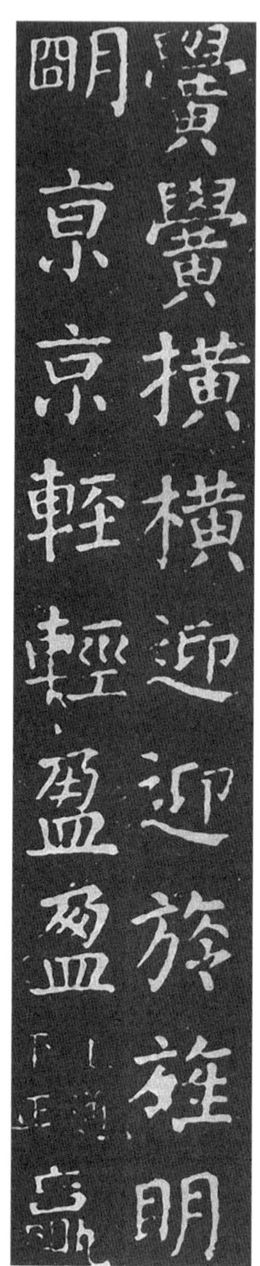

『간록자서』에서

제2부 한자의 모양, 어떻게 이루어졌는가

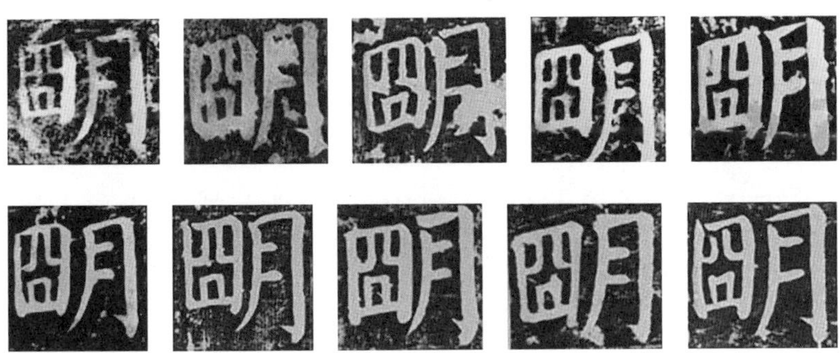

<안근례비>의 명明들

'명'의 소릿값의 일부를 갖는 음부音符이기도 하다. 보기만 해도 난감한 囧(jiong)은 현재 중국에서 이모티콘으로 흔히 쓰이기 때문에 중국어에 익숙하다면 정자인 囧보다 친숙할 것이다. 朙보다는 明이 쓰기 간단하므로 금문金文이나 간백 문자 등 한자의 초기 단계에서부터 明은 흔히 쓰여왔다. 그러나 그림의 예에서 볼 수 있는 바와 같이 안원손의 『간록자서』를 따른 <안근례비>의 안진경은 '朙'의 자형을 철저히 고수하고 있다.

　물론 안진경이 <안근례비>에서 『간록자서』의 정자만을 고집한 것은 아니다. '높을 교喬'·'따를 종從'(총 3개 중 2번째 글자)·'마을(관청) 조曹'(총 5개 중 4·5번째 글자)·'차례 제第' 등 통용자(통자通字)나 속자

<안근례비>의 교喬·종從·조曹·제第

俗字 자형으로 쓴 예도 무척 많다(喬는 右+同으로, 從은 从으로, 曹는 曺로, 第는 苐로 씀).

그러므로 안진경 글씨의 혁신성을 자체字體에서만 찾을 수는 없겠다. 그러한 시도는 한 예술가를 가학의 불충분한 계승자로 전락시킬 것이며, 참신한 조형의 기제를 찾는 일을 단순히 글자체를 비교해 그 다름의 숫자만 세는 따분한 작업으로 환원시킬 것이다. 안진경 글씨의 진정한 가치는 그 모양과 획의 질적 전환에 있다.

안진경(709~785)은 광초狂草의 대가인 장욱(675?~750?)보다 대략 한 세대 아래이며 회소懷素(725~785)보다는 약간 연배가 앞선다. 그는 장욱을 스승으로 섬겼고, 유명한 회소의 〈자서첩自敍帖〉에 글씨의 선진先進으로 등장하기도 한다. 즉 안진경은 손글씨 혁신의 폭풍 한가운데를 관통하여 산 사람이다. 대대로 글씨를 잘 썼던 집안의 계승자인 동시에 신조류의 목격자이기도 했다. 아니, 당대의 현실을 폭넓게 바라보고 정확하게 파악하는 것이야말로 안씨 집안의 진정한 가풍이었는지도 모르겠다. 전통을 바탕으로 한 혁신이 곧 안진경의 획에 응축되어 있다.

〈안씨가묘비顔氏家廟碑〉는 안진경 말년의 대표작이다. 우선 그 첫 번째 면 전체를 보자.

전체적으로 글자가 화면을 빽빽하게 채우고 있다는 느낌이 든다. 왜 그럴까? 한 글자 한 글자 각각이 자신의 공간을 최대한 확보하려 애쓰고 있기 때문이다. 즉 글자의 절대적 크기와 상관없이 자신에게 주어진 공간 안에서 각 글자는 최대한 '크다'. 달리 말하자면 글자의 볼륨감이 상당하다. 안으로부터 밖으로 가하는 압력이 크기에, 자연스레 글자 자형의 동세가 향세向勢를 지닐 수밖에 없다. 향세란 배흘림기둥

唐故通議大夫行薛王友柱國贈秘書少監國子祭酒太子少保顏君廟碑銘并序

第七子光祿大夫行吏部尚書充禮儀使上柱國魯郡開國公真卿撰并書

谷墅有夷鼎之銘，陸機有祠堂之頌，皆所以發揮祖德，敷敭家聲，故君子之銘也。旣祝融之孫，顏氏有焉。

처럼 밖으로 부푼 듯하게 둥그스름한 체세
體勢(체형의 동세)를 말한다. 반대말이 배세
背勢로서, 안으로 약간 오목하여 팽팽한 긴
장감을 느끼게 하는 체세다. 당나라 초기
해서 명품들은 대개 배세를 띤다. 예를 들
어 〈구성궁예천명〉은 주된 동세가 배세인
전형적인 예가 되며, 한 글자의 균형미와
전체 배치의 균제미가 뛰어나다.

글자 형세의 향세를 부른 내적 에너지
의 충만함은 획에 다음 두 가지의 형태적
특성을 가져왔다.

우선 과장이다. 〈안근례비〉의 일부를
보자.

'문門', 2개의 '주州', 그리고 마지막 행
맨 위 '자子'의 세로획 등에서 보이는 마지
막 삐침에 주목하자. 시종일관 강하며 터
질 듯한 동세를 머금고 진행하던 획의 마
무리치곤 매우 초라하다. 힘주어 마무리한
후 충수 같은 작고 힘없는 뾰족한 돌기를
덧붙였다. 즉 힘줌과 힘 뺌의 격차가 지나

〈구성궁예천명〉(좌)과
〈안씨가묘비〉(우)의 국國

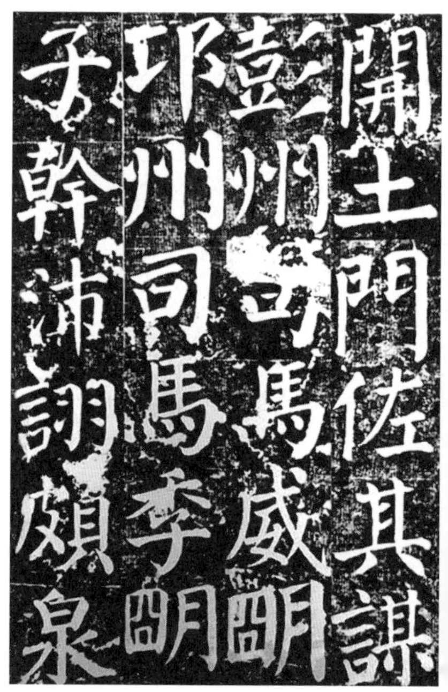

〈안근례비〉에서

치게 크다. 획의 첫머리는 또 어떠한가. '자랑할 후詡'의 '깃 우羽' 부
분의 2개 'ㄱ' 모양 획의 시작은 혹을 붙인 듯한 퉁명스러운 힘줌이
다. 2개의 '고을 주州'에 포함된 6개의 점들도 하나같이 균형미를 결여
하고 있다. 즉 이 화면의 거의 모든 점과 획은 도대체 중간이라곤 없

제2부 한자의 모양, 어떻게 이루어졌는가

<안근례비>에서

는 강과 약만 넘쳐난다.

사선으로 내리긋는 곡선의 획, 즉 영자팔법의 책획磔畫(파임)은 또 어떠한가. '아전 리吏'·'역사 사史'·'클 태太' 등의 파임획의 끝처리를 보자.

역시 강한 동세로 내리긋다가 마치 꼬리를 덧붙이듯 마무리했다. 그런가 하면 '재상 재宰'의 갓머리(宀)의 마무리는 반대다. 약한 횡획을 강한 꺾임으로 정리했다. 이렇듯 안진경의 해서 획에서 나타나는, 퉁명스럽도록 불쑥 힘을 주어 고개를 내민 첫머리와 갑작스럽게 힘을 빼어 꼬리가 또 갈라진 듯한 모습을, 미불米市은 "잠두연미蠶頭燕尾(누에 머리와 제비 꼬리)"라는 말로 비유했다. "잠두연미"는 못생겼다 할 정도로 개성 강한 안진경의 글씨를 형용하는 헤드라인처럼 쓰이곤 한다.

그런데 잠두연미는 원래 예서隸書의 필획을 형용하는 말이기도 하다. 실제 안진경의 해서에 드물게 예서적인 획이 나타나기도 한다. '언덕 릉陵'의 제7·8획('儿'처럼 생긴 부분)은 일반적인 해서의 획이라 볼 수 없다. 이런 획은 마치 전국시대의 간독 문자에서 보는 초기 한자의 획과 비슷하다.

안진경의 행서行書의 획은 또 맛이 다르다. 그의 대표적 진적인 대만 타이베이 국립고궁박물원 소장 〈제질문고祭姪文稿〉를 보자.

안진경은 글씨가 상당히 많이 남아 있는 편에 속하지만, 직접 쓴 손

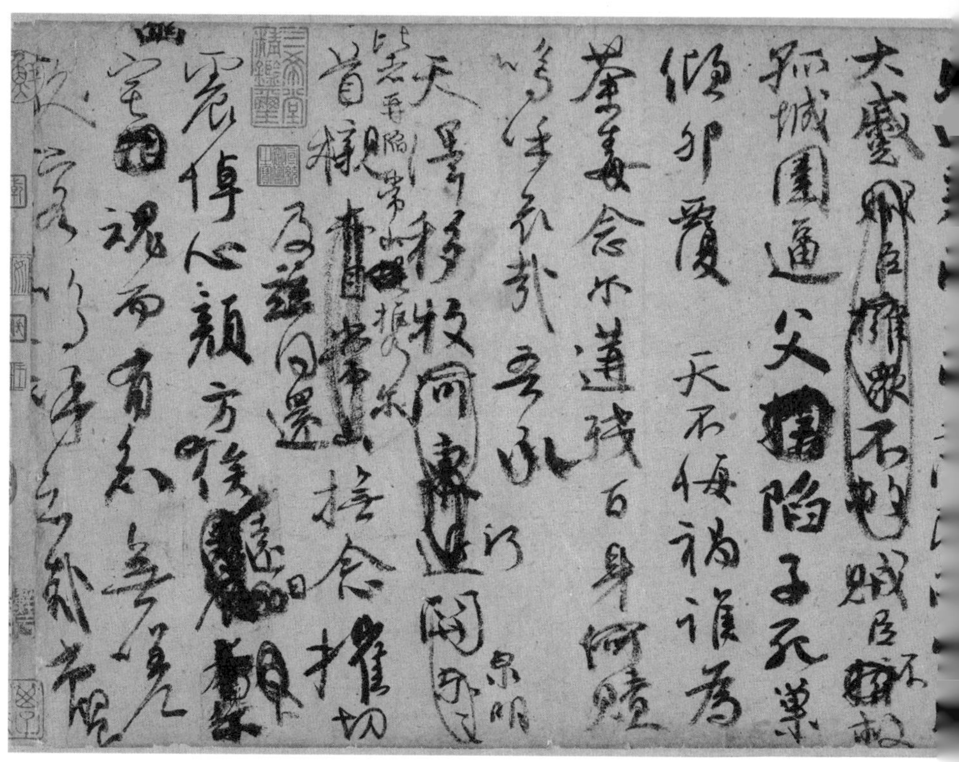

안진경 〈제질문고〉 전문. 대만 국립고궁박물원 소장.

글씨는 이것이 유일하다. 1300여 년 전의 실물 글씨 자체가 희귀하기에 보물이 넘쳐나는 고궁박물원에서도 대표급 유물이다. 우리에겐 안진경 본인의 필치를 실제로 확인할 수 있다는 점에서 더욱 소중하다. 안록산의 반란 와중 목숨을 잃은 조카 안계명顔季明을 제사지내며 지은 글, 즉 추도문의 초고이다. 초고이기에 군데군데 쓴 것을 지우고 다시 썼으며, 글씨도 손 가는 대로 썼기에 평소 글씨의 면모가 그대로 드러난다. 이런 형식에서 오는 평상적 태연함과 내용에서 오는 보통을 한참 넘는 비분강개의 낙차가 이 작품이 갖는 매력의 가장 큰 요소다.

제2부 한자의 모양, 어떻게 이루어졌는가

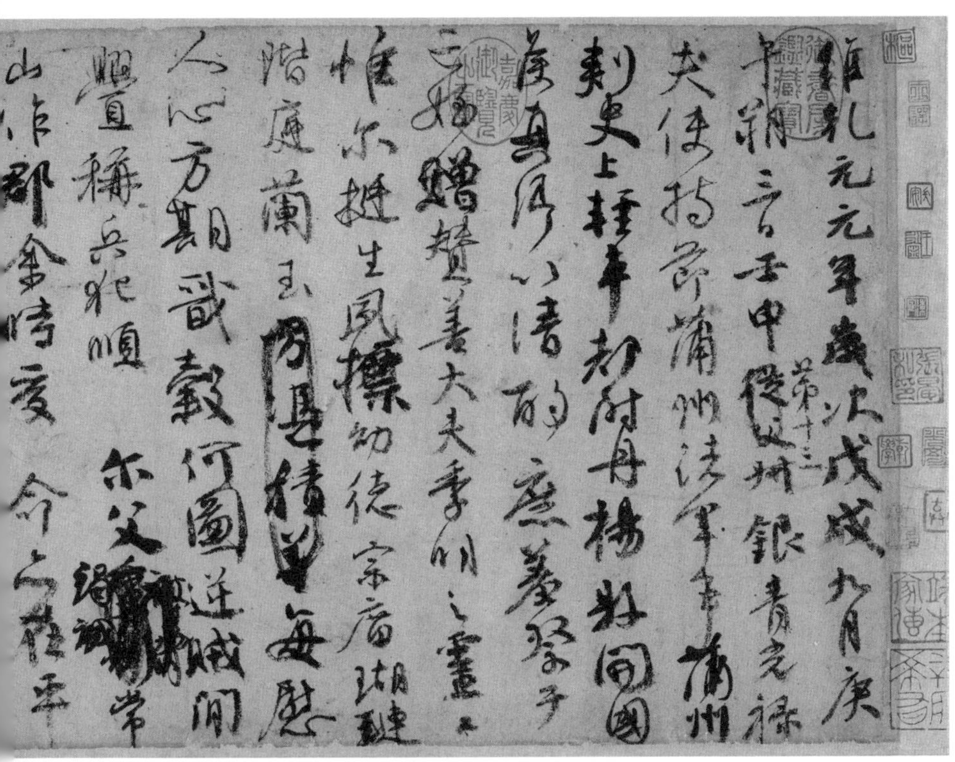

하지만 그런 기초적 사실 말고도 글씨 면에서도 주목해야 할 언밸런스가 있다.

이 작품의 서체는 분명 행서다. 그러나 저 유명한 〈난정서〉 등 왕희지풍 행서와 언뜻 보아도 크게 다르다. 왕희지의 행서는 예서隸書에 바탕을 둔 행서다. 이는 글씨의 역사를 고려하면 당연한 귀결이다. 행서 자체가, 표준 서체인 예서를 간독 등 일상적 매체 위에서 초서草書로 흘려 쓴 후 그것을 다시 종이 위에서 흘림체화한 것이기 때문이다. 그런데 안진경의 이 행서는 "전주篆籒에 바탕을 둔" 글씨다. 글자와 글자 사이가 밭아 화면 전체의 배치가 빽빽한 것도 그 영향이지만, 결정

안진경 〈제질문고〉 중에서.
① 무술戊戌 ｜ ② 묘廟(廟) ｜ ③ 안顔 ｜ ④ 유유惟 ｜ ⑤ 기期 ｜ ⑥ 오호嗚呼

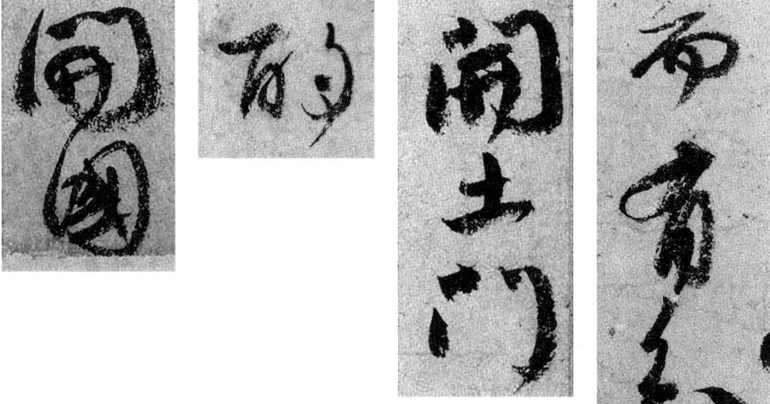

안진경 〈제질문고〉 중에서. 왼쪽부터
① 개국開國 ｜ ② 작酌 ｜ ③ 개토문開土門 ｜ ④ 이유지而有知

적으로 필획이 전서篆書적이기 때문이다. 다음을 보자.

전서 획의 가장 큰 특징은 중봉中峰, 즉 붓끝이 필선의 가운데로 지나도록 유지하는 필법으로 썼다는 점이다. '무술戊戌', '묘廟', '안顔' 등의 글자는 중봉 필획의 특징을 잘 보여준다. 특히 '무술'의 '무戊' 제3획(오른쪽 아래로 길게 내리그은 획)

및 '묘廟'의 제3획(왼쪽 아래로 길게 내리그은 획)의 농담 속에서 획의 가운데를 일관되게 통과하는 붓끝의 흔적을 확인할 수 있어서, 손글씨 진적을 감상하는 재미를 만끽할 수 있다. '안顔'에서도 중봉을 유지하려고 무던히도 애쓴 안진경 글씨의 면모를 잘 볼 수 있다.

중봉의 획으로 이루어진 글씨는, 대개의 전서가 그렇듯, 중후하고 전아한 멋을 풍긴다. 그러나 바로 그만큼 변화가 적고 답답한 글씨로 전락하기 십상이다. 안진경은 이런 문제를 어떻게 해결했을까?

우선 한 글자를 이루는 하위 요소(부건部件)들 간의 결합(결구)을 통한 해결책이 있다. 앞 페이지 도판의 '유惟', '기期', '오호嗚呼'에서 글자의 왼편과 오른편 부분, 즉 편방偏旁 간 간격이 눈여겨볼 점이다. '유'의 '忄'과 '隹', '기'의 '其'와 '月' 사이가 이례적으로 벌어져 있다. 세로로 나란한 '오嗚'와 '호呼'를 비교해보면, 위의 '오'에서 '口'와 '鳥' 사이가 통상적인 경우보다 더 간격이 두어져 있음을 더욱 쉽게 알 수 있다. 앞에서 안진경의 해서에서는 한 글자가 최대한 공간을 차지하려는 경향이 있음을 말했다. 여기에서는 그런 경향이 더욱 가

시화된 형태로 드러나 있다. 즉 내면 깊숙한 곳으로부터 충만하여 차오르는 힘이, 각 구성 요소를 글자의 지평선 끝까지 밀어내고 있는 것이다.

내면으로부터 나온 힘에 의해 넉넉해진 글자의 품은 획이 자신만의 동세를 가질 여지를 넓혀주었다. 그러나 중봉의 획은 가볍고 발랄하게 뛰어놀 수는 없다. 그래서 그 동세는 향세로, 그리고 원 운동으로 드러났다. '개開'·'국國'·'문門' 등 글자 외곽을 둘러싸는 획들은 바깥 경계에 다가서는 것만으로는 기氣의 충일을 표현할 길이 없다. 이에 이들 획은 부푼 향세를 갖게 된다. 이런 글자들은 작품 내에 몇 개 배치되는 것만으로도 전체의 동세에 큰 영향을 준다. 이에 따라 '작酌'에서 '勺'이 처음부터 마지막까지 둥글게 움직임을 타게 되고, 나아가 '지知'와 같이 일반적인 경우라면 그다지 둥근 동세를 취할 일이 없을 글자까지 흐름에 올라타게 되었다.

당나라 초 〈구성궁예천명〉에서 해서의 법칙은 다 갖추어졌으며, 제국의 극성기 태종 시기 저수량의 〈안탑성교서〉에서 손글씨의 기술적 완성도는 정점을 찍었다. 엄정함, 균형감, 균제미, 우미함, 유려함 등의 모든 것을 갖춘 그 글씨들은 정말로 아름다웠다. 그 이후의 서자書者들은 무엇을 할 수 있을까? 시대의 흐름과 함께했으면서도 항상 과거를 향해 서 있었던, 남과 북, 동과 서를 종으로 횡으로 오가면서도 중심을 잃지 않았던 안씨들의 후예, 안진경은 과거로 회귀하며 새롭게 나아갔다. 글자의 본모습에 충실하면서도 속된 용례를 버리지 않았다. 붓글씨의 본질에 집중하면서도 활발한 동세 또한 잊지 않았다. 그의 손끝에서 새로운 진서眞書가 탄생했다. 그 진실된 글씨는 그만의 얼굴을 가진 그만의 것이다. 그러나 클래식과 컨템포러리를 한 데 녹인 그

지점에서 탄생한 그 개성은 더이상 그만의 것이 아니다. 이는 그 이후 후대의 역사가 잘 보여줄 것이다. 이제, 다시, 시작이다.

서書. 손과정孫過庭 〈서보書譜〉 중에서. 당唐 수공垂拱 3년(687년)

쓴다는 것 — 손과정 〈서보〉와
회소 〈자서첩〉의 세계

쓰기의 시대

동아시아 전근대 왕조 국가에서 생산된 텍스트를 읽을 때 맞닥뜨리는 곤경이자 재미 중 하나가 피휘避諱다. 피휘는 '휘를 피함'이다. 휘諱라는 글자도 '꺼리다'의 뜻을 갖기 때문에 언뜻 '꺼림을 피함'이라고 착각하기 쉽다. 이렇게 오역의 산으로 가기 전에 닻을 내려줘야 한다. 피휘 호의 닻은 '휘'다. 여기서 '휘'는 꺼리는 대상으로서, 아버지와 조상, 현재의 왕 및 왕조의 역대 왕, 존경스러운 성인 등 감히 직접 지칭하지 못하는 이름을 가리킨다. 감히 이름 부르지 못해 꺼리는 행위, 꺼리는 대상의 이름을 에둘러 가리키는 명칭이 되었다. 따라서 피휘는 두렵고 조심스러운 대상의 이름을 똑바로 부르지 못하고 피하는 행위를 가리킨다.

피휘에는 대체로 두 가지 방식이 있다. 하나는 결획缺劃으로서 해당 글자를 온전히 쓰지 않고 획 하나를 빼는 것이다. 옛날 책을 보면

'언덕 구丘'(구는 공구孔丘 즉 공자의 이름)의 네 번째 짧은 획을 빼고 쓴 경우가 많다. 전자판 『사고전서』의 원문을 복사하여 붙이면 꼭 '검을 현玄'이나 '넓을 홍弘'이 깨진다. 『사고전서』는 청나라 건륭제 때 편찬된 것이어서, 건륭제의 할아버지인 강희제의 이름인 현엽玄燁과 건륭제의 이름 홍력弘曆을 결획으로 피휘했기 때문이다.

다른 하나는 해당 글자를 아예 뜻이 비슷한 다른 글자로 교체하는 것이다. 고려 시대의 책에는 태조 왕건의 아버지인 왕륭王隆의 이름을 피해서 '높을 륭隆'이 '풍년 풍豊' 자로, 제2대 왕 혜종의 이름인 '굳셀 무武'가 '범 호虎'로 되어 있다.

흠정欽定 사고전서四庫全書본 『노자도덕경老子道德經』 상편上篇 제1장(부분). 제3행의 '현玄' 자들에 주목.

조선 태조의 이름은 익히 알려진 대로 원래 이성계였으나 나중에 단旦으로 개명했다('단'은 중국 고대 주나라 성인 주공周公의 이름). 『맹자孟子』에 "단단이벌지 가이위미호旦旦而伐之 可以爲美乎(나무를 아침마다 베어버리면 그 숲이 아름답게 유지될 수 있겠는가)"라는 구절이 있다. 조선 시대에 출간된 언해본을 보면 이 구절에서 '旦旦'의 독음이 '조조'로 달려 있는 것을 볼 수 있다. 경전인 『맹자』의 글자 자체는 바꾸지 않고 음만 뜻이 같은 '아침 조'로 읽은 것이다.

이렇듯 왕의 이름이 자주 쓰는 글자라면 신민臣民의 문자 생활에

제2부 한자의 모양, 어떻게 이루어졌는가

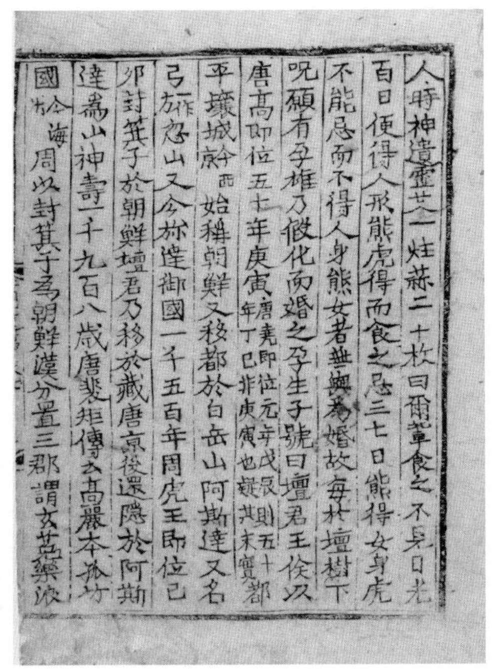

『삼국유사』 '고조선'조 부분. 제7행에서 8행으로 넘어
가는 부분의 "주나라 호왕의 즉위년인 기묘년에 기자
를 조선에 봉했다(周虎王卽位己卯 封箕子於朝鮮)"라는
구절에서, '주周 호왕虎王'은 원래 주나라 무왕武王이
다. 고려 혜종의 휘를 피하여 '무왕'을 '호왕'이라 했다.
(『삼국유사』 정덕正德본. 국보 306-2호. 서울대학교 규장각
한국학연구원 소장)

큰 불편을 준다. 따라서 조선시대에
는 왕이 될 이, 즉 왕자 특히 세자의
이름은 벽자(잘 쓰지 않는 글자)로 짓
는 것이 상례였다. 물론 왕조의 개
창자인 첫째 왕 태조의 이름은 벽
자가 아니었다. 그렇다면 조선조에
그런 왕이 또 있었을까? 있었다. 태
조 이래 최초로 방계로서 왕이 된
선조가 그다. 중종의 여덟째 아들
의 셋째 아들로서 후사를 두지 못
한 이복 숙부 명종의 뒤를 이어 왕
위에 오른 하성군의 원래 이름은 균
鈞이었다(즉위 후 연昖으로 개명). '鈞'
도 물론 자주 쓰이는 자는 아니지
만, 그렇다고 벽자라 하기엔 옛 문헌
에서 종종 보이는 글자다(금속 무게
의 단위). 왕의 초명은 원래 피할 필
요가 없으나, 조선 후기의 필사 문헌
에서 '鈞'을 피휘한 경우를 왕왕 볼 수 있다.

현대인의 눈으로 보자면 불편하기 짝이 없는, 왕정의 기묘한 문화
적 장치 정도로 보이겠지만, 기실 피휘자는 후대 역사가의 입장에선
매우 중요한 시대 감별의 기준점이 된다. 역대 왕의 이름을 다 알 수
있는 후대인은, 어떤 텍스트에 피휘자가 나오면 피휘한 왕의 재위 연
대가 해당 텍스트 생산 연도의 상한선이 되고, 해당 왕이 속한 왕조

의 멸망 시점이 그 하한선이 되기 때문이다. 물론 텍스트가 쓰인 시점을 파악할 수 있는 방법이야 이 밖에도 많고 많지만, 한문 텍스트를 읽는 이라면 불쑥 튀어나온 피휘자를 통해 글쓴이가 처했던 당대의 시대상을 더욱 직접적으로 느끼게 마련이다.

'진眞'을 통해 안진경이라는 인물이 글씨의 역사에 어떤 근본적 전환을 가져왔음을 이야기했다. 아니, 이 문장은 적절치 않다. 안진경이야말로 쓰는 이가 글자의 모습 형성에 가장 결정적 키를 쥔 당사자라는 사실을 알게 해준 최초의 대가이기 때문이다. 즉 바꿔 말하면 글씨에 개성을 진하게 담은 가장 앞선 사람 중 한 명이 곧 안진경이다. 지금 우리의 눈으로 보면 글씨에 각자의 개성이 깃든 것이 당연하게 보이겠지만 역사적으로 보면 이 문제는 그리 간단한 일이 아니다. 그래서 여기에서는 당나라 중기에 '쓰기'라는 문화적 행위에 과연 무슨 일이 일어났는지를 살피려 한다. 이를 위해 빼놓을 수 없는 텍스트가 곧 〈서보書譜〉다.

〈서보〉를 짓고 쓴 이는 손과정孫過庭이다. 그런데 손과정이라는 인물에 대해선 알려진 바가 별로 없다. 〈서보〉에서 자신을 "오군吳郡의 손과정"이라고 칭했으니 오군 즉 현재의 쑤저우蘇州(소주) 지방 출신임을 알 수 있고, 이 외에 자字가 건례虔禮라는 것, 녹사참군錄事參軍 등 몇몇 작은 벼슬을 지냈다는 것 정도가 알려진 인적 사항의 전부다. 즉 한자 글씨 쓰기의 역사상 가장 이름 높은 이론서이자 그 자체로 지극히 수준 높은 예술 작품이기도 한 글-글씨(書)를 쓴 이가 거의 익명의 존재인 셈이다.

〈서보〉라는 글 또한 개성의 표출과는 거리가 멀다. 이는 글의 문체에 기인한 바 크다. 〈서보〉는 변려문 장르에 속한다. 변려문은 엄격한 대구와 풍부한 전고가 특징이다. 화려하고 전아하고 고고하지만, 난삽하고 장황하며 불친절하다. 오목눈이나 까치라기보다는 알바트로스나 두루미에 가깝다. 그러나 외면하고 돌아서기엔 너무도 멋지고 거대한 존재다. 그렇다면 글을 읽을 우리는 어디에서부터 이 거조巨鳥를 파악해야 할까. 바로 그 새가 역사 속으로 날개를 펼치고 날아오르기 전 발을 붙이고 있던 곳, 당대唐代 초엽이라는 시대다.

〈서보〉에는 '대代' 자가 9회 나온다(썼다가 교정하여 지운 것까지 포함하면 10회). 이 가운데 2·5·7·9번째는 원래 '代'가 있을 자리가 아니다.

세상에 7항의 조목으로 된 (위부인衛夫人의) 〈필진도筆陣圖〉가 있는데, 거기에 세 가지 손 모양을 그린 집필도執筆圖가 있다. 그런데 그림의 모양이 어그러졌고, 글씨의 점획도 잘못되어 있다.

代有筆陣圖七行 中畫執筆三手 圖貌乖舛 點畫湮訛

세상에 왕희지가 왕헌지에게 준 〈필세론筆勢論〉 10장이 전하는데, 문장은 비루하고 이론은 허술하며 의미가 통하지 않고 표현이 졸렬하니, 전체적으로 평가하건대 결코 왕희지의 글이 될 수 없다.

代傳義之與子敬筆勢論十章 文鄙理疎 意乖言拙 詳其旨趣 殊非右軍

왕희지의 글씨는 칭송하며 익히는 이가 세상에 많으니, 정말로 의지하여 종장宗匠(마스터)으로 삼을 만하다.

右軍之書 代多稱習 良可據爲宗匠

(왕희지의) 〈악의론〉, 〈황정경〉, 〈동방삭화상찬〉, 〈태사잠〉, 〈난정서〉,
〈고서문〉 등의 작품들은 모두 세속에서 전하는 것으로서 해서와 행
서의 뛰어난 성취들이다.

樂毅論 黃庭經 東方朔畫讚 太師箴 蘭亭集序 告誓文 斯並代俗所傳 眞行絶致
者也

해석을 보면 알겠지만, 이 ‘代’들은 모두 ‘세世’ 대신 쓴 것이다. ‘세대
世代’라는 말도 있지만, 世와 代는 기실 서로 통용하여 쓸 수 있는 글
자이다. ‘대’는 ‘대신하다’, ‘번갈다’라는 동사로도 많이 쓰이는 데서도
알 수 있듯 흘러가며 변하여 바뀌는 시간의 속성 쪽에, ‘세’는 ‘세상’이
나 ‘세계’라는 단어에서 보듯 시간의 흐름 중 내가 속해 있는 큰 덩어
리(나아가 공간의 범위) 쪽에 뜻이 좀더 치우쳐 있는 정도의 차이가 있
을 뿐이다. 그러나 분명 용법에 차이가 있고, 위의 문장들의 ‘대代’는
본래 ‘세世’를 써야 하는 자리들이다.

그렇다면 왜 ‘世’ 대신에 ‘대신할 대’를 썼을까? 당나라 제2대 황제
였던 태종의 이름, 즉 휘인 이세민李世民의 ‘世’를 피했기 때문이다. 즉
〈서보〉에서는 ‘世’를 찾아볼 수 없으며, 아홉 개의 ‘代’ 중 ‘당대當代’
와 같이 원래부터 ‘대’를 쓰는 것이 옳은 ‘대’들도 있지만, 위의 문장
들처럼 쓰기는 ‘대’로 썼지만 ‘세’로 바꿔 읽어야 마땅한 ‘대’들이 분명
존재한다. 이세민의 이름을 피한 이 ‘대’들은, 〈서보〉가 쓰였던 때가
당나라가 막 성립한 시기를 넘어 초당初唐(618~712 무렵)의 원숙기로
접어든 ‘세대’에 속해 있음을 웅변하고 있다.

〈서보〉는 수공垂拱 3년, 즉 서기 687년에 쓰였다. 수공은 당 예종
睿宗 시기의 연호 중 하나다. 예종은 중종과 더불어 특이하게도 황제

노릇을 두 차례 했는데, 이 두 황제는 이름만 황제일 뿐 실권이 조금도 없었으며, 둘의 재위 시기에는 어머니인 측천무후가 사실상의 군주였다. 다시 말해 〈서보〉는 중국 역사상 유일의 여제였던 측천무후의 시대에 속하는 작품이다.

그러나 이러한 정치사적 시대 구분은 그저 단순한 시간적 배경일 뿐, 우리에게 중요한 것은 이 '글 – 글씨'가 배양되었던 시대가 어떤 떼루아를 지녔냐는 것일 터이다. 앞서도 이야기했지만 형식미를 중시하면서 작가 자신의 목소리는 잘 드러내지 않는 변려문의 특성상 그 맛이나 개성을 짚어내기란 여간 까다로운 일이 아니다. 그러나 양귀비, 두보杜甫, 이태백으로 유명한 현종玄宗의 치세로부터 시작하는 성당盛唐 직전, 초당의 원숙기라는 전반적 문화 배경을 염두에 두면서, 이런 내용의 글씨를 가능케 했던 그 시기의 '글씨의 토양'이 무엇인지를 간취해내는 것은 까다롭긴 해도 불가능하진 않다. 본격적으로 작품의 가치를 음미하기 전에 반드시 확인하고 넘어가야 할 단계이기도 하다. 그 토양에는, 당 태종 이세민의 시기를 거치며 높아질 대로 높아진 서성書聖 왕희지 글씨의 위상이 풍부하게 함유되어 있다.

말 위에서 천하를 얻을 수는 있어도, 말 위에서는 천하를 다스릴 수 없다. 이민족 정복자라는 태생적 한계를 뛰어넘어 진정한 중원의 지배자가 되고자 과시적으로 역대 명작들을 수집했던 청나라 건륭제처럼, 당 태종 이세민도 문화 군주의 면모를 끊임없이 강조했다. 북방에서 말 달리며 뒤집어썼던 흙냄새를 털어내는 데는 따뜻한 남쪽 문물의 향취가 가장 좋았다. 그리고 남쪽의 문물이라면 역시 왕희지의 글씨다. 남조의 귀족, 도가적 풍류, 자유로움과 우아미의 상징인 왕희지를 건륭제도 당 태종도 무척 사랑했다. 건륭제는 왕희지 진적 〈쾌설

시청첩快雪時晴帖〉(물론 후대의 모작이지만)을 얻은 것을 기뻐하며 삼희당三希堂이라는 전용 감상실까지 마련했고, 이세민은 천하의 왕희지 글씨를 모두 수집하여 소유하려 애썼다. 『진서晉書』의 「왕희지전王羲之傳」을 직접 짓기도 했다. 왕희지를 흠모한 당 태종은 본인의 글씨 또한 수준급이었다. 현재도 전하는 〈온천명溫泉銘〉, 〈진사명晉祠銘〉 등을 보면 그 솜씨를 잘 알 수 있다.

〈서보〉에는 당시의 이러한 왕희지 숭모 분위기가 흠뻑 배어 있다. 그러나 시대 공기의 단순한 전달자만으로 훌륭한 예술이 될 수는 없다. 〈서보〉의 빼어남은 당대의 시대정신을 정연하고도 세련된 언어로 형상화해냈다는 점에 있다. 그렇다면 〈서보〉는 왕희지의 위대함을 어떻게 이야기하고 있는가?

위대를 그리는 효과적인 방법 중 하나가 왜소를 나란히 놓는 것이다. 히어로는 빌런을 필요로 한다. 〈서보〉가 택한 빌런은 아이러니하게도 다른 누구도 아닌 희지의 아들 헌지였다. 왕헌지王獻之는 왕희지와 더불어 "이왕二王"으로 병칭될 만큼 본래 글씨의 명인이다. 유려함이라는 측면에서는 오히려 아버지보다 낫다고 할 정도이다. 그러나 적어도 〈서보〉에서는 그렇지 못하다.

서울로 가게 된 왕희지가 출발할 즈음에 벽에 글씨를 썼는데, 자경子敬(왕헌지)이 몰래 지워버리고 거기에 자기 글씨를 써넣고 제 딴에는 나쁘지 않다고 여겼다. 왕희지가 돌아와 보고는 탄식하길, "내가 갈 때 정말 크게 취했었구나"라고 하니, 자경은 속으로 부끄러워하였다. 이를 통해 일소逸少(왕희지)는 특정 서체에 매우 뛰어났던 종요鍾繇와 장지張芝에 비해 (특정 분야에선 조금 뒤져도) 두루 잘 썼다는 차이 정도가

   제2부 한자의 모양, 어떻게 이루어졌는가

손과정 〈서보〉 중에서. 대만 국립고궁박물원 소장.

있을 뿐이나 자경이 일소에 미치지 못했다는 점은 의심의 여지가 없음을 알 수 있다.[1]

후한後漢의 장지는 초서로 유명했고, 위魏의 종요는 예서의 명필이었다고 한다. 이 바로 앞 구절에서 〈서보〉는 왕희지가 "전공專工"(工은 攻과 같으며, 모두 일삼다, 공부하다의 뜻이다. 그렇다, 대학의 '전공'과 같은 말이다)은 이들보다 조금 못하지만, "박섭博涉(넓게 섭렵함)"은 더 낫다고 평가했다. 장지와 종요는 왕희지의 선배 격의 명필로서 당대 사람들에겐 글씨 잘 쓰는 사람 하면 곧장 떠올릴 만한 이름이었다. 마지막 구절은, 왕희지는 이런 사람들과 비교해도 손색이 없는 명필이다, 그런 왕희지에 왕헌지를 비기다니 터무니없다, 정도의 뜻이다. 그리고 그 근거로 아버지와 자꾸 맞먹으려 드는, 조금은 코믹한 일화 한 가지를 소개했다. 그러나 이 정도는 스스로 좀 부끄러워하고 말 수 있는 이불 킥 수준이다. 아래에 든 일화는 더 심하다.(위 도판 첫 행 제6자부터)

사안謝安은 평소 편지 글씨를 잘 썼는데, 자경의 글씨는 무시했다. 한 번은 자경이 아름다운 글씨로 편지를 써서 주면서 꼭 보존해놓으라고 일렀더니, 사안이 곧장 그 뒤에 답장을 이어 써서 돌려주어, 몹시 안타깝게 여겼다. 사안이 자경에게 "그대의 글씨는 우군右軍(왕희지)의 글씨에 견주면 어떻소?"라고 물은 적이 있었는데, 자경이 답하길 "제 가 낫지요"라고 했다. "사람들은 그렇게 생각하지 않던데요"라고 하자, 자경은 또 "요새 사람들이 어떻게 알 수 있겠습니까?"라고 하는 것이 었다. 비록 사안의 보는 눈을 눌러놓으려 일단 둘러댄 표현이긴 하지 만, 아버지를 이겼다고 스스로 말하다니, 너무 심하지 않은가.

謝安素善尺牘(牘)而輕子敬之書 子敬嘗作佳書與之 謂必存錄 安輒題後答 之 甚以爲恨 安嘗問敬 卿書何如右軍 答云 故當勝 安云 物論殊不爾 子敬 又答 時人那得知 敬雖權以此辭折安所鑒 自稱勝父 不亦過乎

동진東晉의 사안은 왕희지, 왕헌지와 동시대를 살았던 인물로서, 당 시 최고의 유력 귀족이자 현재까지도 이름이 전할 정도의 문학가이기 도 했다. 그런 사람에게 글씨를 인정받으려 애쓰는 왕헌지의 모습이 안쓰러울 정도다. 여기에서 왕헌지는 이중으로 평가절하되고 있다. 사 안에게 눌린 왕헌지는 이 일화의 전달자에게 다시금 눌렸다. 〈서보〉의 손과정은 아예 그를 패륜아로 만들어버린다. 이름마저 과정過庭(뜰을 지나는 아들 공리孔鯉를 불러 세워 가르침을 주곤 했던 공자의 일화에서, 아 버지의 가르침을 가리키는 말로 흔히 쓰임)인 〈서보〉의 작자로 인해 왕헌 지는 효를 무엇보다 중시하는 동아시아에서 씻기 힘든 오명을 후대에 남기고 말았다.

메시지가 아닌 메신저를 공격하는 것은 비논리적이긴 해도 꽤 잘 먹히는 수법이다. 왕헌지 입장에선 억울할 수도 있겠지만, 여기서 〈서 보〉가 말하고자 하는 바는 명확하다. 〈서보〉가 비판한 왕헌지의 치명 적 단점은 바로 억지스러움이다. 과시하려 하니 부끄러움이 따라오고,

  제2부 한자의 모양, 어떻게 이루어졌는가

억지로 하려 하니 부자연스러운 글씨가 나온다. 아무리 세상에 이름
높은 왕헌지라 해도 이를 피할 수 없다. 왕헌지에겐 다행스럽게도, 그
에 대한 박한 평가는 〈서보〉 앞부분에 나오는 몇몇 에피소드 소개 정
도에 그친다. 〈서보〉가 진짜 이야기하려는 바는 그 뒤에 길게 이어진
다. 그렇다. 왕헌지 빌런 만들기는 왕희지 띄우기를 위한 장치에 불과
했다. 그렇다면 〈서보〉가 말하고자 했던 글씨의 진짜 경지는 어떤 것
이었는가?

인간의 한계를 넘어 두루 통합의 경지로
— 손과정 〈서보〉의 세계

충비서간蟲臂鼠肝이라는 말이 있다. 예를 들면 이런 식으로 쓰였다.

제 눈병은 거의 실명할 지경이라 예전과 비할 바가 아닙니다. 죽어서
벌레 앞발이 되건 쥐 간이 되건 흘러가는 대로 내맡긴 지 이미 오래이
긴 하지만, 병의 고통만큼은 견디기 힘듭니다. (유계兪棨가 윤선거尹宣擧
에게 보낸 편지에서)[2]

이 표현은 『장자莊子』「대종사大宗師」 편에 나오는 다음 이야기에
기원을 둔다.

자사子祀, 자여子輿, 자리子犁, 자래子來가 모두 말하길, "그 누가 무無
를 머리로 삼고 생生을 등으로 삼으며 사死를 엉덩이로 삼을 수 있는
가? 누가 생사와 존망이 한 몸임을 알고 있는가? 내 그와 더불어 친구

가 되리라!"라고 했다. 네 사람은 서로 보고 웃으며 마음에 조금도 거

리낌이 없어, 마침내 모두 친구가 되었다. (…)

시간이 지나 자래가 병에 걸려 숨을 헐떡이며 죽어가자, 아내와 자식

들이 둘러싸고 울었다. 자리가 문병을 가서 소리쳤다.

"쉿! 비키시오! 죽음을 꺼리지 마시오!"

그러고는 방문에 기대어 자래에게 말했다.

"위대하도다, 조물자造物者(자연의 섭리)여! 장차 그대를 무엇으로 만

들려 하는가? 그대를 쥐의 간이 되게 할까, 아니면 벌레의 앞다리가

되게 할까?"

자래가 말했다.

"자식은 부모가 동쪽으로 가라면 동쪽으로, 서쪽으로 가라면 서쪽으

로, 그리고 남쪽으로, 북쪽으로, 시키는 대로 따를 따름이네. 사람에

게 음양의 조화란 부모 정도가 아닐 테지. 저 음양이 나를 죽음에 가

깝게 했는데 내가 따르지 않는다면, 내가 패려궂은 것이지 저것에 무

슨 잘못이 있겠는가? 광대한 대지가 나에게 형체를 부여하였고, 삶으

로 나를 수고롭게 하였다가, 늙음으로 편안케 하였으며, 이제 죽음으

로 나를 쉬게 하려 하네. 그러니 나를 잘 살게 한 바로 그것이 곧 나를

잘 죽도록 하는 것이지. 예를 들어 어떤 대장장이가 쇠를 녹이는데, 쇠

가 뛰어오르면서 '나는 꼭 막야검(명검의 이름)이 되어야겠다'고 말한

다면, 대장장이는 필시 돼먹지 못한 쇠라고 여길 테지. 그러니 어쩌다

사람의 형체를 타고나서는 사람입네 하고 행세한다면, 조화자(조물자)

가 필시 돼먹지 못한 사람이라고 여기겠지. 자, 이 세상은 커다란 용광

로이며 조화자는 대장장이이니, 내가 어디로 가건 안 되겠는가? 그러

려니 잠들었다가, 불현듯이 깨어날 뿐이라네."[3]

　　　　　　　　　제2부 한자의 모양, 어떻게 이루어졌는가

아스트랄한 에피소드다. 『장자』는 확실히 무정부주의적 해체와 냉소적 파괴의 맛이 있다. 벌레 앞다리와 쥐 간이라니, 아무리 만물유전의 자연법칙을 강조하기 위함이라고 하지만, 당신은 장차 이런 것이 된다오 하는 말을 듣고서 상쾌한 기분이 들 인간은 별로 없을 것이다. 그만큼 『장자』는 오로지 기존의 상식, 즉 인간이 인간을 억압하기 위해 만들어낸 제도적·인식적 장치들을 때려부수는 데 초점을 맞추고 있는 텍스트이다. 그렇다. 『장자』의 관심은 인간사회에 있다. 인간끼리 맺는 관계에서 파생된 제도의 부조리에 대한 비판을 위해 자연을 들고 있지만, 그것은 산과 물과 숲과 새의 자연이 아니다. 그것은 인간계의 대척으로서 인간 비판의 준거인 비인간이다. 여기에는 벌레와 쥐에 대한 애정은 없으며, 인간적 관점 및 정감에 대한 냉소만 있다. 인조물의 속박으로부터 벗어남은 맨살로 냉기와 맞서는 행위다. 『장자』를 읽다가 냉철한, 아니 어쩐지 으스스한 인식의 전환을 느꼈다면, 그럭저럭 제대로 장자의 본래 의도를 읽어낸 것일지도 모르겠다.

장주莊周는 전국시대 사람이다. 살육과 전쟁, 권모와 술수, 즉 인위가 넘치던 시대를 살았던 사람이다. 모두가 부국강병을 위해 골몰하던 시대, 이 희대의 반골이 휘두른 포정의 칼은 막야보다 날카로웠다. 그 앞에 해체되어 무너져내린 인위의 긍경肯綮('긍'은 뼈에 붙은 살, '경'은 힘줄과 뼈가 붙은 곳. 모든 사물의 급소를 비유)을 보며 21세기의 나조차 쾌감과 희열을 느낀다. 그러니 그 해학을 그저 즐길 뿐, 서늘한 냉소 곁에서 식어버린 쥐의 간과 벌레의 팔을 아쉬워하며 장자의 무심함에 섭섭해할 생각은 없다.

시간은 흐르고 흘러 또다시 전쟁의 시대가 도래했다. 위진남북조시대는 전국시대 이상의 대혼란기였다. 그러나 장자의 후예들은 그로부

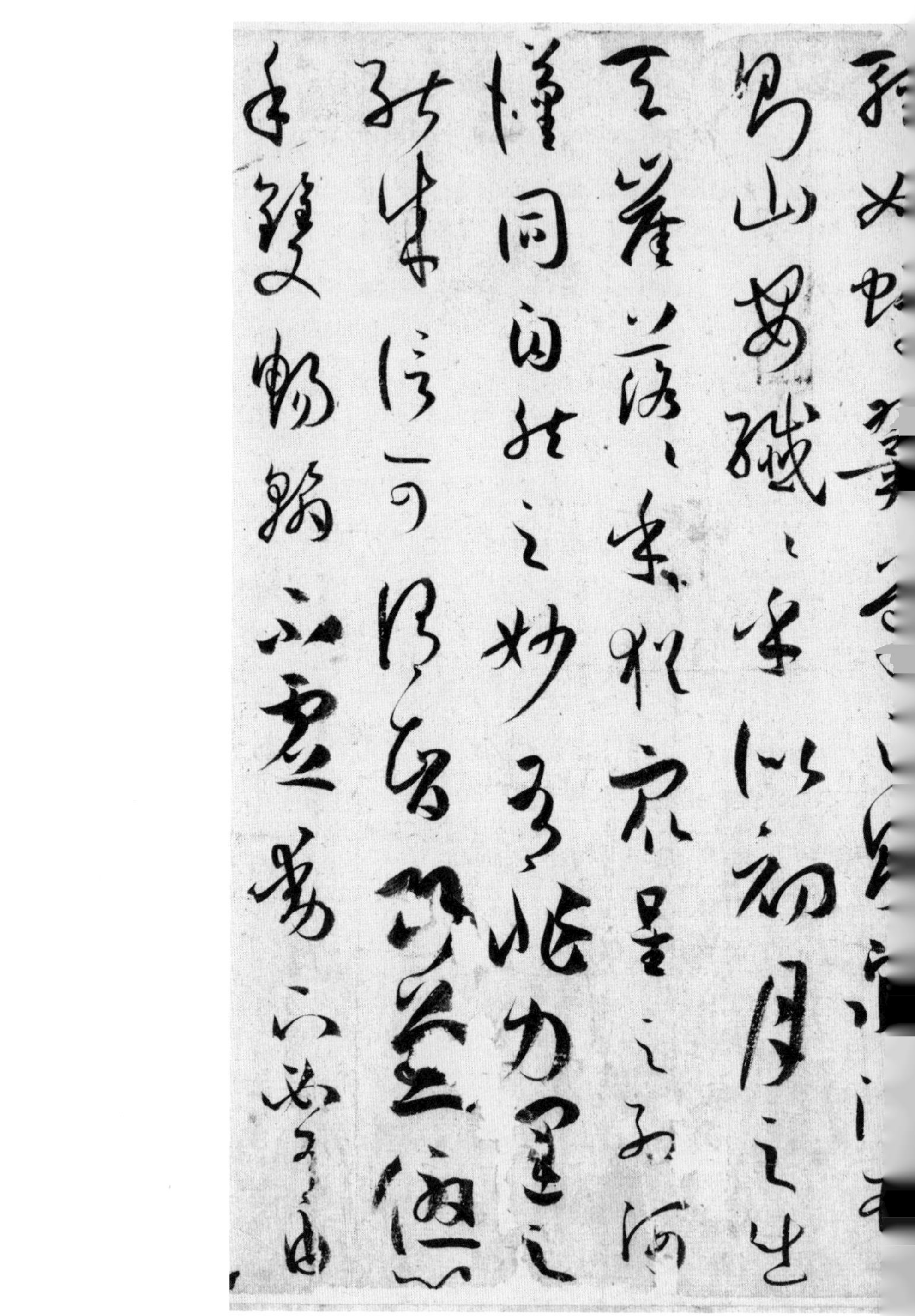

觀夫懸針垂露之異，奔雷墜石之奇，鴻飛獸駭之資，鸞舞蛇驚之態，絕岸頹峰之勢，臨危據槁之形。

손과정 〈서보〉 중에서.

터 한 단계 올라선 스탠스를 취했다. 장자만큼이나 중요한 도가道家의 원조, 춘추시대 노자가 남긴 5천 자의 책 『노자』. 위나라 왕필王弼은 『노자』의 위대한 주석가이다. 그는 『노자』라는 텍스트의 성격을 완전히 바꿔버렸다. 그의 주석을 통해 『노자』는 인위에 대한 비판을 담은 사회과학서에서 도道라는 자연의 형이상학적 원리를 서술한 철학서로 진화했다. 지식을 팔아 입신을 꿈꾸었던 춘추전국의 제자백가들과 달리, 한나라 말과 삼국시대의 왕필과 같은 귀족 문인들은 유유자적 여유로운 태도를 멋으로 여겼고, 학문이건 예술이건 술이건 약물이건 좋아하는 것이라면 무엇에건 탐닉을 불사했다. 그리고 한 번 패망 후 남쪽으로 옮겨가 장강長江이라는 천연 해자를 방패 삼아 온난하고 풍요로운 자연환경 속에서 번영을 구가한 동진의 귀족들은 그곳에서 새로운 탐닉의 대상을, 인간이 만든 그 무엇보다 강력하고도 마르지 않는 매력의 샘을 발견했으니, 그것은 곧 자연물이었다. 동진의 문학과 예술에는 푸른 산과 맑은 물, 대숲과 새소리에 대한 찬탄이 가득하다. 자연 속에는 이제 허황하도록 거대하거나 비루하도록 사소한 비유의 대상인 대붕大鵬과 대춘大椿, 충비와 서간 대신에 우유優遊(여유롭게 노님)와 관조의 대상인 산수山水와 임천林泉이 들어섰다. 그들이 발견한 또 하나의 새로운 경지인 청한淸閑(청아하고 한가로움)의 태도로, 그들은 아름다운 자연과 물아일체가 되기를 꿈꿨다. 청사淸士(맑은 학인)의 표상이 된 동진의 귀족 은자들이 남긴 문학작품들로 인해, 자연은 동아시아 한자 문명권에서 모든 문화적 가치의 제1심급이자 제1원천으로서 움직일 수 없는 지위를 굳혔다.

앞에서도 이야기했다시피 초당初唐 말엽 손과정의 〈서보〉는 동진 서예(론)의 충실한 계승자다. 그럼, 이제 〈서보〉가 말하는 이상적 글씨

　　　　제2부 한자의 모양, 어떻게 이루어졌는가

의 경지를 살펴보자. 발문에서 손과정은 〈서보〉가 여섯 편篇(챕터)으로 이루어져 있다고 밝혔다. 여기에서 살펴보고자 하는 것은 그중 두 번째 편이다.

손과정은 자신이 '지학志學의 나이'(15세)부터 24년 넘게 서예 수련에 줄곧 매진해왔음을 말하고 나서(〈서보〉는 42세 때 쓰였다) 글씨의 참된 모습을 다음과 같이 형용하고 있다.(p.422~423 도판)

저 세로로 내린 바늘의 끝이나 늘어져 맺힌 이슬방울 그리고 내달리는 번개나 떨어진 돌덩이와 같은 기이한 점획의 형태들
줄지어 나는 기러기나 놀라 날뛰는 길짐승 그리고 춤추는 난조鸞鳥(난새. 봉황과 비슷한 상상의 새)나 도사려 경계하는 이무기와 같은 다양한 획의 모습들
깎아지른 벼랑이나 무너진 봉우리 그리고 절벽 높이 매달린 마른나무와 같은 형세를 취한 꺾이고 빗긴 획의 모양들을 보건대
어떨 때는 비를 잔뜩 머금은 구름과 같이 둔중하고 어떨 때는 매미 날개와 같이 사뿐하고
터주면 샘처럼 콸콸 쏟아지고 눌러앉히면 산처럼 안정감 있으며
섬세하기가 마치 하늘가로 막 솟은 초승달 같고 시원시원하기는 마치 은하수 주위로 벌여 선 뭇별과 같아
천지자연의 신비로운 작용과 다르지 않아서 억지로 운용하여 이룰 수 있는 바가 아니니, 정말로 지혜와 기교가 모두 뛰어나고 마음과 손길이 함께 막힘이 없는 경지라 이를 만하도다

觀夫懸針垂露之異 奔雷墜石之奇

鴻飛獸駭之資 鸞舞蛇驚之態

絶岸頹峯之勢 臨危據槁之形

或重若崩雲 或輕如蟬翼

導之則泉注 頓之則山安

纖纖乎似初月之出天崖 落落乎猶衆星之列河漢

同自然之妙有 非力運之能成 信可謂智巧兼優 心手雙暢

정확한 대구와 풍부한 비유를 갖춘 완벽한 변려문이다. 『문심조룡文心雕龍』도 그렇지만 변려문으로 쓰인 이론서는 엄격한 형식 때문에 내용의 진면모를 파악하기가 무척 까다롭다. 더구나 위의 구절에 쓰인 비유들은 위부인衛夫人의 〈필진도筆陣圖〉와 같은 서법 이론서들에 나온 표현을 끌어다 쓴 것이기 때문에, 진부한 죽은 비유로 보이기 십상이다. 이에 따른다면 '떨어진 돌덩이'나 '내달리는 번개', '절벽에 걸린 나무등걸' 등은 특정한 모양의 점획을 가리키는 좁은 의미의 지시체에 그친다. 그러나 〈서보〉의 문장은 〈필진도〉류의 협애한 기술 지침서를 훌쩍 뛰어넘는 섬세하고 풍부한 표현력을 보이며, 방대한 분량에 걸쳐 펼치고 있는 구상의 정합성으로 인해 완정한 저술로서 갖는 완성도 또한 비교할 수 없이 높다. 그렇기 때문에 위의 구절에 담긴 비유는 그저 문학적 수사로서 치부할 수 없는 무게감을 지닌다.

필사한 서예 이론이 재미있는 점은 종종 문장의 의미가 갖는 함의가 곧바로 문자의 모양으로 직관적으로 드러날 때가 있다는 데에 있다. 이를테면 이렇다.

'현침懸針'은 '세로로 내린 바늘의 끝'이라는 뜻이다. '현침전懸針篆' 등의 용어에서도 쓰이듯 세로로 곧게 내린 필획의 끄트머리를 갈무리하지 않고 그대로 쭉 빼서 뾰족한 형태로 남긴 것을 가리킨다. 여기서

제2부 한자의 모양, 어떻게 이루어졌는가

〈서보〉 현침懸針

〈서보〉 위謂

는 '針'의 마지막 세로획이 곧 바늘의 끝이 되었다.

'수로垂露'는 '늘어뜨린 이슬'로서 '현침'과는 상반되는 세로획의 마무리법이다. 전서篆書라면 일반적 세로획의 끝에서도 볼 수 있겠지만 행초서의 경우에는 보기 어렵다. 그러나 '常', '郡', '謂' 등 특정한 글자의 마지막에서는 필획 끝에 걸린 이슬방울을 볼 수 있다.

'분뢰奔雷' 즉 '내달리는 번개'는 〈필진도〉에서는 특정 획(날捺획, 즉 ╲)의 이상적인 모양을 형용하는 말로 쓰였다. 그러나 필자는 오히려 이 부분의 '奔'에서 에너지를 펼치며 이리저리 뻗는 '번개(雷)'의 모습을 본다.

자연 비유의 보편성에 주목한다면, 그리고 필획의 보편적 미에 착안한다면, 꼭 손과정이나 〈서보〉에서 그 형태를 찾을 필요도 없겠다. 후대의 황정견이 비스듬히 내리그은, 혹은 조선의 미수 허목이 그은 에너지 넘치는 구불구불한 선 또한 '분뢰'의 좋은 예가 될 것이다.

'홍비鴻飛' 즉 '기러기가 줄지어 날아가는 모습'은 아마도 죽 뻗은 가로획을 가리키는 것일 터이므로 〈서보〉에서 찾아보기는 어렵다. 그러나 여기의 '짐승(獸)'은 그대로 펄쩍펄쩍 뛰는 네발짐승의 모양이며, '난새(鸞)'는 현란한 깃털

을 흔들며 춤추는 새이고, '벼랑(岸)'은 날카롭
게 꺾인 절벽을 포함하고 있다.

〈서보〉의 이 부분에서 압권은 뭐니 뭐니 해
도 "섬세하기가 마치 하늘가로 막 솟은 초승달
같고 시원시원하기는 마치 은하수 주위로 벌여
선 뭇별과 같다(纖纖乎似初月之出天崖 落落乎猶
衆星之列河漢)"라는 구절에서 '초승달' 즉 '초월
初月'이 될 것이다. 이 '초월'은 공제선空際線(산의
능선 등 땅이 하늘과 맞닿아 이루는 선) 위로 막
솟아오른, 눈썹처럼 가늘게 오른쪽으로 볼록한
호를 그리는 초승달을 가리킨다.

그런데 글자의 모양을 보면, 왕희지 편지
〈초월첩〉 첫머리의 '초월初月'과 놀랍도록 유사
하다.

〈서보〉 분奔

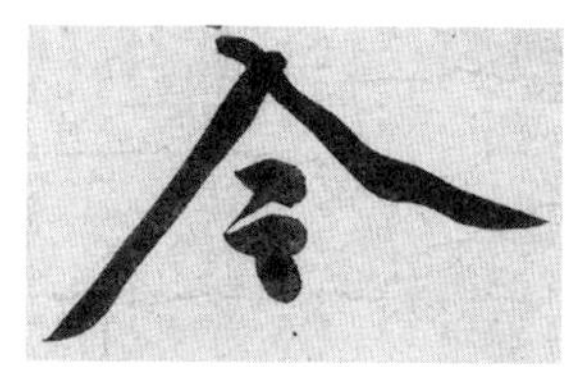

황정견 〈송풍각시松風閣詩〉 영令

왕희지의 글씨는 거의 동시대인 누란樓蘭 종이 문서의 글씨에 비해
한 단계 진일보한 유려함이 특징이다. 이런 면에서 왕희지의 충실한

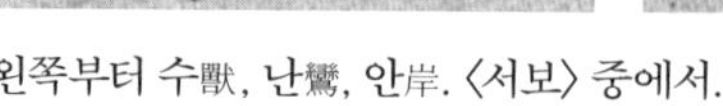

왼쪽부터 수獸, 난鸞, 안岸. 〈서보〉 중에서.

제2부 한자의 모양, 어떻게 이루어졌는가

〈서보〉 초월初月

왕희지 〈초월첩〉 초월初月

계승을 천명한 〈서보〉의 ‘初’가 아래 글씨와 이어짐이 없고 높이가 낮은 등, 오히려 왕희지보다 약간 더 보수적인 모양을 보이는 것이 이채롭다. 그러나 전체적인 면에서 〈서보〉의 ‘初月’은 분명 왕희지 글씨를 계승하는 면모를 진하게 보인다. 〈서보〉가 계승하고자 한 왕희지의 진면목이 융통과 통섭이었음을 감안하면, 이 ‘초승달’의 자연미는 그것이 지시하는 자연물 초승달보다 그 형태가 연결되는 왕희지 글씨의 경지와 맞닿아 있는 게 아닐까.

왕희지가 선취했다고 상정하여 〈서보〉가 도달하고자 한 글씨의 진정한 경지는 바로 자연스러움이다. 자연스러움은 억지스러움의 반대이며 치우침의 대척점이다. 왕희지는 한 서체에 능통했던 종요나 장지와 달리 여러 서체를 두루 통달했다. 그가 도달한 경지는 바로 ‘통通’이다. 이 경지에서 왕희지는 천지자연의 이치와 통하는, 그리고 각 서체의 장점에 두루 통달한 조화미의 극치를 보였다. 이러한 ‘겸통兼通’의 경지는 초서, 행서, 진서眞書(예서), 전서의 장점을 두루 가지고 있다. 진서는 점획을 모양으로 삼고 붓놀림을 본성으로 삼으며, 초서는 점획을 본성으로 삼고 붓놀림을 모양으로 삼는다(眞以點畫爲形質 使轉爲情性 草以點畫爲情性 使轉爲形質). 그래서 점과 획의 세부 모양 하나

하나에 집중하기보다는 붓놀림과 점획의 모양을 전체적으로 살피는 것이 중요하다. 그러므로 위에서 인용한 〈서보〉 구절의 비유 각각을 특정 점획 모양에 하나하나 대응시키려 애쓸 필요는 없다. 오히려 그것이 전달하고자 하는 자연미의 참모습이 과연 무엇인지, 그리고 그것이 각 서자書者의 글씨의 모습에서 어떤 양태로 드러나는지를 고찰하는 게 훨씬 중요하다.

초初. 누란樓蘭에서 발굴된 서진西晉 한문漢文 간지簡紙 문서 중에서.

〈서보〉의 위대함이 바로 여기에 있다. 〈서보〉의 자연 비유는 냉소와 진부를 넘어 통찰과 통섭의 경계로 우리를 곧장 데려간다. 그러나 〈서보〉가 성취한 겸통의 자연미는 바로 뒷세대에 의해 곧장 부정된다. 그럼, 이제 자연미에서 인위의 아름다움으로 다시 넘어간 회소의 〈자서첩〉 글씨의 세계를 살펴보자.

넘치는 자의식, 글씨를 내달리게 하다
─ 회소 〈자서첩〉의 세계

손과정의 〈서보〉는 가로 9미터의 종이 두루마리에 3,700여 자의 작은 글씨를 빼곡히 채운 대작 이론서이다. 평생을 글씨에 바친 손과정의 혼과 땀이 담긴 저작이다. 그러나 앞에서도 이야기했듯이 〈서보〉에서 손과정은 자기 자신을 뚜렷하게 드러내고 있지 않다. 이 화려하고도 장대한 언설은 좋은 글씨의 이상과 그에 이르기 위한 방법론, 그리고 이런 경지를 앞서 성취했던 왕희지로 대표되는 명인들의 글씨 이

제2부 한자의 모양, 어떻게 이루어졌는가

야기에 집중하고 있으며, 자신의 목소리는 극히 절제하고 있다.

그러나 그로부터 90년 후 지어진 회소懷素의 〈자서첩自敍帖〉의 정조는 전혀 다르다. 굉장한 날림체로 쓰여 있어 판독하기가 어려울 뿐, 막상 읽어보면 별 내용은 없다. 자기 자랑으로 점철된 수다일 뿐이다. 게다가 앞부분에 자신의 글씨 공부 이력을 짧게 '자서自敍'(자신에 대해 스스로 서술함)했을 뿐, 나머지 대부분은 남의 말의 인용이다.

그중에서도 압권은 작품 중간쯤 길게 인용되어 있는 안진경의 글이다.(〈자서첩〉 ①)

형부상서 안진경은 필법에 극히 정통하고 거울과 같이 맑은 변별력을 지닌 서예가로서 나를 말석에 끼도록 허락해주셨으며, 게다가 상서성 사훈원외랑 노상盧象과 예부시랑 정언正言 장위張謂가 나를 위해 시를 지어주자 이렇게 서문을 썼다.

"회소는 빼어난 승려로서 탁 트인 성품을 갖추고 있는데, 오랜 기간 마음을 다해 서예를 수련하여 강남 지역에 명성이 자자하다. 고故 이부시랑 위척韋陟이 필력을 보고 성취가 있을 것이라 격려했으며, 지금 예부시랑인 장위는 얽매임 없는 그 글씨를 좋아하여 이끌어 함께 노닐었다. 이들에 더해 애호가들도 모두 상찬의 시를 짓자 곧 권축이 그득 찼다. 초서는 한나라 때 시작되었는데 초기에는 두도杜度와 최원崔瑗이 잘 쓴다는 명성이 있다가 나중에는 백영伯英 장지張芝가 단연 그 글씨의 아름다움으로 시대를 풍미했다. 왕희지와 왕헌지 이후로는 우세남虞世南과 육간지陸柬之가 뒤를 이어서 비결을 말해주고 수법을 전수하여 오군吳郡의 장욱張旭에 이르렀다. 장사長史 장욱은 고금을 넘나드는 자유로운 괴짜였으나 해서의 법식에 정통하여 우뚝하게 진실

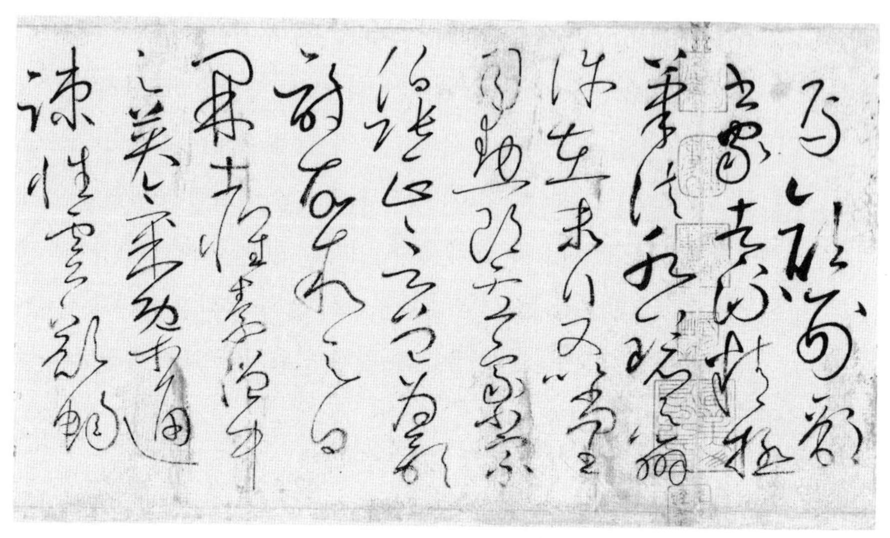

회소 〈자서첩〉 중에서 ①

되고 바른 글씨를 구사했다. 나(안진경)는 젊은 시절 가까이에서 노닐며 여러 번 격려와 함께 필법의 가르침을 받았으나, 자질이 못난 데다여러 일로 바빠 성실히 연습할 수 없어 끝내 성취가 없었다. 물러나 그말씀 어떻게 다시 얻을 수 있을까 생각하다가 홀연히 스님(회소)의 작품을 보니, 종횡무진 뭇사람들과 다르고 질풍노도 보는 이를 놀라게하니 마치 옛 스승(장욱)의 작품을 다시 보는 듯하였다. 만일 스님이직접 선생님의 훌륭한 인도를 받아 그 법도를 흡수했더라면, 이 사람말고 그 누가 대가의 경지에 들 수 있었으랴. 그지없이 아쉬워하며 이글을 써서 시편 모음집의 서문으로 삼는다.”

顔刑部書家者流　精極筆法　水鏡之辨　許在末行　又以尙書司勳郞盧象　小宗

伯張正言　曾爲歌詩　故敍之曰　開士懷素　僧中之英　氣槩通疎　性靈豁暢　精

心草聖　積有歲時　江嶺之間　其名大著　故吏部侍郞韋公陟　覩其筆力　勖以有

제2부 한자의 모양, 어떻게 이루어졌는가

成 今禮部侍郞張公謂 賞其不羈 引以遊處 兼好事者 同作歌以贊之 動盈卷

軸 夫草槀之作 起於漢代 杜度崔瑗 始以妙聞 迨乎伯英 尤擅其美 羲獻玆降

虞陸相承 口訣手授 以至于吳郡張旭 長史雖姿性顚逸 超絶古今 而模楷法

精詳 特爲眞正 眞卿早歲 常接遊居 屢蒙激昻 敎以筆法 資質劣弱 又嬰物務

不能懇習 迄以無成 退思一言 何可復得 忽見師作 縱橫不群 迅疾駭人 若還

舊觀 向使師得親承善誘 函挹規模 則入室之賓 捨子奚適 嗟歎不足 輒書此

以冠諸篇首

인용 안에 인용을 품고 있는 데다 갑자기 안진경의 학서學書 이력 소개와 서예의 약사略史까지 등장하여 복잡하기 그지없는 이 인용문은, 안진경의 실제 글인지 여부는 차치하더라도, 회소가 얼마나 앞뒤 가리지 않고 자기 과시에만 열중하고 있는지를 여실히 드러낸다.

그다음에도 동시대 명사名士들의 시구가 줄줄이 이어진다. 아마도 안진경의 서문에서 말한 "기다란 권축에 그득 차도록 모인 상찬의 시"들이리라. 친절하게도 회소 자신이 '형사形似'(글씨의 외양), '기격機格'(창작의 기제), '질속疾速'(즉흥적 속필), '우열愚劣'(방일한 진솔함) 등의 주제별로 분류해 모아놓았다. 항목까지 마련하여 굽이굽이 늘어놓는 도저한 자기 자랑의 행진에 기가 질릴 정도다.

그렇다면 이쯤에서 근본적인 질문을 던질 필요가 있다. 우리는 왜 이런 터무니없는 행진에 동참해야 하는가? 〈자서첩〉은 주인 혼자서 신이 나 떠드는 재미없는 장광설에 불과한가? 결론부터 말하자면, 그렇진 않다. 역사가 입증해주고 있기 때문이다. 이 공연에는 당대는 물론이고 후대에도 많은 이들이 찾아와 함께 노닐었다.

정확히 말하자면 〈자서첩〉은 공연장의 공연이라기보다 한바탕 마

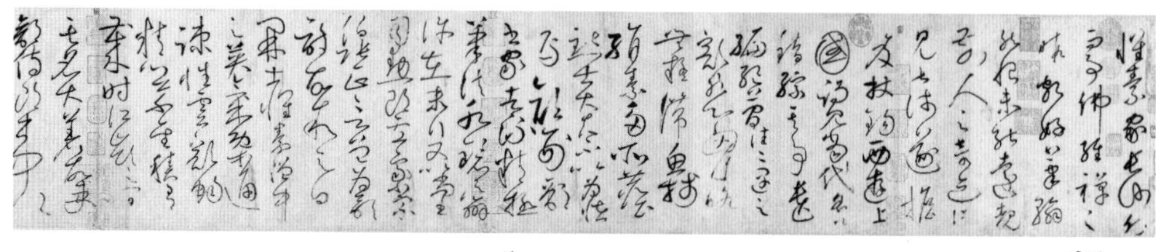

서두

자서自敍

← 안진경 서문 인용

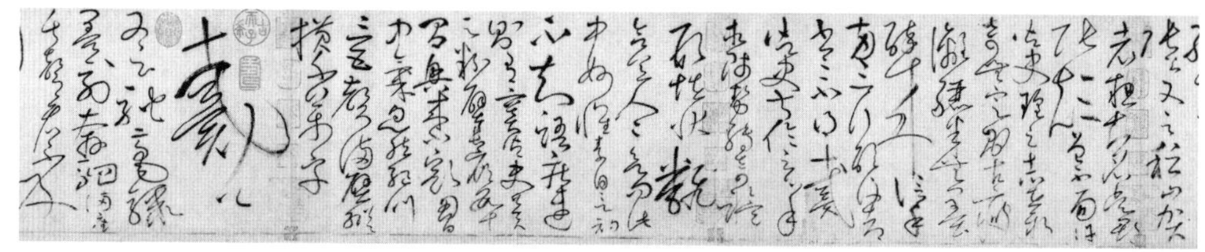

← 기격機格 형용 인용   ← 형사形似 형용 인용

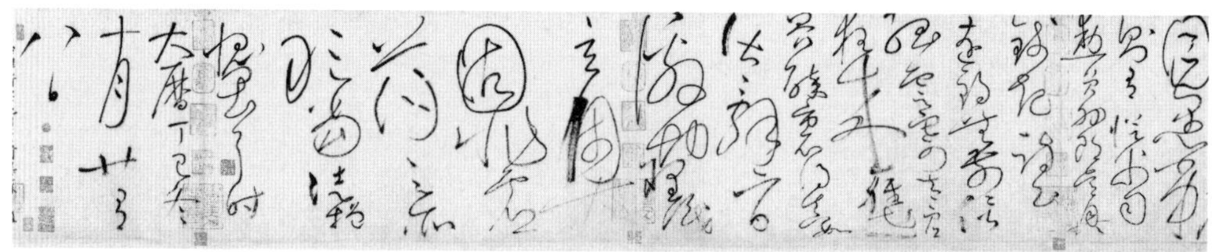

← 질속疾速 형용 인용

← 우열愚劣 형용 인용

〈자서첩〉의 전체 구도

당극에 더 가깝다. 공동체 전체가 기려 마땅한 기념일의 행사라든지, 관객 모두가 공연자를 향해 한쪽만을 바라보고 그가 제시하는 스탠더드 레퍼토리의 해석을 음미하는 식의 공연은 아니다. 회소는 여기에서 즉흥 연주를 펼치고 있다. 정해진 주제는 없다. 물론 대략의 얼개는 있다. 앞에서 이야기한 바대로 짧은 자서自敍, 안진경 글의 긴 인용, 네 가지 주제에 따른 여러 명사들의 짧은 구절들 인용이 그것이다. 이 구상에 따라 그때그때 떠오르는 시구나 문구를 펼쳐내고 있는 것이다. 먼저 이 한바탕 연주를 둘러싼 환경을 살펴보자.

회소의 이 글씨는 공연에 바탕을 두고 있다. 장소는 아마도 취흥 도도한 어느 귀족 집안의 잔치이며, 여흥으로 당시의 최신 유행인 '광초狂草' 퍼포먼스를 즐겼을 것이다. 회소는 장욱을 이은 속필 초서의 일인자로서 당시에 가장 각광받던 공연자였다. 이런 정황을 증거하는 시편들은 지금도 많이 전한다. 유명한 것으로 이백李白의 〈초서가행草書歌行〉이나 왕옹王邕 등 여러 사람이 지은 〈회소상인초서가懷素上人草書歌〉를 들 수 있다. 두기竇冀의 〈회소상인초서가〉는 회소 본인도 〈자서첩〉의 '질속' 항목에서 인용하고 있다.(《자서첩》 ②)

수십 칸 긴 회랑 회칠한 벽 앞에 두고

흥이 오르면 가슴속 기운 트여

갑자기 서너 네댓 번 소리지르고

종횡무진 천만 글자 벽에 가득 써내네

粉壁長廊數十間　興來小豁胷中氣

忽然絶叫三五聲　滿壁縱橫千萬字

물론 벽에만 썼던 것은 아니고 이백의 시에서 그리고 있듯 종이나 비단을 잔뜩 쌓아놓고 휙휙 써내는 형식도 가능했을 것이다. 그런데 우리가 지금 보고 있는 〈자서첩〉은 이런 공연의 결과물 그 자체는 아닌 듯싶다. 아마도 이런 식의 글씨 쓰기에 능숙한 회소가 그런 분위기를 상정하고 홀로 일부러 창작해놓은 작품일 것이다. (물론 〈자서첩〉이 회소의 진적眞迹이라는 가정하에 그렇다. 〈자서첩〉의 위작 여부는 매우 까다로

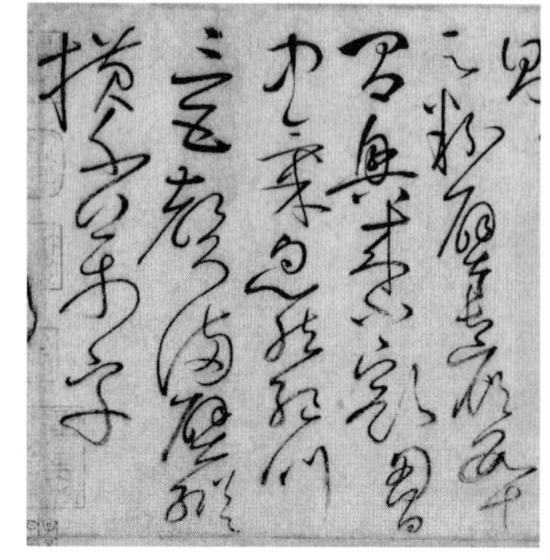

〈자서첩〉 중에서 ②

운 문제다. 여기서는 일부분 후대의 보충도 있지만 일단 회소의 진작 혹은 그에 매우 가까운 모작으로 상정한다.) 이러한 가상의 열린 공연이라는 장場에서 구상構想과 즉흥 간의 긴장이 더 극대화되었으며, 우리가 지금 보고 있는 먹물의 흔적이 바로 그러한 극적 긴장의 잔여물이다.

즉흥을 즐기기 위한 전제로서, 작가에겐 매우 친숙하고 감상자에게도 어느 정도 익숙한 테마가 필요하다. 〈자서첩〉에서 그에 해당하는 것이 앞의 〈서보〉에서도 충분히 본, 왕희지가 집대성하여 성숙시킨 글씨 쓰기의 고전적 통례, 즉 예스럽게 말하자면 '고법古法'이다. 마구 흩트리되 그래서 더욱 잘 드러난, 글씨 쓰기의 기본 뼈대다.

〈자서첩〉에서도 이에 대해 말하고 있다. '기격' 항목에서 인용하고 있는 어사御史 허요許瑤의 시가 그것이다.(〈자서첩〉 ③)

새롭고 기이한 글씨 쓰기를 지향하며 정해진 법칙 갖지 않아
예스럽고 비쩍 마른 획 계속 이어지며 어설피 먹을 두지 않네

제2부 한자의 모양, 어떻게 이루어졌는가

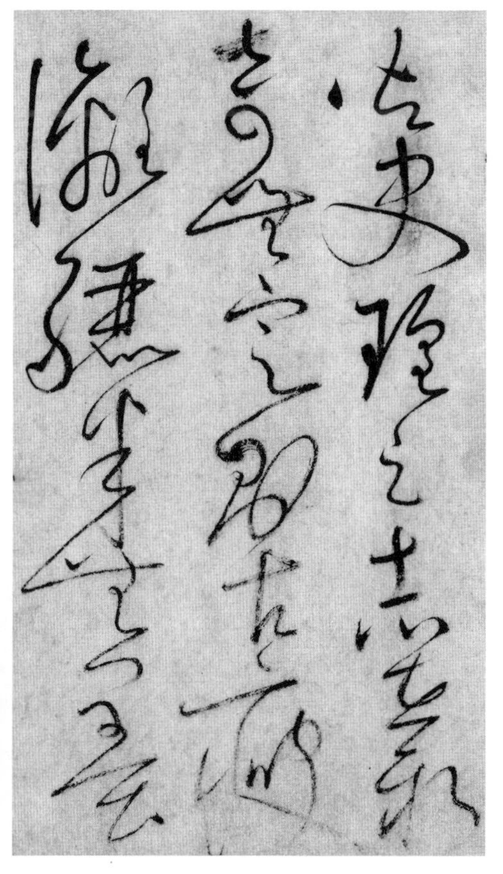

〈자서첩〉 중에서 ③

여기에서 이야기하고 있는 것은 〈자서첩〉의 획의 성질이다. "예스럽게 마르고 젖어들며 서로 이어지는(古瘦灘纚)" 획이란 구체적으로 무엇일까? 예를 들어 이런 부분을 보자.

'형사' 항목의 "풍성만당風聲滿堂 노원외운盧員外云 초의경初疑輕"이다.(〈자서첩〉 ④)

'리灘=灕'는 흘러서 서로 스며드는 모양이고 '리纚'는 이어지는 모양인데, 두 글자를 합쳐서 스며들 듯 결부되어 이어진 모양을 가리킨다. '고수古瘦'에서 해석의 포인트는 말랐다는 뜻의 '수瘦'에 있으며, '고古'는 앞에서 붙어 보조하여 그 양상의 형용을 강화한다. '예스러움'은 '고박古樸' 즉 질박하다는 말이다. 바싹 말라서 본바탕을 그대로 드러내어 그에 붙은 군더더기가 없기에 '반쪽도 먹을 두지 않게' 되는 것이다. "풍성만당 노원외운 초의경"이라는 2행 11자는, 그래서 조금의 끊어짐도 없이 잘 연결되어 이어지면서 한 흐름의 줄기를 이룬다. 그러나 이는 풍성한 물기의 젖은 줄기가 아니라 군데군데 비백飛白조차 보이는 바싹 마른 줄기다. 그 결과 전체로서 갖는 즉흥의 흐름의 혁신성에도 불구하고, 낱자 하나하나는 고법古法의 뼈대를 잘 드러낸다. 예를 들어 '의疑' 자의 경우, 위 글자와 아래 글자로 흐르듯 이어지고 글자 내 획의 돌림이 과감한 회전 운동을 하는 등 운동의 기세가 대단하며 그만큼 창의적이긴 하지만, 왕희지 이래 확립된 초서 서사의 기본 법칙은 잘 준수하고 있다. 즉, 일탈을 보이지만 동시에 일탈의 한도를 잘 보여주고 있기에, 관람자가 즉흥의 쾌감을 느끼면서도 불편한 느낌은 없이 감상할 수 있게 된다.

그렇다면 이 즉흥의 즐거움은 과연 어떤 것인가? 두 가지 정도를 지적할 수 있겠다.

우선, 갑작스러운 폭주 그리고 쉼 없는 확장이 주는 쾌감이다.

작품 중간 안진경 인용이 끝난 대목부터 서서히 고조되기 시작

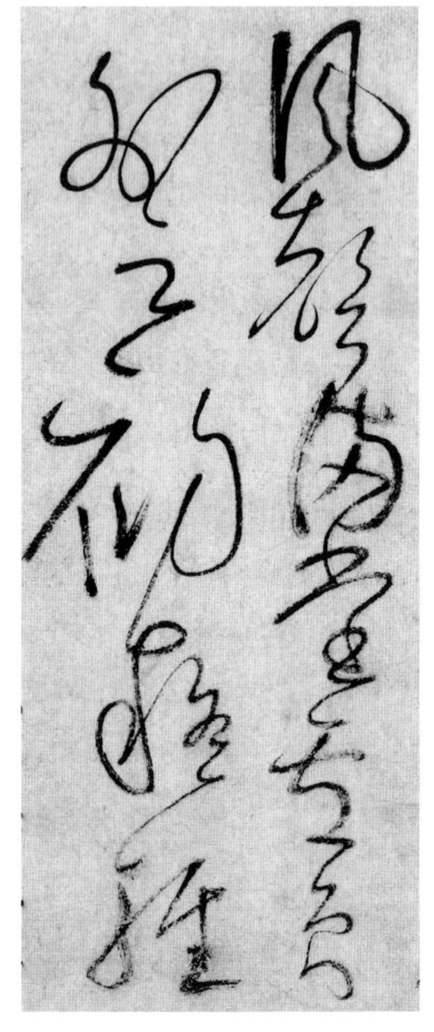

〈자서첩〉 중에서 ④

한 붓의 내달림은, 점점 증폭해서 '질속'을 형용한 인용부가 시작할 즈음엔 말 그대로 도저히 말릴 수 없을 지경으로 폭주하게 된다. 비교적 일정한 글자 크기에 획의 운용 또한 큰 진폭 없는 상쾌한 리듬감을

의疑. 지영智永 〈천자문〉 중에서.

유지하던 행필은 '형사' 즈음부터 크기와 리듬 모두 흐트러짐이 심해진다. 그러나 이 부정맥조차 '질속'의 저 유명한 '대戴' 자 이후 폭주의 예비 단계에 불과하다. 특히 '우열' 이후의 미친 난장은 말문이 막히게 만든다.

게다가 이를 수습하기는커녕 그대로 작품을 끝내버린다. 끝까지 숨을 돌릴 수 없게 만드는, 감속이라곤 도무지 모르는, 대책 없는 붓의 질주이다. 〈자서첩〉은 진폭은 있을지언정 폭주의 확장이라는 면에서는 일관성을 보인다. 이런 면에서 내용상 인용의 점철에 불과한 이 글씨는, 그 긴 길이에도 불구하고 처음부터 끝까지 동일성 없는 통일성을 갖춘 하나의 작품처럼 보인다.

둘째, 거센 악센트를 주어 깜짝 놀라게 함이다.

숨 돌릴 겨를 없는 질주에도 쉼표는 필요하다. 이때 악센트를 주어 붓놀림에는 한숨 돌릴 휴지를 주면서 한편으로는 질주에 대한 기대를 더욱 증폭하는 글자를 등장시킨다. 글자 전체의 크기를 갑자기 키우기도 하고, 농도가 확연히 진한 획을 내리치기도 하면서 '강조점의 한 글자'를 둔다. 저 '대戴' 이후로 그보다 더 강한 내리침의 굵은 획을 가진 '오奧'와 같은 글자도 있다.

그러나 이 부근 마지막 구간은 모든 글자가 현란한 과장이라는 점에서 오히려 글자들 간 크기나 성격의 격차에서 오는 충격은 덜하다. 戴 이전에도 드문드문 여러 악센트 글자가 등장하고 있다. '장전張顚'

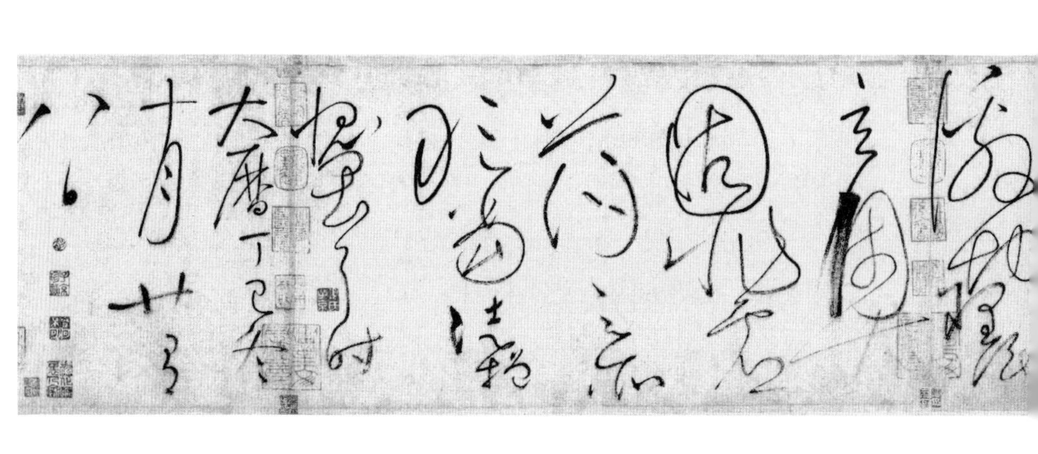

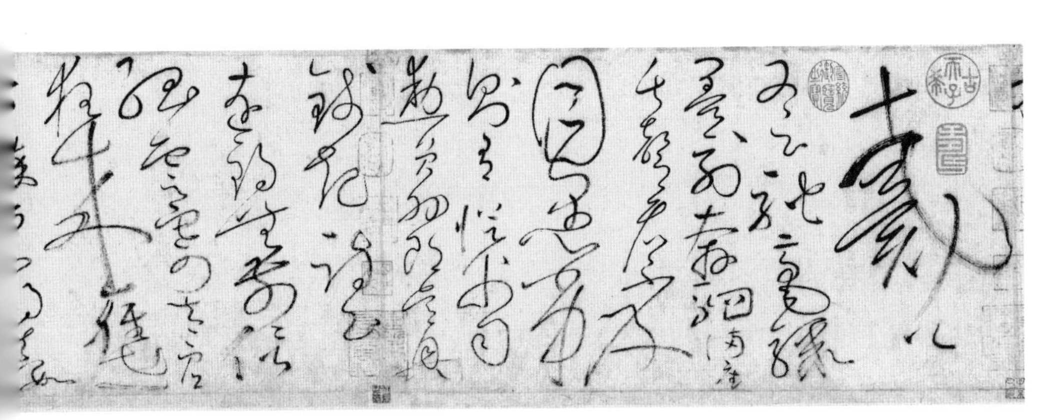

〈자서첩〉의 마지막 부분

(미치광이 장)의 '전'은 과감한 생략
으로 그 크기가 더욱 돋보인다. 특
히 우방右旁의 '혈頁'을 3개의 짧은
횡획으로 처리한 강력함은 그것만
으로도 훌륭한 악센트다. (頁을 3개
의 점으로 처리하는 것은 원래 초서의
정법이다. 다만 여기에서처럼 강력한 처
리는 보기 드물다.)

'번黻'은 꺾임과 회전의 가감 없
는 조합이 강한 역동감을 준다. 행
의 맨 마지막에 홀로 떨어져 자리잡
은 이 글자의 강력함은, 전체적으로
연면(연결)이 주조인 〈자서첩〉에 이
채로움을 더하여 장차 심해질 난장
에 대한 하나의 전조가 되고 있다.

〈자서첩〉을 통해 사람들이 만끽
하는 즐거움은 거기에 담긴 내용이
아니라 그 표현형, 즉 글씨 자체를
가지고 노는 과정에서 나온다. 회소
는 이 놀이를 극한까지 밀고나간다.
우아한 전형의 출발점으로부터 넘
치고 또 넘쳐 그침이 없다. 현실 속
의 넘침에는 원래 용량의 한계가 존
재한다. 그러나 기나긴 〈자서첩〉 두

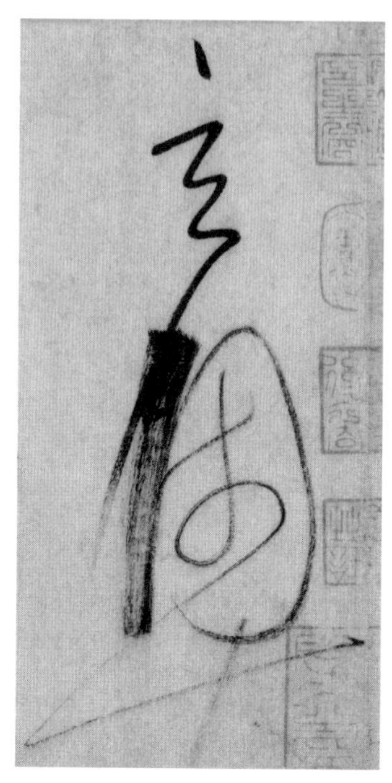

〈자서첩〉 현오玄奧

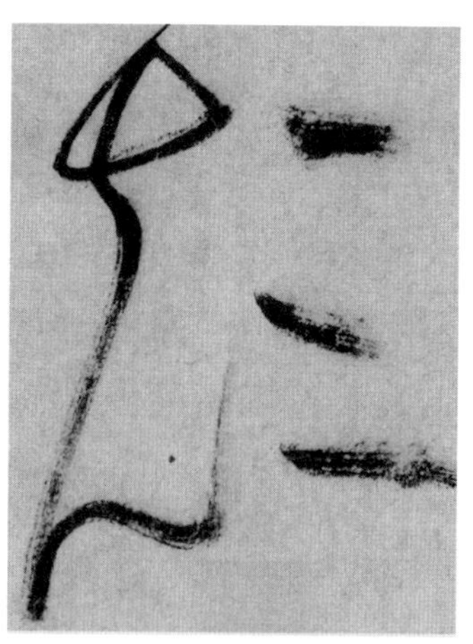

〈자서첩〉 전顚

제2부 한자의 모양, 어떻게 이루어졌는가

〈자서첩〉 번飜

루마리를 펼치며 이 붓놀림의 넘침을 따라가 그 끝에 이르러도 이 가상의 넘침(溢)은 끝을 맺지 않는다. 이와 같은 넘치는 일탈의 쾌감이야말로 〈자서첩〉의 핵심이며, 당시는 물론이고 이후로도 오랫동안 사람들을 사로잡은 매력의 원천이다.

〈자서첩〉 일溢

회의
발전

문文. 〈문방정文方鼎〉 명문銘文 중에서. 서주西周 초기

송대의 문예부흥

산수山水, 영원의 이미지

다른 공간을 상상한다, 지금 여기와 동떨어진 어떤 세계를. 그곳은 달라야 한다, 번잡하고 골치 아픈 이 세상과. 옛사람들이 머릿속에 그려낸 그곳은 과연 어떤 모습이었을까? 『산해경山海經』이라는 책이 있다. 아주 오래된 텍스트다. 성립 시기를 정확히 알기 힘들 정도다. 멀리 주대周代의 산물로 보이는 요소도 들어 있지만, 대체로 전국시대부터 전한前漢에 걸쳐 이루어진 책으로 추정된다. 『맹자孟子』 등의 제자백가 서적, 그리고 『서경書經』이나 『예기禮記』의 주요 부분 등 우리가 보통 떠올리는 많은 한문 고전 텍스트가 이루어진 시기다. 그러나 『산해경』은 이들과 한 무리로 묶어보기가 도무지 힘들다. 성립 시기도 그렇지만 작자도 불분명해서(여러 사람일 가능성이 크다) 미심쩍기 그지없다. 특히 그 내용이 심히 이상하다.

「남차삼경」의 첫머리는 천우산天虞山인데, 그 아래에 물이 많아 올라갈 수 없다. 또 동쪽으로 5백 리를 가면 도과산禱過山인데, 산 위에 금과 옥이 많이 나고 기슭에는 코뿔소와 코끼리가 많다. 여기의 어떤 새는, 생김새가 해오라기(鴂) 같으며 머리가 희고 발이 세 개에 사람 얼굴을 하고 있다. 이름을 '구여瞿如'라 하고, 제 이름을 부르며 운다. 은수浪水가 여기에서 나와 남쪽으로 바다에 흘러든다. 그 속에 호교虎鮫가 사는데, 생김새는 물고기 몸에 뱀 꼬리를 하고 있으며 소리는 원앙과 같다. 이것을 먹으면 종기가 나지 않고 치질을 낫게 할 수 있다.[1]

대뜸 들어보지도 못한 산 이름을 댄 후, 거기에 살고 있다는 역시 들어보지도 못한 생물이나 종족의 이름과 모습과 특징을 서술한다. 그 내용이 매우 기괴하지만, 그저 그러하다고 묘사할 뿐 그에 대한 속 시원한 해설은 없다. 그러고는 다시 다음 대상지로 옮겨간다. 거기엔 또다른 지형지물과 생물이 있다. 같은 식으로 서술한 후 다시 다음으로 이동. 이런 식으로 상편上篇에 해당하는 산경山經(「오장산경五藏山經」)에서만 447개에 달하는 산에 대해 기술하고 있다. (하편인 해경海經까지 합치면, 『산해경』 전체에 약 550개의 산과 300개의 강, 100여 개 나라가 나온다.) 이런 방대한 무의미의 장광설을 늘어놓은 이는 과연 누구였을까? 도대체 무슨 의도로 이런 터무니없는 수고를 한 것일까? 결과물을 던져놓았을 뿐 전후 사정에 대해서는 그 어떤 설명도 남기지 않았으므로 짐작도 할 수 없다.

물론 미미한 실마리를 통해 더듬어볼 수는 있다. 예컨대 위에서 인용한 도과산의 구여는 아마도 '구瞿'라는 글자 자체의 비틀린 현현이리라. '瞿'는 두 눈(目)을 크게 뜬 새(隹)의 형상이다. 그래서 '두려울

〈구여도瞿如圖〉. 『흠정고금도서집성欽定古今圖書集成』
박물휘편博物彙編 『금충전禽蟲典』, 권53

구보瞿父 (〈구보정瞿父鼎〉의 명문銘文)

구傴'에도 포함되어 있다. '구眲' 즉
두 개의 나란한 눈은 청동기 도철
문에 흔히 나타나는 도상이다. 뇌문
雷紋으로 가득찬 가장 발달한 기하
학적 도철문에도 이 원시적 요소는
남아 있다. 도철문은 이글거리는 영
기靈氣를 두른 새처럼 보이기도 하
고, 두 눈 부릅뜬 사람의 얼굴처럼
보이기도 한다. 그리고 청동기의 대
표 주자인 세발솥(정鼎)의 표면에도
흔히 베풀어져 있다.

이 대목의 작자는 옛 청동 그릇
에 새겨진 무늬를 보며 상상의 나
래를 펼친 것이 아닐까? 현세적 제
약이라는 두려움의 족쇄를 일단 벗
어버리자, 그 미약한 단서는 연상에
연상을 거듭하여 마침내 장대한 미
지의 산맥으로 솟아났다. 여기까지
와버리면 출발점은 더이상 중요하지
않다. 오늘날 우리가 볼 수 있는 잔
상은, 자동기술적 상상력으로 현실
속 산山이나 물(水)과는 전혀 다른
공간을 펼쳐낸 고대인의 기괴한 산
수山水 세계뿐이다.

지은 사람도 거기에 담긴 내용도 불가사의하기 짝이 없는 고대의 극단으로부터 벗어나, 산수는 현세인의 초월 소망을 담은 무난한 이상향으로 발전해나갔다. 동쪽의 삼신산三神山과 서쪽의 곤륜산이 대표적이다. 삼신산은 바다 위로 솟아 있어 격절의 느낌이 강하다. 하지만 그곳에 살고 있다는 선인仙人과 영수靈獸는 『산해경』의 이족異族과 괴물怪物처럼 그로테스크한 이질감을 주지 않는다. 비록 여전히 아득한 장소이긴 해도 선망의 이상향인 그곳은 심리적 거리감이 한결 덜하다. 게다가 박산향로博山香爐라는 미니어처로 만들어 내 곁에 둘 수도 있지 않은가. 삼신산 전설은 진한秦漢 교체기에 잠시 번성하다가 영주瀛州나 봉래蓬萊라는 이칭(제주나 일본 등 중국 동쪽 섬의 별칭)만을 남긴 채 자취를 감추었지만, 박산향로는 이후로도 꽤 오랫동안 애완되었다. 한대漢代는 한자 문화권의 여러 문화적 원형이 성립한 중요한 시기다. 이렇게 아래에 물을 둔 산이라는 이미지는 동양인의 심성 속에 한자리를 차지하게 되었다.

유행의 최전성기였던 한나라 때로부터 5백여 년도 훌쩍 지나, 삼신산의 조형은 이방異方에서 가장 화려한 꽃을 피워냈다. 백제 말기에 제작된 금동대향로가 그것이다(국립부여박물관 소장 백제금동대향로). 한나라 때로부터 2천여 년 지난 1993년 어느 겨울날 세상 밖으로 나온 이 유물은 고도의 기술적 완성도를 자랑하는 정교한 아름다움으로 세상을 놀라게 했다.

이 조형물의 가장 뛰어난 면은 전체 구성에 있다. 향로의 받침대 부분은, 몸을 말아 서려 있되 고개는 위로 한껏 치켜든 용의 모습이다. 용은 수족水族의 대표자. 그러니까 향로 하반부는 물의 세계이다. 용머리는 연화대좌를 연상케 하는 향로 본체를 물어 받치고 있다. 연꽃

백제금동대향로. 국립부여박물관 소장.

은 흙탕물에서 꽃대를 내밀어 피어오르는 존재. 그 때문에 본체 하부
는 의미로나 형태로나 모두 중간 연결부 역할을 훌륭히 수행하고 있
다. 지금 우리가 다루고 있는 주제인 산山의 세계를 그려낸 본체 상부
는 향로 전체 디자인의 하이라이트. 향로 내부로부터 산봉우리들 사
이로 스며나온 향연香煙이 위로 피어오르고, 맨 위층에 자리잡은 다
섯 연주자들의 음악 소리는 천상으로부터 내려와 메아리친다.

이 공감각적 환상 세계는 겹겹의 산들과 그 사이를 오가는 많은
신수神獸와 선인들로 빼곡하다. 물리적 공간은 좁지만 저마다 나름대
로 자유로운 동작을 취하고 있기에 이 신령스러운 존재들의 자리는

백제금동대향로 상단을 펼친 모습

꽤 넉넉해 보인다. 어떤 이는 앉아서 고요히 명상에 잠겨 있기도 하고, 어떤 이는 파르티안 기사騎射의 역동적 자세를 취하고 있기도 하다. 사람 얼굴을 한 새가 있는 반면, 팔다리에 깃털이 잔뜩 난 사람도 있다. 상상의 공간에 펼쳐진 『산해경』에 산과 물과 그 속의 괴물들이 단조롭게 되풀이되고 있는 데 비해, 이 현실 속 향로의 둥그렇게 말린 공간에 거주하는 여러 선인·승려·영수는 오히려 훨씬 다채롭다. 이는 디자인의 힘이며, 예술적 창조력의 승리다. 백제금동대향로의 만개한 산봉우리들 속에서 고대 산수山水의 시대는 화려한 종언을 고했다.

중국 시각 예술에서 산수는 백제와 동시대인 위진남북조 시기를 거치며 독자적 주제로 서서히 부상해나갔다. 화가이자 이론가였던 종병宗炳이 지은 「화산수서畫山水序」(산수를 그리는 일에 대하여)라는 글이 이런 사실을 입증한다. 그리고 당나라를 거치며 산수화는 하나의 독립된 장르로서 어느 정도 자리를 잡은 것으로 보인다. 현재 우리가 떠올리는 일반적인 이미지에 부합하는 산수화의 원형이 본격적으로 성립한 시기는 당나라 말 – 오대십국 – 송나라 초 무렵이다. 이 시기 활동했던 화가들 가운데 형호荊浩라는 인물이 있었다.

제2부 한자의 모양, 어떻게 이루어졌는가

형호는 흔히 강남江南 산수화에 대비되는 북방 산수화의 비조, 즉 북송의 대관大觀 산수화파, 일명 '거비파巨碑派'의 맨 앞에 선 사람으로 간주된다. 현재 전하는 〈광려도匡廬圖〉를 보면 그가 매우 뛰어난 화가였음을 알 수 있다. 그러나 형호의 진정 위대한 점은 이론적 기여에 있다. 그는 산수화 역사상 최초로 필묵의 중요성을 강조한 대가였다.

『필법기筆法記』는 그가 태항산太行山에 은거하고 있을 때 어떤 노인과 나눈 대화를 기록한 글이다. 어느 날 우연히 들어선 소나무 숲에 반해버린 형호는 그 참된 형태를 그려내고자 몇 만 장의 그림을 그린다. 그런 후에 이 신비의 노인과 마주친 것이다. 그러므로 노인은 자신이 터득한 필법의 진수를 말하고자 가탁한 형호의 또다른 자아임을 알 수 있다.

수만 본의 소나무 그림, 그것을 통해 형호는 무엇을 성취하고자 한 것일까? 그가 그림(畵, hua)을 통해 잡아내려 한 것은 겉으로 드러나 사람의 눈길을 한껏 끄는 소나무의 외양(華, hua)인가? 아니다. 노인은 그림이란 곧 획(畫, hua)이라 일갈한다. 획을 통해 사물의 모양을 헤아려 따서 그 진상에 다가선다. 이를 위해 그림은 기운氣韻, 즉 그리는 사람과 그리는 대상, 그리고 세상 만물이 공유하는 존재의 핵심을 갖추어야 한다. 그리고 이를 성취하기 위해 화가는 구상(思)을 거듭하여 사물의 모습(景)을 그려내야 한다. 그 중요한 수단이 곧 필선(筆)과 수묵(墨) 즉 필묵이다. 소나무의 진상은 용처럼 하늘로 솟은 수간樹幹, 이끼 돋고 갈라진 수피樹皮, 구불구불 서린 수근樹根 등의 각 부분에 있지 않다. 그 참된 모습은 그것들 전체가 합하여 성취한 소나무의 기상, 그것을 통해 드러나는 자연의 기운, 그리고 거기에 담긴 화가의 기

형호 〈광려도〉. 대만 국립고궁박물원 소장.

범관 〈계산행려도〉.
대만 국립고궁박물원 소장.

곽희 〈조춘도〉. 대만 국립고궁박물원 소장.

운, 나아가 이 모든 것의 총합에 있다. 초당·성당·중당을 거친 서예의 필선은 이를 형상화하기에 충분한 발전을 이룩했다. 그리고 만당과 오대의 대혼란기에 필선은 거대 자연 자체, 즉 산수로 다가서려 하고 있었다. 형호의 선구적 업적을 거쳐 북송대北宋代에는 수많은 수묵산수의 모뉴먼트(거비巨碑, 거대한 돌기둥)들이 우뚝우뚝 솟아났다.

우뚝함으로 말하자면, 범관范寬이 그린 〈계산행려도溪山行旅圖〉의 거봉만한 것이 없다. 이 큰 봉우리는 화면 상단과 중단을 온통 차지한 거대한 볼륨과 자신의 모습을 거침없이 구획짓는 뚜렷한 윤곽선으로 압도적 존재감을 자랑한다. 그에 비하면 곽희郭熙의 〈이른 봄 경치〉(조춘도早春圖)가 주는 인상은 조금 약해 보인다. 〈계산행려도〉의 독재군주적 주봉主峰과 달리 〈조춘도〉의 봉우리들은 화면 여기저기에 편재遍在해 있다. 여기서 그림 전체를 장악하고 있는 것은 산이나 나무 같은 특정 주제가 아니라 화면 어느 곳에나 퍼져 있는 습윤한 봄기운이다. 화면 아래쪽 끝으로부터 중앙의 높이 솟은 정상까지 굽이치며 이어진 산맥은 화면 중단에서 한 번 끊어진 듯 보인다. 그러나 그곳을 가로지른 연무는 온 천지에 가득한 기운이 마침 그곳에서 조금 더 진해진 것일 뿐이다. 다소 모호하게 처리된 이 부분의 산줄기가 실제로 이어졌는지 여부는 별로 중요하지 않다. 짙은 공기 속 어느 곳에선 진하게 나타났다가 어느 곳에선 희미하게 사라지는 산들은 하나이면서 여럿이다. 따라서 설령 화면 속에서 끊어졌더라도 보는 이의 이상 속에선 봄기운과 함께 편재하는 하나의 줄기이다. 〈계산행려도〉의 산의 윤곽선은 그 질감을 표현하는 내부의 묵점 및 바림과 어느 정도 분리되어 있다. 〈조춘도〉의 윤곽은 내부와의 일체감이 좀더 강하다. 자신의 뚜렷함을 조금 덜어낸 필선은 주변에 녹아듦으로써 그리고 화면 전체에 퍼짐으로써 오히려 자신의 존재감을 강화했다. 산수화로 유명했던 곽희는 대단한 이론가이기도 했다. 『임천고치林泉高致』라는 저서에서 그는 그림 잘 그리는 법을 이야기하며 자주 서법書法을 원용하였다. 〈조춘도〉의 화면을 가득 채운 저 매혹적인 필선이 그저 군데군데의 묘사를 잘하기 위한 기법이 아니라 끊임없는 연찬을 통해 성취한 그림의 '높다란 경지(高致)'임을 알 수 있다. 화가의 이 경지는 결국 화면 속에 구현한 저 자연(林泉)을 바라보는 관람자 또한 얻고자 하는 경지이다. 아득히 먼 곳에 있던 이상적 산수는 북송대에 이르러 마침내 이곳으로 와 필선과 바림, 질량과 공기, 그리고 그리는 이와 보는 이가 한데 어우러진 내 곁의 그림 속으로 들어오게 되었다.

이런 고도의 성취는 그때까지 서예가 성취한 필묵 기법의 고도화를 전제로 할 때 가능한 것이었다. 이는 고대 청동기나 『산해경』 같은 불가지不可知(지성으로 파악할 수 없음)의 주술적 힘으로는 도저히 이룩하기 힘든 경지다. 여기에는 정제된 문화文化가 필요하다. 저 거비파 산수화의 거대한 산처럼, 북송대 문화에는 강력한 주봉主峰이 있었다. 그것은 황제를 중심으로 한 문화정치 즉 문치文治였다.

송대의 문화적 유산 1 - 칙찬 유서

송나라는 당나라 말과 오대십국이라는 긴 혼란기를 극복하고 새로운 시대를 열었다. 당의 몰락 원인은 군권을 지닌 절도사 즉 지방 권력을 제어하지 못한 데 있었다. 따라서 송 황제는 강력한 전제군주권을 추구했으며, 창립자인 태조가 무장에 대한 문관의 우위를 천명한 이후 송나라 역대 황제들은 모두 '문文' 위주의 정치를 추구했다. 이런 체제가 성립하려면 황제를 보좌할 거대 관료군이 필요했다. 과거시험은 수·당대에도 시행되다가 송대에 들어서자 합격자 수가 폭증한다. 여러 부문 중 시부詩賦 등 문장 짓는 능력을 테스트하는 진사進士과가 가장 우대받았는데, 당나라 290년 동안 270여 차례의 시험에서 7천여 명의 진사가 배출되었다. 그런데 송대에 들어서자 태종이 즉위한 해인 976년부터 다음 황제인 진종眞宗 치세의 천희天禧 3년(1019)에 이르기까지 43년간 9,323명, 그리고 천희 4년부터 인종仁宗 가우

嘉祐 2년(1057)까지 37년간 다시 8,509명이 배출되었다.[2]

또한 당나라 때는 과거 합격자의 지위가 당시 권력의 중심에 있었던 귀족에 비해 낮았다. 송대 이전에는 과거 합격이 최고위직에 진출하기 위한 필수요건은 아니었다. 그러나 송대에는 진사가 아니면 재상이 될 수 없었다. 과거 준비생이자 과거 합격자, 그리고 예비 관료군(士)이자 현직 고위 관료(大夫)인 '사대부士大夫'들은 명실상부한 국정 담당자이자 문화의 주역이었다. 이들에게 유교 경전은 단순한 수험서가 아니었다. 정치의 담당자라는 무거운 자부심을 온몸으로 지고 있었던 사대부들은, 그들이 공부하는 텍스트에 담겨 있는 유교 정치의 이상을 실현한다는 목표를 매우 성실하게 추구했다. 이는 그 텍스트 즉 유교 경전에 대한 철저한 믿음이 없다면 성립하기 힘든 태도다. 그들은 먼 옛날에 실존했다고 경전에 나오는 성왕과 그들을 보좌한 현인, 즉 옛 성현들이 남긴 기록을 철저히 공부하여 일찍이 구현되었던 이상 정치를 현세에 되살리고자 했다. 성대했던 고대의 이상을 복원하고자 한 사대부. 그들이 문화의 주역으로 부상한 송대의 대표적 문화유산으로서 우리는 다음과 같은 것들에 주목해야 한다.

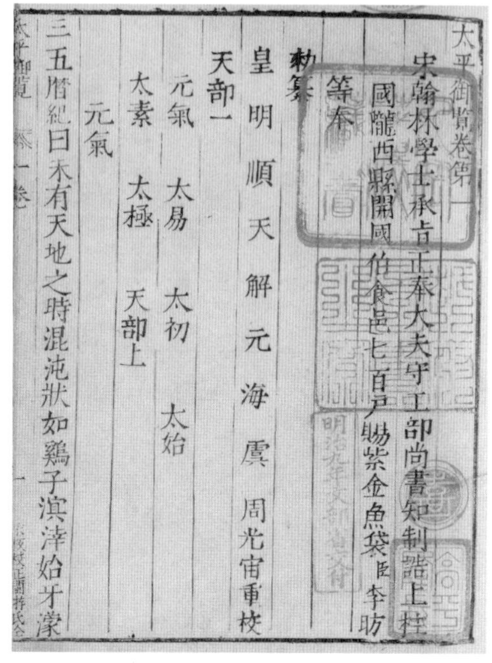

太平御覽卷第一

宋翰林學士承旨正奉大夫守工部尚書知制誥上柱
國隴西縣開國伯食邑七百戶賜紫金魚袋臣李昉
等奉
敕撰
皇明順天解元海虞周光宙重校
天部一
元氣
太素　太極　天部上
太易　太初　太始
元氣
三五曆紀曰未有天地之時混沌狀如鷄子溟涬始牙蒙

『태평어람太平御覽』 명 만력萬曆 2년(1574) 동활자銅活字 인본. 일본 국립국회도서관 소장.

제2부 한자의 모양, 어떻게 이루어졌는가

우선 송대에 편찬된 칙찬勅撰 유서類書를 들 수 있다. '칙찬'은 황제의 명으로 편찬되었다는 말이다. '유서'는 정보를 망라한 후 정합적 체제에 따라 분류하여 제시한 책, 즉 요즘 말로 백과사전을 뜻한다. '칙찬 유서'는 황제의 권위를 바탕으로 국가의 공식 인원 및 자금을 동원해 큰 규모로 편찬한 백과사전을 가리킨다. 이러한 유서는 이전 시대에도 있었다. 당 초대 황제인 고조高祖의 칙명으로 구양순 등이 편찬한 『예문유취藝文類聚』가 대표적인 유서이다. 그러나 송대의 유서는 차원이 달랐다. 먼저 양부터 압도적으로 많다. 『예문유취』가 100권인데 비해, 송 태종 때 편찬된 『태평어람太平御覽』은 천여 권에 이른다. 이 책은 태종의 첫 연호인 태평흥국太平興國 때 편찬되어 이름에 '태평'이 들어갔다. '어람'은 군주가 친히 보았다는 의미이다. 태종은 매일 세 권씩 읽어 1년 만에 완독했다고 한다. 천지인天地人의 온갖 사물과 제도에 대한 사실을 55개의 큰 주제로 두루 모은 이 책은, 지금은 전하지 않는 각종 서적에서 인용한 구절이 많아 자료적 가치 또한 대단히 높다. 태종대에는 『태평광기太平廣記』와 『문원영화文苑英華』도 편찬되었다. 이 두 유서는 문학 방면의 글을 모은 것으로, 『문원영화』는 시문을 종합적으로 모았고 『태평광기』는 야사와 소설 등 정통적 주제에서 벗어난 괴이하고 신비한 글들을 위주로 모았다. 이 밖에 진종대에 편찬된 『책부원구冊府元龜』는 『태평광기』 같은 종합 백과사전이지만 분량은 그 두 배쯤 되는 북송대 최대의 유서이다. 북송 초기에 편찬된 이 『태평어람』, 『태평광기』, 『문원영화』, 『책부원구』를 송나라의 4대 유서, 즉 '송사대서宋四大書'라고 부른다.

『태평어람』의 예에서 알 수 있듯이, 이들 유서는 절대 권력자인 황제의 지대한 관심 속에 편찬되었다. 분명 그에 걸맞은 충분한 지원이 있었을 것이며, 그에 값하는 방대한 결과물을 오늘날 우리도 확인할 수 있다. 이러한 물적·제도적 토대 말고도 송사대서의 성립을 가능케 한 문화적 배경으로는 어떤 것들을 짚을 수 있을까?

우선 앞에서 이야기했다시피 이러한 거대 문화 사업을 추진할 역량이 충분한 학자–관료군이 다수 확보되어 있었다는 점을 들어야 할 것이다. 천여 권에 이르는 『태평어람』은 불과 6~7년 만에 완성되었다. 인용된 서적은 2천여 종에 이른다. 이 자료들을 분석 분류해 체계적으로 편집 서술하는 작업은 결코 만만찮은 일이다. 문헌을 읽어내는 소양, 문장을 기술하는 능력은 물론, 천하의 통치에 기여할 문화적 근거를 구축하는 데 일익을 담당한다는 자부심과 책임감 없이는 해내기 힘들다. 지식인들에게 이러한 역량을 갖출 것을 독려하고 또 과거 시험을 통해 그에 준하는 자격을 제대로 갖춘 인재들을 확보한 송나라 소프트파워의 규모를 사대 유서는 잘 보여주고 있다.

또한 송사대서는 유학儒學이 한자 문화권의 메타학문으로서 제대로 기능하고 있음을 증거하는 좋은 예이다. 전국시대까지 여러 학문 즉 백가百家의 하나에 불과했던 유학은 한漢 제국 시기를 거치며 국가 통치의 유일한 근거로서 독존적 지위를 확보하게 된다. 이런 '승리'를 가능케 했던 요인으로 여러 가지를 들 수 있겠지만 무엇보다 유학이 가졌던 종합 학문적 성격을 꼽아야겠다. 유학은 원래 '사士' 계층의 덕성 함양을 위한 학문이었다. 예비 정치 지도자인 '사'는 '예악사어서수禮樂射御書數'라 해서 예의 절도, 음악 연주, 활쏘기, 마차 몰이, 문서 작성, 계산 능력, 즉 공식 모임을 주관하며 함께 즐길 소양, 전쟁 수행 능력, 행정 업무 처리 능력을 갖추어야 했으므로, 이를 위한 학문은 자연히 종합적 성격을 띠게 된다. 유가 기본 경전 중에는 『예기禮記』나

　　　　제2부 한자의 모양, 어떻게 이루어졌는가

『의례儀禮』등 '예' 관련 텍스트가 이런 내용을 포함하고 있다. 춘추전국 제자백가들과의 논쟁을 거치고 한나라에서 국가 통치 이데올로기로 격상되면서 유학의 종합적 성격은 더욱 강화된다. 하늘의 뜻을 대리하는 천자는 '시간'을 장악해야 하므로 자연히 천문학을 중시할 수밖에 없다. 천하의 통치자는 '공간'을 파악해야 하므로 지리학과 기하학에 능통해야 한다. 신민의 생활을 보장해야 하는 황제는 만물에 대한 지식, 즉 농학(생물학), 의약(의학), 연단술(화학), 고공考工(건축) 등의 과학 및 공학적 지식을 제공할 책임이 있다. 이러한 학문들은 모두 확실한 근거를 갖추어야 하므로 텍스트 이해에 필수적인 경학經學(주석학, 문헌학, 사상사 등을 포괄), 문장을 짓는 능력인 문학(수사학, 언어학, 문예사 연구 등을 포괄), 그리고 역사를 다루는 사학(정치사, 제도사, 역대 인물 고사에 대한 지식 등을 포괄) 등도 필수적으로 동반되어야 한다. 다시 말해 자연과학과 인문학을 통합한 만능 학문이 유학이었다. 유학은 세상의 모든 지식을 수집하여 관리하면서 체제를 정리하고 그 가치를 판정하는 학문 위의 학문, 즉 메타학문이었던 것이다. 송사대서, 특히 『태평요람』과 『책부원구』는 동양 한문 문화권의 거대 백과전서의 효시이다. 이 텍스트들은 전제 유교 군주인 송 황제에 대한 충성의 헌물인 동시에, 천하 통치의 당사자로서 유학자 즉 사대부들의 능력을 세상에 드러내 보이는 당당한 표지이기도 했다.

송대의 문화적 유산 2 − 문자 및 서예 자료의 집성

'송사대서'라는 종합서를 가능케 한 그 시대의 문화적 역량은 여타 분야의 서적들 또한 탄생시켰다. 책의 발전, 아니 학술과 문화의 발전은 반드시 언어에 대한 관심과 연구를 불러온다. 한자 문화권에서는 곧 소학小學(문자학, 언어학)에 해당한다. 따라서 고문古文 경학이 발전했던 후한後漢대에 허신의 『설문해자』가 나왔고, 문장에 대한 관심이 폭발했던 남조 시기에 『옥편玉篇』이 탄생했으며, 십삼경이 정리된 당나라에서 자양학字樣學이 발전했던 것이다. 송대도 그러하다. 이 시기에는 『설문해자』가 중점적으로 연구했던 소전小篆을 넘어 더욱 다양한 고문자 자료에 대한 수집 및 정리가 이루어졌다. 이 작업은 당시까지 전하던 옛 문헌 자료에 나타난 옛 글자 자형字形을 집성하여 사전으로 편찬하는 형식으로 진행되었다. 이런 사전을 전초傳抄 고문자 자전字典이라고 부른다.

'전초'란 옮겨 베꼈다는 뜻이다. 즉, 이런 자전은 원자료를 펼쳐놓고 거기 나온 글자 중 주목할 만한 것을 골라내 눈으로 보며 손으로 베껴 쓴 후, 그 글자들을 부수나 글자의 운韻 등의 특정 분류 방침에 따라 배열하여 사전으로 편찬한 것이다. 이런 방식은 한자 문화권의 전통에서 매우 익숙한 것이었다. 복사기가 없던 시절, 글자 자료를 옮기는 방식은 그 '옮김'의 지향 및 양식에 따라 크게 두 가지로 나뉘었다.

첫째는 탁본과 쌍구전묵雙鉤塡墨 등으로 원자료의 모양을 그대로 옮겨내는 방식이다. 탁본은 돌이나 금속 등 딱딱한 기물의 표면에 새겨진 글자들 위에 종이를 대고 먹을 가하여 모양을 따낸 것이다. 이런 글자들은 요철을 갖고 있기 때문에 이렇게 물리적 옮기기가 가능하다. 종이에 쓰인 글자에는 쌍구전묵의 방법을 썼다. 원래 글자의 윤곽선을 가는 선으로 딴 후 중간의 공간을 먹으로 채우는 것이다. 트레이싱 페이퍼로 옮겨내는 것과 비슷하다.

둘째는 자료를 펼쳐놓고 보면서 베끼는 임모臨模이다. '임'은 무언가의 바로 앞, 약간 높은 위치에서 그것을 내려다보는 행위를 일컫는다. '모'는 본뜬다는 뜻이다. 임모는 특히 전범이 되는 글자의 모양을 초심자가 눈과 손으로 익혀 배우는 가장 기본적인 수법이라서, 한자를 쓰는 이라면 당연히 알고 있는 방식이다. 그렇다고 임모가 학습기의 초보적 수단이고, 탁본이나 트레이싱이 더 나은 전사轉寫 방법인가 하면 꼭 그렇지도 않다. 탁본은 글자의 안쪽이 희게 텅 비고, 쌍구전묵은 반대로 새까맣게 꽉 찬다. 그러니까 글자가 차지하는 실체와 그 배경이 되는 외부 공간의 접선 즉 윤곽과, 글자 내부의 공간이 유리되어 있다. 하얗건 까맣건 그 내부는 채도의 변화가 없는 무표정의 공간이다. 그에 비해 임모는 붓을 들어 실제로 그은 선이므로 글자의 윤곽과 내부 공간 사이에 동떨어짐이 없다. 다시 말해 어떤 것의 복제인 동시에 그 자체로 완결성을 가진 글씨이다. 다만 공졸工拙, 즉 글씨를 잘 쓰고 못 쓴 차이만이 있을 뿐이다. 능필가라면 임모는 탁본·쌍구전묵과 비할 바 없는 훌륭한 '술術'(기술, 기예, 예술)이 되는데, 이 '훌륭함'에는 베낀 이의 몫도 어느 정도 포함되어 있다. 이것이 '잘된 모방'인가, 이 '재현'은 어떤 성격의 예술인가 하는 것은 꽤 복잡한 문제가 된다.

임모, 탁본, 트레이싱이라는 '술'의 예술적 성격에 대한 미학적 논의와는 별개로, 전달이라는 관점에서 보면 '전초'란 꽤나 불완전하다. 정도의 차는 있을지언정 전달자에 의한 개변이 가해질 수밖에 없기 때문이다. 그런 면에서 고문자학에서 송대의 전초 고문자 문헌들은 언제나 무시당해왔다. 기껏해야 이미 사라진 사료들에서 전사한 문자들이 실려 있어 자료적 가치를 인정받았을 뿐이다. 연구 자료로서 갖는 가치에 대한 평가를 제쳐둔다면, 이 자전들의 문화사적 가치는 결코 작지 않다. 이 문헌들은 송대 콘텐츠가 지닌 다양성의 폭을, 그리고 그

시대 사대부들의 옛것에 대한 관심
이 얼마나 성실한 것이었는가를 잘
보여주고 있다. 문헌의 주인공은 역
시 텍스트요, 한문 텍스트는 곧 한
자의 집적체다. 문치의 송宋, 그 빛
나는 성취에는 '문文'(문자) 자체에
대한 문헌도 한자리를 차지하고 있
었다.

이제 그 몇몇 예를 살펴보자.

곽충서郭忠恕는 오늘날에는 화가
로 유명하다. 그의 작품으로 전하는
〈눈이 갠 후 강 위로 배를 몰며〉(설
제강행雪霽江行)라는 그림에는 매우
정교하게 그린 배가 등장한다. 그는
특히 건조물의 구조가 잘 드러나게

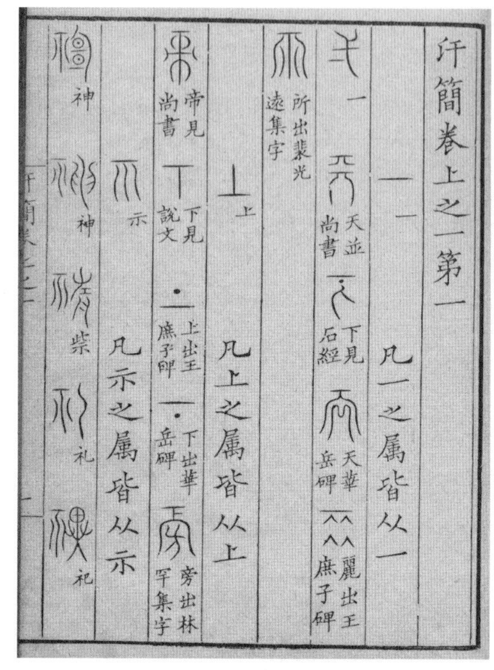

곽충서 『한간汗簡』. 청淸 강희康熙 42년(1703) 간본. 일
본 내각문고內閣文庫 소장.

그린 그림, 즉 계화界畫로 이름이 높았다. 하지만 그는 그림만 잘 그린
것이 아니었다. 오대십국과 송초에 걸친 시기에 고위 학술직을 여러
차례 지낸 당대의 종합적 지식인이었다. 이런 면모는 『한간汗簡』이라
는 저술에서도 잘 드러난다. '한간'은 불에 쐬어 진액을 빼서 글씨 쓰
기에 적합하게 가공한(이를 푸른 기를 뺀다는 의미에서 쇄청殺靑이라고 한
다) 대나무 조각(죽간竹簡)을 말한다. 진액이 송글송글 나오는 모양이
마치 땀(汗)을 흘리는 것 같아 이렇게 부른다. '한간'이라는 이름에서
이 책의 상고尙古(옛것을 높임)적 지향이 유감없이 드러난다. 자전의 형
식을 취하고 있지만 이 책은 온전한 사전이라고 하기 어렵다. 모양, 음,

     제2부 한자의 모양, 어떻게 이루어졌는가

뜻이라는 한자의 3요소 중 오로지 '형形' 즉 모양에만 집중하고 있기 때문이다. 이런 면에서『한간』은 문자학적 연구의 소산인 동시에 서화 창작을 위한 참고 자료이기도 하다. 후대에 나오는 많은 고문자 자전들의 선구가 되는 동시에, 부수를 중심으로 하는『설문해자』의 체제를 따랐다는 점에서 옛 형식의 계승자이기도 하다. 이러한 중간자적 면모는『한간』이 단순한 자료집이 아니라 그 자체로 주목할 가치를 지닌 독립 저작임을 보여준다.

사전으로서 좀더 진전된 형태의 송대 고문자 자전으로『고문사성운古文四聲韻』과『집전고문운해集篆古文韻海』를 들 수 있다. 제목에 모두 '운' 자가 들어 있는 데서도 알 수 있듯이, 이 자전들은 평상거입平上去入의 운韻에 따라 글자들을 분류한 것이 특징이다.『설문해자』의 부수 체제는 매우 복잡하기에, 한자의 운을 잘 알았던 옛날 사람들에게는 이런 체제가 검색하기에 더 편했을 것이다.『고문사성운』은『한간』과 마찬가지로 각 글자의 출전이 부기되어 있지만,『집전고문운해』는 출전 표시 없이 자형만 나열되어 있다. 그러나『집전고문운해』는 수록 자형이 매우 많아서 송대 고문자 자전 중 최대 규모를 자랑한다.

자료적 가치로 말하자면, 위와 같은 전초 사전보다 탁본 자체를 모아 엮은 자료집 쪽이 훨씬 귀중하다고 할 수 있다. 태종대의 연호인 순화淳化 연간에, 왕실에 전래되는 귀한 글씨들을 모아 목판에 새겨 궁궐 내 비각秘閣에 비치한 후, 그것의 탁본을 떠서 모아 편찬한『순화각첩淳化閣帖』은 이런 종류의 자료집 중 가장 오래된 것이다. 총 10권으로 이루어진 이 탁본집 가운데 6·7·8권이 왕희지, 9·10권이 왕헌지의 글씨에 해당한다.(원본 기준) 서성書聖 왕희지에 대한 당대의 높은 평가를 잘 보여주는 편집이다. 현재 원본『순화각첩』은 전하지 않으

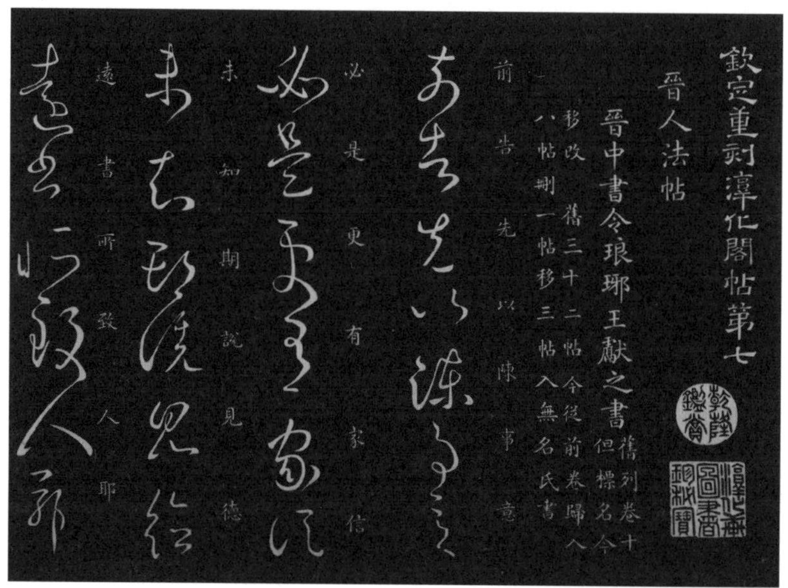

『순화각첩』 제7첩에서. 청 건륭乾隆 연간 중각본重刻本. 대만 국립고궁박물원 소장.

며, 송대의 번각본 일부가 남아 있다. 명청대에도 번각이 활발히 행해졌으며, 가장 널리 알려진 것으로 건륭제의 명으로 돌에 새겨서 북경 원명원 내 건물에 비치한 것을 들 수 있다. 비록 여러 번 다시 새겨져 원 모습과는 거리가 있으나, 왕희지의 원 글씨가 남아 있지 않은 지금 상황에서 『순화각첩』의 자료적 가치는 결코 작지 않다.

송대의 문화적 유산 3 – 송판 서적과 송체

목판 인쇄 기술은 송나라 이전에도 존재했다. 그러나 당나라 시기 목판 인쇄물은 한 장짜리 짤막한 불경 등 소략한 것이 대부분이었다. 당대唐代까지 문헌의 주된 형식은 두루마리였고, 또 사본寫本(필기구

제2부 한자의 모양, 어떻게 이루어졌는가

로 직접 쓴 책이나 문서)이 대부분이었으며, 인쇄물의 유통은 극히 예외적인 일이었다. 그 시대의 가장 중요한 텍스트였던 표준 유교 경전을 어떤 매체로 반포했는지 떠올려보자. 후한대, 삼국 위나라, 당대 모두 석경石經 즉 돌에 새겨 반포하지 않았는가. 이랬던 서적의 형태가 오대십국을 거치며 확 바뀐다. 송대에 들어서자 목판으로 인쇄된 코덱스codex(책자)가 대세로 자리잡았다. 식자층의 양과 질이 이전 시대와 비교할 수 없이 확대되었기에 사본으로는 텍스트에 대한 수요를 감당할 수 없었다. 바야흐로 목판 인쇄의 시대가 도래한 것이다.

이런 흐름을 추동한 가장 중요한 사회적 요인은 물론 과거제였다. 누가 과거에 합격했는지, 그리고 그 사람의 답안은 어떠했는지가 초미의 관심사였기 때문에, 합격 발표가 나자마자 답안지가 인쇄되어 팔리곤 했다. 구양수歐陽脩가 성시省試(지방시 합격자를 대상으로 실시하는 예부 주재의 중앙시)에 수석합격을 했을 때 지은 「사공장여지도부司空掌輿地圖賦」라는 짧은 글은 인쇄되어 2문이라는 가격에 팔렸다고 한다. 성시의 수석을 성원省元이라고 하고 진사시의 수석을 장원壯元이라 했는데, 이들이 답안으로 제출한 부賦인 성원부와 장원부를 이런 식으로 목판으로 찍어 판매하는 것이 북송대에는 흔한 일이었다. 나중에는 수석 합격자뿐 아니라 합격자 전원의 답안을 수록한 책이 출판되기도 했으며, 진사 합격자들의 인적 정보를 수록한 '소록小錄'이라는 합격자 명부가 팔리기도 했다. 남송 초의 『소흥십팔년동년소록紹興十八年同年小錄』은 주희朱熹가 합격한 해의 것으로 유명하다.

목판 인쇄의 수요는 과거시험 관련 출판물에 한정되지 않았다. 예컨대 문명文名이 자자했던 소동파의 시문은 생전에 이미 출판되어 팔리기도 했다. 당시에 출판업이 매우 융성했던 항주杭州에서 출판된 소

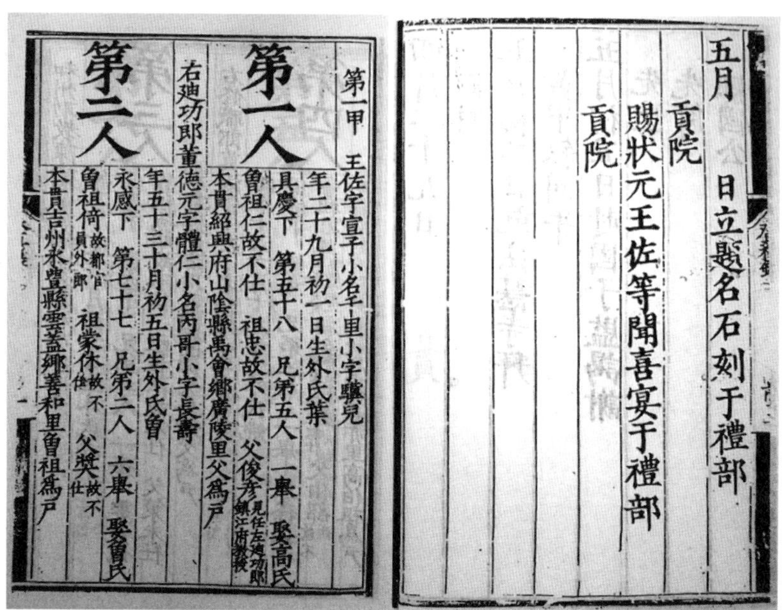

『소흥십팔년진사등과록紹興十八年進士登科錄』에서.

동파 문집에 조정을 비방하는 시가 수록되어 있어 크게 문제가 되기도 했다. 유명한 '오대시안烏臺詩案'에서 이 문집이 증거물이 된 것이다.[3] 이는 당대에 민간의 상업 출판이 존재했음을 말해주는 좋은 사례이다.

위의 예에서처럼 민간의 상업 출판도 분명 존재하긴 했지만, 송대 출판의 주류는 아무래도 지방의 관아나 서원, 불교 사원 같은 곳에서 이루어진 공적인 것이었다. 이는 명대 중후반 이후 상업 출판이 본격적으로 활발해지는 가운데 이루어진 출판과는 다른 점이다. 따라서 출판물이 유통되는 양이 적었지만 그 질은 매우 높았다. 당시의 책은 대량 생산, 대량 유통의 상품이라기보다는 소량 생산의 귀중품에 가까웠다. 목판 책자가 막 발달하기 시작한 초기였음을 감안해야 하며,

제2부 한자의 모양, 어떻게 이루어졌는가

또 아무리 식자층이 늘어나고 경제적으로 번성했다 해도 당시 사회구
조상 민간 식자층이 후대만큼 충분히 발달하지 않았던 점도 고려해
야 할 것이다.

지금으로부터 벌써 천 년 이전의 시기다. 송대의 목판 서적은 남아
있는 것 자체가 극히 드물다. 게다가 위에서 언급한 것처럼 그 질이 대
단히 높다. 종이와 먹의 품질, 인쇄에 들인 공력이 후대의 책에 비할
수 없을 정도다. 필자는 실제로 본 적이 없지만, 실물을 열람한 연구자
의 전언으로는 마치 어제 찍은 듯한 생생한 글씨의 먹색과 질기고 매
끄러운 종이의 품질에 놀라게 된다고 한다. 동양의 목판 인쇄는 판 위
에 종이를 놓고 문질러 인출하므로 프레스로 찍는 서양의 인쇄와 달
리 기술자의 솜씨에 그 질이 적잖이 좌우된다. 송대 목판은 판목 원
판을 새기기 위해 쓴 글씨(이를 '판하서板下書'라 부른다)가 유려하고 판
각版刻이 정교한 것은 물론, 종이에 문질러 찍는 기술 또한 최상급에
속한다. 물론 송판宋版이라도 물건에 따라 천차만별이며, 푸젠성의 판
본(민본閩本이라고 함)은 비교적 품질이 나빴다. 그렇다고 해도 전반적
으로 후대에 비해 서적의 질이 매우 높아, 잘 찍은 송판 서적의 경우
단순한 독서물을 넘어 그 자체로 완상의 가치를 지닐 정도다. 수효가
적은 데다 질도 높으니, 송판 서적은 매우 높은 골동적 가치를 지닌다.
중국과 일본, 미국 등에 소재한 유수의 도서관에서 송판 서적은 언제
나 대표 소장품으로 대우받고 있다.

여기에서 주목할 점은 송대 목판 서적의 글씨다. 위에서 이야기한
바와 같이 송대의 서적은 공들여 제작되었다. 이런 '정성들임'은 글씨
측면에서 다음 두 가지 특징으로 나타난다.

첫째, 판면版面 전체를 관통하는 글씨 흐름이 무척 자연스럽다. 알

파벳 문자와 달리 한자 및 한글은
활자로 인쇄하기가 어렵다. 제작해
야 할 글자의 수가 아주 많기 때문
이다. 그러므로 활자 특히 금속활자
인쇄 서적은 대단한 고가품이었다.
그래서 제대로 된 금속활자 서적은
각각의 글씨의 모양 및 새김이 매우
정밀하다. 그런데 각 글자가 아무리
아름다워도 글자 간의 연결성은 존
재할 수 없다. 이는 대량 유통을 위
한 목판본도 그렇다. 판각의 효율성
과 제작의 경제성을 고려한다면 글
자 모양을 표준화해서 같은 글자가
같은 모양이게 하는 편이 낫기 때
문이다. 그런데 고급 목판의 경우라

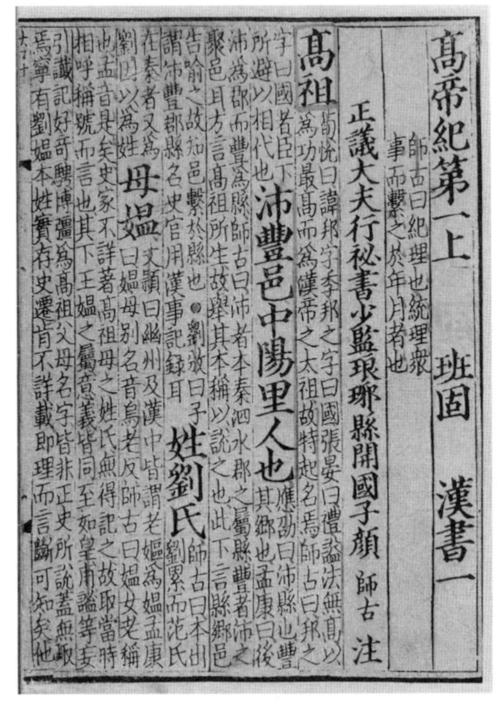

송판 『한서漢書』(경원慶元 간본), 제2책 「고조본기高祖
本紀」 첫째 면. 일본 국립역사민속박물관 소장.

면 다르다. 글씨를 잘 쓰는 사람이 한 판면의 글씨를 죽 이어서 써서

제작하는 것이 가능하다. 이렇게 써서 새긴 목판의 경우 한 판면 내

의 '흐름'이 존재할 수 있다. 송판의 경우 종종 이런 경우를 볼 수 있

다. 이렇게 제작한 목판 서적은 마치 잘 쓴 사본을 보는 듯한 착각을

불러일으킬 정도이며, 이런 책은 '읽는' 차원을 넘어 '본다'고 하는 것

이 더 적절할 독서 경험을 선사한다.

둘째, 이렇게 잘 '써서' 잘 '새긴' 송판의 글씨를 송체宋體(혹은 송조

체宋朝體)라 부른다. 송체는 한자 인쇄체의 역사상 가장 앞자리에 선

글자체이다. 인쇄 글자체이긴 하지만, 위에서 말한 송대 목판의 특성

　　　　　　　　　　제2부 한자의 모양, 어떻게 이루어졌는가

때문에 손글씨의 맛을 진하게 풍긴다. 특히 어떤 경우 넉넉하고 근엄한 안진경이나 유공권柳公權 서체를 계승한 듯한 멋을 품고 있기도 하다. 명대와 청대의 목판 인쇄체는 기본적으로 송대의 그것을 계승했지만, 인쇄의 실용에 맞춘 변용이 많았다. 그렇기에 송체는 단순히 선구자로서 갖는 가치뿐 아니라 시대를 초월한 미적 가치 또한 지닌다. 마치 손글씨를 보는 듯한 둥글림이나 삐침의 멋은 후대의 글씨가 따라잡기 힘든 면모다. 이에 근대에 들어 송체를 발전시켜 계승한 '방송체仿宋體'(송체를 모방한 서체)가 나타나 현대 중국 인쇄체의 중요한 한 흐름을 형성하기도 했다. 송대는 목판 인쇄가 본격적으로 흥기하기 시작한 때다. 사본의 시대에 비할 수 없을 정도로 서적의 양이 늘어난 시기다. 송대 목판은 한자의 양 자체를 극적으로 늘렸다. 따라서 송체는 한자 모양의 역사에서 결코 빼놓을 수 없는 중요한 단계가 된다.

송체宋體, 문文의 주봉主峰

필획의 발전이 극치에 다다른 당唐은 곧 서書의 시대였다. 그러나 한자의 이상은 더 높은 경지의 문文을 소망했다. 북송은 바야흐로 문치文治의 시대. 강력한 힘과 높은 교양을 모두 손에 쥔 황제를 중심으로, 고대의 이상 정치에 대한 열망과 문치의 실행자로서 자부심을 지닌 수많은 사대부들이 현세에 문文의 이상을 이루고자 힘을 합쳤다. 그리하여 그들이 이룩한 송사대서와 송판의 문화는 유구한 한자의 역사 속에서 우뚝하고 문채 나는 주봉을 형성하여 송체라는 영원의 이미지를 후대에 남겨주었다. 이 장에서는 그 주봉이 선 역사적 지형과 봉우리의 아우트라인 그리고 그 세부를 채운 준법을 그려내보았다. 그런데 정예로운 인쇄가 탄생한 이 '문'의 시대에도 그 정화는 역시 손글씨였다. 아래에서는 그중 두드러진 아름다운 꽃봉오리, 소동파와 황정견의 글씨를 살펴보려 한다.

 제2부 한자의 모양, 어떻게 이루어졌는가

부賦. 소식蘇軾 〈전적벽부前赤壁賦〉 중에서. 서두의 문징명文徵明 보사補寫 부분.
북송北宋 원풍元豊 5년(1082년)

소동파가 펼쳐낸
유한 속 무한 세계

명월, 영원한 그 이름

서울 홍익대 앞에 명월관이 있었다. 1990년대의 홍대 앞은 새로운
놀거리를 찾아 헤매던 당대의 힙스터들이 모여 자아낸 특유의 달뜬
분위기가 넘쳤고, 그 중심엔 음악이 있었다. 나중에는 댄서블한 테크
노 뮤직이나 걸쭉한 힙합이 유행했지만, 90년대 초중반만 해도 얼터
너티브 록이 대세였다. 피시통신을 쓰던 시절 이야기다. 너바나Nirvana
나 소닉유스Sonic Youth의 음악은 엘피나 카세트 테이프 아니면 어쩌
다 케이블TV 채널에서 나오는 뮤직비디오를 통해 접할 수밖에 없었
지만, 크라잉넛이나 델리스파이스, 언니네이발관 등 인디 밴드의 연주
는 홍대 앞 클럽에 가면 직접 눈으로 보고 들을 수 있었다. 그래서 '홍
대 클럽'들이 당시의 핫스팟이었다. 대개 지하에 있던 그곳들은 창창
한 앞날이라고는 영원히 오지 않을 것만 같던 눅눅한 젊은 오늘에 썩
어울려, 담뱃진에 절고 어둑어둑해도 왠지 마음 편안한 공간이었다.

그렇지만 미제 맥주를 홀짝거리기 좋다는 얼빠진 이유로 드나들었던 나 같은 얼치기 스노브조차도 뭔가 새로운 것이 꿈틀거리고 있는 듯한 분위기만큼은 확실히 느낄 수 있었다. 발전소, 드럭, 프리버드, 재머스 등의 라이브 클럽들이 생겼다 없어졌고, 맨 먼저 시작하여 가장 오래 버티던 명월관도 코로나 팬데믹과 함께 사라졌다. 그리고 한 손엔 쿠어스를, 한 손엔 럭키스트라이크를 들고 음악을 들으며 하릴없이 밤을 보내던 청춘들은 중년이 되었다.

광화문 남쪽에 명월관이 있었다. 홍대 명월관에 비하면 얼추 백여 년 전에 영업했던 한국 최초의 요식업소이다. 창업자는 조선 왕실의 음식을 담당하던 궁중 관리였던 안순환安淳煥. 그는 나라의 몰락과 더불어 몸담고 있던 궁내부宮內府가 폐지되자 퇴직 후 재빨리 민간의 업자로 변신했다. 전문가가 만든 요리와 그것을 즐길 수 있는 공간을 돈을 받고 제공하는 근대적 의미의 상업 음식점은 이곳 이전에는 우리나라에 존재하지 않았다. 왕실의 음식을 민간에서 맛보는 것은 그 전에는 상상하기도 어렵던 일이라, 명월관은 금세 장안의 명소가 되었다. 3·1 운동 때 민족대표들이 모여 독립선언을 했던 인사동의 태화관이 명월관의 분점이다. 독상 위주였던 전래의 형식을 바꿔 교자상에 여럿이 겸상하여 먹는 상차림, 즉 지금 우리가 '한정식'이라면 으레 떠올리는 테이블세팅 방식 또한 명월관 이후 유행하게 된 것이다. 요컨대 안순환은 시대를 잘 읽고 자신의 노하우를 살려서 사람들이 좋아할 만한 새로운 형태의 음식 문화를 개발하여 제시한 사업가였다.

그의 문화 사업은 요리에 그치지 않았다. 극장 원각사圓覺社 사장을 지내기도 했고, 고려 말 성리학 도입의 선구자였던 안향安珦의 후손이라는 점을 내세워 유교 부흥 운동을 벌이기도 했다. 그의 문화적

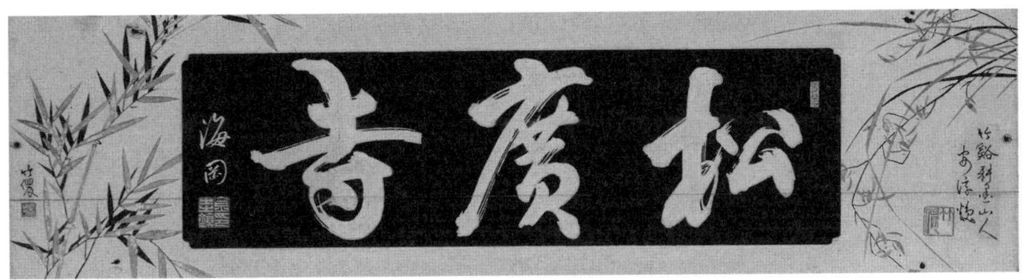

송광사 현판. 글씨 해강 김규진, 그림 죽계경묵산인竹谿耕墨山人 죽농竹儂 안순환. 송광사 삼청교三淸橋 우화각羽化閣 내.

감수성을 잘 보여주는 예로 서화가 해강海岡 김규진金圭鎭과 합작으로 제작한 현판을 들 수 있다. 고란사, 마곡사, 전등사, 보석사, 백양사, 법주사 등 전국의 유명 사찰에 걸려 있는데, 모두 모양이 비슷하다. 김규진이 쓴 큰 글씨의 절 이름 석 자를, 안순환이 그림을 그려넣은 액자 부분이 감싸는 양식을 취하고 있다. 순천 송광사松廣寺 현판도 그러하다.

액자 부분을 좌우로 늘이고, 흰 바탕에 꽃이 여럿 맺힌 난초의 일종인 혜초와 대나무를 채색으로 그려 새겨서 매우 화려하다. 거기에 자신의 이름과 호를 쓰고 인장까지 크게 넣었다. 종래의 단순한 프레임에 불과했던 액자에 과감하게 디자인적 요소를 도입하고 비슷한 타입으로 여럿 만들어서 일종의 문화 상품으로 만든 데다 제작자인 자신의 이름을 새겨넣은 것은 영락없는 근대적 문화 기획자의 면모이다. 그는 영리했다. 파격을 취하여 주목을 끌되 수요자의 취향을 거스르지 않는 범위 내에서만 움직였다. 디자인의 넘침은 매란국죽 사군자라는 지극히 통속적이고 안전한 주제로 중화된다. 과연 명월관의 주인다운 스탠스다. '명월'이라는 이름이야말로 동양적 키치의 끝판왕이기 때문이다. 밝은 달(명월明月) 바라보고 맑은 바람(청풍淸風) 쐬며 노니는 정취. 지극히 유서 깊어 유래를 캘 수 없고 누구나 들먹여 주창자조차 찾기 힘든 이 테마를 이야기하자면, 역사상 이를 가장 잘 소화하여 형상화한 예술가, 동파東坡 소식蘇軾 즉 소동파를 소환해야만 한다.

적벽부赤壁賦, 무진장의 즐거움을 노래하다

1082년 음력 7월 16일, 황주黃州에 유배 중이던 동파는 지역 명승지인 '적벽赤壁'으로 뱃놀이를 나섰다. 적벽은 삼국시대 조조 군과 유비 – 손권 연합군이 맞붙은 옛 전쟁터로 이름 높지만, 황주의 이곳은 사실 적벽대전의 현장은 아니었다(이곳은 현재 따로 '동파적벽'으로 불리고 있다). 그러나 동파의 이러한 착각 덕에 우리는 역사에 길이 남을 절창을 얻게 되었다.

보름을 갓 지나 휘영청 밝은 달이 뜬 이날 밤, 동파는 붉은 벼랑가 너른 강물로 배를 띄웠다. 시원한 바람 살랑살랑 부니 수면 가득 잔물결에 달빛이 가득하다. 초가을 맑은 바람이야 매해 쐴 수 있는 기상이고, 보름 무렵 밝은 달이야 매달 맞이할 수 있는 천체이지만, 이 두 친구를 오롯이 마주하며 새삼스레 느낄 수 있는 최상의 무대가 마련된 것이다. 청풍과 명월이라는 클리셰는 널렸어도, 이 두 주제에 이토록 진중하게 집중한 작품은 〈적벽부〉 말고는 그리 많지 않다.

말이 나온 김에 〈적벽부〉에 등장하는 '손님'에 대해 생각해본다. 〈적벽부〉를 그린 그림은 고금에 많다. 유명한 것으로 대만 타이베이 국립고궁박물원에 소장된 금金나라 무원직武元直이 그린 것과 한국 국립중앙박물관에 있는 안견安堅의 작품으로 전하는 그림을 들 수 있다.

 제2부 한자의 모양, 어떻게 이루어졌는가

<적벽도>(부분). 금金 무원직 필筆. 대만 국립고궁박물원 소장.

　<적벽도>의 배는 뱃사공과 시중드는 동자 이외에 대체로 세 명의 유람객을 태우고 있다. 그중 한 명은 당연히 소동파이고, 나머지 두 명은 <적벽부>에 등장하는 '객客', 즉 소동파와 대화를 나누는 화자 및 통소를 연주하는 이에 해당한다. 이 둘은 당시 동파와 실제로 함께했던 손님일 것이다. 그러나 <적벽부>에는 이들의 신상을 직접적으로 드러내는 어떠한 문구도 없다. 심지어 자세히 읽어보면 '객'이 몇 명인지조차 모호하게 처리되어 있어서, 통소를 부는 이와 대화를 나누는 이가 동일인인 것 같기도 하다. <적벽부>가 당시 유람의 실제를 기록한 일지가 아니고 문학 작품인 이상, 그 속의 '적벽'은 실제 황주 '동파적벽'이 아닌 만고의 두 짝 청풍과 명월을 마주하기 위한 잘 차려진 무

〈적벽도〉(부분). 전傳 안견 필筆. 국립중앙박물관 소장.

대가 될 것이요, 대화를 주고받는 객은 환한 얼굴의 친구 밝은 달, 퉁소를 '부는(吹)' 객은 천뢰天籟의 소리를 내는 맑은 바람의 의인화이지 않을까. 유배 중의 외로운 자신을 멀리서 찾아와 위로하고 유람의 자리까지 마련해준 고마운 친구도 물론 정말 있었을 것이다. 그렇다 해도, 아니 그렇기에 동파는 초라한 유배지의 집에서 허다한 밤을 자신과 함께한 청풍과 명월이라는 친구들에게 새삼 고마움을 느꼈을지 모른다. 그림 속의 배 위에 동파 한 명만 있다면 적잖이 쓸쓸한 화면이 될 것이다. 그러나 글 속의 객을 실제의 손님으로만 여긴다면 그 또한 속 좁은 독해가 아닐까. 아무려나 이 문제는 열린 해석의 장으로 남겨놓고, 이제 이들이 함께 보낸 하룻밤의 정경을 좀더 깊게 살펴보자.

〈적벽부〉는 다음과 같이 크게 네 부분으로 나뉜다.

　　　　제2부 한자의 모양, 어떻게 이루어졌는가

① 도입. 시간적·공간적 배경 설명 후 『시경』「진풍陳風」〈월출月出〉을 읊음

② 발전. 취흥이 도도하여 우화등선羽化登仙의 흥취를 느껴 뱃전을 두드리며 노래함(부賦풍의 짧은 자작시)

③ 절정. 처연한 음률의 통소 연주와 그에 대한 토론. '객'은 그것이 삶의 유한有限에 대한 애상의 발로라 말하고, 그에 대해 동파는 주인 없고(無主) 다함없는(無盡) 명월과 청풍을 지금 우리가 누리고 있지 않느냐고 설파함

④ 마무리. 기쁘게 정취를 나누며 밤새 모임을 가짐

일종의 긴 산문시 〈적벽부〉에는 두 편의 시가 들어 있다. 첫째 시는 그저 제목만 나오고 둘째의 자작시에는 가사의 인용이 있다. 맑은 가을 하늘에 뜬 만월, 그리고 그 온전한 광원이 셀 수 없이 많은 이슬처럼 부서져서 작은 분신이 되어 수면 가득 빛나고 있는 황홀한 공간 속에서 시 즉 노래의 주제는 자연스레 달이 되었다. 지식인답게 먼저 고전古典으로 시작한다. 먼저 『시경詩經』의 시를 읊는 데서 출발한 흥취는 이내 취기와 함께 이들을 천상의 공간으로 데려 놓는다. 둘째 시에서 강물에 뜬 이들의 일엽편주는, 빛이 되어 흐르는 은하수를 거슬러오르는 신선의 배가 된다. 이 대목에서 음률이 등장한다. 시에 화답하여 함께 있던 어떤 이가 통소를 분 것이다. 원망하는 듯한, 사모하는 듯한, 흐느끼는 듯한, 호소하는 듯한, 끊어질 듯 끊어지지 않고 이어지며 마치 깊은 물속의 교룡을 일으켜 춤추게 하고 홀로 있는 여인을 눈물짓게 할 듯한, 뭐라 형언하기 어려운 그 소리. 어떻게 그럴 수 있을까? 객의 설명은 이렇다. '이곳은 저 옛날 영웅인 조조가 대군을

이끌고 와 창 자루 옆에 끼고 술잔 기울이며 시를 읊은 곳이 아닌가. 그런데 그랬던 그는 지금 어디에 있는가. 하물며 그대와 나 같은 평범한 사람이랴. 광막한 천지간에 잠시 생을 영위하는 미미한 존재로서 저 강과 달의 무궁함을 얻을 수 없음을 알기에 이런 구슬픈 소리가 나는 것이로다.'

이에 소동파는 이렇게 답했다.

그대도 저 물과 달에 대해 알지 않소. 이처럼 흘러가도 아예 가버리진 않고, 저처럼 차고 기울어도 끝내 다 없어지지도 더 늘어나지도 않는다오. 변함의 차원에서 보자면 천지란 한순간도 그대로일 수 없겠지만, 변하지 않음이라는 관점에서 보자면 외물과 나는 서로 더불며 그 관계에 끝이란 전혀 존재하지 않으니, 다시 무엇을 부러워한단 말이오. 또한 천지간 사물에는 모두 주인이 있어 내 것이 아니면 터럭만큼도 취할 수 없지만, 오직 강 위로 부는 맑은 바람과 산 위로 떠오르는 밝은 달만은 귀로 그 소리를 듣거나 눈으로 그 모습을 보는 것을 그 누구도 금하지 않고 아무리 보고 들어도 다하지 않으니, 이는 곧 조물자가 다함없이 갈무리해둔 것을 나와 그대가 함께 향유하는 것이라오.

이 모순의 수사 속에서 찰나와 영원, 주관과 객관은 아름다운 일체가 되었다. 이렇게 이야기한다고 저 밝은 달이 어찌 지지 않겠으며 이 푸른 물이 어찌 흘러가버리지 않겠는가만, 적어도 맑은 풍류의 상징으로서 청풍과 명월은 한자 문화권의 다함없는 향유물로 남게 되었다. 20세기 조선 반도 광화문의 식객과 홍대 앞의 히피까지 즐겁거늘 〈적벽부〉 속 인물들은 어떠했겠는가. '소자蘇子'(작품 속 화자인 소동파)

　　　　제2부 한자의 모양, 어떻게 이루어졌는가

와 '객客'(작품 속 또다른 화자), 이 둘 아니 셋 아니 하나는 권커니 잣거니 동이 터오는 줄도 모른 채 유한 속의 무한이 탄생하는 순간을 즐겼다.

부賦 ─ 시와 산문 사이

〈적벽부〉의 명성은 고전 문어文語로 창작 향유되는 한문학이 사라진 오늘날에도 그 여운이 남아 있을 정도로 높다. 어떻게 이런 영광이 가능했을까? 물론 소동파 개인의 뛰어난 창작 역량을 맨 먼저 꼽아야 할 것이다. 그러나 내용과 수사 면에서 위와 같이 휘황한 성취를 가능케 한 더욱 근본적인 동인으로서 형식에 대한 고민과 그로 인한 본질적 전환을 들어야 한다. 소동파는 그의 선배 구양수와 함께 송대 고문古文 문학의 대표 주자다. 평생 엄청난 양의 작품을 창작했던 소동파의 문학 세계를 '고문'이라는 카테고리만으로 한정짓기는 무리이지만, 어쨌든 그는 전아한 옛 전통 산문의 맥을 이으면서도 참신한 비유와 담담한 표현을 아우르는 새로운 경지의 문장을 선보인 한문학상의 거인임엔 틀림없다. 소동파의 성취는 '부'라는 장르에서도 우뚝했으며, 가장 빛나는 예가 바로 〈적벽부〉다.

재물을 가리키는 '패貝'와 소릿값 '무武'로 구성된 글자인 '부賦'는 원래 세금을 가리키는 말이었다. 그리고 이 세금이라는 뜻과 연관되어 이 글자가 동사로 쓰이면 '징수하다', '부과賦課하다'라는 뜻을 갖게 된다. 하늘이 준 타고난 능력을 '천부天賦적 재능'이라고 하는 것에서 알 수 있듯, '주다'라는 뜻도 이와 관련되어 있음을 쉽게 알 수 있다.

'부'는 문학 용어이기도 하다. 유교 경전이자 가장 오래된 시가 모음집인 『시경』의 시들은 전통적으로 '부비흥賦比興'의 세 가지 서술 방식으로 구분되었는데, 이 가운데 부는 어떤 정경이나 사물을 있는 그대로 서술하는 기법을 가리켰다. 나중에는 독립된 장르로 발전하게 된 부는 한대에 특히 성행했다.

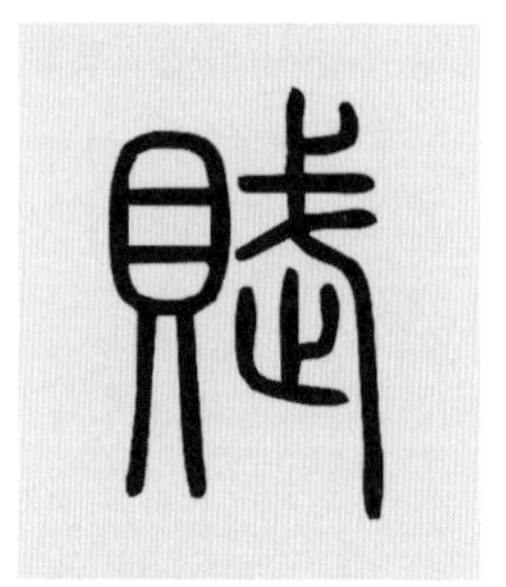

『설문해자』
소전체小篆體 부賦

이 '부'라는 장르를 한자로만 이루어진 언어(현대 중국어나 고전 한문)를 사용하지 않는 사람에게 설명하기란 무척 어렵다. 부는 한문 특유의 장르로서 시와 산문 사이 중간 어딘가에 위치한다. 정형의 글자 수를 지키지 않는다는 점에서 분명 시는 아니다. 그러나 형식적 면모가 아예 없는 산문인가 하면 또 그렇지도 않다. 대구가 무척 많이 나오며,

〈저초문詛楚文〉 부賦

풍부한 비유와 화려한 수사로 인해 일반 산문과 전혀 다른 인상을 풍긴다. 시처럼 자리를 엄격하게 지키진 않으나 운자韻字도 종종 사용한다. 이로 인해 시가 아니면서도 풍부한 리듬감을 갖는다. 시가 작자의 심정이나 사물의 정취를 직접적으로 드러내는 경우가 많은 데 비해서 부는 어떤 정경을 길게 풀어 묘사하는 데 특화되어 있다는 점 또한 중요한 차이다. 즉, 부는 각기 고유한 소릿값과 높낮이를 가져 그 나열만으로도 운율이 쉬이 생기는 한문(고전 문어체 중국어) 특유의 시적 산문이다.

'부'의 원형은 초사楚辭에서 찾아볼 수 있으며, 초 문화의 영향을 짙게 받은 한대에 부가 크게 성행했다. 대표적인 작가로 사마상여司

       제2부 한자의 모양, 어떻게 이루어졌는가

馬相如를 들 수 있다. 『사기』에도 실려 있는 그의 작품들은 장대한 구상과 화려한 수사로 고전적 부가 지닌 아름다움의 극치를 보여준다. 엄격한 대구와 화려한 수사는 한나라를 이은 남북조시기에 더욱 성행하여 변려문으로 발전한다. 변려문이 성행한 이 시기의 부는 그 형식미가 극에 달했다. 남북조의 형식미에 반발하여 당나라 중기에는 한유와 유종원 등에 의한 고문古文 산문의 혁신이 있었다. 송대 고문파인 소동파의 〈적벽부〉는 부의 지나친 형식미를 제거하고 그 장르의 원래 장점인 '서경敍景'(정경을 서술함)에 충실했다. 그리고 대구 등 전통적 부의 기법을 활용하되 수사에 매몰되지 않고 참신한 비유와 기발한 아이디어를 담는 도구로서 적절한 묘미를 갖도록 세심히 안배했다.

이와 같이 〈적벽부〉는 전통과 혁신, 그리고 중용과 파격이라는 양가적 가치를 함께 지닌다. '명월'과 '청풍'이 진부함의 구렁텅이로 떠내려가지 않도록 붙잡아주는 튼튼한 닻줄이 바로 그 원천, 〈적벽부〉에 매여 있다.

앞에서 당대唐代를 언급하며, 옛것을 진지하게 고찰하면서 그 진지함을 끝까지 밀어붙여 오히려 새로움의 경지를 연 안진경의 글씨와, 행초의 전통 위에 서 있었으나 자신을 표현하는 자유에 더욱 몰두했던 회소의 글씨를 살펴보았다. 이들의 이런 성취의 배경에는 그 선배인 초당初唐 삼대가, 즉 구양순, 우세남, 저수량의 글씨가 있었다. 또한 이들 글씨의 문화적 가치를 온전히 음미하려면 동시대의 이백과 두보의 시, 그리고 조금 후대의 고문가古文家의 문학 또한 찬찬히 살펴보아야 할 것이다. 소동파 또한 마찬가지다. 그의 문학을 가능케 한 것, 그가 이어받으려 한 것, 그리고 그가 변혁하려 한 것이 무엇이었는가

得託遺響於悲風蘇子
曰客亦知夫水與月乎逝者
如斯而未嘗往也盈虛者
如彼而卒莫消長也蓋將
自其變者而觀之則天地
曾不能以一瞬自其不變
者而觀之則物與我皆無
盡也而又何羨乎且夫天地
之間物各有主苟非吾之
所有雖一毫而莫取惟
江上之清風與山間之明
月耳得之而為聲目遇
之而成色取之無禁用之
不竭是造物者之無盡藏
也而吾與子之所共食客喜
而笑洗盞更酌肴核
既盡杯盤狼藉相與枕
藉乎舟中不知東方之既
白

소식蘇軾 필筆 〈전前적벽부〉(부분). 대만 국립고궁박물원 소장.

를 잘 보아야 할 터이다. 그런데 소동파가 이전 시대의 문예인들과 달랐던 것은 그가 글과 글씨 두 방면 모두에서 독자적 세계를 구축한 종합적 문예인이었다는 점이다. 송대는 사대부土大夫의 시대. 학문과 문학과 글씨를 겸비했던 사대부 가운데 문학 방면의 대표자가 곧 소동파다. 그런데 그 글씨의 가치는 문학적 성취에 비하면 그다지 알려져 있지 않다. 위에서도 살펴보았지만, 그의 문학은 압도적 개성과 수사적 성취는 물론, 전통 또한 충실히 계승한 것이었다. 그리고 무엇보다 그 스스로 가장 우뚝한 전통이 됨에 따라, 그의 문학에서 개성만 보아내기엔 무리가 따른다. 소동파라는 개인, 그 내면의 깊은 심연, 그의 진정한 개성을 엿보려면 글씨를 보아야 한다.

〈적벽부〉도 소동파의 글씨로 전한다. 대만 국립고궁박물원에 소장된 유물이 그것이다. 발문跋文에 의하면 쓰게 된 사정은 이러하다. '이 부는 작년에 지은 것으로 남에게 쉽게 내보이지 않아 본 사람이 한두 명에 지나지 않는다. 그런데 친구인 부요유傅堯兪가 사람을 보내 요사이 쓴 글을 구하기에 직접 써서 준다. 그는 나를 아끼므로 깊이 감추어 두고 내보이지 않을 것이다.' 즉, 이 글씨는 〈적벽부〉를 지은 다음 해인 1083년에 쓴 것임을 알 수 있다. 〈적벽부〉는 하룻밤의 일을 서술한 것이고 그 흥취 또한 대단히 호방하지만, 읽어보면 알 수 있듯이 결코 가벼운 소품이 아니며 창작하는 데 매우 고심했음을 짐작할 수 있다. 이런 득의작을 아무에게나 내보이고 싶지 않았을 것이다. 이 글씨를 주고받은 둘 사이가 지극히 가까운 사이였음을 미루어 알 수 있다. 그러므로 이 〈적벽부〉의 글씨는 소동파의 글씨치고는 조심스럽고 절제된 아취를 풍긴다. 물론 그렇다고 딱딱한 것은 아니며 작품의 내용에 맞게 유려한 맛 또한 적지 않다. 다만 그의 글씨의 개성과 맛이 충분히 드러나 있다고 하기는 어렵다. 소동파의 위대함이 가장 찬연히 드러난 천고의 문학 걸작에서 글씨의 맛을 오롯이 느끼기 어렵다는 것은 아이러니다. 그의 글씨의 맛은 문학적으로 '덜 중요한' 글에서 찾아야 한다.

소동파의 글씨 1
― 〈차변재운시次辯才韻詩〉, 용정龍井의 맑은 노래

중국 저장성浙江省(절강성) 항저우杭州(항주)의 시후西湖(서호)는 호수 자체의 풍광도 뛰어나지만 주변에 명승지도 많다. 그중 링인스靈隱寺(영은사) 남쪽 사자봉獅子峰 아래 골짜기에 위치한 룽징춘龍井村(용정촌)은 청아하고 감미로운 명차인 용정차의 원산지로 유명하다. 큰 관광지인 시후에서 가깝고 차원茶園 특유의 청록빛 가득한 풍광도 훌륭하여 차를 애호하는 사람들이 곧잘 방문하는 곳인데, 이곳에 동파 소식과 밀접한 유적이 있으니 바로 과계정過溪亭이다. '과계'란 시

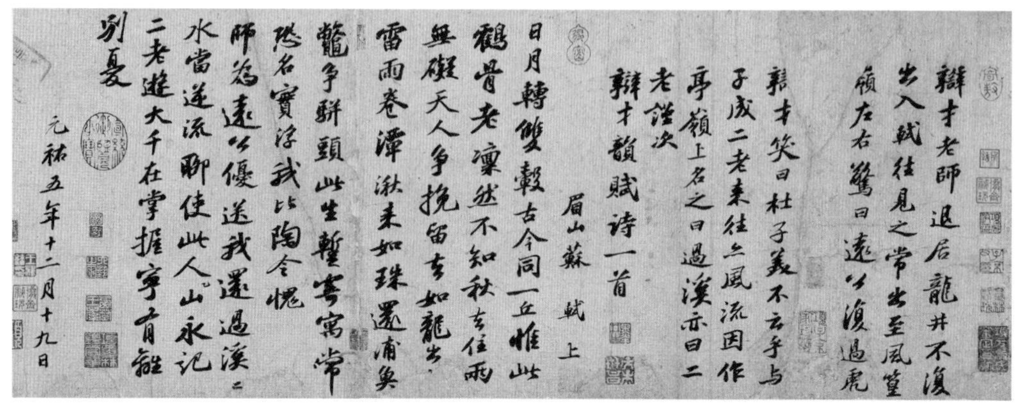

소식 필 〈차변재운시〉. 대만 국립고궁박물원 소장.

내를 지난다는 뜻이다. 룽징춘에서 시후 쪽으로 나오는 길 중간에 룽홍젠龍泓澗(용홍간)이라는 작은 내가 있는데 그 건널목에 지어진 정자이다. 송대의 고승 변재辯才는 용정에 은거 정진하며 이 시내를 건너지 않으리라 맹세했다고 한다. 이는 남북조시대 동진東晉의 혜원慧遠이 루산廬山(여산) 둥린스東林寺(동림사)에 머물며 산의 경계인 후시虎溪(호계)를 건너지 않았다는 고사를 본받은 것이다. 그런데 방문했다 떠나는 소동파를 배웅하다가 자신도 모르게 내를 건너게 되었다. 주위 사람들이 이에 놀라자, 웃으며 두보가 어느 승려에게 준 ‘우리가 서로 왕래하는 것 또한 풍류가 된다’라는 시구를 인용하면서 동파와 자신의 관계를 비유했다. 그러고는 그곳에 과계정이라는 정자를 지었다. 대만 국립고궁박물원의 〈변재에게 차운次韻하여 준 시〉(차변재운시次辯才韻詩)라는 작품(이하 〈변재시〉)은 이것을 기념하여 소동파가 변재에게 써서 준 시고詩稿이다.

먼저 앞에 이 시를 짓게 된 위와 같은 사정을 길게 제목으로 쓰고

"미산眉山 소식蘇軾 올림"이라고 한 다음, 이어서 시 본문을 쓰고 마지막에 1090년 12월 19일이라는 날짜를 기록하여 마무리했다. 앞부분의 배경 서술이나 시 본문 모두 담담하고 평이하다. 용정차의 향기 높으나 산뜻 담박한 맛처럼 운치 높으면서도 소탈한 이야기이다. 불도佛道와 문학 양 방면의 명인이 만나 고매한 정신세계를 나눈 장면이지만, 이 또한 얽매임 없는 오고감에 불과한 것이었다. 그 탈속적 상쾌함에 기분이 가벼워진다. 시 또한 지극히 평범하여, 변재의 무애無礙(거칠 것 없음)한 거취, 그럼에도 평소의 금칙을 깨면서까지 자신을 송별해주는 행위에 대한 상찬을 담백하게 노래했다.

수행을 위해 자신을 한자리에 봉인한 변재, 그리고 귀양과 지방부임을 여러 차례 겪으며 원치 않는 타향 생활을 반복했던 소동파에게, 머물고 떠남이란 곧 삶 자체였으리라. 또한 송별시는 문인의 일상이다. 그러므로 이 시고의 글씨는 지극히 소탈하며 편안하다. 약간 납작하면서도 왼쪽으로 심하게 기운, 즉 우상향의 동세가 강한 글씨의 모양은 소동파 글씨의 투식이다. 이런 자형이 작품 전편에 두루 퍼져 있어 소동파의 글씨임을 한눈에 알 수 있다. 다소의 리듬감은 있으나, 전반적으로 글자 크기들도 고른 편이다(제목 부분과 시 본문 부분의 크기 차이는 있음). 작품의 개성은 오히려 세부, 특히 획의 질에서 드러난다. 그러나 이 개성 또한 차별화를 의식적으로 모색한 것이 아닌 편안함에서 오는 자연스러운 귀결일 뿐이다.

맨 첫 줄의 '거居'를 보자.

제3획인 왼쪽 아래로 비스듬히 길게 내린 획은 마치 한대의 간독을 연상케 하는 소박함을 보인다. 글자의 나머지 획들이 모두 가는 데 비해 이 획은 적잖이 힘을 주어 굵다. 그런데 그 굵어지는 양상이 자

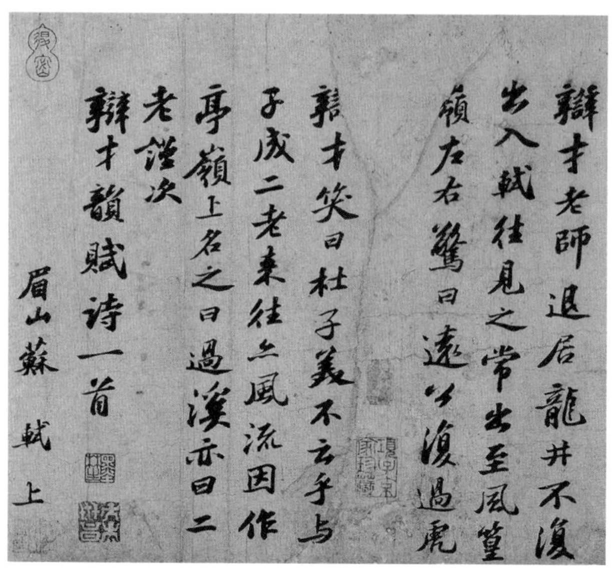

〈차변재운시〉의 제목 부분.

〈차변재운시〉 거居

〈차변재운시〉 영嶺

못 흥미롭다. 당나라를 거치며 충분히 숙성한 해서의 그것과 딴판이기 때문이다. 기필起筆(붓놀림의 시작), 송필送筆(붓을 진행시켜 보냄), 수필收筆(필획을 거두어들임)의 3단계라는 해서 필획 구축의 고전적 전형이라는 측면에서 보면, 이 획은 표준에서 벗어나 있다. 즉, 송필부와 수필부가 두루뭉술하게 통합되어, 마침내 인공적 필획이 아닌 중력을 받아 비스듬히 늘어진 길쭉한 관엽식물의 이파리처럼 보이는 것이다. 물론 그 조형적 결과는 우수하다. 절제된 고전미의 해서보다 이런 획이 이 작품에 더 어울릴지도 모른다. 이 고졸함과 유연함은 송별시의 탈속적 일상성과 잘 맞는다. 이런 관점에서 보자면, 제1행의 '불不'의 마지막 획, 제2행 '입入'의 둘째 획 같이 오른쪽 아래로 내린 획들의 모양 또한 행서적 유려함에서 나왔을 뿐 아니라 편안한 고졸함까

제2부 한자의 모양, 어떻게 이루어졌는가

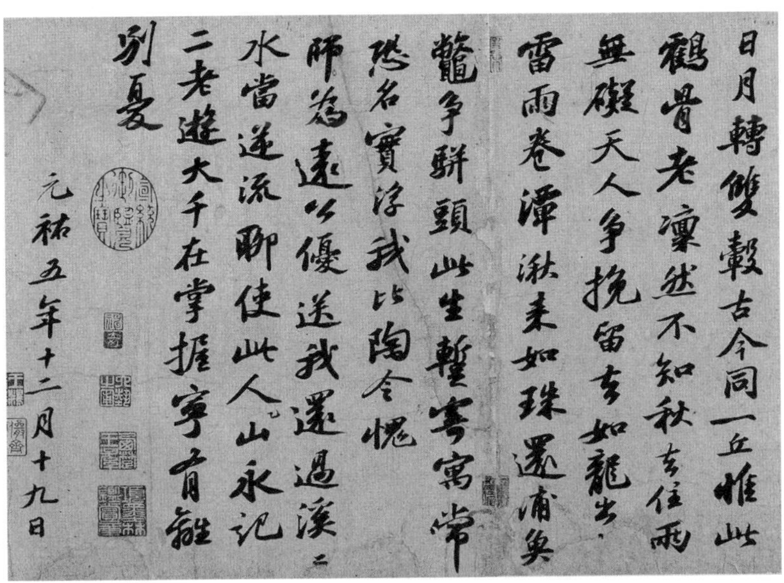

〈차변재운시〉의 시詩 부분.

지 함께 갖추고 있는 것이라 이해할 수 있다.

획이 모여 이루어진 구조물인 글자도 마찬가지다. 본 시 첫 행, 작품 전체로는 제10행 제3자인 '전轉'을 보자. '수레 거車'의 아래 가로획이 지나치게 길다. 조화로운 균형미보다는 한 글자 한 글자 쓰는 흐름의 자연스러움에 붓을 맡긴 결과이다. 이러한 균제미의 상실은 작품 곳곳에서 보인다.

제목 부분의 제6행 제2자인 '영嶺'의 '영令'도 첫 획이 너무 길다. 그로 인해 글자 좌우의 균형이 깨졌다. 본 시에서 두 번 나오는 '나 아我'(제6행 제5자, 제7행 제7자)도 균형미와는 거리가 멀다. 특히 제7행의 '我'는 오른쪽의 '戈' 부분이 너무 올라가 있다. 이 역시 작품을 창작한다는 의식 없이 손 나아가는 흐름에 자연스레 붓을 맡긴 결과이다.

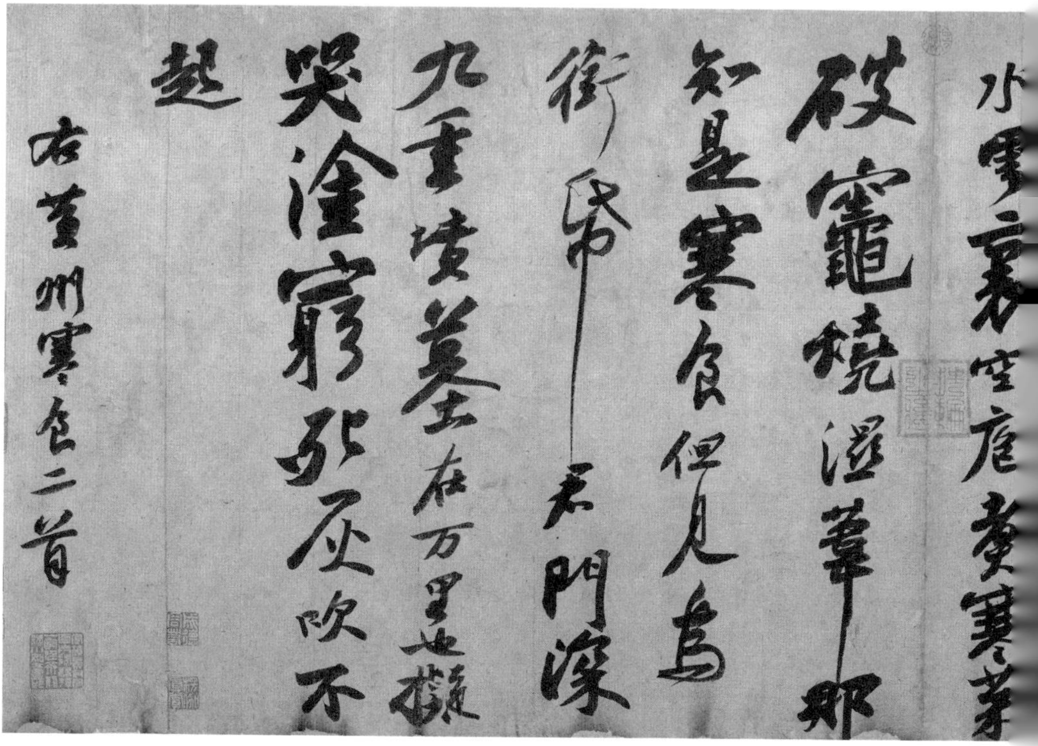

水雲裏空庖煮寒菜破灶燒濕葦那
知是寒食但見烏
銜紙君門深九重
墳墓在萬里也擬
哭塗窮死灰吹不
起

右黃州寒食二首

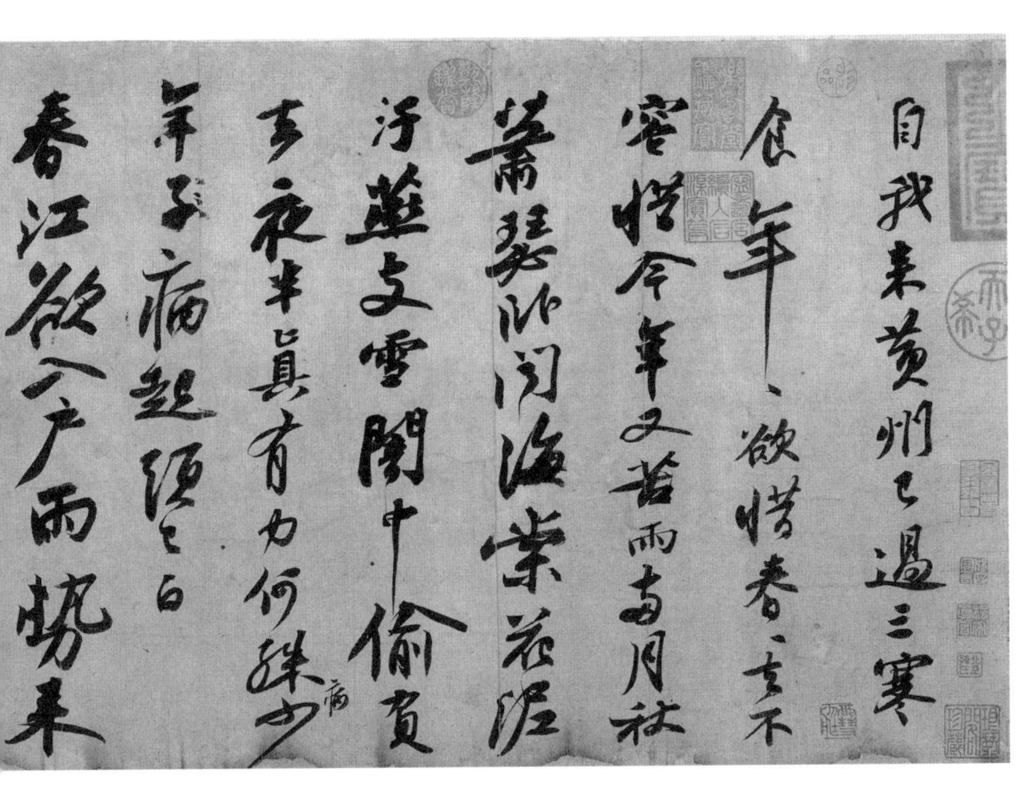

〈황주한식시권〉. 소식 필. 대만 국립고궁박물원 소장.

이렇게 보면 글자 크기가 들쑥날쑥한 것도 이해가 간다.

그러나 이 작품조차 아래에서 살펴볼 소동파 글씨의 대표작에 비하면 균형의 파괴가 온건한 편이다. 소동파 글씨에서 보이는 개성의 폭발은 〈황주한식시권黃州寒食詩卷〉(이하 〈한식시〉)에서 정점을 이룬다.

소동파의 글씨 2
―〈황주한식시권黃州寒食詩卷〉, 형언할 길 없는 우울의 매력

〈한식시〉는 〈적벽부〉와 마찬가지로 1082년에 지어졌다. 그해, 동파는 암울한 시기의 한가운데를 지나가고 있었다. 그의 나이 47세 때였다. 북송北宋의 정치사는 구법당舊法黨과 신법당 두 당파 간의 치열한 당쟁으로 점철되었다. 소동파는 구법당 중 가장 눈에 띄는 인사였다. 유명한 시인이었던 그는 자신이 지은 시 때문에 반대파의 집중 공격을 받았다. 그의 시 중에서 풍자적 함의를 띤 구절들이 황제에 대한 불충 의도가 있다는 이유로 탄핵당하여 어사대에 체포된 것이다. 이것이 유명한 오대시안烏臺詩案(오대는 감찰기구인 어사대의 별칭. 안案은 '사건'의 뜻. 소식의 시로 인해 큰 옥사로 비화된 정치적 사건을 가리킴)이다. 이 사건으로 동파는 황주로 좌천되어 유배나 다름없는 시간을 보내게 되었다. 물론 〈적벽부〉 등 여러 훌륭한 작품이 탄생하였으므로 이 시기는 문학의 측면에서는 생산적인 시기가 된다. 그러나 화려한 명성을 자랑하던 그에게 낯선 곳의 빈한한 생활은 무척 견디기 힘들었을 터이다. 이런 고난을 저 웅대하고 화려한 〈적벽부〉의 세계로 승화시킨 데에 그의 위대함이 있다. 그리고 〈적벽부〉의 초월적 경지만 보면 언뜻 떠올리기 힘든 고심참담이 여기 〈한식시〉에 진하게 배어 있다.[1]

 제2부 한자의 모양, 어떻게 이루어졌는가

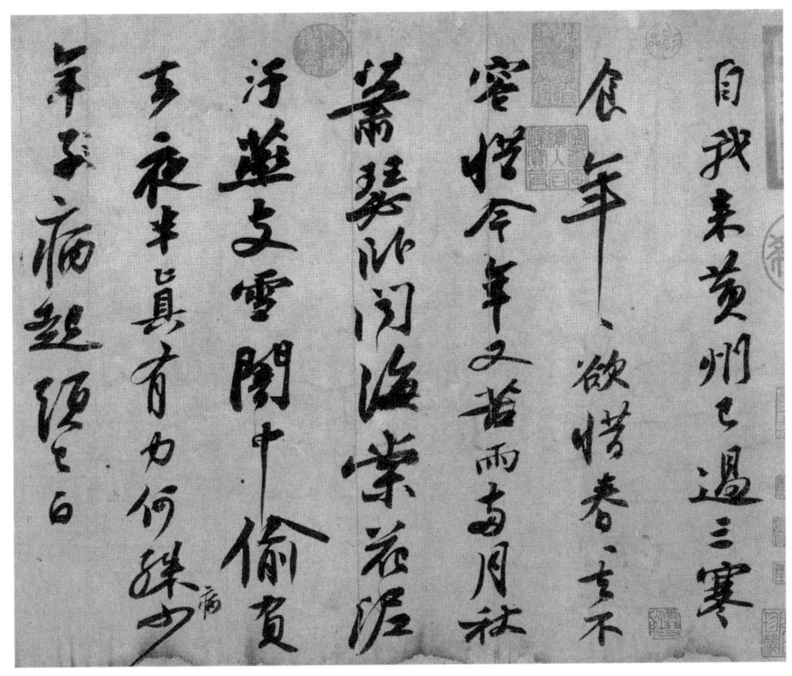

소식 〈황주한식시권〉 제1수(부분).

참담함이 너무 노골적으로 드러나 있기에 시의 문학적 격조는 그다지 높게 평가하기 힘들다. 격률格律을 엄격하게 지키지 않는 고시古詩의 형태로 쉽게 써내려간 이 〈한식시〉는, 그래서 처절함의 연기를 직설적으로 피워올리고 있다.

나 황주黃州로 온 이후
벌써 한식寒食을 세 차례 지냈는데
해마다 봄을 아끼려 해도
봄은 아까워할 틈조차 주지 않고 가버리네

게다가 올해는 비마저 지독히 내려

두 달 내내 가을처럼 썰렁하던 중

해당화에 내리는 빗소리 누워서 듣고 나니

연지 같은 붉은 꽃잎 눈처럼 떨어져 진흙에 더러워져 있네

남몰래 훔쳐 메고 사라졌으니

한밤중에 정말 힘센 사람이 왔었나보다

저 병든 젊은이와 다를 바 없네

병 털고 일어나니 머리가 이미 세었구나

自我來黃州　　已過三寒食

年年欲惜春　　春去不容惜

今年又苦雨　　兩月秋蕭瑟

臥聞海棠花　　泥汚燕支雪

闇中偸負去　　夜半眞有力

何殊病少年　　病起頭已白

화려한 젊은 날 다 보내고 흰머리 중년이 된 동파, 붉은빛 찬란했던 개화기를 지나 비를 맞고 떨어져 진흙탕에 나뒹구는 해당화에 자신을 빗대고 있다. 자연스러운 순리이건만 이 운니雲泥(구름과 진흙. 큰 차이를 비유)의 격차는 몸소 겪은 본인에겐 정말 받아들이기 힘든 것. 오죽하면 꽃 피는 젊은 봄날이 사라져버린 황당함을, 골짜기 속에 배를 숨겼으니 깊숙이 감춘 것이라 여겼건만 한밤중에 힘센 거인이 나타나 그 배를 지고 가버린 초현실에 빗댔을까(이 고사는 『장자莊子』「대종사大宗師」 편에 나온다). 이런 비유는 별다른 상상력에서 나온 것이 아니라 유달리 비가 잦고 음산했던 그해 봄 날씨에서 나왔다. 그러니 이

　　　　　　　　제2부 한자의 모양, 어떻게 이루어졌는가

소식 〈황주한식시권〉 황黃

시가 주는 처연함은 그 직접성이 두드러진다.

제1행의 '아我'는 〈변재시〉보다 좌우 불균형이 더 심하다. 그러나 이 글자조차 아래의 '황黃'에 비하면 약과다.

원래 중앙의 수직축 위에 얌전히 놓여 있어야 했을 '초두머리(艹)'가 왼편으로 심하게 치우쳐 있다. 이는 앞의 세 글자(自我來)가 모두 왼쪽이 아래로 오른쪽 위로 치우쳐 강한 우상향의 동세를 가지고 있어서, '自'보다 '我'가, 그리고 '我'보다 '來'가 왼쪽에 놓여 행이 왼편으로 기울었기에, 4번째 글자인 '黃' 한 글자 안에서 급격하게 행의 기울기를 교정한 결과이다. '黃'의 이런 기울기는 소동파의 평소 필기 습관이나 작품 전체의 동세와도 썩 어울린다. 이런 부정합은 제3행의 '석惜'에서 극에 달한다.

〈변재시〉의 다듬어지지 않은 고졸 소박한 획은 여기서도 곳곳에 드러난다. 제1행 '과過'의 마지막 획, 제2행 '춘春'의 제5획 등의 경우가 그렇다. 제5행 '투偸'는 글자 전체의 획이 모두 투박하다. 〈변재시〉와 다른 점은, 이 〈한식시〉는 창작의 의지가 훨씬 강하여 글자 하나하나 그리고 작품 전체의 극적 성격이 짙다는 점이다. 이는 제2행 '연年'과 제5행 '중中'의 긴 세로획에서 잘 드러난다. 이런 식으로 강조된 획을 〈적벽부〉와 〈변재시〉에서는 결코 볼 수 없다. 그리고 글자 크기 간 낙차도 훨씬 심하다. 제5과 6행 글자들의 배열을 보자. 제5행 첫째 글자인 '오汚'와 2번째 글자인 '연燕' 사이, 그리고 제6행 첫째 글자인 '거去'와 2번째 글자인 '야夜' 사이, 다시 '야'와 그다음의 '반半' 사이엔 도드라진 크기의 차이가 존재한다.

이런 강렬한 획 및 글자 간 낙차는 갈수록 더 심해진다. 소동파 글씨의 클라이맥스라고 해도 과언이 아닐 〈한식시〉 제2수는 이러하다.

봄물 불어난 강 문턱 넘어들 듯하건만

비는 그칠 줄 모르고 퍼부으니

내 작은 집 마치 고깃배처럼

자욱한 물안개 속에 떠 있네

텅 빈 부엌에서 찬밥 하느라

깨진 아궁이에 젖은 갈대 때던 중

어떻게 한식인 줄 알았는가

까마귀 지전紙錢 물고 날아가더라

임금은 머나먼 구중궁궐 깊숙이 계시고

고향집 선영은 만 리 밖에 있네

막다른 골목에서 울고자 하나

불어도 피어오르지 않는 식은 재 신세로다

春江欲入戶　雨勢來不已

小屋如漁舟　濛濛水雲裏

空庖煮寒菜　破竈燒濕葦

那知是寒食　但見烏銜紙

君門深九重　墳墓在萬里

也擬哭塗窮　死灰吹不起

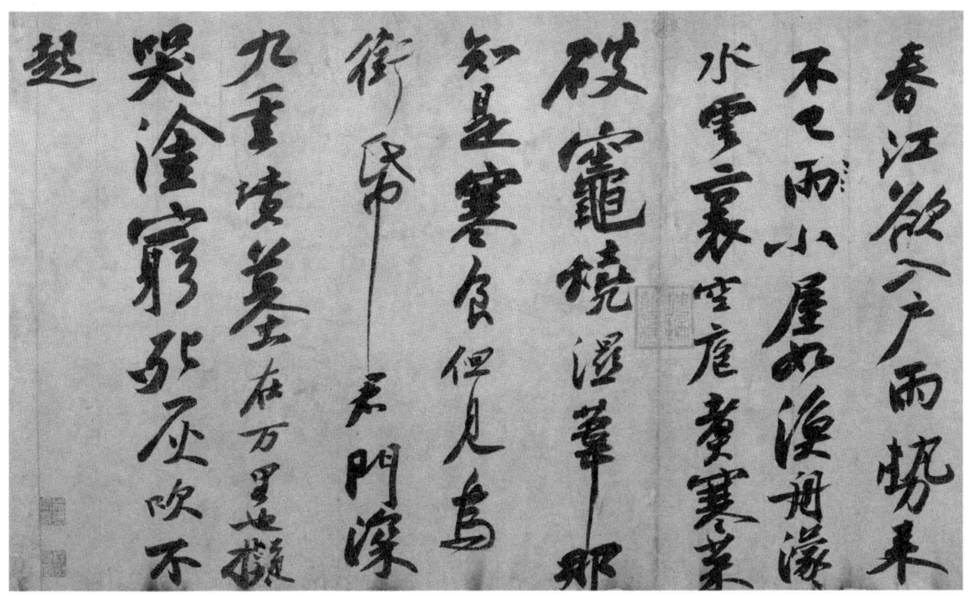

소식 〈황주한식시권〉 제2수(부분).

줄기차게 내리는 비, 자욱한 물안개, 그리고 젖은 갈대가 타며 나는 매캐한 연기 등 맑은 구석이라곤 조금도 없는 음울한 정경이 불우의 끝을 달리는 처지의 분위기를 돋운다. 우울하기 짝이 없는 시다. 게다가 글씨마저 이를 더욱 강화한다. 그렇다고 획이 우울하다고 말할 수는 없는 노릇. 도대체 그 무엇이 이 범상한 울적의 심상을 형언키 어려운, 그러나 더할 나위 없이 매력적인 우울의 형상으로 변화시켰는지 자세히 살펴보자.

우선 글자들이 전반적으로 크기가 커졌으며, 획 또한 강해서 굵기가 굵어졌다. 제2수 제2행의 '옥여屋如'는 모든 획들이 강해서 이전의 글자들과 차원을 달리한다. 강한 붓놀림은 획의 말단을 거칠게 한다. 제3행 첫째 글자인 '수水'의 마지막 획도 그렇고, 바로 다음 '운雲'의 둘째 점도 그렇다.

균형감의 상실은 형태상으로도 그대로 드러난다. 이 수에 두 번 나오는 이 시의 주제 글자 '찰 한寒'을 보자(제3행 제7자, 제5행 제3자). 첫 점인 갓머리(宀) 꼭지의 위치가 대책 없이 치우친 모습이 글자 전체의 불균형을 웅변한다. 제5행의 '寒'은 글자 전체가 오른쪽으로 심하게 기울어 있기도 하다. 획도 굵고 글자도 웅크린 모습이라 전체적으로 답답해지기 쉬운 동세는 가끔 섞인 긴 세로획으로 보족되는데, 그 정도가 제1수보다 심하다. 제4행의 '갈대 위葦', 그리고 제6행의 '함銜'과 '지

〈황주한식시권〉 파조破竈

帋'(종이 지紙의 이체자), 특히 '帋'의 마지막 획의 경우 길고도 가늘고 낭창낭창하여 작품 전체에 이채를 더한다. 작자의 쓸쓸하고 궁벽한 처지를 상징하는 시어가 곧 '공포空庖'(빈 부엌)와 '파조破竈'(깨진 아궁이)이다. 이 두 시어의 크기 차이를 보라.

'파조'의 저 크기는 해당 행뿐 아니라 작품 전체를 압도한다. 비교적 간단한 구조의 '파破'에 비해 '조竈'는 획이 무척 많아 복잡하다. 특히 아랫부분의 '민黽'은, 획들을 세심하게 배치하지도 않았고, 획을 옮기는 흔적의 가는 선을 드러내거나 세로획 2개를 똑바르지 않고 굽게 긋고 있어, 정돈되지 못하고 어지럽기 그지없다. 긴 세로획이나 복

잡한 배치는 작품 전체에 변화미를 주기는커녕 복잡하고 어수선한 인상만 더한다. 이는 획 자체가 전혀 유려하지 않기 때문이다. 회소 〈자서첩〉의 마지막 부분을 떠올려보자. 〈한식시〉 제2수의 획 또한 거침없고 강력하게 전진하는데, 여기에는 과시가 없다. 그리고 획이 글자의 아름다움을 위해 복무하지 않는다. 하나하나의 획을 보면 전혀 아름답지 않다. 이 모든 획과 글자가 모여 이룬 〈한식시〉 제2수의 글씨는 형언할 수 없이 답답하며, 그러면서도 복잡하기 그지없는 우울함의 심연을 그대로 형상화하고 있다.

〈한식시〉는 '명월' 그리고 '청풍'이라는 클리세로부터 백만 광년 떨어진 이세계異世界에 속해 있다. 그 글씨는 상투常套의 틀을 거부한다. 이렇게 정의하려고 보면 저렇고, 저렇게 보려 하면 이러하며, 특정 심상이 담겨 있는 것처럼 보이긴 하지만 그 심상 또한 결코 명료치 않다. 소동파의 글씨가 역사상 영향력이 없었는가 하면 그건 그렇지 않다. 전설이 된 〈적벽부〉와 마찬가지로 소동파의 저명함으로 인해 그 글씨를 모방하려는 이들도 많았다. 중국에는 오관吳寬이 있었고, 고려의 글씨에도 소동파가 영향을 끼친 것으로 추정된다. 그러나 소동파 글씨의 양식적 영향력은 그의 문학에 비해 현저히 약했다. 이유는 위에서 본 바 그대로다. 그의 글씨는 개성이 뚜렷하지만, 그 개성의 본령이 무엇이냐고 물으면 또 딱 부러지게 설명하기 어렵다. 그래서 한자 자형의 역사에 끼친 소동파의 영향은 비교적 미미하다. 그러나 그렇기에 오히려 그 글씨의 예술적 가치가 비할 바 없이 높다. 다만 그 획의 개성에 명료함이 없을 뿐이다. 글씨와 그 획의 뚜렷한 개성은 소동파와 동시대의 다른 거장 황정견에게 있었다. 이제 그 개성의 진화형을 목격하러 떠나보자.

황정견黃庭堅 〈황주한식시권발黃州寒食詩卷跋〉. 북송北宋 원풍元豐 5년(1082년)

의

황정견,
획을 환골탈태시키다

환골탈태, 몸의 변신에서 시詩의 변신으로

환골탈태換骨奪胎. 옛 모습을 벗어버리고 새 몸으로 거듭난다는 말이다. '빼앗을 탈奪'은 '탈거脫去'와 같으며 원래의 것을 제거함을 뜻한다. 또 하나의 동사 '바꿀 환換'은 과거와 미래에 모두 걸린다. 구태를 바꾸어 새 상태로 거듭난다는 뜻이다. '탈'과 균형을 맞추자면 미래 쪽에 더 무게 중심을 두어 해석해도 좋다. '골'과 '태'는 둘 다 사람 몸을 이루는 근간이다. 굳이 나누자면, '골'은 뼈대로서 몸을 지탱하는 단단한 기둥, '태'는 타고난 바탕으로부터 형성된 몸의 핵심을 가리킨다. 이런 네 글자 성어는 첫째 글자와 2번째 글자, 2번째 글자와 4번째 글자의 자리를 바꾸어 해석해도 큰 무리가 없는 경우가 많다. 그러므로 '골태'를 굳이 나누어 볼 필요는 없고 그저 사람의 몸체를 가리키되, 손발톱이나 머리털 등 없어도 생명에 지장 없는 부속물이 아닌, 몸을 이루는 토대 요소를 통칭한다고 이해하면 족하다. 정리하자면, '환골탈태'라는 사자성어는 마치 애벌레가 번데기를 거쳐 변태하여 성충이 되듯이 인간의 신체가 뼛속까지 완벽하게 탈바꿈한다는 뜻이다.

문자 그대로 해석하고보니 좀 으스스한 면이 없지 않다. 과연 그렇다. 이 말은 원래 도교 용어였다. 범태속골凡胎俗骨(평범하고 속된 몸뚱이)을 버리고 성태선골聖胎仙骨(훌륭한 신선의 몸)로 거듭나자! 이것이 곧 신선술과 연단술의 모토 아니던가. 그들은 실제로 변신을 추구하고 또 시도했다. 도교적 수양이라면 고상한 이미지를 떠올리기 마련이지만, 오늘날의 관점에서 보면 독극물에 불과한 단약丹藥을 섭취하며 약 기운을 잘 돌게 하기 위해 늘 술에 절어 살아서 약물 혹은 알코올 중독의 광태를 보이던 극단적 모습 또한 분명 존재했다. 시간이 흐르고 흘러, 변신이라는 주제는 민간의 상상력을 자극하여 뜻밖의 변신을 거듭했다. 아름다운 여인의 모습을 그린 거죽을 둘러쓰고 요괴가 사람으로 변신하는 『요재지이聊齋志異』의 화피畫皮 이야기에서 '우화등선' 같은 지식인 문화의 색채는 눈곱만큼도 찾아볼 수 없다. 1980~90년대 홍콩에서 영화로 자주 만들어진 강시僵屍 이야기는 대체로 청나라 말을 배경으로 한다. 전쟁과 기근으로 시체가 넘쳐났던 중국의 근대사가 그 속에 녹아 있다고 보면 무리한 해석일까. 변신 괴물이라면 서양 버전 또한 만만치 않다. 노예로 끌려와 가혹한 노동을 견디던 아이티의 서아프리카 출신 사람들이 탄생시킨 좀비는 환골에 탈태를 거듭하여, 지금은 '따뜻한 몸'을 그리며 인간과 사랑을 나누기도 하고 아크로바틱한 동작으로 내달리며 부산행 열차에 몸을 싣기도 한다. 그러니 이제는 저 '환골탈태'라는 말의 뜻을 곱씹어 새롭게 새기면 어떨까. 현재의 몸에 만족하지 못하고 초월적 승화를 꿈꾸며

  제2부 한자의 모양, 어떻게 이루어졌는가

포송령蒲松齡의 『요재지이』에 주석과 시를 곁들인 삽화를 덧붙인 『상주요재지이도영
詳注聊齋志異圖詠』 중 '화피' 이야기의 삽화. 왕생王生이 창문 틈새로 요괴가 사람 가죽
에 여인의 모습을 그리고 있는 것을 엿보는 장면을 그렸다. 제화시題畫詩는 다음과 같다.
"나찰이 변한 서시를 갑자기 만나게 되면, 눈썹 찌푸리는 순간을 잘 보시길. 이렇게 어여
쁜 가죽이 저렇게 억센 뼈대 위에 입혀졌으니, 그 속의 모습 한번 헤아려봐야 하리(驀看
羅刹變西施 只要蛾眉樣入時 如此妍皮如此骨 簡中色相試參之)." 나찰은 불교의 신으로서 원
래 악귀였다고 한다.

독약을 들이켠 옛 은자들의 시구보다는 자기 몸을 사랑하는 초 긍정왕 리조Lizzo의 노래 쪽이 훨씬 건전하지 않겠는가.

각설하고, 사실 '환골탈태'는 한문학에서 꽤 중요한 용어이다. 원래 도교에서 쓰이던 이 말을 가져와 시詩 창작 방법론의 용어로 바꿔 쓴 사람이 바로 북송北宋의 문학가 황정견黃庭堅이다. 북송대의 승려 혜홍惠洪이 쓴 시화詩話(시나 시인에 대한 다양한 언설을 모아 엮은 책)인 『냉재야화冷齋夜話』에는 황정견이 했다는 말이 인용되어 있다.

시가 담을 수 있는 뜻(의미, 의도, 내용)은 무궁한데 사람의 능력에는 한계가 있다. 한계 있는 능력으로 끝이 없는 뜻을 추구하니, 도연명이나 두보라도 잘해낼 수 없다. 그러므로 원래의 의취를 바꾸지 않고도 들어맞는 말을 지어내는 것을 '환골법換骨法'이라 하고, 그 의취를 들여다보아 형용해내는 것을 '탈태법奪胎法'이라고 한다.

詩意無窮 而人之才有限 以有限之才 追無窮之意 雖淵明少陵 不得工也 然不易其意而造其語 謂之換骨法 窺入其意而形容之 謂之奪胎法

잠시 원문을 보자면, '뜻 의意'가 담을 수 있는 '뜻'은 무궁무진하다. 한 글자 혹은 한 단어가 가리키는 지시체가 될 수도 있다. 발화자의 의지나 의도가 될 수도 있다. 나아가 해당 단어 혹은 어구의 내용에 어떤 배경이 있다면, 그것까지 아우를 수도 있다. 시라는 것은 일반 문장보다 풍부한 의미를 담을 수 있다. 그러니 시 전체의 분위기나 지향하는 경지인 시경詩境까지 언급하지 않더라도, '시의 뜻' 즉 시의 詩意에 이미 다층적 내포가 깃든다. 특히 한시에는 즉자적 서정敍情이나 즉물적 서경敍景이 아닌, 어떤 사건의 기념 및 서술인 서사敍事나

제2부 한자의 모양, 어떻게 이루어졌는가

역사적 사실에 대한 감흥을 노래한 서사敍史의 시도 흔한데, 이런 시들에서 어떤 구절의 '의意'는 종종 해당 사실의 배경 및 연원인 고사故事까지 확대되기도 한다. 한 글자, 한 구절, 한 편의 시가 담을 수 있는 이런 폭넓은 '뜻'을 가리켜, 한 글자에 풍부한 뜻을 담을 수 있는 한자의 장점을 살려 '취趣'라고 해보자. '취'란 기본적으로 방향성이다. 그리하여 최대한 넓게는, 지금의 좁은 여기가 아닌, 거기 서 있는 내가 다가갈 수도 있는 의미·욕구·정서 등의 가능성의 지대를 가리키게 된다. 지취旨趣나 취향趣向이라는 말에서 이렇게 쓰인다. 그러니 여기의 의意를, 궁극적으로는 그 시의 의취意趣를 가리키는 것으로 넓게 해석할 수도 있겠다. 연명淵明 도잠陶潛과 두보杜甫는 누구나 그 시를 애송하는 수준 높은 시인들이다. 그러나 이러한 대시인조차 자기 시의 의意를 다 드러내는 것은 불가능하다.

그렇다면 황정견이 말하는 환골법이니 탈태법이니 하는 것은 무엇일까? 그 역시 당대를 대표하는 문호였다. 위와 같은 시 짓기 혹은 읽기의 어려움을 모를 리 없다. 그렇기에 도연명과 같은 선배 시인들의 위대함에 대한 인식이 깊었다. 특히 두보에 대한 존경심이 대단했다. 황정견의 '환골'과 '탈태'는 두보 같은 위대한 시인들이 자신보다 앞서 이미 훌륭하게 표현했던 시구를 가져와 이용하는 문제를 특별히 가리키는 말이다. '환골'은 두보 등의 뛰어난 시인 그리고 지금의 내가 그려내려 의도하는 내용 즉 의취를 손상하지 않고 원래 표현을 약간 바꾸어 적합한 새 표현을 창출해냄을 말한다. '탈태'는 옛 시인의 의취를 파악하여 자신의 언어로 그 경지를 잘 그려내는 일이다. 원문의 '들여다보다' 혹은 더 자세하게 '엿보아 그 경지에 들다'라는 뜻의 '규입窺入'은, 어느 판본에는 '규모規模'로 되어 있다. '규모'는 어떤 것의 얼개나 대략을 말한다. 쉬운 표현으로 바꾸면 '그 의취의 아우트라인을 따다' 정도가 되겠다. 종합적으로 보자면, 황정견이 말한 '환골탈태'란 앞선 시인의 훌륭한 구절을 따와 그것에 약간의 변형을 가하여 나의 시로 만들되, 억지로 가져온 티가 나지 않도록 자연스럽게 소화함을 말한다.

황정견은 과연 이에 성공했을까? 시 짓기도 어렵지만 남이 지은 시에 대해 평가하기는 더 어렵다. 하지만 그의 시가 저 '환골탈태'라는 말만큼 인구에 회자되고 있지 않음은 부인하기 어려운 사실이다. 이백과 두보는 물론이고 빼어난 시인들이 숱하게 명멸했던 당대唐代의 시는 그야말로 위대했다. 위대한 시대의 그늘은 넓다. 뒤이은 시대의 시인이 그 그늘에서 벗어나기란 무척 힘들다. 황정견이 주창한 환골탈태란 방법론은 그런 상황 속에서 독창성을 확보하기 위한 나름의 시도였다. 그럼에도 불구하고 후대의 평가는 다소 냉정했다. 환골탈태를 추구했던 황정견의 시파가 모방에만 능했으며, 기교와 형식주의에 치우쳤다는 비판이 컸다. 시파의 원조인 황정견조차 그가 따르려 했던 두보의 원대하고도 풍족한 시경에 비하면 다소 왜소하고 메말라 보이는 것이 사실이다. 그래도 황정견의 시 세계는 당시 크게 환영받았다. 그의 시 및 시작 방법론을 받아들인 시파를, 황정견의 출신지를 따서 강서시파江西詩派라고 부른다. 강서시파의 시는 북송대 당시는 물론이고 남송대에 큰 영향을 끼쳤으며, 송대의 문물을 숭상한 조선시대에도 적극적으로 수용되어 특히 중종 – 선조 연간에 크게 유행했다.

환골탈태란 완전한 변신이다. 옛것의 흔적을 알아볼 수 없을 정도의 변신은, 그러나 적어도 황정견의 시작詩作에서는 그다지 성공했다고 보기 어렵다. 두보 등 옛 시인의 시는 그만큼 위대했다. 거기에 시

어詩語인 한자의 힘이 강고하다는 점도 감안해야 한다. 고사와 맥락
이 첩첩이 쌓은 한자의 무게는 그만큼 무겁다. 그러나 그 모양, 그중에
서도 일부분인 획이라면 어떨까. 황정견은 의외의 공간에서 성취를 이
루었다.

황정견의 성취, 획의 대변신

범태속골은 그대로 해탈解脫, 즉 훌훌 털어버리면 된다. 그러나 황
정견의 환탈換脫은 차원이 달랐다. 두보는 시성詩聖이 아니던가. 시성
의 성태선골에서 벗어나 한층 더 나은 나의 성태선골로 발전하기 위
해선 먼저 그 골태骨胎(뼈대와 몸피)를 자세히 살펴보아야 한다. 모양의
예술인 글씨는 더하다. 그러니 황정견이 환골탈태시켰던 구태舊態, 즉
그 이전의 글씨들의 골태를 여기서 다시 정리해보자.

서성書聖 왕희지의 글씨의 본모습은 아쉽게도 확인할 길이 없다. 진
적이 전혀 남아 있지 않기 때문이다. 그러나 그 글씨가 이후 모든 글
씨의 모태母胎가 되었음은 확실한 사실. 지금 남아 전하는 모작(copy,
임모臨模 및 쌍구전묵雙鉤塡墨)을 통해 그 획의 남은 뼈, 즉 화석은 볼
수 있다. 왕희지의 붓놀림은 특히 행초(행서와 초서), 즉 그의 간찰 글
씨에서 잘 드러난다. 성인聖人답게 모든 장점을 갖춘 그의 글씨이지만,
무엇보다 두드러지는 장점은 조화와 균형, 그리고 전아典雅함이다. 모
작이므로 획의 특질은 논하기 어렵지만, 다른 글씨와의 조화 그리고
같은 글씨 내 다른 부분과의 조화를 세심하게 고려한 조화미는 타인
의 손(임모)을 거쳐도 가릴 수 없이 드러난다. 왕희지의 글씨를 통해
사람들은 글씨가 위대한 정신과 조화로운 공명共鳴을 이루는 신운神

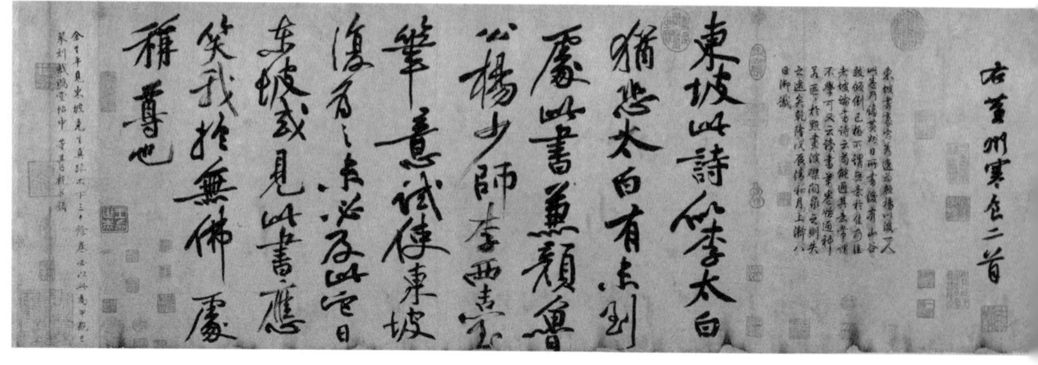

韻의 체화물(incarnation)이 될 수 있음을 깨달았다.

위진남북조의 뒤를 이은 당나라의 과제는 이제 신운을 일회적 현현이 아닌 법法으로 만들어 누구나 재현 가능하게 하는 것이었다. 물론 초당初唐의 세 마스터(삼대가三大家) 구양순, 우세남, 저수량의 글씨는 저마다의 개성을 담고 있다. 그러나 그 글씨에서 역시 가장 중요한 점은, 이들의 글씨가 우뚝한 황극皇極(어느 쪽으로도 치우치지 않은 지극히 바른 법도)이 되어 해서楷書의 영원한 표준이 되었다는 것이다. 구양순의 칼날 같이 엄정한 획, 그리고 저수량의 우아함의 극치를 보여주는 획을 보면, '저 경지를 어찌 따라잡을 수 있을까'라는 탄식과 함께 '과연 누구나 추앙하는 이상이 될 만하다'라는 감탄이 절로 나온다.

표준의 위대함은 본시 우러러 마지않는 그 절대적 가치에 기인한 것이지만, 동시에 그것을 바탕으로 다양한 창의가 나올 수 있는 가능성을 품고 있기 때문이기도 하다. 초당의 표준은 곧바로 두 가지 방향의 변용을 낳았으니, 장욱張旭 및 회소懷素의 광초狂草와 안진경의 글씨가 그것이다. 〈자서첩〉의 얽매임 없는 분방함은 왕희지나 손과정의 초서와 전혀 다르다. 왕희지류 행초서의 유려한 여유의 면모 중 자유로

제2부 한자의 모양, 어떻게 이루어졌는가

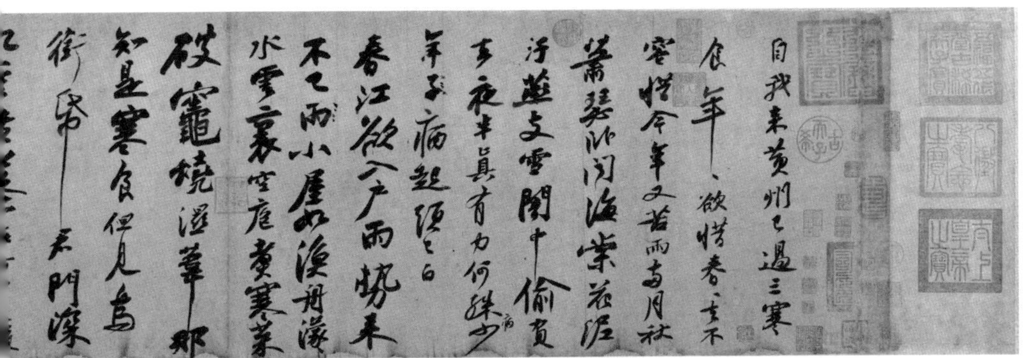

〈황주한식시권〉. 소동파 '황주한식시'(오른쪽 전반부)와 황정견 발跋(왼쪽 후반부). 대만 국립고궁박물원 소장.

운 일탈의 요소가 여기에서 극대화되었다. 그 파격破格은 초당 해서의 엄격한 격식格式을 겪지 않고선 나올 수 없었다. 그러나 그 자유의 면모 또한 자세히 뜯어보지 않을 수 없다. 당나라 광초의 파격은 주로 간가결구間架結構(한 글자 내 획 및 하부 요소 간 결합 그리고 글자 내 여백 배치의 방식) 및 포치布置 장법章法(글자와 글자 사이 배치 방법)에서 드러난다. 그 파격의 쾌감이 주로 글자의 어떤 요소와 요소 사이, 그리고 글자와 글자 사이 크기 변화의 낙차에서 나온다는 말이다. 〈자서첩〉의 글자들의 필획을 보면 의외로 변화미가 적어서 대체로 중봉中鋒(붓을 세워 써서 붓 끝이 획의 가운데를 지남)을 유지하고 있다. 획의 변혁은 동시대인 안진경의 글씨에서 일어났다. 전서篆書의 진지함을 기반으로 장욱 광초의 자유분방함을 흡수하여 마침내 내부로부터 차오른 충만한 에너지를 형상화해낸 그의 획은, 근엄함을 지키면서도 전서적 무표정이 아닌 풍부한 개성을 담아냈다. '잠두연미蠶頭燕尾'는 기필起筆 — 송필送筆 — 수필收筆이라는 법도에서 한 발짝 더 내디딘 극적 과장으로서, 획이라는 한자 글씨의 최소 단위인 조형적 요소에 표정을 담을 수 있는 계기를 마련한 거대한 전진이었다.

진晉은 운韻을, 당唐은 법法을, 송宋은 의意를 높이 여긴다고 했다(晉人尙韻 唐人尙法 宋人尙意). 저 안진경조차 법을 완전히 환골탈태시키지 못했다. 붓으로 쓰는 글씨의 혁신은 그 최소 단위이자 가장 근원적 요소인 획의 형상을, 그 뼈와 살을 전면적으로 바꾸는 데서 완성된다. 황정견의 획은 이를 성취해냈다. 그리하여 형상이 곧 의취意趣가 되는 길의 문을 열어젖혔다. 어떻게 그럴 수 있었는가?

앞의 '부賦' 장에서 들여다보았던 소동파의 〈한식시〉에는 실은 또 다른 걸작이 함께 실려 있다. 황정견의 발跋이 그것이다. 발은 어떤 작품의 뒤에 붙어서 그 작품을 감상한 소회나 평가를 적은 글을 가리킨다. 따라서 대부분의 발은 본 작품보다 몸을 낮춘 얌전한 태도를 갖추기 마련이다. 그런데 황정견의 〈황주한식시권발〉은 그렇지 않다.

소식과 황정견의 이 작품을 자세히 보면, 글씨를 쓰기 전에 종이를 접어서 만든 계선界線이 있음을 알 수 있다. 이 계선들 사이의 간격은 3.4센티미터다. 물론 이 계선은 글씨를 쓰기 좋게 세로로 미리 상정해 둔 가상의 선일 뿐, 소동파도 황정견도 계선에 크게 구애받지 않고 글씨를 썼다. 그래도 이로써 자로 재어보는 수고를 들이지 않고도 글씨의 크기를 직관적으로 파악할 수 있게 되었다.

우선 알 수 있는 사실은 황정견의 발문 글씨가 소동파의 본편 글씨보다 더 크다는 것이다. 물론 소동파 쪽도 큰 글씨가 간혹 있지만, 전반적으로 황정견의 것이 더 크다. 이 물리적 크기는 시사하는 바가 적지 않다. 소동파의 〈한식시〉는 지극히 음울한 내용이며, 그에 맞추어 글씨 또한 움츠러든 자세를 취하고 있다. 그에 비해 황정견의 글은 소

    제2부 한자의 모양, 어떻게 이루어졌는가

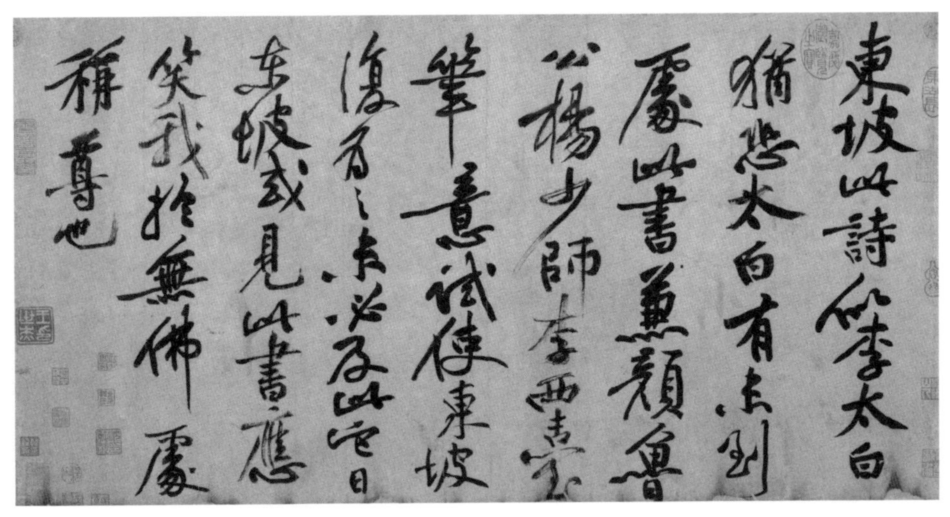

황정견의 발跋(부분)

동파 글씨에 대한 칭송에 발랄한 농담조의 첨언까지 곁들여 분위기가
훨씬 밝다.

소동파의 이 시는 이태백과 비슷하나, 태백도 오히려 미치지 못하는
면이 있다. 글씨는 안진경·양응식楊凝式·이건중李建中의 필치를 겸하
고 있는데, 동파에게 다시 써보라고 해도 꼭 이대로 쓸 수 있으리라 보
장하진 못할 것이다. 나중에 동파가 혹시 이 글을 본다면, 부처가 없
는 곳에서 존귀한 체했다고 나를 비웃으리라.

東坡此詩似李太白　猶恐太白有未到處　此書兼顔魯公楊少師李西臺筆意　試
使東坡復爲之　未必及此　它日東坡或見此書　應笑我　於無佛處稱尊也

내용뿐 아니라 글씨 모양도 탁 트인 개방과 활달한 약동의 느낌이

소식 〈황주한식시권〉 호戶

〈황주한식시권〉 옥屋

〈황주한식시권〉 포庖

강하다. 이런 인상은 어디에서 오는가?

소동파의 〈황주한식시권〉의 왼쪽 아래로 비스듬히 내린 획(영자팔법 永字八法의 약掠 획)을 보자. '춘강春江'으로 시작하는 제2수 부분의 첫 세 행에서 모두 나타나 있다(첫 행 '호戶'의 제4획, 제2행 '옥屋'의 제3획, 제3행 '포庖'의 제3획).

이 획들은 각각 모양이 적잖이 다르다. '호戶'는 수필收筆로 넘어가기 전 확실히 힘을 주었으며 끝도 상당히 뾰족하여 전통적 해서 오른쪽 파책의 반전과 흡사하다. '옥屋'의 경우는 전체적으로 비수肥瘦가 두루뭉술하여 고졸古拙한 맛을 준다. '포庖'는 중간에 한 번 힘을 다시 주어 부자연스럽게 넘어가는 부분이 있으나, 그 부분을 넘어서면 비교적 자연스러운 붓놀림을 보인다. 그러나 이 셋 모두 크게 보아 앞의 '부賦' 장에서 본 소동파의 다른 작품 〈차변재운시〉에 보이는 '거居'의 제3획의 조형과 일맥상통한다. 즉, 당나라 초기에 완성된 해서의 정갈한 법도와 일정한 거리를 두며, 오히려 〈차변재운시〉의 '거'와 마찬가지로 해서보다 훨씬 이전 단계인 간독簡牘 서법을 연상케 하는, 붓의 자연스러운 움직임만 따른 무규정적 붓놀림의 결과물인 것이다. 규범에 대한 의식이 약하기 때문에 그 조형적 결과 또한 모두 다르다.

제2부 한자의 모양, 어떻게 이루어졌는가

처處. 황정견의 발跋 제8행에서.

처處. 황정견의 발跋 제3행에서.

동파는 왜 이런 획을 구사했을까? 아마도 그는 시의 의미 맥락, 즉 시의詩意에 집중하느라 그 조형적 의취意趣에는 얼마간 무심했던 것이리라. 물론 그 결과 감상자인 우리는 글자마다 다른 조형미를 즐길 수 있게 되었다. 이는 〈한식시〉라는 작품, 그리고 소동파의 서예 세계 전체로 확장해도 마찬가지다. 소식의 글씨에는 법식이 없다. 이를 통해 우리는 그의 글씨에서 무규정의 감동을 느낀다. 이를 그의 글씨가 '새로운 의취'(신의新意)의 세계를 열었다고 말해도 좋다. 어찌되었건 그의 새로움은 딱히 정의하기 어려운 성질의 것이다.

황정견의 발문에는 '처處'가 두 번 나온다(제3행 첫째 글자, 제8행 마지막 글자). '처'의 제4획인 왼쪽 아래 비스듬한 획을 보자. 이 두 획에서 가장 주목되는 점은 굵기의 변화가 거의 없다는 것이다. 물론 끝의 마무리에서 뾰족해지긴 하지만, 그 부분을 제외하면 거의 변화가 없다.

특히 제8행의 '처'는 글자 전체를 통해 획의 굵기가 거의 일정하다. 그 결과 감상자는 행서行書 '처'의 뼈대, 즉 글자의 구조에 오롯이 집중할 수 있다. 그리고 글자에서 가장 눈에 잘 띄는 아래로 비스듬한 긴 획인 제4획의 동세는 획 자체가 나아가는 방향의 비틀림을 통해 획득된다. 여기서 이 긴 획은 좌하향의 큰 방향 속에서 두 번의 작은 방향 전환을 하고 있다.

　제3행의 '처'의 제4획은 더 심하다. 더
큰 글자의 더 긴 획인 이 획은 더 강한 동
세를 보인다. 이에 따라 이 하나의 획에서
세 번의 동세 변화를 찾을 수 있다. 첫 부
분은 별다른 특징 없이 진행하다가 마치
힘을 모으듯 갑자기 굵기를 줄이며 마디를

의意. 황정견의 발跋에서.

이룬다. 그 후 제8행의 '처'의 같은 획의 동세와 반대로 약한 역S자를
그리며 두 번 비튼다. 이 글자는 전체적으로도 강하고 극적인 동세를
보인다. 따라서 마지막의 점은 제8행의 '처'와 달리 매우 강하게 찍혀
있다.

　이제 황정견의 조형적 환골탈태가 어떤 것인지 어느 정도 눈치챘으
리라. 전통적으로 획의 동세는 굵기의 변화와 길이의 과정을 통해 획
득되었다. 그런데 해서의 법도는 이를 간단히 허용하지 않는다. 따라
서 정통적 해서라면 저 저수량의 '무無'의 긴 가로획처럼 단 한 번의
가늘게 함을 극도로 추구하여 이를 해결할 수밖에 없었다. 아무나 가
능한 경지가 아니다. 그 때문에 당나라 초기 이후 곧장 여러 파격이
시도되었다. 회소와 안진경의 획이 그것이다. 이 둘의 파격은 아름다웠
다. 그러나 엄밀히 말해 회소의 광초와 안진경의 잠두연미는 새로움이
아니라 기존 형태의 과장에 가까웠다. 송대에 접어들어 소동파의 글
씨는 과연 전혀 달랐다. 그러나 조형적 측면에서 동파는 불완전한, 아
니 무규정적인 면이 강했다. 글씨 조형의 근본인 획의 '새로운 의취'는
황정견을 기다려 비로소 진정한 환골탈태를 맞았다.

　　　　　　　　제2부 한자의 모양, 어떻게 이루어졌는가

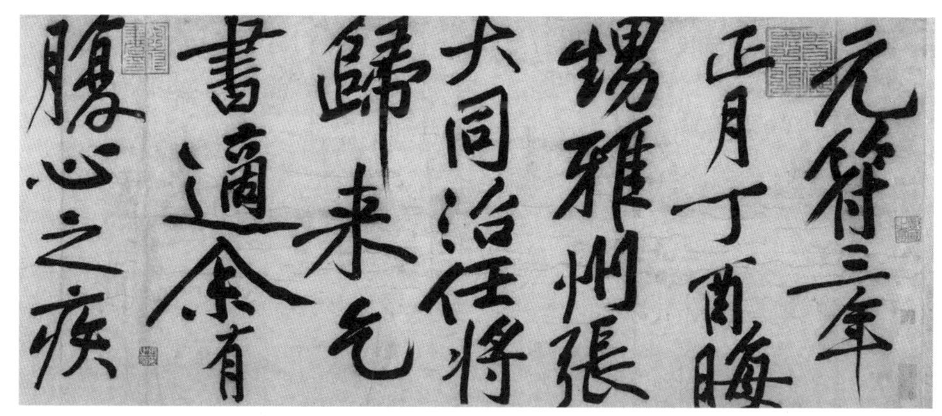

황정견 〈증장대동고문제기贈張大同古文題記〉(부분). 미국 프린스턴대학교 미술관 소장.

정丁. 황정견 〈증장대동고문제기〉
중에서.

황정견의 새로운 획은 긴 가로획에서 그 성취의 극단을 볼 수 있다. 〈황주한식시권〉 발문 제5행 2번째 글자인 '의意', 특히 위의 '立' 부분의 마지막 획인 제5획을 보라. 접어 만든 계선을 거의 두 칸이나 들여 길게 뻗은, 즉 6센티미터가 넘는 저 가로획은 도대체 몇 번의 방향 전환을 보이는가. 대략 여섯 번 정도이지만 아마도 세는 것이 무의미하리라. '필의筆意'에서 행의 첫째 글자 '필'을 쓴 후 일부러 오른쪽으로 글자를 몬 후, 가능한 한 길게 무리하여 가로획을 뽑았다. 이 길이는 조형적으로 허용되는 최대한이다. 최대한의 길이 속에 최대한의 동세를 담았으니, 거의 무한의 의취이다. 그저 구불거림에 불과하지 않느냐고? 그렇다면 다음의 두 획을 보자.

황정견이 생질甥姪 장대동張大同에게 써서 준 글인 〈장대동에게 준 고문古文 앞에 쓴 글贈張大同古文題記〉 중 '고무래 정丁'이다. 이 가운

데 첫 가로획에 주목해 본다. 획의 윗부분
은 비교적 평탄한 표면을 지닌 데 비해, 아
랫부분은 파도치듯 넘실거리고 있는, 매우
특이한 모습을 가진 획이다. 다음으로 같
은 글의 '갈 적適'을 보고자 한다. 특히 가
장 아래에 있는 획, 즉 책받침의 마지막 가
로획을 보자. 이번에는 위아래 할 것 없이

적適. 황정견 〈증장대동고문제기〉 중
에서.

획 전체가 몇 번이고 힘의 방향을 바꾸며 꿈틀거리면서 전진하고 있
다. 생명력 넘치는 꿈틀거림으로 가득 찬 이 획들에는 해서楷書의 가
로획 여러 개가 들어 있다. 여기에서 황정견이 달성한 환골탈태의 파
괴력을 여실히 느낄 수 있다. 글씨의 법도를 버리고, 극한의 동세만 취
했다. 그는 진정 새로운 형상을 창조했다.

황정견을 통해 일획一畫은 태고로부터 품어온 조형적 가능성을 비
로소 표출할 수 있었다. '일즉다 다즉일一則多 多則一(하나는 곧 여럿이
며, 여럿은 곧 하나)' 혹은 '일획一畫이 만획萬畫이다'는 말장난이 아니
다. 황정견의 환골탈태를 통해 이제 한자의 획은 무한 확장의 가능성
이 펼쳐진 드넓은 좀비랜드로 진입했다.

　　　　제2부 한자의 모양, 어떻게 이루어졌는가

한자,
어떻게 발전해갔는가

한자 문명의 발전과 형태의 분화

제1장

원명대元明代의 한자
전통적 획의 해체와 명조체의 성립

아雅. 조선 세종 16년(1434년) 인출 초주갑인자初鑄甲寅字
간본 『대학연의大學衍義』 중에서. 일본 교토대학 부속도서관 소장(청구기호: 1-66/ㅊ/4貴)

雅
아

그들의 우아한 사정—조맹부,
안평대군, 그리고 문징명의 경우

의기意氣 없는 우아함 — 조맹부의 글씨

사람에겐 가질 수 있는 것과 가질 수 없는 것이 있다. 인력거꾼 김 첨지는 운수 좋은 날에야 아내가 그토록 먹고 싶어하던 설렁탕 한 그 릇을 겨우 손에 넣을 수 있었다. 원元나라 한림학사 조맹부趙孟頫는 세계의 지배자 대칸의 예우를 받는 지체 높은 관리였다. 그에게 물질 적으로 아쉬울 것이 뭐가 있었으랴. 하지만 사람의 바람은 끝이 없는 법. 사회 고위층이었던 조맹부는 수준 높은 문예인이기도 했으며, 특히 그림과 글씨에서 높은 성취를 보였다. 즉, 그는 높은 지위와 함께 최고의 문화 자본마저 소유한 초엘리트였다. 그의 글씨를 '송설체松雪 體'('송설'은 조맹부의 호)라 부른다. 송설체는 당대는 물론이고 그의 사 후에도 오랫동안 동아시아의 서풍에 큰 영향을 끼쳤다. 앞선 시대의 대가들, 특히 왕희지의 글씨를 충실히 재현한 그의 글씨는 정말 우아 하다. 그렇다면 조맹부는 모든 것을 다 가진 이였는가? 지위와 격조,

둘 다 가질 수 있었는가? 그가 남긴 작품들을 보건대, 조맹부는 귀족적 우아미를 넘어 바르고 맑고 아름다운 최고의 예술적 경지, 즉 진정한 아취를 추구하고자 했던 것으로 보인다. 그런데 이런 경지는 과연 추구한다고 이를 수 있는 것인가? 쉽사리 답하기 어려운 주제다. 조맹부를 비롯해 원나라 이후에 글씨로 구현된 예술 작품, 즉 서예의 몇몇 예를 통해, 우아함과 전아함의 길을 더듬어 찾아간 예술가들이 다다른 곳이 과연 어떤 경지였는지 살펴보려 한다. 먼저 조맹부의 글씨를 보자.

조맹부는 송宋나라 황실의 후예였다. 그는 송 태조 조광윤의 넷째 아들 조덕방趙德芳의 10세손으로서, 4대조 조백규趙伯圭는 남송 제2대 황제 효종孝宗의 형이었다(송 태조의 직계는 남송 초대 황제 고종高宗에서 끊어졌고, 그 이후는 방계인 조덕방의 후손이 황위를 이어갔다). 효종이 형에게 오흥吳興(지금의 저장성 후저우湖州(호주)) 지역에 집을 하사한 이래 집안 대대로 오흥에 거주했다. 남송 말에 관로에 진출했던 그는 천하가 뒤집힌 이래 관직을 물러나 고향집에 칩거하고 있었다. 제5대 대칸 쿠빌라이 시기, 명장 바얀伯顔이 이끄는 몽골의 강력한 군대는 장강을 건너 남송의 수도 임안臨安(지금의 항저우)을 함락했다. 이후 남쪽 광동廣東의 바닷가 애산崖山에서 남송의 마지막 저항군마저 분쇄하고 중국을 완전히 차지한 쿠빌라이는 원조元朝를 개창하여 초대 황제로 등극했다. 몽골의 대칸으로서 이제 중국의 황제마저 겸한 쿠빌라이는 경제적·문화적으로 선진 지역이었던 중원의 명실상부한 지배자가 되고 싶었다. 이에 송나라 유민 중 유력 인사들을 적극 초빙하여 등용하는 정책을 폈고, 조맹부는 여기에 응해 원나라의 관직에 올랐다. 문장, 그림, 글씨에 모두 능하여 당대에 이미 유명했던 그는, 세조 쿠빌라이는 물론이고 그의 손자인 원나라 제4대 황제 인종仁宗에게도 예우를 받아 고위직을 두루 거쳤으며, 말년에는 고향 오흥으로 돌아와 평온한 최후를 맞았다. 실로 사회적·문화적으로 최고의 영예를 누린 행복한 삶이었노라 말할 수 있겠다.

조맹부 글씨의 창작 역정은 대체로 세 시기로 나뉜다. 젊은 시절에는 남송 초대 황제인 고종高宗의 글씨를 익혔다. 황실의 후예로서 어찌 보면 당연한 과정이라 하겠다. 고종은 매우 훌륭한 글씨를 구사했기에, 글씨 자체도 배울 만한 가치가 충분했다. 46세 때 왕희지 '난정서'의 탁본인 '정무본定武本'(초기 탁본으로서 난정서 전본傳本 중에서도 선본善本으로 여겨진다)을 얻고 나서는 여기에 몰두하여 십여 년 넘게 철저히 연구했다. 그리고 말년인 60대 때는 당나라의 이옹李邕이나 유공권柳公權풍의 글씨를 구사하기도 했다. 왕희지와 왕헌지의 글씨를 대폭 수록한 역대 명필 작품집인 『순화각첩淳化閣帖』을 제작하는 등, 송 황실은 대대로 왕희지의 글씨를 숭상했다. 그래서 고종의 글씨도 왕희지풍을 기본으로 하고 있는데, 이를 감안하면 조맹부는 노년의 몇 년을 제외하고 평생 왕희지를 추종한 셈이다. 골기骨氣를 머금은 이옹과 유공권의 글씨를 쓴 것은 서풍에 힘을 더하기 위한 별격의 행위라 해석할 수 있다.

앞에서도 계속 강조했다시피, 왕희지는 후대의 모든 서가가 추앙한 이상이다. 그렇기에 조맹부의 왕희지 글씨 추구는 가장 전형적이면서도 강력한 복고復古라 일컬을 만하다. 성공적인 왕희지 다시 쓰기는 당대의 최고를 넘어 영원의 궁극으로 가는 첩경이 된다. 그렇다면 조맹부의 왕희지 따라 하기의 실제는 어떠했을까?

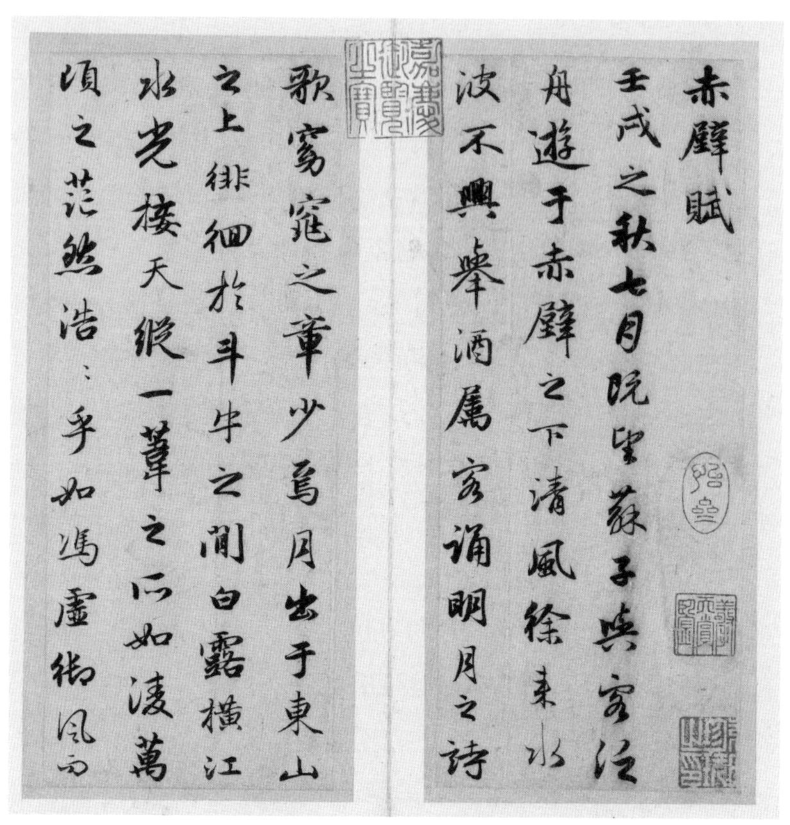

조맹부 〈행서적벽부책行書赤壁賦冊〉(앞부분). 대만 국립고궁박물원 소장.

　여기에서 살펴볼 작품은 조맹부가 48세 때인 대덕大德(원나라 제2대 황제 성종成宗 시기의 연호) 5년 신축년, 즉 서기 1301년에 행서로 쓴 소동파의 〈전후前後 적벽부〉이다. 원래는 긴 두루마리(권卷)에 썼던 것인데 4행씩 잘라 책자 형식으로 다시 만들었다. 조맹부는 이 작품 외에도 조식曹植의 〈낙신부洛神賦〉, 도연명의 〈귀거래사歸去來辭〉, 왕희지의 〈난정서〉 등 지난날의 많은 서예 명작들을 왕희지풍의 행서체로 다시 썼다. 적극적인 복고의 행보다. 그런데 이 작품은 다른 작품들과 달리

한 가지 눈에 띄는 점이 있다. 첫머리에 덧붙인 소동파의 간단한 초상화가 그것이다. 이로 인해 이 작품은 그림과 글씨에 모두 능했던 조맹부의 대가적 면모를 보여주는 눈부신 서화합벽書畫合璧이 된다. 작품 창작 배경을 그는 이렇게 간단히 기록했다.

대덕 신축년 정월 8일에 명원明遠이 이 종이를 보내 두 부賦를 써달라고 청하여, 그를 위해 송설재松雪齋에서 썼다. 아울러 두루마리 머리에 동파의 초상도 그려넣었다.

자앙子昂(조맹부의 자字)

大德辛丑正月八日　明遠弟以此紙求書二賦　爲書

于松雪齋 併作東坡像于卷首 子昂

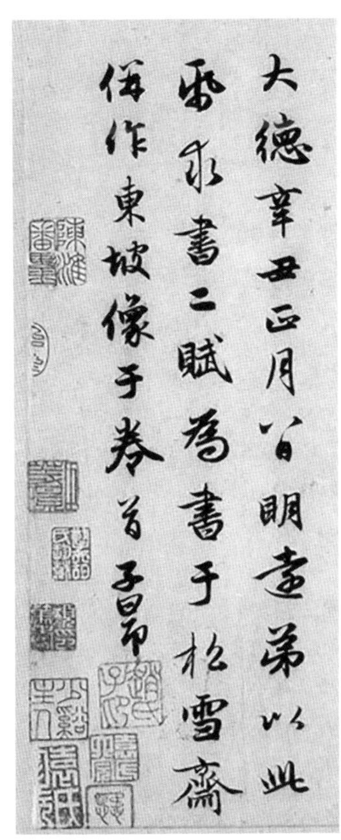

조맹부 〈행서적벽부책〉 후지後識.

어떤 이의 요청으로 〈전前적벽부〉 및 〈후後적벽부〉를 쓴 후, 작품 첫머리에 소동파의 초상화까지 그려넣은 사정을 알 수 있다. 이로 인해 이 작품은 동파에 대한 완정한 추앙의 장이 되었다.

사람의 형상을 갖춰 재현한 추앙의 대상, 즉 소동파는 구체적으로 어떤 모습을 띠고 있는가? 이 소상小像(간단한 초상)에서 동파는 이른바 동파건東坡巾을 쓰고, 심의深衣를 입고, 대나무 지팡이(죽장竹杖)를 짚고서 가볍게 소요하는 듯한 자세를 취하고 있다. 동파건은 송대에 널리 쓴 모자이지만, 소동파가 특히 애용했기에 나중엔 그의 호를 따서 불리게 된 동파의 상징물 중 하나다. 고대부터 있었다고 전하는 심의는 송대 유학자들에 의해 복원되어 본격적으로 착용하게 된 의복이다. 대나무 지팡이는 유유자적한 은자의 삶을 상징하는 지물 持物(attribute)이다. 즉, 여기에서 소동파는 유유자적 초탈한 은거의 삶을 보내는 단정한 학자의 전형적 도상으로 현현했다. 조맹부가 선택하여 제시한 이런 도상은 본 작품인 〈적벽부〉 속 글씨의 모습과 조응하고 있다.

동파東坡 소상小像. 조맹부 〈행서적벽부책〉에서.

앞에서 언급했다시피 조맹부는 이 소동파의 부賦를 왕희지의 글씨체로 재현했다. 가장 뛰어난 문학 작품을 가장 훌륭한 글씨로 써냈으니, 당연히 아름답지 않겠는가. 그러나 세상일은 그리 간단치 않은 법. 살다보면 완전함을 기하려다 비난을 사기도 하고, 생각지도 못한 칭송을 얻기도 한다. 조맹부의 〈적벽부〉는 어떠했을까?

소동파가 직접 쓴 〈적벽부〉가 전한다(앞서 '부賦'에서 살펴본 대만 국립고궁박물원 소장본. 진작 여부를 놓고 약간의 논란이 있기는 하다. 다만 설령 가품이라 하더라도 소식의 서풍임에는 틀림없다.) 물론 조맹부의 〈적벽부〉가 소동파의 작품을 그대로 따라 쓴 것은 아니다. 조맹부는 동파가 아닌 왕희지의 서풍을 택했다. 그렇다고 해도 소동파 본인의 글씨

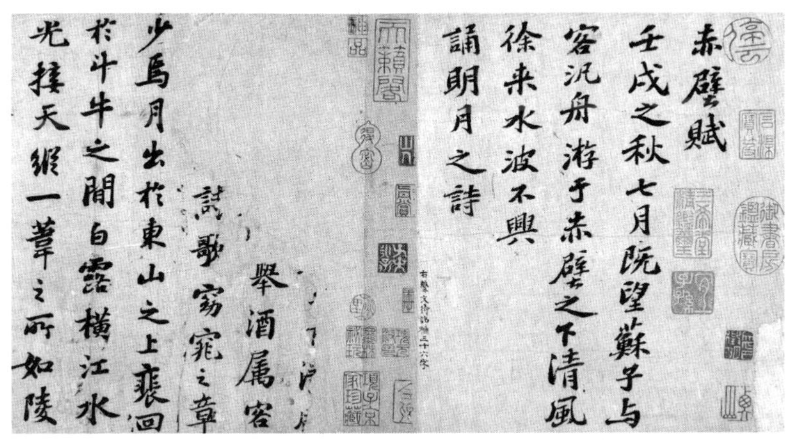

소식 〈전적벽부〉(앞부분). 대만 국립고궁박물원 소장.

와 후대의 재현작을 비교해보지 않을 수 없다.

비교하기 전에 먼저, 이 둘 사이에 서체상의 차이가 있음을 새겨둬야 한다. 둘 모두 다른 이의 부탁으로 쓴 것인데, 동파는 본인의 글을 (행서풍이 약간 가미된) 단정한 해서로 썼고, 송설은 동파의 글을 유려한 행서로 썼다. 그러나 이러한 서체상의 차이조차 글씨의 맛, 그리고 그 멋의 궁극적 지향의 차이보다 오히려 작다. 소동파는 결코 능서가 (글씨 잘 쓰는 사람)라 할 수 없다. 그는 글씨에서 미美를 추구하지 않았다. 그가 글씨를 통해 이룩하고자 한 것은 '의意', 즉 작가 자신이 마음속에 품고 있는 분명한 의도와 강력한 의지와 뚜렷한 개성, 그리고 독자들이 작품을 통해 얻을 보편적 의미로서의 '의'였다. 앞에서 살핀 〈황주한식시권〉만큼은 아니지만 소동파의 〈적벽부〉 글씨에서도 이런 면모는 잘 드러난다.

소동파의 친필작은 앞부분에 약간의 훼손이 있다. 맨 앞의 "赤壁賦 … 誦明月之詩"의 36자는 후대에 문징명文徵明이 보충한 것이다(소동

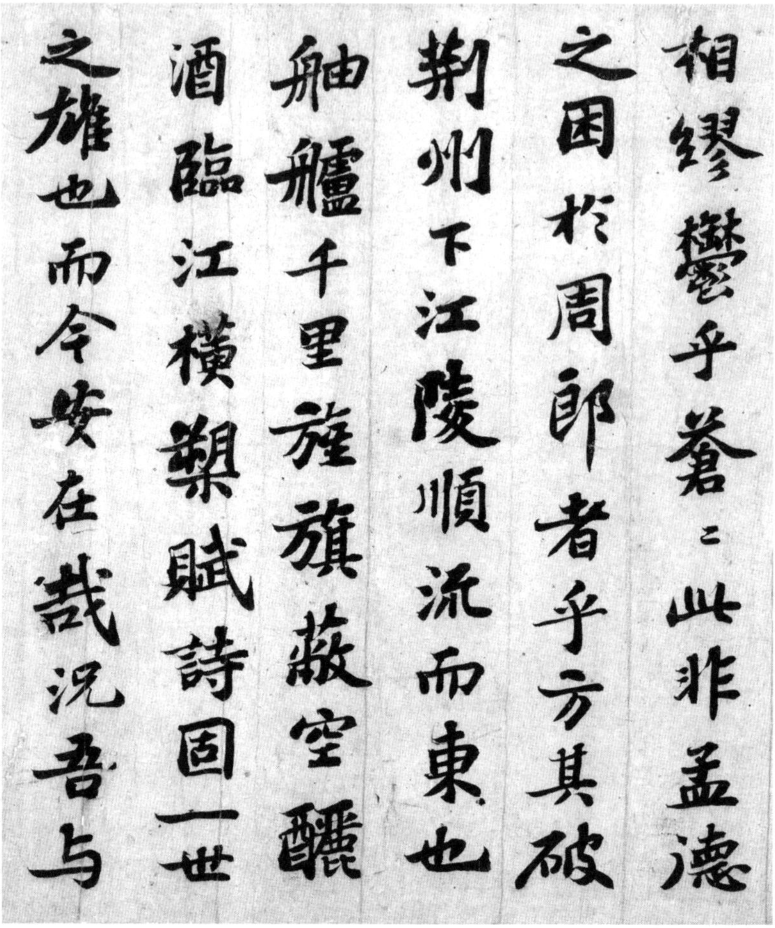

相繆鬱乎蒼蒼此非孟德
之困於周郎者乎方其破
荊州下江陵順流而東也
舳艫千里旌旗蔽空釃
酒臨江橫槊賦詩固一世
之雄也而今安在哉況吾与

소동파 〈전적벽부〉에서.

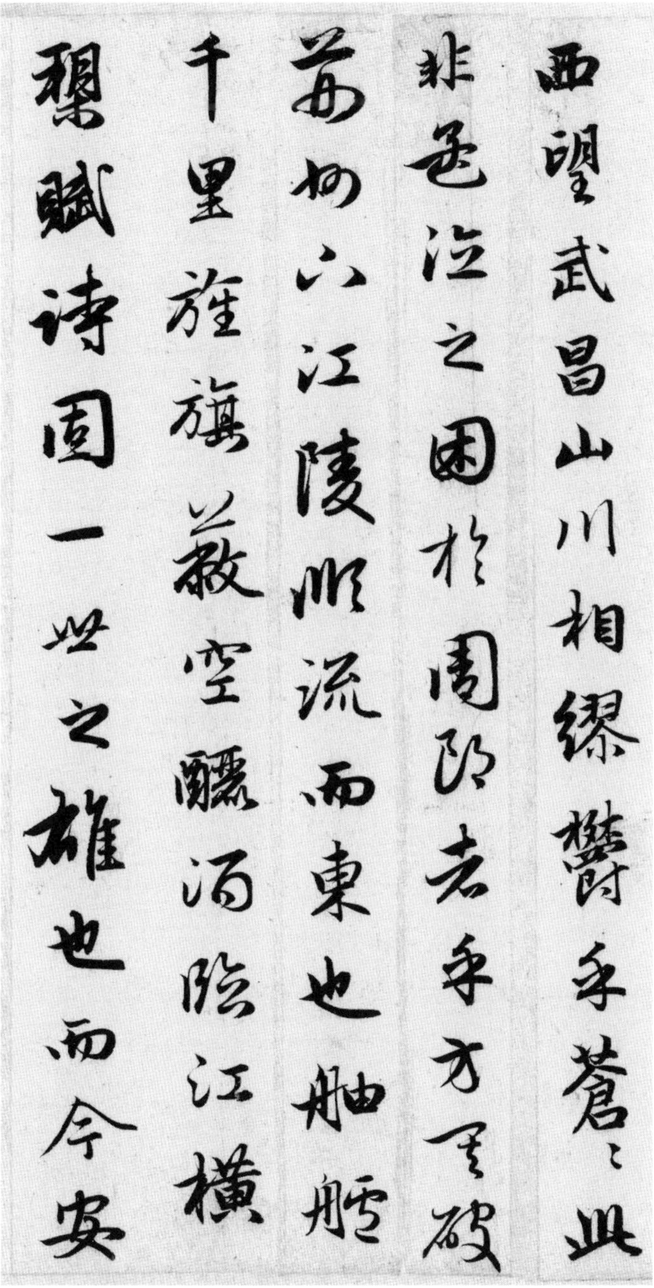

西望武昌山川相繆鬱乎蒼蒼此
非孟德之困扵周郎者乎方其破
荆州下江陵順流而東也舳艫
千里旌旗蔽空釃酒臨江橫
槊賦詩固一世之雄也而今安

조맹부〈행서적벽부책〉에서.

파 글씨의 특징을 잘 붙잡아 되살려 쓴, 뛰어난 솜씨의 모작이다). 훼손 없이 온전히 남은 제6행('적벽부'라는 제목을 제외한 본문만 따지면 제5행) "少焉月出…"부터 살펴본다.(p.531) 그다음 행 마지막 글자인 '물 수水' 자를 보자. "이슬방울처럼 부서져 반짝이는 윤슬이 강을 가로지르더니 이윽고 물과 하늘이 이어졌다(白露橫江 水光接天)"라는 구절 속의 '水'이다. 작품 전반에 펼쳐진 서풍의 기조가 이 여덟 글자에서도 일관되게 관철되고 있다. 즉, 횡으로 약간 길게 납작 엎드려 웅크린 듯한 자세를 취했으며, 동글동글한 유려함과 자제력을 갖춘 고졸古拙함을 아울러 갖춘 획 및 자형을 동시에 구현한 서풍이다. 이런 면에서 '水'는 이 작품의 전형적 글씨라 할 만하다. 비교적 낮은 글자 높이와 배세背勢를 갖추어 약간 휜 가운데 세로획에서는 억눌린 조심스러움을, 왼쪽 두 획과 오른쪽 두 획 중 오른쪽이 약간 더 높아서 생긴 비대칭이나 오른쪽 위 획의 둥근 머리 그리고 길게 뻗은 파책을 가진 아래 획에서는 자유로운 유려함을 느낄 수 있다. 물론 전체적으로는 낮은 자세와 명확한 붓놀림의 획에 멋 부리지 않은 예스러운 감각 즉 고졸함이 충만하다. 이는 다음의 '빛 광光' 자도 마찬가지다. 이러한 글씨의 특성들은 부賦 형식이라는 전통에 기대면서도 당당한 어투로 철학적 주제를 전달하는 글의 내용과도 썩 어울린다.

이에 비하면 조맹부의 '수광水光'은 어떠한가?(p.528) '水'의 종획은 매우 가늘어서 배세는커녕 그 어떤 '세勢'도 논할 수 없다. 왼쪽의 제2, 3획으로부터 오른쪽의 제4, 5획으로 물 흐르듯 이어지는 한 덩어리 획은 훌륭한 행서의 붓놀림이다. 그러나 여기에서 소동파의 저 힘찬 대강大江의 물줄기는 마치 잘 조성한 정원의 곡류曲流와 같이 유약한 연미軟媚(부드러운 아리따움)로 흐르고 말았다. 이어지는 '光' 또

　　　　　　　　　　　　　제3부 한자, 어떻게 발전해갔는가

한 위의 '水'와 판에 박은 듯이 같은 행필行筆을 보여준다.

이러한 글씨의 기조는 작품 전편에 줄곧 깔려 있다. 따라서 원래는 변화자재의 맛이 풍부해야 할 행서인 이 작품이 해서로 쓰인 소동파의 〈적벽부〉보다 더 천편일률적인 무미無味로 흐르고 말았다. 구체적으로 살펴보자.

첩장帖裝으로 개장된 이 첩의 제6면의 첫 문장은, 애절하고 처연하여 듣는 사람은 물론이고 깊은 물속 교룡까지 일깨우는 듯한 퉁소 소리를 들은 소동파가 '어찌 이런 소리가 날 수 있는가'라고 물은 데 대해, 객客이 옛적 이곳에서 웅자를 떨쳤던 영웅 맹덕 조조가 자취도 없이 사라진 것처럼 가없는 덧없음이 그 소리 속에 녹아 있기 때문이 아니겠느냐고 답하는 장면에 해당한다. 그 문장은 이렇다.

이곳은 맹덕이 주유에게 패하여 곤란을 겪던 곳이 아닙니까? 형주를 깨부수고 강릉을 함락한 후 강 흐름을 타고 동쪽으로 갈 적엔 (…)
此非孟德之困於周郎者乎 方其破荊州 下江陵 順流而東也 (…)

이 부분의 소동파 글씨의 생김새는 작품의 다른 곳과 마찬가지다. (p.532) 납작 엎드렸기에 길지 않은 세로획이나마 군데군데 배세를 취하여(周, 荊, 州의 경우) 긴장감을 유지하고 있다. '랑郎'과 '파破'의 마지막 획에서 보이는 세련되지 못한 끝내기 방식은 소동파의 다른 작품에서도 흔히 찾아볼 수 있는 그의 트레이드마크이다. 소동파 글씨의 이런 획들은 끝끝내 길들여지지 않은 야성의 징표이다.

이에 비해 조맹부의 글씨는 세련과 우아함의 완벽한 결정체와도 같다.(p.533) 이 세련은 왕희지 글씨의 철저한 복원에서 출발한다. 그중

네 글자만 확인해보자.

조조의 자인 '맹덕孟德'의 '德'은 '두인변'(彳)이지만 서사의 편의 때문에 종종 '삼수변'(氵)으로도 쓴다. 이는 해서체로 쓴 소동파의 〈적벽부〉에서도 확인할 수 있다. 이런 요소는 손글씨의 맛을 가하여 글씨를 딱딱해 보이지 않게 만드는 원동력이 된다. 초서체에서 더욱 그러하다. '德' 오른쪽 방旁 부

조맹부 〈행서적벽부책〉 덕德

분은 더하다. 조맹부의 글씨와 같이 쓰는 방법이 최대한의 생략이다. 이는 특히 왕희지 및 그를 계승한 글씨에서 더욱 두드러지게 나타난다. 지영智永의 〈진초천자문眞草千字文〉에서 그 전형적인 모습을 확인할 수 있다.

왕희지의 글씨를 열심히 연마한 조맹부 또한 〈진초천자문〉을 남겼다. 이 두 〈진초천자문〉의 '德' 자형은 온전히 같되, 조맹부 글씨의 왼쪽 편偏이 위아래로 더 길다. 적벽부의 '德'은 오히려 지영의 그것에 더 가깝다.

'자호者乎' 두 글자는 '천자문'의 마지막 구절 여덟 글자, 즉 '위어조자謂語助者 언재호야焉哉乎也'에 나온다. 여기서도 조맹부가 왕희지 글씨를 얼마나 철저하게 살려 쓰려 했는지를 알 수 있다.

지영과 조맹부의 〈진초천자문〉은 상당한 정도의 일치를 보이고 있다.

둥글고 유연하게 흐르는 획의 움직임은 '형주荊州'의 '州'에서 극점을 찍는다. 소동파의 '州'는 마지막 획이 지닌 배세의 꼿꼿함을 첫 점과 둘째 획의 유머러스한 고졸함이 대칭의 위치에서 상쇄시키고 있다.

제3부 한자, 어떻게 발전해갔는가

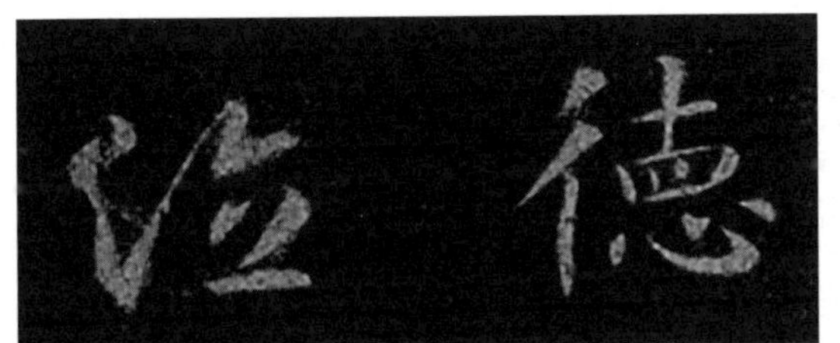

덕德. 지영 〈진초천자문〉 탁본첩 중에서.
대만 국립고궁박물원 소장.

덕德. 조맹부 〈진초천자문〉 중에서.
중국 베이징 고궁박물원 소장.

조맹부 〈행서적벽부책〉 자호
者乎

자者. 왕희지 〈십칠첩十七帖〉 중
〈적설응한첩積雪凝寒帖〉에서.

특히 둘째 획의 과장된 굽음과 퉁명스러운 끝처리는 '재주 없음', '잘하지 못함' 즉 '졸拙'의 극치다. 그에 비해 조맹부의 '州'는 어떠한가?

더이상 유려할 수가 없다. 이 초서체 '州' 또한 지영 〈진초천자문〉의 재현이다.

그러나 조맹부는 〈진초천자문〉에서 지영의 그것을 복제하면서도 한층 발전시켰다. 첫 세로획을 내리그은 뒤 한 번 끊어 붓돌림의 동력을 더 확보한 다음, 더욱 둥글게 둥글게 돌렸다.

둘째 획 마지막의 둥글게 처리한 부분을 비교해보자. 지영의 그것보다 더 큰 동세를 확인할 수 있다. 조맹부는 〈적벽부〉에서도 〈진초천자문〉의 자형을 그대로 활용하고 있다. 이 '州'의 마지막 부분은 위의 '荊'의 그것과 조응하여 소동파의 '荊州'와 비교하면 천지 차이인 둥근 동세를 보여준다.

정리하자면, 조맹부의 〈적벽부〉는 그 글씨에서 두 가지의 뚜렷한 경향성을 드러낸다. 우선 철저한 복고

537

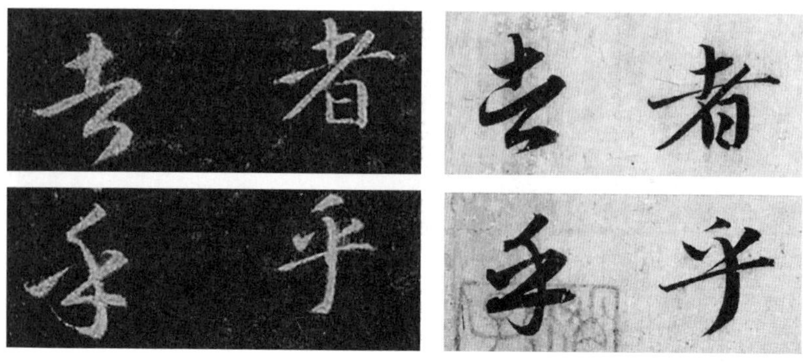

자者와 호乎. 지영 〈진초천자문〉에서.　　　　자者와 호乎. 조맹부 〈진초천자문〉에서.

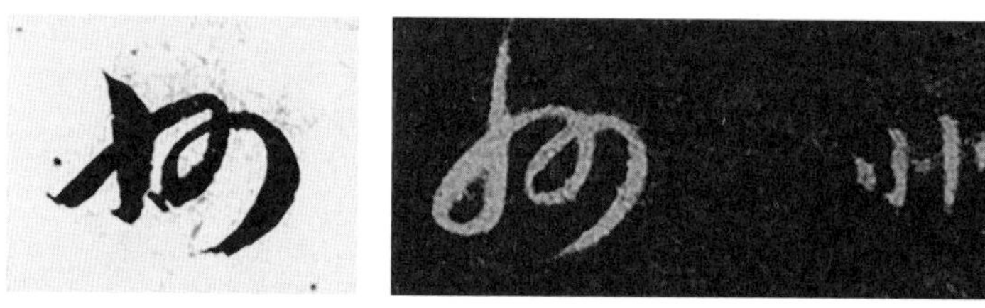

주州. 조맹부 〈행서적벽부　지영 〈진초천자문〉 주州
첩〉에서.

다. 여기에서 그의 글씨는 왕희지 초서체를 거의 완벽히 복원하고 있다. 둘째, 그렇다고 그가 따라 하기만 한 것은 아니다. 약간의 변형을 가하기도 하고, 동세를 강화하기도 한다. 물론 이 변형과 강화는 미세하고 적절하게 가해져 있다. 그러나 문제는 강도가 아니다. 조맹부가 취하고 있는 철저한 일관성이 오히려 문제가 된다. 이 짧은 구절조차 조맹부는 둥근 동세와 유려한 흐름을 줄곧 관철하고 있다. 어느 획 어느 점 하나 껄끄러운 거스름이 없다. 이것이 왜 문제가 될까?

우리는 이미 '부賦' 장에서 간단하게나마 소동파 〈적벽부〉의 의경意境(작품의 주제, 표현, 멋 등을 종합적으로 가리키는 말)을 맛보았다. 〈적

조맹부 〈진초천자문〉 구주九州

벽부〉의 경지 안에서 작자는 어떠했던가? 그는 주객主客의 구분을 무화無化한 대통일의 경지 안에서 수준 높은 인식을 보인 오롯한 주인이었다. 무진장의 자연 앞에 선 당당한 주체였다. 그렇기에 무차별의 허무로 빠지지 않고 차원이 다른 수준의 즐김을 선보였다. 이러한 작품을 읽으면 독자는 그 높은 경지에 압도되면서도 작품 속 화자의 호연지기에 자연스레 동조되어 차원 높은 감상의 즐거움을 맛보게 된다. 그렇다면 독자 여러분은 조맹부의 이 글씨가 소동파 〈적벽부〉의 이런 의경에 어울린다고 생각하는가? 우아함 일변도의 조맹부 글씨는 소동파의 이 같은 의기意氣를 좀처럼 담아내지 못한다. 이런 상황은 이 작품 앞부분에 조맹부가 일부러 수록한 소동파 초상에 의해 더욱 악화된다. 조맹부가 창조한 소동파 피규어는 다만 유유자적 소요할 뿐이다. 여기엔 웅혼한 인식론을 펼쳐 보인 사상가의 모습이 없다. 조맹부의 글씨는 기술적으로 정말 뛰어나다. 그러나 그가 더 높은 완성도를 보일수록, 작품 전편에서 일관성을 보일수록, 그의 글씨는 한갓 기술자의 기예로 전락할 뿐이다. 이런 글씨로 소동파의 〈적벽부〉를 재현한다는 것은 거의 범죄다. 사실 조맹부가 자신의 출신을 배반하고 원 왕조에 충성한 것은 그리 문제가 되지 못한다. 왕조 시대의 충절 또는 변절은 현대의 우리들에겐 큰 덕목이나 악덕이 아니다. 후대의 우리가 볼 때 조맹부의 진정한 비극은 고풍스러운 우아미의 철저한 추구에 있다. 그는 우미의 절정으로 오르고 또 올라 가장 깊이 추락했다.

사실 조맹부의 글씨는 이렇게 쉽게 단죄할 수 있는 것이 아니다. 그의 송설체는 그의 사후 오랫동안 동아시아를 풍미했다. 아雅 즉 우아함에는 죄가 없다. 고전을 되살려 바른 아름다움을 추구하고, 오로지 유려한 우아함에만 매진한 것 자체가 잘못은 아니다. 따라서 그 자신의 잘못된 적용과는 별개로 그의 예술미의 정화인 글씨체가 후대에 환영받은 것은 이상한 일이 아니다. 송설체는 특히 조선 초에 크게 유행했다. 그의 우아함은 그가 살았던 땅 중국 밖에서 더욱 찬란히 개화했다.

전아한 꿈 ─ 조선 초 안평대군의 글씨

조맹부는 우리나라와 인연이 있다. 쿠빌라이의 외손자로서 어린 시절을 원나라 황실에서 보낸 고려 충선왕은 아들 충숙왕에게 양위한 뒤 원나라 수도인 연경燕京(지금의 베이징)으로 돌아가 장기간 체류했다. 이 시기에 그는 만권당萬卷堂 즉 '수많은 책의 집'이라는 이름의 건물을 저택 안에 짓고 남송 출신의 저명한 학자들을 초빙했는데, 그 중 조맹부의 이름도 보인다. 이때 고려의 학자 익재益齋 이제현李齊賢이 충선왕의 부름으로 그곳으로 가 이들과 교유했다. 중원의 당대 최고 엘리트들과 상대할 인물로 특별히 골라서 부른 인재이니, 이제현이 얼마나 뛰어난 문인학자였는지 짐작할 수 있다. 아울러 그가 원나라에 가 있는 동안 고려의 관직을 유지할 수 있도록 충선왕이 충숙왕에게 특별히 부탁한 것으로 보아 이 둘이 매우 가까운 사이였다는 것 또한 알 수 있다. 과연 이제현은 충직한 신하의 면모를 보인다. 원나라 인종이 사망한 후 충선왕이 티베트 지역으로 유배되자, 구명 운동을 벌여 유배지가 내지에서 좀더 가까운 간쑤성甘肅省(감숙성) 타사마朶思麻라는 곳으로 옮겨지는 데 결정적 역할을 한 것이다.

이 기간에 이제현은 티베트와 타마사까지 찾아가 충선왕을 위문하기도 했다. 지금도 이 두 곳은 상당한 벽지다. 당시에 그런 곳까지 가보았다는 것은 대단한 일이다. 게다가 그는 중국 각지를 여행했다. 충선왕을 대신하여 제사를 지내기 위해 어메이산峨眉山(아미산)을 찾기도 했다. 어메이산은 촉蜀 즉 지금의 쓰촨四川(사천) 지역의 명산으로, 도교와 불교에서 모두 성지로 받드는 곳이다. 그의 발길은 티베트나 촉과 같은 서쪽뿐 아니라 중국의 동쪽 끝 바닷가 섬까지 미쳤다. 충선왕이 향을 사르며 예를 올리기 위해 저장성浙江省(절강성)의 관음 성지 푸퉈스普陀寺(보타사)에 갔을 때 시종하여 간 것이다. 푸퉈스는 지금의 닝보寧波(영파) 앞바다의 섬에 위치한 절이다. 서쪽과 동쪽 변경인 이 두 곳은 현재 중국에서 대단히 유명한 관광지이다. 그렇지만 교통수단과 관광 산업이 발달한 오늘날에도 한국인이 이곳에 방문하려면 큰맘을 먹어야 한다. 외진 곳이라 오가는 데 상당한 시간을 들여야 하기 때문이다.

필자는 운 좋게도 이 두 곳 모두 가볼 기회가 있었다. 어메이산은 3천 미터가 넘는 높은 산으로, 케이블카를 타도 중간에 한 번 갈아타며 한참을 올라가야 정상에 이를 수 있다. 높이도 높이지만 내가 놀랐던 것은 전체적으로 산이 매우 광대하다는 사실이다. 온난다습한 기후대에 위치한 이 산은 여러 동식물이 서식하며 식생이 매우 풍부하다. 불교 성지이기 때문에 그 안에 사원도 많다. 정상부인 금정金頂에 비교적 평평한 대지가 있는데, 그곳에도 절이 있고 호텔도 있다. 그곳에서 묵고 다음날 이른 아침, 자욱한 운무에 휩싸인 깎아지른 절벽 위의 금 정을 거닐며 바라보았던 코끼리를 올라탄 황금빛 보현보살상이 아직 도 눈에 선하다. 윤택한 자연과 유서 깊은 문화를 함께 느낄 수 있었 던 어메이산만의 특별한 체험이었다.

삼면이 바다로 둘러싸인 한국과 달리 내륙의 중국인들에게 바다란 매우 멀고 이질적인 곳이다. 그 때문에 관음보살을 예배하기 위해 푸 퉈스가 있는 푸퉈산普陀山(보타산)으로 배를 타고 들어가는 것은 꽤 특별한 경험이었을 것이다. 이제현 이전에는 우리나라 출신으로 중국 의 명소를 이렇게 두루 다닌 사람이 없었다. 또한 그 이후로도 근대에 이르기까지 조선에도 이런 이가 없다. 조선시대에 중국 내륙을 여행하 려면 사신이 가는 사행길을 따라가는 수밖에 없었다. 바다를 표류하 다가 닝보 아래쪽 태주台州에 도착해 멀리 길을 돌아 북경을 통해 귀 국한 최부崔溥와 같은 사례도 있지만, 이런 사례는 극히 이례적인 경 우이다. 그래서 이제현의 중국 여행 경험은 참으로 특이한 문화사적 사건이 된다.

만권당에서 한동안 머무르며 중국의 명사들과 직접 교류한 것도 조선시대라면 상상하기 힘든 일이다. 김정희나 박제가와 같이 중국 문 인들과 교유가 깊었던 이들조차 직접 대면은 사행에 따라가 잠시 만 났을 때뿐이었다. 박지원의 저 장쾌한 문학작품 『열하일기』도 길이는 길지언정 일시의 체류조차 없었던 사행길의 기록, 즉 '기행'문이지 않 은가. 이런 면에서 고려 말 이제현의 경험이 후대에 비해 얼마나 국 제적인 것이었는지 짐작할 수 있다. 이제현뿐 아니었다. 그의 선배격 인 안향安珦이나 그가 스승으로 모셨던 백이정白頤正 등 중국에 직접

가서 학문을 익히고 현지인과 교류했던 인물들은 당시에 상당히 많았다. 원나라는 역사상 최대 판도를 자랑했던 거대한 세계 제국이었다. 이런 제국에 맞서 오랜 기간 거세게 저항하다가 결국에는 굴복하여 속국이 되었던 것은 분명 비극적 역사다. 그렇지만 슬픈 역사의 새는 내일의 알을 품고 있었다. 원 제국의 부마국으로서 활발한 인적 교류를 가진 덕분에 우리 역사상 가장 국제적 경험이 풍부한 인재들을 갖게 되었던 것이다. 이들을 통해 당대 가장 선진 학문이었던 주자학(성리학)이 한반도에 유입되었으며, 우아한 예술인 조맹부의 글씨 또한 들어왔다. 이들의 후진後進이 고스란히 조선 전기 역사의 주역이 되었다. 그리고 그들에 의해 우아함의 문화는 화려하게 부화했다.

역사상 가장 발달한 최첨단의 문자 체계인 한글은 위대한 문자 설계자 세종에 의해 탄생했다. 그리고 세종의 빛나는 창의는 얼마간 위와 같은 국제적 문화의 공기에 빚지고 있다. 한글조차 세종의 문화적 업적의 일부에 지나지 않는다. 역사, 문학, 음악, 천문, 지리 등 손대지 않은 분야를 찾기가 더 힘들 정도이다. 세종대는 실로 거대한 문화 창조의 시대였다.

무자비한 쿠데타와 숙청을 통해 권력을 잡은 아버지 태종 이방원에게 왕위를 물려받은 세종은 더할 나위 없이 안정적으로 국정을 펼쳐나갈 수 있었다. 선대로부터 물려받은 것은 강력한 왕권뿐 아니었다. 신선한 활력과 자신감으로 충만한 새 왕조의 문인 관료들이 이 유능한 왕과 함께했다. 이들은 힘을 합쳐 새 왕조의 새로운 시스템을 만들어나갔다. 이들이 만들고자 한 것은 유교에 바탕을 둔 문치文治 체제였다. 기실 고려 말 원나라를 통해 수입된 성리학은 그리 대단한 것이 아니었다. 주자학이 당대 대륙의 가장 중요한 학문이라는 것

을 인지하고 주희가 쓴 책을 고국으로 가져와 후학들과 함께 읽어나
간 것이 '고려 말 성리학 수입'의 주된 내용이다. 당시 이들이 주로 연
구한 텍스트도 『대학』 등 사서四書 아니면 원래부터 주요 경전이었던
『시경』, 『서경』, 『주역』 등에 대한 주자의 주석 등 초보적인 것 위주였
다. 전 왕조의 멸망과 새 왕조의 개창 등 정신없는 변혁의 와중에 기
존 학문과 크게 다른 어렵고 복잡한 성리학의 중요 개념들을 차분히
연구할 여유는 그다지 없었다. 본격적인 성리학 연구를 위해서는 『주
자전서朱子全書』, 『주자어류朱子語類』 등 주희의 주요 텍스트를 망라
해 읽고 곱씹어 온전히 소화해야 할 터인데, 이런 학문은 조선 중기
에야 가능해졌다. 고려로부터 조선으로 전환된 역사에서 중요했던 것
은 성리학이라는 하위 요소가 아닌 유학(유교) 자체였다. 신라 이후로
오랜 기간 국가 이데올로기의 중심이었던 불교를 버리고 그 자리를
유교가 차지한 것은 사소한 사건이 아니다. 조선 초 국가 건설자들에
게 정작 중요했던 것은 남송대에 본격적으로 발달한 성리학이 아니
라, 유학을 중심으로 운용되었던 송나라의 역사적 경험, 그리고 그것
이 가장 이상적으로 작동했던 송나라 초기 즉 북송 시대의 학문 및
국가 시스템이었다. 그러니까 신유학(성리학)이냐 옛 해석에 기반을 둔
옛 유학이냐의 구분보다는, 국가 운영의 중심으로 기능했던 유학 자
체가 중요했다. 앞의 '문文'에서도 서술했듯이, 유학은 일개 학파의 학
문이 아닌 모든 사상을 아우르는 메타 학문이었다. 모든 학문과 제도
를 모아 새로운 종합을 이루는 것, 즉 집대성集大成이야말로 유학의
핵심이 된다.

　문치의 중심에는 '문'이 있다. 따라서 조선 초는 서적 편찬과 간행의
황금기이기도 했다. 유교 문치의 중심에는 예악禮樂이 있다. 세종이 박

연 등을 기용하여 악기와 악보 등 여러 음악 관련 제도를 정비한 것은 유명한 일이다. 『국조오례의國朝五禮儀』를 편찬하여 국가 운용에 필수적인 다섯 가지 예제를 성문화하기도 했다. 지난날 문명의 경험을 텍스트로 정리하는 것, 즉 역사는 유교 문치의 핵심 중의 핵심이다. 따라서 세종은 재위 중에 송대에 편찬된 유교 역사서의 최고봉인 사마광의 『자치통감資治通鑑』을 간행하고 그에 대한 해석서를 편찬하는 데 온 힘을 기울였다. 전 왕조의 역사를 조선의 시각으로 집대성한 『고려사』 또한 중요한 편찬 사업이었다. 세종의 치세는 유교적 집대성과 그것을 바탕으로 한 새로운 구축의 시대였으며, 그 결과물인 각종 서적들은 지금도 남아 전하고 있다.

당대 서적 간행의 가장 보편적인 수단은 목판 인쇄였다. 가로로 긴 직사각형의 판목 1매에 2쪽 분량의 텍스트를 한꺼번에 새겨 종이에 찍어낸 후 절반으로 접어 코덱스 형태로 묶어서 책을 만드는 방식이다. 활자 인쇄는 판 전체를 한꺼번에 새기지 않고 글자별로 조각조각 나눠 새긴 후 다시 조합하여 판을 만들어 찍어내는 것이다. 알파벳 문자 체계를 가진 언어라면 금속활자 쪽이 훨씬 효율 높은 방식이다. 그러나 한자의 경우는 만들어야 할 활자의 수가 매우 많으므로 목판이 더 경제적이다. 한자 활자 인쇄는 목판보다 조판이 빠르므로 다품종 소량생산에 더 적합한 고급인쇄 방식이다. 활자를 만드는 데 비용과 공력이 더 드는지라 쓰고 새기는 기술 수준이 높고, 판을 찍는 데도 더 공을 들이므로 결과물인 책의 수준도 올라가게 된다. 따라서 한자 활자 인쇄본은 목판에 비해 대개 더 또렷하고 고급스러운 판면을 보이게 된다. 그러므로 좋은 책을 간행하려는 국가적 의지가 강했던 조선시대에 금속활자가 크게 발전했다.

태종 때 최초로 만든 계미자(1403년 계미년에 만들어서 이렇게 부른다)는 모양도 고르지 않고 인판틀(활자를 조판하여 인쇄하는 틀) 바닥에 밀랍을 깔고 활자를 배열하는 방식이어서 몇 장 인쇄하고 나면 활자가 흔들려 다시 배열해야 하는 불편함이 있었다. 세종이 즉위하고 나서 얼마 되지 않은 1420년(세종 2)에 주조한 경자자는 계미자보다 인쇄 능률이 다소 높아졌으나 여전히 완성도가 떨어졌다. 조선의 금속활자는 개국 후 세 번째로 만든 갑인자(1434년, 세종 16년 제작)에 이르러 기술적 완성을 이룬다. 겨우 2개월 만에 20여 만 자를 만들었으면서도 반듯하고 정교했으며, 인쇄 기술도 진일보하여 하루에 찍어낼 수 있는 양도 비약적으로 증가했다. 갑인자는 이후 여러 차례 개주改鑄(다시 주조함)되어, 조선 후기 18세기에 이르기까지 여섯 차례나 다시 만들어진다(1580년 경진년의 경진자는 다시금 주조한 재주再鑄 갑인자이다. 삼주는 1618년 광해군 10년 무오자, 사주는 1668년 현종 9년 무신자, 오주는 1772년 영조 48년 임진자, 마지막 육주는 1777년 정조 1년 정유자였다). 조선 전기 금속활자 중 백미이자 조선 활자 인쇄의 주축이라 할 만하다.[1]

갑인자는 인쇄에 편리했을 뿐 아니라 글자꼴도 아름다웠다. 계미자와 경자자는 꺾어 돌리는 전절轉折 부분의 각이 살아 있고 필획 첫머리의 예리함도 있는 구양순풍의 엄정한 옛 글씨체이다(구양순체는 고려 때 크게 유행했다). 그에 비해 갑인자는 부드럽고 우아한 붓글씨의 전형이다. 가로획 처음과 끝의 처리는 부드럽고 원만하다. 왼쪽 혹은 오른쪽 아래로 비스듬히 내린 획(영자팔법으로 말하자면 '략掠'과 '책磔')의 마무리 역시 서서히 힘을 빼서 뾰족하되 날카롭지 않게 했다. 그리고 가로획이건 세로획이건 비스듬히 내린 획이건 탄력적인 둥근 구

     제3부 한자, 어떻게 발전해갔는가

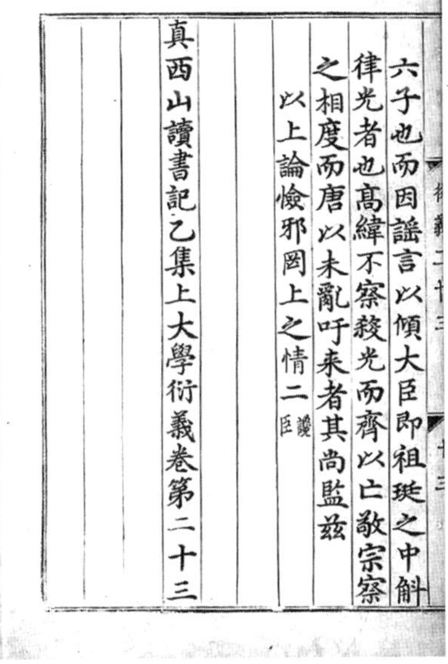

真西山讀書記乙集上大學衍義卷第二十四
格物致知之要二 〔材辨人〕
齊桓公末管仲病公問羣臣誰可相者
知臣莫若君公曰易牙何如對曰殺子以適君
非人情不可曰開方何如對曰倍親以適君非
人情難近公曰豎刀何如對曰自宮以適君
非人情難親管仲死公用三子三子專權公
辛易牙入與豎刀因內寵殺羣吏而立公
子無詭宋伐齊齊人殺無詭立孝公孝公卒公
弟潘因開方殺孝公子而立潘

真西山讀書記乙集上大學衍義卷第二十三
六子也而因讒言以傾大臣即祖珽之中斛
律光者也高緯不察殺光而齊以亡敬宗察
之相度而唐以未亂吁來者其尚監茲
以上論憸邪罔上之情二

초주갑인자 『대학연의大學衍義』 일본 교토대학 부속도서관 소장. 권24 권수卷首 하단에 세종의 일곱째 아들인 평원대군平原大君(1427~1445)의 장서인 '근행지당謹行之堂'이 찍혀 있다.

부림을 주어서 원숙한 붓글씨의 맛을 살렸다. 전체적으로도 향세向勢에 바탕을 둔 원만한 글자 짜임이 돋보인다. 이러한 글씨체는 조맹부를 필두로 한, 독창을 배제하고 과거 우아미로의 복고에 매진한 원나라 그리고 그것을 계승한 명나라 초 글씨체의 이상을 본받은 것이다. 구체적으로는 명나라 영락제永樂帝가 조선에 하사한 『위선음즐爲善陰騭』, 『효순사실孝順事實』, 『논어』 같은 책의 글씨를 기반으로 만든 글씨체이다. 이 책들에 없는 글씨는 진양대군晉陽大君(훗날의 세조)이 써서 채워넣었다고 한다. 『위선음즐』은 선을 행한(爲善) 이들에게 하늘이 드러나지 않게 복을 준(陰騭) 고사를 모아 엮은 것이다. 『효순사실』 또한 부모에게 효도하거나 윗사람을 잘 모신 사례를 모은 책이다.

『논어』가 유교의 기본 서적임은 말할 나위도 없다. 셋 모두 이민족의 통제에서 막 벗어나 중화 제국 통치의 가치를 선양하고자 한 명나라의 국정 의도를 반영하는 책이다.

영락제는 조선에 『위선음즐』을 600부나 하사했다. 이 책은 정교한 유교 이념을 담고 있다고 하기는 어렵고, 권선징악이라는 가치를 반영한 세속적인 내용의 책이라 보아야 할 것이다. 어떻든 조선의 입장에서는 명나라 황제가 대량으로 보낸 책을 무시할 수 없었다. 영락제의 치세는 명대 전체의 판도를 결정한 중요한 시기다. 영락제는 각종 편찬 사업을 펼쳐 왕조의 문화적 역량을 과시했는데, 이런 성과의 종합이 거대 백과전서인 『영락대전永樂大全』이다. 영락제 시기에 편찬된 서적 중에서 조선에 가장 큰 영향을 끼친 것이 『성리대전性理大全』과 『사서오경대전四書五經大全』이다. 이는 송나라 때 저술된 각종 성리학(주자학) 서적을 모아 엮은 전집이다. 『사서오경대전』은 『논어』, 『맹자』, 『대학』, 『중용』의 '사서'와 『시경』, 『서경』, 『주역』, 『예기』, 『춘추』의 '오경'에, 주희가 정리한 집주集註와 그 주를 후대 학자들이 다시 상세히 해설한 소주小註를 모은 것이다. 이 '대전본' 사서오경은 중화 황제의 명으로 편찬된 유교 기본 경전에 대한 성리학적 표준 해석이기에, 도입된 이래 줄곧 유교 국가 조선의 기본 중의 기본 서적으로서 확고한 지위를 누렸다. 따라서 갑인자의 서체는 당연히 좁게는 『위선음즐』 등 몇몇 수입서의 글씨체를 따라 한 것이지만, 결국 조선 초에 이루어진 명나라 문물 및 제도의 전반적 수용의 맥락에서 탄생한 것으로 보아야 할 것이다. 그리고 영락제 시기를 중심으로 한 명나라 초의 문화는, 비록 명 왕조가 이민족 정복 왕조인 원나라의 멸망 위에 이룩된 것이었음에도 불구하고, 성리학과 복고주의를 기초로 한 원나

『위선음즐』(부분) 명 영락永樂 연간 간행. 중국 닝보寧波 천일각天一閣 소장.

『효순사실』. 명 영락 18년(1420) 간행. 대만 국립중앙도서관 소장.

라의 문화를 비교적 충실히 계승했음을 염두에 두어야 할 것이다.

이런 면에서 갑인자의 별칭이 위부인자衛夫人字였다는 것은 매우 흥미로운 사실이다. '위부인'은 남북조 시대 동진東晉의 여성으로서 본명은 위삭衛鑠이다. 일종의 글씨 쓰기 매뉴얼인 〈필진도筆陣圖〉의 저자로 알려졌으며, 특히 왕희지가 그녀에게 글씨를 배웠다는 설이 있어 유명하다. 현재 〈필진도〉라 전하는 것은 후대의 위작일 가능성이 크고, 왕희지 스승 설도 그 실체를 확인하기 어려운 그저 전하는 말일 뿐이지만, 이 글자에 이런 이름이 붙었다는 사실 자체가 의미심장하다. 이른바 왕희지의 스승이라는 사람, 즉 서성書聖의 스승이라 전하는 이의 글씨라면, 글씨의 극치에 해당하기 때문이다. 원나라 글씨의 대표 격인 조맹부의 글씨가 왕희지를 기반으로 한 우아하고 매끈한 복고적 서체였음을 감안하고, 아울러 조선 초에 실제 손으로 쓰는 글씨는 조맹부체를 주로 썼다는 사실을 염두에 둔다면, 조선 사람들이 명나라 초의 글씨를 기반으로 한 이 갑인자를 얼마나 훌륭하고 아정雅正한 글씨라고 여겼을지 능히 짐작이 간다. 이렇게 조선 초에 자리잡은 성리학적 문치文治 체제와 아정한 복고적 문자는 양극단에서 거시적이고 미시적인 무늬(文)를 이루며 그 이후로 오랫동안 조선 문화의 주류로 자리잡게 된다.

승리자인 세조의 글씨는—실제로 그의 글씨가 갑인자에 얼마나 반영되었는지는 제대로 확인할 수 없으나—결국 조선시대 내내 강력한 영향력을 발휘하게 되었지만, 당대에 훨씬 유명했던 그의 아우 안평대군의 글씨는 역적의 유산으로 녹아 없어졌다(안평대군이 글씨를 쓴 경오자는 그의 사후 곧바로 녹여서 없앴기에 그것으로 찍은 서적은 드물다). 그러나 당대의 이런 정치적 상황에도 불구하고 서가로서 안평의 이름은 조선시대 내내 드높았다. 그만큼 그의 글씨가 훌륭했기 때문이다. 실로 그의 글씨는 단순히 잘 쓴 글씨의 차원을 넘어설 정도로 훌륭하다. 과연 어떠했기에 그러한가? 그의 대표작인 〈몽유도원기夢遊桃源記〉를 통해 안평대군 이용李瑢의 글씨 세계를 들여다보자.

1447년(세종 29) 4월 20일 밤, 안평대군은 꿈속에서 첩첩 봉우리와 깊은 골짜기를 지닌 어느 산에 이르게 되었다. 동행한 박팽년·최항·신숙주 등과 함께 말을 타고 우뚝 솟은 벼랑과 울창한 수풀과 굽이굽이 계곡을 지나 마침내 골짜기 안쪽으로 들어서자, 자욱한 구름과 안개 속으로 복사나무 가득한 넓은 공간이 나타났다. 그곳엔 사립문 반쯤 열리고 흙 계단 무너진 적막한 초가집과 물결 따라 흔들거리는 앞 시내의 조각배만 있을 뿐이었다. 꿈에서 깬 안평대군은 옛 도원의 고사를 떠올리며 감회에 젖었다. 도회지와 산림은 전혀 다른 세계이거늘 구중궁궐에 머물며 밤낮없이 일로 바쁜 내가 어찌 이런 꿈을 꾸었는가? 그리고 하필이면 어찌 이 몇 사람과 꿈속 도원에서 노닐게 되었는가? 이는 내가 평소 마음 깊이 자연에 대한 동경을 품었고 또 이 사람들과의 사귐이 매우 돈독했기 때문이리라. 그리하여 안평은 화원 안견에게 꿈에 본 도원경을 그림으로 그리게 했다. 사흘 만에 완성된 그림에 그 전말을 기록한 〈몽유도원기〉를 써서 붙이고, 이어서 자신과 교유가 깊었던 20여 명의 학사들에게 기념의 시나 글을 짓게 했다.

임진왜란 때 일본으로 건너가서 지금은 나라현 덴리天理의 덴리대학에 소장되어 있는 〈몽유도원도〉에는 안평대군이 손수 짓고 쓴 위와 같은 내용의 기문記文이 붙어 있다. 안견의 그림은 삐죽삐죽 기괴한 모양으로 솟은 거대한 암봉들과 그 사이로 흐르는 계류들을 지나 다다른 아득하고 아늑한 도원의 꿈속 절경을 환상적인 솜씨로 그려내고 있다. 이런 높은 경지의 화면을 사흘 만에 창조해냈다니, 그 숙련된 솜씨가 믿어지지 않을 정도이다. 그림 뒤로 계속 이어진 안평대군과 친우 21인의 시문詩文 또한 글도 글씨도 무척 훌륭하다. 진정 서화 합벽의 완벽한 사례라 칭할 만하다. 그중에서도 안평대군의 〈도원기〉 글씨는 전아한 아름다움의 극치를 보인다.

우선 눈에 띄는 점은 글씨의 획이 무척 얇다는 것이다. 그러나 두께는 얇아도 탄력이 있어 결코 유약해 보이지 않는다. 안평대군이 낭창낭창한 획만을 구사했는가 하면 천만의 말씀이다. 그의 글씨로 제작된 경오자를 보면 힘이 넘치는 굵직굵직한 획으로 구성되어 있다.

〈몽유도원기〉 획의 탄력은 가로획에서 여실히 느낄 수 있다. '일一', '이二', '삼三'의 획을 보자. 중간 송필送筆 부가 출발점으로부터 3분의 2 지점에서 가장 위로 솟으며 굽어, 전형적이면서도 적당한 가로획의

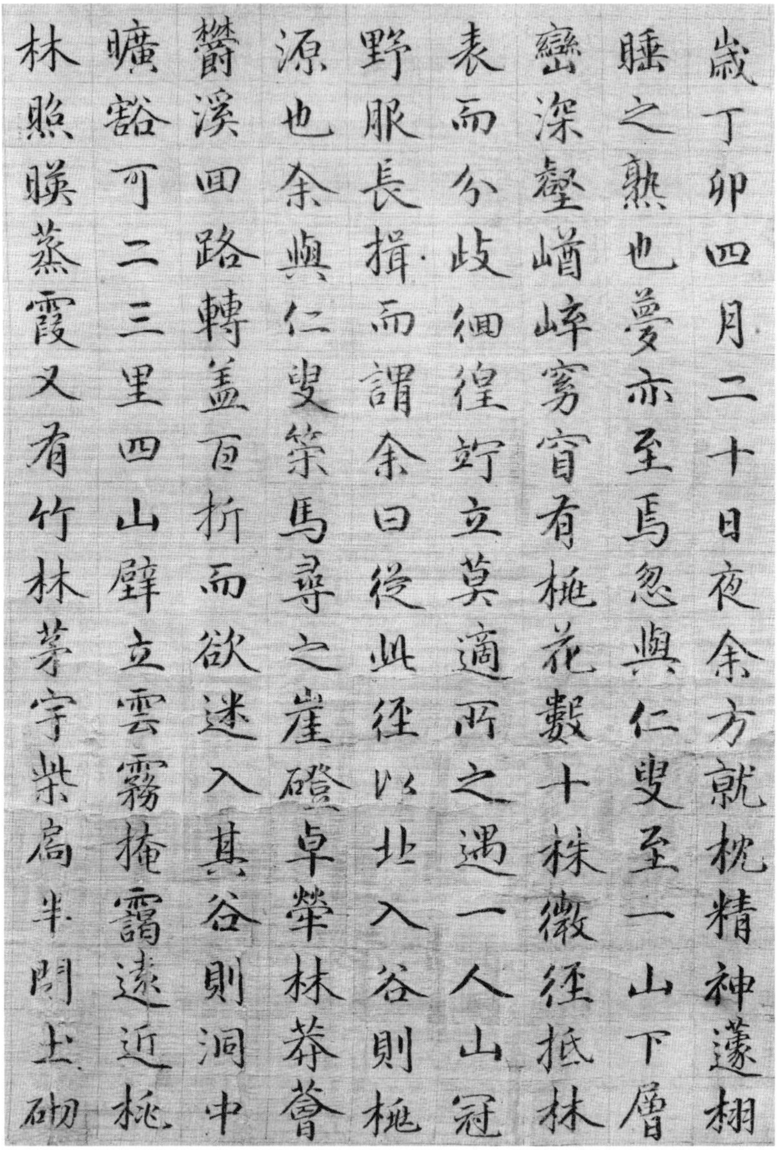

歲丁卯四月二十日夜余方就枕精神蒙栩
睡之熟也夢亦至焉忽與仁叟至一山下層
巒深壑嶋崿寯宣有桃花數十株徽徑抵林
表而分歧細徨竚立莫適所之遇一人山冠
野服長揖而謂余曰從此徑以北入谷則桃
源也余與仁叟策馬尋之崖磴卓犖林莽翳
欝溪回路轉盖百折而欲迷入其谷則洞中
曠豁可二三里四山壁立雲霧掩靄遠近桃
林照暎蒸霞又有竹林茅宇柴扃半開土砌

안평대군 〈몽유도원기夢遊桃源記〉. 1931년 촬영 유리건판 (일본 도쿄문화재연구소 소장. 원본 소장처: 일본 덴리대학 부속 덴리도서관)

（日本 東京文化財研究所 '夢遊桃源図 跋'. ガラス乾板. 原板番号 00431. 原本: 天理大学付属天理図書館 所蔵資料）

힘을 확보하고 있다. 제4행 제8자인 '설 립立'의 마지막 획은 위로 한껏 굽은 아치를 그리며 글자를 잘 떠받치고 있다.

전체적으로 무척 부드러운 인상을 주는데, 이는 전절부가 모나지 않고 둥글게 처리되어 있기 때문이다. '사四', '일日', '왈曰', '회回' 등 네모진 형태의 글자들 모두 제2획의 전절이 부드러운 각도로 굽어 있다.

글자가 위아래로 길면 대체로 엄격한 인상을 준다. 〈몽유도원기〉의 글자들은 제1행의 '정精'이나 '거蘧', 제2행의 '지언至焉'처럼 획이 많거나 글자 구성상 그래야만 할 경우는 확실히 세로로 긴 자형을 취하고 있는 반면, 작품 전체에 흩어져 종종 보이는 '십十'이나 '산山', 혹은 '인仁'이나 '지之' 같이 옆으로 긴 직사각형 형태를 띨 수 있는 글자를 만나면 어김없이 그런 자형을 취하여 변화를 주고 있다. 제2행의 '몽역지언夢亦至焉'에서 '역亦'이 바로 그런 역할을 하고 있다. 이 낮은 체세體勢의 글자들은 변화미와 함께 작품에 안정감과 편안함을 준다.

부드러운 우아함이 유약함으로 흐르지 않게 하는 중요한 요소로, 오른쪽 아래로 비스듬히 뻗은 책획磔畫을 꼽을 수 있다. 제4행 '분기分歧'의 '歧', '일인一人'의 '人', 제5행 제7자와 제6행 제3자인 '여余', 제6행 제6자인 '수叟' 등의 마지막 획을 보자. 힘찬 곧음과 부드러운 곡선을 겸비한 내리긋기를 선보이면서 마지막을 매우 뾰족하게 마무리하고 있다. 그 일관된 힘의 누그러뜨림이, 어찌하면 이렇게 마지막까지 붓끝을 유지하며 한 오라기의 흔적까지 종이에 남길 수 있는지, 솜씨가 경탄스러울 따름이다.

작품 전편에 무수히 등장하는 '책받침(辶)'과 '갈 지之'의 마지막 획들은 유약하지 않은 유연함의 적절한 실례들이다. 이것이 안평대군과 조맹부의 글씨가 갈리는 결정적 분기점이다. 안평의 이 획들은 중간의 적절한 지점에서 두 차례 힘의 방향 전환을 가하며 살짝 꺾이면서도, 전체적으로 S자를 그리며 오른쪽 아래로 서서히 흘러나가는 곡선의 동세는 잘 유지하고 있다. '辶'도 '之'도 맨 처음의 점은 자연스럽게 찍은 붓의 느낌을 잘 살리고 있다. 그리고 마지막 마무리는 책획처럼 뾰족하지는 않게 처리했다. '辶'도 '之'도 글자 혹은 문장의 주인공은 아니기 때문이다.

안평대군은 더할 나위 없이 안정된 왕권과 훌륭한 치적을 자랑한 세종의 믿음직한 아들이었다. 그리고 그를 둘러싼 문인관료들은 모두 당대 최고의 문사이자 학자였다. 원나라의 국제적인 기풍과 명나라 초의 중화문명 재건의 기운을 동시에 품은 시대를 산 이들의 문적文蹟에는 조선이라는 새로운 나라에서 자신들의 손으로 새로운 문화를 펼쳐나가고 있다는 자신감이 충만하다. 꿈속에 찾은 정경을 그린 〈몽유도원도〉 옆에 나란히 놓인 〈몽유도원기〉의 글씨는 결코 몽환적이지 않다. 마음 깊이 품은 천석泉石에 대한 그리움만큼이나 자연스럽기 그지없다. 또한 도원의 이상향만큼이나 높은 경지에 대한 간단없는 추구를 체화한 강렬함도 갖추고 있다. 현실정치에서 형에게 패배한 안평대군은 하룻밤 꿈의 기록이라는 찰나의 글씨 속에서 영원한 전아함을 획득했다.

졸정원, 문징명이 찾은 현세의 낙원

도원桃源, 즉 물길 따라 골짜기 깊숙이 찾아간 복사꽃 흐드러진 마을은 전설로만 전하는 환상의 무가유향無可有鄕(존재할 수 없는 곳, 유토피아)이다. 현실에 발을 붙인 우리는 그곳을 찾아갈 길이 없다. 그렇지만 안평대군이 꿈결에 찾은 그 정경은 그의 글 – 글씨와 안견의 그림으로 모습을 바꿔 꿈 밖으로 걸어나왔다. 현실 속에 실제로 존재하는 이 그림과 글씨가 선보인 경지는 비현실적으로 아름다워서, 꿈속의 도원조차 이보다 도달하기 쉬워 보일 지경이다. 그런가 하면 어떤 이들은 현실 속에 자신만의 낙원을 건설했다. 정원이 그것이다. 한자 문화권에서 정원의 역사는 도원보다 오히려 오래되었다. 여기서는 그중 가장 유명한 예 하나를 살펴볼 것이다. 그리고 그것을 그려낸 文(글 – 글씨 –그림)도 함께 살펴볼 것이다. 그 아취와 우아함은 또 어떤 경지였을까?

먼 고대에 정원은 제왕만이 소유할 수 있는 사치였다. 진秦 제국이 조성했고 한漢 제국이 계승한 함양咸陽 즉 시안西安의 상림上林은 사방 100킬로미터가 넘는 면적에 8개의 강이 흐르고 큰 호수 또한 여럿 있으며 70개의 별궁을 갖춘 거대한 규모였다고 한다. 온갖 진기한 식물과 동물을 모아 길러 왕의 사냥이나 유흥을 위한 장소로 삼았던 이 정원은, 제왕이 지배한 천하를 상징하는 거대 미니어처 공간이었다. 『맹자』「양혜왕」 편에는 양梁나라(전국시대 위魏나라가 대량大梁으로 천도한 후의 별칭) 군주 혜왕惠王이 정원의 호숫가에서 사슴과 물새를 바라보며 맹자와 대화를 나누는 장면이 나온다. 자신이 가진 거대한 부에 대한 겸연쩍음과 과시가 뒤섞인 "현자도 이런 즐거움을 소유합니까?"라는 혜왕의 질문에 대해, 맹자는 고대 현왕인 주나라 문왕文王의 예를 들면서 소유 자체가 아니라 그 정당성이 문제의 핵심임을 지적한다. 이때 인용되는 문왕의 정원이 '영유靈囿'이다. '영靈'은 그 훌륭함을 표지하는 관형어이고, 정원을 지시하는 말이 '유囿'이다.

자형을 보면 알 수 있듯이 '囿'는 울타리 내에 많은 식물이 있는 장

소를 나타내는 말이다. 물론 이 왕립 정원은 식물
뿐 아니라 동물도 함께 갖춘 동식물원이었다. 나중
엔 울타리 안쪽이 초목 대신 발음기호인 '유有'로
바뀌어 현재의 형태로 굳어졌다. 두 글자 단어로 많
이 쓰인 것은 '원유苑囿'이다. '苑'은 '초두(艹)' 아래
발음인 '원夗'만을 갖춘 단순한 구조이다. 이 '苑'
과 동일한 뜻의 글자가 '園'이다. 園 또한 울타리(囗)

갑골문 유囿

안에 발음기호 '원袁'으로 이루어진 글자다. 제왕만이 소유했던 고대의
'원유苑囿'는 후대로 내려오면서 개인도 사적으로 소유할 수 있는 정원
庭園이 된다('정원'은 "garden"이라는 영어의 번역어로 선택된 한자어이고,
중국과 한국 등 한자 문화권에선 대체로 '원림園林'이라는 말을 썼다).

한자 문화권에서 가장 유명한 정원의 도시라면 단연 중국 장쑤성
江蘇省(강소성) 쑤저우蘇州(소주)를 들 수 있다. 그리고 쑤저우의 수많
은 정원 중 가장 대표적인 곳으로는 역시 졸정원拙政園을 꼽아야 할
것이다.

많게는 100여 곳을 헤아리는 쑤저우의 정원 중에서도 졸정원은 항
상 첫손에 꼽힌다. 흔히 말하는 쑤저우 4대 명원名園(졸정원·유원留園·
사자림獅子林·창랑정滄浪亭)에 들고, 유네스코 세계유산에 등재되기도
했다(문화유산, Classical Gardens of Suzhou, 창랑정·사자림·예포藝圃·
우원耦園·퇴사원退思園·환수산장環秀山莊·졸정원·유원·망사원網師園).
우선 부지가 가장 넓어 규모부터 압도적인데, 규모만 큰 것이 아니라
건물 및 경관의 배치 같은 짜임새도 훌륭하다. 거기에 명나라 중기부
터 근대에 이르기까지 그 내력과 풍광을 기록한 시문과 그림 또한 충
실히 남아 있어 인문 유산으로서도 우수하다.

졸정원 등 쑤저우 정원의 경관을 이루는 핵심 요소 중 하나가 물이다. "하늘에는 천당이 있고 땅에는 쑤저우와 항저우가 있다(上有天堂 下有蘇杭)." 중국인들이 흔히 입에 올리는 말이다. 창장(長江, 양쯔강) 하류 유역의 풍요로운 물의 땅 강남江南 지방을 대표하는 이 두 도시는 큰물의 심장과 작은 물길의 실핏줄을 아우르고 있다. 항저우에는 저 유명한 시후西湖(서호)가 도시 중앙에 있고, 쑤저우에는 드넓은 타이후太湖(태호)가 도시 외곽에 위치하고 있으며, 둘 모두 얼기설기 작은 물길들이 시내를 종횡한다. 벽돌집 사이의 좁은 운하, 늘어진 버드나무 아래 찬거리 빨랫감 들고 물가에 모여 앉은 사람들, 그리고 물길에 가로놓인 아치형 돌다리 아래를 지나는 거룻배의 삿대 젓는 뱃사공은 강남 풍정의 전형적인 스냅샷이다. 지금은 개발로 인해 적잖이 사라졌지만, 쑤저우 시내 특히 옛 구쑤姑蘇 성벽으로 둘러싸인 핑장平江, 진창金閶, 창랑滄浪 일대 구시가는 촘촘히 물길이 퍼져 있어 어딜 가든 물이 함께해, 과연 '수향水鄉'(물의 고장)이라는 감탄이 절로 나온다. 그리고 그 중심에 졸정원이 있다.

도원의 물은, 몽유도원기의 묘사처럼, 빈 배만 놓인 쓸쓸한 상상의 배경물이다. 하지만 현실의 물은 소리가 있어 들을 수 있고, 냄새가 있어 맡을 수 있으며, 습기가 피어올라 느낄 수 있다. 게다가 식생이 함께하여 장소의 공감각적 일체감과 실재감을 한층 구체적으로 자아낸다. 그림과 이야기 속 도원의 복사꽃에는 향기가 없지만, 내 정원에 핀 꽃은 향기롭다. 바람이 불면 무성한 잎사귀들이 사각거리고, 물고기가 뛰면 못의 물은 찰랑 일렁인다.

졸정원의 설립자 왕헌신王獻臣은 명나라 중기의 유력 관료였다. 그는 우리나라와도 약간의 인연이 있다. 연산군 1년인 1495년, 명나라

홍치제洪治帝는 태감太監 김보金輔와 이진李珍, 그리고 행인行人 왕 헌신을 조선에 파견해 성종의 시호(죽은 이를 기리는 명칭)와 새로 즉 위한 연산군 및 왕비의 고명誥命(왕과 왕비에 봉한다는 명령서)을 보냈 다. 태감은 내시이다. 김보와 이진은 조선 출신으로 어린 시절 명나라 로 보내졌다가 이제는 황제의 측근이 되어 고국에 금의환향한 것이 다. 행인은 사신에게 주는 관직이다. 왕헌신은 이 둘과 달리 이태 전인 1493년에 진사進士에 급제한 정통 관료였으며, 나중에 어사御史 직까 지 오르게 된다. 황제가 외국에 사신으로 보낼 만큼 신임받는 고관이 었던 왕헌신은 어찌된 일인지 지방관으로 떠돌다가 정덕제正德帝(재위 1506~1521)가 즉위한 후 은퇴하여 쑤저우로 낙향한다. 그리고 그는 고향땅에 졸정원을 만들었다.

문징명文徵明 또한 쑤저우 출신이다. 그는 아버지와 같은 해 진사에 급제하여 고관이 되었던 유명 학자인 오관吳寬에게 글을 배웠다. 또한 당대 가장 유명한 화가였던 심주沈周에게 그림을 배웠으며, 글씨는 이 응정李應禎에게 배웠다. 이들은 모두 쑤저우 출신이다. 그는 비록 과 거에 합격하지는 못했으나, 시문과 서화 모두 최고 수준에 달하여 당 대 가장 유명한 문인이 되었다. 축윤명祝允明, 당인唐寅(백호伯虎라는 자 로 유명), 서정경徐禎卿, 그리고 문징명을 당대 사람들은 '오중吳中의 네 재자才子(재주 있는 사람)'라고 불렀다. 오중은 쑤저우의 별칭이다. 즉, 문징명은 쑤저우에서 나고 자라서 쑤저우 최고의 예술가들에게 배웠 으며 그 활동 또한 쑤저우의 문예계를 중심으로 한, 쑤저우의 문화적 향기가 몸에 가득 밴 문예인이었음을 알 수 있다.

졸정원은 영어로 "humble administrator's garden"이라 번역된 다. '못난 위정자의 정원'이라는 뜻이다. 왕헌신의 이 작명은 서진西晉

　　　　제3부 한자, 어떻게 발전해갔는가

의 문장가 반악潘岳이 지은 〈한거부閑居賦〉라는 작품에서 유래한다. 여기서 반악은 자신의 변변치 못했던 관직 생활을 회고한 후, "집을 짓고 나무를 심어 유유자적하면서 (…) 부모와 형제가 오손도손 사는 것, 이 또한 못난 사람의 위정(築室種樹 逍遙自得 … 孝乎惟孝 友于兄弟 此亦拙者之爲政也)"이라고 말했다. 꼭 높은 벼슬에 올라 뜻을 펼치는 것만이 정치요 경영인가, 정원 가꾸고 가정생활 잘 영위하는 것 또한 훌륭한 정치다, 정도의 의미이다. 높이 날아 해외까지 이르렀다가 다시 하강한 인생 역정을 경험한 왕헌신의 작정作庭(정원을 만듦) 의도가 엿보이는 대목이다. 문징명은 고향 친구 왕헌신을 위해 이런 사정을 글로 적고, 또 졸정원의 뷰포인트 31곳을 그림으로 그리고 시로 묘사하여 이 정원의 탄생을 기념했다. 그 글과 그림과 시가 〈왕씨졸정원기王氏拙政園記〉와 〈졸정원삼십일경도拙政園三十一景圖〉라는 작품이다. 여기서는 31개 중 다시 12개를 뽑아 만든 서화첩(현재는 8개만 남아 전함) 중 한 장면을 살펴보려 한다. 〈삼십일경도〉는 졸정원 옆 쑤저우 박물관에 소장되어 있고, 8개만 남은 책은 미국 뉴욕 메트로폴리탄 미술관에 소장되어 있다.

현세의 낙원은 향기로운 곳이요, 향기라면 꽃이 으뜸이다. 그리하여 왕헌신은 자신의 낙원에 꽃을 가득 둘러친 공간을 마련했다. 이름하여 번향오繁香塢, 즉 온갖 향기로운 꽃으로 둘러싸인 집이다. 문징명은 이렇게 썼다.

자줏빛 붉은빛 훌륭한 꽃 이것저것
초당 가에 풍성하게 줄지어 심었지
천 번을 짜 무늬 아로새긴 비단인 듯 봄빛에 찬란히 빛나고

백 가지 조화로운 향기 띤 맑은 기운 가득하다네

너무도 좋아 그 향기 소매 한가득 머금게 하고

이슬에 옷자락 젖지 않도록 하였네

이곳의 주인 화려한 저잣거리 따위 잊고서

붕붕 날아다니는 벌만 고요히 바라보고 있구나

雜植名花傍草堂　紫薇丹艷漫成行

春光爛熳千機錦　淑氣薰蒸百和香

自愛芬菲滿懷袖　不敎風露濕衣裳

高情已在繁華外　靜看游蜂上下狂

번향오는 약서당若墅堂 앞에 있다. 모란, 작약, 붉은빛 해당화, 자줏빛
유리화 등의 꽃들을 섞어 심었다. 맹종헌孟宗獻의 시에 '그대를 따라
작은 번향오를 지었네'라는 구절이 있다.

繁香塢在若墅堂之前　雜植牧丹芍藥丹海棠紫璃諸花　孟宗獻詩云　從君小築
繁香塢

'오塢'는 원래 방어를 위해 둘러친 토루, 혹은 그 토루로 둘러싸인
마을을 의미한다. 그러므로 번향오는 향기로운 것으로 무성하게 둘
러싸인 독립된 작은 공간이라는 뜻이다. 뒤에 적은 메모(후지後識)에
서 말했듯, 왕헌신과 문징명은 이 이름을 북송北宋과 금金 시기에 활
동했던 옛 시인 맹종헌의 시구에서 따왔다. 왕헌신은 온통 향기에 둘
러싸이고자 이 공간을 마련했으므로, 여러 가지 꽃을 풍성하게 빙 둘
러 심었다. 그리하여 그 찬란한 붉은빛 그라데이션과 함께, 여러 향기
가 조화롭게 뒤섞여 이 독립된 작은 공간이 맑은 향기로 가득찼다. 이

문징명 『졸정원도영책拙政園圖詠冊』 중 〈번향오〉 도圖. 뉴욕 메트로폴리탄 미술관 소장.

런 집은 '높은 마음(高情)'의 소유자가 아니라면 지을 수 없다(물론 '높은 마음의 소유자'란 시를 받을 이를 지칭하는 상투적 어구이기도 하다). 이제 주인은 행복한 마음으로 자신과 마찬가지로 이 가득한 향기에 취해 찾아온 미물들이 꽃의 행렬 주위를 이리저리 날아 맴도는 것을 고요히 바라본다.

시와 마찬가지로 그림 또한 별다른 기교 없이 공간을 직설적으로 묘사하고 있다. 그림을 통해 지금은 사라진 번향오의 옛 모습을 떠올려볼 수 있다. 화면 중앙에 초당과 작은 뜨락이 위치한다. 이 집과 뜰은 대나무 살 등으로 성기게 얽어 만든 울 형태의 담으로 둘렀다. 그

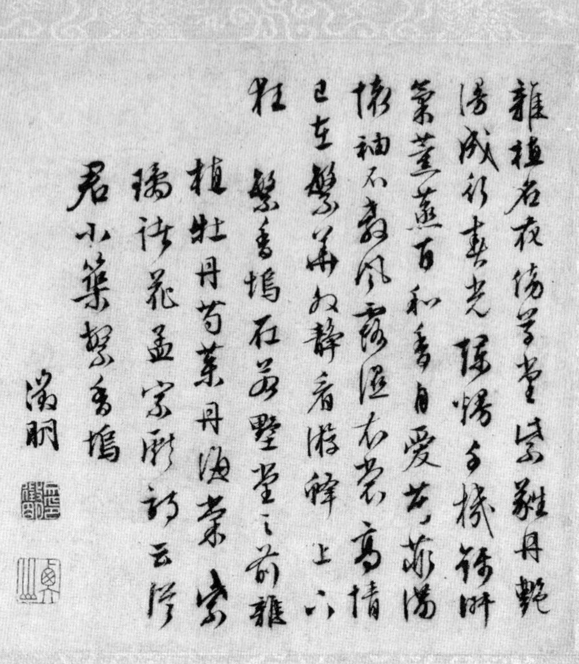

문징명 『졸정원도영책』 중 〈번향오〉 시詩

리고 이 울 담장 안팎에 바짝 붙여 꽃나무를 줄지어 심었다. 생울타리와 울짱이 뒤섞인 이 담장은 마치 취병翠屏(살아 있는 푸른 식물로 만든 담장)과 같은 역할을 하여, 그 안에 들어앉은 공간의 주인이 꽃의 빛깔과 향기를 동시에 취할 수 있게 해준다. 이 공간은 다시 물로 둘러싸여 있어서, 작은 홍예교로만 드나들 수 있다. 이 육지 속의 섬은 졸정원이라는 커다란 정원 속의 또다른 정원이 된다. 물 밖을 다시 대나무나 그 밖의 나무들로 빽빽이 둘러쳐 공간의 격절감을 더한다. 번향오 뒤에 있었다는 약서당 자리에 지금은 원향당遠香堂이라는 이름

제3부 한자, 어떻게 발전해갔는가

의 건물이 서 있다. 유리로 둘러싸인 넓은 대청인 원향당은 졸정원 중앙부의 중심 건물로서 연꽃 가득한 넓은 호수를 마주한 개방감 넘치는 공간이다. 세심한 설계자인 왕헌신은 향기 가득 풍기는 청아한 공간을 따로 마련하여 탁 트임과 호젓함을 모두 갖춘 온전한 정원을 완성해냈다.

시 글씨도 문징명의 자필이다. 작품 전체를 일관된 리듬과 인상의 필획이 관통하고 있다. 매우 빠른 속도감의 운필이 지극히 유연한 필획을 낳았다. 이 리듬과 인상에서 벗어나는 부분이 그다지 없어, 결과적으로 작품 전체가 균질한 필획과 단조로운 글자들로 가득차게 되었다.

첫 행 첫 구절인 '잡식명화방초당雜植名花傍草堂'을 보자.

첫 글자인 '잡雜'의 오른쪽 절반(우방右傍) '추隹'의 제2획인 긴 세로획이 무척 가늘다. 죽 내리그은 긴 획엔 일점의 굳셈도 없다. 그러나 뒤이어 이어질 유약한 획들의 향연에 비하면 서막에 불과하다.

2번째 글자인 '식植'에서 3번째 글자인 '명名'으로 넘어가면서 붓끝은 종이 위에 아주 가느다란 흔적을 남겼다. 그리고 이 묵흔墨痕(먹의 흔적)은 곧바로 '名'의 첫 획으로 화化한다. 이 첫 획은 너무나 급작스럽게 부존재에서 존재로 화한 나머지 그저 하나의 점과 같은 먹 덩어리가 되고 말았다. 곧 이어지는 제2획은 다시 급작스럽게 가늘어졌다가 전절부를 거쳐 왼쪽 아래로 길게 뻗는다. 여기에서도 갑자기 굵어졌다가 획의 끝에서는 다시 갑자기 가늘어져 다음 획으로 넘어가는 가는 갈고리의 묵흔을 남긴다. 다음 제3획은 그 기세를 이어 휘어지면서 곧바로 제4획인 '입 구口'의 첫 획으로 이어진다.

이런 패턴은 다음 글자인 '화花'에서도 반복된다. 행서 초두(⺍)의 첫 획은 그나마 제대로 된 '한 일一' 자 획의 꼴을 갖추고 있으나, 초두의 윗부분인 점 2개는 지나치게 약화되어 거의 눈에 띄지 않는다. 아래의 '化' 부분에서도 마지막 2개 획 부분은 돌림의 허획虛畫과 실획實畫 두 개가 같은 기세 속에서 어우러져 있다.

다음의 "방초당傍草堂" 세 글자를 보자. 이 글자들에서는 실획과 허획을 막론하고 좌하(왼쪽 아래)로 비스듬히 내리그은 획들이 만발하고 있다. '방'의 '方' 부분, '초'의 제2획, '당'의 제3획 등. 위의 '명화名花'에서도 세 차례나 보이는 좌하방 긴 획들과 더불어 이 일곱 글자 첫 시구를 지배하는 동세가 된다. 그런데 이 획들은 그 방향에서 거의 동일한 각도를 취하고 있다. 필획의 성질도 비슷하기 때문에 천편일률적인 감을 준다. 그리고 이런 획일적 기조는 작품 전체를 관통한다.

무엇이 이런 인상을 낳았을까? 문징명은 획을 놀리는 속도감 말고 다른 면에는 별로 관심이 없었던 것으로 보인다. 한 글자가 끝난 후 다음 글자로 넘어갈 때 묵흔 즉 허획이 반복적으로 나타나는 것이 그 증좌다. 회소 〈자서첩〉의 예에서 잘 볼 수 있는 바와 같이, 이 허획은 잘 활용한다면 대단히 매력적인 요소가 된다. 그러나 이 작품과 같이 계속해서 반복된다면, 그것도 다른 좌하방 실획과 함께 반복되며 그 방향 및 속도감의 양상마저 비슷하게 반복된다면, 지겨운 과잉이 될 뿐이다. 이전 시대 행초 명적과 문징명의 이 작품의 특질이 갈리는 결정적 분기점이 바로 이 대목이다. 전체적으로 매우 정돈된 자형의 글자들로 가득하기 때문에 획의 속도감은 작품 전체에 유려함을 부여하기에 충분했을 수 있다. 그러나 치열한 고민 없는 유려함 일변도는 문징명이 창조한 이 글자들의 형상에 우아함은 주었을지 몰라도 전아典雅함은 주지 못했다. '전典'은 법도이며 고전이며 이상이다. 법이라는 표준은 폭넓게 적용하여 누구나 활용할 수 있는 가능성의 함장을 요한다. 그러나 문징명은 반대의 길로 갔다. 그의 우아함은 철저히 개인적이다. 여기에는 그 어떤 도저함도 심각함도 근엄함도 없다. 좌고우면 없는 내달림은 역설적으로 획일을 가져왔다. 꽃으로 만발한 향기로운 번향오는 한 개인의 정원 속에서 또다시 고립된 공간이다. 꿈에서조차 친우들과 함께했던 안평대군의 도원은 몽롱한 황홀경의 와중에도 엄정하고 꼿꼿한 필획의 글로 남았다. 그러나 왕헌신과 문징명은 쑤저우의 드넓은 졸정원 부지에서조차 작은 공간 안에 숨었다. 문징명의 우아한 필획은 번향오의 울타리 안에서 자기자신의 향기에만 취해 있다.

진정한 우아함은 어디에 있는가? 오랜 역사가 축적된 고전의 탐구조차 전아함을 가져오지 못하였다. 꼿꼿한 주체와 도저한 고민 없는 과거에 대한 연찬은 유약함만 부를 뿐이다. 그러나 영원한 전아함을 가능케 할 정도의 치열함이라면 다른 방향의 성취도 충분히 가능하지 않을까? 다음 챕터에서 우리는 우아함과는 전혀 다른 방향의 치열한 폭주를 마주할 것이다. 그것은 어떤 내달림인가? 그리고 그 끝은 어디에 도달할 것인가? 이를 살피기 위해 명나라 중엽의 문징명에서 시간을 조금 되돌려 다시 명나라 초엽으로 올라가본다.

逸逸. 장필張弼(1425~1487) 〈초서천자문草書千字文〉 중에서.
미국 메트로폴리탄 미술관 소장본

명나라 초서,
내달려 넘쳐흐르다

일

일逸, 내달림 ─ 해진解縉의 폭주

'편안할/달아날 일逸'은 간단한 구성의 한자다. 토兎(토끼)와 착辵(=辶, 가다)의 결합으로 만들어졌다.

『설문해자』에서는 이렇게 설명하고 있다. "일逸은 잃어버린다(失)는 뜻이다. 兎와 辵으로 구성된다. 토끼는 교활하여 잘 도망간다(逸失也 從辵兎 兎謾訑善逃也)." 일逸을 실失이라고 한 것은, 비슷한 소릿값을 가진 다른 글자를 들어 뜻풀이를 하는 성훈聲訓으로서 한대에 유행했던 글자 풀이 방식이다. '간다'는 것은 토끼의 도망일 수도 있고 사냥꾼의 추적일 수도 있겠다. 옛사람들에게 토끼란 잘 뛰어서 도망가는 것의 대명사였던 듯싶다. 그래서 '달아남'을 뜻하는 글자 '逸'은 그 속에 토끼를 품게 되었다.

'逸'의 가장 원초적인 뜻인 '달아남'은 이후 여러 방향으로 달아났다. 은일隱逸은 속세에서 벗어나 은거하는 것을 가리킨다. 그런 사람들

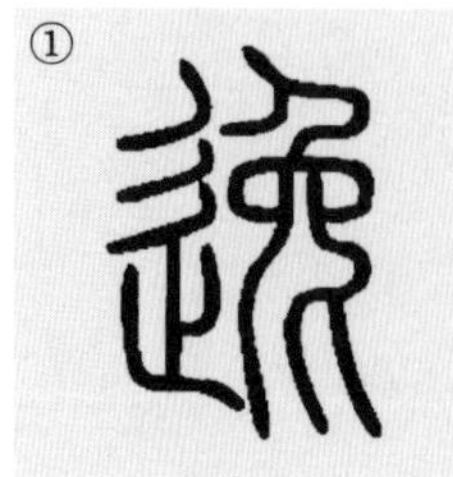  

'일逸'. 왼쪽부터 ① 소전(『설문해자』) | ② 예서(후한後漢 〈형방비衡方碑〉) | ③ 행서(동진東晉 왕희지王羲之 〈일민첩逸民帖〉)

이 일민逸民이다. 일민은 자기만의 가치를 지키려 보통의 세계로부터 멀리 떨어져 지내는 사람이다. 그런 사람의 경지가 낳은 물건 혹은 작품이 일품逸品이다. 독음이 같은 단어인 일품一品이 그저 등급으로 제1인 물품을 가리키는 데 비해, 일逸의 품등 즉 '일품'은 대개 최상의 경지에 오른 신품神品이나 묘품妙品마저 훌쩍 뛰어넘는 초월적인 경지의 작품을 가리킨다.

일락逸樂 쪽으로 가면 부정적인 의미가 된다. 방일放逸 즉 방종한 즐거움인 '일락'은 도덕 준칙에 따른 절제로부터 '달아난' 상태이다. 안일安逸은 '무사안일'에 들어 있는 데서도 알 수 있듯이 게으를 정도로 편안함만을 추구하는 태도이다. 이렇듯 '일逸'은, 물론 완전한 방종을 뜻하는 '음淫' 정도는 아니지만, 대체로 한도를 넘어선 일탈의 상태를 가리킨다.

일락·방일·안일·일탈의 '일'의 행위는 절제와 수양을 중시하는 유학자들이 꺼렸던 일이다. 그러나 오늘날 우리가 굳이 유가적 도덕률에 얽매일 필요는 없을 것이다. 그렇다면 '일'을 꼭 부정적으로 볼 필요는 없지 않을까. 위에서 든 '일품'이라는 말이 적절한 예가 된다. 이 말은 도가적 가치가 유행했던 위진남북조시대부터 예술 품평어로 쓰이기

568

시작했다. 조조를 두고 "그대는 태평 시대에는 간악한 적신賊臣이 될 것이요, 어지러운 세상에선 영웅이 될 것"(淸平之姦賊 亂世之英雄, 『후한서』 「허소전」)이라 평했던 것으로 유명한 허소許劭의 일화에서 볼 수 있듯이, 후한 말 위진 초에는 인물 품평이 대단히 유행했다. 게다가 위나라 이래 관리를 등용할 때 해당 인물의 재능이나 덕성을 아홉 개의 품등으로 나눠 평가해 뽑는 구품관인법九品官人法이 정착된 이래, 이런 풍조는 사회 전반으로 퍼지게 되었다. 그래서 화가나 서예가 혹은 어떤 기예를 행하는 사람을 두고도 일품이니 이품이니 평가하게 된 것이다. 상上이나 일一, 그리고 신神이나 묘妙 등이 최상의 가치를 가리키는 말이 되었고, 그러한 세상의 일반적 기준으로부터 '달아나' 그것을 훌쩍 뛰어넘는 일이 곧 '일품逸品'이 되었다. 어디로부터 달아났다는 것인지, 그리고 어디까지 달아나버릴 것인지, 그런 것은 중요치 않다. 이는 불안을 내포한 부정적인 도망이 아니라, 자유로움의 체화로부터 나온 초탈의 경지이다. 기존 가치를 뒤집어서 보는 도가 사상이 유행한 위진 시대였기 때문에 이런 일이 가능했다. 이는 '일'에 적극적 가치를 부여한 역사적 선례가 된다.

지금까지 우리는 글자의 구성과 획의 모양이 확립된 법칙의 시대부터 쓰는 이의 개성을 드러낸 의意의 시대까지 한자 역사의 도도한 흐름을 따라왔다. 그 물줄기는 이제 흐름의 양상을 확 바꾸어 마구 내달리며 초일超逸의 자유를 만끽할 것이다. 명明나라 시기에 접어들며 한자의 획은 차원이 다른 방종의 모습을 띠게 된다. 여기에선 그러한 일품의 한자들을 살펴보고자 한다. 명나라 초 해진解縉(1369~1415)이 그런 자유로운 놀이의 트리거를 가장 먼저 당긴 이다. 먼저 그의 글씨를 살펴보자.

　문자란 소통의 매개체이며, 그러기 위해선 우선 읽어낼 수 있어야 한다. 그러나 해진의 문자는 읽히기 위해 쓰인 것처럼 보이지 않는다. 그러기는커녕 되레 언어 되기를 포기한 것처럼 보인다.

　여기에서 살펴볼 해진의 글씨는 일본 현대의 서예가인 아오야마 산우靑山杉雨(1912~1993)가 "일대기작一大奇作"이라 일컬으며 주목한 작품이다.[1] 원래 일본의 한 개인이 소장하고 있었던 것으로 보이는데, 2014년 뉴욕 소더비 경매에서 거래된 이래 현재는 소장처를 알 수 없다. 일본 서예가들이 주목했던 이유는 이 작품이 일본에 있었던 까닭도 있겠으나, 무엇보다 행초, 그중에서도 생략이 심한 초서를 즐겨 쓰는 자국 서예 전통과 상통하는 점이 있기 때문으로 볼 수 있다. 이 글씨는 명대에 크게 발달한 연면連綿 초서草書('연면'은 끊어짐 없이 계속 이어진다는 뜻. 글자와 글자 사이를 넘나들며 유동하듯 이어지는 초서를 가리킴)의 가장 이른 예에 해당한다. 그렇지만 자유롭고 활달하기 그지없는 해진의 전반적 서풍을 감안하더

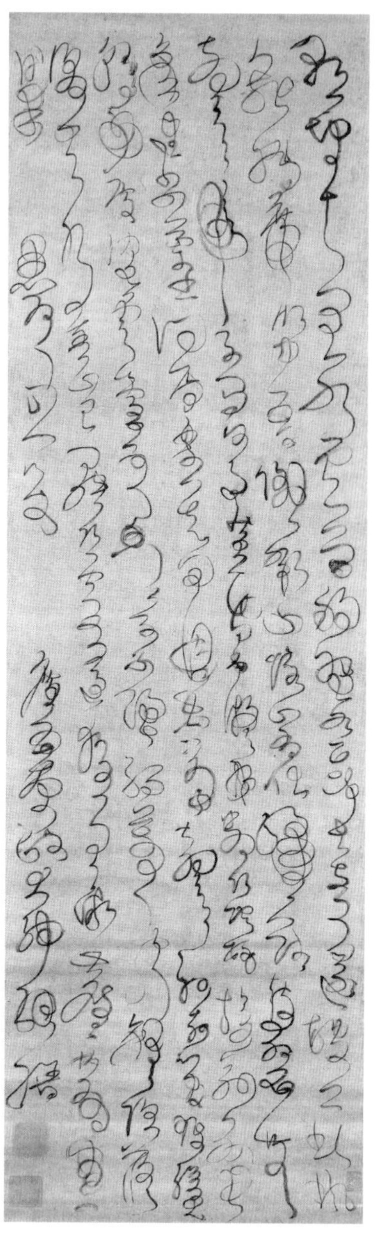

해진 〈초서 최각 시축草書崔珏詩軸〉. 개인 소장. 248×73cm.

라도, 이 작품의 '연면'은 극단적이다. 이 작품이 (20세기 일본이라는) '외부'에서 주목받은 것 또한 사실이지만, 글씨의 역사, 한자의 역사라는 긴 흐름에서 보더라도 이것은 혁명적 전환이며, 표현의 새로운 단계를 연 마일스톤임에 틀림없다. 그렇다면 왜 그러한가?

우선 이 작품에 쓰인 글자들이 지독하게 읽어내기 어렵다는 점을 이야기해야 하겠다. 아니, 읽어내기 어려운 정도를 넘어 읽히기를 거부하는 듯 보인다고 하는 편이 더 적합하리라. 분명 당나라 시인 최각崔珏의 〈악양루만망岳陽樓晚望〉과 〈화인청가和人聽歌〉라는 시를 쓴 것이다. 그러나 해진은 이 두 시의 재현에는 별 관심이 없어 보인다. 그저 신나게 붓을 놀릴 뿐이다. 앞에 '의意'에서도 언급했던 청나라 때의 서예가 양헌梁巘의 말("진晉의 글씨는 운韻, 당唐은 법法, 송宋은 의意를 높이 여겼다")은 "원元과 명明은 태態"라는 평가로 이어진다. 즉, 원나라와 명나라 글씨는 조형미를 중시했다는 의미다. 명 중기 이후 성행한 축윤명(1461~1527)이나 서위徐渭(1521~1593) 등의 자유분방한 글씨는 조맹부 등 원나라 때 글씨와 그 방향성이 완전히 다르다. 하지만 양극단은 서로 통한다. 문자로서 갖는 근원적 아이덴티티를 초월하고자하는 의지, 쓰는 사람의 조형미 추구의 폭주를 용인하는 정신은, 의기意氣보다 우미優美를, 근엄보다 유려를 좇는 조형 의지와 취한 자세만다른 동일체다. 축윤명 등 명 중기 이후의 자유로운 파격, 즉 이른바연면 초서 글씨는 비교적 널리 알려져 있다. 그런데 사실 이런 풍의글씨는 좀더 일찍 시작되었다. 곧 해진의 글씨이다.

해진은 홍무제 시기에 과거에 급제하여 『영락대전永樂大典』을 편찬하는 등 영락제 치세에 활약하다가 생을 마친 명나라 초의 인물이다. 왕과 정인貞人만의 신성문자에서 출발해, 통일 제국 행정의 도구인 예서를 거친 후, 다시 쓰는 이의 신운神韻을 담은 위진남북조의 행초를 거쳐, 국왕에서 사서인士庶人에 이르기까지 그리고 정치에서 문예에 이르기까지 모든 사상事象 지시와 사상思想 표현의 표준으로 기능할 수 있는 초당初唐의 해서에 도달했다가, 중당中唐 이후 다시 광초로 내달리고, 또 각기 문예의 거인이었던 송나라 서가들의 개성(意)을 담아내며 시대정신을 대표하는 극칙極則으로서의 부담을 완전히 떨쳐낸 경지까지 이른 한자는, 이제 정보 전달이라는 문자로서의 최소한의 본분마저 던져버리려 하고 있다.

그러나 이러한 역사적 흐름의 개괄만으로는 그 실체를 제대로 드러낼 수 없다. 해진의 글씨가 도달한 표현의 새로운 단계의 실상은 과연 무엇이었는가? 이를 파악하려면 그 획의 특질을 붙잡아야 한다. 그리고 그것은 왕희지로 대표되는 표준적 초서 성립기의 글씨나 당나라 광초 등과의 비교를 통해 비교적 선명히 드러난다.

회소의 〈자서첩〉에는 과감하게 그리고 자유롭게 회전하는 획이 곳곳에 포진해 있다.

〈자서첩〉의 "사훈랑司勳郎"에서, '司' 안의 '口'를 마지막으로 가볍게 굴곡 처리하며 간략히 표시만 하고 지나간 뒤, '勳'에서는 본격적으로 회전 운동이 전개되고 있다. 勳의 연속된 여러 회전들은 매우 경쾌하다. 회소는 실제 글자 획인 실획과 글자의 하위 구성 요소들 간을 연결하는 획인 허획 사이의 구별을 그다지 신경쓰지 않고 획의 운동에만 집중하여 붓을 놀렸다. "권축卷軸"의 '卷'에서도 이런 경쾌한 운동에 대한 집중의 기조는 일관되게 드러난다. 여기에서 운동을 통해 축적된 에너지는 이어지는 글자 '軸'의 힘찬 획들에서 폭발하고 있다. '수레 거車' 변에서 '由'의 첫 획까지 굵고 검게 이어진 강한 힘은, '由'

'사훈랑司勳郞'.
회소 〈자서첩〉 중에서.

'권축卷軸'.
회소 〈자서첩〉 중에서.

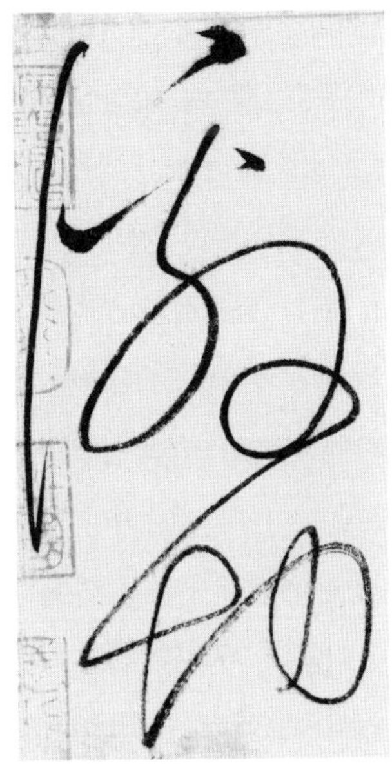

'격절激切'.
회소 〈자서첩〉 중에서.

의 나머지 부분의 거친 비백飛白에서도 그 여파를 찾아볼 수 있다.

〈자서첩〉 전체의 하이라이트에 해당하는 저 유명한 '대戴' 이후 폭주하며 크기가 커진 글자들인 "격절激切"에서는 이런 모든 운동 에너지의 표현이 휘몰아치듯 숨 가쁘게 속속 등장하고 있다. "사훈랑"의 勳의 마무리 가로획(灬)의 세로 버전인 激의 첫 획(氵), "권축"의 '거車'의 강한 악센트의 점들과 유사한 激의 '백白' 부분, 그리고 激의 나머지와 연이은 切에서 계속되는 속도 빠른 큼직큼직한 회전들…. 이 모든 것들이 글씨(書)에 대한 열정과 상찬으로 넘쳐나는 〈자서첩〉의 내용과 함께 조응하며, 회소의 붓놀림에 대한 긍지와 이를 뒷받침하는 당대의 광초에 대한 열광을 증거하고 있다.

그에 비하면 해진의 회전은 어떠한가?

두 번째 행 하단부에 위치한 "고슬鼓瑟"이라는 두 글자를 보자. 〈자서첩〉과 비교할 때 두 가지 면에서 밸런스의 붕괴가 일어난다.

우선 전체적인 모양의 균형 파괴다. 한 글자 내의 결구結構(글자 전체의 짜임)를 먼저 보자. 첫째 글자인 '북 고鼓'(여기에서는 동사로 쓰여 '치다', 즉 '(거문고를) 뜯다, 연주하다'의 의미)에서 좌변의 '주壴'에서 우변의 '지支'로 넘어가는 획의 물매(경사)가 터무니없이 가파르며 '壴'와의 거리도 지나치게 가까워서 거의 붙어 있다시피 한다. '瑟'에서는 상부의 '각珏'이 차지하는 공간이 아래의 '필必'에 비해 너무 크다. 鼓와 瑟 두 글자의 비례도 맞지 않는다. 〈자서첩〉의 激切에서도 激이 훨씬 크지만, 이는 激의 획이 훨씬 많기 때문으로 어쩔 수 없는 면이 있다. 그러나 여기서의 鼓와 瑟의 '분량 조절 실패'에서는 그 어떤 내적 논리도 찾기 어렵다.

'고슬鼓瑟'. 해진
〈초서 최각 시축〉 중에서.

두 번째로 지적할 수 있는 점은 실획과 허획 간 위상의 질서 파괴다. 〈자서첩〉의 혁명은 왕희지에 의해 정립된 '조화롭고 전아한 아름다움'을 흔들어놓은 데서 일어났다. '훈勳', '권卷', 그리고 '격激'에서는 글자 구성의 실획만큼이나 허획 또한 글자 조형미의 일원으로서 당당하게 참여하고 있다. 그러나 이런 지위 격상은 기껏해야 실획과 비슷한 정도에 그칠 뿐 획들의 위상 간 구조 전체를 무너뜨릴 정도는 아니다. 그에 비해 해진의 '슬瑟'은 어떠한가? '고鼓'에서 '지支'의 '우又'

제3부 한자, 어떻게 발전해갔는가

회소 〈자서첩〉의 '성聲'들

의 회전을 마치고 瑟의 첫 '옥玉'으로 가며 돌린 첫 번째 회전은 이 정도까지 강조될 성질의 것은 결코 아니다. 그런데 실제로는 이 타원이 '丈' 그리고 '玉'의 나머지 부분보다도 크기가 더 크고 획도 더 강조되어 있다. 아래의 '必'은 더 심하다. 필순에 따라 나아간 붓의 진행이 내내 거의 동등한 기세로 그대로 드러나 있을 뿐 실획(혹은 실점)과 허획의 구분이 거의 무의미할 만큼 본연의 위상 간 차이가 파괴되어 있다.

해진은 획의 동세에만 관심을 두고 있을 뿐 밸런스 등은 철저하게 무시한다. 이 작품은 세로로 긴 족자 형식이므로 동세의 강조는 글자가 세로 방향인 아래쪽으로 길게 늘어나는 결과로 나타난다.

물론 가로 두루마리와 세로 족자라는 조건의 차이에 기인한 면도 있지만, 해진의 '성聲'은 도무지 한 글자라고 보기 힘들 만큼 균형의 파괴가 심각하다. '수殳'에서 '이耳'로 이어지며 몇 번이고 꺾여 굴곡지게 늘어지는 연속된 획 내에서 '소리 성聲'이라는 글자의 구축 혹은 재현에 대한 관심은 좀처럼 찾아보기 어렵다.

이런 동세는 원래 가로로 기다란 조형 압력을 가진 글자에서도 나타난다.

　'없을 무無'의 초서체에서 구성의
중심은 원래 윗부분에 있어야 한다.
회소의 광초는 획의 성격을 크게 바
꾸었을 뿐, 글자 결구에서는 서성 왕
희지의 자장에서 크게 벗어나지 않
는다. 그러나 해진은 그런 것쯤 가뿐
하게 무시한다. 중앙의 동그라미와 그
아래로 뻗어내린 '꼬리'가 이제 글자
의 주인이 되었다. 해당 부분의 획 또한 '표준'의 입장에서 보면 '건방
지기' 짝이 없다.

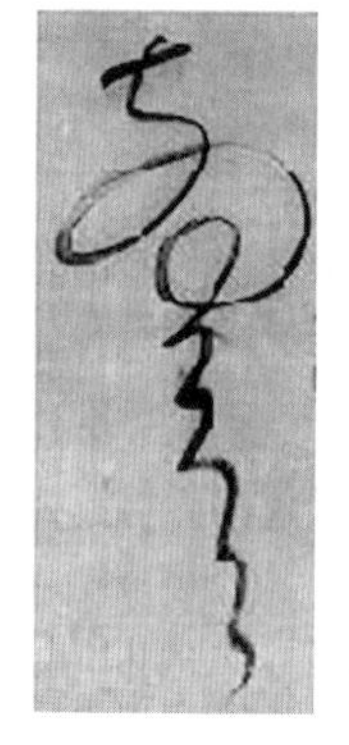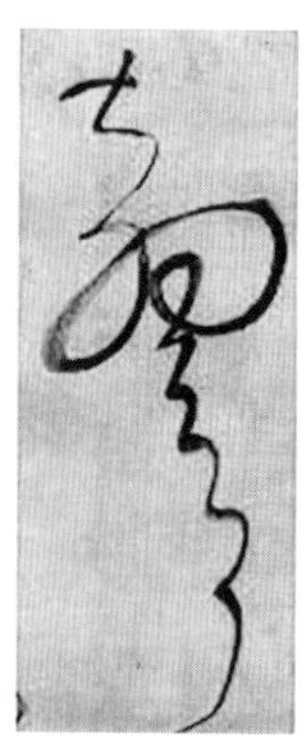

해진 〈초서 최각 시축〉의 '성聲'들

　해진은 밸런스고 뭐고 이제 획을 신나게 돌리는 데만 열중한다.

　'기운 기氣'와 '어리석을 우愚'를 보면, 해진의 글씨가 왕희지로 대표
되는 표준적 행초에서 얼마나 멀리 벗어나 있
는지 알 수 있다. '氣'의 아랫부분이 '米'라거
나 '愚'에서 윗부분이 '里'처럼 처리되어야 한
다는 것 등은 전혀 고려되지 않았다. 특히 회
전 원의 오른쪽 반원에 해당하는 실획만큼이

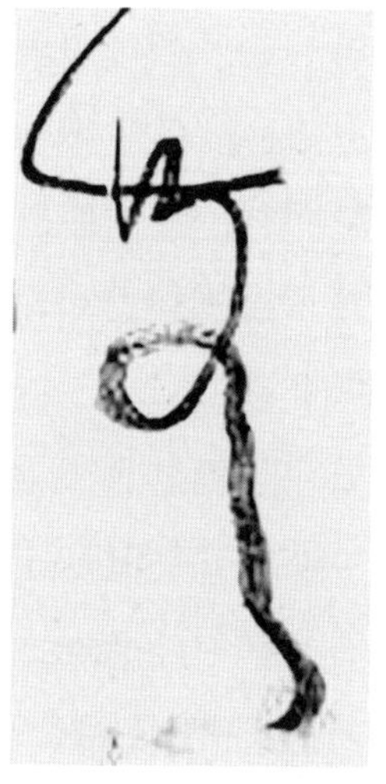

'무無'. 왕희지
〈일민첩〉 중에서.

'무無'. 회소 〈자서첩〉 중에서.

'무無'. 해진
〈초서 최각 시축〉 중에서.

제3부 한자, 어떻게 발전해갔는가

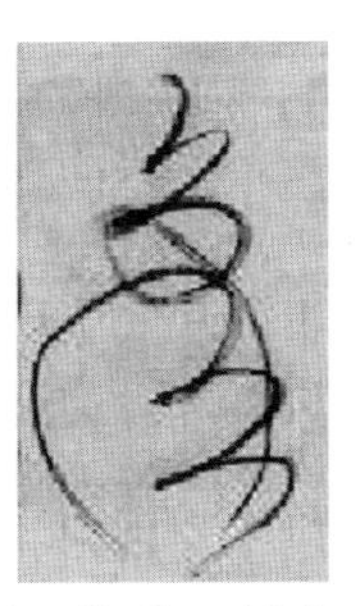

'기氣'. 왼쪽부터 ① 왕희지 〈첨근첩瞻近帖〉 | ② 회소 〈자서첩〉 | ③ 해진 〈초서 최각 시축〉 중에서.

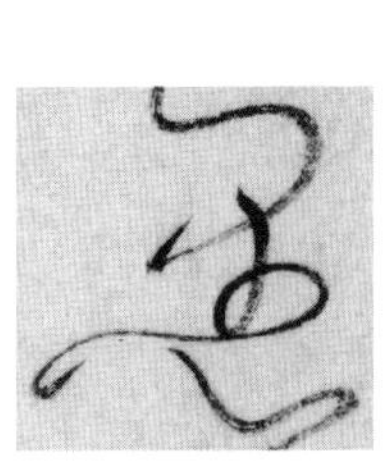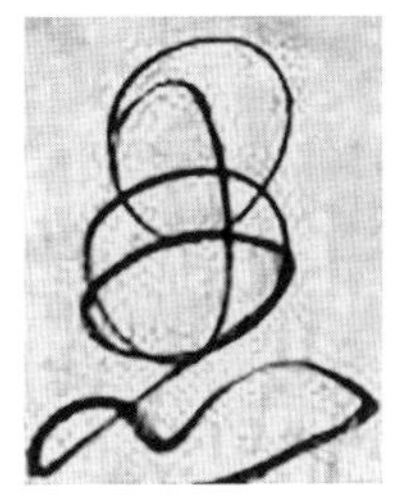

'우愚'. 회소 〈자서첩〉(왼쪽)과 해진 〈초서 최각 시축〉(오른쪽) 중에서.

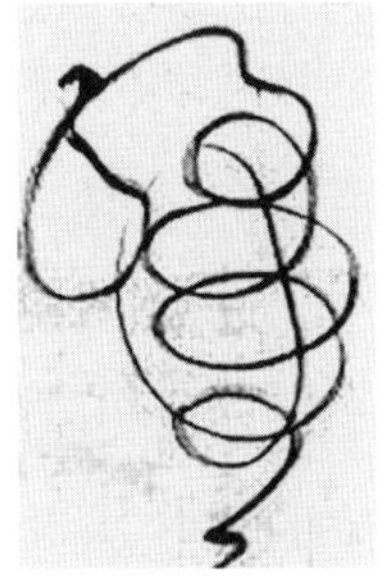

'소騷'. 손과정 〈서보〉 중에서.

'소騷'. 해진 〈초서 최각 시축〉 중에서.

나 원래 그쪽에 가닿기 위한 역할만 해야 할 왼쪽 반원인 허획이 동등하거나 심지어 더 도드라져 보인다는 점에서, 이제 기존 질서의 파괴를 넘어 글자 이외의 영역에서 어떤 새로운 조형물이 구축되는 지경까지 나아갔음을 느낄 수 있다.

극단에 이른 회전 운동은 이제 구속구를 벗어버린 에반게리온을 낳는다.

시인 굴원을 가리키는 "소인騷人"의 '騷'를 보자. 왼쪽의 '말 마馬' 변은 원래 모양을 알아보기 힘들 만큼 마지막의 회전 운동이 크다. 그러나 진짜는 아직 나타나지도 않았다. 오른쪽의 '조蚤'에는 이제 빙글 빙글 빙글 그리고 크게 빙글 그리고 마지막의 작은 빙글, 돌리고 또 돌린 회전 운동밖에 남아 있지 않다. 이것이 글자인가? 이쯤 되면 쓰는 사람이나 보는 사람이나 그런 것쯤 까맣게 잊은 지 오래다.

가장 멋진 회전은 제3행 제2자인 '임금 제帝'이리라.

원래 왕희지의 초서 '帝'는 크게 3단계로 구성된다. 위의 '립立' 부분은 점 하나와 긴

가로획 하나, 다시 짧은 가로획 하나
로, 그다음 'ㅗ' 부분은 조금 크고 둥
근 'ㄱ'로 처리되며, 마지막 '巾'으로
마무리된다. 그러나 해진은 '立'과 'ㅗ'
은 간략하게 처리한 다음 '巾'에 모든
에너지를 쏟아붓는다. 조화로웠던 세
개 부품의 합체물은 '巾'의 폭주로 인
해 새로운 유기체로 변신했다. '立'과
'ㅗ'은 이제 '巾'에 기생하여 붙은 겨
우살이가 되었다. 멋대로 부풀어오른
'巾' 또한 매우 이상하다. '巾'의 'ㄇ'
부분으로 나아가는, 그리고 거기에서
빠져나오는 회전이 'ㄇ' 자체보다 훨
씬 강조되어 있다. 왜 이런 이상한 동
선과 복잡한 회전체를 창출해냈을까?
마지막의 거대 세로획을 낳기 위해서
다. 그 기운을 이기지 못해 글자 구성
영역을 훨씬 넘어 저 아래로 길게 뻗
었으며, 회전의 동세를 받아내기 위해
중간에 몇 번이나 구불거리기까지 한,

'제帝'들.
왕희지 〈강당첩講堂帖〉 중에서.

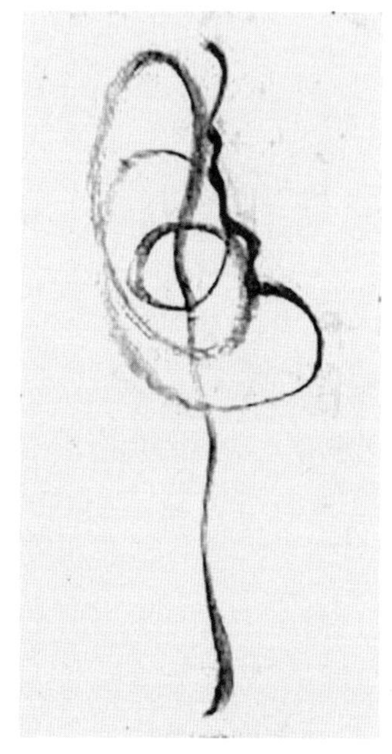

'제帝'.
해진 〈초서 최각 시축〉 중에서.

저 길고 긴 종단의 폭주가 꿰뚫고 지나간 것은 세 개의 회전만이 아니
다. 문자의 한 요소로 기능한 한자의 획의 역사는 여기에서 끝장나버
렸다. 파괴의 유적지 위에 해진 그리고 명나라 서예가들은 새로운 놀
이터를 세웠다. 빙글빙글 도는 회전 사이를 폭주하는 획은 문자라는

제3부 한자, 어떻게 발전해갔는가

구속을 벗어던진 아이가 되어 서성書聖이라는 어른이 사라진 신세계를 마음껏 돌아다니기 시작했다.

내달림에서 넘침으로 — 축윤명 초서의 세계

일逸은 일溢을 낳았다. 내달림(逸)은 넘침(溢)이 되었다. 명나라 초 해진이 쏘아올린 신호탄은 명나라 중후기의 자유로운 흘림 글씨에서 화려한 불꽃으로 피어올랐다.

물은 지구상 도처에 있다. 그렇지만 물이 갖는 이미지는 곳에 따라 그리고 개인에 따라 다를 것이다. 이러한 제각각의 이미지 중 그나마 보편적인 것이 있다면 아마도 '흐름'이 아닐까. 고대 중국인들도 여기에서 크게 벗어나지 않았다. 강가에 선 공자는 이렇게 말하지 않았는가. "흘러감이란 마치 이와 같을진저. 밤낮으로 그치지 않도다!(逝者如斯夫 不舍晝夜)"

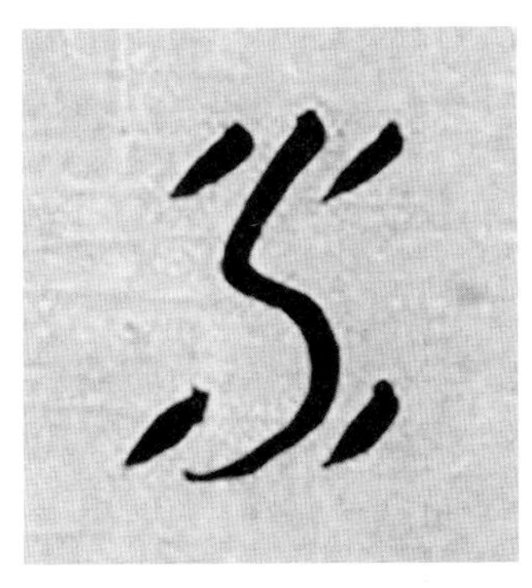

'수水'. 동작빈董作賓 〈집고시集古詩〉 조폭條幅. 대만 타이베이 중앙연구원 역사어언연구소 역사문물진열관 소장.

이러한 이미지는 '물 수水' 자에 새겨져 영원히 고정되었다. 이 글자는 흐르는 물의 모습을 나타낸다. 우리가 주위에서 가장 흔히 접하는 흐르는 물은 강물이나 냇물이다. '한수漢水'니 '위수渭水'니 하여 예전에는 특정한 강을 가리키는 이름 뒤에 흔히 붙였던 것을 생각하면, 이 글자의 원천이 대지 위의 저 도도한 흐름에 있었음을 알 수 있다.

자연물인 흐르는 물을 인공물인 그릇에 가두면, 즉 '물(水)'을 '그릇(皿)'에 더하면

'더할 익益'이 된다.

'益'의 원래 뜻은 '가加'나 '증增'처럼 그저 무언가 더한다는 정도를 넘어 '넘침'에 더 가까웠다. 공자의 계승자 맹자는 공자의 저 물에 대한 찬탄에 이런 말을 덧붙였다.

원천에서 계속 나와 밤낮으로 그치지 않고 흘러 웅덩이를 만나면 다 채우고 나서야 다시 앞으로 나아가 바다에까지 이른다.

原泉混混 不舍晝夜 盈科而後進 放乎四海

『설문해자』
소전체小篆體 '일溢'

찰랑찰랑 찬(盈) 움푹 팬 곳(凹)을 넘어 막 앞으로 나아가려는 상태, 원래의 용량을 다 채우고 그것을 넘어서려는 순간, 그것이 곧 益이다. 나중에 이 글자의 뜻이 흘러 뻗어나가 더함의 바다에 이르게 되자, 원래의 글자에 잉여의 물에 더한 '넘칠 일溢'이 益의 넘침을 한정하여 대신하게 되었다. 즉, 익益은 원래 일溢, 아니 일溢이 원래 익益이었던 것이다.

원래는 한 몸이었던 익益과 일溢은 이후 적잖이 다른 길을 걷게 되었다. 원의를 슬쩍 떠넘긴 익益과 달리, 일溢은 불량의 이미지를 떠안고 점점 어둠의 길로 나아갔다. 보탬과 넘침 사이의 격차는 크다. 일溢은 흔히 그 나름의 정도를 넘어섬, 혹은 방종이나 과잉의 의미로 쓰이게 되었다.

세상만사 대양의 해류처럼 돌고 돈다. 윤리의 세계라면 배척되어야 마땅할 '넘침'은 예술의 세계에선 환영받는다. 흐름은 유동성을 전제

제3부 한자, 어떻게 발전해갔는가

축윤명 〈초서 전후 적
벽부권〉 중에서. 중국
상하이박물관 소장.

축윤명 〈초서 전후 적
벽부권〉 중에서.

로 한다. 강물의 흐름엔 줄기가 있다. 그러나 때론 방향을 갖지 못한 유체도 있다. 부유하는 유체와 줄기를 가진 흐름 사이의 간극은 얼마나 될까. 밤낮으로 간단없이 흐르는 강물에서 도덕의 원천을 본 맹자 같은 이에게 그 간극은 메우려 해도 메울 수 없는, 아니 메워서는 안 되는 나락의 골짜기이리라. 그러나 어떤 예술가는 현실이라면 양립 불가능할 이 두 유체를 어처구니없이 간단하게 하나로 합쳐버린다. 이 불가능의 쾌활한 시각적 현현이 여기에 있다.

상하이 박물관上海博物館에 소장되어 있는 축윤명의 〈초서草書 전후前後 적벽부권赤壁賦卷〉은 소동파가 지은 〈전적벽부〉와 〈적벽부〉를 속필의 초서로 날려 쓴 10미터 넘는 대작 두루마리다. 그중 작품 후반부 〈후적벽부〉의 한 구절을 보자.

가로로 긴 두루마리 중 한 행, 그중에서도 일부인 세 글자만을 잘라낸 이 화면만 본다면, 이 13개 점적點滴은 바닥에 흩뿌린 강낭콩이나 해질녘 어스름의 가로등 불빛 아래 모여든 하루살이 떼처럼 보일지도 모르겠다. 그러나 실상은 전혀 그렇지 않다. 얼핏 비슷해 보이는 형태로 수렴진화한 각각의 점들에는 제각기 다른 맥락이 깃들어 있다. 우선 세 글자가 포함된 행 전체를 보자.

이 행은 '지하강류유성之下江流有聲'이라는 여섯 글자로 이루어진다. 그리고 이는 〈후적벽부〉의 다음 구

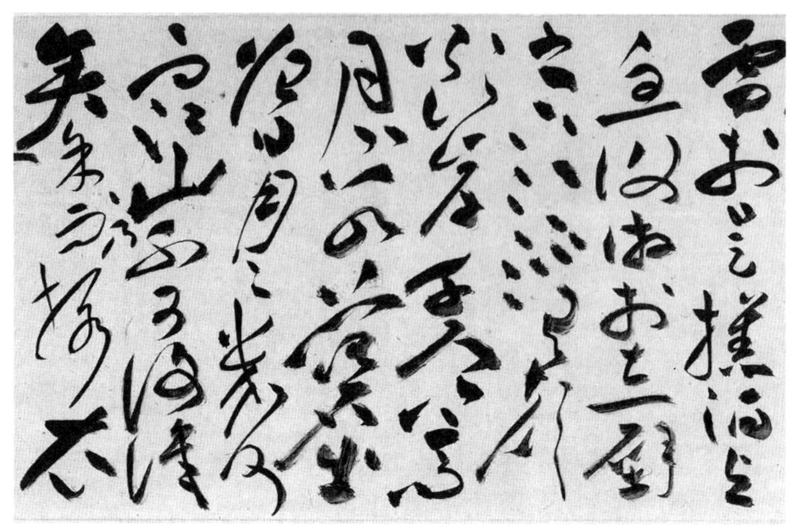

축윤명 〈초서 전후 적벽부권〉 중에서.

절의 일부분이다.

이에 술과 생선을 들고 다시 적벽 아래로 놀러 나갔다. 강물은 소리 내며 흐르고 깎아지른 절벽은 천 척이나 되며, 산은 높고 달은 작은데, 물이 빠져 돌이 드러났다. 지난 시간 얼마이기에 강산을 다시 알아볼 수 없는가?

於是 攜酒與魚 復遊於赤壁之下 江流有聲 斷岸千尺 山高月小 水落石出 曾
日月之幾何 而江山不可復識矣

즉, 위의 세 글자는 '(적벽) 아래 장강이 흐른다'는 뜻의 '하강류下江
流' 석 자이다. 이러한 글의 흐름 속에서 저 추상의 점들은 저마다 자
신만의 이야기를 갖기 시작한다.

    제3부 한자, 어떻게 발전해갔는가

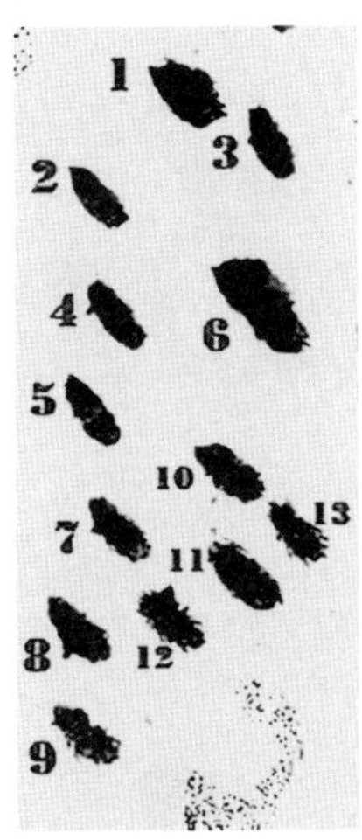

'하강류下江流'. 축윤
명 〈초서 전후 적벽부
권〉 중에서.

'소류광泝流光'. 축윤
명 〈초서 전후 적벽부
권〉 중에서.

먼저 점 1~3은 정말로 그저 점 세 개이다. '아래
하下'를 이렇게 ∴ 모양의 점 세 개로 쓰는 것이 초
서의 일반적 규칙이다. 그러나 그 아래의 세 점인 점
4~6은 사정이 전혀 다르다. 특히 점 6은 사실 점이
아니다. 점 4와 5가 '강江'의 삼수변(氵)이고 점 6은
'江'의 우방右旁인 '공工'에 해당하므로, 저 긴 점은 겉
으로 드러난 모양만 점일 뿐, 실은 아주 짧은 위아래
가로획과 그 사이를 잇는 세로획을 굵고 빠르게 쓰느
라 한 데 뭉쳐 있는 것이다. 한편, '강江'과 '류流'에는
똑같이 삼수변이 포함되어 있지만 서로 다르게 쓴 점
또한 눈에 띈다. '江'에서는 점 4와 5의 크기가 거의
같지만, 이 둘은 사실 전혀 다른 위상을 갖는 두 개의
점이다. 점 4는 정말 점이요, 점 5는 원래 점 4보다 훨
씬 길게 그어 삼수변의 아래 두 점을 하나로 합쳐 그
은 선이어야 한다. 이에 반해 점 7~9는 온전히 평등
한 세 개의 점으로 삼수변을 이룬다. 점 10~13은 '아
닐 불不'이다. '흐를 류流'의 우방은 '不'로 줄여 쓰기
도 하지만 실은 좀더 갖춘 형태로 쓰는 것이 일반적이
다. 축윤명도 이 작품의 다른 곳에서는 그렇게 썼다.

같은 〈후적벽부〉의 '소류광泝流光'이다. 그 밖에 그
의 다른 작품인 〈모란부牧丹賦〉에서도 그렇게 썼다.

점 7~13처럼 氵+不로 쓰는 예도 드물지 않으나, 축
윤명의 〈후적벽부〉가 유달리 이상하게 보이는 것은 불
균형이 지나치기 때문이다. 이러한 데포르메의 선배

격으로 황정견이 있다.

황정견의 '류流'에서는 '불不' 부분의 불
균형이 심하다. 어찌되었건 이 '流'와 축윤명
〈후적벽부〉의 저 '流'는 글자 구성 원리가 일
치한다.

축윤명의 저 세 글자의 불균형은 글자 좌
우의 위치 배분에서 오른쪽이 위로 올라붙는
경향이 점점 고조되는 흐름으로 인해 더욱 극
적으로 진화했다. 즉, '하下'에서 원래는 평행
을 이루었어야 할 점 2와 3의 배치가 점 3이
살짝 올라간 것에 그친 데 비해, '강江'에서는
'工'인 점 6은 아예 점 4와 5보다 위로 올라
갈 정도로 균형이 깨져버렸다. '류流'는 더 심
하다. 마치 '工'이 올라붙어 생긴 공간을 메우

'류流'. 축윤명 〈모란부〉 중에서.

'류流'. 황정견 〈이백억구유시권
李白憶舊遊詩卷〉 중에서.

려는 듯 '不'의 네 점이 위로 올라간 결과, '류'流의 이 여섯 점의 배치
는 한 글자라고 도저히 생각하기 힘들 만큼 좌우 균형을 완전히 상실
해버렸다. 이런 좌우 균형 파괴는 아래의 '유有'마저 올라와 빈 공간을
채우며 겨우 메워진다. 그렇지만 이런 파괴의 결과로 우리는 〈후적벽
부〉 원문에 담긴 도도한 장강의 흐름으로부터 훌쩍 뛰어올라 축윤명
의 시각적 장난의 세계로 공간 이동하여, 13개의 물방울이 제멋대로
유동하며 춤추는 새로운 물의 세계로 진입할 수 있게 되었다. 바로 이
런 점에서 서예라는 예술의 재미가 극대화된다.

여기서 이런 형상화가 가능했던 물적 배경에도 잠깐 눈을 돌려보자
면, 이 작품의 붓놀림이 이토록 자유로울 수 있었던 것은 쓰인 종이의

584

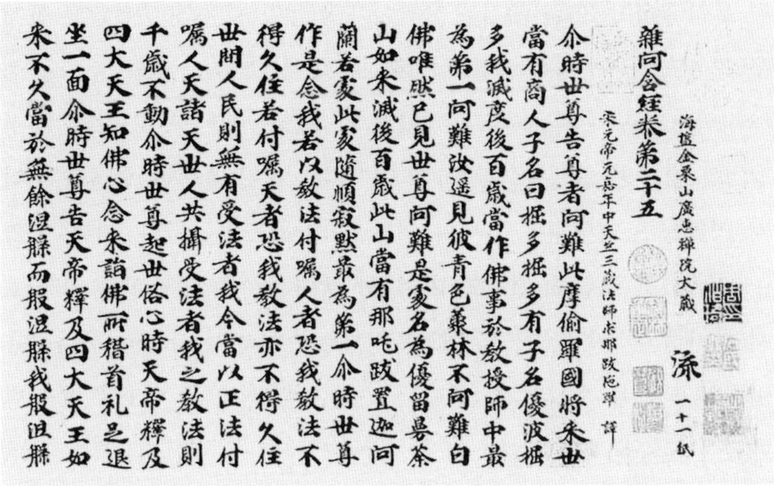

海鹽金粟山廣惠禪院大藏 孫 一十一紙

雜阿含經卷第二十五

宋元嘉年中天竺三藏法師求那跋陀羅 譯

尒時世尊告尊者阿難此摩偷羅國將來世
當有商人子名曰掘多掘多有子名優波掘
多我滅度後百歲當作佛事於教授師中最
為第一阿難汝遥見彼青色叢林不阿難白
佛唯然已見世尊阿難是處名為優留曼荼
山如來滅後百歲此山當有那吒跋置迦阿
蘭若處此處隨順寂默最為第一尒時世尊
作是念我若以教法付囑人者恐我教法不
得久住若付囑天者恐我教法亦不得久住
世間人民則無有受法者我今當以正法付
囑人天諸天世人共攝受法者我之教法則
千歲不動尒時世尊起世俗心時天帝釋及
四大天王知佛心念來詣佛所稽首礼足退
坐一面尒時世尊告天帝釋及四大天王如
來不久當於無餘涅槃而般涅槃我般涅槃

금속산장경지의 예. 북송『잡아함경雜阿含經』두루마리 제25권.
미국 메트로폴리탄 미술관 소장.

표면이 무척 매끄러웠기 때문이기도 하다. 이 작품의 고해상도 이미지를 보면,[2] 종이 군데군데에 붉은 도장이 찍혀 있는 것을 볼 수 있다. 이 도장에는 '금속산장경지金粟山藏經紙'라 새겨져 있다. 이것은 이 종이의 상표이다. '금속산장경지'는 황벽나무 열매에서 채취한 황색 색소로 물들여 방충 효과를 내고 백랍白蠟으로 가공하여 표면을 매끈매끈하게 처리한 서사書寫용 고급지로서 송대에 처음 만들어져 명성을 떨쳤다. 원래 저장浙江(절강)성의 금속산 아래 금속사金粟寺라는 절에서 만들어 불교 경전을 쓰는 데 사용되어 이런 이름이 붙은 것인데, 축윤명이 사용했던 것은 아마도 명대에 이를 모방해 만든 종이였을 것이다. 축윤명의 사치스러운 예술혼은 이렇듯 종이까지 까다롭게 고를 정도로 철철 흘러넘쳤다. 이를 가능케 했던 것이 그가 나고 자라서 활동했던 쑤저우蘇州(소주)라는 도시였다. 앞에서 보았던 우아함의 극을 달린 문인 문징명 또한 쑤저우 출신이다. 이들의 자유와 우아함은 쑤저우라는 도시의 경제적 번영을 기반으로 한 것이었다.

명나라 성립 이후 특히 흥성했던 자유로운 영혼들은 이렇듯 흥청망청한 자유의 글씨를 등장시켰다. 그리고 이런 흐름은 면면히 이어져 명말청초 연면連綿 초서의 서풍을 대세로 만들었다. 서위, 왕탁(1592~1652), 부산傅山(1607~1684) 등 당대를 수놓았던 많은 연면 초서 대가들의 글씨는 한자의 모양에 새로운 차원의 자유를 선사했다. 이들의 작품은 오늘날의 서예가들까지 영감을 얻을 정도로 풍부한 예술적 함의를 담고 있다.

이런 풍성한 조형 예술적 성과는 당대의 문화적 융성에 기반을 둔다. 그리고 그런 융성은 다시 명 중기 이후 비약적으로 발달한 목판 인쇄에 기반을 둔다. 다음 챕터에서는 목판 인쇄와 인쇄체 한자에 대해 살펴보려 한다.

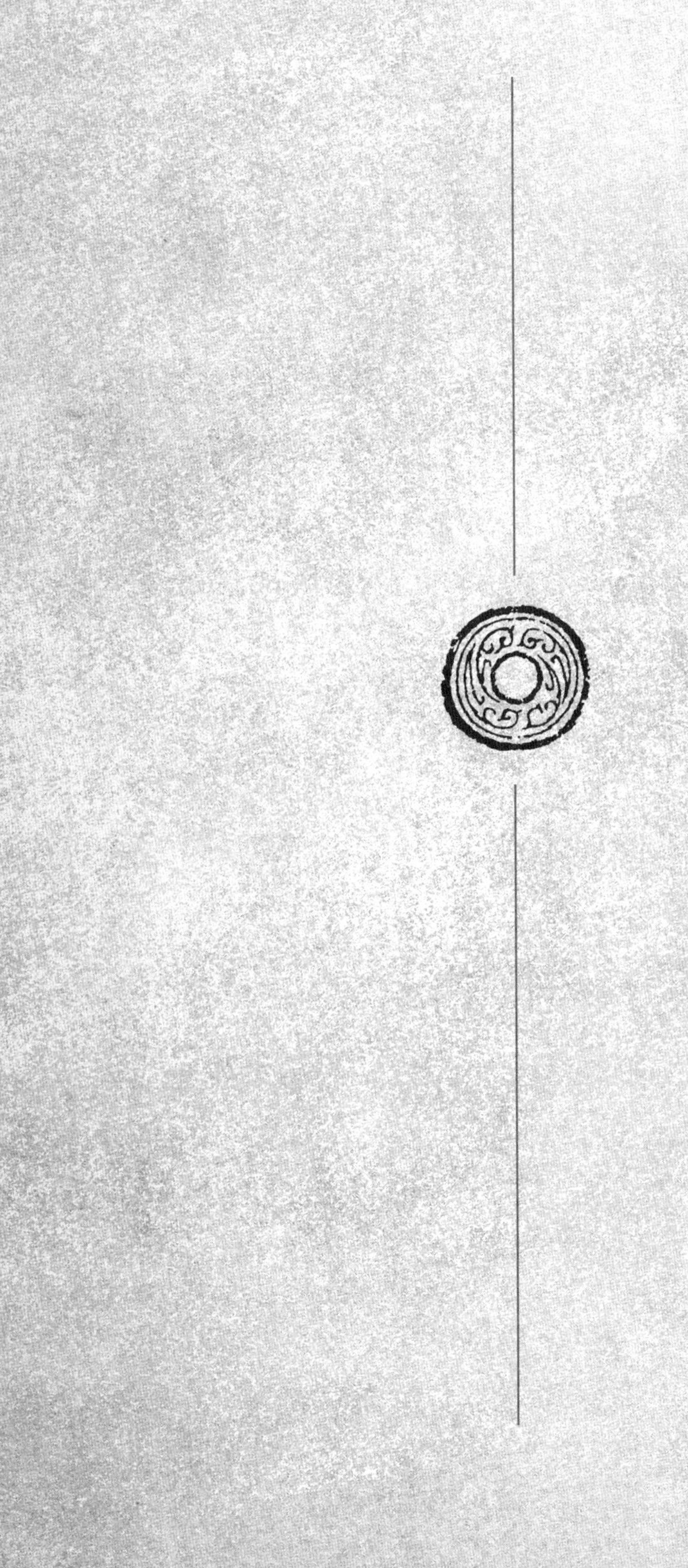

『강희자전康熙字典』 사집巳集 중中 편부片部 '판版'.
청淸 강희康熙 55년(1716년) 내부內府 간본刊本

명대의 출판문화와 명조체의 탄생

명明이라는 시대

중국 역사상 가장 인기 없는 시대를 들자면, 아마도 명明 왕조를 첫손에 꼽아야 하지 않을까? 명에는 흉노를 정벌하고 서역을 경영했던 한 무제 같은 강력한 정복 군주도, 화려한 국제도시 장안을 배경으로 왕조를 들었다 놓았다 쥐고 흔들었던 양귀비 같은 절세미인도 없었다. 즉 '명나라'라고 하면 곧장 뇌리에 떠오르는 스타가 없다. 현대의 중화인민공화국 이전의 마지막 한족 통일 왕조였던 이 시대는, 마치 유라시아 전역을 말발굽 아래 두고 사상 최대의 세계 제국을 건설했던 몽골의 기마병과 중원 – 서역 – 티베트를 평정하고 강희 – 옹정 – 건륭의 번영을 구가했던 청나라를 경영한 만주족 기인旗人 병사 사이에 낀 맹숭맹숭한 서생처럼 보인다. 저 단명했던 최초의 통일 왕조 진나라에는 분서갱유 등 폭정의 악명이라도 있다. 초기에 정화의 대항해 같은 이채로운 사건이 없지 않았지만, 명대明代는 대체로 그다지 매력 없는 시기로 비치기 일쑤다.

한국의 1990년대는 IMF 구제금융으로 파탄을 맞기 전의 짧은 경제적 호황기였다. 군부독재 시절 억눌렸던 한국 사회의 문화적 욕구가 다방면으로 분출한 시기이기도 했다. '문화'라면 문학이나 철학 같은 뭔가 거창하고 심각한 것부터 떠올린 어른들과 달리 당대의 젊은 이들은 영상을 적극적으로 소비했다. 20세기 말은 '시네마 키드'들의 전성기였다. 당시에 뿌려진 씨앗은 20여 년이 지나 화려하게 개화하게 된다. 90년대에 데뷔한 영화감독 박찬욱과 봉준호는 이제 세계인들이 신작을 기다리는 거장이 되었다.

그 정도는 아니지만 책의 세계에도 소위 '문화'의 훈풍이 불었다. 딱딱한 책의 대명사였던 역사책에서조차 전에는 상상하기 힘들었던 다채로운 스타일의 저술이 눈에 띄기 시작했다. 레이 황(중국명 황런위黃仁宇)의 『1587: 아무 일도 없었던 해』가 한국에서 처음 출판되었던 것도 지난 90년대의 일이었다.[1] 제목부터 신선했다. '아무 일도 없었던 해라니, 잘도 이런 제목으로 책을 썼구나'라는 게 솔직한 첫인상이었다. 내용은 인상과 퍽 달랐다. 명나라 만력 15년이라는 동시대를 살았던 다양한 인물을 각 장에 배치한 후, 해당 인물의 시점에서 한 장씩 서술해 각 장이 하나의 독립된 작은 전기처럼 읽히게 하는 구성이 절묘했다. 한편 여러 사료를 자유자재로 인용하며 시대상을 정확히 묘파描破해냈다는 점에서 정통 역사서로서도 훌륭했다. 미국에서 출간 후 베스트셀러가 된 동시에 대학 교재로 쓰이기도 했다는데, 과연 그럴 만하구나 싶었다. 레이 황은 거시사(macro-history)의 대가이다. 1918년 중국 후난성에서 출생하여 중일전쟁에 참전하기도 했던 그는 이후 미국으로 건너가 중국사를 전공했다. 그의 주 전공은 명대 지방 재정사였지만, 거시적 통찰력을 바탕으로 중국사를 전체적으로 조망하는 책 또한 여럿 펴냈다. 대표작인 이 책(원서: Ray Huang, *1587, a Year of No Significance*, Yale University Press, 1981)에서 그는 '과거 중국의 정치는 법률과 제도가 아닌 도덕적 가치를 축으로 작동되었으며, 관료제를 중심으로 한 중국 특유의 역사는 이런 관점에서만 제대로 이해될 수 있다'는 시각을 뚜렷하게 제시했다. 이렇게 보면 '전혀 중요하지 않은 해'라는 원제에 깔린 저자의 의도가 조금은 이해가 된다. 대외적 패배와 내전으로 인한 혼란에 휩싸인 20세기 초중반의 중국을 몸으로 겪어냈던 레이 황에게 조국 중국의 과거사는 결코 긍정할 수 없으며 극복해내야만 할 대상이었으리라. 경제 발전과 법치주의 등 근대적 요소의 결여, 그리고 그 아래 깔린 유가적 도덕 원칙이라는 고대 이래의 정신적 유산이야말로 전근대 중국을 그것답게 만든 요체이다. 그가 전공한 명대 후기는 중국의 그러한 전근대성의 핵심에 위치했다. 중국에서 태어났으되 중국 바깥에서 중국을 바라본 레이 황이 그려낸 명대는 무의미하기에 오히려 의미심장한 시대였다. 그의 이러한 통찰 덕분에 우리는 유니크한 제목을 가진 현대의 고전을 얻게 되었다.

우리나라의 근현대사도 그늘이 깊었다. 명나라 그리고 청나라와 동시대였던 조선의 역사에 대해 우리가 가진 애증의 심정 또한 중국인들이 자국의 과거사에 대해 가진 그것만큼이나 복잡미묘하다. 조선사야 그래도 우리의 과거이니 자랑스럽진 않을지언정 관심을 끊을 순 없다. 그렇지만 동시대인 명나라의 역사까지 관심을 가질 만한 마음의 여유가 우리에겐 없었다. 명색이 동양학 전공자인 필자도 명나라에는 그다지 관심이 가지 않았다. 명대 중후반이 문화사적으로 상당히 중요한 시대임을 알게 된 것은 어느 정도 공부를 하고 난 이후였다.

책을 통해 뇌리에 박힌 인상은
또다른 책을 통해 수정되었다. 한
문 기초를 마치고 석사학위를 취
득하고서도 한참 지난 30대 후반
에 접한, 앞에서 소개한 이노우에
스스무의 『중국 출판문화사』라
는 책이 바로 그것이다. 고대부터
명나라 말까지 중국 출판의 역사
에 대해 서술한 이 책은 중국 서
지학 전문가가 쓴 본격 학술서이
다. 책 특히 간본刊本의 제작과
유통, 각 시대와 지역의 주요 장서
가, 대표적인 서적 목록 등에 대
한 상세하고 정확한 정보는 혀를
내두를 정도이다. 그러나 이 책의

만력제 초상

진정한 가치는, 연구 결과의 단순한 전달에 그치지 않고 이러한 전문
적 서지학 정보를 당대의 문화사와 잘 융합하여 서술한 데 있다. 이
책을 읽다보면 책이야말로 시대의 창이라는 점을 자연스레 깨닫게 된
다. 독서인구가 상당한 출판 강국이자 책에 대한 연구 또한 선진적
인 일본의 저력을 여실히 느낄 수 있는 명저다. 이 책을 통해 명대 중
후반에 그 이전과는 차원이 다른 출판의 폭발적 발전이 있었음을 잘
알 수 있었다. 이 시기를 전후로 중국의 학술과 문화도 그 성격이 크
게 달라졌다. 이런 점을 알고 나자 동아시아 문화사에 대한 시각이
확연히 넓어지게 되었다. 명대가 흥미로운 시대인가에 대해서는 저마

제3부 한자, 어떻게 발전해갔는가

다 의견을 달리할 수 있다. 그러나 적어도 나는 이 책을 읽고 나서 더 이상 명대가 '중요하지 않은(of no significance)' 시대라고는 도저히 생각할 수 없게 되었다.

서지학이나 출판의 역사란 사뭇 전문적인 분야라서 일반적으로 무관심의 영역이긴 하다. 그 외에 명대 중후반 출판의 발전이 여태껏 일반에 잘 알려지지 않았던 까닭으로, 눈에 확 띄는 기술적 발전이 동반된 변혁이 아니었다는 점 또한 꼽을 수 있겠다. 구텐베르크의 금속 활자 인쇄술은 서양 근대의 역사를 연 거대한 분기점이었다. 그 이후로 정보 유통의 양과 폭에 큰 발전이 있었다. 동양의 한자 문화권에서는 명대의 출판물 폭발이 그에 필적하는 사건이다. 그러나 서양의 금속 활자와 달리 동양의 목판 인쇄는 신발명품이 아니었다. 목판 인쇄는 명대에 상당히 개선되긴 했지만 큰 기술적 도약은 없었다. 그래도 당시의 변혁은 거대한 것이었으며 지금까지 그 빅뱅의 잔불이 남아 있다. 지금도 우리에게 익숙한 글자체인 명조체가 그것이다.

명조체

명조체는 명나라의 글자체라는 뜻이다. 그런데 우리가 지금 쓰고 있는 명조체가 이름 그대로 곧 명나라 때 사용되었던 글자꼴인 것일까? 본격적으로 살펴보기에 앞서 짚어둬야 할 점이 몇 가지 있다.

- 우리가 쓰는 다른 수많은 단어처럼 '명조체'도 근대 이후 일본에서 인쇄 용어로 사용되다가 수입된 용어이다. 즉, '민초타이みんちょうたい'라고 읽는 '명조체明朝體'라는 말은 예전부터 있었던 것이 아니

고, 근대 일본에서 만든 용어이다.

- 명조체란 어떤 글자체인가? 세리프serif, 즉 획 끝에 작은 장식적 돌출부가 있는 폰트를 가리킨다. 가장 표준적인 인쇄체로서, 가독성이 높아 본문 글자체로 주로 쓰인다.

- 정작 중국에서는 세리프 있는 인쇄체 한자를 보통 '송체자宋體字'라고 부른다('송체宋體' 혹은 '송자宋字'라고도 함). 명체明體라는 말이 없는 것은 아니지만, 이것은 현대의 인쇄체 글자가 아닌 과거 명나라 시대에 썼던 글자체를 가리킨다.

- 그렇다면 왜 이런 차이가 생겼을까? 이를 알려면 한자 문화권의 근대 인쇄가 시작된 19세기 말에서 20세기 초 무렵으로 거슬러올라가야 한다.

- 중국과 일본 모두 근대와 더불어 출판이 서양식 활자 인쇄 시스템에 의해 재편되었다. 1910년대 항저우 출신의 딩산즈丁善之와 딩푸즈丁輔之 형제는 획이 가늘어 새기기 쉽고 가독성이 높으면서도 전통적 해서체 붓글씨의 맛을 겸비한 취진방송체聚珍倣宋體 활자를 개발했다(취진聚珍 즉 취진판聚珍版은 청나라 건륭제 때 만든 목활자 서적을 말한다. 여기서는 이를 따서 활자를 아름답게 칭한 것이다. 방倣은 따라 한다는 뜻. 즉, 방송체는 송나라 글자체를 본받아 만든 글자체라는 뜻

취진방송체의 예

제3부 한자, 어떻게 발전해갔는가

이다). 이들이 세운 회사는 중화서국中華書局에 합병되었다. 그리고 이후에 중화서국이 중국의 국영 출판사가 되면서 이 글자체는 중국 현대 인쇄사에서 중요한 지위를 점하게 된다. 물론 인쇄 문화가 발전하면서 갖가지 서체가 독자적으로 발전했고, '방송체'의 비중도 이제는 예전처럼 크지 않다. 그러나 중국 인쇄 역사상 목판 인쇄술이 본격적으로 발전한 최초의 시대라는 의의를 중시하여, 중국에서는 인쇄체 한자를 가리키는 용어로 '송'이라는 이름이 널리 채택되었다.

- 일본 또한 메이지시대 개화기에 들어서며 서양식 인쇄기에 알맞은 일본어 표기용 활자 개발의 필요성이 대두했다. 일본어는 가타카나 및 히라가나 이외에 한자 표기의 비중도 대단히 높다(인쇄물의 종류에 따라 다르겠지만, 한자가 절반 이상 사용되는 경우도 흔하다). 따라서 전근대 시기 지식의 주요 매체였던 한문 서적의 한자체가 근대 일본 활자체의 근간이 되었다. 에도시대 초기에 중국 복건성 출신의 고승 인겐隱元이 일본으로 건너와 선종의 일파인 황벽종黃檗宗을 크게 일으킨 바 있다. 이때 그는 명대 만력萬曆 시기에 간행된 대장경을 일본으로 가지고 왔는데, 나중에 황벽종의 선승禪僧인 데쓰겐鐵眼(철안)이 이 만력판 대장경을 바탕으로 대장경을 간행한다. 이 황벽판 혹은 '철안'판 대장경은 에도시대에 민간에 널리 유포되었으며, 이 글씨체가 바로 '명나라의 글씨체' 곧 명조체이다. 이것이 근현대 일본의 대표적인 인쇄체인 명조체로 발전하게 된다.

- 일본의 근대 인쇄술은 한국에도 큰 영향을 끼쳤다. 현대의 한글 명조체는 일본 명조체를 참고는 했으되 독자적인 발전을 이룩한 것이어서 비록 일본 한자 및 히라가나(가타카나) 명조체와 형태상 상관

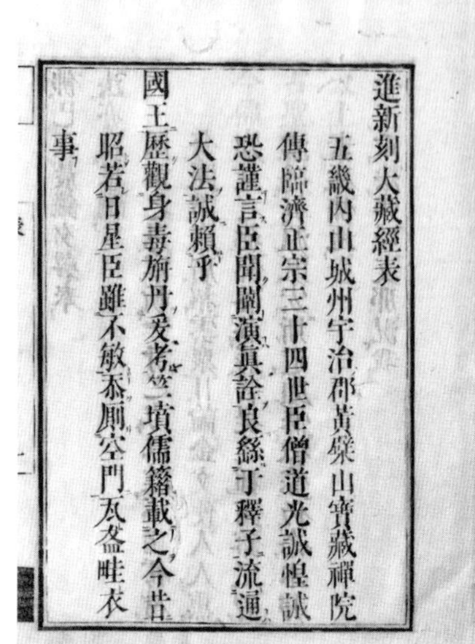 

철안鐵眼 일체경一切經의 예. '일체경'은 대장경의 별칭.

은 없지만 그 이름만은 일본의 그것을 계속하여 쓰고 있다(현재는 '명조체'보다 본문 서체임을 의미하는 '바탕체'라는 이름을 주로 쓰게 되었다).

한자를 별로 노출하지 않는 한국의 일상 문자 생활에서 한자 명조체를 마주칠 일은 예전처럼 많지 않다. 그러나 그 위상은 여전히 무시할 수 없다. 한국에서 사용되는 한자의 표준 글자체가 『강희자전』에 수록된 대표자를 기반으로 하고 있기 때문이다. 『강희자전』은 이름 그대로 청나라 강희제 때 편찬된 것이지만, 그 글자체는 명대에 성립된 목판 인쇄체를 충실히 계승했다. 그렇다면 명나라 때 목판 인쇄에 어떤 일이 일어났는가? 그리고 그것은 한자의 모양에 어떤 영향을 미쳤는가?

목판 출판, 명나라에서 폭증하다

나무판에 글자를 새겨 먹을 묻힌 후 종이에 찍어내(동아시아의 목판 인쇄는 먹을 바른 목판 위에 종이를 놓고 털뭉치로 종이를 문질러 먹을 찍어낸다) 보급하는 목판 인쇄라는 기술이 언제부터 나타났는지 정확히 알기는 어렵지만, 대체로 당나라 무렵에는 확실히 존재했던 것으로 보인다. 현존하는 가장 오래된 목판 인쇄물은 불국사 석가탑 속에 봉안되어 있던 〈무구정광대다라니경〉이다. 석가탑이 신라 경덕왕 때인 서기 751년에 세워졌으므로, 그 무렵에 찍은 인쇄물이다. 일본의 〈백만탑다라니〉는 그보다 약간 늦은 770년경의 것으로 알려져 있다. 중국 것으로는 영국 탐험가 오렐 스타인이 20세기 초에 돈황에서 발견한 문서들 중 함통咸通 9년(868)에 인쇄했다는 기록이 있는 『금강경』 두루마리가 있다. 이 『금강경』은 판각 수준이 꽤 훌륭하므로, 인쇄 기술이 어느 정도 성숙한 이후의 것이다. 이 밖에도 9세기에 찍은 목판 인쇄 유물이 몇몇 전하고 있다. 따라서 동아시아의 목판 인쇄가 늦어도 8세기에는 널리 퍼져 있었고, 9세기에 이르면 상당한 발전을 이루고 있었음을 알 수 있다.

위에서 언급한 신라의 〈무구정광대다라니경〉, 일본 나라 시대의 〈백만탑다라니〉, 중국 당나라 때의 『금강경』은 모두 권자본卷子本, 즉 두루마리다(두루마리를 한자어로 권자卷子 혹은 권축卷軸이라고 한다). 〈백만탑다라니〉는 이름 그대로 백만 개의 작은 탑 안에 봉안한 다라니다. 다라니는 탑을 조성하며 극락왕생을 기원하면서 외는 주문을

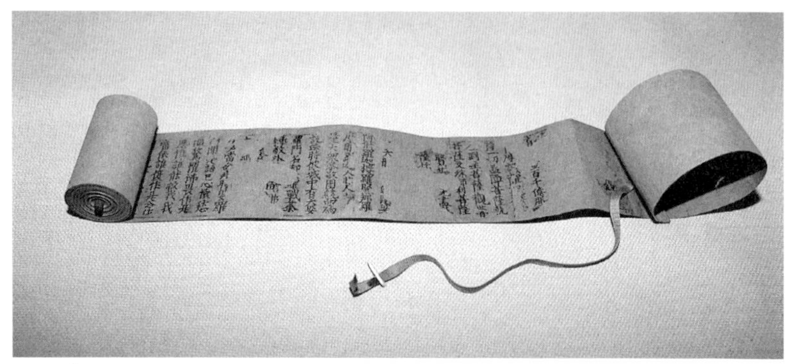

〈무구정광대다라니경〉. 불국사 성보박물관 소장.

가리킨다. 즉 〈백만탑다라니〉는 정보 전달 혹은 유통을 위한 서적이 아니라, 주문을 대량으로 카피하려는 목적으로 찍어낸 종이쪽이다. 실제 유물을 보아도 매우 조악한 수준의 인쇄물임을 알 수 있다. 〈무구정광대다라니〉는 6미터가 넘는 두루마리인데, 12개의 종이를 이어붙인 것이다. 〈백만탑다라니〉에 비하면 꽤 규모를 갖추긴 했지만, 1행에 채 10자도 수록하지 않은, 폭이 매우 좁은 두루마리다. 돈황의 함통 9년 『금강경』은 분량이 꽤 많은 본격적인 경전이다. 그렇지만 두루마리라는 점에서는 신라나 일본의 것과 같다. 당나라 시기까지 서적 장정의 기본 양식은 두루마리였다. 죽간과 목간을 엮어 서적을 만들던 고대 이래의 이 유구한 양식은 기본적으로 필사를 전제로 한 것이다. 나무판은 옆으로 늘이는 데 한계가 있으므로, 두루마리로 만들려면 목판을 찍은 종이 여러 장을 길게 잇는 수밖에 없었다. 두루마리는 조금씩 펼쳐가며 읽게 되므로, 특정 부분을 보고자 해도 전체를 폈다 말아야 하는 불편함이 있기도 하다. 돈황 『금강경』과 같은 큰 분량의 본격적 서적도 있긴 했지만, 여러 기술적·문화적 이유로 당나라 때까

제3부 한자, 어떻게 발전해갔는가

〈백만탑다라니〉. 일본 류코쿠대학龍谷大学도서관 소장.

지 목판 인쇄물은 분량과 형식 면에서 소략한 것이 대부분이었다.

이러한 두루마리의 불편함을 개선하기 위해 여러 가지 형식의 장정이 시도되었다.

두루마리를 일정한 폭으로 계속 접어 포개면 절첩折帖이 된다(작은 병풍을 연상하면 되는데, 오늘날 각종 홍보용 팸플릿을 흔히 이렇게 만든다). 절첩은 보고 싶은 부위를 바로 펼칠 수 있고, 한 면씩 넘겨가며 보다가 멈춘 데에서 덮으면 바로 디폴트 상태로 돌아갈 수 있다는 편리함이 크다. 다만 계속 읽다보면, 폈다 접었다 하는 힌지 부분만 닳아 떨어지는 단점이 있다.

두루마리를 얼마나 펼쳐볼 것인가는 전적으로 보는 사람의 마음에 달려 있다. 절첩은 펼친 면의 크기가 일정하지만, 기본적으로 두루마리의 계승이다. 그런데 목판은 아예 판면의 크기가 물리적으로 정

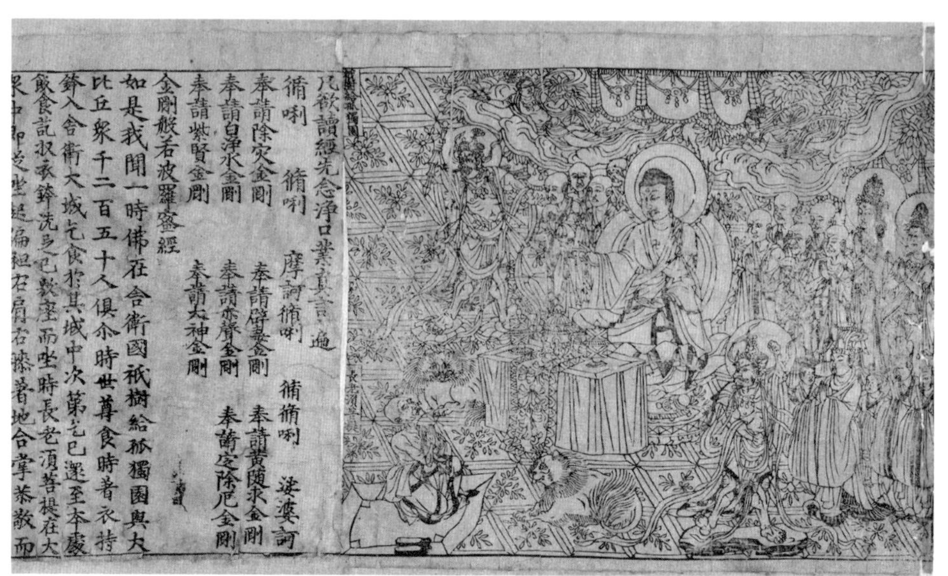

함통 9년 『금강경』. 브리티시 라이브러리 소장.

해진다. 본격적인 인쇄 출판의 시대를 맞이하기 위해선 장정 형식에서 발상의 전환이 필요했다. 호접장蝴蝶裝과 포배장包背裝은 과도적인 형식이다. 이 둘은 직사각형의 판면을 가로로 반을 접어 포갠다는 면에서는 같다. 호접장은 글자가 있는 면이 안으로 마주보게 접어서 차곡차곡 포갠 다음 책등이 되는 판심 부분을 풀칠한 후 표지로 감싸는 방식이다. '호접'은 한자로 나비라는 말로서, 책을 펼치면 나비가 날개를 편 것 같아 이런 이름이 붙었다. 포배장은 반대로 글자가 있는 면이 밖으로 가게 접어서 포갠 다음 책등 부분을 끈으로 묶는다. 그리고 두꺼운 종이로 책 전체를 감싸 표지로 삼는다. 호접장은 풀로 붙인 책장이 떨어져나가기 쉽고, 포배장은 표지가 떨어져나가기 쉽다. 이런 단점을 개선한 것이 선장線裝이다. 선장은 글씨가 있는 면이 밖으

제3부 한자, 어떻게 발전해갔는가

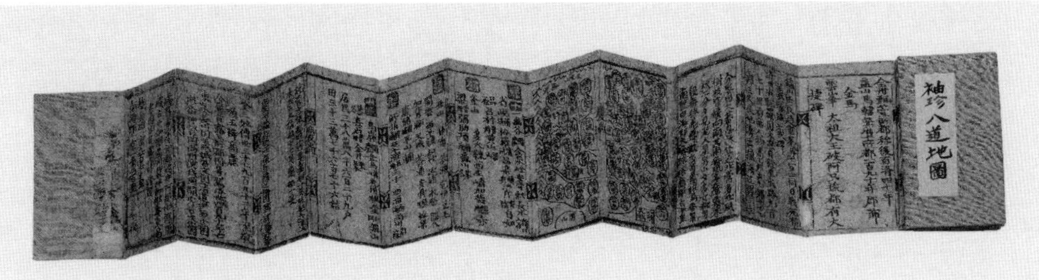

절첩의 예.(『수진팔도지도袖珍八道地圖』. 서울역사박물관 소장)

로 향하게 접는 점은 포배장과 같으나, 책 본문 전체와 표지를 한꺼번에 끈으로 엮어 장정하는 점이 다르다(표지를 묶기 전에 종이를 비벼 만든 끈으로 본문 부분만 가볍게 묶어 고정해주긴 한다). 서양의 코덱스 제본에 비견될 수 있는 이 선장은 제작하기 편리하고 묶임 또한 튼튼해서, 이후 동양 서적의 가장 보편적인 장정 양식이 되었다. 호접장은 오대五代 말 북송北宋 초에 보급되기 시작했으며, 포배장은 원나라 때 시작된 것이다. 선장은 송대에 출현했지만, 명대 이후 보편화되었다.

목판 인쇄가 역사의 전면에 등장한 시기는 당나라와 송나라 사이의 혼란기, 오대십국 시대였다. 이때 중요한 역할을 한 인물이 풍도馮道다. 예전에 그는 무척 악명 높은 인물이었다. 충절을 중히 여긴 유학자들에게 5개 나라 11명의 군주를 섬겼던 그의 행적은 지조 없음의 표본과도 같았다. 『오대사五代史』를 지은 구양수도, 『자치통감』을 지은 사마광도 풍도를 여지없이 깎아내렸다. 왕조 시대의 인물평을 지금에 와서 액면 그대로 받아들일 필요는 없으리라. 그 지극한 혼란기에 멸망한 나라에서 승리한 나라로 옮겨가며 계속 재상의 지위를 유지했다는 것은, 거꾸로 그만큼 유능한 행정가였다는 증좌가 되겠다. 현실

주의에 입각한 그의 유연한 태도 덕에 유가의 아홉 경전 '구경九經'의 출판이 가능했다. 어느 시대에나 교육을 위한 표준 교과서의 필요성은 크다. 그러나 과거 한나라, 당나라의 위대한 유산인 석경石經을 재현하는 것은 당시 여건상 바라기 힘든 일이었다. 이에 당시 오吳(지금의 장쑤성 지역)와 촉蜀(지금의 쓰촨성 지역)에서 성행하던 목판 인쇄에 착안한 풍도

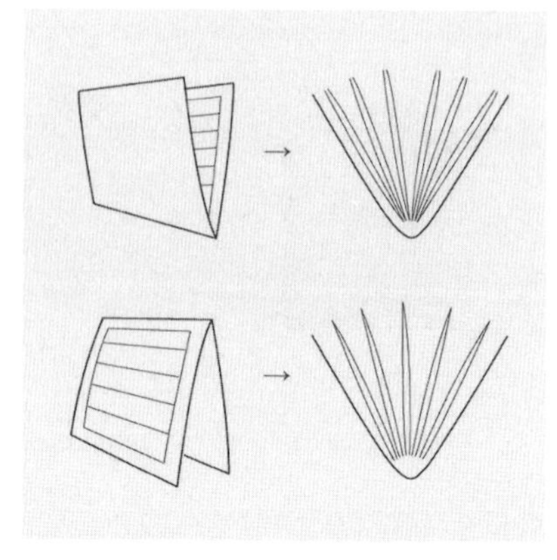

호접장(위)과 포배장(아래) 개념도

는, 국립대학인 국자감國子監에서 구경을 출판하자고 황제(후당後唐 명종明宗)에게 주청한다. 후당 장흥長興 3년, 즉 서기 932년에 시작된 이 사업은 왕조가 바뀌는 과정에서도 계속 진행되어, 후한後漢 대에 오경五經의 판각을 마쳤고(948년), 후주後周 광순廣順 3년인 953년에는 구

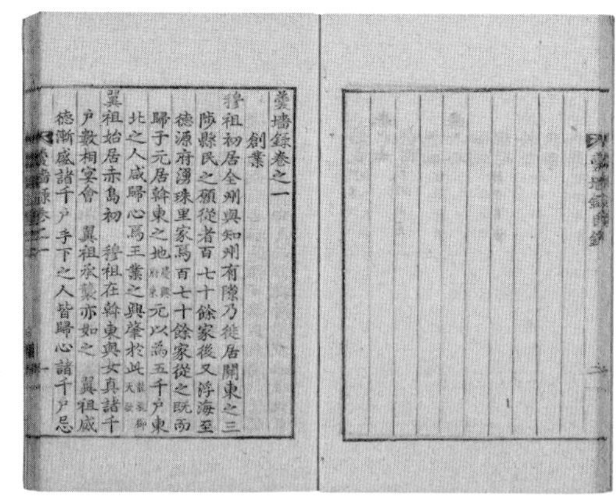

선장본의 예(『갱장록』). 한국학중앙연구원 장서각 소장.

제3부 한자, 어떻게 발전해갔는가

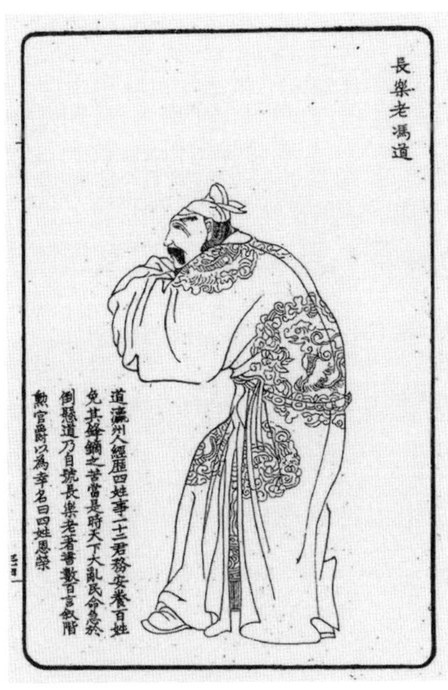

풍도 초상(『무쌍보無雙譜』).

경이 모두 간행되기에 이르렀다. 그 만큼 구경의 출간에 대한 시대적 요청이 컸던 것이라고 해석할 수 있다. 유학 경전은 모든 책의 중심이었다. 그런 책이 목판으로 간행되었다는 것은 그 자체로 의미심장한 사건이었다. 풍도가 주도한 구경의 출판은 역사의 새 장을 연 획기적인 업적이었다.

당나라 때 문화의 주변부에 머물렀던 목판은 새 시대 송대를 맞이하여 서적의 중심 매체로 자리잡게 된다. 앞에서도 서술했다시피 송대는 유학儒學이 국가와 사회 운영의 중심 원리로서 확고한 지위를 누리던 시기였다. 송대 출판의 중심은 국가의 공식 교육기관인 국자감이었다. 수도 및 주요 도시에 소재했던 국자감에서는 유교 경전이나 역사서와 같이 학문에 필수불가결한 서적을 주로 찍어냈다(국자감의 출판물을 '감본監本'이라고 함). 지방의 행정기관이나 지역 교육기관에서 감본을 받아 다시 찍어내는 일도 많았다. 물론 민간의 사적인 출판 또한 존재했다. 특히 과거시험의 정착으로 인한 출판 수요가 상당했다. 앞의 '문文'에서 보았듯 과거 합격자의 명단이라든가 합격자의 답안지 등이 활발하게 인쇄, 유통되었다. 또한 지식층인 문인사대부의 증가와 더불어 유명 문인의 글에 대한 사회적 요구도 늘어났다. 즉 송대는 종이에 목판으로 인쇄한 텍스트가 사회의 지식 유통과 소비의 중심부로 본격적으로 진입했던 최초의 시대라 할 수 있다. 다만 아직 목판 인쇄물은 고급의 사치품에 가까웠다. 제작에 상당한 비용이 들어 개인이 직접 출판하는 일은 드물었으며, 공적 인쇄물이라도 인쇄 부수가 적어 간본 서적을 개인이 소유하는 것조차 만만한 일이 아니었다. 따라서 이전 시대에 비해 목판 간본의 양이 많이 늘기는 했어도, 전체 독서 텍스트 중에서는 사본이 차지하는 비중이 여전히 높았다. 당시에는 보고 싶은 책이 있으면 인쇄된 책을 얻는 것보다 빌려서 베껴 쓰는 것이 더 일반적이었다. 책이란 구입하기에는 너무 비쌌고, 선사받는 것 또한 상당한 정도의 사회적 지위가 없다면 언감생심이었다. 책을 베껴 쓰는 것은 만만치 않은 품이 드는 일이지만, 그래도 그 편이 간본을 직접 입수하는 것보다는 여전히 쉬웠다.

목판 출판의 찬란한 별, 급고각의 모진

이러한 사정은 명대 중기를 지나면서 극적으로 바뀌기 시작한다. 명나라는 조선(태조 즉위 1392년)보다 약간 앞서 1368년에 건국되었다. 명나라 초기에는 출판이 그다지 활발하지 못했으나, 16세기 이후 조금씩 사정이 나아졌다. 16세기 초중엽인 정덕제正德帝(재위 1505~1521), 가정제嘉靖帝(재위 1521~1566) 시기부터 서서히 늘어나기 시작한 출판물의 양은 16세기 후반에 접어들면 그 증가세가 확연해졌다. 조선으로 따지면 중종 이후 선조 즉위(1567년) 전까지의 시기에 해당한다. 레이 황의 위의 책의 주인공 만력제는 명나라 황제 중 재위 기간이 48년으로 가장 길었다(1572~1620). 7년 전쟁 임진왜란(1592년 발발)이 그의 치세 중에 일어났다. 만력제부터 명나라 마지막 황제 숭정

　　　　　　　제3부 한자, 어떻게 발전해갔는가

제(재위 1627~1644)까지의 시기가 목판 인쇄가 폭증하여 그 위상을 확고히 한 때였다. 조선이 임진왜란과 병자호란 등 참혹한 병화로 고난을 겪던 그 시대에 동아시아 목판 인쇄는 황금기를 맞이하고 있었다.

간본의 유통량은 전과 비교할 수 없이 늘어났다. 이제 책이라면 필사본보다 간본을 먼저 떠올리게 되었다. 그만큼 간본을 입수하기가 쉬워졌다. 물론 이 시대에도 감본과 관본官本(관청 출판본)이 여전히 활발히 출간되었다. 그러나 명대 출판의 융성을 대표하는 현상은 개인 출판가의 활동이다. 책을 많이 소장하는 장서가라면 몰라도, 이 시기 이전에 식자층이 직접 출판에 뛰어드는 일은 매우 드물었다. 그러나 명대 후기 이후로는 저명한 출판가가 다수 등장하게 된다. 그중 가장 이름 높았던 사람이 급고각汲古閣의 모진毛晉(1599~1659)이다.

급고각은 현재의 장쑤성 창수常熟(상숙)에 소재했던 모진의 장서각이다. 모진의 아버지 모청毛淸은 농업 경영에 일가견이 있어 지역 사회에서 신망이 높은 사람이었다. 모진은 어려서부터 학문에 뜻을 두어 지역의 유명한 학자였던 전겸익錢謙益(1582~1664)에게 나아가 배웠다. 목재牧齋라는 호로 널리 알려진 전겸익은 시인으로도 유명했다. 다만 그는 명나라가 망한 후 청나라에 투항하여 예부시랑이라는 고위직을 지냈기에 후대에 그리 평가가 좋지 못했다. 전겸익과 모진은 단순한 사제 관계를 넘어 꽤 깊은 교분을 나누었던 듯하다. 전겸익은 장서가로도 유명했는데, 모진의 장서벽과 출판 사업은 스승으로부터 받은 영향 또한 적지 않았다.

모진은 과거 급제와 관직 진출에는 별로 뜻이 없었고, 오로지 책을 구하여 읽는 데 온 정성을 쏟았다. 그는 송나라와 원나라 시대의 선본을 널리 수집하여 소장했는데, 장서의 양이 8만 권을 넘었다고 한다.

급고각 풍경. 〈우산모씨급고각도虞山毛氏汲古閣圖〉. 숭정 15년(1642), 왕함王咸 그림. 중국 국가도서관 소장.

그러나 책에 대한 모진의 열정은 그를 단순한 서적 수집가에 머물게 하지 않았다. 그는 자신이 모은 좋은 책들을 다른 학자들도 널리 보기를 바랐다. 이에 자신이 모은 서적을 목판에 새겨 출간하기에 이른다.

모진은 불교 서적도 출판했고, 또 가벼운 문집도 일부 출간했지만, 무엇보다 경전과 역사서의 출판에 강한 의지를 보였다. 그가 어떻게 이런 책의 출판에 뜻을 두게 되었는지, 그 동기에 대해 전겸익은 모진의 묘지명에서 이렇게 설명하고 있다(묘지명은 죽은 이를 추모하여 무덤 속에 넣는 글이다. 모진이 스승으로 섬긴 전겸익은 모진보다 10살 이상 연상이었지만, 모진은 그보다 일찍 사망한다. 이 묘지명은 모진 사망 후 3년이 지난 1661년에 지어진 것이다).

제3부 한자, 어떻게 발전해갔는가

모진은 이렇게 생각했다.

'경전을 연구하는 학문은 원래 그 근본을 한나라와 당나라에 두는 것인데, 지금 유학자들은 멀리는 신안新安 주희朱熹를 조상으로 삼고 가까이는 여요餘姚 왕양명을 연구하기만 하면서 옛 사람들이 강물을 중요시하고 바다를 나중에 생각하였던 뜻을 이해하지 못하고 있다. 각 시대마다 역사서가 있고, 각 역사서에는 또 기재된 사실과 글들이 많이 있는데, 동래東萊 여조겸呂祖謙과 무진武進 당순지唐順之와 같은 큰 학자들조차 편집과 요약에만 힘을 쓰며 지엽적인 사항들로 갈가리 찢어서 사람들로 하여금 크게 갖추어진 전체를 볼 수 없게끔 해버렸다.' 그래서 그는 경전과 역사서의 전서全書를 교감·교정하여 유통시켜서, 학자들로 하여금 학문의 근원과 지류를 다 파악하여 나루(중요한 포인트)를 자세히 알 수 있도록 하기 위하여 노력했다.[2]

서적 특히 선본의 수집에는 많은 비용과 노력이 든다. 또 출판은 수집과는 비할 수 없을 정도로 더 큰 비용이 드는 본격적인 사업이다. 게다가 모진이 주력한 책들은 내용이 무겁고 양도 많은 역사 및 경전 전집이다. 아버지가 애써 이룩한 가산을 출판에 쏟아붓고 있는 그의 모습을 안타깝게 여겨 주위 사람들이 걱정하자, 어머니인 과씨戈氏는 이렇게 말했다고 한다. "불행히 출판으로 집안이 망하더라도, 도박으로 탕진하는 것보다야 낫지 않겠소."[3] 과연 그 아들에 그 어머니라 할 만하다. 모진은 장서각인 급고각 옆 건물에 각수刻手 여러 명을 상주하게 하고, 또 문인들을 모집하여 책 내용을 교감하게 하는 등 출판에 많은 정성을 들였다. 개인 출판이 성행했던 명말청초 시대의 수많은 출판가 중에서도 모진의 활약은 첫손에 꼽힌다. 과거 한나라 혹은

당나라 때 성립되었던 주요 경전이나 역사서를 후대의 우리는 당시 그
대로의 형태로 접하는 것이 아니다. 주로 훨씬 후대인 명청대에 출간
된 목판 서적의 형태로 접하게 된다. 과거의 책을 접하는 우리는 명청
대 출판인들에게 상당한 빚을 지고 있다. 그중에서도 질과 양에 있어
특히 뛰어난 급고각 출간 서적들은 지금도 여럿 전하고 있다. 한자 문
화권의 역사에서 급고각의 이름은 여전히 찬란하다.

명조체의 실제 1

앞의 '아雅'에서 영락제 때 출간
된 『위선음즐』 등을 살펴보았다. 명
나라 초기 간본의 글씨체는 대체로
그전 시대인 원나라의 글씨를 승계
한 측면이 짙다. 영락제 때 간행된
여러 간본 서적들, 그리고 당시 문화
역량을 집결하여 편찬한 유서인 『영
락대전』 등의 서적(『영락대전』은 필
사본으로 편찬된 후 분량이 너무 많아
간행되지 못했다. 영락제 때 편찬된 『사
서오경대전』은 조선에 수입되어 간행
된 후 유포되었다)은 기본적으로 조
맹부의 송설체, 나아가 그것이 기반
을 둔 왕희지체로 쓰였다. 그 밖의
명나라 초기 간본들의 서체는 다양

정덕 원년(1506) 출간 『황돈정선생문수』 권23

한 면모를 보인다. 송대 간본에서 많이 쓰인 구양순체도 종종 눈에 띈다. 그러나 기본적으로 어떤 한 사람이 일일이 손으로 쓴 글씨라는 점에서는 모두 동일하다. 이런 점에서는 송나라나 원나라 간본의 전통과 일맥상통하며, 출간의 양도 많지 않은 만큼 서체에 있어서도 아직 어떤 변화의 조짐이 나타나지 않은 시기라 말할 수 있다.

출판의 양이 서서히 증가하기 시작한 16세기 초 정덕·가정 연간이 되자, 드디어 명나라 간본 특유의 글씨체가 나타나기 시작했다.

『심경心經』의 주석서인 『심경부주心經附註』의 저자로 유명한 정민정程敏政의 글을 모은 『황돈정선생문수篁敦程先生文粹』 중 정덕 원년(1506)에 출간된 간본이 있는데, 이것은 종래의 필사체 서체를 고수하고 있다.[4]

그러나 정덕 14년(1519) 신독재愼獨齋에서 간행한 『역대통감찬요歷代通鑑纂要』를 보면 완연히 명조체의 색채가 짙어진 것을 알 수 있다.

가정 연간에 원씨袁氏 가취당嘉趣堂에서 출간한 『금성옥진집金聲玉振集』은 또박또박하고 정형화된 획과 자체字體로 볼 때 전형적인 명조체이지만, 동시에 어느 정도는 전통적인 구양순체의 맛을 지니고 있기도 하다.

서문장徐文長은 명대의 문학가 서위를 가리킨다. '문장'은 그의 자字이다. 기인奇人으로 유명했던 그의 자유분방한 문장은 당시 상당한 센세이션을 일으켰으며 후대까지 그 이름이 알려졌다. 원굉도袁宏道(1568~1610)는 자가 중랑中郎으로 공안公安(현재의 후베이성 지역) 출신이었다. 형식주의에 반대하여 순수하고 자연스러운 마음의 표출을 중시했던 그의 문학론은 그 무렵에 큰 호응을 불렀다. 형인 종도宗道, 아우인 중도中道와 함께 삼형제의 문학은 '공안파'라 불리며 유명세를

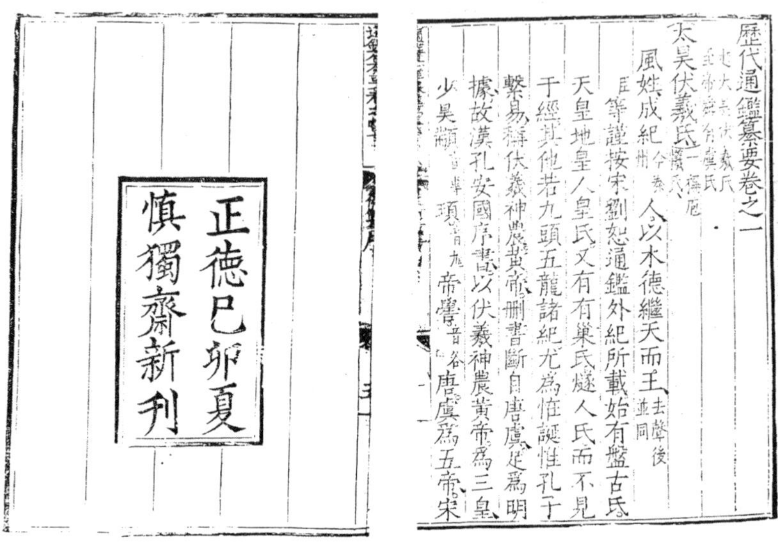

정덕 14년(1519) 신독재 출간 『역대통감찬요』 권1 첫 부분과 간기刊記

떨쳤다. 즉 서문장과 원굉도는 모두 당시의 스타 문학인이었다. 이 『서문장문집徐文長文集』은 만력 42년인 1614년에 출간되었으니, 이 둘이 타계하고 나서 얼마 지나지 않아 출판된 책이다. 당시의 사정을 고려하면 거의 리얼타임으로 출판된 셈이다. 도판은 권1 첫 판板의 오른쪽 반쪽(반엽半葉)이다.(p.612) '공안 원굉도 중랑'이 평점評點하였으며, '문인門人 민덕미閔德美 자선子善'이 교정校訂했다고 했다. 서위가 지은 글에 원굉도가 '평점'했다는 말이다. '평'은 평어評語, 즉 평론評論한 말을 말한다. '점'은 비점批點을 말한다. 여기에서 첫 글인 〈섭강부涉江賦〉라는 제목 아래에 약간 가늘고 작은 폰트로 된 네 글자 '금기초광襟期超曠', 즉 '글에서 표현된 포부가 툭 트여 세속을 뛰어넘는 맛이 있다'라는 말이 곧 원굉도가 서위의 〈섭강부〉를 평가한 말이다. 그리고 마지막 줄 아래 '誠見其嗜醇醲而姑言…'이라는 구절 각 글자 오

금성옥진집 페이지 재현

天潢玉牒　　　　〔金聲玉振集〕
　　　　　　　　　〔皇覽〕
太祖高皇帝先世江東句容朱家巷人
熙祖生於宋季　太后王氏二子長壽春王次
仁祖裕皇渡淮因家泗州　太后陳氏四子長
南昌王次盱眙王次臨淮王　仁祖年五十遷
鍾離之東鄉天曆元年戊辰龍飛濠梁九月十
八日
太祖高皇帝降誕先是　陳太后在麥場見西
北有一道士脩髯簪冠紅服象簡來坐場中以
簡撥白尤置手中　太后問曰此何物也道人

가정 연간 원씨 가취당 출간 『금성옥진집』

른쪽에 찍어둔 점들이 곧 비점이다. 눈여겨볼 만한 중요 구절을 점으로 찍어 표시한 것이다. 이 제1권의 교정자가 민덕미이고, 책 전체의 교정자는 여러 명이다.

이 만력 42년에 출간된 『서문장문집』의 글씨는 전형적인 명조체이다. 그렇다면 어떤 요소가 명조체를 명조체답게 만드는가? 『서문장문집』을 비롯해 급고각에서 출간된 간본 등 명말 만력에서 숭정에 이르는 시기에 출간된 몇몇 책들을 중심으로 이에 대해 차근차근 살펴보도록 하자.

명조체의 실제 2

가로획

명조체의 특색을 결정짓는 가장 큰 요소는 가로획이다. 후한 말 위진남북조 시기 행초서가 예서에서 분리된 이후 가로획은 완벽한 가로였던 적이 없다. 즉 행서와 초서와 해서의 가로획은 기울기 없이 온전한 수평을 이룬 가로가 아니며, 오른쪽으로 살짝 올라간 우상향의 동세를 띤다. 손글씨의 표준 서사자는 오른손으로 붓을 쥐었기 때문이다. 해서의 가로획을 인쇄에 적합하게 표준화·유형화한 것이 명조체

徐文長文集卷之一

公安袁宏道中郎評點

門人閔德美子善校訂

賦

涉江賦　襟期超曠

晉潘岳作秋興賦序稱三十有二歲始見二毛時岳
為賈充掾寓直散騎之省見省中多富貴人乃起歸
來之想及作閒居賦自述多落而少遷以見拙宦雖
卒歸退休然合前賦而觀之誠見其嗜醇釀而姑言

일一. 『서문장문집』 권1 중에서

의 가로획이다. 『서문장문집』의 '일一'을 보자 (권1 제1판 제1행 마지막 '卷之一'의 '一').

완전 수평의 가로 선분이다. 기하학적 선분과 다른 점은 끝나는 부분인 오른쪽 끝에 위로 튀어나온 삼각 돌출부를 가지며 뾰족하게 끝맺고 있다는 것이다. 이 세리프는 해서 가로획의 유산이다. 이 부분을 통해 이 명조체의 가로'선'은 해서 가로'획'과 연결점을 유지할 수 있다. 획의 시작 부분인 왼쪽 끝이 미세하게나마 강조된 점 또한 해서의 유산이지만, 그 정도가 매우 미약하다. 따라서 이 명조체의 가로선은 끝 부분의 세리프라는 미약한 개성의 '마크'만 가진 채 몰개성의 가로획으로 대량 복제될 수 있었다. '삼三'이나 '이二'나 '유有'와 같은 비교적 큰 가로획(제6행)도, '연掾'이나 '기起' 등에서 보이는 짧은 가로획(제7행)도 모두 제각각의 맥락보다 '가로'라는 공통 속성을 더 중시하여 '한 일一'의 가로획 크기만 줄인 복제품으로서 양산된 가로획들이다('연'의 재방 변(扌)이나 '기'의 '달릴 주走'에서 보이는 짧은 가로획에는 세리프가 아예 없다).

이런 획일화 혹은 표준화는 새기는 공력을 최소화하고 능률은 최대화한다. 표준화는 원래 가로획이 아닌 부분마저 가로획으로 포섭하는

삼三 | 이二 | 유有 (『서문장문집』 권1 중에서)

지경에 이른다. 제2행 원굉도의 자字
인 '中郞'에서 '랑郞'의 첫 획은 원래
점이다. 여기에서는 작은 가로획으로
화化하였다. 천계天啓 4년(1624)에 출
간된 『우림집寓林集』에서도 제3행의
'서序'의 제5획이 가로획화한 것을
볼 수 있다. 저 저수량의 '일—'로부
터 얼마나 멀리 와버렸는가! 획의 몰
개성화는 한자를 인쇄의 시대로 진
입시킨 가장 큰 원동력 중 하나다.

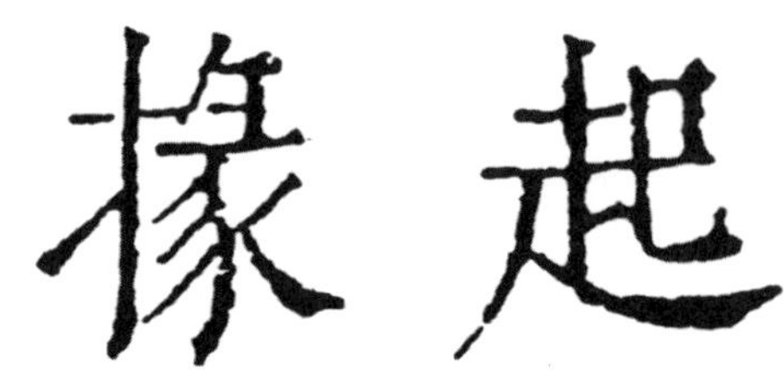

연掾 | 기起 (『서문장문집』 권1 중에서)

랑郞 (『서문장문집』) | 서序 (『우림집』)

책획의 기필起筆 부분

다시 『서문장문집』 첫 페이지로
돌아가보자. 제1행 '서문장문집徐文長文集'에 두 차례 등장하는 '문文'
의 제4획을 살펴보자. 이 오른쪽 아래로 비스듬히 내리 긋는 '책획磔
畫'(영자팔법의 명칭)의 첫 시작 부분이 왼쪽 아래로 약간 튀어나와 있
는 것을 확인할 수 있다. 제2행 첫째 글자인 '공公'은 또 어떠한가. 머
리 부분 둘째 획 또한 책획인데 그 첫머리가 역시 '文'의 제3획의 첫머
리와 비슷하게 처리되어 있는 것을 볼 수 있다. 이런 부분을 일본어로
는 '후데오사에'(筆押さえ, 붓으로 눌러준다는 뜻)라고 하는데, 저 해서체
가로획의 첫 부분과 같이 어떤 획을 시작할 때 붓끝을 눌러 힘을 주
어서 이후 송필送筆 부분의 추진력을 증대시키고 동시에 획의 시작임
을 형태상으로 강조해주는 부분을 가리킨다. 이 명조체의 '후데오사
에' 부분 역시 해서체의 붓글씨 특유의 개성을 규격화하여 폰트화한

제3부 한자, 어떻게 발전해갔는가

문文 | 공公 (『서문장문집』 중에서)

것이라 볼 수 있다.

약획의 동세 및 모양의 통일

한자 해서의 수많은 만곡灣曲(커브, 구부러짐) 부분들은 표준화의 큰 장애 요소가 된다. 명조체는 이것들을 최대한 동일한 동세 및 모양으로 수렴시키고자 노력하였다. 영자팔법의 '약획掠畫'은 '永'에서 왼쪽 아래로 비스듬히 내리 긋는 긴 획을 가리킨다. 이 획의 구부러진 정도나 끝을 뾰족하게 빼는 정도는 해서라면 각 글자마다 다를 수밖에 없다. 그런데 『서문장문집』 첫 페이지 마지막 행(제10행)의 제3～5자인 '休然合'을 보면 이들을 최대한 비슷하게 처리한 것을 볼 수 있다. 즉 '휴休'의 제1획과 제5획, '연然'의 제1·2·6획, '합合'의 제1획은 획의 방향이나 뾰족해지는 감쇄의 정도가 모두 비슷하다. 물론 그 동세를 완전히 동일하게 할 수는 없다. '연然'의 첫 부분인 '月' 부분의 제1획과 제2획은 그 기울기를 달리했다. 또한 그 옆 행인 제9행의 제4자인 '급及'을 보면, 두 개의 약획의 기울기가 현저하게 다르다. 즉 가독성을 위한 최소한의 구분은 남겨놓은 것이다. 이런 차이를 제외한다면, 대체로 최대한 비슷하게 하려 노력하였다. 이 밖에도 저 많은 커브와 삐침

休 然 合 及

과 점들의 모양을 최대한 표준화함으로써, 명조체는 손글씨의 최소한의 유산만을 유지한 채 인쇄체로서 자신만의 정체성을 확보해나갔다.

그 결과 명조체 한자는 종래의 해서체 한자와 다음과 같은 측면에서 차이를 보이게 되었다.

曽과 曾

'일찍 증'의 한국 표준 한자체는 명조체인 『강희자전』을 계승한 '曾'이다. 그런데 이 글자 윗부분의 'ㅆ'은 손으로 쓰면 반대로 위가 벌어지게 'ㅟ' 모양으로 쓰는 편이 훨씬 편하다. 따라서 해서에서는 '曽'으로 쓰는 것이 더 일반적이다. 현대 중국과 일본의 표준 자체도 '曽'이다(중국 간화자와 일본 상용한자의 글꼴이 약간 다름. 자세한 것은 도판 참조). '일찍이'라는 뜻으로는 문어투의 문장에서 주로 쓰이기 때문에, '미증유未曾有' 등 옛스러운 표현 이외에는 '증조曾祖'(증조할아버지), '증손曾孫'(증손자) 등에서 가끔 볼 수 있는 글자이다. 일본에서도 인명이

증曾. 당唐 안진경顏眞卿 〈안근례비〉(대력大曆 14년(779))와 『강희자전』(강희55년(1716) 내부內府 간본) 중에서.

제3부 한자, 어떻게 발전해갔는가

曽　曾　曾　曽　曽

증曾의 자형 비교. 왼쪽부터 ① 『설문해자』 소전小篆 │ ② 서한 예서(정현죽간定縣竹簡) │
③ 한국 대표자(대법원 지정 자형) │ ④ 중국 간체자 │ ⑤ 일본 상용한자

나 지명에서 음으로 읽는 글자로만 쓰인다. 나카소네 야스히로中曽根
康弘 전 수상이 대표적인 예이다. 해서와 달리 명대 간본에선 '曾'으로
더 많이 쓰였다. 위의 '公'의 경우를 보면 알 수 있듯이, 이쪽이 다른
글자들과의 통일성이 더 크기 때문이다. 게다가 이 형태가 해서보다
더 '근본 있는' 글자이다. 전서와 예서 단계에선 다 이렇게 썼었다. 그
래서 현대 간자체가 다시 해서로 회귀하기 이전 표준 글자체인 『강희
자전』 체에서는 '曾'을 표준 자체로 채택하였고, 이 유산은 현대 한국
에서 희미하게 존속하고 있다. 이 '八'과 'ソ'의 차이는 '半' 등에서도
비슷한 양상으로 나타난다.

초두(艹)는 3획인가 4획인가

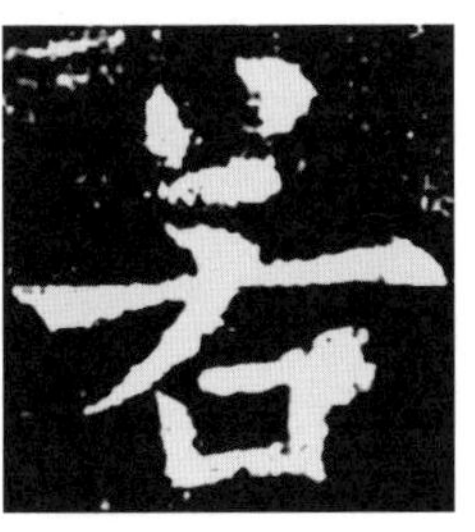

왕희지 〈난정서〉 무茂 │ 구양순 〈구성궁예천명〉 약若

'풀 초草(=艸)'가 부수 역할을 할
때는 '초두머리(草頭=艹)' 형태로 쓰
게 되는데, 이 경우 초두머리는 원
래 '열 십十' 자가 2개 나란히 놓인
4획이 된다. 그런데 이 4획이 간략
해져 3획이 되는 경우가 있다. 이 경
우는 두 가지 방향으로 발생한다.

저수량 〈안탑성교서雁塔聖教序〉의 4개의 '막莫'

첫째, 간략하게 쓰는 경우. '초두머리'는 더 간략하게 쓰면 점 2개를 세로로 찍은 후 길게 가로획을 가로지르는 '⺍'처럼 쓴다. 행초서는 대체로 이렇게 쓰며, 필사체의 해서도 이렇게 쓰는 경우가 있다(왕희지 〈난정서〉의 '무茂'와 구양순 〈구성궁예천명〉의 '약若'). 해서의 경우 쓰기에 따라 현대 활자체처럼 나란한 '십十' 2개의 가로획이 하나로 통합되어 총 3획으로 쓰는 경우가 생긴다. 저수량의 〈안탑성교서〉에는 '막莫'이 총 4회 등장하는데, 가로획을 합치거나 분리하여 쓴 것을 확인할 수 있다. 둘째, 인쇄체의 경우, 가로획이 온전한 수평이고 세로획 또한 온전한 수직이며 둘 모두 세리프가 약화되었을 때는 '초두'의 2개 가로획이 긴 가로획 하나로 합쳐지게 된다. 전통 목판일 때는 그나마 두 가로획 사이를 약간 띄어 구분을 하는 경우가 많지만, 근대 활자의 경우는 긴 횡획 하나로 통합하여 처리하는 것이 대부분이다. 그럴 경우 초두머리는 3획이 된다. 모르는 한자를 찾을 때 간혹 총 획수로 찾는 경우가 있는데, 그때는 이 초두머리의 획수를 어떻게 산정할 것이냐에 따라 혼란이 발생하기도 한다.

'아우를 병並'과 '빌 허虛'

'빌 허虛'는 원래 '큰 언덕'의 뜻이고 어원을 따지자면 기실 '虍'로

제3부 한자, 어떻게 발전해갔는가

막莫 초두머리 처리의 예들. 왼쪽부터 구양순 〈구성궁예천명〉 | 『강희자전』 | 현대 폰트 1 | 현대 폰트 2

쓸 수도 있겠으나 필기 습관상 해서의 경우 '虛'로 쓰는 것이 일반적이었다. 현대 중국 간화자와 일본 신자체도 '虚'로 쓰며, '盧'라는 구자체는 한국의 경우에만 대표자이다. 역시 위의 '曾'과 마찬가지로 이 구자체가 『강희자전』의 자체이기 때문이다. 이 구자체는 사실 판각의 편의와 시인성視認性(눈에 쉽게 띔)의 증대를 위한 각진 획 처리를 선호하는 명조체가 낳은 글자체이다. 이런 경향은 '並'의 아랫부분 처리에서도 가끔 나타난다. 숭정 2년(1629) 급고각에서 펴낸 『군방청완群芳淸玩』에 수록된 「고금도검록古今刀劍錄」 제5판 제5행의 제12자인 '並'은 마치 '虛'처럼 쓰여 있다. '아우를 병'은 원래 '나란하다'라는 뜻이어서 두 사람이 나란히 선 '竝'의 형태였고, 이를 붓글씨체로 쓴 '並' 또한 많이 쓰였다. 이것을 '虛'의 아랫부분처럼 처리하는 것은 온전히 명조체적 발

爲司馬氏所廢
蜀王劉備以章武元年歲次辛丑採金牛山鐵
鑄八劒各長三尺六寸一備自服一與太子
禪一與梁王理一與魯王永一與諸葛亮一
與關羽一與張飛一與趙雲並是亮書皆作
風角處所有令稱元造刀五萬口皆連環及
刃口列七十二鍊柄中通之兼有二字房子
容日唐人尚書郎李章武本名方古貞元季

급고각 출판 『군방청완』 「고금도검록」 중에서

상에 해당한다.

‘한 일’의 완전 수평화는, 한자의 역사의 측면에서 보자면, 역사의 시간을 거슬러올라간 것이다. 가로획의 수평은 전서 혹은 예서의 특징이기 때문이다. 이렇듯 명조체는 판각의 간편성과 찍어낸 글자의 시인성 확보를 위해 예서나 전서의 요소를 도입하기를 주저하지 않았다. 아래에서는 명조체 한자 중 예서 혹은 전서 모양을 도입한 몇몇 예를 살펴보자.

‘보일 시示’ 변의 처리

‘볼 시視’나 ‘예절 예禮’ 등의 글자를 쓸 때, 부수인 ‘보일 시示’ 변은 해서에서 대체로 ‘礻’의 형태로 썼다. ‘보일 시’라는 글자는 갑골문, 금문, 예서 이래로 원래 ‘示’의 형태였지만, 필기체에서는 ‘礻’의 꼴로 쓰는 것이 훨씬 자연스럽기 때문이다. ‘示’의 형태라면 붓을 종이에서 5번 떼었다 다시 대야 하고 또 획의 동세도 수평 2획에서 수직 3획으로 급격하게 변화시켜야 하지만, ‘礻’는 첫 획이 점인 것도 간편하고, 무엇보다 가로 방향인 둘째 획에서 비스듬한 세로 방향인 셋째 획으로 넘어갈 때 붓을 떼지 않고 기세를 이어 단번에 꺾어 넘어갈 수 있어서 좋다. 그러나 이는 붓으로 쓸 때의 이야기이고, 목판에 새기는 글자라면 다시 예전으로 돌아가 동세가 수직·수평으로 단순해지는 예서 쪽이 새기는 공력이 더 적게 든다. 이에 따라 명조체에서는 글자의 전체적 구조는 해서의 틀을 유지하되, ‘보일 시’ 변 부분은 예전의 예서 시절로 회귀하게 된다. 구체적인 예를 살펴보자.

『분류보주이태백시分類補註李太白詩』라는 책이 있다. 당나라의 위대한 시인 이태백의 시를 모아 엮은 책으로, 시의 주제 혹은 체제에 따

제3부 한자, 어떻게 발전해갔는가

題

題隨州紫陽先生壁

神農好長生，風俗久已成。復聞紫陽客，早署丹臺名。
喘息食妙氣，步虛吟真聲。道與古仙合，心將元化并。
樓疑出蓬海，鶴似飛玉京。松雪窗外曉，池水階下明。
忽眩笙歌樂，頗失軒晃情。終願惠金液，提携凌太清。

荊州記隨地有厲鄉村有厲山山下有穴是神農所生處也穴口石上有神農廟厲鄉西有重壐兩重壐上神農宅中有九井汲一井則動太白於隨州紫陽序云吾與煙子元演周求名山入神農故鄉得壺公之精術胡公身揭日月心飛蓬泉起愴雲豪之孤樓歡數鍊吸景之精氣續神仙傳云司馬承禎字子微名在册臺兢樂府解題曰步虛道家所唱備言縹緲輕舉之美抱朴子曰金液太一所服而仙者泰儒天也王斌賣漢費鄉山至言曰風行俗成東方朔曰天下望風成俗玉京山名見前顏延年詩松雪莊子曰白雪之所謂非軒晃之謂也謝朓詩志彼恢輕軒晃鮑照詩的幽窓答時結侶作提携遊三

『분류보주이태백시』 권25 첫머리. 원元 지대至大 3년(1310) 간본.

題

題隨州紫陽先生壁

神農好長生，風俗久已成。
復聞紫陽客，早署丹臺名。
喘息餐妙氣，步虛吟真聲。
道與古仙合，心將元化并。
樓疑出蓬海，鶴似飛玉京。
松雪窗外曉，池水階下明。
忽耽笙歌樂，頻盼軒冕榮。
終願惠金液，提攜凌太清。

齊賢曰：荊山記，隨地有厲鄉村，村南有重塹，山下有穴，是神農所出。穴西有神農廟。又有神農宅，中有九井，汲一井則八井動。穴口方一丈，容數十人。穴口上有神農廟。西有見地，謂神農宅。太白於隨州紫陽先生餐霞樓送煙子元演序云：吾與……周求名山，入神農之故鄉，得胡公之精術。胡公身揭日月，心飛蓬萊，起餐霞之孤樓，揀漢景之精氣。題曰續神仙傳所……司馬承禎字子微，名在丹臺。樂府解題曰：步虛，道家所……縹緲輕舉之美。金液，太一所服而……凌太清，清天也。士贇曰：漢賈山至言曰，風行俗成。東方朔曰：服……而天下望。

『분류보주이태백시』 권25 첫머리. 명明 정덕正德 15년(1520) 간본.

分類補註李太白詩卷之二十五

題一十二首

題隨州紫陽先生壁

神農好長生風俗久已成復聞紫陽客早署
丹臺名喘息食妙氣步虛吟眞聲道與古仙
合心將元化幷樓疑出蓬海鶴似飛玉京松
雲窓外曉池水階下明忽耽笙歌樂顏失軒
昊情終願惠金液提攜凌太清　齊賢曰抱朴子曰金液太

『분류보주이태백시』 권25 첫머리. 명明 가정嘉靖 22년(1543) 간본.

題

題隨州紫陽先生壁

神農好長生　風俗久已成　復聞紫陽客　早署丹臺名
喘息餐妙氣　步虛吟真聲　道與古仙合　心將元化并
樓疑出蓬海　鶴似飛玉京　松雪窗外曉　池水階下明
忽耽笙歌樂　頗失軒冕情　終願惠金液　提攜凌太清

〔齊賢曰〕荊山記隨地有厲鄉村有厲山山下有穴是
神農所出穴也穴口方一步容數十人穴口石上有

라 '부류별로 나눠 모으고'(분류分類) 어려운 구절이나 시를 이해하기 위한 관련 사실에 '주를 달아 보충 설명한'(보주補註) 것이다. 송나라 때 양제현楊齊賢이라는 사람이 편찬하고 원나라 때 소사빈蕭士贇이 다시 보충·산삭했다. 이태백의 시는 지난날 가장 즐겨 읊고 감상하던 문학작품이다. 따라서 이 책은 원나라 이래로 여러 번 출간되었다. 여기서는 그중 원대부터 명말까지 출간된 4가지 판본을 나란히 놓고 비교해보겠다.

권25의 첫머리에 실려 있는 「수주의 자양 선생 집 벽에 쓰다(제수주자양선생벽題隨州紫陽先生壁)」라는 시를 보자. 첫 구절은 "신농이 오래 삶을 좋아하여(신농호장생神農好長生)"인데, 여기에 나오는 삼황오제 중 한 명인 '신농'의 '신神'이 '보일 시' 변을 가진 글자다.

먼저 원나라 무종武宗의 연호인 지대至大 3년(1310)에 출간된 판본을 보자. 우리나라로 치면 고려 충선왕의 둘째 치세에 해당한다. 이 지대 3년 본의 글씨는 완연한 붓글씨이다. '생生'의 마지막 획의 '한 일一'이나 '호好'의 '여女' 변 마지막 획의 완만한 커브가 이를 잘 보여준다. 글자들의 배치가 매우 빽빽한 점 또한 눈에 띈다.

둘째는 명나라로 넘어와 제10대 황제 정덕제의 정덕正德 15년(1520) 때 출판한 것이다. 획과 글자 모양의 부드러움이 줄고 날카로움이 늘어나긴 했으나, 전반적으로 붓글씨체임은 지대 3년 본과 큰 차이가 없다.

셋째는 가정嘉靖 22년(1543) 출간본이다. 정덕 15년과 겨우 20여 년밖에 차이나지 않는데도 판면 전체의 양태가 확 바뀌었음을 한눈에 알아볼 수 있다. 무엇보다 글자 배열이 가로로도 나란하다. 획 또한 규격화되었고, 꺾이는 전절 부분이 모조리 날카로운 각을 이룬다. 다시

신神들.『분류보주이태백시』권25 중에서.

말해 이전까지는 새기는 일이 쓴 글자를 따랐다면, 이제는 새김을 위해 글자 형태의 독자성을 희생하게 된 것이다.

넷째는 만력萬曆 30년(1602) 판본이다. 판면의 기조는 가정 22년 본과 거의 같다. 다만 우리의 현재 논의와 관련하여 중요한 변화가 하나 있다. 시의 첫째 글자인 '신神' 자, 특히 '보일 시' 변 부분에 집중해 보자.

지대 3년 본은 나무랄 데 없는 붓글씨의 해서이다. '보일 시'(示)의 첫 획과 마지막 획인 점들의 처리에서 붓의 맛을 확실히 느낄 수 있다. 정덕 15년 본은 '보일 시' 둘째 획에서 셋째 획으로 넘어가는 전절 부분의 각이 더 살아 있고, 셋째 획의 휘는 정도도 덜하다. 그러나 역시 붓글씨의 맛이 살아 있는 자형이다. 가정 22년 본은 붓글씨 획의 맛이 거의 없는 명조체의 판각이다. 그러나 이 역시 '보일 시'의 형태

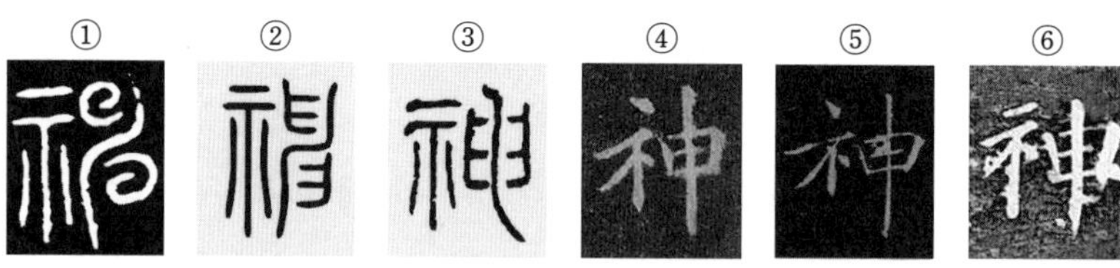

신神들. ① 전서 〈저초문〉 | ② 전서 『설문해자』 | ③ 예서 〈계모궐啓母闕〉 | ④ 해서 〈구성궁예천명〉 | ⑤ 해서 〈안탑성교서〉 | ⑥ 해서 〈안근례비〉

가 전통적인 '示'의 모양을 따르고 있다. 만력 30년 본에 이르러 드디어 우리나라의 현재 표준 형태이자 『강희자전』 표제자의 형태인 명조체 '神'이 그 모습을 드러낸다. 여기서 '보일 시'는 예서의 '示' 형태가 되었다. 앞의 세 판본의 '神'과 비교하면 이질감이 두드러진다.

'실 사糸' 변과 책받침(辶)의 처리

'보일 시' 변의 과거 회귀는 '실 사' 변에서도 발생했다. 같은 시의 뒤에서 두 번째 구절은 "마침내 금액金液(복용하면 신선이 된다는 단약의 일종)"을 내려주시기 바라노니(종원혜금액終願惠金液)인데, 그 첫째 글자인 '마칠 종終'을 보자. 지대 3년 본(1)부터 가정 22년 본(3)까지 3종은 모두 '糸'의 형태로 되어서, 아랫부분이 점 3개로 처리되어 있다. 이는 붓글씨에 기반한 해서체의 전형적인 모습이다. 그런데 만력 30년 본(4)에 이르자 이것이 '糸'의 형태로 바뀌게 된다. 이 또한 해서에서 예서로 회귀한 것이다. 점보다는 획으로, 무규

종원혜금액終願惠金液. 『분류보주 이태백시』 권25 중에서.

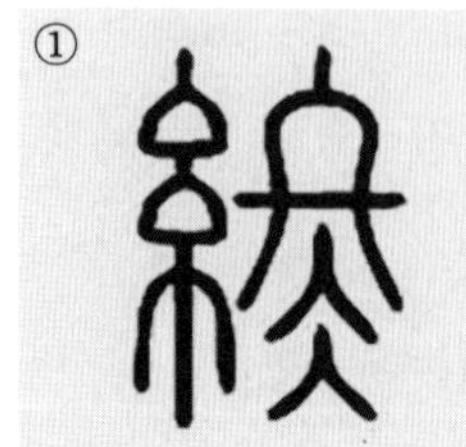  

종終들. ① 전서『설문해자』 | ② 예서 〈희평석경熹平石經〉 | ③ 해서 〈구성궁예천명〉

정의 비스듬함보다는 규칙적인 비스듬함과 수직·수평으로 같은 명조체 동세의 기조를 따르기 위한 선택이라고 해석할 수 있다.

　여기서 이른바 '책받침'에 대해 살펴보자. '책받침'(착받침, 辵=辶)의 점은 1개인가 2개인가? 이 부수는 길을 가는 행동을 가리키는 것으로, '진행'과 관련된 행위를 가리키는 글자에 부수로서 많이 쓰인다. 음은 원래 '착'인데, 부수 글자로 쓰일 때는 어떤 글자의 왼쪽 아래 방면에서 글자 전체를 싸서 받치고 있는 것처럼 보이기 때문에 '받침'이라고 부른다. 그러니 원래 '착받침'이지만 관용적으로 '책받침'이라고 한다.

　이 글자는 원래 길거리의 모습인 '갈 행行'의 가운데에 발을 뜻하는 '그칠 지止'를 그려넣은 형태였다. 그것을 다른 글자와의 결합을 위해, '行'의 왼쪽 반쪽만 따서 '彳'만 남기고, '止'는 '彳'의 아래로 보내되 마지막 획을 오른쪽으로 길게 늘여 글자의 나머지 요소를 아래에서 감싸 받치는 형태로 만든 것이다. 그리하여 마침내 '辵'의 형태

착辵. 갑골문(좌)과 『설문해자』(우)

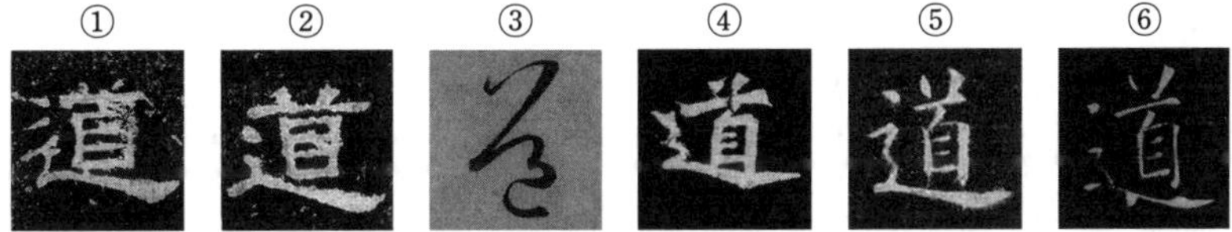

'도道'들. ① 후한 〈예기비〉 | ② 후한 〈장천비〉 | ③ 당 손과정 〈서보〉 | ④ 북위 〈위령장
설법소조상기魏靈藏薛法紹造像記〉 | ⑤ 당 구양순 〈구성궁예천명〉 | ⑥ 당 저수량 〈안탑
성교서〉

로 낙착되기에 이르렀다. '설문해자'의 대표자인 소전체의 형태가 바로
그것이다.

이 부수인 '착받침'은 이후 형태상 변천을 겪게 된다. 많이 쓰이는 글
자인 '길 도道'를 보면, 후한後漢의 〈예기비禮器碑〉에서는 위의 점 3개
를 남기고 아래는 한 차례 꺾인 채 오른쪽 아래 방향으로 길게 뻗은
형태로 처리했다. 같은 후한대에도 〈장천비張遷碑〉는 점을 하나만 남
겨 더 단순화했다. 행초서 체에서는 점들이 모조리 사라지고 그저 긴
반원형의 커브를 그린 획으로 훨씬 단순화된다(손과정 〈서보書譜〉). 북
조의 석각체에서도 이런 단순화의 기조는 유지되고 있다. 당나라의
해서가 되면, 점이 하나로 줄고 아래의 감싼 긴 획이 복잡해지면서 그
꺾이고 흐르는 유려함이 강조되는 방향으로 정리되어 갔다.

『분류보주이태백시』 판본들의 경우에는 권25 첫 면(葉) 다섯째 행

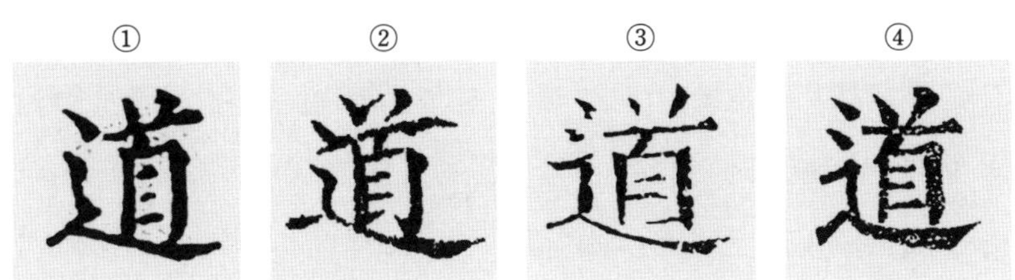

도道들. 『분류보주이태백시』 권25 중에서.

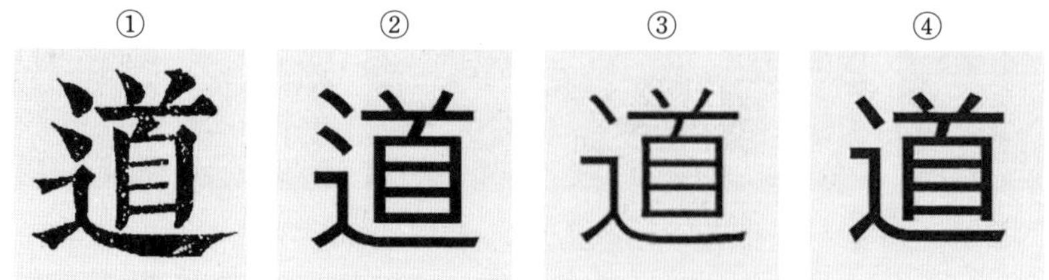

도道들. ① 『강희자전』 | ② 현대 한국 대표자 | ③ 일본 상용한자 | ④ 중국 간체자

(「제수주자양선생벽」 시 본문 둘째 행)에서는 '길 도道'를 확인할 수 있다. 원나라 지대 3년 본과 명나라 정덕 15년 본은 모두 윗점이 하나이며 그 아래 자연스러운 굴곡 후 하변에 길게 뻗은 필획을 갖는 책받침이다. 가정 22년 본과 만력 30년 본은 점 2개 후에 직선적 굴곡과 칼날같이 길게 뻗은 하변의 획을 갖는 책받침이다. 이 점 2개를 갖는 직선적 책받침이 이후 『강희자전』의 글자체로 그리고 현대 한국의 표준 한자체로 이어진다. 중국 간체자와 일본 신자체는 여기에서 다시 점 하나를 더 뺀 형태를 표준체로 삼는다.

곡谷, 부父, 위爲 등에 보이는 오른쪽 아래로 긋는 짧은 획의 경우
앞의 '진眞'에서 살펴본 안진경 〈안근례비〉의 '능陵'의 제7·8획('儿' 처럼 생긴 부분)은 일반적인 해서의 그것이 아닌 전서篆書적 굴곡을 보였다.(p.401 참조) 명조체에서도 종종 이런 획이 보인다. 특히 오른쪽 끝에 위치하며 오른쪽 아래로 짧게 뻗는 획을 전서처럼 둥글게 돌리곤 한다. 영파寧波의 저명한 장서각인 천일각天一閣에서 출간한 『사마온공계고록司馬溫公稽古錄』 권1 첫 면의 행간주에 보이는 '할 위爲' 자들은 모두 위의 '爪' 부분의 마지막인 제4획이 둥글게 굽어 있어 현

제3부 한자, 어떻게 발전해갔는가

司馬溫公稽古錄卷之一

伏羲氏

太昊伏羲氏　太昊有天下之號伏羲氏其所以有
天下之號也惟天生民有欲無主乃有
亂必立聰明之君長以司牧之何謂司牧蓋民
不足於衣食則能養之衣食足矣或不知禮義則能
相侵漁則能敎之敎之備矣或頑嚚不從則能
威之由是民愛之如父母仰之如日月信之如
四時畏之如雷霆莫不悅服推而尊之聰明之
小者所服寡聰明之大者所服衆所服寡者爲之
聚邑之長爲士大夫卿丁所服衆者爲國位均爲
君一國者是爲諸侯天丁爲國位均力敵國之或相
侵陵吞噬莫能相治必待天生聖人出乎其無不類
拔乎其萃聰明照萬彙威令行四海天下無不
歸往而率服然後爲天子夫天地者萬國父母
諸侯者一國父母然後天子者萬國父母人之至尊

천일각 간본 『사마온공계고록』 권1

哭任遵聖

覽顥宇之渺漭兮悲萬彙之漂搖林薄厭以殞
瘁兮帶原隰之蕭條幨離魂之怫鬱兮紛潢散
而就招悵節物之變易兮付餘懷以無聊念先
生之生此兮皇昌爲而有之既誕昇以才德兮
又復覲其所施使輾轉於偪側兮躓其行而莫
馳哀抱憤以遽去兮問誰賢而爾師飽道義兮
富文章轟大聲兮發洪光潔如玉兮凝如霜堅
不可撓兮凛不可當嗟爾世俗兮曾莫測其所

만력 38년(1610) 『진미공선생정정단연집』
권1 제9판

寓林集卷之一

武林黃汝亨貞父著

序

廉吏傳序

聞夫大道無名至德不稱廉者道之一隅非通士所
貴賢聖所尊異也伯夷叔齊求仁得仁非以立名阿
衡之勳未聞畸行黙黙西山高釆薇之風一介堅不取
之節高以下基道繇本立廉頑立懦任重道遠非廉
其孰能植之士捐廉鮮恥苟且富貴而能立身天地

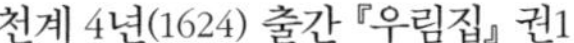

천계 4년(1624) 출간 『우림집』 권1

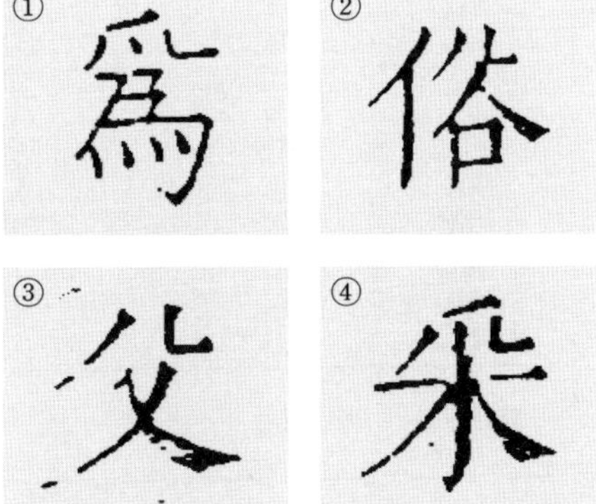

① 위 爲 (『사마온공계고록』) | ② 속 俗 (『진미공선 생정정단연집』) | ③ 부(보) 父 (『우림집』) | ④ 채 釆 (『우림집』)

재 한국 대표자의 해당 획이 곧은 점으로 처리된 것과는 다르다. 만력 38년(1610)에 출간된 『진미공선생정정단연집陳眉公先生訂正丹淵集』 권1 제9판 〈곡임준성哭任遵聖〉 부분의 '속俗' 자를 보면, 오른쪽 '谷' 부분의 둘째 획이 역시 굽어 있는 것을 확인할 수 있다. 천계天啓 4년(1624)에 출간된 『우림집寓林集』의 권1 첫 면에서는 '부父'(여기서는 '보'로 읽음)와 '채采'가 보인다. '父'의 제2획과 '采'의 제4획을 보자. 이런 획들은 현재 한국의 대표자에서 단순한 점으로 한 것과는 다르다. 이렇듯 과거 목각 명조체에서 종종 해서 이전 과거의 유산을 마주하게 되는 경우가 있다.

급고각 본에 보이는 각종 전서체 글자들

어떤 경우는 글자의 일부 획이 아닌 자형 전체가 옛 형태를 취한 경우도 있다. 급고각에서 출간한 송대 시인 육유陸游의 시집 『검남시

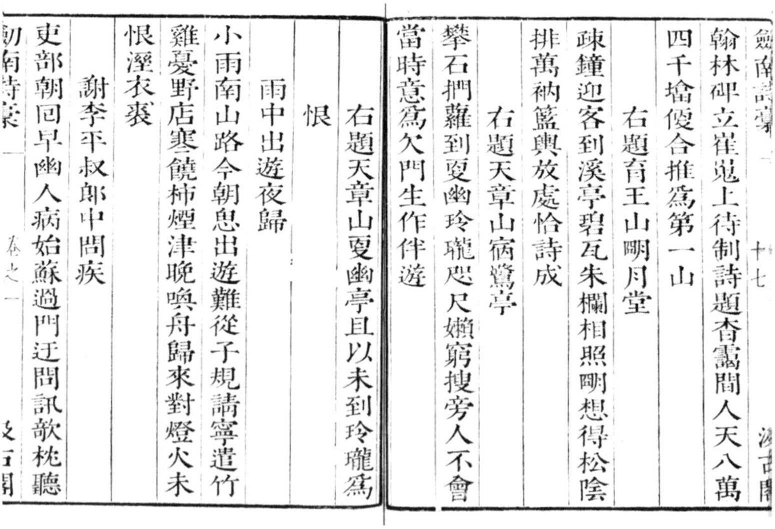
劍南詩稿 十七 汲古閣
翰林卯立崔嵬上待制詩題杳靄間人天八萬
四千偈俱合推爲第一山
右題育王山朙月堂
疎鐘迎客到溪亭碧瓦朱欄相照朙想得松陰
排萬衲籃輿放處恰詩成
右題天章山病鶴亭
攀石捫蘿到夏幽玲瓏咫尺嬾窮搜旁人不會
當時意爲欠門生作伴遊
右題天章山夏幽亭且以未到玲瓏爲
恨
雨中出遊夜歸
小雨南山路今朝忽出遊難從子規請寧遣竹
雞憂野店寒饒柿煙津晚喚舟歸來對燈火未
恨溼衣裘
謝李平叔郎中問疾
吏部朝回早幽人病始蘇過門迂問訊欹枕聽
劍南詩稿 卷之一 汲古閣

급고각 출간 『검남시고』

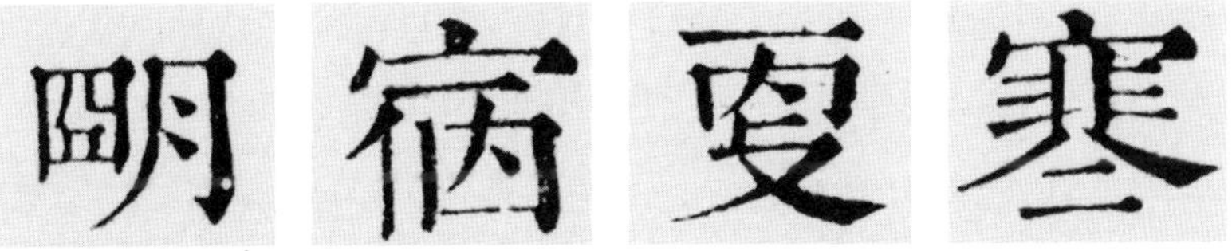

명明 | 숙宿 | 갱更 | 한寒 (『검남시고』 중에서)

고劍南詩稿』의 한 면을 일례로 들어보자. 『검남시고』 권1을 펼쳐 제17 판과 제18판을 본다. 오른쪽의 제17판 셋째 행, 즉 '右題育王山明月堂'의 '명明'은 해서체가 아닌 전서 '明'의 자형이다. 그다음 시 제목인 여섯째 행의 '右題天章山宿鷺亭'의 '숙宿' 또한 옛 글자체인 '宿'의 모양을 띠고 있다. 다음 페이지인 왼쪽 제18판 첫째 행의 '갱更'의 '夏'도 글자의 어원을 더 잘 드러내는 모양이다. 같은 쪽 다섯째 행 제5자인 '찰 한寒'의 경우는 좀 특이하다. 아래의 점 2개가 'ㆍ'이 아닌 마치 '二'처럼 짧은 가로획 2개로 처리되어 있는데 이는 어디에도 없는 글자꼴로서, 위의 '非' 꼴과 함께 글자 전체의 가로 동세를 강화하고 있으며, 전체적으로 묘한 고의古意를 풍긴다.

이런 글자들은 일반적인 것이 아니고 일부 경우에만 나타나는 것이지만, 명대 간본 글자체의 상고적 경향을 보여주는 예가 된다. 특히 급고각 출간본에서 이런 경향이 짙은데, 위의 전겸익이 지은 묘지명에서 드러낸 모진의 출간 사업의 의도를 엿볼 수 있는 대목이다.

명대 목판 출판의 의의

판본의 폭발은 지식 보급의 양을 획기적으로 늘렸다. 이를 통해 중국은 지식 유통의 신단계로 접어들었으며, 그 파급 효과는 동아시아 한자 문화권 전반에 미쳤다. 명대 출판의 흥기 이후로 동아시아인들이 접근할 수 있는 지식 콘텐츠의 양이 비약적으로 늘었다. 그렇게 출간·유통된 콘텐츠들이 거의 모두 한자로 되어 있었기에, 이후 한자 문화권 사람들이 인식한 표준 한자체에 서서히 목판 인쇄 한자의 글꼴이 자리잡게 되었다. 앞에서 보았듯이 이 '명조체'에는 판각 편의와 시인성을 높이기 위해 해서체 한자 이전의 한자, 즉 전서와 예서의 요소가 섞여 들게 된다. 즉 한자 문화권의 '정보 유통의 증가'라는 얼핏 근대적 진보처럼 보이는 흐름 속에는 과거 회귀라는 반대 방향의 움직임이 공존했던 것이다. 물론 이런 흐름은 어디에서나 한결같지는 않았다. 특히 조선의 경우는 명나라나 청나라와 출간의 의미가 확연히 달랐다. 조선은 손글씨 위주의 송대 이래의 강고한 전통에서 크게 벗어나지 않았다. 그렇다고는 해도 동아시아 전체로 보면 '출판의 증가와 (손글씨에 대한) 새김 글씨의 일부 복권'이라는 도도한 흐름은 거스를 수 없는 대세로 자리잡았다. 글꼴의 일부 복고적 경향에도 불구하고 콘텐츠의 증가는 그때까지 근엄하기만 했던 '지식'의 속화俗化를 가져왔다. 그리고 이런 문화 경향은 다시 손글씨의 일탈에도 기여했다. 앞에서 보았던 축윤명祝允明 등의 자유분방한 초서가 이에 해당할 것이다. 다음 챕터에서는 이에 대해 좀더 자세히 들여다보고자 한다.

속俗. 서위徐渭(1521~1593) 〈묵화도권墨花圖卷〉 중에서.

속

문文의 세속화와
전통적 획의 종말

속된 글이 그려낸 하얀 세상 – 장대張岱와 소품문

군주나 현인이 사망한 후에 그 덕을 기려 올리는 칭호를 시호라
고 한다. 「시법해諡法解」는 시호를 정하는 법도에 대해 해설한 글로서,
어떤 공덕이 있을 때 무슨 글자의 시호를 올리는지를 두고 그 기준
이 죽 나열되어 있다. 죽은 이를 기리는 명칭이니 시호란 웬만하면 아
름답게 정하게 마련이다. 그러니 어떤 시호를 지닌 이가 생전에 꼭 그
에 해당하는 덕을 지녔던 것이라고 곧이곧대로 받아들일 필요는 없
다. 다만 이 「시법해」를 보면, 예로부터 어떤 글자가 훌륭한 덕을 표상
하는 것으로 여겨졌는지를 잘 알 수 있다. 한자 문화권에서 상서롭고
아름답게 여긴 글자 중 대표적인 것으로 '글월 문文' 자를 들 수 있다.
「시법해」에는 '문'을 이렇게 해설하고 있다.

하늘과 땅을 법도 삼아 위대한 다스림을 펼침을 '문文'이라고 한다.

도道와 덕德이 널리 알려짐을 '문'이라고 한다. 부지런히 배우고 즐겨 묻는 것을 '문'이라고 한다. 자비롭게 베풀어 백성을 아낌을 '문'이라고 한다. 백성을 불쌍히 여기되 예禮에 맞게 베풂을 '문'이라고 한다. 백성들에게 작위를 내림을 '문'이라고 한다.[1]

더없이 훌륭한 덕을 가리키는 글자이다. '문文'은 무늬(문채文彩)이며 글자(문자文字)이며 글(문장文章)이다. 옛날 사람들에게 한자는 자의적 기호가 아니었다. 위로는 하늘, 아래로는 땅, 그리고 그 사이의 삼라만상이 모두 비치는 창이었다. 천지 만물의 신비로움에 대한 경외는 창이라는 투명한 매체에 아름다운 불투명을 깃들게 했다. 이제 문자는 어떤 것을 지시하고 나서 잊히는 것이 아닌, 그 자체로 가치 있는 것으로 여겨지게 되었다. 이러한 고래의 관념을 당송唐宋 이래 문치文治 체제가 더욱 굳건하게 다졌다. 글을 잘 읽고 짓는 능력은 지위 상승을 가능케 하는 고귀한 행위였다. 문文에 대한 존숭은 이제 한자 문명의 통념이 되었다.

'문'에 대한 선망은 자연히 출판의 발전을 불러왔다. 앞의 '판版'에서 우리는 명 중기 이후 목판 출판의 흥성에 대해 살펴보았다. 출판의 발전은 자연히 사회 전반에 유통되는 글의 양을 증가시켰고, 글의 인플레이션은 '문文'의 가치 하락을 불러왔다. '문'은 이제 존귀한 지위에서 내려와 세속의 저잣거리에서 만날 수 있는 친근한 존재가 되었다.

한문학에 소품문小品文이라는 장르가 있다. 여기서 '작을 소小'의 의미는 중의적이다. '소품'은 분량이 적은 짧은 글임을, 동시에 중후장대한 '고문古文'(옛 스타일의 문어체 문장. 대부분의 전통적 한문 산문이 이

    제3부 한자, 어떻게 발전해갔는가

에 해당함)에 비해 상대적으로 덜 가치 있는, 즉 하찮고 소소하여 ‘자잘한’ 글임을 의미한다. 소품문은 정치적·사회적 논변이나 역사적 고증 등 심각하고 중대한 일이 아닌 일상생활에서 겪는 소소한 사건이나 경물에 대해 다시금 느낀 감정을 짧고 참신한 문장으로 묘파한 글이다. ‘문’이 주로 무거운 역할을 담당했던 한자 문명에서 소품문이 등장한 것은 신선한 사건이었다. 명 중기 이후 ‘문’이 넘쳐나게 된 시대, 사람들은 이제 새로운 형식과 감각의 ‘문’을 요구했다. 명말청초 이후 크게 유행한 소품문은 무겁기만 했던 ‘한문’의 지취에 가볍고 청초한 풍미를 더해주었다.

명말 이래 수많은 소품문 작가가 명멸했지만, 그중에서도 장대張岱(1597~1684)는 각별히 반짝이는 문인이다. 그는 전형적인 명나라 유민遺民이다. ‘유민’은 어떤 왕조가 망한 이후 뒤이은 왕조 치하에 살고 있는 백성을 가리킨다. ‘불사이군不事二君’, 즉 ‘충신은 두 임금을 섬기지 않는다’라는 옛 충절 관념 아래 탄생한 말이다. 하루하루 먹고살기 바쁜 일반 백성이야 위의 왕이 누구이건 무슨 상관이랴. 다 살 만한 지배층에나 해당하는 윤리이다. 장대 가문은 저장浙江(절강)성 샤오싱紹興(소흥)에 세거하며 과거 급제자를 배출하고 또 저술도 많이 남긴 집안이었다. 문한세가文翰世家(대대로 문인을 배출한 집안)의 자손으로서 명 왕조에 대해 품었던 그의 마음은 넉넉히 짐작할 수가 있다. 그는 사마천의 『사기』의 체제를 본뜬 『석궤서石匱書』라는 장편의 명나라 역사서를 저술하기도 했다. 그에게 48세 때인 1644년에 맞은 명의 멸망(이자성의 북경 입성과 숭정제의 자살)이 준 충격은 하늘이 무너지는 것과 다름없었을 것이다. 그러나 그의 유민 정조는 비탄 대신 새로운 방향의 출구를 찾았다. 새 주인의 지배로 더럽혀지기 이전 저 아름다웠던 세월로 거슬러올라갔던 것이다. 꿈결 속 그 시절을 추억하니 소소했던 일상이 글 속에서 새롭고 참신하게 되살아났다. 『도암몽억陶庵夢憶』이니 『서호몽심西湖夢尋』이니, 그가 지었던 글 모음의 제목에 '꿈 몽夢' 자가 들어가 있는 까닭이 바로 여기에 있다(도암은 장대의 호. '도암몽억'은 '도암이 꿈결에 추억한 이야기들', '서호몽심'은 '꿈결에 다시 찾은 서호의 풍광들'이라는 뜻).

『도암몽억』은 장대의 대표적 저술이다. 이 작품집에는 명말 강남의 일상 풍경을 세밀하고도 정감 넘치는 필치로 묘사한 약 120여 편의 글들이 수록되어 있다. 그중에서도 권3에 수록된 「호심정에서 눈 구경을 한 이야기(호심정간설湖心亭看雪)」는 소품문의 걸작이라 할 만하다.

숭정崇禎 5년(1632) 12월, 나는 서호西湖에 머물고 있었다. 사흘 동안 큰 눈이 내리더니, 호수에는 인적도 새소리도 모두 끊어졌다. 그날 초경初更(저녁 일고여덟 시) 무렵, 털옷과 화로를 끌어안고서 작은 배에 올라 눈 구경을 하러 홀로 호심정으로 갔다. 찬 안개가 자욱하여 하늘과 구름, 산, 물이 온통 새하얘서, 호수 위로 보이는 형체라곤 멀리 선 하나로 길게 그어진 방죽, 점으로 찍힌 호심정, 작은 부스러기만 한 내가 탄 배, 그리고 배에 탄 좁쌀만 한 두세 사람뿐이었다. 정자에 오르니 웬 두 사람이 포단을 깔고 마주앉아 있었고, 옆에는 아이가 피운 화로에 데워진 술이 막 끓고 있었다. 이 둘은 나를 보자 크게 반색하면서 '호수 한가운데에서 이런 사람을 다 만나다니'라며 술자리로 잡아끌었다. 나는 큰 잔으로 석 잔이나 억지로 마시고 나서야 겨우 풀려날 수 있었다. 누구인지 물으니 금릉金陵(남경) 사람인데 여기에 잠깐 와 있는 것이라고 했다. 배에서 내리자니 사공이 투덜투덜 중얼거린다. "이 양반이 바보인 줄 알았더니, 더한 바보들이 또 있었구만."**2**

천하 명승으로 이름난 서호이지만, 겨울 설경은 그리 자주 만날 수 있는 경치가 아니다. 서호가 위치한 항주杭州는 기후가 무척 온난하기 때문이다. 특히 큰 눈이 내려 온 천지가 하얗게 변한 모습은 좀처럼 보기 힘들다. 본문에서 "찬 안개가 자욱하다"는 구절은 "무송항탕霧淞沆碭"을 번역한 것이다. '항탕'은 뿌옇고 자욱한 모습의 형용어이다. '무송'은 원래 '상고대'라는 기상 현상으로서, 몹시 추운 겨울 아침에 간밤에 공기 중의 수분이 나뭇가지 등에 하얗게 얼어붙은 것을 가리킨다. 아무리 큰 눈이 왔기로 온난한 서호에 아한대나 고산지대에서 주로 나타나는 상고대가 피었을 것으로 생각되진 않는다. 그저 마치 상고대가 가득 맺힌 풍광처럼 세상이 온통 새하얗게 되었음을 형용한 것이리라. 원래 지저귀는 꾀꼬리와 하늘거리는 버드나무, 자욱한 물안개 사이로 떠다니는 유람선 등의 풍경으로 유명했던 따뜻하고 촉촉한 물의 정취는 여기에 없다. 이러한 서호의 일상적 경치는 모두 하얀 눈에 덮였고, 대신에 백색의 화면 위로 제방의 긴 직선, 정자의 작은 점, 그리고 그보다 더 작은 배와 사람들이라는 회색의 음영만 주어진 추상적이고 몽환적인 공간만 남았을 뿐이다. 모든 것이 지워진 비일상의 공간에서 장대의 간명한 글솜씨는 더욱 빛을 발한다. 그가 그려낸 정취는 시리도록 맑다. 만나기 힘든 설경의 밤, 동진東晉의 고사高士 왕휘지王徽之(왕희지의 조카)는 친구인 대규戴逵를 찾아갔다가 이만하면 충분하다며 만나지도 않고 돌아왔지만, 장대는 누구를 만나겠다는 기약도 없이 그저 정취가 좋아 홀로 하얀 세상 한가운데로 나섰다. 그런데 일상이 변한 환상의 공간에서 그가 마주친 것은 멋들어진 고사나 신선이 아닌 동시대를 사는 또다른 사람들이었다. 심부름시킬 동자를 데리고 온, 남경에서 온 두 사람은 처음 마주친 장대에게 술을 권할 정도로 신이 난 취객이다. 그러나 설경에 취한 장대는 청초하고, 주흥에 겨운 그들은 속된가. 추운 밤 어쩔 수 없이 노를 저어야만 하는 뱃사공의 눈엔 그들 모두 '또라이'일 뿐이다. 마지막 사공의 대사로 인해, 이 글은 자기 객관화의 적절한 유머마저 갖춘 진정한 소품문이 되었다.

대출판의 시대에 책은 흔해졌고 '문'은 속된 것이 되었다. 문화는 이제 고상한 문인들의 고문古文만이 아닌, 발상의 전환과 가벼운 유머 가득한 입말에도 담기게 되었다. 이러한 '속俗'의 문화는 당연히 한자의 모양에도 영향을 미치게 되었다. 그 대표적인 모습으로 팔대산인의 글씨를 들 수 있다.

팔대산인의 그림과 글씨 1 – 치켜뜬 백안시의 눈

팔대산인八大山人(1626~1705?)의 본명은 주답朱耷으로, 이름보다 팔대산인이라는 호로 널리 알려졌다. 명 태조 주원장朱元璋의 열일곱째 아들의 후손이며 할아버지, 아버지, 숙부 모두 화가로 유명했는데, 팔대산인 또한 어려서부터 시와 글씨, 그림에 뛰어난 재능을 보였다. 즉 그는 황실의 후예로서 문화적이고 유복한 환경에서 성장한 타고난 예술가였다. 그러나 19세 때인 1644년 명나라가 망한 후 그의 운명은 급전직하하게 된다. 얼마 지나지 않아 아버지가 사망했고, 4년 후에는 아내와 자식도 잃었다. 그 후 그는 우울증에 빠져 말을 전혀 하지 않고 지내기도 하고, 머리를 깎고 승려가 되어 절에 들어가거나 도사道士가 되어 도관道觀에서 살기도 하고, 또 어떤 시기에는 저잣거리에 나와 산 적도 있는 등, 어릴 적 부유한 왕족 생활과는 전혀 상반되는 마치 "초상집 개(喪家之狗)"와 같은 신산한 생애를 보냈다. 그리고 이런 고통스러운 삶에서 기인한 울분에 찬 내면세계는 고스란히 기존 가치를 뒤엎는 전복적이며 반항적인 예술 세계로 화化하게 된다.

그는 각종 그림에 모두 능했으나, 특히 화훼 영모화, 즉 식물과 동물 그림을 즐겨 그렸다. 글씨도 많이 썼는데, 그의 글씨는 그가 쓴 것임을 단번에 알아볼 수 있을 정도로 특이하다(글씨에 대해서는 아래에서 자세히 이야기하겠다). 화훼 영모화라는 장르 자체는 매우 전통적이고 전형적인 것이지만, 팔대산인이 창조한 각종 식물과 동물의 형상은 기존에는 전혀 볼 수 없었던 것으로서 그의 개성을 담뿍 담고 있다. 특히 그의 회화의 트레이드마크라고 할 수 있는 각종 짐승, 새, 물고기 등의 '위로 향해 뜬 눈'은 파천황적 파격이었다.

눈을 위로 치켜뜨면 검은 눈동자가 위로 올라붙어 자연히 흰자위가 두드러지게 된다. 즉 '백안시白眼視'가 된다. 백안시는 죽림칠현의 한 사람인 완적阮籍의 고사에서 유래하여 널리 쓰이게 된 말이다. 세속적 가치를 혐오했던 완적은 예절 따위에 얽매이는 속된 인사(禮俗之士)를 만나면 백안白眼, 즉 흰자위가 드러나도록 흘겨보며 상대를 대했다고 한다(『진서晉書』「완적전阮籍傳」). 그런데 팔대산인의 그림 속 동물들은 무엇을 흘겨보는 것일까? 인간이 아닌 그들의 '백안시'는 무엇을 의미하는가? 팔대산인 자신이 이에 대해 똑부러지게 설명한 글을 남기지 않았으므로 후대의 우리들은 정확히 알 길이 없다. 사회생활을 하는 인간이 아닌 자연의 섭리 속에 묻혀 사는 동물들이므로

혹 세상 자체, 이 세계 전체에 대한 거부와
반항의 의미일까. 그렇다면 이 동물들은 팔
대산인의 내면을 오히려 정확히 반영한 것
일 수도 있겠다. 회화가 창조한 상징 세계
란 언어적 지시를 초월하므로 이에 대한
일의적 해석을 찾을 필요는 없을 것이다.
그런데 팔대산인의 '백안시' 그림 중 제화
시題畫詩를 함께 적은 것이 일부 있다. 그
중 한 케이스를 살펴보며 이 백안시의 한
실마리를 찾아보려 한다.

2018년에서 2019년으로 넘어가는 겨
울 시즌에 서울 예술의전당 서예박물관
에서는 베이징의 중국미술관中國美術館
(National Art Museum of China, 중국 최대
의 국립 미술관으로서 주로 근현대 미술품을
소장) 소장품을 중심으로 치바이스齊白石
의 예술 세계를 종합적으로 조망하는 특별
전이 개최되었다. 이때 같은 미술관에서 소
장하고 있던 팔대산인의 몇몇 그림도 함께
전시되었다. 치바이스가 생전에 자신의 예
술적 근원 중 하나로 팔대산인을 꼽으며

팔대산인 《어조도》. 1694년 작. 120×53cm.
중국미술관 소장.

깊은 존경심을 보였기 때문에, 치바이스의 그림을 이해하기 위해 기획
된 연계 전시였다. 팔대산인의 작품을 좀처럼 보기 힘든 한국에서 그
의 진품을 직접 만날 수 있는 희귀한 기회였기에, 메인 테마와는 별개

   제3부 한자, 어떻게 발전해갔는가

로 동아시아 전통 미술 애호가에게는 그 자체로 뜻깊은 일이었다. 이 전시에 이런 그림이 있었다.

무성한 물풀(藻) 위로 한 마리 물고기(魚)가 외로이 떠 있는 단순한 구도의 족자다. 중국미술관이 소장하고 있는 〈어조도魚藻圖〉라는 그림이다. 필자의 생물학 지식으로는 물고기도 물풀도 그 종류를 콕 집어 말할 수 없으나, 아무튼 민물에 사는 어떤 물고기를 그린 것임은 틀림없다. 물풀이 있음으로써, 이 물고기가 처해 있는 그림 속의 장소에 현실성이 더해졌다. 물풀 사이에서 한가로이 헤엄치던 물고기는 눈을 위로 치켜뜨고 있다. 팔대산인의 그림 속 동물들이 흔히 갖고 있는 눈의 모습이다. 당연하게도 그림 속 동물들은 아무런 말이 없다. 팔대산인 또한 이에 대해 별다른 언급을 남긴 바 없다. 우리는 이들이 왜 이런 백안시를 하고 있는지 알 길이 없다. 그런데 이 〈어조도〉의 경우는 약간 다르다. 화면 중앙에서 약간 아래에 위치한 이 물고기는 상당한 공간을 둔 위쪽 공간 너머로 갑자기 무언가와 마주쳐 가만히 바라보고 있는 듯하다. 그림의 프레임 밖에 있는 것은 무엇일까? 알 수 없다. 다만 물고기와 그 어떤 것 사이의 공간에, 마치 독백처럼 제발題跋이 쓰여 있다.

아침에 곤륜산을 출발하여
저녁에는 맹저의 들에 머무네
바쁘게 만리 넘나들며 거처하다니
남쪽 바다로 떠났던 저 붕새보다 한층 더하구려

朝發崑崙墟　暮宿孟諸野

薄言萬里處　一倍圖南者

곤륜산은 중국 서쪽 끝에 있는 전설 속의 높은 산이다. 맹저孟諸는 '孟豬'나 '孟瀦'로도 쓰는데, 지금의 하남성 지역에 있었던 큰 소택지이다. 곤륜산과 맹저택孟諸澤 모두 무척 유명한 지명으로서, 과거 글깨나 읽었던 이라면 다 알던 이름이다. 원문의 '박언博言'은 『시경』에 종종 나오는 표현인데, 후대의 해석이 분분하긴 하지만 여기에서는 '매우 급하고 바쁘다(急急忙忙)'의 뜻인 것으로 보인다. '도남圖南', 즉 '남쪽으로 가기를 도모한다'는 것은 『장자』 첫머리에 나오는 저 유명한 대붕大鵬의 비상을 가리킨다. 곤鯤이라는 물고기가 변하여 된 거대한 새 대붕은 구만 리 높이 날아올라 남쪽 바다로 향해간다고 한다. 이렇게 보면, 이 제발은 마치 그림 속 물고기의 바람을 노래한 것처럼 보인다. 그러나 유유자적 초월을 꿈꾸는 이로 보기에는 눈이 너무나도 불온하다. 백안시란 본디 경멸의 대상에게 보내는 눈초리가 아니었던가. 세상과 불화하면서 평생 굴하지 않았던 작자인 팔대산인의 삶의 태도를 고려해도, 저 제발은 선망의 찬탄이라기보다 냉소의 비꼼으로 보는 편이 자연스럽다.

그렇다면 이 백안시의 물고기는 누구를 향해 빈정거리고 있는 것일까? 나라는 망하고 집안은 박살난 팔대산인에게 세상은 평생 적대적이었다. 그러나 세상에 대해 적의를 품기에는 그는 그림 속 물고기만큼이나 나약한 몰락 왕족이었다. 그의 그림에는 결코 적대의 대상이 명시적으로 드러나 있지 않다.

물고기에게 가장 흔한 적은 낚시꾼일 것이다. 한가한 시간을 보내려 낚싯대를 드리운 이건, 배가 고파서 혹은 내다팔려고 어로 활동을 하는 이건, 알량한 미끼 하나로 나를 꾀어 목숨을 취하려는 사람들이란, 물고기에겐 모두 미워서 흘겨보고 싶은 대상이다. 저 인간들은 스스로 만물의 영장이라 뽐내지만, 낚싯대를 잡고 있는 저들의 행동이라는 것은 기실 전설 속 대붕의 비상만큼이나 황당한 짓이다. 물론 대붕을 비웃는 매미나 작은 새는 어리석지만, 위대하다는 인간들이 실제 벌이고 있는 저 잔인한 짓을 바라보는 물고기는, 그 미약한 비웃음에 담긴 일말의 진실 쪽에 더 마음이 기울지 않았을까.

그런데 이렇게 보기엔 한 가지 께름칙한 점이 있다. 제발의 시에 담긴 붕조의 이미지가 너무나 강렬하다는 것이 그것이다. 그렇다면 냉소의 대상이 혹 인간이 아닌 다른 존재일 가능성은 없을까.

팔대산인의 9대조인 주원장의 열일곱째 아들 주권朱權이 남창후南昌后에 봉해진 이후, 그 자손들은 대대로 지금의 장시성江西省(강서성) 난창南昌(남창)에 살아왔다. 팔대산인은 중년에 여러 곳을 떠돌았으나 말년을 이곳에서 보내다 생을 마쳤다. 이 그림을 그린 갑술년 즉 1694년에도 71세의 그는 이곳에 있었다. 장시성 난창은 장강 이남 강남 지역에 속한다. 이러한 지리적 배경을 참조한다면, 〈어조도〉 속 물고기가 마주했을 대상을 한 가지 더 떠올릴 수 있다. 가마우지가 그것이다. 가마우지를 이용하는 것은 장강 이남에서 지금도 흔히 행해지고 있는 고기잡이 방법이다. 중국 남부의 물길을 여행하다보면 가마우지 몇 마리를 얹은 작은 고깃배를 종종 만날 수 있다. 팔대산인에게도 익숙한 풍경이었을 것이다. 만일 〈어조도〉의 물고기가 노려보고 있는 저 위쪽의 무엇이 가마우지라면, 제발의 정조는 사뭇 달라진다. 한갓 미끼로 유혹하는 낚시에 비해, 가마우지의 습격은 한층 더 매섭고 직접적이다. 작가 자신을 투사한 물고기가 느끼는 공포도 더 농밀한 것일 수밖에 없다. 팔대산인이 삶에 대해 느꼈을 환멸과 비참함 또한 더욱 강렬한 것으로 상정해야 할 것이다. 그러나 바로 그만큼, 물고기의 그리고 팔대산인의 조소와 반항 또한 더욱 과감하고 신랄한 것이 된다. 나를 향해 목하 맹렬하게 다가오는 포식자에게서 도망치지 않고 그것을 정면으로 마주하며 백안시를 뜨고 썩소를 날릴 수 있는 이는 단순한 은둔자일 수가 없다. 그의 배포는 소시민의 그것이 아닐 것이며, 그의 정신은 무척이나 단단한 것일 터이다.

저 위의 그것이 낚싯바늘인지 가마우지인지, 실은 알 길이 없다. 팔대산인의 그림들에 흔히 나타나는 백안시의 대상을 구체적으로 설정하는 것은 지나치게 일차원적인 독법일 수 있다. 그러나 이러한 '설정'이 지닌 장점도 분명 존재한다. 백안시가 바라보는 대상이 또렷해질수록 거기에 담긴 정서, 즉 반항심과 풍자 정신은 더욱 격렬하고 농밀해진다. 그리고 그림 속 백안시를 바라보는 우리들의 눈길에 담긴 작자 즉 팔대산인에 대한 동감 또한 더 짙어질 것이다.

문화 범람의 시대, 즉 속俗의 시대를 살았던 팔대산인의 그림은 보는 이의 공감을 불러일으킨다. 꽤 많은 시간이 흐른 현대의 우리들조차 그러하다. 그가 창조한 형상 속에 그의 고독과 고통, 분노, 반항심이 고스란히 담겼기 때문이다. 그의 형상은 새로웠다. 현대의 우리들이 보아도 그러하다. 그의 그림 속 동물들이 취하고 있는 백안시가 그 대표적 형상화이다. 그러나 그가 새롭게 창조한 형상의 본령은 그의 글씨에 있다. 이제 그에 대해 살펴보려 한다. 그 진수를 맛보려면 한 발짝 더 돌아가야 한다. 그의 글씨를 본격적으로 살펴보기 전에, 그 글씨와 함께 보아야 할 그림 하나를 더 살펴보자.

팔대산인 〈하화도荷花圖〉. 1694년 작. 120×
50cm. 중국미술관 소장.

팔대산인의 그림과 글씨 2
─ 연화세계의 불미스러운 획

동양 문화권에서 연꽃은 단순한 화초가 아니다. 그것은 청정과 초월의 상징이다. 원산지가 인도이기에 불교와 특히 관계가 깊어, 여래는 항상 연꽃 위 자리(연화좌蓮華座 혹은 연화대蓮華臺)에 앉은 형상으로 표현되곤 한다. 연잎의 방수 능력은 엄청나다. 빗방울이 아무리 떨어져도 구슬처럼 방울방울 튕겨내버린다. 물에서 살되 젖지 않고 진흙탕에서 자라되 더럽혀지지 않는다. 더러움 속에서 아름다운 꽃을 피워낸 그 모습은 고해의 세상에서 해탈을 이룬 부처를 떠올리게 한다. 중국인들 역시 연꽃을 좋아했다. 주돈이周敦頤가 「애련설愛蓮說」(연꽃을 아끼는 이유)이라는 글을 쓴 이래로 고결한 군자의 상징으로 유학자들에게도 사랑받았다.

팔대산인도 연꽃을 즐겨 그렸다. 그는 화조花鳥, 즉 화훼(식물)와 조수鳥獸(동물)를 두루 그려 많은 작품을 남겼는데, 그의 수많은 화조화 중에서도 연꽃 즉 하화荷花는 큰 비중

팔대산인 〈하상화도〉(전체). 1697년 작. 47×1292.5cm. 중국 톈진박물관 소장.

〈하상화도〉(부분 1)

을 차지한다. 이는 그가 승려였던 사실과 떼어서 생각할 수 없을 것이다.

그러나 이러한 문화적·개인적 배경만으로 팔대산인의 연꽃 그림을 읽는다면 이는 지극히 얕은 독해가 된다. 그의 연꽃들을 보면 단박에 알아차릴 수 있다. 불교도로서 연꽃을 그렸다면 마땅히 연꽃에 담긴 불성에 대한 존숭이 표현되었어야 할 터이다. 환속했으니 꼭 승려의 입장에 비춰 그의 그림을 해석할 필요는 없겠으나(그는 당연히 유교의 맥락에서 연꽃이 어떤 식으로 읽혀왔는지도 잘 알고 있었다. 그가 글씨를 쓴 〈애련설〉도 전하고 있다), 그렇다 하더라도 일반적 화가나 문인이라면 어떻게든 연꽃에 담긴 고결한 정신을 표현해내려 애썼을 것이다. 그러나 이 백안시白眼視의 화가는 그러지 않았다. 청정, 초월, 고결 따위 정신적·문화적 가치는 그에게 안중에도 없었다.

그가 그려낸 연꽃들은 위태롭고, 지쳐 있으며, 볼품없다. 조폭條幅, 즉 세로로 긴 화면이 성행하던 시기에 활동했던 만큼, 그는 위로 길게 뻗은 줄기가 강조된 연蓮을 자주 그렸다. 그러나 종종 물도 없는 곳에서 자라난 터무니없이 길고 가는 팔대산인의 연 줄기는, 더러운 진흙탕으로부터 솟은 극복과 초월의 정신성이 아닌, 멸망한 나라의 지식인 왕손으로서 힘겨운 세상에 의지할 데 없이 서 있는 고달픈 위태로움을 형용하는 것처럼 보인다. 또한 수묵의 연잎들은 축 늘어져 있기 일쑤여서 물기를 힘차게 튕겨내는 연잎의 일반적 이미지와 영 어울리지 않는다. 오히려 고단한 현실 속 도망갈 도리 없는 식물의 무력함을 표상하고 있는 듯하다. 꽃은 흥성거리는 연등회의 주인공인 화사한 연등이나 새벽이슬 머금은 청초한 연꽃 등과 거리가 먼, 작은 봉오리로 혹은 연잎에 가려진 모습으로 그려져 화려함과 동떨어진 왜소하고 수동적인 이미지다.

그의 말년작인 톈진박물관天津博物館 소장의 〈하상화도河上花圖〉는 이러한 그의 연꽃 이미지들의 계승이자 종합이다. 그러나 팔대산인의 예술혼은 기존에 구축한 스타일을 그대로 답습하도록 자신을 놓아두

〈하상화도〉(부분 2)

〈하상화도〉(부분 3)

지 않았다. 길이 약 13미터에 달하는 이 거대한 화면에서 그는 또다른
차원의 초월의 경지를 보여주었다. 이제 그 초월의 양상을 짚어보려
한다.

　〈하상화도〉는 대략 길이 185센티미터의 종이 7장
을 잇대 만든 긴 두루마리에 그린 그림이다. 종이를
이은 부분마다 하단에 네모난 도장을 찍어 표시했
기에 각 접합부를 쉽게 확인할 수 있다. 이 접합부
를 참조하되 7장 종이의 나뉨에 구애받지 않고, 화
면 내용의 구성에 따라 그림을 대략 여섯 단락으로
나눠 살펴본다.

1.

　첫 단락(p.652)은 그림의 주인공인 연꽃을 크게
그려 시작하고 있다. 그림의 제목이 '하상화' 즉 '하
수 가의 꽃'이어서 꽃이 주인공일 것 같지만, 그의
다른 연꽃 그림과 마찬가지로 꽃은 작은 봉오리 하
나만 있고 연의 줄기와 잎이 주된 자리를 차지하고

제3부 한자, 어떻게 발전해갔는가

있다. 다른 그림들과 차이 나는 점은, 이 그림의 경우 옆으로 긴 화면이라서 줄기가 위로 길게 뻗지 않고 커브를 그리며 숙이고 있다는 것이다. 이 때문에 이 식물은 무기력하고 고단해 보인다. 화면 아래 반쪽에 처져 있는 첫 연잎이 갈가리 찢겨 있기에 이런 느낌이 더하다. 첫 종이의 후반부에 나오는 연꽃들은, 꽃이 피어 있고 잎도 비교적 무성하여 좀더 생기가 돌아 보이지만, 바위 사이로 숨어 있어 역시 그리 적극적인 태도는 취하고 있지 못하다.

〈하상화도〉(부분 4)

〈하상화도〉(부분 5)

〈하상화도〉(부분 6)

2.

바위 틈새에 숨어 있던 꽃과 잎새들은, 둘째 단락(p.653)에서 바위 없는 공간이 열리며 무성해져 어느덧 화면 전체를 뒤덮게 된다. 물기를 잔뜩 머금은 수묵으로 그린 잎들은 갖가지 농담을 띤 채 수북이 모여 이 공간을 풍성한 연蓮의 연宴(잔치)으로 만들었다. 벙글어진 꽃들도 잎 사이로 파묻혀 질펀한 잔치에 동참하고 있다. 그러나 이 단락의 주인공은 무엇보다 바닷속 모래펄의 정원장어처럼 땅에서 솟아나 뚜렷한 동세로 눈길을 잡아끌고 있는 연 줄기들이다. 이 줄기들은 화면 오른쪽을 향해 구부러진 일관된 방향성을 띠고 있다. 잎을 단 첫째 줄기와 꽃을 단 둘째 줄기의 구부러짐이 특히 심하여 역동감이 세다. 셋째 종이 전반으로 넘어가지만 역시 이 둘째 단락의 연장으로 봐야 할 마지막 연 줄기는 커다란 잎을 단 채 땅에 완전히 처박혀 큰 반원을 그리면서 이 수묵과 동세의 잔치에 대단원을 맺어주고 있다.

3.

이 '연꽃의 단락'의 마지막 우향 커브를, 다음 단락(p.654)에서 바

제3부 한자, 어떻게 발전해갔는가

로 좌향 커브를 그리고 있는 나무가 상대한다. 이파리 하나 없는 이 나무는 오른쪽의 연 줄기와 하나부터 열까지 전부 대조된다. 물기 없이 단단한 줄기와 뾰족하고 날카로운 가지 끝을 지닌 채 단단히 서서, 이제까지의 연꽃으로 가득찬 뭍의 공간과는 전혀 다른 확 트인 물의 개방 공간을 열어주는 수문장 역할을 하고 있다.

4.

넷째 단락(p.655)에서는 다시 바위와 연꽃들이 가득 등장하는데, 앞의 둘째 단락과는 양상이 전혀 다르다. 연꽃, 연잎, 연 줄기가 잔뜩 있지만, 이 공간의 주인은 바위다. 전면에 크게 나온 첫째 바위는 팔대산인의 다른 그림에도 종종 등장하는, 중간에 공극을 가진 태호석 스타일의 괴석이다. 이 공극(구멍) 사이로 뒤쪽의 몇 가닥 연 줄기와 옅은 수묵의 잎들이 비쳐 보인다. 둘째 바위는 훨씬 커서 그 상단이 화면 위쪽 너머로 나가 있다. 위에 뜬 바위 아래 면에서 아래로 자라난 다른 풀들과 함께 바위 공극 너머로 보이는 연 줄기와 잎들을 마지막으로 〈하상화도〉에는 더이상 연꽃이 등장하지 않는다.

5.

다섯째 종이 중간부터 시작하여 여섯째 종이로 계속 이어지는 이 그림의 다섯째 단락(p.655)은 제목으로 볼 때 이 그림의 주인공이어야 할 연꽃들이 아닌, 바위와 난초 혜초가 공간을 차지하고 있다. 연꽃의 환상 공간은 이제 끝났다. 별것 아닌 소재와 평온한 공간감의 이 단락

은 꽤 넓은 화면을 소비하며 감상자로 하여금 '연꽃'이라는 이 그림의
대주제를 잊게 하고 있다.

6.

마지막 단락(p.656)은 이제까지와는 전혀 다른 공간이다. 험준한
바위 사이를 세차게 흐르는 계류로 이루어진 이 단락은 완연한 산수
山水의 공간이다. 화훼화의 장르로 시작한 이 그림은 산수화라는 전
혀 다른 장르로 끝을 맺는다. 연꽃 가득했던 저 아뜩한 공간이 내가
있는 곳인가, 바위 사이 물소리 들리는 이 정겨운 공간이 내가 있는
곳인가. 어지러운 생각이 꼬리에 꼬리를 무는 사이, 그러거나 말거나
바위는 제 모습대로 그대로 서 있고 물 또한 제 본질 그대로 아래로
아래로 흘러가버린다.

그림이 끝난 후 글씨가 나온다. 그림을 그린 팔대산인 자신이 짓고
쓴 〈하상화가河上花歌〉라는 시가 그것인데, 시 뒤에는 그림을 그리고
시를 지은 내력을 밝힌 글(발문跋文)도 간단히 적었다. 그 내용은 이
렇다.

〈하상화가河上花歌〉

하수河水 가에 연꽃 피어 천 개의 잎사귀 가득하네.

河上花 一千葉

1

미남자 육랑六郎은 꽃이 되어 쉼 없이 술 찾고

아리따운 정육낭丁六娘은 줄기 되어 천 번 만 번 빙글빙글 춤을 추네

견우가 직녀 바라보던 하수 가에 이르러

무산巫山의 운우지정 나누려 반갑게 만났는데

조각구름 일어나 곤명지昆明池 바닥 검은 재 모두 거두어 올려

그대에게 주려고 한 아름 안고 있던 밝은 구슬이

가슴팍에서 모두 먹 덩어리가 되고 말았네

六郎買醉無休歇

萬轉千廻丁六娘

直到牽牛望河北

欲雨巫山翠蓋斜

片雲卷去昆明黑

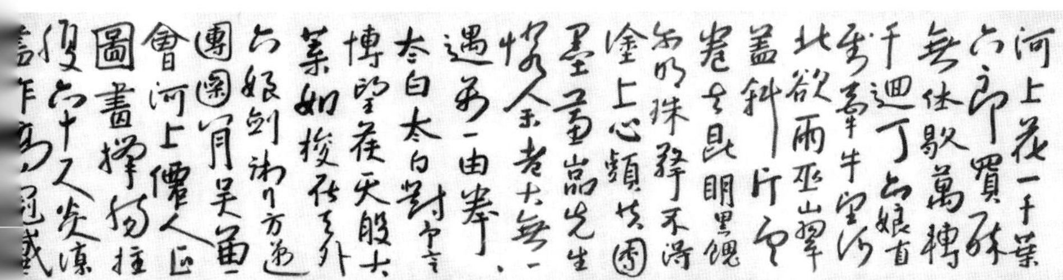

팔대산인 〈하상화가〉(〈하상화도〉 발跋). 중국 톈진박물관 소장.

餽爾明珠擎不得

塗上心頭共團墨

2

혜암蕙巖 선생께서 내가 늙도록 불우함을 불쌍히 여겨

만일 이태백에게 간곡히 권해주신다면

이태백 나에게 이렇게 말하리

"저 옛날 박망후博望侯 장건張騫이 하늘처럼 큰 은하수를

일엽편주로 훌쩍 올라 하늘 밖 신선 세계로 갔다네

육랑의 검무 춤사위 매서운

둥그런 팔월 달 아래 잔치는 흥겨웠지

마침 하상공河上公이 그림 그려

뱃속 가득했던 구상 육십 폭 화면에 펼쳐냈다가

세월 흘러 모두 높다란 관 쓴 연잎이 된 것이라네."

蕙岩先生憐余老大無一遇

萬一由拳拳太白

太白對予言

博望侯　天般大

葉如梭　在天外

六娘劍術行方邁

團圞八月吳兼會

河上仙人正圖畫

撐腸拄腹六十尺

炎涼儘作高冠戴

3

그러면 나 이렇게 답하리

"여산盧山에 산과 숲 포근한 곳 있으니

동진東晉의 은자들도 모였던 자리라오

생각할 거리 알알이 세어 백여덟 개 모아 꿰어

금강석 큰 알갱이 옥돌 작은 알갱이로 만든 보석 목걸이라도

어찌 이 그림 속 실상實相이며 또한 무상無相인 한 송이 연꽃만 하리오

아아, 연꽃 속의 이 세상에서

단약丹藥을 마시겠는가

즐겁게 노래하며 지낼 뿐이로다

시내는 굽이굽이 흐르고 꽃은 피고 또 진다네

동서남북 모두 그러하니 이상하기도 하지

아침이 되면 다시 나란히 피어나니, 또 이야기할 필요조차 없으리

오늘날 지산芝山 사람(옛 은자인 자지옹紫芝翁 즉 상산사호商山四皓) 모습

다시 떠올리게 하는구나."

余曰

匡盧山密林邇

東晉黃冠亦朋比

算來一百八顆念頭穿

大金剛 小瓊玖

爭似圖畫中 實相無相 一顆蓮花子

吘嗟世界蓮花裏

還丹未

樂歌行

泉飛疊疊花循循

東西南北怪底同

朝還並蒂難重陳

至今想見芝山人

혜암 선생이 이 두루마리에 그림을 그려달라 부탁하여서, 정축년 (1697) 5월부터 6, 7, 8월에 이르기까지 그렸다. 연잎과 연꽃이 완성된 후 장난삼아 〈하상화가〉를 지으니 겨우 200여 자의 시이다. 혜암 선생께 드려 바로잡아주시길 청한다.
팔대산인.

蕙嵒先生屬畫此卷 自丁丑五月以至六七八月 荷葉荷花落成 戲作河上花歌
僅二百餘字呈正 八大山人

　연꽃에 관련된 잘 알려진 전설 몇 가지를 얼기설기 조합해 한 편의 시를 엮어냈다. 우아함이나 격조와는 거리가 먼 노래다. 그렇다면 가치 없는 태작(서투르고 보잘것없는 작품)인가. 그건 그렇지 않다. 이 노래의 가치는 전통적으로 우리가 시에서 찾았던 고상한 가치의 바깥에 있다. 여기엔 드라마틱한 구성의 묘가 있으며, 환상과 현실을 넘나드는 자유로움이 있다. 상투적 표현과 정취 없는 심상이 오히려 절묘한 구성과 자유로운 상상력이라는 장점을 더 돋보이게 하는 면이 있다. 이제 시를 좀더 자세히 들여다보자.
　그림에 딸린 시, 즉 제화시題畫詩는 그림과 함께 볼 때 제대로 이해할 수 있다. 이 시 또한 마찬가지이다.

제3부 한자, 어떻게 발전해갔는가

1.

〈하상화가〉의 첫머리에서 팔대산인은 연꽃, 연 줄기, 연잎에 대한 판타지를 펼쳐냈다. 이 판타지에는 아래와 같은 각종 설화와 전설이 얽혀 있다.

'육랑'은 당唐나라 때 사람인 장창종張昌宗을 가리킨다. 그는 잘생긴 용모로 측천무후의 총애를 받았는데, 얼굴이 연꽃과 같이 아름답다는 말을 듣곤 했다. '정육낭'은 수隋나라 때의 유명한 기녀이다. 견우와 직녀의 설화는 워낙 널리 알려져 있는데, 저 옛날의 노래집인 『시경』에도 은하수 남쪽의 견우와 북쪽의 직녀라는 표현이 나올 정도로 유서 깊은 설화이다(「소아小雅」〈대동大東〉 편에 나옴).

원문의 '취개翠蓋' 즉 푸른 덮개는 연잎을 가리킨다. 이 덮개는 타고 다니는 수레의 덮개다. 수레 덮개를 기울인다(보통 '경개傾蓋'라고 하는데, 여기서는 '덮개가 기울었다'는 뜻의 '개사蓋斜'로 약간 바꿔 표현했다)는 말은, 수레를 타고 길을 가다가 누군가를 만나서 수레 덮개를 살짝 기울여야 할 정도로 가까이 다가가 이야기를 나눈다는 것으로서 잠깐이지만 반가운 만남을 가리킨다.

무산巫山은 장강 삼협의 무협巫峽 인근에 있는 산이다. 예전 초楚나라 왕이 꿈속에서 어떤 여인과 사랑을 나누었는데, 그 여인이 헤어지며 자신을 무산의 신녀神女라고 하면서 '아침엔 비가 되고 저녁엔 구름이 되어 나타나겠노라'고 말했다는 고사에서 '운우지정雲雨之情'이라는 말이 유래했다.

'곤명'은 한漢 무제武帝가 장안長安 부근에 조성한 큰 호수인 '곤명지昆明池'를 가리킨다. 이 호수와 관련해 이런 이야기가 전한다(이 이야기는 진晉의 간보干寶가 민간의 각종 기이한 이야기를 모아 엮은 설화집인

『수신기搜神記』 제13권에 수록되어 있다).

한 무제가 곤명지를 팠을 때의 일이다. 가장 깊은 곳에 이르니 온통 까만 재였고 흙은 전혀 없었는데, 조정의 신하 가운데 왜 그런지 아는 이가 없었다. 그래서 (아는 것이 많고 이야기를 잘하는) 동방삭에게 물었더니 동방삭 또한 알지 못한다고 하면서 '서역 사람에게 물어보면 알지도 모릅니다'라고 했다. 무제는 동방삭도 모를 정도라면 다른 이에게 물어볼 것 없다고 여겨 그대로 두었다. 시간이 지나 후한後漢 명제明帝 때 서역의 도인(승려)이 낙양에 왔다. 어떤 이가 동방삭의 말을 기억해내곤 무제 때 검은 재의 일에 대해 물어보았더니, 도인이 이렇게 말했다. "천지의 대겁大劫(세계가 성립되는 가장 큰 주기)이 끝날 때 겁화劫火가 일어나 모든 것을 태운다는 말이 경전에 있소이다. 그것은 겁화가 탈 때 남은 재일 것이오." 그제서야 사람들은 동방삭이 그렇게 말했던 데에 다 이유가 있었다는 것을 깨닫게 되었다.[3]

자, 이제 위의 고사들을 바탕으로 〈하상화가〉의 첫머리에서 팔대산인이 펼쳐낸 판타지를 재구성해보자.

육랑과 정육낭은 미남과 미녀의 대표자이다. 육랑이 연꽃과 관련이 있긴 하지만, 유명한 미남미녀라면 그 누구라도 좋을 것이다. 수려한 미남자는 연꽃의 형용이요, 아리따운 미녀는 연 줄기의 비유이다. 연꽃은 지금 술에 취해 불콰한 미남의 얼굴처럼 불그레하다. 그리고 기다란 줄기는 한창 춤을 추고 있는 미녀의 허리처럼 하늘하늘 흔들리고 있다. 미남과 미녀가 만나 사랑이 싹튼다. 남녀의 사랑이라면 견우와 직녀, 그리고 초 회왕懷王과 무산녀巫山女의 고사가 대표적이다. 삐

　　　　　　　　제3부 한자, 어떻게 발전해갔는가

딱하게 기운 연잎은 두 사람이 탄 수레의 덮개가 된다. 반가운 만남이 곧 사랑의 결실로 맺어지면 오죽 좋겠는가. 그러나 팔대산인의 세계에서는 행복이 드물다. 사랑의 운우雲雨는 금세 폭풍으로 변한다. 이 바람은 저 옛날 한 무제 때 팠던 곤명호 깊은 바닥의 검은 재까지 걷어올릴 정도로 거세다. 온 천지가 겁화의 검댕으로 뒤덮여 내가 안고 있던 사랑의 선물인 구슬마저 모두 검게 변해버렸다.

〈하상화가〉의 이 판타지는 〈하상화도〉의 둘째 단락(p.653)의 이미지와 조응한다.

'하상화'라는 제목에도 불구하고, 이 그림은 이 단락에서만 연꽃(줄기와 잎 포함)이라는 주제가 분명히 드러나 있다. 그러나 이 단락에서조차, 물기 많은 담묵의 연잎들은 뭉게뭉게 피어올라 모호하며, 땅에서 곧장 솟은 줄기들은 제멋대로 구부러져 뜬금없다. 하지만 어디에도 근원을 두지 않은 이 독창적인 모양들은 더없이 매력적이다. 시 또한 육랑, 정육낭과 견우가 마구 뒤섞여 환상 속에서 노니느라 바빠 제화시라면 응당 수행해야 할 그림의 형용은 몽롱하게 도외시하고 있으며, 무산의 비 속에서 행복한 사랑을 나누다 갑자기 곤명지의 재를 뒤집어쓴 우발적 무참함으로 인해 당황스럽다. 검게 변한 구슬들은 무엇일까? 아마도 꽃이 진 뒤에 알알이 검게 맺힌 연밥이리라. 그러나 그림 어디에도 연밥은 없다. 그렇기에 시도 그림도 무척 황당하다. 그러나 속된 클리셰로 쌓아올린 이 황당함은 결코 저속하지 않다. 팔대산인의 예술 자체가 황당하기 때문이다. 그리고 그가 그의 생애를 통해 온몸으로 거부한 것이 곧 진부함이었기 때문이다. 그렇기에 이 시와 그림의 황당함은 진정한 그리고 진지한 황당함이 된다.

2.

그림을 부탁한 혜암 선생은 불우했던 팔대산인의 후원자이자 지음知音이었음에 틀림없다. 그의 두터운 호의는 시인을 중국 시 역사상 가장 위대했던 시인 이태백 앞으로 이끌었다. 다음 부분에서 팔대산인은 이태백을 가탁하여 상상력을 극한으로까지 확장한다.

장건은 무제 때 흉노를 견제할 동맹국을 찾을 목적으로 서역으로 파견되었던 사신이다. 그는 중간에 10년 동안이나 흉노에 억류되는 등 갖은 고생 끝에 월지국에 당도했지만 동맹을 맺는 데는 실패한 채 귀국했다. 후에 흉노 공격에 공을 세운 장건은 '박망후'에 봉해진다. 비록 원래의 목적은 달성하지 못했으나 그의 대여행 덕택에 중국인들의 바깥세상에 대한 이해는 크게 넓어질 수 있었다. 『서유기』라는 장대한 판타지를 낳은 현장의 인도 구법 여행처럼, 장건의 서역 사행使行에도 후대 사람들은 기이한 상상을 덧입혔다. 『박물지博物志』나 『형초세시기荊楚歲時記』와 같은 책에는 장건이 뗏목을 타고 은하수를 거슬러올라가 직녀가 사는 하늘나라 궁전에 다다랐다는 이야기가 실려 있다. 후대인들은 역사 속 장건보다 설화 속 장건을 더 사랑했던 것 같다. 조선인들 또한 일본 가는 사신의 행차를 종종 '동사東槎' 즉 '동쪽으로 가는 뗏목'이라 지칭하곤 했다.

'하상선인河上仙人' 즉 하상공河上公은 한나라 때 하수河水 가에 살았다는 전설 속 도인이다. 그는 노자 『도덕경』의 가장 오랜 해석자로도 알려져 있다.

이태백은 앞부분에서 펼쳐진 팔대산인의 상상을 이어받아, 연꽃들을 아예 천상계의 존재로 승화시킨다. 세상 밖 하늘나라로 가기 위해 박망후 장건의 전설을 끌어들였다. 정육낭은 이제 천상의 잔치에서 검

  제3부 한자, 어떻게 발전해갔는가

무를 추고 있다. 그리고 그 잔치에서 신선 하상공은 그림을 그리고 있다. 하늘하늘한 연 줄기와 푸른 연잎들은 이렇게 원래 저 하늘 위에 있던 환상의 존재였다.

〈하상화도〉의 셋째 단락(p.654)은 휘어진 나무 이후 텅 빈 수면의 열린 공간이다. 이 은하수처럼 넓은 격절의 공간 이후 펼쳐지는 넷째 단락에서 다시 연꽃이 등장한다. 그러나 여기의 줄기와 잎들은 바위로 가려진 뒤 공간에 배치되어 있다. 〈하상화가〉에서 그린 천상계의 연 줄기와 잎처럼, 이곳의 줄기와 잎들은 얼마간 현실감이 퇴색되어 있다.

3.

팔대산인은 자기 자신의 속된 클리셰에도, 위대한 시인 이태백의 도저한 환상에도 굴복하지 않았다. 〈하상화가〉의 셋째 부분에서 그 유별나고 고집스러운 예술혼의 결론을 볼 수 있다.

천상계로 초월했던 이태백의 상상을, 그는 다시 지상으로 끌어내렸다.

'광려匡廬' 즉 여산廬山은 현재의 장시성 북부에 위치한 산이다. 수려하고 기이한 그 천변만화의 경치는 소동파로 하여금 '여산의 진짜 모습을 알지 못하겠다(不識廬山眞面目)'라는 찬탄을 하게 만들었다. '여산진면목廬山眞面目'이라는 말이 여기에서 나왔다. 이곳은 불교의 중심지로도 유명하다. 특히 동진東晉의 혜원慧遠이 여산 동림사東林寺에 머물며 불법을 크게 일으킨 바 있다. 혜원의 법회 이래 동진의 수많은 명사와 은자들이 이곳으로 모여들었다. 원문의 '황관黃冠'은 은자가 쓰는 남루한 관을 가리킨다.

그렇다면 팔대산인은 왜 하필 하고많은 명산 가운데 여산을 〈하상화가〉의 대미의 무대로 골랐을까? 우선 이 산은 이태백에게 너무나 익숙한 산이었다. 여산의 웅대한 폭포를 보고 남긴 '비류직하삼천척飛流直下三千尺'이라는 표현은, 그의 수많은 명구 중에서도 가장 유명한 구절 중 하나일 것이다. 그러나 그저 이태백의 서술을 이어받기 적합한 무대였기 때문에 이곳을 고른 것은 아니었다. 여산은 장시성 중에서도 주장시九江市(구강시) 부근에 위치하는데, 이곳은 장시성 성도인 난창시에서 멀지 않다. 앞에서도 언급했다시피 난창은 그와는 떼려야 뗄 수 없는 인연을 가진 곳이다. 뼛속까지 '강서인江西人'이었던 그에게 여산 이외에는 지상의 명산으로 떠올릴 만한 산이 없었을 것이다.

여산은 그 진면목을 알 수 없을 정도로 기이하고 환상적인 경치를 자랑하는 곳이지만, 그래도 하늘 밖 저 너머의 세상이 아닌 이곳 현실 속의 공간임엔 틀림없다. 그렇다, 팔대산인은 멸망해버린 나라의 땅, 고난에 찬 이곳이 싫어 환상을 좇아 도피했던 회한에 찬 젊은 시절, 그 궁극의 끝까지 맛보았던 나날을 뒤로하고 생의 마지막을 맞이하려 하는 이때, 이제 현실로 되돌아왔다. 그렇다면 그 현실은 기기묘묘한 아름다움으로 가득찬 여산의 모습인가? 아니다. 그가 되돌아온 현실은 그러한 즉자적 공간이 아니다. 그곳은 이 연꽃 그림 속 세상이다. 그러나 이제 이곳엔 연꽃조차 없다. 그것은 실상實相(실제 모습)인 동시에 무상無相(모습이 없음)이기 때문이다. 초월과 영생을 위한 단약 따윈 필요 없다. 즐겁게 노래하는 동안 둘러보니, 계류는 무심히 흐르고 꽃들은 저대로 피고 지고 있다.(〈하상화도〉 제5, 6단락. p.655·656)심상하기 그지없는 이 풍경은 오히려 이상하다. 정랑과 정육낭과 견우와 무산 신녀와 박망후와 하상공이 노닐던 세계는 어디로 갔는가. 그 세계를 상상하게 하던 연꽃은 또 어디로 갔는가. 어찌 보면 보통의 이 세상이란 정말 이상하다. 그러니 더이상 이야기하지 말자. 이런 이치를 깨달았다고 해서 대단할 것도 없다. 나 이전에도 하고많은 은자들이 그러하였다. 연꽃을 그리던 나는 이제 그저 심상한 바위와 물을 그릴 뿐이다. 앞선 위대한 화가들이 그러했듯이.

그러나 위와 같이 〈하상화도〉와 〈하상화가〉가 펼쳐낸 이미지와 의미의 세계 또한 그다지 대단할 것이 없다. 이 두루마리의 진정한 가치는 그림과 시의 오의奧義(심오한 뜻)가 아닌 〈하상화가〉의 껍데기, 즉 그 글씨에 있다.

우리는 이미 길고 긴 한자 글씨의 역사를 더듬어 살펴보았다. 저 저수량의 획은 얼마나 우아하고 아리따웠던가. 안진경의 자체字體는 얼마나 근엄했으며, 그 획은 또 얼마나 질박했던가. 손과정의 정석적인, 그리고 회소의 과시적인 초서의 세계 또한 대척점에 서서 빛나고 있었다. 소동파 글씨의 우울한 포스와 황정견 획의 약동감 또한 대단했다. 조맹부의 전아함은 숨이 막힐 정도였으며, 해진과 축윤명의 자유로움은 아연실색할 지경이었다. 그에 비하면 팔대산인의 이 글씨는 어떠한가.

이 글씨는 매우 못 쓴 글씨다. 능필能筆의 구석이라곤 조금도 찾을 수 없는, 마치 어린아이의 글씨와도 같은 글씨이다.

먼저 글자 모양의 균형감을 보자.

저수량과 왕희지의 아름다웠던 '무無'를 상기해보면, 〈하상화가〉의 '무'들이 얼마나 무뚝뚝하고 무성의한지 금세 알 수 있다.

저수량과 왕희지 모두 제8획의 가장 긴 횡획이 획 스스로 아름다

팔대산인 〈하상화가〉의 '무無'들

움을 갖추고 글자의 중심을 잘 잡아주고 있다. 그 때문에 제1획과 제2획의 이어짐, 가운데의 'ㅐㅐ'의 조밀함, 아래 점 4개(이 점들은 종종 하나의 획으로 이어진다)의 부건部件들이 저마다 개성을 갖고 조형적 역할을 다할 수 있었다. 그러나 〈하상화가〉의 긴 가로획은 이런 역할을 전혀 할 수 없다. 다른 획들과 그 성질에 전혀 차별점이 없어 어떠한 주도권도 행사하고 있지 못하기 때문이다. 그러므로 '無'들 모두 글자의 시작인 제1획과 제2획의 이어짐, 그리고 글자의 마지막인 아래 점 4개 부건이 무개성적인 'ㄴ'로 처리되는 데에 그쳤다. 첫째 그리고 둘째 '無'는 심지어 가운데의 작은 4개의 세로획 중 첫째 것만 남기고 나머지 3개를 생략해버려 무성의해 보이기까지 한다.

제6행 첫째 글자인 '북北'은 글자 좌우의 두 요소(ㅑ과 匕) 사이가 지나치게 벌어져 있는데, 잘 쓴 글씨라면 소활한 여유로움을 줄 수도 있었을 공간감이 여기에서는 무성의한 공허처럼 보인다. 이렇게 보면 제1·10·19행

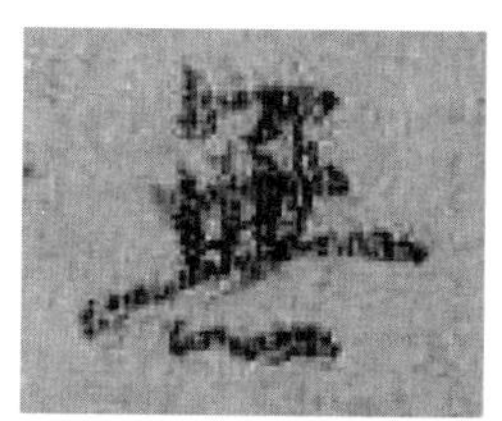

'무無'의 두 가지 예. (상) 왕희지 〈난정서〉(우세남虞世南 임모본) | (하) 저수량 〈안탑성교서〉

'북北'. 〈하상화가〉 중에서.

등 본문에 3번 나오는 '상上' 또한 3개의 획으로 이루어진 단순한 구성으로 인해 그 무심함이 더욱 두드러진다.

글자 전체를 둘러싸는 부수인 '에울 위口'(예컨대, 나라 국國 등의 바깥 둘레) 부건도, 잘 쓴 글씨라면 원래 그 자체로 전절轉折의 묘를 보이면서 동시에 글자의 조형미의 전체적 방향성을 결정짓는 중요한 역할을 하는 요소가 되지만, 〈하상화가〉에서는 자주 나오면서 다양한 모습을 보이고 있음에도 불구하고 제대로 된 조형적 역할을 하지 못하고 있다. 구양순 〈구성궁예천명〉의 팽팽한 긴장감이 서린 배세背勢의 '국國', 그리고 안진경 〈안씨가묘비〉 혹은 〈안근례비〉의 충만감 넘치는 향세向勢의 그것을 떠올리며 〈하상화가〉의 '口'들을 살펴보자.

제10행 마지막의 '단團'은 향세를 띠고 있다. 그에 반해 제20행 첫 글자인 '도圖'는 배세이다. 이 '도'는 제2획의 전절이 똑부러지게 처리되지 못하고 거의 그대로 획이 지나가서, 전체 모습이 마치 자른 식빵과 같이 되어버렸다. 제18행 첫 두 글자인 '단란團欒'은 더욱 가관이다. '단'의 제1획의 극단적 향세의 둥근 처리와 제2획의 전절의 직각은 전혀 어울리지 않는다. '난欒'의 '口'은 제10행 마지막의 '團'의 그것과

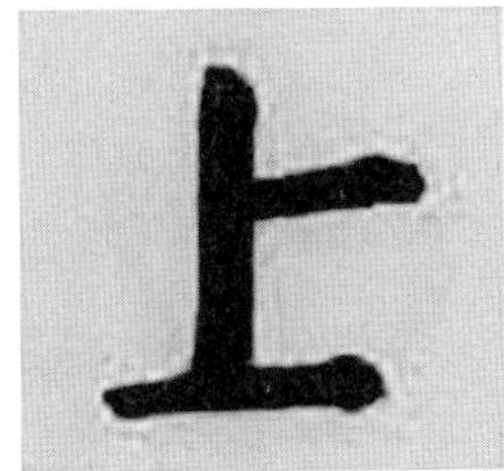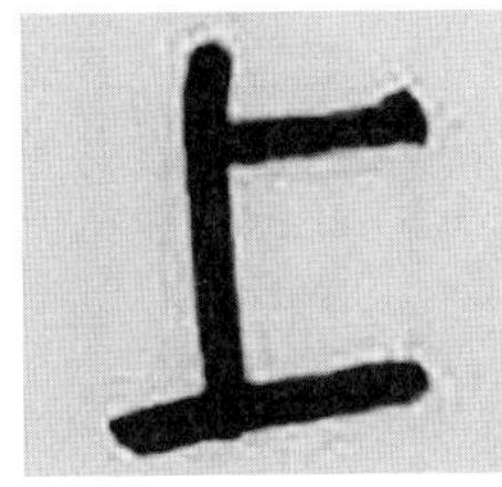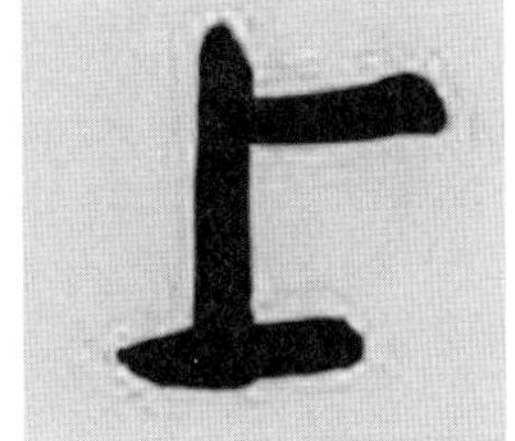

'상上'. 〈하상화가〉 제1 · 10 · 19행에서(좌로부터)

그 전체 구도가 흡사한데, 멋없기는 피차 마
찬가지다.

  그러고 보면 〈하상화가〉의 전절은 전체
적으로 완전히 엉망진창이다.

  '입 구口' 모양에서 'ㄱ' 부분을 급격한 각
도로 돌려서, 전체적으로 반듯한 네모 모양
이 아니라 오른쪽 위 구석이 뾰족한 찌그러
진 사각형이 되도록 만드는 경향이 강하다.
이것이 잘 드러난 예가 제11행 셋째 글자인
'바위 암嵓'(巖 혹은 岩과 같은 뜻의 글자)이다.

  여기에는 'ㅁ'가 3개 포함되어 있는데, 첫
째에서 둘째, 셋째로 갈수록 'ㄱ' 부분이 뾰
족해지며 날카로운 각을 이루고 있다. 마지
막의 'ㅁ'는 전형적인 팔대산인의 것으로
서, 그의 다른 글씨에서도 흔히 보인다. 제
1획인 좌측 수직획과 마지막 제3획인 하변
수평획은 짧고 수직 수평이며, 제2획의 'ㄱ'

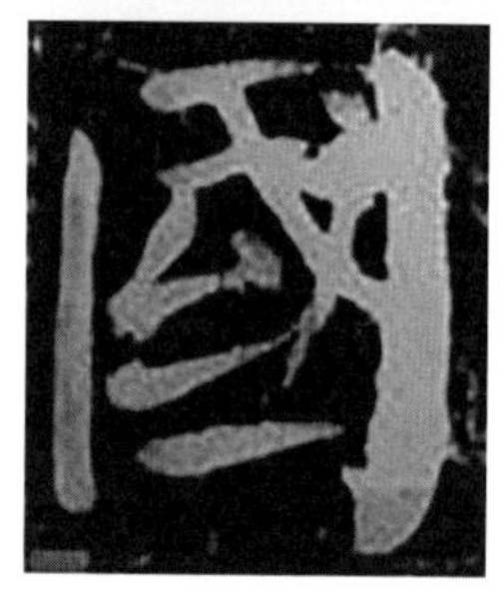

'국國'. (상) 구양순 〈구성
궁예천명〉 | (하) 안진경
〈안근례비〉

〈하상화가〉 중에서. (좌) 단團 (제10행) | (중) 도圖 (제20행) | (우) 단란團欒 (제18행)

제3부 한자, 어떻게 발전해갔는가

암嵒. 〈하상화가〉 중에서.

은 가로와 세로가 모두 길고 각도가 급하다. 그 결과 매우 특징적인 모양의 'ㅁ'가 탄생했다.

팔대산인의 글씨에 뾰족한 'ㄱ'만 있는 것은 아니며, 반대로 넓은 호弧도 많다.

제3행 넷째와 제13행 둘째 글자인 '일만 만萬'의 제9획 즉 아래 'ㄇ' 부분의 돌림은 모나지 않고 둥글다. 특히 둘째의 '萬은 행서임을 감안하더라도 매우 둥글게 돌리고 있다. 이런 경향은 작품 중반의 제22행의 '높을 고高'와 그 바로 아래 글자인 '갓 관冠'에서 절정에 달하고 있다. 특히 '高'의 경우가 심하다.

그 바로 옆 줄, 즉 제23행 중간의 '오두막 려廬'에서는 'ㄱ'이 나란히 세 번 등장한다. 특히 첫째의 '虍'의 그것을 보자. 각도가 꽤 있긴 하지만 가로획이 수평에 가까워서 뾰족함이 그리 심하게 느껴지진 않는다. 특히 마지막 부분의 수필收筆이 뾰족하지 않아 전절의 각도까지 뭉툭하게 느껴진다. 아래 '밭 전田'의 네모가 평범하고, 맨 아래

만萬. 〈하상화가〉 제3·13행에서(좌로부터).

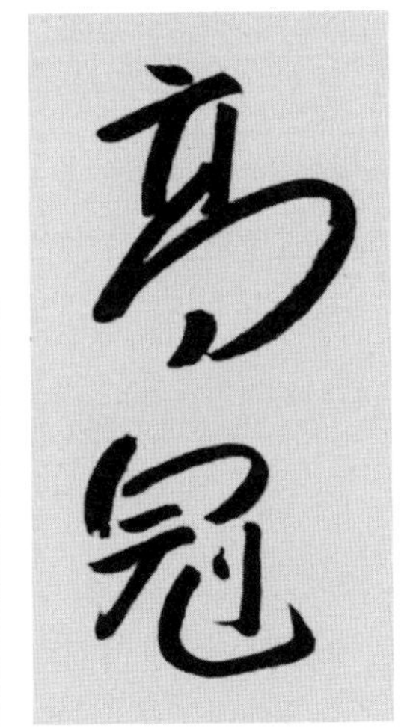

고관高冠. 〈하상화가〉 제22행에서.

'그릇 명皿'의 'ㄱ'의 각도는 팔대산인 특유
의 급한 기울기를 가진 것인데, 여기의 'ㄱ'
은 두 요소를 겸비하고 있다. 그러나 그 결
과물이 조화롭거나 아름답지는 않다.

여廬.
〈하상화가〉 제23행에서.

이렇듯 〈하상화가〉에는 다양한 'ㄱ'이 등
장한다. 그러나 이런 다양한 형태들에 다채
로운 조형미가 깃들어 있지는 않다. 즉 여기
에는 조형적 성취가 별로 없다. 급한 기울기
의 획과 예각의 전절을 가진 'ㅁ'이건, 큰 공간을 갖고 돌린 'ㅁ'이건,
아니면 이도 저도 아닌 '廬'의 '虍'이건, 어느 것 하나 아름답지 않다.
여기엔 여러 이유가 있겠지만, 이 불미不美스러움 즉 '못남'은 무엇보
다 이 글씨를 쓴 팔대산인에게 글씨의 조형미를 추구하고자 하는 의
지가 전혀 없었던 데서 기인한다. 그리고 다시 이 미에 대한 의지 부재
의 근원에는 획의 불미스러움이 있다.

물론 〈하상화가〉에도 전통적 의미의 획이 존재한다. 가령 제4행의
'회廻'의 '책받침(辶=辵)'은 기필 – 송필 – 수필의 제대로 된 기승전결
의 비수肥瘦(살지고 마름. 획의 굵기의 변화)를 갖추고 있다.

그러나 작품 전반에 걸쳐 이런 획은 예외에 속한다. 〈하상화가〉의
대부분의 획들은 비수에 인색하며 표정 없이 밋밋하다. 제2행 '육랑六
郎'의 '랑', 제4행 '정육낭丁六娘'의 '정', 제7행 '사斜', 발문 제4행 '하
엽荷葉'의 '하' 등을 보자.

이 글자들은 마지막 획을 모두 세로로 길게 그었다.

행서체로 쓰인 '랑郎'은 글자 전체에 걸쳐 획 굵기의 변화가 매우
적다. 이는 유치하다는 인상을 준다. 그러나 이 유치함은 순진무구함

674

회廻.
〈하상화가〉 제4행에서.

랑郞.
〈하상화가〉 제2행에서.

사斜.
〈하상화가〉 제7행에서.

이 아니다. 온갖 풍상을 겪고 난 노인이 일부러 회귀한 소박한 아이의 자세다. 그 때문에 변화미의 결여가 무미건조함 대신 글자 구조의 뼈대 즉 획만을 드러내는 명쾌함의 결과를 낳았다. 그리고 이 구조적 명쾌함은 다시 비전통적이며 반항적인 획의 무변화를 더욱 도드라지게 한다. '랑郞'의 마지막 수직의 세로획은 전통적인 붓글씨의 획이 아니다. 그것은 둥근 붓으로 그은 것이 아니라 마치 페인트 붓으로 '바른' 것처럼 보인다. 이는 세로획에 약간의 변화를 주어도 마찬가지다.

'사斜'의 긴 세로획은 한 차례 꺾어 동세의 변화를 주었으나, 이 또한 굵기의 변화는 거의 없다. 따라서 여기에는 전통적인 구부러진 획이라면 당연히 보였을 약동감이 전혀 없다.

발문의 '하荷'의 마지막 획에는 약간의 굵기 변화가 있긴 하다. 그러나 여기에서도 유려함 따위는 찾아볼 수 없다. 이 퉁명스러운 마지막 획은 조화로운 조형미 따위엔 전혀 관심이 없음을 드러내는 표지이다.

제4행의 '고무래 정丁'은 이러한 비전통적 반항의 상징과도 같다. 이 글씨만 떼어놓

고 본다면, 그 누가 대가의 서예로 인지하겠
는가. 마치 어린아이가 크레파스나 매직 펜
으로 툭 툭 두 번 그어서 그린 것 같은 글
씨다. 마지막의 갈고리가 특히 '아름답게 보
이지 않고자 하는 조형적 의지'라는 모순적
방향성의 극치다. 휘어지는 순간조차 변화
미가 없으며 마지막까지 불퉁스럽다.

팔대산인의 조형 의지는 매우 일관되고
끈질기다. 그 덕택에 전통적 획은 그 조형미
의 편린도 남기지 않고 깡그리 불타 없어질
수 있었다. 스스로 피워올린 겁화의 잿더미
위에서 팔대산인은 자신만의 새까맣고 무
표정한 획들을 우리에게 무심히 보여주고
있다.

하荷. 〈하상화가〉
발문 제4행에서.

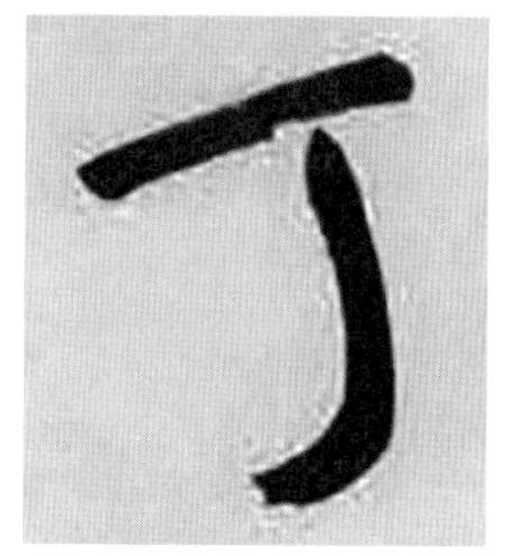

정丁.
〈하상화가〉 제4행에서.

제2장

청대淸代의 한자

옛 한자의 권토중래, 전각과 전서의 시대

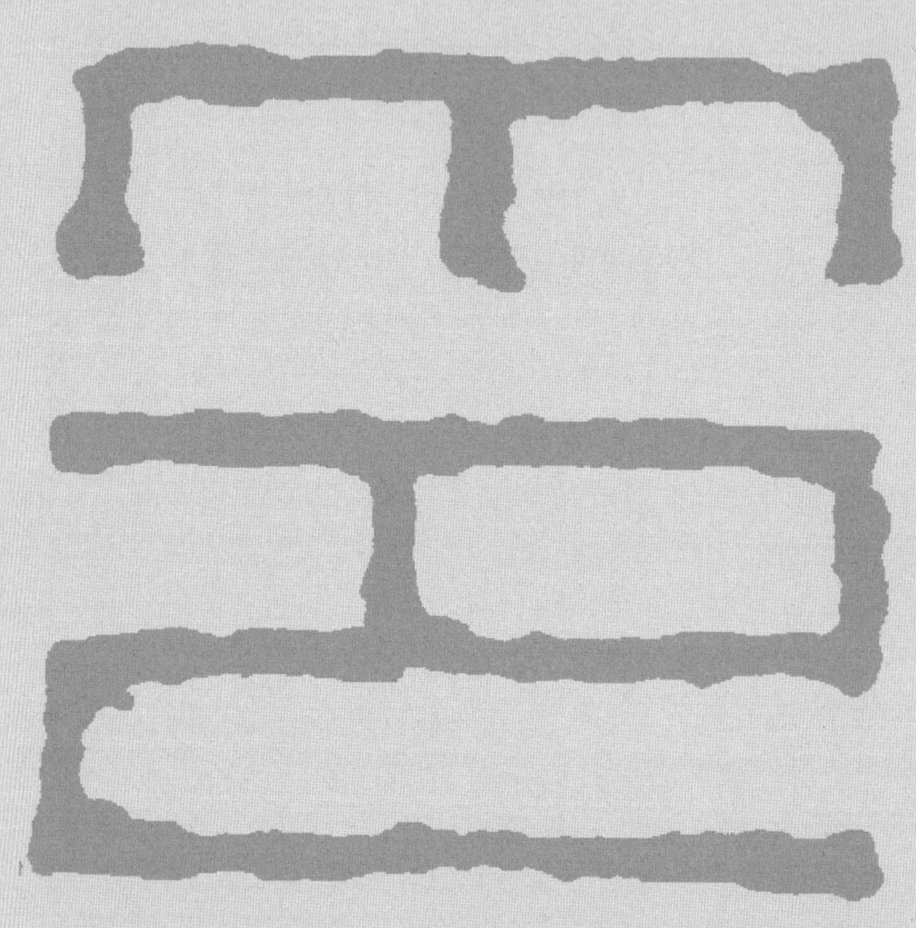

인印. 정경丁敬(1695~1765) 전각篆刻 '정경신인丁敬身印' 중에서.

인

인장, 작은 돌에 새긴 오래된 창의

붉은 가지의 숲속에서

2011년 동일본 대지진이 준 피해는 막대했다. 그리고 그로 인해 일어난 후쿠시마 원전 사고는 일본에 아니 전 세계의 자연에 돌이킬 수 없는 후유증을 남겼다. 도쿄전력과 일본 정부의 대처는 인명과 자연에 대한 책임감보다는 경제적 고려를 우선시한 다분히 무책임한 것이었다. 일본인들은 풍토에 대해서 갖는 일체감과 물상에 대한 애상을 바탕으로 형성되었다고 믿어온 자신들의 전통적 정신세계가 속절없이 무너져 가는 열패감을 맛보아야 했다. 하이쿠俳句에는 계절을 나타내는 말인 '키고季語'가 반드시 들어가야 하며, 다실의 '도코노마'에는 으레 꽃꽂이가 놓이곤 한다. 일본의 예술에는 자연물에 대한 애정이 듬뿍 담겨 있으며, 이런 애정을 섬세하게 담아내는 감수성과 예술 표현에 일본인들은 상찬을 보내 마지않고, 자신들의 문화 전통에 이러한 면이 가득함을 자랑스럽게 여겨왔다. 그러나 그때의 쓰나미는 일본 사람들의 이런 자연 사랑에 대한 자부심마저 함께 쓸어가버렸다.

다른 언어를 쓰는 사람들에겐 좀처럼 눈에 띄지 않는 사상事象을 담은 고유한 말을 갖고 있지 않은 언어가 이 세상 어디 있겠는가만, 일본인들이 사랑해 마지않는 일본어 고유어 가운데 '코모레비(こもれび, 木漏れ日)'라는 말이 있다. 숲속 나뭇가지 사이로 비치는 햇살을 가리키는 말이다. 따지고 보자면 '나무'(木, 키き가 일반적이지만 '코노하木の葉'처럼 가끔 '코こ'로도 발음됨) + '새다'(漏れる, 모레루もれる) + '빛'(히日, ひ)이라는 흔한 세 단어를 합친 단순한 합성어에 지나지 않으나, 이런 하나의 특정한 단어가 존재한다는 사실, 그것만으로도 몹시 상쾌한 일이다. 나보다 키가 훨씬 큰 단단하고 든든한 생명체들이 벌린 수많은 팔들 아래로 걸어본 허다한 사람들의 그 허다한 말들 중에서 일본어의 저 말만이 내 손을 이끌어 저 초록 잎들 사이로 떨어지는 녹색 광선에도 이름이 있노라고 일러준다. 초여름 숲길을 거닐다 차가운 샘 옆에 앉아 땀을 훔치면서 잠시 쉬다가 눈을 들어보면, 신록의 밝은 빛 조각들이 시야를 가득 채운다. 내가 없다고, 말이 없다고, 저 아름다운 조각들이 어디로 가겠는가만, '코모레비'라는 말 덕분에 저 수다한 아름다운 이파리들 사이사이의 수다한 빈 공간들 또한 아름다운 '말의 이파리(言葉)'로 가득차 있음을 한 번 더 눈여겨보게 된다('코토바言葉'는 '낱말'이라는 뜻의 일본어).

청나라 전각가 임고(林皋, 1658~?)의 도장을 보자. 임삼林森이라는 사람의 이름을 새긴 도장이다. 그러나 이 도장에 새겨진 임林과 삼森이라는 두 글자는, 어떤 한 사람

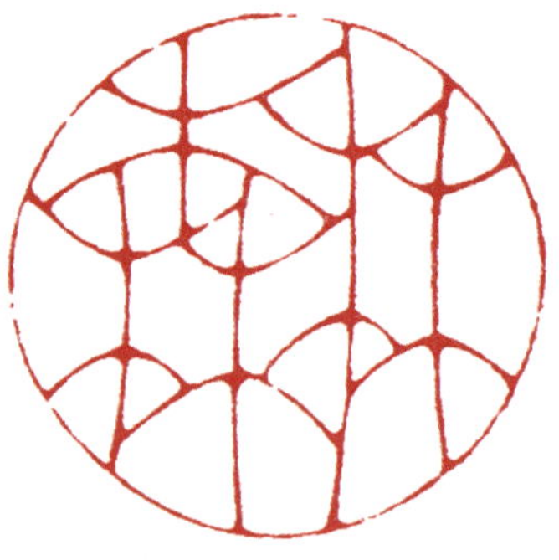

임고 〈임삼林森〉 인印

을 가리키는 이름이라는 본래의 맥락을 훌쩍 뛰어넘는다. 임삼林森이라는 두 한자에 포함된 다섯 개의 木은 온전히 둥근 정원正圓의 인면印面 공간 안에서 각각 하나의 나무가 되어 차별 없이 늘어선 다섯 그루의 숲을 이룬다. 이 다섯 그루 나무줄기와 20개 가지의 놀라운 점은, 25개의 획들이 모두 평등하며 동질적이라는 것이다(해서체라면 위의 가지는 수평한 1개의 획일 테지만, 나무의 상형의 원의에 가까운 전서체는 세로획인 1개의 수간樹幹과 거기서 뻗어나온 4개의 분지分枝로 보아도 무방할 것이다. 물론 위로 뻗은 2개는 나뭇가지, 아래의 2개는 근주根株 부분으로서 실물의 나무에서는 성격이 다를 테지만, 적어도 글자 木에서는 동질한 분지 4개로 보아도 큰 무리는 없겠다).

또 주목해서 보아야 할 것이 획선 간 접합점이다(중국어로는 이 부분을 한접점焊接點이라고 한다. 焊接이 용접이니, 영어로는 welding spot 정도가 되겠다). 흰 바탕에 붉은 글씨(주문朱文)인 도장의 이 접합점은 종이에 붓으로 쓴 글씨에서는 나타나지 않기 때문에 단단한 매체의 양각 새김인 주문 전각의 매체적 특질을 잘 보여주는 요소이다. 그런데 이 임고의 '임삼林森'에서는 이 한접점들이 또다른 재미난 역할을 한다. 이 접점들이 목木 내의 두 교차점뿐 아니라 목木과 다른 목木이 만나는 데에서도 나타나며, 나아가 인장 가장 바깥쪽의 둥근 둘레 즉 변곽邊郭과 글자획의 교점에서도 나타난다는 점에 주목해보자. 앞에서 이야기했듯이 목木들 간 획선에 차이점이 없고 또 변곽의 원의 획도 동질이기 때문에, 당연히 내부 27, 변곽 12, 총 39개 접점들의 성질도 동일하다. 이 작은 도장 공간 내에 거의 40개에 가까운 교차점들이 무차별적으로 흩뿌려져 있으며, 이는 다시 모든 선분들의 동질적 느낌을 강화해준다. 그리고 또다시 이런 동질적 조형 요소들로 구획된

'빈 공간'들은, 원래는 글자 구성 요소(획과 점, 그리고 부건) 간 배치(결구)로 인해 나타나 문자의 판독에 기여하는 정도에 그칠 테지만, 이제는 그 자체로 독립적 조형 요소로 기능하는 '조각보patch'가 되었다. 결과적으로 이런 시각적 요인들로 인해 이 도장은 어떤 사람의 이름을 새긴 실용적 물건에서 감상 대상인 예술품으로 탈바꿈했다. 글자의 획에서 공간 구획의 선들로 탈바꿈한 나뭇가지들 사이사이 '코모레비'의 조각보들은 이제 '텅 빈 사이'(공간空間)가 아닌 스스로 빛나는 광원이 되었다.

인장, 또하나의 작은 우주

동아시아 한자 문화권에서 도장(인장)은 다소 특이한 존재이다. 그것은 누군가를 증명하는 실용적 물건인 동시에, 새겨진 문자의 아름다움을 즐기는 감상물 즉 예술 작품이 되기도 한다.

물론 인장은 3차원적 조형물, 즉 조각으로 감상되기도 한다. 국왕이 사용하는 국새에는 용을 새긴다. 기린이나 거북 등 상서로운 동물을 새긴 화려한 인장도 있다. 즉 손으로 쥐고 찍는 윗부분에 새겨진 조각을 보면서 즐길 수 있다.

인장은 금속이나 상아로 만들기도 하지만, 명나라 이후에는 대체로 돌에 새겨 만들었다. 때로는 도장을 새겨 만드는 이 돌(인재印材라고 한다) 자체가 감상의 대상이 되기도 한다. 닭의 피를 흩뿌린 듯한 붉은 무늬가 인상적인 계혈석鷄血石이나 기품 있는 농밀한 노란색을 띤 전황석田黃石 등은 값도 비싸지만 그 색이나 문양이 무척 아름답다.

그렇지만 예술로서 인장의 본령은 무엇보다 도장에 새긴 글자에 있

태조太祖 추상시호追上諡號 금보金寶. 1683년(숙종 9) 제작. 국립고궁박물관 소장.

다. 더 구체적으로 말하자면, 인주 등 안료를 묻혀 종이나 비단 등에 찍어낸 그 새김 글씨의 거울상mirror image, 즉 인영印影이 인장 감상의 궁극적 목표물이다. 사실 인영 감상은 무척 특이한 현상이다. 우선 인영을 감상한다는 것은 다른 감상에 딸린 부수적 행위이다. 수묵화나 필적 등 한자 문화권에서 흔히 보는 회화나 서예 작품은 구석에 으레 인장이 찍혀 있다. 인장은 그 작품을 쓰거나 그린 사람의 표지로서, 작품을 창작한 작가를 증거하는 가장 중요한 근거가 된다. 그러나 그것은 서양 회화에 쓰인 싸인과는 좀 다르다. 싸인은 작가를 표시하는 역할을 할 뿐이지만, 인장은 그 자체로 또다른 감상의 대상이 되기 때문이다.

그렇다면 인장이 놓인 형식적 맥락 중 어떤 것이 그것을 감상의 시선 내에 두는 조건이 될까?

우선 색깔이다. 수묵화나 서예 작품은 대부분 흑백의 모노톤을 기조로 한다. 그리고 묵인墨印(검은색의 도장) 등 다른 색도 가능하지만, 동아시아의 인장은 전통적으로 붉은색이 기본이다. 음각이나 양각으로 새긴 글자에 안료를 묻혀 종이(혹은 비단 등의 천)에 찍어내는 것인데, 거의 붉은색이기 때문에 도장을 찍는 안료를 보통 인주印朱(주朱는 붉은색이라는 뜻)라고 한다. 광물질의 가루인 붉은색 안료 주사朱砂를 개어 녹여서 인면印面(글자가 새겨진 인장의 면)에 묻힐 수 있는 상태로 만든다. 이때 용매는 당송唐宋 시기까지는 꿀을 많이 썼으나 명대 이후로는 대체로 피마자기름 등의 유지油脂를 쓴다. 일본어로는 '슈니쿠朱肉'라 하고, 전통적으로는 인니印泥(니泥는 원래 '진흙'이라는 뜻이지만, 여기에서는 안료(용질)가 섞인 걸쭉한 상태의 용제를 지칭한다. 고

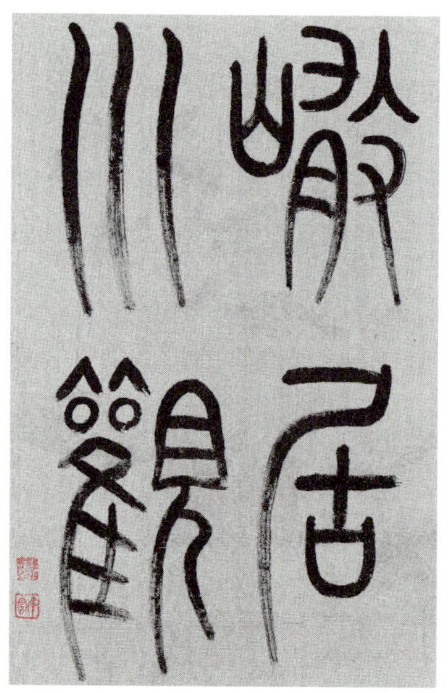 

〈영정첩寧靜帖〉(부분). 김홍도 그림, 이한진李漢鎭 글씨 '암거천관巖居川觀'. 국립중앙박물관 소장.

제3부 한자, 어떻게 발전해갔는가

〈영정첩〉 이한진 필 '암거천관巖居川觀'의 '관觀'. 왼쪽 아래에 이한진의 자字 중운仲雲을 새긴 도장이 보인다.

대에 쓰인 봉니封泥에는 실제로 진흙이 쓰였으므로, 후대의 인니의 '니'와 글자만 같고 실제로 가리키는 것이 다르므로 주의할 필요가 있다)라고 하며, 우리말로는 '도장밥'이라고 하는 붉은색 안료 덩이를 인면에 묻힌 후 그림이나 글씨의 특정 위치에 조심스레 찍어내야 비로소 작품이 완성되는 것이다. 그래서 이런 것을 '낙관落款'이라 한다. 낙관의 '낙'은 '낙성落成' 즉 완성과 통한다. 흑백의 작품에 찍힌 붉은 낙관은 시인성이 대단히 높다. 우선 눈에 잘 띈다. 작가의 이름이 새겨진 인장은 수묵의 작품에 가해진 명백한 종지부가 된다.

그러나 색깔보다 훨씬 중요한 형태적 구별점이 있다. 테두리가 그것이다.

서화에 찍는 인장은 크기가 아주 작다. 크기 2~4센티미터 정도의 것이 대부분이다. 국제 표준 도량형인 미터법이 도입되기 전에 통용되던 척관尺貫법으로 따지면, 1촌寸(대략 3센티미터) 전후가 된다. 네모난 모양의 도장(방인方印)이라면 사방, 둥근 도장(원인圓印)은 지름이 되는데, 과거에는 방인이 표준이었으므로 대체로 사방 1촌 안쪽이 인장의 영역이다. 이 소국에도 국경이 있다. 양각 즉 돋을새김의 붉은 글씨를 가진 인장에는 글씨 색과 같은 양각의 붉은 테두리가 있다. 음각 즉 오목새김의 흰 글씨의 도장이라면 붉은 인면의 바깥 경계가 그 자

체로 프레임이 된다. 이 국경의 검문은 엄하지 않다. 위의 임고의 임삼
林森 인에서 볼 수 있는 바와 같이 양각의 붉은 테두리는 군데군데 끊
김이 있다. 음각 인장의 붉은 대지의 경계도 매끈하지 않다. 예스러운
멋을 추구하는 경향이 강했던 옛 인장 창작자들은 낡은 풍화의 맛을
주기 위해 일부러 테두리에 생채기를 내곤 했다. 인장의 테두리는 성
글고 부실하기 일쑤다. 그렇지만 이 또렷하지 못한 경계선 안에 견고
한 예술의 성이 솟아 있다. 테두리 바깥의 서화는 창조의 파도가 넘실
대는 당장의 예술 세계이다. 그에 반해 테두리 안쪽의 인면印面은 한
발짝 떨어진 독자적 우주이다. 그 공간은 과거의 글씨체로부터 날아
온 몇백, 몇천 년 전의 붉은 빛으로 빛난다. 공간의 크기는 왜소하나
그곳에 담긴 세계는 따로 광대하다. 작은 크기, 불분명한 경계, 그리고
어지럽고 어려운 옛 글씨체로 인해 감상하기가 쉽지 않다. 이 감상은
무척 까다롭고 섬세한 문예 활동이다. 거기에 부수된 문화적 맥락을
우선 파악할 필요가 있다. 이 장에서는 그 역사적 배경에 대해, 이 작
은 세계가 가진 독자적 매력에 대해, 그리고 그 세계를 창조했던 사람
들에 대해 이야기해보려 한다.

동아시아 인장이 걸어온 길

한대—인장의 성립

인장 혹은 도장을 영어로는 'seal'이라고 한다. 서양의 '씰'은, 편지
를 써서 넣은 봉투를 수취인 이외 다른 사람이 열어볼 수 없도록 봉
인하는 데 썼던 물건이다. 봉랍封蠟 즉 씰링 왁스sealing wax를 녹여

봉함 면에 떨어뜨린 후 굳기 전에 인장으로 찍어눌러 두면, 한 번 떼면 다시 붙일 수가 없어 남이 몰래 열어볼 수 없게 된다. 서신을 보낼 일이 많은 귀족은 아예 가문의 문장이 새겨진 봉인용 반지를 끼고 다니기도 했다. 고급스러운 색의 씰링 왁스를 사용하여 봉인한 편지는 꽤 멋스럽기 때문에, 요즘에는 초대장 등에 장식을 더하기 위한 패션 아이템으로 쓰이기도 한다.

동아시아의 인장도 이와 유사한 기원을 가진다. 중국 고대의 문서로는 죽간竹簡(혹은 목간木簡)이 가장 보편적으로 많이 쓰였다. 대나무 쪽을 길게 엮어 그 위에 글을 썼다가 돌돌 말면 한 손에 쥐기 편해 보관과 전달이 용이하다. 돌돌 만 죽간을 아무나 펴볼 수 없도록 그 봉함 면을 진흙으로 봉한 후 거기에다 보낸 이를 나타내는 인장을 찍은 것이 곧 봉니封泥이다(니泥는 진흙이라는 뜻인데, 전달할 물품을 넣은 상자를 묶고 그 위에 봉니로 봉하기도 했다). 봉니는 죽간과 더불어 나타났기 때문에 그 유래가 무척 오래되었다. 춘추전국시대의 인장도 상당량이 전하고 있으나, 중국 고대의 인장 형식이 확립된 시기는 통일 왕조인 진秦과 한漢, 특히 한나라 시기였다. 넓은 영토와 굳건한 황제권으로 인해 문서의 수요가 폭증한 이 시기에, 행정 문서의 기본이었던 목간의 유통이 이전과 비할 수 없이 증가했고 이에 따라 봉니도 널리 퍼지게 되었다. 동아시아 한자 문명권의 여러 기준이 세워졌던 이 시기에, 인장도 가장 보편적인 증명 수단으로서 그 지위를 확고히 하였다.

이런 배경을 고려하면, 한나라 시기 인장이 왜 그러한 모습을 띠고 있었는지 자연스레 이해가 된다. 이 시기 인장의 보편적 형태는 다음과 같은 것이었다.

우선 진흙에 찍는 봉니이므로, 인면의 글씨는 음각이었다. 인면의 오목새김 부분에 진흙이 들어차야, 진흙 위에 찍은 글씨가 볼록하게 표시되기 때문이다. 네모난 형태의 방인이 기본이었고, 크기도 1촌 내외로 그리 크지 않았다. 진흙에 눌러 찍는 용도이므로 금속제가 많았는데, 화려한 것은 금은으로도 만들었지만 대개 동銅으로 만들었다. 개인적으로 쓰인 사인私印도 있었지만, 공적 용도로 쓰인 관인官印이 더 많았다. 관리들은 관인을 항상 허리에 차고 있다가 필요할 때 사용했다. 허리에 차기 위한 인끈(도장끈)을 '수綬'(인끈 수. 불紱이라고도 함)라고 하며, 도장 위쪽 인끈이 통과하는 부분이 '뉴鈕'이다. 손잡이 역할도 겸하는 이 인뉴印鈕는 관리의 등급에 따라 낙타, 호랑이, 거북 등 각종 동물의 모양으로 만들기도 했다. 여기에서 한문의 여러 표현이 유래했다. '교귀交龜', 즉 거북 모양의 도장을 교환한다는 것은, 전임 수령과 후임 수령이 업무를 인수인계함을 가리킨다. '해불解紱', 즉 인끈을 푼다는 것은 관리가 사임함을 의미한다.

베이징 자금성에 있는 고궁박물원 소장의 '정강국승征羌國丞' 인장은 전형적인 한대漢代 관인이다. 후한後漢 시기의 물건으로서 실용적이며 소박한 모습을 하고 있다. 정식 명칭은 '동銅 와뉴瓦鈕 정강국승 인印'이다. '동'은 이 인장이 구리로 만들었음을 뜻하며, '와뉴'는 인뉴의 한 형식으로 반원형의 기와 형태를 한, 구멍이 큰 것을 가리킨다. 이 도장은 인면의 글씨 그대로 정강국승이 사용했던 것이다.

'정강국'은 현재의 허난성河南省 뤄허시漯河市 지역에 있던 후한시대의 제후국이다. 후한의 창립자 광무제 시절의 뛰어난 장군이었던 내흡來歙이 사망한 후 책봉된 곳으로서, 그가 강인羌人(중국 서쪽의 이민족)을 정벌한 공이 있다고 하여 이러한 이름이 붙었다. 승丞은 관직명

〈정강국승〉 동인銅印.
중국 베이징 고궁박물원 소장.

〈정강국승〉 동인 인영印影

이다. 중앙에도 있고 지방에도 있었는데, 후국이나 현縣 등 지방의 승은 문서를 관장하고 재정·형벌(倉獄)의 감독을 담당한 고위직이었다. 인영印影을 기준으로 오른쪽 위의 '정征'부터 세로로 배열된 네 글자는 인면을 사등분하면서 고르게 위치하고 있어, 실용을 주로 추구한 데서 나온 질박한 힘과 균형미에서 기인한 차분함을 동시에 느낄 수 있다. 인면 전체를 빈틈없이 꽉 채우고 있기에, 글자의 바깥 획과 인장의 변두리가 겹친 부분의 획이 생략된 효과를 저절로 낳게 되었다. 나라 국國의 왼쪽 어깨는 둥글게 닳은 인장 모서리와 함께 날아가버렸다. 한대 인장의 이런 자연스러운 고졸미古拙美는 후대 전각가들에게 많은 영감을 주었다.

당대唐代―인장의 일변

사산비명四山碑銘은 최치원이 지은 4개의 비문으로서 〈희양산 봉암사 지증대사비〉, 〈지리산 쌍계사 진감선사비〉, 〈초월산 대숭복사비〉, 〈숭엄산 성주사 낭혜화상비〉를 가리킨다. 신라 말 선종의 아홉 갈래를 '구산선문'이라고 하는 것처럼, 불교에서는 어떤 절을 가리킬 때 그 절이 소재한 산의 이름을 대신 부르는 경우가 종종 있다. 그 때문에 비석이 서 있는 각각의 절이 있던 네 개의 산 즉 '사산'으로 후대에 이 비문들을 통칭한 것이다. 그중 깨져서 조각만 전하는 〈대숭복사비〉를 제외한 나머지 3개의 비석은 당시의 모습을 오늘날에도 그대로 확인할 수 있다. 각각의 비문 앞머리에는 비문의 제목과 글을 지은 작자 즉 최치원의 이름을 적은 부분이 나온다. 여기서 최치원은 자신이 지냈던 관직명을 길게 나열한 후 마지막에 "사자금어대 신 최치원 봉교찬賜紫金魚袋臣崔致遠奉敎撰"이라 쓰며 끝맺고 있다. '봉교찬'은 왕명을 받들어 글을 지었다는 뜻이다. '사자금어대'는 자금어대를 하사下賜받았다는 말이다. 최치원은 사산비명뿐 아니라 자신의 정식 직함을 적을 일이 있을 때마다 자금어대를 하사받은 신분임을 꼬박꼬박 밝히고 있다. 그만큼 자금어대를 하사받은 것은 영광스러운 일이었다. 그렇다면 이 자금어대란 무엇일까?

자금紫金은 자줏빛 비단에 금색 무늬를 아로새겼다는 말이다. 어대魚袋는 어부魚符를 넣어 몸에 차는 주머니이다. 어부는 관리의 직함과 이름 등을 새겨 몸에 차고 다니는 일종의 증명서이다. 물고기(魚) 모양으로 생긴 부절符節이라는 뜻에서 '어부'라는 이름이 붙었다. 부절은 어떤 문구가 쓰인 금속 등으로 만든 조각을 둘로 나누어 양측에서 한 개씩 가지고 있다가 확인이 필요할 경우 맞춰봄으로써 증명의 신표로 삼는 물건이다. 부절은 오래전부터 있던 것인데, 수당隋唐 시대에 잉어 모양의 어부를 관리에게 나누어주는 것이 제도로 확립되었다. 신분 증명뿐 아니라 군사 동원이나 관리 소환 등의 경우 확인용으로도 쓰였기 때문에 부절 형식으로 만들어진 것이다. 당나라로 유학을 가 과거에 급제해 관리로 등용된 화려한 이력을 가졌던 최치원은 신라로 귀국하여 그다지 즐겁지 못한 여생을 보냈다. 그랬던 그에게 황제로부터 하사받은 자금어대만큼 자신이 당나라의 정식 관리였음을 확실히 보여주는 것은 없었으리라.

당나라 때 어부와 어대의 존재는 인장 제도의 변화와 밀접한 관련이 있다. 남북조시대를 거치며 문서의 주된 매체가 죽간에서 종이로 옮겨갔다. 이제 봉니가 필요 없게 된 것이다. 진흙 위에 눌러 찍을 일이 없으니 오목새김의 백문白文도 별 의미가 없게 되고, 인주를 묻혀 종이 위에 찍게 되면서 자연히 볼록새김의 주문朱文이 대세로 자리잡게 된다. 그런데 이럴 경우 인장의 크기가 작으면 문제가 된다. 찍은 글자가 뭉개져 번져서 또렷하지 않게 되기 십상이기 때문이다. 이에 따라 한대의 인장보다 훨씬 커져서 대체로 5~7센티미터의 크기를 갖게 되었다. 크기가 커지니 차고 다니기도 어려워진다. 그래서 당나라 때부터 관인은 관청에 놔두며 쓰고, 관리에겐 따로 어부가 지급되었다. 관청, 관직의 이름이나 지명이 바뀌면, 기존의 인장은 반납·폐기되었다. 그래서 당대의 인장은 훨씬 오래전인 한대의 인장보다 전하는 수가 오히려 적다.

중서성中書省은 수·당대의 정치 체제인 삼성육부

"사자금어대신최치원賜紫金魚袋臣崔致遠".
쌍계사 〈진감선사비眞鑑禪師碑〉 탁본에서.

제의 '삼성' 중 하나로, 황제와 상담하며 각종 정책 및 법안을 수립하는 역할을 하던 중앙의 고위 관서이다. 당나라의 제도를 본떠서 고려 시대에도 두었기 때문에 우리에게도 익숙하다(고려는 삼성의 중서성과 문하성을 합쳐 중서문하성을 두었음). 당나라 때 관인官印인 '중서성지인中書省之印'은 앞에서 나온 한인漢印 '정강국승' 도장과 마찬가지로 베이징 고궁박물원 소장품이다.

가로세로 2.2센티미터였던 '정강국승'보다 확실히 커서 5.6제곱센티미터의 크기이다. 인영印影의 글씨가 주는 맛도 무척 다르다. 획의 굵기가 가늘고 곡선적이라서 마치 철사를 구부려 만든 선과 같은 느낌을 준다. 한대의 봉니용 관인은 크기는 작아도 물체로서 주는 무게감이 있었다. 그에 비해 당대의 이 주문 인문印文은 완연한 글씨이다. 문서에서 다른 글씨들과 함께 자리하되, 이 인영은 구불구불한 전서篆書체 '글씨'로서 독자적 존재감을 갖는다. 이 주문 인장 형식은 이후 인장을 찍은 사람의 성명을 표시하는 표준 형식으로 자리잡게 된다.

동고비뉴銅高鼻鈕 〈중서성지인中書省之印〉.
중국 베이징 고궁박물원 소장.

〈중서성지인〉 인영印影

명대明代 – 인장의 재발견

관인과 사인을 막론하고 한대와 당대의 인장(특히 그 글씨)에서 멋을 발견할 수는 있지만, 과거의 인장은 기본적으로 누군가를 증명하거나 어떤 사실을 인정하는 데 쓰이는 실용적 물건에 지나지 않았다. 그랬던 인장이 완상의 대상인 예술품으로 거듭나게 된 때가 바로 명대였다. 그 배경엔 명대의 경제적 풍요와 문화의 발전이 있다. 인쇄물의 폭증에 따른 옛 문물, 특히 옛 글자에 대한 관심 증가도 분명 그 주된 요인이 된다. 그러나 이런 먼 배경보다 더 중요한 요인으로, 명 중기 이후 인장이라는 작은 세계에 각자의 노력을 경주한 전각 예술가들의 창의를 꼽아야 할 것이다. 여기에서는 인장의 가치를 재발견하여 거기에 예술적 의의를 부여한 명대의 몇몇 전각가들을 소개하고자 한다.

문팽文彭

문팽文彭(1498~1573)은 앞의 '아雅'에서 다룬 저 유명한 문징명의 큰아들이다. 아버지가 당대의 큰 문인이었던 만큼, 문팽 또한 시문과 서화에 두루 능통했다. 그러나 그의 이름을 후세에 남긴 것은 무엇보다 전각篆刻이었다.

처음에 그는 주로 상아에 인장을 새겼다. 전서篆書 등 옛 문자로 된 인문은 자신이 쓰고, 새김은 당대 유명한 옥 조각공이었던 이문보李文甫라는 사람에게 맡겼다. 그는 난징南京(남경)의 국자감國子監 박사博士 직을 지냈는데, 서홍교西虹橋를 지나다가 우연히 돌을 캐서 날라다 파는 일꾼을 만나 청전석青田石의 일종인 등광동燈光凍이라는 석재를 얻게 되었다. '얼 동凍'은 '얼음 빙冰'과 통하는데, 동석凍石은 반투명한 것이 얼음을 연상시킨다고 하여 붙은 이름이며 엽납석葉蠟石 (파이로필라이트, 납석)을 가리킨다. 등광동은 등불을 비추면 빛을 낸다고 한다. 이 돌은 굳기(경도)의 정도가 낮아(경도 1~2) 칼로 새기기 편하다. 이전까지 인장의 주요 재료였던 금속, 옥(경도 6 이상), 상아(경도 2.5) 등은 굳기가 세서 숙련된 장인이 아니면 새기기 어려웠다. 문팽과 교유가 깊었던 하진何震도 이 돌을 즐겨 사용했고, 이후 인장의 재료는 석재가 대세로 자리잡았다(청전석이 조각에 사용된 것은 당나라 시기로 거슬러올라가며, 원나라 때 조맹부나 왕면王冕도 이 돌로 인장을 만들었다. 그러나 인재印材로서 유명해져 널리 퍼지게 된 것은 문팽 이후이다). 돌로 된 인재에 문필가 스스로 전서로 쓴 글씨를 친히 새기는 '자전자각自篆自刻'의 시대가 되면서, 인장은 드디어 예술의 한 분야로 편입되었다. 이후 '전각가篆刻家'들이 다양한 인재를 시험하고 각자 연구한 옛 글씨체를 써보며 자기만의 각법刻法(새기는 법)을 연마하면서, 명나라 말엽 이후 전각 예술이 꽃피게 되었다. 문팽은 이러한 풍조를 열어젖힌 사람으로서, 전각 예술을 개창한 비조鼻祖로서 후대 전각가들의 존경을 받았다.

문징명의 아들답게 그가 인면에 구사한 글씨는 평온하고 수려한 맛을 품고 있다. 여기에 옛 문헌에 대한 연구에서 나온 고색古色이 더해져 아정하고 침착한 분위기마저 갖추게 되었다. 교양미 넘치는 문예인이었던 그는 이름이나 호, 직함 이외에 정취 있는 어구를 인장에 적극 도입하기도 했다. 이런 인장을 일본에서는 '유인遊印'이라 하고, 중국에서는 주로 '한장閑章'(閒章)이라 부른다. 이름 그대로, 일삼아 찍는 것이 아닌 노는 기분을 내기 위함이요, 증명을 위한 이름이 아닌 삶에 여유를 주는 말을 새긴 도장이다. 전각이 아직 본격적으로 향유되기 전이라 문팽의 인장은 체계적으로 수집·관리되지 못했다. 그 때문에 유명세에 비해 그의 진품은 그리 많이 남아 있지 않다.

현재 상하이박물관上海博物館에 소장되어 있는 문팽의 〈칠십이봉심처七十二峰深處〉 인장은 중일전쟁 시기에 출토된 것이라고 전한다. 상아 재질의 이 도장은 측관側款(도장 옆 면에 새긴 글씨)에 '문팽文彭'이라고 되어 있어, 이문보가 새긴 문팽의 인장임을 알 수 있다. 주변부의 박락이 무척 심하지만, 남아 있는 글씨만으로도 온아한 아취를 느끼기에 충분하다.

문팽은 측관을 적극 활용한 선구자이기도 하다. 그의 인장이라 전하는 〈금파의송완학琴罷倚松玩鶴〉(거문고 연주가 끝난 후 소나무에 기대어 학을 완상하다)에서 다음과 같은 측관을 확인할 수 있다. 지금 남아 전하는 도장의 진위는 확인할 수 없지만, 글귀는 분명 그가 쓴 것이다.

문팽 〈칠십이봉심처〉 인印.
중국 상하이박물관 소장.

〈칠십이봉심처〉 인영印影

나는 형천荊川 선생(당순지唐順之)
과 친하게 지냈는데, 선생의 별장
에는 오래된 소나무가 한 그루 있
었고, 뜰에는 학도 두 마리 키우고
있었다. 공무 중 틈이 나는 대로
나와 함께 그곳에서 시를 읊기도
하는 등 마음 놓고 놀면서, 거문고
를 타거나 학을 완상하는 등 정말
로 즐거운 시간을 보냈다. 선생의
뜻에 감회가 일어 상자 속에서 찾
은 옛 돌에 이 일을 새겨 선생께 선
사하니, 그곳의 분위기(境)가 이 돌
과 함께 전해지기를 바라노라.

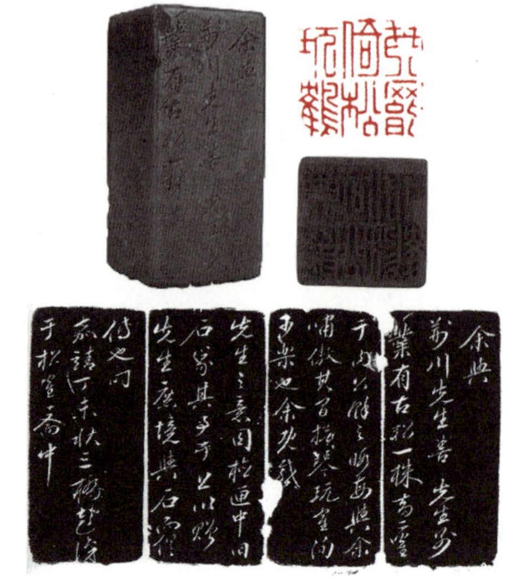

전傳 문팽 〈금파의송완학〉 인印.
서령인사西泠印社 소장.

余與荊川先生善 先生別業有古松一株 畜二鶴于內 公餘之暇 每與余嘯傲其

間 撫琴玩鶴 洵可樂也 余既感先生之意 因檢匣中舊石 篆其事于上 以贈先

生 庶境與石而俱傳也

한 손에 움켜쥘 수 있는 작은 돌에 소나무 한 그루, 두루미 두 마
리, 그리고 마음이 통하는 두 사람이 들어 있다. 인장은 별장에 비해
턱없이 작으나, 그 경지(경境)를 담아내기엔 부족함이 없다. 인문과 측
관을 통해 인장과 별장의 정신적 면적은 동일한 것이 되었다. 문팽은
전각의 이 작지만 큰 신세계로 가는 문을 활짝 연 앞선 이였다.

제3부 한자, 어떻게 발전해갔는가

하진何震

하진(?~1604)의 생애는 불분명한 점이 적지 않다. 집안은 원래 안후이安徽(안휘)의 우위엔婺源(무원)(현재는 장시성江西省에 속함) 출신이지만, 남경에서 오랫동안 지냈다. 남경에 있는 동안 문팽과 교류하게 되었는데, 나이가 많고 지위가 높았던 문팽이 스승 격이었다. 다방면에 능통한 문팽과 달리, 하진은 전각만 집중적으로 연마했다. 그가 새긴 인장은 많이 유통되었고, 또 널리 인기를 모았다. 당대에 인장의 예술적 가치가 높아진 것, 특히 석재 인장이 널리 유행하게 된 데에는 하진의 공이 적지 않았다.

문팽과 하진은 '육서六書'에 대한 연구를 강조했다. 육서의 학문은 글자 형성의 근원인 고문자에 대한 지식을 가리킨다. 하진은 육서에 정통해야 함을 특히 강조했다. 하진의 활발한 인장 창작 활동의 근원에는 고문자에 대한 방대한 지식이 있었다. 그러나 그는 단순히 과거를 따르기만 하는 사람이 아니었다. 그가 새긴 인장만 보아도 우선 문팽과 크게 다르다. 수려하고 전아한 문팽의 글씨와 달리, 그의 것은 통쾌하고 참신한 맛이 있다. 그 시기 사람들은 이를 일러 그의 인장이 '맹리猛利'하다고 했다. 세차고 날카롭다는 뜻이다.

그의 〈시문심처柴門深處〉(깊숙한 곳에 자리 잡은 사립문 달린 집. 『소석산방인원小石山房印苑』 수록) 인장은 글자 배치와 구성이 대담하며, 획은 강렬하다. 획이 주는 이러한 느낌은 새김칼 놀림에서 기인한 것이다. 그는 충도법衝刀法을 구사했다. 이 기법은 새김칼을

하진 〈시문심처〉 인印

돌에 대고 밀면서 한 획을 단번에 새기는 것이다. 이렇게 하면 강하면서도 산뜻한 획을 얻게 된다. 새기는 글자에 대한 지식과 매체인 돌에 대한 파악이 확실하지 않으면 구사하기 어려운 방법이다. 하진 전각 세계의 창신創新은 여기에서 기인하였다.

주간朱簡

문팽과 하진보다 약 반 세기쯤 뒤에 태어난 주간朱簡(1570~?) 또한 옛 인장에 대한 연구를 바탕으로 자신만의 인장 세계를 개척한 예술가이다.

주간은 진계유陳繼儒(1558~1639), 조환광趙宦光(1559~1625), 이유방李流芳(1575~1629) 등 유명 문인학자들과 활발히 교유했다. 특히 당대를 호령한 대문필가인 진계유에게 배우며, 그를 통해 항원변項元汴(1525~1590) 등 유명 수장가들이 수집한 옛 인장 컬렉션에 접근할 수 있었다. 진계유는 여러 가지 책을 많이 편찬했는데, 그가 지은 책들은 당시의 출판 붐을 타고 날개 돋친 듯 팔려나갔다. 진계유의 이름을 달고 나온 책 중엔 그 자신의 저술도 있었지만, 옛 문헌에서 여러 가지 사실을 모아 엮어낸 것도 적지 않았다. 주간은 진계유를 본받아 옛 문헌에서 모은 인장에 대한 자료를 집중적으로 연구했다. 그는 14년에 걸친 노력을 통해 『인품印品』이라는 인보印譜(인장을 찍은 인영印影을 체계적으로 모은 책)를 완성해냈다. 『인품』은 선진先秦 시기부터 원명元明에 이르기까지 방대한 양의 옛 인영을 모아 엮은 것인데, 그저 인영을 수집하여 나열한 데 그치지 않고 성격에 따라 분류·품평하고 고증하며 장법章法 등 인장 글자의 구성 원리에 대한 탐구까지 수행한 역작이었다. 이에 더하여 『인장요론印章要論』, 『인경印經』 등의 책을 저술하는 등 이론

적 작업도 병행하였다. 주간의 인장 수집 및 연구는 '인학印學'(인장학)이
라 해도 전혀 손색이 없을 정도의 수준 높은 문예 활동이었다.

물론 명나라 말의 글씨는 앞에서 소개한 '연면 초서'가 큰 줄기를
이루지만, 무시할 수 없는 또하나의 조형이 나타났다. 옛 전서篆書의
독창적 활용이 그것이다. 부산傅山은 이런 경향을 대표하는 인물 중
한 명이다. 그는 굽이굽이 이어지는 행초서를 잘 썼으나, 동시에 기묘
한 모양을 가진 전서로도 또하나의 세계를 이루었다. 조환광의 전서
도 유명했다. 그의 전서는 초서의 획으로 쓴 것이 특징이다. 전체적으
로는 분명 전서의 자형이면서 하나하나의 획은 구불구불한 초서의 획
이기에 무척 기묘한 느낌을 준다. 조환광의 획에 대한 탐구는 주간에
게도 큰 영향을 주었다. 다만 조환광이 붓을 들었다면, 주간은 칼을
잡았다. 서예가에게 필법筆法이 있는 것처럼, 전각가에겐 도법刀法이
있어야 한다. 한자 붓글씨 조형성의 핵심이 획에 있듯이, 인장 글씨의
독창성도 가장 기초적인 조형 요소인 획을 통해 획득되어야 한다. 인
장의 획은 조각칼로 새긴다. 자, 그렇다면 어떻게 새길 것인가?

주간이 택한 방법은, 하나의 획을 한 번의 칼질이 아닌 여러 번의
칼질로 나누어 새기는 것이었다. 이것이 곧 '절도법切刀法'이다. 이는
충도법과 대비되는 칼 쓰기 방법이다. 그 방법은 대략 이런 것이다. 전
각에 쓰는 칼은 좁고 짧고 평평한 날을 가진 작은 조각도인데, 이 칼
날을 약 60도 각도로 힘을 주며 인재의 평평한 표면에 밀어넣는다. 이
와 동시에 손잡이를 90도로 세우면, 칼날이 파고들면서 석재가 갈리
며 짧은 쐐기꼴 모양이 새겨지게 된다. 그리고 새겨진 곳 끝에 칼을
대고 이를 반복한다. 칼끝 날의 가로 길이가 매우 짧기 때문에 새겨진
길이도 짧아서, 글자의 한 획을 새기기 위해서는 칼을 여러 번 반복하

여 놀려야 한다. 이런 도법으로 새긴 획은
획의 양쪽 면이 모두 울퉁불퉁하여 거친
느낌을 준다. 이는 풍화風化의 감각을 일깨
운다. 풍화는 세월의 결과물이다. 따라서
절도법으로 새긴 획은 자연히 예스러운 인
상을 풍긴다. 절도切刀 즉 칼을 여러 번 끊
어 새김이 더 나아가면, 쇄도碎刀 즉 부술
듯이 새기는 도법이 된다. 이 정도가 되면,

주간 〈우중지이수능又重之以修能〉 인印

원 글자의 획의 모양을 새겨서 인면에 재현하는 것을 넘어, 종이 위와
는 다른 새로운 느낌의 획을 석재 위에 창조하는 셈이다. 글씨 서사자
의 획을 통한 창조와 맞먹는 경지를 드디어 전각가도 획득하였다. 전
각도의 짧은 칼놀림을 통해 오래전 글씨체인 전서의 획 또한 창조된
옛 시간을 오늘에 불러냈다. 절도법과 쇄도법은 전각이 진정한 예술로
나아가게 된 작지만 중요한 한 걸음이었다.

서호의 인인印人 정경丁敬,
위대한 종합을 통해 새로운 경지를 열다

명말청초, 중원의 지배자가 교체되는 대혼란기에도 인장 문화는 발
전을 거듭했다. 수많은 인장가들이 자신만의 개성을 뽐내며 명멸하였
다. 시간은 흐르고 흘러 청조의 명군 강희제의 치세를 맞게 되었다. 정
치는 안정되고 문화 또한 융성기를 맞이했다. 그중에서도 항저우杭州
(항주)를 중심으로 한 저장浙江(절강) 지역의 번영은 특히 대단한 것이
었다. 명나라 때 이 지역에서 활동했던 화가들의 화풍을 미술사에서

제3부 한자, 어떻게 발전해갔는가

는 '절파浙派'라고 부르는데, 조선 전기의 회화에 큰 영향을 끼쳤기에 우리나라 문화사에도 종종 등장한 바 있다. 인장의 역사에도 '절파'가 있다. 안후이安徽(안휘) 출신 혹은 그 지역에서 활동한 예술가들을 가리키는 '휘파徽派'와 함께 절파 그룹은 인장 역사의 거대한 메인 스트림 중 하나이다. 이 절파 인장의 위대한 역사를 연 이는 화려한 문화 도시 항주 한가운데에서 차분한 은자의 삶을 영위했던 인인印人(인장가) 정경丁敬이다.

정경은 1695년(청 강희 34, 조선 숙종 21)에 태어나 1765년(청 건륭 30, 조선 영조 41)까지 산 사람이다. 항저우에서 태어난 정경은 절강 지역 문인들과 폭넓게 교유하긴 했으나, 쑤저우에서 공부했던 시기를 제외하면 주로 고향 땅에서 활동하며 일생을 보냈다. 집안이 가난하여 젊은 시절에는 술을 팔아 생계를 유지했다고 한다. 넉넉지 않은 형편 속에서도 옛 글씨를 좋아했던 그는 금석金石 자료들을 폭넓게 수집하여 깊이 연구했다. 학문이 넓고 글이 훌륭한 것으로 이름이 나 관직에 천거되기도 했지만 벼슬길에는 끝내 나서지 않았으며, 평생 연구자로서 그리고 예술가로서 유유자적 조용한 삶을 영위했다. 그가 조용하고도 꾸준하게 자신의 삶을 온전히 쏟아부은 예술 장르는 바로 인장이었다.

1.

정경의 인장 세계는 종합이라는 키워드로 요약될 수 있다. 그는 진한秦漢이라는 고대의 고졸한 원천과 당송唐宋이라는 중세의 변환기적 성취, 그리고 명나라 전각가들의 세련된 예술적 창의를 모두 흡수하여 한데 모았다. 정경의 인장 안에서 이 모든 앞 시대의 성취가 융합·

응축되어 놀라운 빅뱅을 일으켰다.

붉은 바탕에 흰 글씨로 찍히는 백문인白文印은 음각으로 판 한대 인장의 전통 위에 선 것이다. 반대로 흰 종이 위의 붉은 글씨인 주문인朱文印은 양각의 당대 인장을 계승한 부류다. 봉니 즉 진흙 위에 찍는 용도였기에 백문인의 글씨는 비수肥瘦(살짐과 마름. 획의 굵고 가는 정도)가 적은 굵은 획을 기본으로 한다. 획의 꺾임 즉 전절轉折도 직각

정경 〈서호선화〉 인印. 1747년 작. 가로세로 약 2.9cm.

이 많다. 자연히 그 글씨는 명확하며 강인하고 실용적이며 질박한 인상을 준다. 당나라 때는 죽간이나 청동기의 옛 글씨를 연구하여 탄생한 이양빙李陽冰 등의 곡선적 전서篆書가 유행했고, 이에 따라 인장의 글씨도 유려하게 구부러진 획과 복잡한 곡선으로 가득찬 구성을 취한 쪽으로 발전했다. 전통적인 주문인이 백문인과 전혀 다른 인상을 주게 된 배경에는 이런 역사가 깔려 있다. 이러한 백문인과 주문인의 전통을 염두에 둔다면, 정경의 〈서호선화西湖禪和〉 인장은 꽤 기묘해 보인다.

이 인장은 정경의 나이 53세 때인 1747년 정묘년에 새긴 것이다. '선화禪和'의 '화'는 화상和尙 즉 승려를 가리키는 말로서 '선화'는 선승을 말한다. 이 인장은 정경과 교유가 깊었던 승려인 명중明中에게 준 것이다. 도장을 새겨서 준 정황이 측관에 기재되어 있다.

항주 성인사聖因寺의 대항大恒(명중의 자字) 화상은 마음을 나눈 세상 밖 내 친구(方外契心之友)이다. 돌덩이 2개에 전각을 해달라고 부탁을 해왔는데, 오래도록 질질 끌며 응해주지 못했다. 이는 우리 부처님도

입을 떼지 못하도록 할 무거운 공안이지만, 오직 우리 두 사람이 막역한 사이라 내게 준 것이다. 그리하여 이 '서호화상' 네 글자 인장을 만들어주니, 나중에 『서호고승사략西湖高僧事略』을 이어서 짓는 이가 나온다면 이 대항 화상을 빼놓지 못하리라. 정묘년 겨울, 둔정鈍丁(정경의 호)이 연림硯林에서 기록하다.[1]

막역한 사이인 '방외方外'(세상 밖. 속세를 벗어났음을 의미)의 이 마음의 친구와 정경은, 한 사람은 종교의 세계에서, 다른 한 사람은 예술의 세계에서 서호西湖를 공유하고 있었다. 세속적 번영의 중심지이자 대대로 은자와 문인의 선경仙境이기도 했던 이 호수를 공유하는 친구에게 정경은 어떤 글씨를 새겨주었는가?

이 붉은 글씨의 인장은, 붉은 글씨의 주문인이라면 으레 따라야 할 당인唐印(당나라 도장)이 아닌 한인漢印(한나라 도장)의 전통 위에 서 있는 것처럼 보인다. 무엇보다 획의 꺾임의 동세가 직각이기 때문이다. 그러나 한편으로 가느다란 붉은 획임이 분명하기 때문에 당당한 당인적 주문인의 자격이 있다. 이 직각의 꺾임과 가느다란 붉은 획의 동거는 이 인장에 하이브리드적 기묘함을 주고 있다.

그런가 하면 명·청대의 창의를 계승한 후대적 독자성도 가지고 있다. 우선 획의 성질을 보자. 군데군데 끊어져 있으며 깔쭉깔쭉한 양쪽 표면을 지닌 획은 명백한 쇄도법碎刀法 새김의 징후이다. 이 거칠고 질박한 획은 '서호선화' 네 글자를 곧장 풍화의 세월을 거친 옛 시대로 데려가준다. 주간朱簡을 떠올리게 하는 쇄도의 획보다 더 극적인 창의는 임고林皋 등 명말청초의 개성적 전각가들을 능가하는 화면 구성의 독창이다. 첫 글자인 '서'는 보통 쓰는 西의 자형이 아닌 옛 자형인 䕷를 채택했다. 여기에서 囟의 작은 네모는 왼쪽 아래 구석으로 밀어놓고, 릌을 위쪽과 오른쪽 변 전체에 둘렀다. 이때 릌의 가운데 'ㄷ' 자 굴곡부의 크기를 최소화함으로써 두름의 의미를 강화했다. 이 '릌'의 두름은 아래 글자인 '호'에서 길게 빼 직각으로 두른 '月'의 마지막 획의 두름으로 조응된다. '湖'의 변인 '水'의 오른쪽 두 획 중간은 정확히 '古'의 '口'와 들어맞는 크기로 끊어져 있다. 이 '口'라는 작은 네모의 변칙은 윗글자에서 릌의 중간의 'ㄷ' 자 굴곡부와 호응한다. 또한 직각으로 마주치는 수평과 수직의 길고 짧은 획으로 일관한 인장에 囟와 月의 5개의 사선이 변칙의 즐거움을 주고 있다. 이 인장에서 '서호西湖'라는 두 글자는 단순한 지명이 아니다. 명중과 정경 두 사람의 인연의 공간, 나아가 속세이자 선경인 역사의 땅을 이 두 글자가 훌륭히 기념해내고 있다. 옛것에 바탕을 둔 창의와 새 도법으로 살려낸 고졸미가 어우러진 이 네 글자는 어떤 특정한 사람의 이름을 영원의 예술로 재탄생시켰다.

2.

정경의 인장 예술 세계는 실용을 넘어 순수로 나아갔다. 사람의 이름을 나타내기 위한 성명인을 넘어 나아간 어떤 한인閑印에서 그는 전례없는 예술적 성취를 보여주었다.

이 인장은 오언시 한 수 20글자를 새긴 것이다. 그와 깊은 교유를 나누었던 당대에 인장을 가장 광범위하게 수집했던 대수장가 왕계숙汪啓淑(1728~1799)에게 새겨준 것이다. 위의 '서호선화'와 같은 연도에 새긴 것이며, 측관에는 다음과 같은 기록이 있다.

정경 〈하조무인채下調無人采〉 인印. 1747년 작.
가로세로 약 8.5cm.

이것은 당나라 홍애洪涯 장온張氳 선생의 시구이다(취음醉吟 3수 중 둘째 수). 어조가 꼿꼿하고 늠름하면서도 중용의 법도를 지키며 세속과 함께하려는 뜻이 언외에 또렷이 드러나 있다. 내 친구 수봉秀峰(왕계숙의 자) 왕汪 군이 마음에 들어하여 위현韋絃으로 삼고자 나에게 도장으로 새겨달라고 부탁했다. 내가 평소 시구를 새긴 한산인閑散印(비실용적 도장, 한장閒章) 만들기를 좋아하지 않다가 지금 하루아침에 수봉의 청에 응한 까닭은, 내 친구가 먼저 깨달은 옛사람의 이끌림 받기를 바란다는 점이 좋았기 때문이다. 정묘년 11월 8일, 둔정이 연림에서 기록하다.[2]

여기 새긴 장온張氳의 〈취음醉吟〉(취하여 지은 시)은 이러하다.

못난 곡조는 들어주는 사람이 없고
고상한 마음에는 또 성을 내는구나
알 수 없도다, 세상 사람들 뜻이여
날더러 어떻게 하란 말이냐

下調無人采　高心又被瞋

不知時俗意　敎我若爲人

저 옛날 당나라 시인의 시이건만 어찌 이리도 지금의 내 마음에 들어맞을 수 있을까. 장온의 취한 독백, 그 시구를 골라낸 왕계숙의 선택, 그리고 그것을 돌에 새긴 정경의 공감이 모두 한가지였으리라. 이 세 마음이 한데 녹아 20글자 전각의 의장意匠이 되었다.

먼저 글자를 배치(포치)한 방법 즉 장법章法을 보자.

첫 행의 첫 두 글자인 '하조下調'와 둘째 행의 첫 두 글자 '고심高心'은 각각의 행에서 같은 크기의 공간을 차지하고 있다. 그러나 '하조'는 첫 글자인 하下를 작게, 둘째 글자인 조調를 크게 했고, '고심'은 첫 글자인 고高를 크게, 둘째 글자인 심心을 작게 하여 서로 엇갈리게 배치했다. 이에 따라 작은 크기의 '하'와 '심'이 공조하고, 큰 '조'와 '고'가 공명하며, 네 글자가 꽉 맞물린 균형을 이루었다.

첫 행 제3·4자인 '무인無人' 두 글자의 크기는 같다. 그런데 둘째 행 제3·4자 '우피又被'는 우又가 작고 피被가 커서 균형이 깨졌다. 따라서 '하조'-'고심'과 달리, '무인'-'우피'는 크기 비례의 불균형이 두드러진다. 두 행 마지막 글자들인 '채采'와 '진瞋'은 같은 크기로 나란히 서서, 저마다의 행을 단단히 받치고 있다.

셋째 행의 앞 세 글자의 장법 진행은 고요하다. '부지시不知時' 세 글자의 크기는 동일하여 변화미가 적고 안정적이다. 이 평화는 뒤의 두 글자 즉 '속의俗意'에서 크게 요동친다. '속俗'은 그 크기가 이례적으로 작다. 한 획 굵기 정도의 공간을 아래의 '의意'의 첫 획인 입立의 맨 위의 점에 해당하는 '一'에 내주어서, 마지막 글자인 '의'가 20자 중 가장 큰 크기를 갖게 되었다. '부지시속의' 다섯 글자는 전체 20글자 시의 기승전결 구성 중 '전轉' 즉 전환부에 해당한다. 그리고 이 전환은 마지막 글자에서 클라이맥스를 맞이한다. 시속時俗의 '뜻(意)'은 도무지 알 수 없는 이 세상에 대한 아연함의 크기에 비례하여 부풀어 올랐다.

시를 마무리짓는 마지막 다섯 글자 즉 "교아약위인敎我若爲人"은, 크기의 변화도 심하고 획의 얽힘과 구부러짐도 복잡하여 구성이 더욱 드라마틱하다. 첫 글자인 '교敎'는 획의 꺾임이 화려하다. 왼쪽의 '효孝'(爻 아래 子)의 넷째 획, 즉 길고 비스듬히 왼쪽 아래로 뺀 획의 꺾임에 맞추어 子의 마지막 획인 가로획도 위쪽으로 크게 꺾였다. 획수가 많아 크기가 커진 교敎와 균형을 맞추려, 아래의 '아我'는 극단적으로 간단한 형태를 취했다. 이로써 옆 행의 앞 두 글자인 '부지不知'와 각기 차지하는 공간을 가지런히 했다. 다음 두 글자인 '약위若爲'는 '어떠하다'라는 허사적 뜻에 비해 적잖이 복잡한 자형을 가졌기에 둘 모두 상당한 공간을 차지하고 있다. 특히 가운데에 두 개의 작은 동그라미를 갖도록 처리한 '위爲'의 형태가 재미있다. 시의 가장 마지막 글자인 '인人'은 형태가 간단하므로 위의 두 글자가 소비한 공간을 절약해 작게 자리잡으며 도장을 마무리하였다. 이 20개의 블록들은 그 크기에 약간의 변화를 주어가며 서로 꽉 맞물려 인면印面 전체의 벽을 쌓아올렸다.

20글자를 이루는 획들은 매우 굵고 굵기도 거의 동일하며, 예외도 있긴 하지만 전절轉折(꺾임)이 전반적으로 직각을 이룬다. 그 때문에 붉은색의 배경이 오히려 적고 글자들이 차지하는 공간이 더 크다. 그 결과 이 20개의 흰 글자들이 화면을 꽉 채운 인상을 준다. 이는 이 시가 가진 허허로운 시상과 묘한 대비를 이룬다. 역사적 측면에서 보자면, 이 도장은 형태상 백문白文의 한나라 인장을 계승했다. 그런데 그것이 담고 있는 내용은 당시唐詩 즉 당나라의 것이다. 획은 절도법으

로 새겨 매우 거칠고 고졸한 느낌
을 준다. 그러나 장법의 디자인적
감성은 지극히 모던하며 개성적이
다. 하나의 작은 인장에 여러 고
안이 중첩되어 차곡차곡 담겨 있
다. 그러나 이 중첩은 번잡하지 않
다. 굵고 힘차고 거친 20개의 네모
난 글자들은 화면에 최대한의 흰
빛을 주고 있다. 장온의 이 시는
자칫 취한 우울감을 주기 쉽다. 그
러나 이 글자들의 밝음 덕택에 시
는 산뜻한 소탈함으로 거듭났다.
시각적 형상화의 위업이라 칭할
만하다. 이런 성취를 이룬 디자이
너 정경의 위대함에 절로 경의를
표하게 된다.

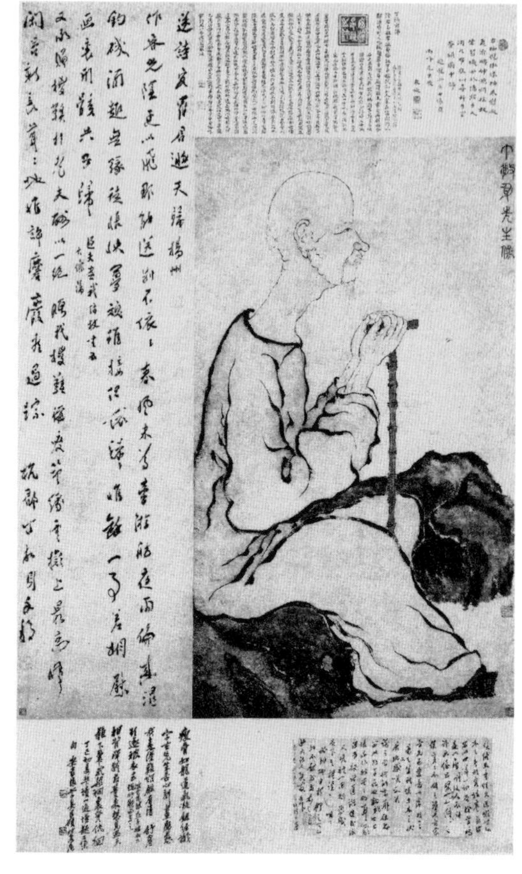

나빙 〈정경신선생상丁敬身先生像〉. 1762년 작. 세로 108.1
× 가로 60.7cm. 중국 저장성박물관 소장.

강파른 학의 모습,
나빙羅聘이 그린 골기 어린 선으로 남다

여기 정경의 초상이 있다. 한 세대쯤 나이가 적은 그의 지우知友 나
빙羅聘(1733~1799)이 그렸다. 바위에 걸터앉은 옆모습의 좌상이다. 대
지팡이를 두 손으로 짚고, 헐렁한 창파오長袍를 입었으며, 종려나무
껍질로 삼은 신발을 신었다. 신발은 나빙이 선사한 것이다. 나빙은 고

제3부 한자, 어떻게 발전해갔는가

향인 양저우揚州로 돌아가며 정경의 초상을 그려서 가지고 갔다. 그림에는 정경이 나빙에게 써준 두 수의 시가 덧붙어 있다.

〈양주揚州로 귀향하는 시인詩人 나羅 군君 돈부遯夫를 송별하며〉
送詩客羅君遯夫歸揚州

객지에서 보낸 세월 나는 듯 흘렀구나

떠나는 이 보내고 나면 어찌 그리운 마음 없을쏜가

봄바람 부니 놀잇배 끌지 않아도 되고

밤비 내려 낚싯줄 드리우던 바위 촉촉이 젖었네

술기운도 소용없이 그저 서글플 뿐이요

꿈에서 만나더라도 다만 흐릿한 그림자이겠지

위안 삼을 만한 일 한 가지는

그림 속 내 모습이나마 그대와 함께 간다는 것이라네

作客光陰更似飛　　那能送別不依依

春風未爲牽游舫　　夜雨偏成濕釣磯

酒趣無緣徒悵快　　夢魂雖接但依稀

惟餘一事差相慰　　畫裏形骸共子歸

돈부가 지팡이 짚고 돌 위에 앉은 나를 그린 큰 초상화를 그려 돌아갔다
遯夫畫我倚杖坐石大像歸

〈늙은이에게 선사한 종혜를 받고 또 절구 한 수를 써주다〉
又承贈樏鞵於老夫 酬以一絶

선물로 준 종혜, 마른 대지팡이와 어울리니

그 신 신고 구름 따라 가장 높은 봉우리로 오르려 하네

그곳엔 새로 자란 이끼 빽빽하여

오직 노루와 사슴 다닌 자취만 보일 뿐이라네

贈我椶鞋稱瘦筇　緣雲擬上最高峰

閑苔新長茸茸地　惟許麋麆看過踪

항주 정경신 씀

杭郡丁敬身手稿

여기서 '종혜'는 종려나무 껍질로 짠 신발을 뜻한다. 시를 쓴 글씨는 그 자형이 간명하며 소탈하다. 획의 돌림은 부드럽다. 그러나 그 선의 질은 그의 도장의 새김획만큼이나 거칠다. 이에 조응하듯, 나빙이 그린 정경 초상화의 필획 또한 물결치듯 부드러운 구불거림과 거친 선질線質로 일관하고 있다.

벗겨진 머리와 늘어진 볼살, 몇 가닥 남지 않은 머리칼과 수염은 노인의 나이를 짐작하게 한다. 인장 연구에 바친 평생의 세월은 특히 그의 목에 고스란히 드러나 있다. 적잖이 주름 잡히고 깡말라 앞으로 쑥 내민 목에서 기다란 학의 목이 연상된다. 목이 앞으로 기운 각도와 평행하게 두 팔 또한 기울었는데, 이 쏠림을 마른 손으로 붙잡은 수직의 지팡이로 받치고 있다. 군더더기라곤 전혀 없이 깡마른 노인의 얼굴은 평온하다. 지팡이 하나, 신발 한 켤레 외에 수중에는 아무것도 가진 것이 없으나 흉중(가슴속)은 옛 글자들로 빼곡하다. 그의 육신은 지금 돌 위에 앉아 있지만, 그의 정신은 고금을 자유롭게 넘나들며 비

상하고 있다. 그가 글씨를 새겨 사람들에게 나누어준 작은 돌들이 품은 예술 세계는 광대하다. 너른 하늘을 훨훨 나는 두루미의 날갯짓 따라 나빙이 그린 정경의 옷깃의 획 또한 자유로이 펄럭이고 있다.

또다른 획으로

작은 돌 위에서 명나라와 청나라의 인장가들은 돌만큼이나 단단한 글씨의 세계를 구축했다. 디자인에 있어 모던한 창의로 번뜩이기도 했으나, 그들이 택한 시간의 방향성은 대체로 과거로 향했다. 명나라와 청나라의 인장가들은 한나라의 옛 인장 글씨의 획의 성질을 재현해냈다. 그들이 인위적으로 창조한 고졸함은 절도법과 쇄도법의 거친 획으로 구현되었다. 그런데 청대 중기에 출현한 어떤 서예가는 옛 글씨의 모양과 획을 종이 위에서 재창조했다. 그 획은 인장의 그것과 퍽 다르다. 아래에서는 이에 대해 살펴보려 한다.

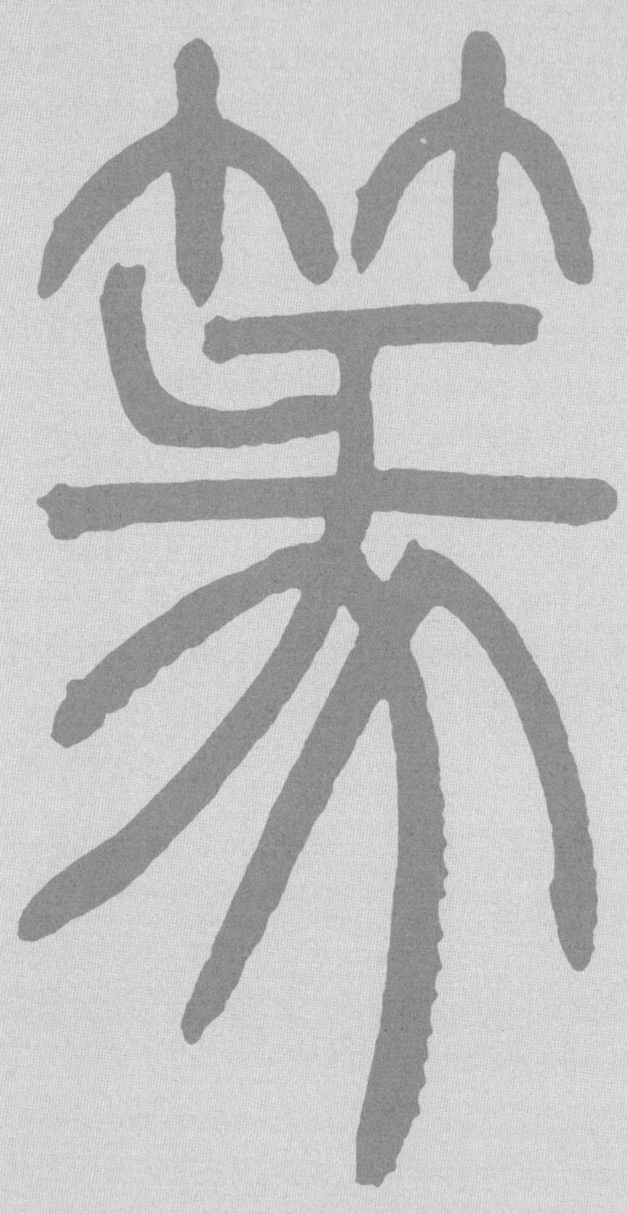

전篆. 등석여鄧石如(1743~1805) 『증긍원사체서책贈肯園四體書冊』 중에서. 1799년

등석여와 전서篆書 혁명

학이 내게 얹혀사는 것인가,
내가 학에 얹혀사는 것인가

불노佛奴가 또 옮겨간다고 한다. 등석여는 언짢았다. 이제껏 여기저기 전전하며 살지 않았는가. 천년을 사는 영물이라고 말들 하지만, 그 녀석도 이제 130살이 넘었다. 언제 하늘로 간다 해도 이상하지 않을 나이다. 그런데 다시 태수의 관아로 거처를 옮긴다니, 네 삶도 참 신산하구나.

불노는 얼마 전부터 집현원集賢院이라는 절에 맡겨 기르고 있는 학이다. '부처의 종'이라니, 승려의 작명이란 참으로 고지식하다. 그래도 이곳 출신인 난대蘭臺라는 승려는 소탈하고 우직하여 믿음직스러웠다. 그 덕택에 거처할 곳이 마땅치 않게 된 이 녀석이 말년을 편히 보낼 곳을 얻게 되었으니 안심이다. 한 달에 한 번 불노에게 먹이를 주러 집현원을 방문하는 것이 등석여에겐 큰 낙이었다.

이 두루미를 처음 만난 건 7년 전 겨울이었다. 양주揚州에서 안경安慶으로 돌아오는 길에 들른 경구京口(지금의 전장鎭江)에 사는 친구 원정극袁廷極의 집에서였다. 당시엔 짝이 있었다. 등석여는 원정극에게 얻은 암수 한 쌍을 자신의 집 철연산방鐵硯山房으로 데려와 길렀다.

철연산방은 불노를 얻기 1년 전인 1795년, 53세의 등석여가 고향 땅에 마련한 거처다(그는 안경의 회녕현懷寧縣 출신이다). 가난한 집안에서 태어나 여기저기 떠돌아다니며 글씨를 쓰고 도장도 새겨 팔던 그가 생애 처음으로 겨우 마련한 안정된 삶의 터전이었다. 불노의 행력 또한 만만치 않았다. 원래 상숙常熟의 장씨蔣氏 집안에 있다가 오흥吳興(지금의 쑤저우蘇州)의 심씨沈氏에게 옮겨갔고, 그다음에는 덕청德清(지금의 후저우湖州 부근)의 서씨徐氏 집으로 갔다가 마지막으로 원정극의 아버지가 천금을 지불하고 경구에 있는 자신의 집 삼십육봉산관三十六峰山館으로 데려왔다. 이 기간만 130년이며 그 이전은 상고할 길이 없으니 나이가 130세 이상임은 확실하다(두루미의 실제 수명은 70~80년이라 하니 기록에 얼마간 과장은 있었으리라). 원정극이 낭중郎中 벼슬을 받아 북경으로 떠나게 되자 마침내 친우 등석여에게 선사한 것이다.

두 마리 학과 등석여는 노년의 좋은 친구가 되었다. 호의縞衣(흰 윗도리. 학의 하얀 몸통의 형용) 원상元裳(검은 아랫도리. 뒤로 모은 검은 날개깃이 치마를 연상시켜 붙은 이름. 원래 현상玄裳이지만 강희제의 이름 현엽玄曄을 피휘하여 현 대신에 원을 씀)에 철족鐵足(쇠빛의 다리) 주정朱頂(붉은 정수리)의 모습을 한, 한 번 울면 소리가 하늘까지 울려퍼진다는 이 영물을 보기 위해 늙은이, 어린아이 가릴 것 없이 고을 사람들이 모두 찾아와 그의 집을 빙 둘러싸고 구경하기도 했다. 단란한 가족과 함께

   제3부 한자, 어떻게 발전해갔는가

하는 편안한 거처에 평생 추구한 옛 문자를 쓰는 문구인 벼루의 이름을 붙였다. 거기에 이제 고아한 자태와 청아한 울음을 갖춘 우아한 친구까지 있게 되었으니 더는 바랄 나위 없었다.

그러나 이 행복은 길게 가지 못했다. 1801년 겨울, 두 마리 학 중 암컷이 "야인의 재앙(野人之厄)"을 만나 죽어버린 것이다. 구체적으로는 알 수 없으나, 아마도 주인 없는 새로 오인되어 사냥을 당한 듯하다. 자신이 사는 곳이 학을 안전하게 키울 수 없는 환경임을 깨달은 등석여는 남은 수컷을 집현원에 맡겼다. 그리고 얼마 지나지 않은 1802년 정월, 등석여의 아내인 심씨沈氏마저 세상을 떠나게 된다. 졸지에 동반자를 잃은 등석여는 같은 처지의 두루미에게 더욱 공감하게 되었다. 이제는 '부처의 종'이 되어 따로 살게 된 학을, 등석여는 30리 길을 멀다 않고 자주 찾아 살피며 지냈다.

1803년 초, 장쑤성 양저우 대명사大明寺에 잠시 머무르고 있던 등석여는 뜻밖의 소식을 듣게 된다. 안경의 지부知府(지방관) 번진樊晉이 우연히 불노를 보고 마음에 들어 하여 관아로 데려가버렸다는 것이다. 등석여는 곧장 집으로 돌아와 2천여 자에 달하는 장편의 글을 지어 번진에게 바친다. 이 글이 곧 등석여의 대표작 중 하나로 꼽히는 〈학을 맡기게 된 사연〉(진기학서陳寄鶴書)이라는 상서上書(어떤 사정을 진술하며 그에 대한 처분을 청원하면서 관아에 올리는 글)이다. 여기에는 이 두루미가 여러 주인을 전전하며 살아온 사연, 마침내 자신의 것이 된 기쁨, 집현원에 맡겨져 불노라는 이름을 얻게 된 사정을 자세히 서술한 후 학을 다시 집현원으로 돌려달라고 청원하며 끝맺었다. 중간에 자신이 전에 학에게 주었던 글 또한 인용되어 있기도 하다. 상서 작성을 마치고서, 끝에 자신의 심경을 담은 다음과 같은 주석을 덧붙였다.

학은 얼마나 오래 사는지 그 한도를 알 수 없다. 사람의 수명은 길어봐야 백 년을 넘지 못한다. 그러나 이 둘 모두 시공에 몸을 맡긴 존재일 뿐이다. 이 학은 지위 높은 공경들께 의탁해 살다가 산인山人(야인. 등 석여 자신을 지칭)에게 의탁했다가 승려에게 의탁했다가 지금은 또 태수(지방관. 번진을 지칭)께 의탁하게 되었다. 태수도 산인도 승려도 공경도 모두 학에게 의탁을 당했다. 학이 사람에게 의탁한 것인가, 사람이 학에게 의탁한 것인가? 학과 사람의 수명은 길고 짧은 차이가 있지만 끝내는 모두 시공간으로 돌아가게 마련이다. 그러니 나와는 무슨 상관이 있으랴. 내가 늘 사방을 떠돌며 분주히 살다가, 이 두루미를 소유하여 돌아온 이래로 눈을 한번 깜빡할 사이의 애완으로 삼은 데 지나지 않았으며 끝내 이 학과 정신으로 깊이 교유하지는 못했다. 그런데 이 글을 지으며, 이 학을 주제로 삼아 이 학을 그리워하며 학에게 훈계하거나 학에게 축원하며 지은 글까지 실었으니, 내가 어찌 이 학과 맺은 정을 잊을 수 있으랴? 이를 보건대, 학을 저버린 것은 아니나 또한 마음속에 학에게 석연치 못한 점이 남아 있던 차에, 이 글을 남겨 이 학을 마음에 담아두려 한 것이다. 이것이 이른바 '학을 가졌다가 학이 없게 되었으며, 학이 없다가 길이 이 학을 갖게 되었다'라는 것이다. 학이여, 학이여! 나와 함께 푸른 물 푸른 산에서 저 아득한 하늘 바라보며 놀 날 기다리지 않고서 어찌 그리 급하게 떠나갔는가? 상서 上書를 완성한 후 주를 달았다.[1]

'기寄'라는 글자는 다른 것에 붙는다는 말이다. '기생충'의 그 '기'

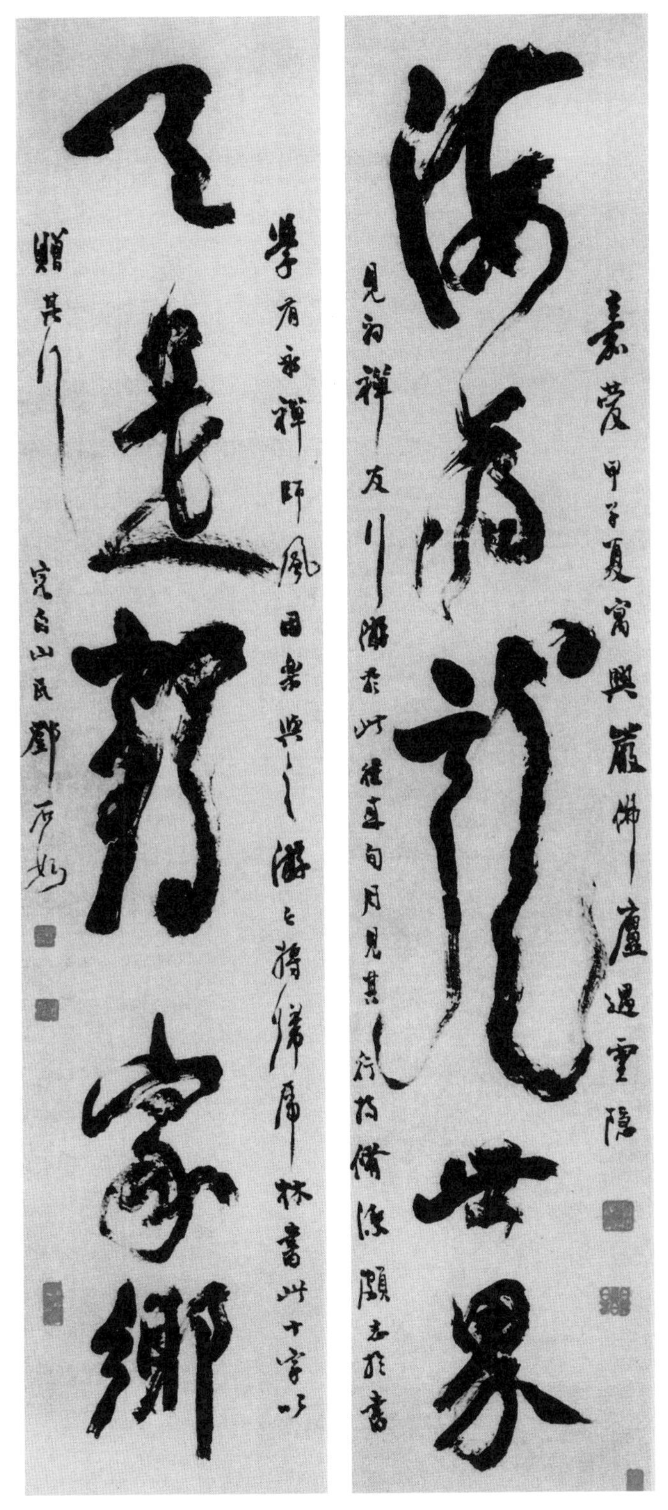

등석여 행초 대련 〈해위용세계 천시학가향〉. 1804년 작. 중국국가박물관 소장.

이다. 원래 살던 자기의 거처가 아닌 학교나 회사 등에 임시로 붙어사는 곳이 기숙사이다. 남의 집에 잠시 '의탁'하는 것 또한 '기'로 표현한다. 나아가 어떤 것을 빌려 자신의 마음을 표현하는 종류의 의탁 혹은 기탁도 '기'가 될 수 있다. '기'라는 한자의 이런 중의적 함의를 빌려 등석여는 말놀이를 했다. 불노는 여러 곳을 전전하며 자신의 몸을 맡겼지만, 그놈에게 의탁당한 주인들은 대신에 이 두루미에게 자신의 마음을 부쳤다. 이 사람들과 이 학은 모두 시공간 가운데 잠시 이 몸을 빌려 사는 존재일 뿐이다. 그러니 내가 몇 년 동안 불노를 소유하며 길렀던 것이 무슨 대수랴. 하지만 그럴수록 이 글의 가치는 빛난다. 학도 나도 언젠가 광막한 영원의 흐름 속으로 사라질 미물이지만, 여기서 토로한 학에 대한 마음은 진정이며 이 글은 내가 그리고 불노가 사라져도 계속 남을 것이 아니겠는가. 내가 맡았다가 이제는 태수에게 맡겨진 학을 되찾으려 올린 이 탄원서는 이렇게 영원의 문학 작품으로 남게 되었다.

이듬해인 1804년 62세의 등석여는 또다른 영원의 거작을 남겼다. 〈학을 맡기게 된 사연〉과 달리 10글자에 지나지 않지만, 그의 서예 세계를 상징하는 대표작 중 하나다. 현재 베이징 중국국가박물관에서 소장하고 있는 대자大字 행초서 대련對聯 〈해위용세계 천시학가향海爲龍世界 天是鶴家鄕〉이 그것이다.

바다는 용의 세상이요
하늘은 학의 제집이로다
海爲龍世界　　天是鶴家鄕

제3부 한자, 어떻게 발전해갔는가

작품의 주인공은 단연 용龍과 학鶴이다. 세로로 긴 두 장의 종이 위에 다섯 글자씩 썼는데, 용과 학은 양쪽 모두 한가운데에 자리하고 있다. 의미로 보아도 이 둘이 대구를 이루는 글귀의 중심이다. 과연 바다와 하늘은 용과 두루미가 뛰노는 무대이다. 이 광막한 공간에서 용과 학은 단순한 짐승을 넘어 천년을 살고 비와 구름을 부리는 신적 존재로 승화한다. 주인공답게 이 두 글자는 양쪽 화면에서 가장 큰 크기를 자랑한다. 그저 크기만 큰 것이 아니다.

먼저 용龍을 보자. 형태상 전형적인 초서의 모양을 한 이 글자는 처음엔 깔끔한 모양의 점과 전형적 필획의 가로획으로 시작한다. 그러나 구불거리며 가늘게 아래로 뻗은 그다음 획에서 이내 평범은 내던져진다. 비정상적으로 길게 뻗은 세로획은 점점 거칠어지더니 마지막엔 회초리처럼 말려 올라가 위로 솟구친다. 龍의 '月' 부분의 초서 형태는 원래 이렇게 쓰지만, 그 비일상적 길이로 인해 힘이 축적된 동세는 독보적으로 강력하다. 바다 깊숙이 다이빙했다가 솟아오른 획은 마침내 작품 전체의 주인공이 되는 획으로 재탄생한다. 아아, 이 획은 그대로 한 마리 용이다. 처음은 머리요, 중간은 몸통이며, 마지막은 꼬리다. 머리는 둔중하게 솟았고, 몸통은 힘차게 꿈틀거리며, 꼬리는 호리낭창하게 흔들린다. 길게 몸부림치는 몸통의 비틀림은 그 자체로 하나의 드라마다. 미리 고안되거나 나중에 재현해도 무방한 디자인으로는 도저히 구현할 수 없는 손글씨만의 극적 형태미가 여기에 있다. 이 극장의 종지부인 커다란 점으로 용龍 자는 마무리된다.

여기 쓰인 글자들이 구조상 일반적 행초서의 형태를 띠되 전혀 전형적이지 않은 형태미를 지니고 있음은 이쪽 폭幅의 나머지 글자들에서도 여실히 드러난다. 용 바로 위에 있는 위爲의 넷째 세로획 또한 아래의 용의 月 부분과 마찬가지로 그 끝이 비정상적으로 말려 올라갔다. 아래 글자 형태의 예비에 해당한다고 하겠다. 이 작품이 초서의 형태이지만 전서나 예서의 획으로 쓰였다는 사실에도 주목해야 한다. 첫 글자인 해海의 삼수변(氵)의 점과 획은 전서적인 필획이다. 마지막 글자인 계界의 마지막 획은 예서적인 맛을 지녔다.

첫 폭의 기세는 둘째 폭에서 훌륭히 이어지고 있다. 축윤명을 떠올리게 하는 전형적인 초서 형태이지만 강력하고도 일관된 획의 기세가 훌륭한 첫째 글자 '하늘 천天'이 이 폭의 기운 또한 만만치 않을 것임을 예고한다. 둘째 글자인 시是는 마지막 획이 인상적이다. 이 거친 획은 거의 수평하게 누워 아래의 학을 위해 이제까지의 공간을 닫아준다.

학鶴은 용보다 크기가 조금 작으나 기운은 그에 필적한다. 용처럼 첫 가로획은 매끈한 선질線質을 지녔다. 그러나 아래쪽 '새 추隹' 부분에 이르러 등석여 행초서 획 특유의 거칠고 힘찬 본색을 드러낸다. 여기에서 가장 주목되는 바는 마지막에서 아래로 뻗었다가 다시 위로 올라가는 획이 같은 경로를 취하고 있는 부분이다. 원래라면 별개의 경로로 오가야 할 두 움직임이 한데 모여 있으니, 자연히 굵고 강한 획이 되었다. 급한 기울기로 되돌아 올라간 이 획의 동세는 그대로 오른쪽의 '새 조鳥'로 이어진다. 용의 오른편(우방右旁)과 마찬가지로 이 새도 그대로 기승전결을 갖추고 있다. 머리 부분은 두 번이나 강하게 꺾여 한 구획을 차지하고 있으며, 거친 표면의 선질로 인해 그 안쪽 공간이 획의 파편으로 가득차 있다. 몸체 역시 중간에 한 차례 크게 꺾여 마치 학의 목이나 몸(혹은 날개나 다리)과 같은 형상을 이루고 있는데, 획의 굵기와 선질에는 거의 변함이 없어 그 동세를 지속하고 있다.

마무리는 용과 마찬가지로 둥근 점을 이루는데, 여기에서는 아래쪽에서 기운이 맺혀 학이라는 글자의 종지부를 확실히 찍어주고 있다.

등석여에게, 특히 이 글씨를 썼을 무렵인 노년의 등석여에게 학이란 각별한 의미를 갖는 존재였다. 오랜 가난에도 불구하고 평생에 걸친 구도를 거쳐 이제는 완숙한 경지에 이른 그의 글씨는 마침내 학의 날개를 펼쳐 훨훨 날아올랐다. 행서와 초서, 전서와 예서 모두를 아우른 그 경지는 하늘만큼 바다만큼 드넓고 학처럼 용처럼 자유롭다. 각종 서체가 하나로 통합된 이 작품은 중국 서예사의 종합이기도 하다. 등석여는 모든 서체에 능했으나 그래도 그중 가장 성취가 높았던 하나를 꼽으라면 아무래도 전서가 된다. 그의 전서 글씨를 살피기에 앞서 우선 이 서체가 걸어온 역사를 간략히 돌아보려 한다.

전서篆書가 걸어온 길

높은 성취의 예술은 때로 문화사의 흐름 자체를 바꿔놓는다. 등석여의 전서가 그랬다. 그의 아름다운 글씨 이래로 전서는 서예가가 필수적으로 구사해야 할 서체로 자리잡았고, 그만큼 교양있는 식자층이 즐겨 감상하기에 적합한 장르로 발전했다. 그러나 여러 서예가들에 의해 아름다운 글씨로 서사되기 전에, 전서는 다른 서체와 마찬가지로 하나의 실용적 글씨에 지나지 않았다. 이러한 재탄생의 문화사적 가치를 제대로 이해하려면 그 전사前史를 살펴볼 필요가 있다. 사실 이에 대한 이야기는 이 책의 '정鼎'~'제帝'에 해당하는 부분에서 이미 다룬 바 있다. 금문金文 및 소전小篆에 이르는 시기의 한자 발전사가 그것이다. 그러나 아래의 요약은 단순한 리바이벌이 아니다. 당대의 실용적 발전에 내재된 예술적 가능성을 후대의 관점에서 바라본 문화적 회고에 해당한다. 이제 전서의 역사를 되새겨보자.

석고문과 이사李斯

전篆은 다른 곳에는 거의 쓰이지 않는 '전서 전용' 글자다. 사실 전서는 무척 모호한 말로서, 학술적으로 그다지 적절치 못한 용어이다. 그 모호함은 지시하는 대상이 지나치게 넓은 데서 온다. 이미 '제帝'에서 살펴보았듯 한자 세계의 최초의 표준 글자체는 소전小篆이다. 이 말에 왜 '작을 소小'라는 접두어가 붙었는가? 대전大篆이라는 서체가 그 앞에 있었다고 여겼기 때문이다. 전통적 관념에 따르면 대전체는 서주西周 왕조 선왕宣王 시절 태사太史였던 사주史籀가 만들었다. 그런데 그 이름에서도 알 수 있듯이 이 사주라는 사람은 가공적 인물의 혐의가 다분하다. 전篆과 마찬가지로 주籀 또한 글자체를 가리키는 용도 이외로는 거의 사용되지 않는 글자이고, 주문籀文 혹은 주서籀書는 곧 대전을 가리킨다. 즉 '사주'는 대전체를 만든 태사라는 어구가 고유명사화한 것이라고 볼 수 있다. 소전은 탄생했을 당시에는 통일 대제국의 표준 글자체였고, 그 이후로도 인장 등 전서를 사용할 곳이라면 기본적으로 사용된 자체였지만, '작을 소小'라는 비칭의 접두어가 붙은 데서도 알 수 있듯이 태생적으로 후대인들이 좋지 않게 생각할 만한 면을 품고 있었다. 진秦과 진시황은 중국 최초의 통일 제국과 그 초대 황제라는 역사적 위상과 별개로 지극히 좋지 않은 인상을 가지고 있다. 제국의 수립과 운영에 결정적 역할을 했던 승상 이사李斯 또한 명재상의 명성이 아닌 악인의 오명을 뒤집어쓸 수밖에 없었다. 이사의 대표적 업적 중 하나가 문자 통일이며, 그 통일 글자체가 바로 소전체이다. 표준 글자체는 역사의 흐름과 더불어 예서로 그리고 해서로 변천해나갔다. 그리고 소전은 그 막대한 역사적 가치를 뒤로하고 인장 등 제한된 역할만을 수행하는 서체로 위축되기에 이른다.

한자 문화권 특유의 복고 혹은 상고주의로 인해 소전 이전의 글자체는 막연한 숭상의 시선을 받았다. 이는 주周나라를 이상적 과거로 받들었던 유가적 관념과 융합하여 마침내 '대전'이라는 기묘한 환상의 서체를 탄생시켰다. 물론 환상에도 어느 정도의 현실적 근거는 있다. 드물게 만나는 선진先秦 즉 통일 진나라 시기 이전 옛 유물들에 새겨진 글씨가 그것이다. 이런 옛 글씨는 세발솥(정鼎)이나 수반水盤 등의 그릇, 칼이나 창 따위의 무기, 종鐘과 같은 악기 등 청동(금金)으로 만든 각종 기명器皿(기물)의 표면 혹은 이면(안쪽 면)에, 그리고 〈석고문石鼓文〉으로 대표되는 돌(석石)로 된 유물의 겉에 새겨져 있었다. 금속과 돌, 즉 금석金石에 새겨진 글(文) 즉 금석문은 가장 확실한 1차 기록이기에 귀한 역사 자료가 된다. 그러나 오래된 유물이 주는 특유의 아우라 덕택에 따로 감상의 시선을 받기도 했다. 소전 이전의 옛 글씨들은 그렇게 점차 신비의 존재로 격상되었다.

잡체전雜體篆

이른바 '대전'의 바탕이 되는 실제의 금문金文, 특히 서주西周 시기의 금문은 그것이 새겨진 청동기의 무게만큼이나 근엄한 중후함을 자랑한다. 그런데 반대편에 또다른 전서가 있다. 거의 장난에 가까운 상상의 나래를 편 환상의 문자, 잡체전雜體篆이 그것이다. 잡체전이란 자질구레한 여러 모양의 전서를 가리킨다. 갖가지 비일상적이며 수상한 모양을 취하고 있어 널리 통용되는 문자와 전혀 달라 일단 옛날 글자인 전서의 부류로 취급하였으되, 잡스러워 도저히 정통적 문자라 보기 힘들기에 '잡체'라 부른 것이다. 도대체 얼마나 변변찮은 꼴이길래 이런 이름이 붙었는가? 몇몇 예를 보자.

우선 동물의 모습을 띤 글자들이 있다. 회란전廻鸞篆(난서鸞書, 봉서鳳書 등의 이름으로 불리기도 함)은 전설 속의 상서로운 새인 난새(난조鸞鳥) 혹은 봉황의 모양을 땄다. 조충전雕蟲篆은 마치 벌레가 갉은 듯한 획으로 구성되었는데, 유명한 열녀인 춘추시대 노魯나라 추호秋胡의 아내가 누에를 치다가 만들어냈다고 한다. 마치 파충류의 발과 같은 모양을 군데군데 지닌 용조전龍爪篆은 왕희지가 쓴 것이라고 한다. 이 밖에 기린, 호랑이, 거북 등 각종 상서로운 짐승의 모습을 딴 글자체가 전한다.

해엽전薤葉篆, 유엽전柳葉篆 등은 늘어진 식물의 잎을 연상시킨다. 해엽은 염교(락교)의 잎이고, 유엽은 버들잎이다. 해엽전은 금해서金薤書 혹은 간단히 해서라고도 하는데, 은殷나라 탕왕湯王 때 은자인 무광務光이라는 사람이 만들었다고 한다. 무광이 은거하며 염교를 심어 먹었는데, 바람이 불어 잎이 뒤채이는 모습을 보고 그 모양을 본뜬 것이라고 한다. 유엽전의 창시자라 전하는 사람은 실존했던 인물이다. 삼국시대 위魏나라에서 진晉나라에 걸쳐 살았던 위관衛瓘이 유엽전을 만들었다고 하는데, 『진서晉書』에 그가 글씨에 뛰어났다는 기록이 있다. 아버지인 위개衛凱, 아들 위항衛恒과 함께 3대가 모두 명필이었으며, 훗날 왕희지의 스승이라 일컬어지게 되는 위부인 또한 이 집안이라고 한다. 획의 끄트머리에 싹이 돋은 듯한 모습을 한 지영전芝英篆이라는 글자도 있는데, 이것은 한漢 무제武帝 때 상서로운 영지가 난 것을 보고 진준陳遵이 만든 글자라고 한다.

몽영夢英 〈십팔체서비十八體書碑〉의 18가지 잡체전. ① 고문古文 (시詩) | ② 대전大篆 (서西) | ③ 주문籀文 (초楚) | ④ 회란전回鸞篆 (일日) | ⑤ 유엽전柳葉篆 (미未) | ⑥ 수운전垂雲篆 (범泛) | ⑦ 조충전雕蟲篆 (월月) | ⑧ 소전小篆 (엄掩) | ⑨ 전전塡篆 (개開) | ⑩ 비백서飛白書 (사思) | ⑪ 지영전芝英篆 (양陽) | ⑫ 전도전剪刀篆 (고膏) | ⑬ 해엽전薤葉篆 (기綺) | ⑭ 용조전龍爪篆 (천千) | ⑮ 과두전蝌蚪篆 (회懷) | ⑯ 영락전瓔珞篆 (건乾) | ⑰ 현침전懸針篆 (안安) | ⑱ 수로전垂露篆 (사師)

해엽전, 유엽전, 지영전을 보고 있자면, 멋을 부려 쓴 획의 모양을 보고 상상의 나래를 펴 그 이름과 기원을 창작한 다음, 다시 그 이름에 어울리게 모양을 더 그럴듯하게 다듬어 꾸민 것이 아닐까 하는 합리적 의심을 거둘 수 없다. 식물이 아닌 다른 사물에 가탁한 글자체들은 획 끝의 변태가 더욱 극단적이다. 마치 털북숭이 고양이 꼬리같이 생겼으나 이름으로 따지면 늘어진 구름 모양의 글자라는 뜻인 수운전垂雲篆은 위관의 아들 위항이 만들었다고 한다. 전도전剪刀篆과 수로전垂露篆은 획 끝의 모양이 대조적이다. 전도전은 칼끝과 같이 날카로운 데 반해, 수로전에는 둥근 이슬방울이 맺혀 있다. 구슬을 알알이 엮어 획을 구성한 영락전瓔珞篆이라는 서체도 있다. 전도전은 삼국 위나라 사람 위탄韋誕이, 수로전은 후한 장제章帝 때 사람인 조희曹喜가, 영락전은 역시 후한의 인물인 유덕승劉德昇이 지었다고 한다. 이들은 모두 후대까지 이름이 전하는 서예가이다. 이들 서체는 모두 획의 모양에 괴이한 개성이 넘친다. 구름, 칼날, 맺힌 물방울, 엮은 구슬 등의 명칭은, 실존하는 사물의 상형성에 기대어 이러한 기괴함이 주는 위화감을 누그러뜨리려는 작위가 아닐까? 그 창제자를 하나같이 이름난 서예가에 가탁한 것 또한 오히려 수상하기 그지없다. 아무튼 이름도 모양도 기이한 이 서체들은 온갖 문자 중 가장 이상한 별격에 해당한다.

그렇지 않아도 별별 해괴한 모양의 글자체가 뒤섞인 잡체전을 더욱 혼란스럽게 하는 요소는 거기에 역사상 실존했던 서체들이 섞여 있다는 점이다. 사주가 만들었다는 서체는 대전과 주문籀文이라는 이름으로 나뉘어 둘이나 수록되어 있고, 창힐이 지었다고 하는 글자도 '고문古文'이라는 이름을 달고 따로 끼어 있다. 이들 '대전', '주문', '고문'은

제3부 한자, 어떻게 발전해갔는가

통일 진 제국 이전, 즉 선진先秦 시기에 사용되었던 서체를, 그 형태를 일부 변용하여 수용한 것이다. 물론 이사가 지은 소전도 있으며, 구불구불한 필획이 화면을 꽉 채운 전전塡篆은 아마도 인장에 흔히 사용되었던 무전繆篆 혹은 구첩전九疊篆의 또다른 이름일 것이다. 비백서飛白書는 거친 갈필로 희끗희끗하게 쓰는 서법의 일종이고, 현침전懸針篆은 획 끝을 길고 뾰족하게 내리그어 멋을 낸 글씨를 전서로 수용한 것이며, 올챙이 모양의 과두전蝌蚪篆(과두는 올챙이라는 뜻)은 선진 시기 죽간의 글씨를 그 역사적 맥락을 소거한 채 이체異體로 수용한 결과일 터이다. 이렇게 보면, 잡스럽다는 잡雜이 더없이 어울리는 형용임을 알 수 있다. 잡체전의 세계에서는 실제 역사의 맥락을 지닌 서체와 상상의 산물이 동등한 위상을 갖고 자리한다. 현실의 무게감이 거의 없는 이 세계에서, 각 글자체는 제 이름을 부르며 그에 값하는 기이함을 나름대로 뽐내고 있다.

잡체전의 가탁 창제자 중에는 후한과 위진 시대 인물들이 많다. 앞에서도 살펴보았듯이 이 시기는 손글씨의 미적 가능성이 폭발하며 서예가 비약적으로 발전한 시기였고, 따라서 후대까지 이름을 남긴 서예가도 많다. 그래서 후대의 잡체전 창작자들은 이 시대 서예가들에게 자신을 즐겨 가탁했다. 개별 잡체 서체들이 언제 만들어졌는지는 정확히 알 길이 없다. 다만 여러 잡체전 혹은 잡체서가 집성된 자료의 형식을 취한 유물로 지금까지 알려진 것 중에서는 송나라 때의 것이 가장 앞선다. 현재 시안西安(서안) 비림박물관에 있는 몽영夢英 〈십팔체서비十八體書碑〉가 그것이다.

이 비는 북송이 건립된 뒤 얼마 지나지 않은 시점인 송 태조 건덕乾德 5년, 즉 서기 967년에 몽영이라는 승려가 쓴 글을 새긴 것이다.

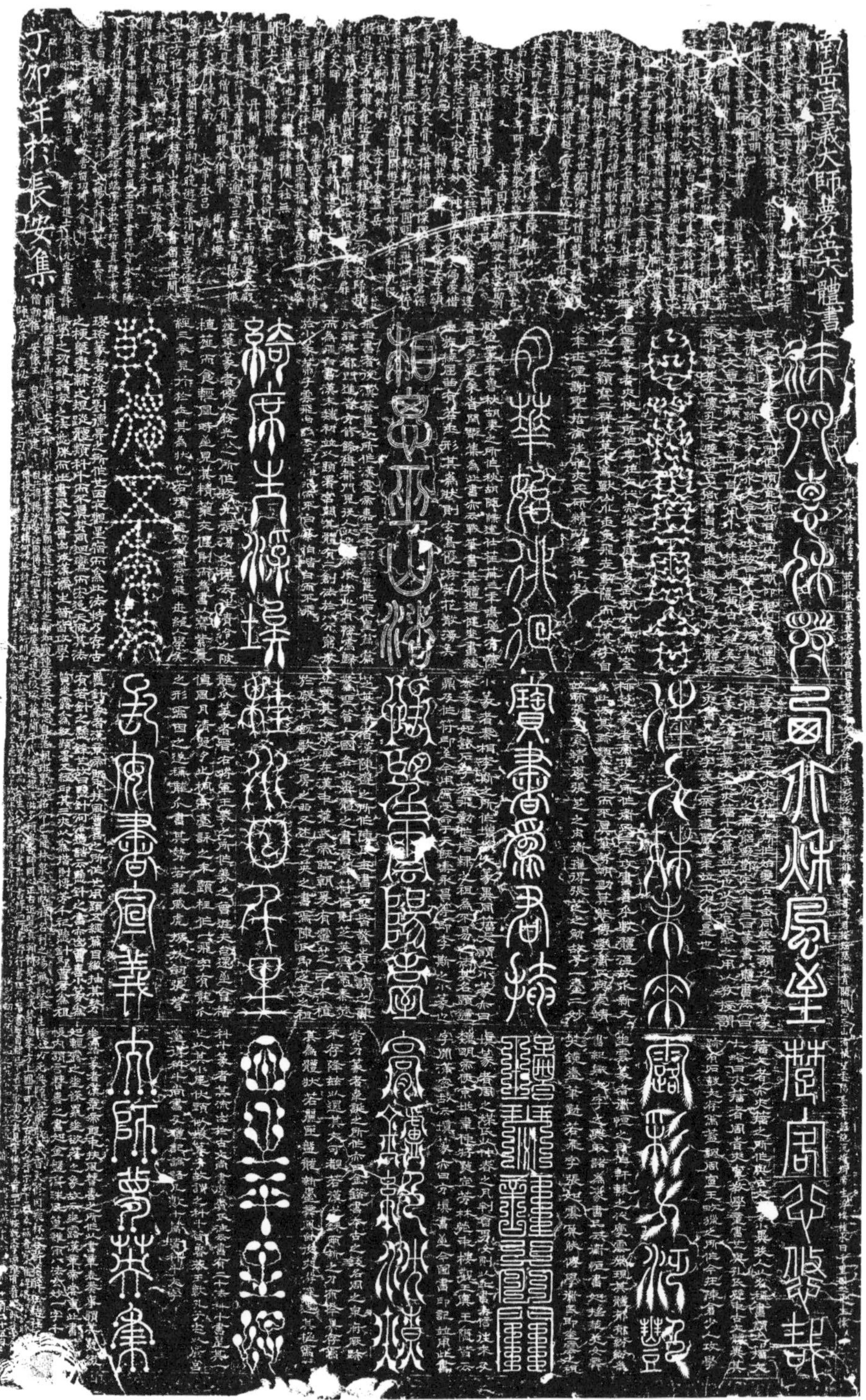

송宋 석釋 몽영 〈십팔체서비〉 탁본 축(전체). 원비原碑 중국 시안西安 비림박물관碑林博物館 소재.

몽영은 당시에 글씨로 이름났던 인물로, 그때까지 전하던 18가지 괴이한 서체로 다섯 글자씩 시구詩句를 크게 쓴 다음, 그 옆에 작은 글씨의 예서로 해당 서체에 대한 해설을 덧붙였다. 여기에 쓰인 18개의 글씨체들은 현재까지 확인 가능한 가장 오래된 잡체전에 해당한다. 앞의 '문文'에서도 이야기했다시피, 송대 특히 북송 시기는 그때까지 중국 문명이 생산한 모든 문화적 산물을 집대성하는 거대 편찬 사업이 활발히 진행된 시대였고, 이런 집대성은 문자 방면에서도 일어났다. 그런데 각종 전초傳抄 고문자 사전이 편찬되기 바로 전인 송초宋初에 몽영 〈십팔체서비〉와 같은 기이한 선구가 존재했다는 점은 몹시 흥미롭다. 물론 발달한 체계를 갖춘 후대의 편찬 작업과 비교할 수 없이 소략한 집성이지만, 최초라는 의미는 결코 무시할 수 없다. 여기에 위진 남북조 시기에 서서히 태동해 당나라 시대를 거치며 숙성된 옛 문자 즉 전서에 대한 관심이 응축되어 있기 때문이다. 이런 관심은 결코 문화의 주류였던 적이 없다. 당대의 주류인 정통 문화가 아니었기에 기괴한 형상도 다수 포함되어 있어서 멸시의 시선을 받기 일쑤였다. 그래도 이 사소하고 기이한 문화적 현상은 단절됨 없이 면면히 이어져 왔다.

잡체 전서의 집대성으로 가장 유명한 것이 청나라 건륭 연간에 편찬된 『어제성경부御製盛京賦』이다. 성경은 청 왕조의 발상지인 심양瀋陽를 가리킨다. 〈성경부〉는 건륭제가 선조들에게 제사를 지내려 심양에 동순東巡했을 때 심양의 풍광을 묘사하여 지은 부이다. 황제가 직접 지은 작품이기에 '어제'라는 접두사가 붙었다. 이 〈성경부〉를 32가지 전서 서체로 써서 엮은 책이 곧 『어제성경부』이다. 이 책은 황제가 직접 관여한 황실의 출판물이었기 때문에 훗날 잡체전을 언급할 때

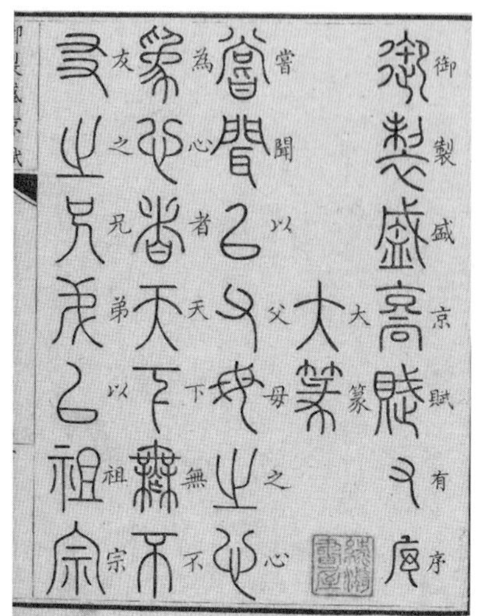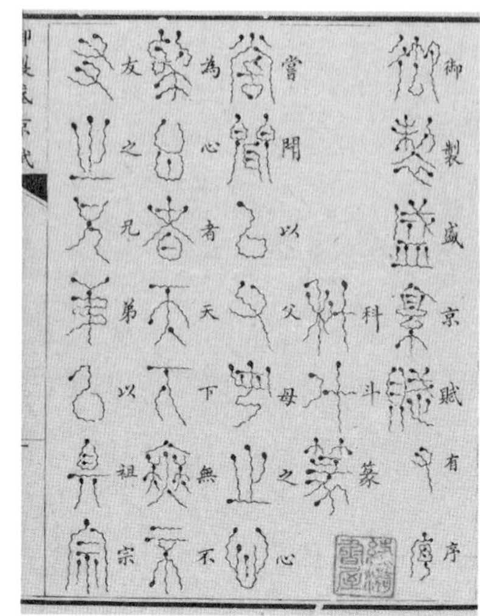

『어제성경부』 책1과 책2 첫머리

흔히 인용되곤 한다.

『어제성경부』 이전에는 명대에 잡체전의 집성 작업이 산발적으로 행해졌는데, 그 여파가 조선에까지 미쳤다. 17세기에 활동한 김진흥 金振興이라는 서예가가 있다. 그는 통역을 담당하는 역관譯官이었는데 전서로 이름나 전서를 전문으로 쓰는 관직인 전문학관篆文學官으로 등용되었다. 김진흥이 편찬한 책 중『전해심경篆海心鏡』이라는 것이 있다. 전서체를 찾아보기 쉽도록 글자별로 모아 엮은 사전 형식의 책으로서, 제목은 바다와 같이 너른 전서의 세계를 깨치기 위한 귀감이 되는 책 정도의 뜻이 되겠다(거울 경鏡은 거울 감鑑과 뜻이 같은 글자이다. '감'은 귀감龜鑑 즉 모범의 의미를 가지며, 역사서나 경전 등 모범으로 삼을 수 있는 책의 제목으로 흔히 쓰였다). 그런데 이 제목은 그의 독창이 아닌 명나라의 책『해편심경海篇心鏡』을 살짝 비틀어 모방한 것

제3부 한자, 어떻게 발전해갔는가

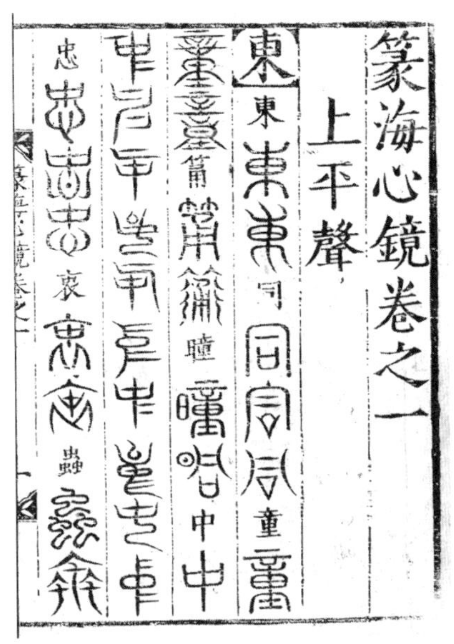

김진홍 『전해심경』 권1 첫머리.
미국 UC버클리 동아시아도서관 소장.

이다. 『해편심경』은 일상적으로 많이 쓰이는 한자를 부수 혹은 부건部件별로 모아 해설하거나 음에 따라 뜻이 달라지는 경우를 해설하는 부분과, 천자문千字文을 소전체와 구첩전으로 쓴 부분으로 구성된 한자 해설서이다. 이 책은 명나라 한림학사 주지번朱之蕃이라는 인물이 편찬한 것이다. 춘추대의를 바탕으로 명나라를 숭상하는 경향이 강했던 조선 후기에는 학자 출신으로 조선에 사신으로 왔던 주지번의 글씨를 귀하게 여기는 풍조가 있었다. 따라

서 『해편심경』은 중앙 관서인 홍문관에서 출간하여 널리 유통되었다. 그 이름은 모방했지만 기실 『전해심경』은 간략한 편람에 지나지 않는 『해편심경』에 비하면 꽤나 본격적인 전서 전문 자전이다. 김진홍은 주지번의 전서 저작을 모방한 책을 몇 편 더 남겼는데, 사서四書 중 하나인 『대학』을 전서로 쓴 『전대학篆大學』도 그중 하나다. 『전대학』은 주희가 편집한 『대학장구大學章句』 본문을 38가지 전서체로 다시 쓴 것이다. 『대학』은 조선시대에 조금이라도 공부를 한 사람이라면 누구나 읽었던 기본 경전 중 하나다. 이런 책을 잡체전으로 썼다는 것은 조선 후기에 이 기묘한 서체에 대한 관심이 얼마간 있었음을 보여주는 흥미로운 문화 현상이다.

전서를 쓴 선구자들 1 — 이양빙

잡체전은 소수만 주목하였고 그리 높은 평가도 받지 못한 전서계의 서브컬처에 해당한다. 전서의 주류는 어디까지나 전아하고 유려한 옥저전玉箸篆(玉筯篆이라고도 쓴다. 箸와 筯는 같은 뜻의 글자다)이었다. 이 옥저전을 유행시키는 데 지대한 공을 세운 서예가가 당나라의 이양빙李陽冰이다.

이양빙은 정확한 생몰년을 알 수 없으나, 대략 당 현종玄宗 시기에 태어났던 것으로 보이며 유명한 시인 이태백과 같은 집안 사람이었다. 그는 진시황이 천하를 순수하며 세웠던 비 중 하나인 〈역산각석嶧山刻石〉의 글씨를 익혀 그와 유사한 전서체를 구사했다.

〈역산각석〉은 이사李斯가 쓴 것이라고 전하는데, 원래 돌은 오래전에 없어졌고 지금은 후대에 모각한 것만 남아 전한다. 비록 원본은 아니지만, 전형적인 소전체의 모습을 볼 수 있는 귀중한 서예 자료이다. 그 글씨는 필획의 굵기가 고르며 가로세로, 사선, 전절轉折 등 또한 지극히 규칙적이어서 무척 단정하고 우아한 느낌을 준다. 그래서 그 모습을 형용하여 '옥저전'이라고 한 것이다. 옥저는 옥으로 만든 젓가락을 뜻한다. 그만큼 깎은 듯 매끈하며 고급스러운 느낌을 준다는 말이다. 이양빙이 주목한 점이 곧 옥저전이 주는 이런 전아한 미감이었다.

위진남북조 시기에 앞에서 언급한 여러 전서체들이 등장했지만, 이양빙 이전에 전서는 별로 쓰이지 않던 서체였다. 그는 안진경과 거의 동시대 사람이다. 안진경은 면면히 이어온 가학을 바탕으로 옛 글자체인 전서의 필법을 자신의 글씨에 도입한 인물이다. 이양빙이 걸었던 복고의 길은 좀더 본격적이었다. 그는 전서에 몰두하여 전서만 전문적으로 썼다. 안진경의 대표작 중 하나인 〈안씨가묘비顔氏家廟碑〉를 보

전傳 이사 〈역산각석〉(북송대 모각본)

면, 비 본체 위에 작은 집 모양의 오각형 공간이 있고 거기에 이 비의 제목인 '안씨가묘지비顔氏家廟之碑' 여섯 글자가 전서로 쓰여 있다.

이것이 이 비의 전액篆額이다. '액'은 '이마'라는 뜻으로, 비의 이름은 관례상 전서로 썼기 때문에 '전액'이라고 했다. 이 전액을 쓴 사람이 바로 이양빙이다. 혹은 아예 어떤 글 전체를 전서로 쓰기도 했다. 이양빙의 글씨 중 가장 유명한 〈삼분기三墳記〉는 이요경李曜卿, 이숙경李叔卿, 이춘경李春卿 3형제의 합동 묘비인데(분墳은 분묘를 가리킴)

그 전문을 전서로 썼다. 이 비석 역
시 원본은 전하지 않고 후대에 모
각한 것이 현재 시안 비림박물관에
전한다.

〈안씨가묘비〉 전액, 그리고 〈삼분
기〉의 글씨는 소전체의 기본 짜임새
를 충실히 따랐다. 『설문해자』는 '안
顔'에 대하여 두 가지 자형을 수록
하고 있다.

표제자인 소전체 외에 주문籒文
이라는 이체異體도 소개한 것이다.
'안'의 주문은 頁의 윗부분이 首의
옛 자형과 비슷하다. 〈안씨가묘비〉
전액의 경우는 『설문해자』 소전체
의 자형과 너무도 흡사하여 거의 차
이점을 찾을 수 없을 정도이다.

그러나 이양빙이 옛 소전체의 자
형을 맹종하기만 한 것은 아니다.
〈안씨가묘비〉 전액이나 〈삼분기〉의
'가家'에 보이는 '집 면宀' 부분을
보면, 〈역산각석〉의 '가家' 등에 보
이는 전형적인 전서의 면宀보다 양
쪽의 내려온 획이 훨씬 짧음을 알
수 있다. 이는 당나라 초기 이후 해

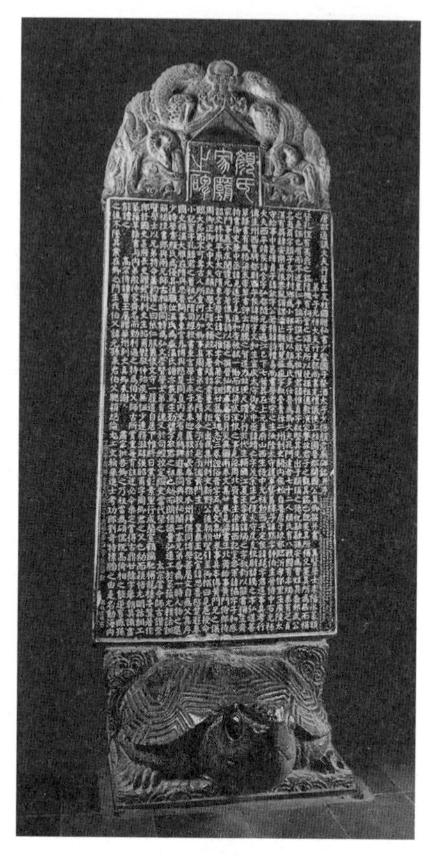

〈안씨가묘비〉. 원비原碑 시안 비림박물관 소재.

이양빙 필 〈안씨가묘비〉 전액(탁본).
도쿄국립박물관東京国立博物館 소장.

736

이양빙 〈삼분기〉. 원비原碑 시안 비림박물관 소재.

『설문해자』 혈부頁部 '안顔'. (왼쪽) 소전小篆 | (오른쪽) 주문籀文

서체가 확립된 뒤의 상황을 반영한 것이 아닌가
한다.

가장 큰 차이를 드러내는 글자는 '갈 지之'이다.
이양빙이 쓴 〈안씨가묘비〉 전액과 〈삼분기〉의 '지
之'는 〈역산각석〉 그리고 『설문해자』의 '지之'와 위
로 솟은 양쪽 가지 부분이 크게 달라서, 오른쪽의
가지는 날카롭게 꺾여 있고 왼쪽의 가지는 둥글게
굽지 않고 위쪽으로 곧장 솟아 있다.

이양빙 〈안씨가묘비〉
전액 '안顔'

이양빙의 '지之'의 이런 획들은 그의 전서에 강인하고 예리한 인상
을 준다. 이런 점 때문에 이양빙의 전서를 '철선鐵線' 즉 철사와 같다
고 묘사하며 따로 '철선전鐵線篆'이라고 부르기도 한다. 옥 젓가락과
철로 만든 줄에는 다소 미감의 차이가 존재한다. 즉 획법에 약간의 차
이가 있다. 그러나 전체 자형에서 소전체의 정통을 지키고 있다는 점
에서는 같다. 따라서 이양빙을 전서 전통의 충실한 계승자로 보아도
무방할 것이다. 당나라 시기는 해서가 확립된 시기이며 초서에서 큰
변혁이 일어난 시기이기도 하다. 이 시대의 글씨는 전반적으로 후대에

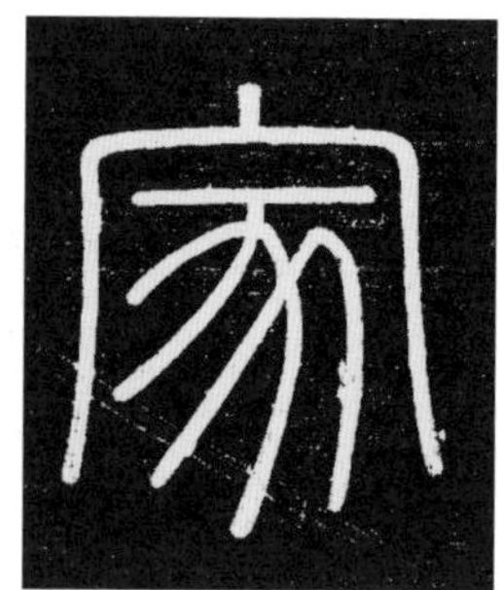

'가家'. (왼쪽부터) ① 〈안씨가묘비〉 전액 | ② 〈삼분기〉 | ③ 〈역산각석〉

제3부 한자, 어떻게 발전해갔는가

'지之'. (왼쪽부터) ① 〈안씨가묘비〉 전액 | ②〈삼분기〉 | ③〈역산각석〉 | ④『설문해자』.

크나큰 영향을 끼쳤다. 구양순, 유공권, 저수량 등 초당 해서 3대가, 초서의 손과정과 회소, 그리고 안진경 등의 이름과 함께 우리는 당나라에 이양빙도 있었음을 기억해야 한다. 그의 활동으로 인해 소전체 전서는 한자 자형의 역사에 깊숙이 스며들어 확고한 지위를 확보하게 되었다.

전서를 쓴 선구자들 2 — 명말청초

전서는 비碑의 전액篆額(혹은 두전頭篆)이나 인장의 인문 등에 쓰이기는 했지만, 일반적인 글씨 쓰기의 서체로 쓰이는 일은 좀처럼 없었다. 그러나 명대 중기 이후, 출판의 성장과 더불어 호고好古의 풍조가 일반화되며 옛 문자인 전서에 대한 관심도 서서히 증가했고, 전서를 즐겨 쓰는 서예가 또한 등장하기 시작했다. 여기에서는 그중 몇몇 예를 살펴보겠다.

조환광趙宦光(1559~1625)은 가정嘉靖 말에 태어나 주로 만력萬曆 연간에 활동한 문인 서가書家다. 송나라 황실의 후예로서 송 태종의 여덟째 아들인 조원엄趙元儼의 후손이다. 그의 집안은 대대로 현재의 장쑤성 쑤저우 인근 오군吳郡 태창太倉에 살았는데, 아버지 조함현趙 숨玄이 사망하자 그 묘소를 쑤저우의 한산寒山에 쓴 후 그곳으로 거처를 옮겨 평생을 살았다. 한산은 현재의 쑤저우 톈핑산天平山(천평산) 서북쪽 기슭의 별칭이다. 그는 이곳에 계류를 끌어들이거나 바위를 깎고 각종 초목을 심어 정원을 조성했는데, 이것이 그 유명한 조환광의 한산별업寒山別業이다. 청나라 건륭제는 강남 지방을 순행하다 이곳을 들러 그 경치에 감탄하여, 나중에 황실 별서인 피서산장에 이를 모방한 공간을 조성하기도 했다(톈핑산의 한산별업은 아쉽게도 현재는 터만 남아 전한다). 조환광은 죽을 때까지 이곳에 은거하면서 여러 저술을 남겼고, 특히 고문자 연구에 매진했다. 고문자에 대한 자신의 견해를 펼치고 『설문해자』에 대해 주석한 총 104권의 거작 『설문장전說文長箋』이 특히 유명하다.

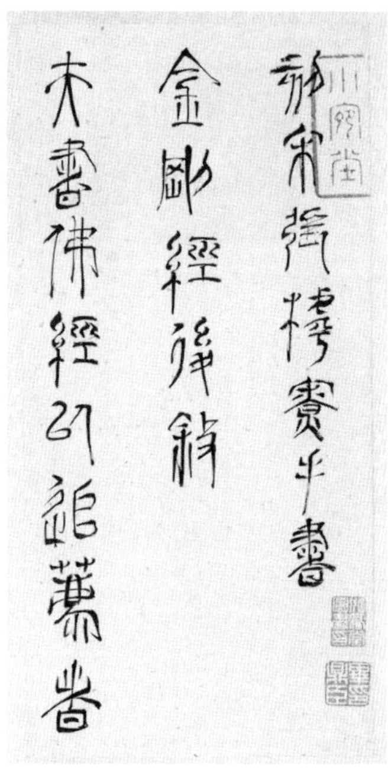

필희지畢熙志 찬撰, 조환광 서書 〈송宋 장저료張樗寮의 친필 금강경 각본刻本 뒤에 붙여 해설함〉(刻宋張樗寮手書金剛經後敍) (첫 면). 미국 프린스턴대박물관 소장.

　조환광은 전서를 즐겨 썼는데, 그 필치가 독특하다. 그의 전서는 초서의 필획으로 썼다고 하여 흔히 '초전草篆'으로 불린다. 그러나 그가 쓴 전서를 실제로 살펴보면, (초서도 쓴 사람에 따라 수많은 변용이 있으나) 초서의 필치와 다소 다르다. 물론 정통의 옥저전 혹은 철선전과 비교하면 붓의 느낌이 훨씬 생생하여 전혀 다른 느낌을 준다. 이런 신선함 때문에 당시 사람들이 그의 전서를 초서에 비유한 게 아닌가 싶다. 그는 많은 작품을 남겼지만, 여기에서는 하나만 살펴보겠다.

　이 글씨는 남송南宋 장즉지張卽之가 쓴 『금강경金剛經』을 첩으로 만

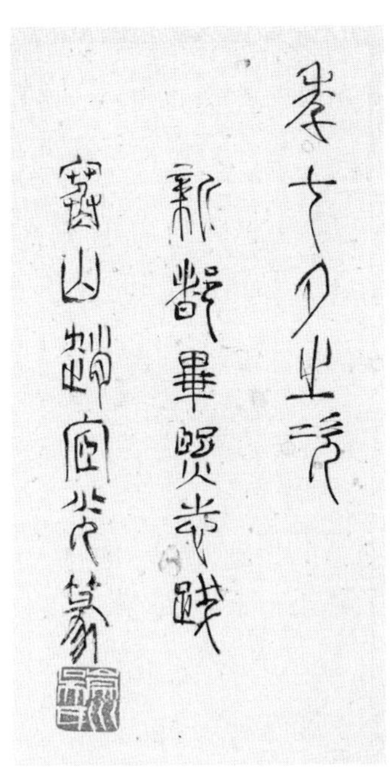

필희지 찬, 조환광 서 〈송 장저료의
친필 금강경 각본 뒤에 붙여 해설함〉
(마지막 면)

든 것이다. 이 글씨는 유명하여 석각으로
새긴 것 또한 전하고 있다. 이 첩은 그 원본
에 해당한다. 여기에 동기창, 진겸陳謙 등 명
대의 저명한 문인들이 제발을 달았다. 조환
광의 글씨는 첩 말미에 있으며, 필희지畢熙
志라는 사람이 석각을 새긴 사연을 해설한
글인 〈송宋 장저료張樗寮의 친필 금강경 각
본刻本 뒤에 붙여 해설함〉(刻宋張樗寮手書
金剛經後敍)을 조환광이 전서로 쓴 것이다
(저료樗寮는 장즉지의 호). 이 첩은 현재 미국
프린스턴대 박물관에 소장되어 있는데, 중
국 미술 컬렉션으로 유명한 존 B. 엘리엇
John B. Elliot의 기증품 중 하나다.

도판으로 제시한 것은 이 글의 첫 면과
마지막 면이다. 첫 면 3행 중 첫 두 행은 글
의 제목으로서, "刻宋張樗寮手書"까지가 첫 행, "金剛經後敍"는 둘
째 행이다. 즉 제목은 "각송장저료수서금강경후서刻宋張樗寮手書金剛
經後敍"이다. 제3행 "부서불경이추천자夫書佛經以追薦者"부터는 본문
이다. 글씨를 보면, 역시 획 마지막 부분의 처리에서 기존 전서와 가장
큰 차이가 난다. 제2행 첫 글자인 '금金'의 둘째 획, 그리고 제3행 일곱
째 글자인 '천薦'의 마지막 획의 끝을 마치 낚싯바늘의 미늘처럼 급히
구부리며 끝을 뾰족하게 뺐다. 이는 옥저전류의 전서에서는 결코 찾
아볼 수 없는 처리이다. 첫 행의 셋째 글자인 '장張', 그리고 제3행 셋
째 글자인 '불佛'과 다섯째 글자인 '이以'의 마지막 획의 끝은 이와 반

대로 둥글게 마무리하여 일반적인 전서와 비슷하지만, 그 직전에 곡선적 호를 그리며 살짝 힘을 빼 붓질의 느낌을 살렸기 때문에 역시 이질적인 느낌을 준다. 이 밖에 제2행 셋째 글자와 제3행 넷째 글자인 '경經'의 '⫻' 세 획의 심한 S자 굴곡이 살리고 있는 붓의 느낌 또한 전아함의 미감보다는 붓놀림의 개성이 주는 독특함이 도드라진다. 마지막 면 첫 행 "년칠월지차年七月之次" 다섯 글자는 붓의 느낌이 더욱 강하다. 곳곳에 살아 있는, 붓을 빼 다음 획으로 넘어가는 흔적들은 이 전서가 붓으로 서사되었음을 강하게 웅변하고 있다. 마지막 행 "한산조환광전寒山趙宦光篆"의 마지막 글자인 '전篆'은 거친 비백飛白(마른 붓으로 그어 획 내부가 새까맣지 않고 군데군데 먹이 지나지 않은 흰 부분이 보이는 현상)이 잘 살아 있다. 조환광은 전서를 쓰며 붓으로 쓴 획의 느낌을 살리는 데 집중하였다. 이에 따라 그의 전서는 기존의 옥저전이나 철선전과 전혀 다른 미감을 창조해낸 새로운 서예 작품이 되었다.

부산傅山은 조환광보다 반세기 정도 뒤에 태어났다. 그가 살았던 시기는 명말청초의 대격변기였다. 멸망한 명 왕조에 대한 충심을 지키며 반청운동에 앞장섰던 부산의 인생 역정은 특히 파란만장했다. 대대로 학문을 닦으며 관직에 종사했던 집안 출신이었으나, 그는 선대와 같은 삶을 살 수 없었다. 하남河南 지역에서 반란을 일으켰던 송겸宋謙과 연루되어 고향인 산서山西의 태원太原에서 감옥살이를 하기도 했고, 반청운동의 형세를 살피려 강남 각지를 돌아다니기도 했다. 특히 역시 반청의식이 강했던 당대의 대학자 고염무顧炎武와 깊은 교분을 맺었다. 청 조정에서 관직을 제시하며 회유하기도 했으나 끝내 청에 고개 숙이기를 거부했다.

부산은 다양한 분야의 학문 섭렵으로 정치적 불우를 달랬다. 경사

자집經史子集 모든 서적을 통독했으며 불교나 천주교 서적까지 찾아 읽었지만, 특히 도교에 대한 애정이 깊어 『노자』와 『장자』를 깊이 연구하여 주석서를 남겼다. 평소 붉은색의 도복을 즐겨 입어서 '주의도인朱衣道人'(붉은 옷을 입은 도인)이라는 별칭으로 불리기도 했다. 의학 방면에 남긴 성취도 뚜렷하다. 뛰어난 의원이기도 했던 그는 빈부를 가리지 않고 인술을 베풀기로 유명했는데, 의학 방면의 저서도 여럿 저술했다. 내외과, 소아과 등 각종 방면의 의술에 해박했지만, 특히 산부인과 의학서인 『부청주여과傅靑主女科』('청주'는 부산의 호)는 중의학에서 이 방면의 대표적 업적으로 꼽힌다.

부산의 글씨로는 행초서가 유명하다. 그의 행초서는 앞의 '일逸' 장에서 살펴본 명나라 시기에 크게 유행했던 연면초連綿草, 즉 획에서 획으로 그리고 글자에서 글자로 계속 이어지며 흐르는 듯 쓰는 초서에 해당한다. 그는 명나라의 자유로운 연면초 전통을 계승한 마지막 세대였다. 그에 비하면 그의 전서는 별로 알려지지 않은 편에 속한다. 그리 많이 남아 있지 않으나, 그의 전서 작품들은 매우 독특한 맛을 풍긴다.

상하이박물관에 소장되어 있는 〈천룡선사天龍禪寺〉라는 자작 오언율시를 쓴 작품이다. 시는 이러하다.

봄눈 녹았다 다시 얼어
솔뿌리에 얼음 수정 서렸지만
이곳 탐하는 이 적은 편이라
겹겹 빙판 거쳐 기꺼이 왔노라
한낮에야 한 차례 걸음 쉬었어도

구름 속 다 헤쳐내지 못하다가

휑덩한 골짝에 낡은 누각 있어

반나절에 두 차례나 올랐네

春雪融復凍　松根帶水晶

貪玆人較少　喜歷冰之曾

亭午一齊足　穿雲不借能

嵼岈老閣在　半日兩回登

이른 봄 빙판길 무릅쓰고 깊은 골짜기에 자리잡은 절을 찾아가 누각에 오른 정경을 그린 시는 그리 특이할 것 없으나, 글씨는 무척 특이하여 기묘한 느낌을 준다. 이 느낌은 우선 필치에서 기인한다. 작품 전반에 걸쳐 두께의 변화가 그다지 없어서 둥글게 돌아가는 동세가 더욱 강조된 점은 전서적 느낌을 들게 하지만, 그 이외에 비백이 두드러진다거나 획과 획을 잇는 붓 끝의 놀림이 눈에 띄는 점은 완연히 행초서의 느낌이어서 전반적으로는 행초서 필

부산 〈천룡선사오언시전서축天龍禪寺五言詩篆書軸〉. 중국 상하이박물관 소장, 160×59.3cm.

획의 분위기를 강하게 풍긴다. 그러나 작품의 기묘한 인상은 주로 작품 전체의 글자의 짜임이 전서, 그것도 일반적 소전체가 아닌 고전古篆 자형字形을 채택하고 있는 데서 온다. 특히 마지막 연 10개 글자를 보자. '함하嵼岈'는 원래 주로 '嵞㟏'로 쓰는데, 골짜기가 넓고 텅 빈 모양을 형용하는 말이다. 여기에 포함된 '牙'라는 부건을, 부산은 일반

적 소전체가 아닌 『설문해자』에 수록된 이체자인 '고문古文'의 자형을 채택하여 썼다.

일반적으로 쓰지 않는 자형은 '반일半日'의 '日'도 마찬가지다. 이 '日'은 매우 드물게 쓰는 이체자, 즉 '口' 안에 '까마귀 오烏'를 쓴 '圖'의 자형을 썼다. 이 '日'부터 아래의 '양회兩回' 세 글자에 걸쳐 둥근 원을 그리며 글자의 외곽을 형성하는 형세가 연이어 등장하고, 특히 '회回'에서 그 동세가 절정을 이룬다. 이런 이례적인 자형과 동세는 이 서예 작품에 기이함이라는 맛을 부여하는 데 결정적 역할을 한다.

조환광과 부산의 전서는 손으로 쓴 전서의 역사에 이채로운 색채를 부여했다. 그러나 이는 극히 예외적인 경우였으며, 자형에서도 글씨에서도, 아니 전서의 역사 속에서도 결코 주류를 형성하지 못했다. 그러나 청나라 중기 이후 한 위대한 서예가의 등장으로 인해 전서는 단숨에 글씨 예술계의 주역의 지위로 올라서게 된다. 등석여가 그 주인공이다. 이제 그의 전서 서예의 세계를 살펴보자.

등석여, 전서를 쓰다

평생 전각과 글씨로 생계를 영위했던 등석여는 사실 해서, 행초, 예서, 전서 등 모든 서체에 능통했다. 그러나 그의 서예를 대표하며 또한 후대에 큰 영향을 끼쳤던 것은 역시 전서이다. 수많은 멋진 작품이 있지만 여기서는 그중 하나만 살펴보려 한다.

오늘날 장쑤성 우시無錫(무석) 우시박물원無錫博物院 소장품인 〈긍원에게 주는 네 가지 서체 글씨 책〉(증긍원사체서책贈肯園四體書冊)이라는 작품이다. 긍원은 포지도飽志道(1743~1801)의 호다. 포지도는 등

등석여 〈긍원에게 주는 네 가지 서체 글씨 책〉 중 전서(篆書) 첫 면.
중국 우시박물원無錫博物院 소장.

석여와 같은 안휘성 출신으로 양저우揚州에서 소금 매매로 큰돈을 번 인물이다. 즉 유명한 안휘 출신 양주 염상鹽商인 것이다. 이 서첩은 포지도에게 써준 작품으로서 전서, 예서, 해서, 초서의 네 가지 글씨체로 썼다.

이 가운데 전서책은 『소창유기小窓幽記』와 『채근담菜根譚』의 구절을 쓴 것이다. 두 책 모두 명나라 후기에 성립한 서적인데,『소창유기』는 청아한 분위기의 한적한 정경을 그린 짧은 글을 모아 엮은 것이고 『채근담』은 '나물 뿌리'라는 제목이 상징하는 바와 같이 담박한 태도와 소박한 생활의 가치를 설파하는 경구들을 모은 책이다. 이런 글 또한 소품문의 일종인데, 앞에서 소개한 장대張岱의 소품문이 주로 당대의 풍속이나 일상의 정경을 묘사하는 수필 스타일의 글인 데 비해, 간결하며 날카로운 아포리즘에 치중한 이런 글들은 소품문 중에서도 따로 청언소품淸言小品이라고 한다. 등석여는 같은 지역 출신의 성공한 상인에게 아름다운 글씨로 맑은 격언을 써서 주었던 것이다.

예를 들어, 전서책의 첫머리는 『소창유기』의 다음 구절을 쓴 것이다.

녹음이 한창인 숲속 작은 정자에서 더위를 피하고 있자니, 사방팔방 툭 트어 앉은 자리마저 온통 푸르게 물들었다. 비 지난 후 매미 소리 들릴 제, 바람결에 꽃향기 풍겨와 사람을 취하게 하는구나.

萬綠陰中 小亭避暑 八闥洞開 几簟皆綠 雨過蟬聲 風來花氣 令人自醉

붉은 선으로 격자를 치고 썼으니 글자들의 크기는 거의 일정하다. 아래위로 긴 직사각형의 공간을 채우느라 글자도 아래위로 약간 길쭉한 비례를 취한다. 진나라 승상 이사李斯가 쓴 〈태산각석〉 이래로 소전체 전서는 이러한 비례가 표준이었다. 이런 자형은 정통적 전범이 선사하는 근엄하고 장중한 미감을 풍긴다. 등석여의 전서 또한 정통 소전체 전서 특유의 단정하고 엄숙한 맛이 있다. 그러나 그보다는 유려함의 느낌이 더 강하다. 이는 표준보다 세로로 살짝 더 긴 비례에서도 기인하지만, 그보다는 오목한 세로획이 주는 배세背勢의 우아함의 몫이 더 크다. 예를 들어 '달闥'이나 '개開' 등의 글자의 '문 문門' 양쪽 세로획의 동세를 보면, 양편의 긴 기둥이 살짝 안으로 휘면서 공간을 한정하는 답답함은커녕 글자 전체에 맵시를 주며 상쾌한 활달함을 부여하고 있다. 이처럼 세로로 긴 자형과 배세의 동세가 주는 유려함은 '궤几'에서 극치를 이룬다. 이 글자는 모양이 단순하기에 비례미가 더 도드라진다. 양쪽의 긴 다리는 안으로 굽어 팽팽히 버티고 서 있다. 그러나 이 팽팽함은 긴장감만 주는 것은 아니다. 위쪽으로 살짝 부푼 위의 가로획과 함께 형성하는 안쪽의 공간은 안정감은 물론이고 상승의 동세마저 지니고 있다. '궤几'가 가진 배세도 우아하지만, 그 옆의 '우雨'가 주는 향세向勢의 우아함도 대단하다. 밖에서 크게 둘러싼 획과 안쪽 4개의 짧은 획이 모두 동세를 맞춰 밖을 향해 둥글게 굽은 모습은 원만함과 유려함이 어떻게 결합해야 하는지 정답을 제시해주고 있다. 비교적 단순한 모양의 '궤几'와 '우雨'는 획이 많아 복잡한 바로 아래의 '점簟'이나 '과過'와 훌륭한 대비를 이룬다.

　독자적 우아함과 유려함의 동세를 보이고 있으나, 등석여의 전서는 기본적으로 소전의 정통 자형을 채택하고 있다. 그러나 그의 필획은 전혀 정통적이지 않다. 등석여 전서의 개성이 가장 도드라지게 드러나는 지점이 바로 여기다.

첫째 글자인 ‘만萬’과 둘째 글자인 ‘록綠’을 보자. 여기에서 주목하고자 하는 부분은 글자의 오른쪽 아래에서 ‘ㄹ’ 모양으로 굽은 획이다. 우선 ‘만’의 해당 획을 보면, 가로로 길게 호를 그리며 진행하던 획은 그 기세 그대로 크게 굽으며 아래로 향한다. 그러다 강하게 눌러 꺾어서 가로로 왼쪽을 향한다. 이 짧은 가로획은 눌렀던 힘을 그대로 받아 매우 강하고 두껍다. 가로로 짧게 진행했다가 다시 아래로 향하면서 긴 호를 그리며 마무리하는데, 여기에서 방향을 바꾸는 방식은 직전과 전혀 다르다. 이번에는 붓을 누르지 않고 살짝 들면서 방향만 바꾸고 있다. 똑같은 급격한 방향 전환이지만 다른 방식을 취하고 있는 것이다. 첫번째의 방향 전환 방식은 전형적인 전서의 그것과는 전혀 달라서 오히려 예서의 그것과 유사하다. 전서에서는 보통 이러한 직각의 전절은 발생하지 않는다. ‘록’의 해당 획은 ‘만’과 달리 시작 부분은 매우 짧고 마지막에 길게 빼는 것이 훨씬 길지만, 두 번의 방향 전환 방식은 ‘만’의 그것과 같다. ‘만’과 ‘록’의 이 획은 모두 전체적으로 전서라기보다 예서의 획에 가깝다. 즉 등석여는 전서에 예서를 쓰는 방식을 녹여낸 것이다.

전서 특유의 방식이 아닌 필획 서사는 작품 곳곳에 보인다. 넷째 글자인 ‘중中’의 세로획을 보자. 이 획의 도입과 마무리는 전형적인 전서와 다르다. 보통 역입逆入(붓을 거슬러 들임)하며 둥글게 시작하는 전서와 달리, 여기서는 마치 해서 혹은 예서처럼 기필起筆하고 있다. 마무리 부분 역시 마찬가지다. 힘을 줄이며 그대로 붓을 빼서 일반적 전서의 수필收筆과는 다르다.

획 중간의 붓의 진행 역시 붓의 흐름을 자연스럽게 노출하는 부분이 곳곳에 보인다. ‘화기花氣’를 보면 ‘화花(=華)’의 마지막 획을 왼쪽 아래로 빼고 있는데, 부드러운 호를 그리며 조금씩 넓어지는 모습에서 붓의 흐름이 잘 드러나 있다. '기氣'는 세 획 모두 물결치듯 'S' 자의 곡선을 그리고 있는데, 곡선부에서도 중봉中鋒을 잘 지키며 진행하는 일반적 전서의 획과 달리, 곡선의 흐름에 따라 살짝 굵기를 달리하며 붓끝이 조금 옆으로 치우치는 진행을 보인다.

전서는 보통 균질한 획을 선호하기 때문에 심지어 붓끝을 자르거나 태워서 뭉툭하게 만들어 쓰기도 했다. 이를 전봉剪鋒(붓끝을 자름) 혹은 소호燒毫(붓털을 태움)라고 한다. 그러나 등석여는 평소에 즐겨 쓰던 장봉양호長鋒羊毫(길이가 긴 염소털)의 붓으로 그대로 전서를 썼다. 결과적으로 이를 통해 등석여는 전서이면서도 예서적 혹은 해서적 붓놀림을 드러내는 획을 선보일 수 있었다. 고대적 문자인 전서에 후대의 서법을 도입한 일종의 아나크로니즘(시대착오)이다. 이러한 착오가 불러온 성취는 놀랍도록 창발적이었다. 전서에 행초적 서법을 도입한 조환광이나 부산 등의 선배와 달리, 전체적으로는 정통적 우아함을 유지하면서도 세부의 필법에서 유장한 유려함을 도입한 한 단계 높은 융합을 이뤄냈기 때문이다. 부유한 염상에게 써준 청언소품, 그리고 평생을 글씨로 먹고산 등석여라는 서사자의 존재는 청나라 중기라는 시대상을 지극히 잘 반영한다. 그러나 등석여의 이 전서 글씨는 이러한 공시성 내에 서예의 역사를 통째로 담아내고 있다.

등석여가 성취한 이 예술 작품은 참으로 아름답다. 동시에 전서라는 고대 문자의 아우라와 지적인 분위기를 품고 있다. 이는 당대 그리고 후대의 서예가들에게 지대한 영향을 끼쳤다. 이제 전서는 확실히 서예의 주류로 들어오게 되었다. 등석여의 높은 성취를 목도한 서

제3부 한자, 어떻게 발전해갔는가

예가들은 전서의 경지를 높이는 데 더욱 매진하게 된다. 이는 청대 중기 이후 고증학과 금석학이 발달하며 옛 문자에 대한 관심이 높아지는 학적 풍토와 맞물려 더욱 강화되기에 이른다. 이런 풍조는 중국에 한정되지 않았다. 추사 김정희 이후 예서와 전서는 조선에서도 서예의 중심에 놓이게 되었고, 이런 흐름은 근대와 현대로 그대로 이어진다.

전서의 부활은 축복인 동시에 족쇄였다. 고대 문자인 전서의 세계는 광대하다. 해서와 달리 전서는 무궁무진한 자형을 갖고 있다. 금석 탁본 등 살펴보아야 할 자료의 양이 매우 많다. 이에 대한 연구는 만만치 않아서 서예가에게 커다란 부담으로 다가오며 온전한 집중을 요한다. 광대하고 심오한 옛 문자의 정원 가꾸기에 전념할 수밖에 없던 서예가들은 그 울타리 밖으로는 좀처럼 발을 내딛지 못했다. 전서의 세계가 아름다워지면 아름다워질수록 바깥세상과의 연결은 약해지게 되었다. 그렇게 발전의 극에 달한 한자 예술 세계가 자신의 얼굴 들여다보기에 골몰한 사이, 그 세계를 떠받치는 지평 자체가 송두리째 흔들리는 지각 변동의 시대가 도래했다. 한자 문화권의 바깥세상, 즉 알파벳을 기반으로 한 서구 문명 우위의 시대, 근대가 찾아온 것이다. 등석여에서 비롯된 전서 서예는 한자 문예가 마지막으로 불타오른 화려한 불꽃이었다.

제3장

한자 세계의
확장

동東. 〈진감선사비眞鑑禪師碑〉 중에서. 신라 진성여왕 원년(887년)

동쪽으로 온 한자

우리나라의 한자 이름

우리나라를 지칭하는 한자 이름은 여러 가지다. 가장 널리 쓰인 이름은 조선朝鮮이다. 조선은 이 지역에 세워진 제일 오래된 나라의 이름이었고, 이후 이 땅과 이곳에 살던 사람들을 가리키는 이름으로 널리 쓰였다. 한韓이나 고려高麗도 마찬가지다. 동東이 붙은 명칭도 꽤 많다. 해동海東, 동국東國, 대동大東 등은 모두 '중국의 동쪽'임을 염두에 두어 붙여진 이름이다. 청구靑丘나 진단震檀도 마찬가지다. 오행에서 동쪽의 색이 푸른색이고 8괘에서 진震의 방위가 동쪽임을 감안하면, 모두 방위로 인해 생긴 이름이라고 할 수 있다. 그 외의 이름들은 대체로 우리나라에 고유하거나 혹은 그렇다고 상상되는 특정한 사물 혹은 속성으로 인해 생겼다. 일종의 제유 혹은 환유법이다. 근역槿域의 '근'은 무궁화이고, 군자국君子國은 원래 『산해경山海經』에 나오는 공상의 나라였으며, 접역鰈域의 '접'은 가자미를 뜻한다. 특정 지역

이나 그곳 사람들을 가리키는 이름이 여러 가지였던 사정은 예전에는
세상 어디나 마찬가지였다. 근대 이후 민족국가가 성립하면서 비로소
국명과 민족명도 마치 동식물의 학명처럼 하나로 특정되었다. 일제에
서 독립하여 현대적 국제 질서에 편입된 후에는 우리나라의 공식명도
한韓 그리고 'Korea' 하나로 수렴되었다. 한편 '조선'이라는 이름은 한
반도 북쪽 나라가 공식명칭으로 선택하였다.

우리말과 한자

우리나라 말, 즉 한국어는 한글로 표기된다. 한글이 매우 뛰어난
문자체계라는 사실은 특별히 강조할 필요가 없으리라. 상형문자에서
발전한 서양 알파벳과 달리 한글은 음성기관의 모습을 본뜬 '순수한'
표음문자다. 초성, 중성, 종성을 따로 표기하여 한 글자 안에 합친다
는 발상도 유례없는 것이다. 때문에 자판으로 입력하기도 편리하기 그
지없어 정보화시대에도 그 위력을 유감없이 발휘하고 있다. 이는 조선
제4대 군주인 이도李祹의 창의력과 뚝심 덕택이다. 한글이 우수한 문
자인 것은 사실 당연하다. 다른 문자들에 비해 나중에 생겼기 때문이
다. 창제된 시점도 절묘했다.

15세기 조선은 생각보다 개방적인 사회였다. 1236년에 즉위한 충렬
왕부터 1330년에 즉위한 공민왕까지 고려의 왕들은 모두 원나라 칸의
부마였다. 곧 고려는 원나라의 속국이었다. 치욕의 역사였지만, 세계 제
국 원나라의 일부로서 그렇지 않아도 원래 개방적이었던 고려 사회는
우리 역사상 유례를 보기 힘들 정도로 국제화되었다. 다언어국가였던
몽골제국의 일원으로서 알게 모르게 우리말 바깥의 말들과 많이 접촉

하며 언어학적 지식을 쌓아갈 수 있었을 것이다. 세종의 시대는 고려시대로부터 그리 멀지 않았던 때다. 개국 초였고 왕권도 강력하던 시기였으니 새로운 제도가 과감히 받아들여질 수 있는 때이기도 했다. 조선 중기 이후의 보수적인 분위기라면 사실 세종 아니라 그 어떤 창의적 인물이라도 신문자 창제라는 파천황의 정책을 감히 꿈꿀 수 없었을 것이다. 위대한 인물과 창조성 가득한 시기가 만났던 덕에 오늘날 한국어 사용자는 세상 어느 언어 부럽지 않은 문자 생활을 영위할 수 있게 되었다.

그러나 한글 창제 이전까지 우리는 이미 너무나 오랜 시간 동안 한자 문자 생활을 영위해왔다. 이두가 사용되기도 했지만 그 비중은 작았고, 대부분의 식자층은 중국 본토의 문장이라고 해도 손색없을 정도의 정통 한문을 구사하였다. 이런 사정은 한글이 만들어진 이후에도 별반 달라지지 않았다. 조선 말까지도 대부분의 고급 정보는 한문으로 유통되었다.

문어인 한문과 구어인 한국어 사이에는 당연히 엄청난 거리가 존재한다. 그러나 중국도 근대 이전에는 문어와 구어의 차이가 상당했고, 언문일치가 상당히 진행된 현대 한어 표기에도 그 차이는 엄연히 존재한다. 한자를 사용하는 이상 구어와 문어의 절연은 정도의 차이는 있을지언정 피할 수 없는 현상이다. 어떤 언어든지 식자층이 주로 사용한 문어가 구어를 억압해왔다는 사실을 감안하면, 한자가 우리 입말 발전에 큰 걸림돌이었음을 부정할 수 없다. 하지만 어떤 글도 말을 없애지는 못한다. 아무리 거의 모든 표기가 한자에 의존했다 해도, 당연히 한국어 자체를 사라지게 할 순 없었다. 또한 음이 있으면 양도 있는 법. 한자문화, 즉 중국으로부터 쏟아져 들어온 많은 개념과 단어들이 우리 문화를 풍요롭게 해준 것도 분명 사실이다. 우리말의 많은 부분을 차지하고 있는 한자어가 우리말을 무너뜨린다고만 말할 수는 없다. 이는 거꾸로 한국어의 포용력과 생명력을 보여주는 증좌가 되기도 한다.

세상 어디에도 '순수한' 언어는 없다. 모든 말과 글은 다른 언어로부터 많은 것을 빌려 작동한다. 지나친 언어 순수주의는 국수주의에 지나지 않으며, 언어의 자연스러운 발전에 오히려 걸림돌이 될 뿐이다. 그러나 한국어의 경우 '한자가 한국어를 해치고 있다'는 '순수주의자'들의 걱정은 상당히 일리 있는 우려다. 한자어가 고유어를 몰아내는 방향으로 역사가 진행되어왔기 때문이다. '즈믄' 대신 천千이, '그위' 대신 관청官廳이, '아삼' 대신 친척親戚이 사용되고, 전자는 사전에만 남아 있다. 이런 현상은 땅 이름의 경우 특히 심하다. 대전大田은 '한밭', 장항獐項은 '노루목', 풍납동風納洞은 '바람드리'란 아름다운 우리말을 몰아냈다(이 지명들은 일제강점기 때 조악하게 만들어진 조어로서, 고유어가 언어 발전에 따라 자연스럽게 도태된 것이 아니라는 데 더 큰 문제가 있다).

한국어는 한자를 음으로만 읽을 수 있다. 地名은 언제나 '지명'으로만 발음되고 '땅 이름'이라고는 읽을 수 없다. 따라서 '특정 지역의 명칭'을 두고 '지명'과 '땅 이름'이 경쟁하면 십중팔구 '지명'이 이긴다. 이쪽은 지식층의 문어와 관료들의 행정력을 등에 업고 있기 때문이다. 일본어는 한자를 음독音讀으로도 읽고 훈독訓讀으로도 읽기 때문에 이런 걱정이 없다. 한국어에서 한자어가 고유어를 대체하는 경향에는 자연스러운 언어 발전의 측면도 있는 반면, 인위적인 개입으로 인한 왜곡도 분명 존재했다. 유심히 지켜볼 필요가 있는 부분이다. 순

  제3부 한자, 어떻게 발전해갔는가

수를 지키려 굳이 풍요를 저버릴 필요는 없다. 그러나 그 풍요가 나름 잘 살고 있던 무엇의 희생을 바탕으로 하는 것은 아닌지, 눈을 부릅 뜨고 잘 살펴보아야 할 일이다.

화석의 한자어, 조선시대 편지글에 보이는 한자 용어들

필자는 국어학에 대해서는 아는 바가 별로 없다. 현재 한국어에서 한자어가 갖고 있는 정확한 위치나 역사 속 위상 변화에 대해서는 잘 모른다. 한자어 문제에 대한 일반론은 이쯤에서 접어두고, 필자가 어 느 정도 알고 있는 이야기를 덧붙이는 선에서 이 챕터를 맺고자 한다.

앞에서도 언급했다시피 조선시대 식자층은 특수한 예외를 제외하 고 거의 한문으로만 문자 생활을 영위했다. 이는 익히 알려져 있는 사 실이다. 그들이 사용한 한문 문장에 대해서는 국문학과 한문학을 공 부하는 분들의 정치한 연구가 꽤 있을 테니 필자까지 나서서 떠들 필 요는 없을 것이다. 그러나 아주 일상적 차원에서 사용된 한문의 어 떤 분야에 대해서는 아직까지도 그리 많이 연구되지 않은 듯하다. 편 지 이야기다. 이메일도 전화도 없던 시대에 멀리 있는 사람과 소통하 는 방법은 편지가 거의 유일했다. 한글 편지도 많이 남아 있지만, 문어 가 한문이었던 조선시대의 편지는 당연히 거의 대부분 한문으로 쓰였 다. 서간문에 쓰인 한자어들을 살펴보면 과거 우리의 (식자층) 조상들 이 영위했던 문자 생활이 어떤 것이었는지 그 일단을 엿볼 수 있을 것 이다. 이 땅에 살았던 이들의 일상 언어생활 중 일부를 담당했지만 지 금은 잊힌 수많은 편지 한자어들. 분명 이 땅의 말이었는데 현대의 우 리에게는 마치 이방의 언어처럼 신기하다.*

일단 유학을 숭상했던 나라 조선이었기에 당연히 경전에서 온 말이 많았다. 자식을 잃은 애통함을 '서하西河의 슬픔'이나 '상명喪明(눈이 먼다는 뜻)의 슬픔'이라고 표현했는데, 이 말은 공자의 제자인 자하子夏의 고사에서 왔다. 『예기禮記』 「단궁檀弓」 편에 '자하가 자식을 잃고 시력을 잃어버렸다'는 고사가 나오는데, 자하는 『논어』에 자주 나오는 유명한 인물이기 때문에 유학자라면 논어의 주석을 통해 그에 관한 고사를 알고 있었다. 그래서 이런 말이 널리 쓰일 수 있었다.

석묘막지碩苗莫知라는 표현도 마찬가지다. 직역하면 '싹이 크다는 것을 모른다'는 말이지만 어린 시절부터 『대학大學』을 외웠던 조선시대 학자라면 그 속뜻이 '자기 벼가 더 큰 줄 모른다', 즉 '자기 상황이 더 나은 것을 알지 못한다'라는 것을 곧장 알아차릴 수 있었다. 『대학』에 "사람들은 자기 자식이 나쁘다는 것을 모르며, 자기 작물의 싹이 남보다 더 크다는 것을 알지 못한다(諺有之曰 : "人莫知其子之惡, 莫知其苗之碩")"는 구절이 있다.

역사적 사실이나 고사로부터 온 말도 적지 않았다.

조선시대에는 우편 사정이 극히 좋지 않았다. 가는 인편이 있어야 편지를 부칠 수 있었는데 여의치 않으면 몇 사람을 거쳐 보내는 일도 허다했다. 꼭 전해야 할 사연이 있으면 일부러 사람을 보낼 수밖에 없었다. 당연히 편지가 전해지는 데 상당한 시간이 걸렸고, 운이 나쁘면 전해지지 않기도 했다. 이렇게 편지가 중간에 없어지는 것을 부침浮沈이라고 표현했다.

• 옛날 편지들에 쓰인 한자어에 대해서는 『옛편지 낱말사전』(하영휘 외 편저, 돌베개, 2011) 참조.

제3부 한자, 어떻게 발전해갔는가

안부 편지가 오랫동안 끊겨 그리움을 이루 말할 수 없습니다. 요사이 봄추위가 평소와 다른데, 관찰사 영감과 가족들의 안부가 어떻습니까? 전에 몇 차례 보냈던 편지가 모두 중간에 사라지는 일을 면하였는지 모르겠습니다.

音書久斷, 戀思不可言, 近日春寒異常, 令旬履與閤中安否如何? 前日屢書, 不知皆免浮沈否.

－ 송준길의 편지 중[1]

이 말은 『세설신어世說新語』「임탄任誕」편에 나오는 다음의 고사를 알아야 이해할 수 있다.

홍교洪喬 은선殷羨이 예장군豫章郡의 태수가 되어 임지로 떠날 때 서울에 있던 예장군 사람들이 그에게 100여 통의 편지를 부쳤다. 석두石頭

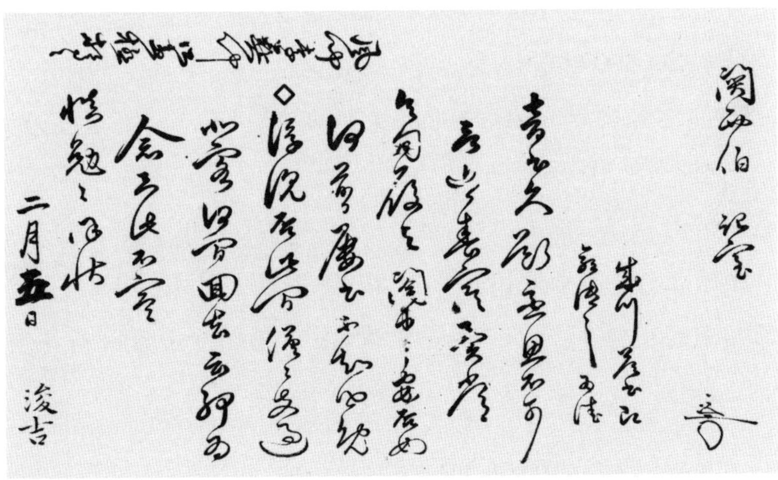

송준길宋浚吉(1606~1672)의 편지. ◇ 표시한 곳 아래에 '부침浮沈'이란 말이 보인다.

에 이르러 그는 편지를 모두 물에 던지며 말했다. "가라앉을 놈은 가라
앉고 뜰 놈은 떠라. 은홍교가 편지나 부치는 집배원이 될 수는 없잖아."

殷洪喬作豫章郡. 臨去, 都下人因附百許函書. 旣至石頭, 悉擲水中, 因祝曰："沈者
自沈, 浮者自浮. 殷洪喬不能作致書郵."

윤달을 늑월扐月이라고 표현한 것도 상당히 이채롭다. 이는『주역』
「계사상전繫辭上傳」 제9장에서 시초점을 치는 과정을 설명하며 "넷씩
세어 사시四時를 상징하고 남는 것을 손가락 사이에 끼워 윤달을 상
징한다(揲之以四, 以象四時；歸奇於扐, 以象閏)"라고 한 데서 나온 말이
다. 늑扐은 손가락 사이를 말하는데, 잘 쓰이지 않는 말이다.『주역』이
널리 읽혔던 조선 후기 사회가 아니면 나오기 힘든 말이다.

순선旬宣이 관찰사의 안부를 물을 때 쓰이는 말이었다는 것을 이
해하는 데는 이중의 어려움이 있다.

마침 풍편風便*을 통해 이렇게 문안편지를 보내니, 관찰사 행정하시며
더욱 건강에 유의하시기를 멀리서 바랍니다.

適因風便, 奉此起居, 所冀旬宣外節宣益重, 以副遠企.
　－ 정옥형의 편지 중[2]

우선 조선의 관제에서 관찰사가 차지하고 있는 위치를 이해해야 하
겠다. 관찰사는 지금의 도지사쯤에 해당한다. 현감, 군수 등의 하급 지

---

* 풍편：불확실한 인편. 상대방에게 직접 사람을 보내는 것이 아니라 상대방 지역으로 가는
사람이 있으면 부탁해서 간접적으로 보내는 것을 가리킨다.

　　　　제3부 한자, 어떻게 발전해갔는가

방관을 감독하고, 각 도의 행정 및 군사를 총괄 지휘하는 막강한 직책으로, 감사監司나 방백方伯이라고도 했다. '평안 감사도 저 싫으면 그만이다'라고 할 때의 그 '감사'다. 그리고 『시경』「대아大雅」편 강한江漢에 나오는 다음 구절도 알아야 한다. "왕이 소호에게 명을 내려, 왕의 덕을 널리 펴라 하시네(王命召虎, 來旬來宣)." 일반적인 한자사전에는 이 뜻이 그저 '지방을 돌며 왕명을 알리다' 정도로만 나와 있지만, 조선시대 편지에서는 명백히 관찰사의 안부와 관련해서만 쓰였다.

위의 경우들은 그래도 전거가 중국의 책이어서 우리나라 편지글에 쓰인 말이라고 해도 한자를 쓰는 외국인이 뜻을 짐작할 여지가 아주 없지는 않다. 그러나 다음과 같이 오직 조선 사람만이 이해할 수 있는 단어도 꽤 있었다.

근래 들으니 대감께서 '곽탕객'이 되셨다지요. 우리들에게 이보다 더 기쁜 일은 없습니다. 하물며 늘그막에 아들을 얻었으니 더욱 훌륭하고 다행스럽습니다. 편지를 보내 축하드리려다가 못했었는데, 이렇게 먼저 보내신 편지를 받으니 지극히 위로되기도 하고 지극히 부끄럽기도 합니다.

近聞, 台作藿湯客. 吾人所可喜者, 無踰於此, 況暮年璋慶, 尤豈不奇幸耶? 方欲書賀而未果, 此拜先施, 慰怍交至.

－ 서종급의 편지 중[3]

곽藿은 원래 콩인데 여기서는 해곽海藿, 즉 미역을 가리킨다. 그러니 '곽탕'은 미역국이 된다. '곽탕객'은 '미역국 먹는 사람', 즉 '처가 해산한 사람'을 가리킨다. 한국인이라면 대번에 알아듣겠지만 이런 습속을 알 리 없는 외국인에게는 요령부득의 한자어가 아닐 수 없다. 이런 단어야말로 우리나라 고유의 '한국 한자어'라 칭할 수 있겠다. 기타 한국 한자어로는 '배보다 배꼽이 더 크다'는 속담을 그대로 옮긴 제대 지탄臍大之歎, 고등어를 가리키는 고도어古刀魚나 참깨를 가리키는 진 임眞荏 등 한글 물명物名을 옮긴 말, 생선 세는 단위인 '두름'을 옮긴 동음冬音, 윗사람에게 올리는 편지인 '상ㅅ리'를 옮긴 상백시上白是와 같은 이두식 표현을 들 수 있다. 이런 말들은 한국어를 한자로 직역하 거나 표기만 한자로 한 경우다.

반대로 우리가 현재 흔히 쓰는 구어 중 한자어에서 온 말도 있다.

이렇게 분수에 넘치는 관직에 매이게 되었는데 체직이 쉽지 않으니, 승문원의 포폄좌기褒貶坐起*에 불참하여 낮은 인사 평가 등급을 받을 생각입니다. 별 볼 일 없는 서생은 평소 매양 이 꼴이니 어찌합니까?

縻此匪據, 脫免未易. 將欲不參槐貶, 以爲居下之計. 冷措大平生, 每每如此, 亦復奈何?[4]

여기서 '별 볼 일 없는 서생'은 냉조대冷措大를 번역한 말이다. 냉조 대에서 냉冷은 '차갑다', '썰렁하다'의 뜻이다. '조대'는 '빈한한 독서인' 을 가리키는 중국 구어체 한자어다. 조선시대에도 종종 쓰였는데, 위 의 예문처럼 자조적 의미나 비하의 뉘앙스를 띠기도 했고 그저 '서생'

---

* 인사고과를 위한 부서 전체 업무 회의. 소속 관원이 부서의 포폄좌기에 참여하지 않으면 고과에서 하下를 맞아 체직되게 되는데, 이 규정을 이용해 고의로 체직을 꾀하는 사례가 많 았다.

 제3부 한자, 어떻게 발전해갔는가

을 가리키는 말로 쓰이기도 했다. 이 한자어가 우리말 '쪼다'의 어원이 된다. 책만 들여다보고 세상 물정에 어두우며 뜻만 크고 현실감각은 도통 없는 '바보' 말이다.

마지막으로 한 가지 더 보자. 우리는 지금 문자메시지, 이메일, 댓글, SNS 등에서 격의 없는 표현으로 흔히 'ㅋㅋ' 혹은 'ㅎㅎ' 등의 표현을 쓴다. 조선시대 편지에도 이와 비슷한 것이 있었다.

> 저는 어제 저녁 역으로 돌아와 텅 빈 관사를 홀로 지키며 기나긴 밤 잠을 이루지 못했습니다. 앞으로 반년을 어떻게 견딜까요? 껄껄.
>
> 弟昨夕還驛, 而獨守空館, 長夜無寐. 前頭半年, 何以堪之. 呵呵.
>
> – 송응개의 편지 중[5]

> (어떤 일을 부탁하면서) 저는 이런 청은 일체 물리쳐왔습니다만, 들으니, 좌우左右(편지 수신자를 지칭)께서는 이런 청을 거절하지 않고 각 고을에 약속을 두면서 '잘 처리해주게. 처리해주지 않더라도 상관은 없네만'이라고 했다더군요. 그래서 저도 이렇게 좌우께 말씀드리는 것입니다. 어떻게 생각하십니까? 하하.
>
> 僕於此等請, 固一切揮却矣. 聞左右不邁邁, 與各邑約束曰, 隨事而施, 不施無傷也. 僕亦以此敢白於左右, 以爲如何? 好笑好笑.
>
> – 이유의 편지 중[6]

가가呵呵나 호소好笑를 지금의 말로 옮기면 'ㅋㅋ'나 'ㅎㅎ'쯤 될 것이다.

결국 조선시대 식자층들이 일상에서도 대부분 한문을 사용하는 불편함을 감내한 덕에 역설적으로 우리는 중국에도 없는 풍부한 한자어를 소유하게 되었다. 한자문화의 한 별종이라고 할 이런 단어들은 매우 흥미로운 사례다. 다만 이런 말들은 근대 이후에 만들어진 한자어를 주로 쓰며 한글 전용의 문자 생활을 영위하는 과정에서 거의 잊혔다. 조선시대 편지들은 이미 방대한 양이 무관심 속에서 유실되었고, 한국에서 사용된 한자 편지 용어들도 함께 사라져가고 있다. 유용성을 따지기 이전에 이 방대한 '화석 조각'들이 먼지로 사라지지 않도록 일단 수습해두는 것이 우리에게 남겨진 작은 과제가 아닐까.

제3부 한자, 어떻게 발전해갔는가

화和. 일본 쇼쇼인正倉院 문서 속수별집續修別集
제48권 제11지紙 만요가나 가키쓰케 문서万葉仮名書文書 중에서. 8세기.

화

일본의 한자 사정[•]

일본의 이름

일본의 가장 오래된 한자 명칭은 왜倭다. 중국인들은 오래전부터 일본 열도에 사는 사람들을 왜인倭人, 그곳에 있는 나라를 왜국倭國이라고 불렀다. 후한 때 저술된 『한서漢書』 「지리지」에 '왜인'이라는 말이 등장한 것을 보면 그 이전부터 이 명칭이 있었던 것은 확실하다. 『한서』에는 간단히 언급된 정도이고, 구체적인 기록은 진수陳壽의 『삼국지三國志』에 와서 비로소 등장한다. 『삼국지』 「위서魏書·동이전東夷

傳」의 '왜인' 조항은 이들의 사회와 풍속에 대해 비교적 상세히 서술하고 있다.

이 사람들을 왜 하필 '왜'라고 불렀는지는 확실히 알 수 없다. 그러나 이때의 '왜'는 멸시의 호칭이 아니었다. 그들 스스로도 자신의 나라를 '왜국'이라고 했다. 고대 일본은 여러 작은 지역 정권으로 분할되어 있었는데, 그중 현재의 나라현奈良縣 부근 지명이 '야마토'였기 때문에 이곳에 있던 정권을 야마토노쿠니大和國라고 했다(이때의 국國은 후대의 '국가'와는 다르다. 특정 지역에 한정된 작은 정권을 가리킨다). 한자로 그저 倭라 쓰고, '야마토'라고 읽기도 한다. 倭와 和는 일본어로 모두 '와'라고 읽기 때문에 서로 통용되었다. 그러니 앞에 대大 자를 붙인 대화大和나 전통 명칭 왜倭는 본질적으로 다른 이름이 아니었다. 그리고 나라지방은 일본 열도의 중심 지역 중 하나였기 때문에, 야마토라는 이름은 후에 일본 전체를 가리키는 이름이 되었다. 그러나 후대에 일본日本이라는 국명이 사용되면서 倭는 점차 사용하지 않게 되었고 대신 和를 더 많이 사용하게 되었다. 이후 중국이나 한국에서 倭를 비칭으로 쓰자 이런 관습은 점점 굳어졌다. 그렇게 和는 일본을 가리키는 가장 대표적인 한자가 되었다. 일본 음식을 와쇼쿠和食라 하고 일본풍을 와요和樣라 하며 일본 재래 종이는 와시和紙라고 한다.

훈독, 일본 고유의 한자 읽기

일본 한자의 가장 큰 특징은 읽는 방법이 무지하게 '자유분방'하다는 점이다. 한국과 중국처럼 기본적으로 한 글자의 음이 하나로 정해져 있는 입장에서 보면 무척 기이한 일이다. 한자에 전혀 익숙하지 않은 서양인들에게는 기이한 정도를 넘어 황당한 사태다. 서양 선교사들은 종종 일본어를 '악마의 언어'라고 부르기도 했다는데, 그 심정이 충분히 이해된다. 가뜩이나 어려운데 똑같은 한자가 어떤 때는 이렇게 읽히고 또다른 때는 저렇게 읽히니 배우는 사람 입장에서는 정말 환장할 노릇이다. 심지어 일본인들도 한자 읽기를 어려워한다. 그렇지만 클리어하기 어려운 게임이 더 재미있는 법. 이 복잡하고 어려운 현상이야말로 일본 고유의 흥미로운 한자문화임에 틀림없다.

일본어 한자는 온요미音讀(음독)와 쿤요미訓讀(훈독)의 두 방법으로 읽힌다. '요미'는 '읽기'라는 뜻이다. 즉 온요미는 한자의 음으로, 쿤요미는 뜻으로 한자를 읽는 것이다. 예를 들어 물 수水는 스이(すい)라는 음으로 읽을 수도 있고 미즈(みず, 물)라는 뜻으로 읽을 수도 있다. 수돗물이 나오는 시설은 스이도水道이고, 위스키 등에 물을 탈 때는 미즈와리(水割り, 물을 타서 묽게 함)를 한다. 대체로 한자어는 음독을 하고 고유어는 훈독을 한다는 법칙이 있기는 하지만 예외가 많아서 단어마다 외우는 편이 차라리 속 편하다. 그러다 보면 라멘에는 멘마(メンマ, 염장 죽순의 일종. 주로 일본라멘에 고명으로 들어간다)를 먹고 라면에는 김치를 곁들이듯 자연스레 구분하게 된다.

우리나라에서는 훈독이 오래전에 사라졌는데, 일본은 한자가 유입된 이래 계속하여 그렇게 읽어오면서 지금도 흔히 훈독으로 한자를 읽는다. 그렇다면 훈독은 일본에만 있는 언어적 관습인가? 꼭 그렇지는 않다. 비슷한 현상이 한자의 본고장인 중국에도 있다.

머리 숙일 부頫라는 한자가 있다. 별로 쓰이지 않는 글자다. 원나라의 유명한 문인 조맹부趙孟頫의 이름에 들어가 있어 그나마 가끔 눈에 띌 따름이다. 그런데 좀 이상하다. 조兆가 들어가 있으니 생긴 모양대로라면 ‘조’라고 읽어야 한다. 기실 ‘조’라고도 읽는다. ‘바라보다’, 즉 ‘조망하다’의 뜻일 때는 ‘조’로 읽고, ‘머리 숙이다’, ‘구부리다’의 뜻일 때만 ‘부’라고 읽는다. ‘부’라는 음은 부俯에서 온 것이다. 부俯는 ‘머리 숙이다’, ‘구부리다’라는 뜻을 가진 한자 중 가장 흔히 쓰이는 글자다. ‘하늘을 보고 땅을 보다’라는 뜻의 부앙俯仰에 쓰여 자주 볼 수 있다. 그래서 사람들은 멀쩡히 ‘조’라는 음을 가진 후보선수 頫를 완전히 똑같은 뜻을 가진 대표선수 俯로 불러버렸다. 이런 현상을 한자학에서는 동의환독同義換讀이라고 한다.[1] 똑같은 일이 俛 자에도 일어났다. 면免이라는 소리 기호를 가진 이 한자의 음은 당연히 원래 ‘면’이었지만, 頫와 마찬가지로 같은 뜻을 가진 부俯로 읽히게 되었다. 이 글자는 한국인들에게 좀 낯익다. 저 유명한 송순宋純의 「면앙정가俛仰亭歌」의 맨 앞 글자이기 때문이다. 이때의 ‘면앙’은 사실 부앙俯仰과 완전히 같은 뜻이다. 조맹부는 ‘조맹부’라 하고 「면앙정가」는 「부앙정가」라고 하지 않는 것은 사실 앞뒤가 맞지 않는다. 그러나 어찌하겠는가? 어차피 중국인들조차도 이랬다저랬다 하니 현실적으로 널리 불리는 음을 존중할 수밖에. 중국과 한국에서는 지극히 예외적인 ‘바꿔 읽기’ 현상이 바다 건너 일본에서는 일상적으로 발생하고 있다. 한자문화의 넓은 스펙트럼을 보여주는 매우 재미있는 현상이다.

그러므로 훈독은 역시 일본 고유의 한자문화라고 해야 할 것이다. 일본사에서 가장 유명한 인물 중 한 명의 사례를 들어 여러 훈독의 예를 살펴보기로 하자. 훈독이 전혀 없다시피 한 한국의 입장에서 보면 꽤 재미있는 사례가 된다.

훈독을 둘러싼 모험

보스턴 레드삭스는 메이저리그에서 가장 행복한 야구팀 중 하나다. 일단 상당한 부자 구단이다. 물론 부동의 1위 뉴욕 양키스에는 미치지 못하지만 매년 조사되는 구단 가치 평가에서 항상 최상위권을 유지한다. 그 원천은 분명 메이저리그 최고의 충성도를 자랑하는 광적인 팬들이다. 1912년에 건립되어 리그에서 가장 오래된 구장인 레드삭스의 홈구장 펜웨이파크는 매 경기 열띤 응원을 보내는 팬들로 가득 찬다.

레드삭스는 메이저리그를 대표하는 강팀이다. 그렇지만 1920년에 베이브 루스를 양키스로 트레이드한 이후 단 한 번도 우승하지 못하고 이른바 '밤비노(루스의 애칭)의 저주'에 시달렸다(저주는 2004년에야 깨졌다). 물론 융희 2년(1908년) 이후 107년이 지난 2016년에야 다시 우승한 시카고 컵스에 비하면 사정이 좀 낫지만, 레드삭스는 메이저리그를 대표하는 '패배자' 팀이다. 부자인 동시에 사람들의 동정을 사다니, 이쯤 되면 팬도 많지만 그만큼 안티도 많은 '승리자' 팀 양키스보다 오히려 행복하지 않을까?

'패자에 대한 동정심'을 가리키는 말이 뭘까? 한국어나 영어에 이런 단어가 있는지는 잘 모르겠지만, 일본어에는 정확히 이를 지칭하는 말이 있다. 호칸비이키判官贔屓(ほうかんびいき)다. 히이키ひいき는 '역성을 들어줌, 편애함'이란 뜻이다. '호칸'은 옛 일본의 관직명인데, 여기서는 이 관직을 지낸 바 있는 미나모토노 요시쓰네源義經를 가리킨다. 가마쿠라막부를 여는 데 가장 큰 공을 세운 전쟁영웅이지만 실권자였던 형에 의해 축출당하고 억울한 죽음을 맞이한 인물로 아마도 일본인들이 가장 사랑하는 영웅이 아닐까 싶다.

당구장에서 통용되는 은어 중 '겐페이'라는 말이 있다. 두 명씩 짝을 맺고 승부를 가리는 것을 일컫는다. 이 말은 일본어다. 겐페이源平는 '원 씨源氏와 평 씨平氏'라는 뜻이다. 원源은 음독으로 읽으면 '겐', 훈독으로 읽으면 '미나모토'(물의 근원이라는 뜻)다. 평平은 훈독이면 '평평하다'는 뜻의 '타이라'로 읽고 음독일 때는 '헤이'로 읽는다. 이 둘은 이른바 토오키쓰겐페이藤橘源平, 즉 후지와라藤原, 타치바나橘, 미나모토, 타이라 등 헤이안시대 4대 귀족 중 두 가문이다. 타이라와 미나모토는 무가武家시대로 접어들며 일본의 패권을 둘러싸고 치열한 전쟁을 벌였다. 그래서 일본인들은 두 세력 간의 대결을 '겐페이 싸움'이라고 한다. 미나모토 군의 깃발이 흰색이고, 타이라 측의 군기軍旗가 붉은색이었기 때문에 '겐페이 결전'을 흔히 '홍백紅白 결전'이라고도 부른다. 그래서 학교 운동회도 홍팀과 백팀으로 나눠 대결하고, 매년 12월 31일에 열리는 남녀 가수 노래 대결 프로그램 이름도 「가요 홍백전」이다.

겐페이 전쟁의 최후 승자는 미나모토노 요리토모源賴朝였다. 그는 타이라 씨를 무너뜨리고 일본을 평정한 뒤 가마쿠라막부를 개창했다. 그때까지 일본의 정치는 천황 혹은 황족 및 귀족 중심이었는데, 가마쿠라막부 이후 세이이다이쇼군征夷大將軍을 최고 권력자로 한 무가정권이 19세기 말 도쿠가와德川막부의 종말까지 계속 이어진다. 타이라 씨와의 전쟁에서 가장 빛나는 활약을 떨친 사람은 미나모토노 요리토모의 막내 동생 미나모토노 요시쓰네였다. 오랜 전쟁 끝에 미나모토 씨가 타이라 씨의 마지막 숨통을 끊은 단노우라壇ノ浦 전투에서도 요시쓰네의 활약은 눈부셨다. 타이라 씨가 멸망하고 나자 전쟁영웅 요시쓰네의 명망은 날로 높아만 갔다. 그러나 형의 허가도 받지 않고

제3부 한자, 어떻게 발전해갔는가

천황에게 호칸의 관직을 받는 등 여러 불화가 쌓이다 보니 요리토모는 마침내 요시쓰네를 없애기로 결심한다. 이에 요시쓰네는 지방을 전전하며 형에게 대항하지만 마침내 막다른 길에 몰려 자살하고 만다.

졸지에 영웅에서 반역자로 전락한 요시쓰네는 당시 조정 대신이었던 구조 요시쓰네九條良經의 이름과 발음이 같다 하여 요시유키義行로 강제 개명되는 꼴까지 당한다. 그런데 요시유키는 일본어로 '잘 간다'는 뜻이다. 도망자 요시쓰네가 좀체 잡히지 않자 조정에서는 다시 그의 이름을 '잘 나타난다'는 뜻의 요시아키義顯로 개명한다. 자신도 모르는 새 두 번이나 이름이 바뀌어버린 것이다.

한편 가마쿠라는 지금의 도쿄 부근으로, 당시까지 정치의 중심지였던 교토 부근 간사이關西 지방에서 훨씬 동쪽으로 떨어진 곳이다. 가마쿠라막부 혹은 동쪽의 간토關東 지방을 당시에는 '동쪽'이라는 뜻의 '아즈마(あずま)'로 불렀다. 가마쿠라막부의 사적을 기록한 역사책 중 가장 유명한 것이 『아즈마카가미東鑑』라는 책이다. 감鑑은 '거울', '살피다'라는 뜻이므로 '역사를 거울삼아 교훈을 얻는다'는 뜻에서 역사책 이름에 종종 쓰인다. 『자치통감資治通鑑』이 대표적이다. '카가미'는 '거울'이라는 뜻의 일본어다. 그런데 『아즈마카가미』는 동감東鑑보다 오처경吾妻鏡이라는 표기로 훨씬 더 많이 쓰였다. 일본어로 처妻가 '쓰마つま'이므로, '아즈마'를 오처吾妻라고 쓸 수도 있기 때문이다. 지금도 도쿄 등 간토 지방에서는 아즈마吾妻가 들어가는 지명을 종종 만날 수 있다. 마찬가지로 거울이라는 뜻의 감鑑을 거울 경鏡으로 바꿔 써도 '카가미'라고 읽는 데는 아무런 지장이 없다.

강항姜沆이라는 조선의 학자가 있었다. 그는 1597년 정유재란 때 남원과 영광에서 일본군과 싸우다 포로가 되어 일본으로 끌려갔다.

미나모토노
요시쓰네의 초상

그곳에서 고초를 겪다 귀국한 1600년까지의 일을 기록한 책이 『간양록看羊錄』이다. 여기 수록되어 있는 '적국에서 임금께 올리는 글賊中封疏'은 자신이 일본으로 잡혀가게 된 사정과 그곳에서 보고 들은 여러 정보를 선조宣祖에게 보고한 글이다. 이 글에서 그는 일본에서 본 역사책을 소개하며 『오처경』을 언급하고 있는데, "나의 잘잘못은 바로 내 처에게 나타나며, 내 처를 보면 내 잘잘못을 알 수 있다는 데서 이런 제목이 되었다"고 설명하고 있다.[2] 아마도 오처경吾妻鏡이 곧 동감東鑑임을 알지 못했던 듯하다.

일본 문자를 가나假名라고 부른다. 히라가나平假名는 음이 같은 한자의 초서체를 따서 만든 것이고, 가타카나片假名는 해서체 한자의 일부분을 취하여 만든 문자다. 즉 가나는 한자를 '빌려(假) 만든 문자'

다. 완전한 표음문자인 한글과는 근본적으로 성격이 다르다. 한반도에
서는 한글과 한자가 별다른 접점 없이 독자적인 발전을 계속해왔다.
그리고 현대로 접어들면서 한자 표기의 전통은 점차 버려졌다. 그러나
일본에서는 '한자＋한자를 빌려 쓴 가나' 표기가 계속되었고 그 양상
은 현재도 크게 변하지 않았다. 일본의 문자문화는 말하자면 '잡식성
의 혼성 모방'인 것이다.

　표기상으로 볼 때 한자와 가나 사이의 경계는 매우 모호하다. 일본
에는 지키지 않으면 황제에게 혼이 나는 경經이 없다. 모호한 경계선
을 타고 '동쪽'과 '내 아내'가 자유롭게 넘나든다. 검고 비옥한 화산흙
위에서 바다 건너 흘러들어온 한자의 씨앗이 고향 중국과는 전혀 다
른 꽃을 화려하게 피운 셈이다.

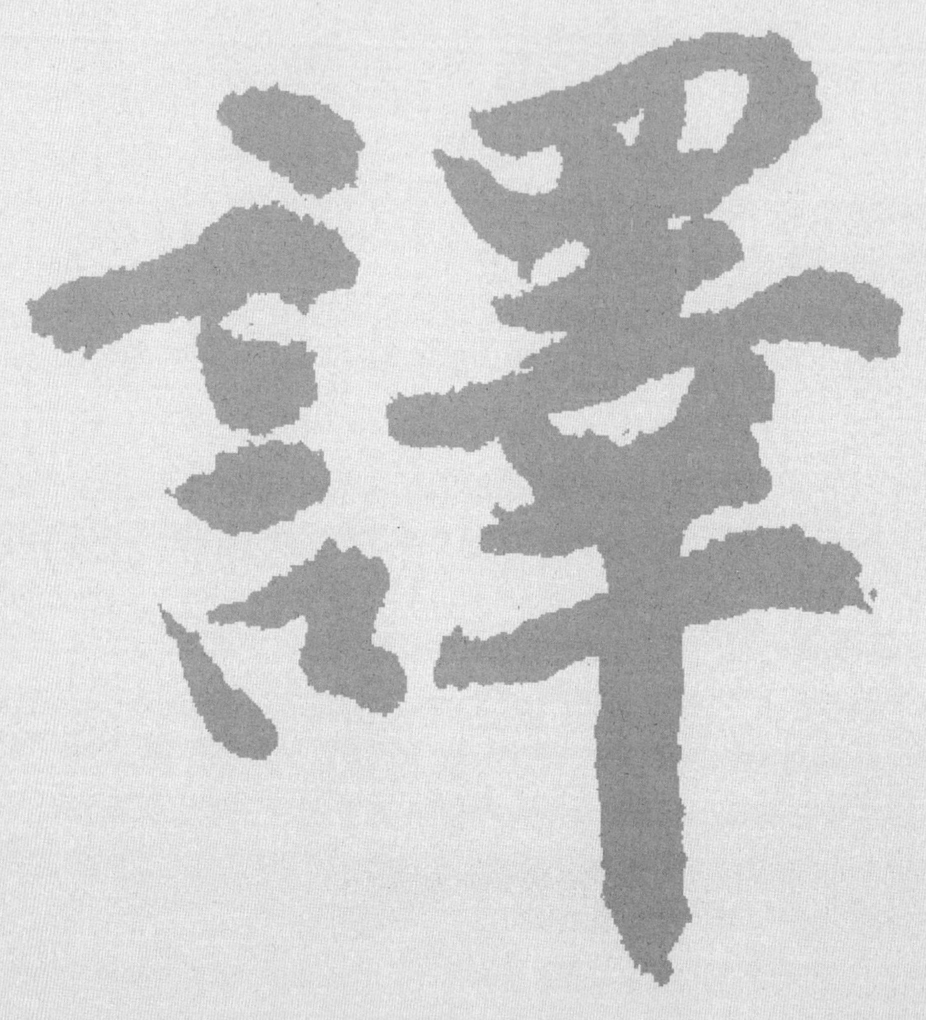

역譯. 임창순任昌淳 「하서시선역고河西詩選譯稿」 중에서. 20세기

동과 서,
한자로 만나다

譯

역

저 많은 한자어들

현재 우리가 쓰고 있는 말에서 한자어가 차지하는 비중은 매우 높다. 주위를 둘러보면 주변 사물을 가리키는 명사 중 한자어가 꽤 많음을 알 수 있다. 책상, 의자, 교실, 화장품, 변기, 방, 거실, 자전거, 자동차, 비행기, 도로, 공원, 전화, 우편물, 택배, 휴대용 저장 장치 등이 모두 한자어다. 동작이나 상태를 가리키는 말은 또 어떤가. 이동하다, 운동하다, 논의하다, 우울하다, 활발하다, 행복하다 등등. 구체적인 대상이나 동작, 상태를 가리키는 말을 넘어 개념이나 사상, 체제나 제도를 가리키는 말의 영역으로 들어가면 그 비중은 더욱 높아진다. 이른바 '보그병신체'의 예*에서 알 수 있듯이 최근 영어를 중심으로 서구 외래어를 무분별하게 사용하는 문제가 점점 심각해지고 있다. 이에 못지않게 '인문병신체'에서 줄줄이 나오는 학술용어나 관공서, 법원, 군대 등 여러 분야에서 쓰는 전문용어 중 한자어가 차지하는 비중은 일상어의 경우보다 한층 더 높다. 행정절차나 법률문제로 공문서를 처리해야 하는 경우에, 어렵고 낯선 용어 때문에 곤란을 겪은 경험이 누구에게나 한 번쯤 있을 것이다. 이렇게 보면 일상의 차원에서 특수하고 전문적인 영역까지, 우리 언어생활은 한자어의 기반 위에 서 있다고 해도 지나친 말은 아니리라.

그런데 이 수많은 한자어들을 가만히 뜯어보면 좀 기묘한 구석이 있다. 한자어는 당연히 '한자'로 구성되어 있다. 한자는 동아시아에서 수천 년 전부터 사용되어온 문자다. 각 문자의 모양과 의미, 소릿값에 상당한 변천이 있긴 하지만 과거의 한자와 지금의 한자는 기본적으로 동일한 문자다. 즉 우리 한자어의 문자는 과거로부터 온 것이다. 그런가 하면 현재의 한자어가 지시하고 있는 개념은 과거 그리고 이곳과는 거의 상관이 없다. 그것들은 거의 다 '서쪽'에서 왔다. 우리가 입고 있는 옷, 살고 있는 집, 타고 다니는 차, 나아가 우리 사회의 체제는 거의 다 서양 문명에 기반을 둔 (근)현대 문명의 소산이다. 우리의 한자어 속에는 과거와 현재, 동과 서가 한덩어리로 뒤섞여 있는 셈이다.

'사회'라는 말

'사회'라는 단어가 있다. 社會라고 쓴다. 이 말은 근대 이전에는 없

• "이번 스프링 시즌의 릴랙스한 위크앤드, 블루톤이 가미된 쉬크하고 큐트한 원피스는 로맨스를 꿈꾸는 당신의 머스트 해브. 어번 쉬크의 진수를 보여줄 모카 비알레티로 뽑은 아로마가 스트롱한 커피를 보덤폴라의 큐트한 잔에 따르고, 홈메이드 베이크된 베이글에 까망베르 치즈 곁들인 샐몬과 후레쉬 푸룻과 함께 딜리셔스한 브렉퍼스트를 즐겨보자."(김홍기, '삼일절에, 보그를 읽는 시간' 재인용, 「김홍기의 패션의 제국」(blog.daum.net/film-art).)

      제3부 한자, 어떻게 발전해갔는가

었다. 19세기 일본에서 만들어진 '신조어'다. 물론 社와 會는 예전부터 흔히 쓰였다. 사社는 토지신을 가리키는 글자다. 옛 중국에서는 봄가을로 마을마다 모여 풍년을 기원하며 토지신께 제사를 지내고 마을 화합을 도모하는 잔치를 벌였다. 이날이 사일社日이고 이 모임이 사회社會였다. 나중에는 사社라는 글자가 모임이나 결사結社를 지칭하게 되었다. 친한 문우文友들끼리 모여 시를 짓고 노는 모임을 시사詩社라고 하는 식이다.

지금 우리가 쓰는 '사회'라는 말은 영어 society의 번역어다. 이는 라틴어 societas에서 온 말로, 원래 '친한 사이의 교제' 정도의 뜻이었다. 서구에서도 근대 이전까지는 이런 정도의 의미로 쓰이다가 근대 이후 인간관계가 복잡해지고 사회가 세분화·대규모화되면서 일정한 목적을 위해 모인 공적 조직, 나아가 국가나 시민사회 등까지 포괄하는 모든 형태의 인간 집단을 지칭하기에 이르렀다.

16세기 초반에 출간된 『라틴어 – 포르투갈어 – 일본어 대역 사전羅葡日對譯辭書』에 이 말은 — 포르투갈어로 companhia — '친구 간의 모임友達の寄合い'이라 되어 있고, 이후 17세기에 출간된 여러 사전에도 대체로 '벗' 정도로 번역되어 있다. 도쿠가와막부에 의해 그리스도교가 금지되어 포르투갈 선교사들과의 접점이 끊어진 이후 일본과 서양 간의 교류는 주로 네덜란드를 통해 이루어졌다. 최초의 네덜란드 – 일본어 사전인 『하루마와게波留麻和解』•에는 gezelschap(영어 society, 독

• 프랑수아 할마François Halma(1653~1722)의 『네덜란드어–프랑스어 사전』을 바탕으로 난학자蘭學者 이나무라 산파쿠稻村三伯 등이 편찬하여 1796년에 출간한 일본 최초의 난화사전蘭和辭典. 난蘭은 일본어에서 '오란다', 즉 네덜란드를 지칭함. 난학蘭學은 에도시대 때 '네덜란드에서 온 지식', 즉 서양 지식을 연구하는 학문을 가리킨다.

일어 gesellschaft에 해당하는 네덜란드어)가 회중會衆으로 되어 있다. 이후에도 대체로 '회중' 혹은 '친구' 정도로 번역되었다. 최초의 영어 – 일본어 사전인 『안게리아 어림대성諳厄利亞語林大成』(1812)은 — '안게리아'는 잉글랜드를 지칭하는 라틴어 Anglia의 음역 — company와 society를 모두 반려侶伴로 번역하였다. 그러나 19세기 중반 이후 일본이 서양 문물을 본격적으로 수입하면서 점차 society가 단순히 '친구' 혹은 '동료'로 번역될 수 있는 개념이 아님을 인식하기 시작하였다. 이후 개화 초기에 이 개념에 적합한 단어를 찾기 위한 일본 학자 및 계몽가들의 분투가 계속되면서 다채로운 번역어가 난무했다. 쓰다 마미치津田眞道의 『태서국법론泰西國法論』(1866)에서는 공회公會, 인간공회人間公會로 번역되었고, 니시 아마네西周의 『백학연환百學連環』(1870)에서는 사社, 당黨으로, 나카무라 마사나오中村正直의 『자유론』 번역서(1871)에서는 문맥에 따라 총체인민總體人民, 세상 총체, 공중, 즉 정부, 사람 사이 등으로 번역되었다. 이 밖에 후쿠자와 유키치福澤諭吉의 『학문의 권장學問ノススメ』(1874)에서는 인간 교제, 교제交際로 번역되었다. 확정하긴 어렵지만 오늘날과 같은 의미의 '사회'라는 말은 「도쿄일일신문東京日日新聞」의 사설(1875년 1월 14일 자)에서 후쿠치 겐이치로福地源一郎가 사용한 것이 최초의 예다. 이후 1~2년 사이에 이 말은 다른 번역어들을 압도하게 되었고, 메이지 초기 자유민권운동 및 20세기 초 사회주의의 유행을 거치며 확고하게 자리를 잡게 된다.[1] 이후 이 일본제 신조 한자어 '사회'는 중국과 한국 등 한자문화권에서 널리 사용되어 오늘에 이르게 되었다.

한자어, 가설적 등가의 중간 지대

이상이 현재 우리가 사용하고 있는 지극히 기초적인 단어 '사회'의 성립사이다. 결코 간단치 않은 '말의 역사'다. 우리가 간단히 쓰는 말 속에는 이와 같이 복잡한 역사가 담겨 있다. 수백, 수천, 수만 가지 말과 함께 수백, 수천, 수만 가지의 역사가 존재한다. 말 하나만으로도 책 한 권 분량의 이야기가 나올 수 있을 것이다.* 여기서는 다만 이런 작고도 큰 역사에 담긴 의의를 몇 가지 정리해보고자 한다.

첫째, 우리가 흔히 사용하고 있는 대부분의 개념어들은 '서양 개념의 번역어'다. '사회'라는 말 자체, 즉 社와 會 혹은 社會라는 말의 껍데기는 이전부터 있어왔지만 그 말의 뜻, 즉 말의 살코기는 온전한 수입산이다.

둘째, 이 말들 대부분은 '메이드 인 재팬'이다. 조금 더 좁혀 말하자면 일본 근대 개화기 때 만들어진 신조어다. 물론 이 신조어들의 전사前史에는 포르투갈인 선교사 등의 번역 작업이 있었다. 따라서 이것들을 '100% 순수한' 일본의 창작물로 볼 수는 없지만, 이 신조어들을 본격적으로 만들어 퍼뜨린 이들이 일본인이었음은 분명한 사실이다. 일본은 오랜 기간 난학을 발전시켜 서양 지식을 체계적으로 습득했고, 메이지 초기 문명개화의 열풍 속에서 많은 지식인들의 숙려

---

* 이런 논의가 복잡하고 어렵게 느껴진다면 다음 책을 추천한다. 『돈가스의 탄생』(오카다 데쓰 저, 정순분 역, 뿌리와이파리, 2006). 한국어판 부제가 '튀김옷을 입은 일본 근대사'다. 정말 적절한 제목이라 생각된다. '돈가스'야말로 일본 근대사와 서양 문물 번역사에 접근하기 위한 가장 친근한 입구가 아닐까.

와 토론 끝에 이 낯선 개념들을 자신들의 언어 속으로 편입시켰다.
이 지난한 과정에는 수많은 인물들의 고투가 있었는데, 가장 대표적
인 사람이 앞에서도 언급한 니시 아마네(1829~1897)다. 그는 메이지
유신의 두 축 중 하나인 시마네현島根縣 출신이었다.˙ 젊어서부터 한
학漢學과 난학을 두루 익혔고, 1862년에는 막부의 명으로 네덜란드
에 유학도 다녀왔다. 1865년 귀국한 후에는 막부와 메이지 정부에서
일하는 한편 후쿠자와 유키치, 쓰다 마미치 등 여섯 명의 개화사상
가들과 함께 메이로쿠샤明六社를 결성, 「메이로쿠 잡지明六雜誌」를 통
해 많은 글을 발표하고 강연을 행하며 서양학문의 주요 용어들을 번
역·소개하는 데 힘썼다. 그의 저술로는 『백학연환』과 ─ 연환連環은
encyclopaedia(백과사전)의 번역어 ─ 『백일신론百一新論』 등이 유명
한데, 모두 서양의 학문과 사상을 소개하는 내용이다. 철학哲學, 예술
藝術, 이성理性, 과학科學, 기술技術 등의 말은 모두 그가 고안한 것이
다. 당대 권력층에서 멀지 않은 위치에 있었기 때문에 니시의 영향력
은 특히 컸다. 그러나 그 이외에도 다양한 스펙트럼의 배경과 사상을
지닌 수많은 지식인들이 '개화' 논의에 뛰어들었다. 새 정부, 새 시대,
새 사회의 도래와 함께 찾아온 개혁의 열망은 당시 폭발적으로 발전
한 신문 등 매스미디어의 발달과 함께 시끌벅적한 토론의 장을 낳았
다. 혼돈, 창조, 혁명, 보수, 군국주의, 자유주의의 기운이 뒤섞인 메이

˙ 도쿠가와막부 타도 및 메이지유신은 주로 사쓰마번薩摩藩(현재의 가고시마현)과 조슈번長州
藩(현재의 시마네현) 출신 정치 지도자들이 주도하였다. 메이지 초기 조슈번 출신 주요 인물로
는 요시다 쇼인吉田松陰, 기도 다카요시木戶孝允, 이노우에 가오루井上馨, 고다마 겐타로兒玉源
太郎, 데라우치 마사타케寺內正毅, 가쓰라 다로桂太郎, 야마가타 아리토모山縣有朋 그리고 이토
히로부미伊藤博文 등이 있다.

   제3부 한자, 어떻게 발전해갔는가

지 초기의 정신없는 몇십 년 동안 수많은 현대 한자어들이 탄생했다.

셋째, 앞서 당시 일본 지식인들에 의해 신조어가 '만들어졌다'고 했다. 한데 이 말들이 아무 근거 없이 만들어진 것은 아니었다. 단순히 서양어의 '동쪽 짝'으로 제시된 것이 아니라 뭔가 근거를 갖고 창안되었다.

신조어의 성립은 순수한 학술 토론의 장에서 발생한 사건이 아니었다. 이는 궁극적으로 새 정부의 수립과 정치체제의 성격을 규정하는 데 있어 헤게모니를 장악하기 위한 정치 논쟁이었다. 때문에 당대 유력 인사들 사이에서 '공적인 지지'를 얻는 것이 무엇보다도 중요했다. 당시 지식인들은 모두 그때까지 자신들 문화의 기초를 이루었던 한문의 소양이 몸에 밴 사람들이었다. 이들의 '계몽'을 위해서는 서양어의 정확한 번역도 중요했지만, 동양적 전통에 충실한 '권위 있는 용어'를 제시하는 것이 관건이었다. 지적 권위는 고전에서 온다. 그래서 그들은 가능한 한 동양 고전에 출전을 가지고 있는 말로 서양어를 번역하려 애썼다. 'philosophy'는 '필로소피'라고 번역하는 게 물론 제일 정확하다. 학교 안의 논쟁이었다면 당연히 이쪽이 채택되었을 것이다. 그러나 공적 논의의 장 안에서 이런 안은 이학理學, 희철학希哲學, 철학哲學 등의 번역어와의 경쟁에서 이길 수 없었다. 『논어』, 『서경』, 『시경』을 어려서부터 배운 지식인들에게 '희철학'─철인(의 사상)을 희구하는 학문─은 자연스레 공자 등의 중국 고대 성인, 즉 철인哲人을 연상시켰다. 용어 자체로는 '이학'이 더 좋겠지만, 주희의 성리학을 떠올리는 탓에 이 말은 폐기되었다. 그리하여 '희철학'에서 '희'를 생략하고, 'philosophy'는 마침내 '철학'이 되었다. 이런 과정을 거쳐 탄생했기 때문에 우리가 쓰고 있는 한자어들은 내용적으로는 동양의 전통 사상과 거의 관계가 없지만, 껍데기인 한자 자체는 매우 유구한 역사를

지니게 되었다. 이런 혼성 교배 과정에서 서양의 원래 맥락과는 별 상
관없는 온갖 창의적 논의가 튀어나왔음은 물론이다.

넷째, 일본에서 이렇게 복잡한 과정을 통해 탄생한 한자어들은 중
국과 한국에 급격히 쏟아져 들어왔다. 일본과 같은 지식인 사회 전반
의 논쟁 과정, 즉 여러 한자어들 사이에 벌어진 각축 과정은 비교적
적었다. 당시 사정이 워낙 급박했기 때문에 일본과 같이 시간을 두고
논의할 처지가 못 되었다. 현대 중국의 철학자 리쩌허우(李澤厚)는 중
국 근대사를 '계몽과 구망救亡(망함을 구함)의 이중변주'라고 표현했다.
나라가 망하느냐 그러지 않느냐가 걸린 시대였다. 때문에 양계초梁啓
超 등 중국의 계몽 지식인들은 일본이 만든 번역어를 통해 서양 사상
을 급하게 수입하는 데 힘썼다. 개화에 성공한 군국주의 강대국을 바
로 옆에 둔 조선의 사정은 물론 말할 것도 없겠다. 이렇게 하여 현재
우리가 쓰는 대다수의 한자어가 일본에 기원을 두게 된다.

대다수의 기초 용어들은 공통되지만 동아시아 3국 간에 약간의 차
이는 존재한다. 일제 강점기 시절을 겪은 한국은 일본과 거의 같지만,
개화 이후 사회변혁이 적었던 일본과 달리 중국은 이후 사회주의국가
가 되면서 단어도 많은 하방*을 겪었다. 때문에 현재 쓰고 있는 중국
한자어들 중엔 고전적 출전에 대한 지식 없이 한자의 겉뜻만 가지고
도 쉽게 이해할 수 있는 단어가 많다. 예를 들면, 한국이나 일본의 관
광觀光을 중국어로는 여유旅游라고 한다. '여행하며 놂'이라는 글자 뜻

---

* 하방운동下方運動 : 문화대혁명 기간 동안 당원, 공무원, 지식인들을 지방 벽지의 농촌이
나 공장으로 내려보내 노동에 종사시켰던 정책.

 제3부 한자, 어떻게 발전해갔는가

그대로 쉽게 이해할 수 있다. 그러나 '관광'에는 거창한 출전이 존재한다. 관광은 『주역』 관觀 괘의 효사인 "도성의 빛나는 모습을 봄이니 왕의 손님이 됨이 이롭다(觀國之光, 利用賓于王)"라는 말에서 온 것이다. 개기일식皆旣日蝕도 중국어로는 그저 간단히 전일식全日食이다. '개기'라는 어려운 말은 『춘추좌전』에 근거한 것이다.

우리가 사용하는 '메이드 인 재팬 서양 번역어 한자 신조어'의 배경은 이렇게 복잡하다. 이 한자어야말로 20세기 동아시아 3국 문명이 걸어온 역사의 토대다. 리디아 리우Lydia H. Liu는 근대 중국에서 이 신조어들이 창출한 공간을 주인언어(중국어)와 손님언어(외래어) 사이의 '가설적 등가의 중간 지대middle zone of hypothetical equivalence'라고 표현했다.• 서구에서 수입된 개념이 '직접 번역'되지 않고, 일본에서 수입된 한자어들이 중국 고전 전통과 등가화되는 과정을 거쳤기에, 근대=서구, 전통=중국 사이에 '가설적 융합'의 장이 마련되어 중국이 자연스럽게 변화의 차원으로 나아갈 수 있었다는 말이다. 조금 현학적인 용어이긴 하지만 근대에 만들어진 한자어들의 성격을 정의하는 데는 더없이 적확한 말이다. 우리가 생활 속에서 쉽게 접하는 한자어들, 우리 사회를 작동시키는 기술과 과학의 기반이 되는 수많은 전문용어들, 즉 동아시아 현대 문명이 기초하고 있는 저 많은 한자어들 아래에는 이렇게 간단치 않은 역사와 문화적 배경이 놓여 있다. 우리의 한자어는 동양과 서양, 한중일의 근대사, 여러 맥락의 정치적 투쟁,

---

• Lydia H. Liu, *Transligual Practice : Literature, National Culture, and Translated Modernity - China, 1900~1937*, Stanford University Press, 1995, 40~41쪽. 한국어 번역본도 있다. 『언어횡단적 실천』(민정기 역, 소명출판, 2005). 또한 『문文과 노벨Novel의 결혼』(이보경, 문학과지성사, 2002) 제1장 II. '한자漢字, Kanji'로 재현된 서구 문명'도 참조하였다.

각종 사상의 경연, 보수와 개혁, 혁명과 반혁명 간의 엎치락뒤치락경기
와 혼성 모방의 결과물이다. 이 한자어들을 기반으로 동양이기도 하
고 서양이기도 하고, 서양이지도 않고 동양이지도 않은 20세기 동아
시아 문명이 탄생한 것이다.

제3부 한자, 어떻게 발전해갔는가

『주역』 미제未濟 괘

끝없는 길,
한자의 미래

未濟
미제

수천수만 가지 몸짓의 역사

영원한 것은 없다. 세상을 이루는 수많은 개별자들, 헤아릴 수 없이 많은 존재의 파편들은 매 순간 변화하고 길건 짧건 스스로의 운명에 따라 결국 생을 마감한다. 소멸로 향해가 결국 무로 화한다. 한 존재의 무는 다른 존재의 유와 짝한다. 세상은 억만의 생성과 소멸로 가득하다. 세상은 변화로 가득하다. 영원한 것은 없다.

이 세상 너머의 신 혹은 덧없는 윤회에서 벗어나 한계와 표준을 뛰어넘은 초월자에 대한 신앙을 갖지 않는 이상, 소멸을 벗어나 영원으로 가는 길은 정녕 얻을 수 없는 것일까?

꼭 그렇지도 않다. 덧없어 보이는 속성이 진짜 덧없는 존재보다 영원에 가까울지도 모르기 때문이다. 그 속성 중 하나가 몸짓이다. 밀란 쿤데라가 소설 『불멸』에서 말했듯 개별자의 수보다 몸짓의 수가 더 적음은 분명하다. 존재자는 사라져도 몸짓은 불멸한다. 인간이 몸짓

을 취하는 게 아니라 몸짓이 인간을 통해 현현한다. 수천수만 가지 몸
짓의 역사. 그것이 한자의 역사, 정확하게 이야기하면 한자 형태의 역
사다. 이 또한 통달하기 어려운 복잡다단한 형상이지만, 그래도 하염
없는 변화만이 가득한 세상을 바라보는 것보다야 낫지 않은가. 변화
를 관통하는 불멸이 여기에 있다. 언어의 역사 그리고 인간사회의 문
화, 문명의 역사가 이 작은 한자 안에 담겨 있다. 이제까지 그중 지극
히 일부, 스물두 자의 형상을 함께 들여다보았다. 한자의 몸짓을 통해
그 시대를 함께 겪어냈던 사람들, 그 사람들이 모여 이루었던 문명의
모험을 살펴보았다. 사람도, 제국도, 문명도 모두 사라지고, 이제는 한
갓 문자의 형상만이 남았다.

한자가 걸어온 길을 돌아보면, 중요한 변화가 일어났던 시기에는 반
드시 대통일을 통한 정리의 시기가 있었고, 그 시기에 한자의 모습에
도 커다란 변화가 있었음을 알 수 있다. 이런 종류의 대통일은 항상
통일 제국의 출현과 보조를 맞춰 일어났다. 진나라와 한나라 그리고
당나라, 소전과 예서 그리고 해서. 글꼴은 항상 역사와 함께해왔다. 현
재 우리도 거대한 변화를 목도하고 있다. 중국의 간화자簡化字 사업은
문명의 거대한 실험이다.

한자의 간략화는 20세기의 중요한 화두였다. 일본도 상용한자에
간체자를 많이 채택했다. 그러나 이는 중국에서 일어난 거대하고도
급속한 변화에 비하면 미미한 수준이었다. 한자만으로 문자 생활을
영위해야 하는 중국에서 이보다 더 시급한 과제는 있을 수 없었다. 역
사상 한자 통일에는 항상 간략화가 동반되었지만, 중화인민공화국의
간화자만큼 급격한 생략이 있었던 적은 없다. 사회주의국가의 건설,
강력한 평등의 실현을 위해 문맹이란 반드시 추방되어야 할 악이었기

때문이다. 강력한 중앙집권체제로 현대 중국의 간화자는 비교적 짧은 시간 안에 자리를 잡을 수 있었다. 몇십 년간은 대륙의 간화자와 대만 및 주변 국가의 번체자가 세력 균형을 이루기도 했지만 21세기 들어 중국이 슈퍼파워로 성장하면서 간체자의 승리가 굳어졌다. 2008년부 터 유엔은 모든 중국어 공식 문서를 간화자로만 기록하기 시작했다. 이제 한자세계의 표준은 간화자다.

표준화와 함께 잘려나간 이야기들

표준 설정은 문명의 첫째 요건이다. 그런데 표준을 마련하는 작업은 필연적으로 배제exclusion의 작업일 수밖에 없다. 문명의 설정, 제국의 성립, 표준어의 확립을 위해 얼마나 많은 사투리, 우수리, 이체자, 이형자, 벽자, 주변인, 기인畸人, 기형, 기타 온갖 사소한 문물이 '기타 등등'으로 처리되었겠는가. 이를 아쉬워함은 단순한 노스탤지어나 동정이 아니다. 우리는 표준어를 받아들이는 동시에 배제된 수많은 지혜들을 잃어버린 셈이다. 간화자도 마찬가지다. 표준에서 배제된 번체자에 담긴 기나긴 역사와 깊은 정보를 아쉬워하는 이가 많다. 옛 이웃(隣)이 떠나가고 좀더 편리한 이웃(邻)이 이사 온 것은 그런대로 받아들일 수 있다. 일단 소리 요소와 뜻 요소가 결합하여 한자를 이룬다는 형성자의 원리, 합리성과 경제성의 원칙을 밀어붙인 결과이기 때문이다. 그러나 마ㄗ의 채용과 함께 밀려나간 말(馬)의 저 수많은 갈기털은 어찌할 것인가? 사냥(猎)으로 사냥된 엽獵은 과연 같은 사냥인가?* 지나친 배제는 '웃픈' 현실도 낳았다. 현대 중국 간화자 표기의 세계에선 골짜기(穀)에서 곡식(谷)을 먹고, 구름(云)에 대해 말하며(雲), 모두(鹹) 모여 짠(咸) 음식을 먹을 수밖에 없다. 편리와 효용의 추구가 과연 진정한 실용을 낳았는가? 간화자가 버린 종자 속에 유용한 생체 정보가 있었을지도 모를 일이다.

간화자의 진정한 문제는 철 지난 기술을 기반으로 하고 있다는 점이다. 활자 인쇄는 근대를 가능케 한 강력한 매체 혁명이었다. 그러나 이 구텐베르크 은하계도 이젠 낡은 세계가 되었다. 불과 20~30년 전만 해도 전자화, 데이터베이스화, 검색 기술을 기반으로 한 정보사회는 먼 미래의 일이었지만 이제는 현실이다. 요새 문자를 손으로 쓸 일은 그리 많지 않다. 획수의 생략을 통한 간략화의 이점이 예전처럼 강력하지 않은 것이다. 획수가 많은 복잡한 한자나 간단한 한자나 차지하는 디지털 저장 공간은 거의 같다. 기술의 발달로 수천수만 자를 거느린 한자입출력장치의 용량도 이젠 그리 큰 의미를 지니지 못한다. 읽고 보는 차원에서 생략은 종종 편리함보다는 정보의 불필요한 버림을 낳는다. 방대한 데이터의 시대에 한눈에 정보를 요약하여 읽고 보게 해주는 인포그래픽infographic의 역할은 점점 커질 것이다. 적잖이 훼손된 채로나마 상형성의 끈을 끈질기게 붙잡고 있는 글자인 한자는 텍스트인 동시에 인포그래픽이기도 한 희유의 문자다. 씀과 새김의 수천 년 길항 관계 속에서 한자는 꾸준히 직선적 자획화의 길을 걸어왔다. 그러나 모를 일이다. 이제는 '소프트soft'하기 그지없는 서사 환경을 만난 한자가 앞으로 수백 년 후에는 다시 둥그스름한 획을 가진

• 번체자에서 작猎('석'으로도 읽음. 원래 개의 이름 혹은 전설상의 짐승 이름을 가리키는 고유명사에 쓰이던 글자)은 벽자로서 거의 쓰이지 않는 글자다. 하지만 엽獵과는 엄연히 다른 글자였다. 그런데 사蜡, 납臘, 석腊이—모두 12월 혹은 섣달에 지내는 제사 이름을 뜻함—혼용되어 쓰이던 습관을 감안하여 간화자에서는 獵 대신 猎이 선택되었다.

제3부 한자, 어떻게 발전해갔는가

옛 문자, 전서篆書와 유사한 형태로 회귀하게 될는지.

디지털 환경에서 자유롭게 한자를 입력하고 구현하기 위한 '유니코드 한중일(월) 통합한자' 작업도 거의 마무리 단계다. 계속 확장한자가 추가되고는 있지만, 이제 특수한 벽자를 제외하고 웬만한 한자는 별 불편 없이 입력하고 읽어낼 수 있다. 여기에는 어지간한 이형·이체자도 포괄된다. 그러나 표준화의 특성상 모든 '다른 형태들', '미세한 변화들'이 포함되기는 힘들다. 이전에는 효율을 위해 버릴 수밖에 없었다 해도 이제는 이 '우수리 형태들'에도 눈을 돌려볼 때가 되었다. 이런 면에서 더 큰 도전이 기다리고 있다. 붓으로 쓴 옛 필기체, 즉 행초서가 그것이다. 행초서에는 더욱 미세하고도 미묘하고도 복잡하고도 다양한 변화가 내재되어 있다. 이에 대한 수집, 분류, 정리는 아직 걸음마 단계에 지나지 않는다. 이제는 이 사라져가는 생태계를 보존하고 연구할 데이터베이스, 디지털 아카이브, 종자은행, 생태원의 설립을 고려해볼 때가 되었다. 누가 알랴, 여기에 미래 문자문화의 작은 씨앗 하나가 담겨 있을지. 이를 위해 한국은 꽤 유리한 환경을 갖추고 있다. 아직도 옛 한자체인 번체자를 사용하고 있으며, 한자 텍스트를 만들어온 전통도 유구하고, 한문 자료도 방대하게 보유하고 있다. 우수한 연구 인력도 많고, IT 인프라를 잘 갖추고 있다는 점은 굳이 언급할 필요도 없겠다.

계속되는 한자의 이야기

자, 이제 여정을 마무리할 때가 되었다. 한자의 역사를 되돌아보며 때론 찬찬히 때론 설렁설렁 한자의 역사를 기웃거려보았다. 역사를 돌아본다는 것은 앞에서 이야기한 것처럼 오래된 미래를 눈여겨본다는 면에서 물론 유익한 행위다. 그러나 이를 어떻게 한갓 유용성의 측면에서만 논할 수 있을 것인가. 이 시점에서 우리는 또다시 왕희지를 호출해야 한다. 〈난정서〉에서 그는 이렇게 말했다.

사람의 취향은 만 가지로 다르고 성정도 제각각이지만, 즐거운 일을 만나 잠시 뜻을 얻으면 즐거이 심취하며 늙음이 장차 이르리란 사실은 까맣게 잊고 지낸다는 면에서는 모두 같다. 그러다 권태를 느끼고 여건도 변화하여 마음이 바뀌고 나면, 그제야 강한 감정이 밀려든다. 예전에 그렇게 좋아하던 것이 어느새 낡은 자취처럼 느껴지니, 그로 인해 감회가 솟지 않을 수 없다. 게다가 사람은 모두 길건 짧건 죽음을 향해가는 운명을 함께하고 있음에랴! (…) 옛사람들이 왜 그런 감회를 가졌었는지 살피면 언제나 내 경우와 꼭 들어맞으니, 옛글을 대할 때마다 드는 한탄스럽고 슬픈 마음을 이성적으로 억제할 수가 없다. 그러니 생과 사가 하나라는 둥 장수와 요절이 같다는 둥의 설은 함부로 떠드는 거짓말임을 알 수 있다. 후세 사람이 지금을 볼 때도 우리가 옛사람을 보는 심정과 같으리라. 서글프다!"[1]

저 '서글프다(悲夫)'라는 두 글자에 인생의 기쁨과 슬픔, 역사와 인문에 대한 감회가 모두 녹아들어 있다. 지난날에 대한 이끌림은 단순히 지식의 축적을 위한 게 아니다. 이는 인간의 실존과 맞닿은 감정이다. 무슨 말이 더 필요하랴! 비부!

『주역』 64괘는 기제既濟, 즉 '이미 이루어졌음'의 괘에서 한발 더 나아가 '미제', 즉 '아직 끝나지 않았음'의 괘로 끝난다. 64괘의 순서에 대해 풀이한 「서괘전序卦傳」은 이에 대해 이렇게 말했다.

사물은 다할 수 없다. 그러므로 미제 괘로 받아서 마쳤다.

物不可窮也, 故受之以未濟, 終焉

한자의 이야기는 아직 끝나지 않았다. 과거와 현재, 동양과 서양, 표준과 우수리가 함께 뛰노는 이 원더랜드에 앞으로 무슨 일이 일어날 것인가? 우리 모두 함께 지켜보자.

제1부 한자, 어디에서 왔는가 — 한자의 탄생

제1장 한자의 탄생, 동아시아 문명의 여명

구求

1 《本草綱目》권51上 '豪豬' 集解. 頌曰: 豪豬, 陝·洛·江東諸山中並有之. 髦間有豪如箭, 能射人. 時珍曰: 豪豬, 處處深山中有之, 多者成群, 害稼. 狀如豬, 而頂脊有刺鬣, 長近尺許, 粗如筋, 其狀似笄及帽刺, 白本有黑端. 怒, 則激去如矢射人. 羌人以其皮爲韡. 郭璞云: 豪豬自爲牝牡而孕也.

2 按: 豪豬, 自外國來畜之, 以異毛賞之耳.

3 마서륜馬敍倫, 『설문해자육서소증說文解字六書疏證』 호豪 항목.

4 중국국가박물관 소장 도주塗朱 각사刻辭 복골卜骨 '王往逐兕' 각사의 해석은 다음 책에 수록된 경상국립대학교 김혁 교수의 글을 참조하였다. 심재훈 등 저, 고대문명연구소 연구총서2 『고대 근동과 중국, 문자와 문헌 전통의 형성』, 진인진, 2025, 김혁 「甲骨文 문자 체계에 공존하는 원시성과 발전성」, 51~71쪽. '王往逐兕' 각사의 해석은 55쪽을 볼 것.

달達

1 "六藝群書之詁, 皆訓其意, 而天地鬼神, 山川艸木, 鳥獸蚰蟲, 雜物奇怪, 王制禮儀, 世間人事, 莫不畢載."(「進說文解字上安帝書」, 『설문해자』 말미에 후서後敍로 수록되어 있다.)

제2장 한자, 세상 밖으로 나가 불어나다

정鼎

1 현재 중국에서는 하나라를 전설 속의 왕국으로 보지 않고 자국 고대사로 편입시켜서 하상주단대공정夏商周斷代工程을 통해 주요 사건의 연표까지 확정하였다. 그러나 하나라의 실체에 대해서는 여전히 의문의 여지가 있다. 여기서는 일단『서경』, 『사기』 등 전통적인 견해를 따른다.

2 일본의 연호였던 헤이세이平成는 여기서 따온 말이다.

3 楚子伐陸渾之戎, 遂至於雒, 觀兵于周疆. 定王使王孫滿勞楚子. 楚子問鼎之大小輕重焉. 對曰:"在德, 不在鼎. 昔夏之方有德也, 遠方圖物, 貢金九牧, 鑄鼎象物. 百物而爲之備, 使民知神姦, 故民入川澤山林, 不逢不若, 螭魅罔兩, 莫能逢之. 用能協于上下, 以承天休. 桀有昏德, 鼎遷于商. 載祀六百, 商紂暴虐, 鼎遷于周. 德之休明, 雖小, 重也 ; 其姦回昏亂, 雖大, 輕也. 天祚明德, 有所底止. 成王定鼎于郟鄏, 卜世三十卜年七百, 天所命也. 周德雖衰, 天命未改. 鼎之輕重, 未可問也."(『春秋左傳』 '宣公三年')

4 주나라 왕이 소유했던 정鼎의 수에 대해서는 아직 논란 중에 있다. 전통적으로는 후한後漢의 주석가 하휴何休의 견해(『공양전公羊傳』 '환공桓公 2년' 조의 주注:"禮, 祭, 天子九鼎, 諸侯七, 卿大夫五, 元士三")에 따라 9점 한 세트를 최고 등급 왕의 지표로 보는 견해와『주례周禮』「天官·膳夫」, "王日一擧, 鼎十有二"에 근거하여 12점 한 세트를 왕의 소유로 보는 입장이 존재한다. 고고학 증거상으로는 서주 시기 고위급 귀족들과 지방 정치체 수장의 묘에서 9점 이상의 열정이 발견된 사례가 존재한다. 특히 기존의 주대 왕들의 열정에 대한 고고학적 증거가 없는 상황에서 최근 서주 왕묘로 추정되는 묘들이 철저히 도굴된 상태로 발견됨에 따라 당분간은 이 문제가 해결되기 힘들 것으로 보인다. 주대 열정제의 연구현황에 대한 보다 상세한 소개는『고고학 증거로 본 공자시대 중국사회』(로타 본 팔켄하우젠, 심재훈 역, 세창출판사, 2011), 93~96쪽 참조.

5 "周監於二代, 郁郁乎文哉! 吾從周."(『논어』「팔일八佾」)

자字

1 "其男子時時有文身."(『삼국지 위지魏志』「동이전東夷傳·한韓」), "男女近倭, 亦文身."(「변진」)

2 "남자들은 어른과 아이 가릴 것 없이 모두 얼굴과 몸에 문신을 한다. 예전부터 왜에서 중국으로 오는 사자들은 모두 대부라 자칭했다. 하후夏后 소강少康의 자손 중 회계會稽(현 저장성 사오싱 지역. 월나라를 가리킴)에 봉해진 이들은 머리를 짧게 깎고 문신을 하여 교룡의 해를 피했다. 지금 왜의 물가에 사는 사람들도 잠수를 해서 물고기나 조개를 즐겨 잡는데, 그들의 문신도 큰 물고기나 물새를 피하기 위함이다. 그러다 나중에는 점차 장식용으로 하게 되었다. 여러 나라의 문신이 각각 다르다. 왼쪽에 하기도 하고 오른쪽에 하기도 하며, 크기도 하고 작기도 하다. 신분에 따라서도 차등이 있다.(男子無大小, 皆黥面文身. 自古以來, 其使詣中國, 皆自稱大夫. 夏后少康之子封於會稽, 斷髮文身, 以避蛟龍之害. 今倭水人好沈沒捕魚蛤, 文身亦以厭大魚水禽. 後稍以爲飾. 諸國文身各異. 或左或右, 或大或小, 尊卑有差.)"(『삼국지 위지』「동이전·왜인倭人」)

3 조현설, 『문신의 역사』(살림출판사, 2003), '오래된 문신의 흔적들' 및 위키피디아 일본어판 文身 항목 참조.

4 『시경詩經』「대아大雅」'문왕文王'.

5 分命羲仲, 宅嵎夷曰暘谷, 寅賓出日, 平秩東作.

6 帝曰:"咨, 汝羲暨和! 朞三百六旬六日, 以閏月, 定四時成歲, 允釐百工, 庶績咸熙."

7 王曰:"格, 爾衆庶! 悉聽朕言. 非台小子敢行稱亂, 有夏多罪, 天命殛之."

8 厥或誥曰'群飮', 汝勿佚, 盡執拘, 以歸于周. 予其殺. 又惟殷之迪諸臣惟工, 乃湎于酒, 勿庸殺之, 姑惟敎之.

9 采采卷耳 不盈頃筐 嗟我懷人 寘彼周行
  陟彼崔嵬 我馬虺隤 我姑酌彼金罍 維以不永懷
   陟彼高岡 我馬玄黃 我姑酌彼兕觥 維以不永傷
   陟彼砠矣 我馬瘏矣 我僕痡矣 云何吁矣

10 呦呦鹿鳴 食野之苹 我有嘉賓 鼓瑟鼓琴 鼓瑟鼓琴 和樂且湛 我有旨酒 以燕樂嘉賓之心

이夷

1 실랍법失蠟法, lost wax casting : 기원전 3000년 이전에 근동 지역에서 복잡한 형태의 거푸집을 만들기 위해 고안된 청동기 주조 기술. 주조하고자 하는 청

동기의 모형을 밀랍으로 만들고 그 위에 진흙을 덧씌운다. 진흙이 구워지는 과정에서 밀랍이 녹아 없어지고, 밀랍 모형을 그대로 복제한 거푸집이 남는다. 모형이 사라져버리기 때문에 합범법合範法처럼 거푸집을 분리해서 떼어낼 필요가 없어 복잡한 기물을 만드는 데 주로 쓰였다.(리쉐친, 『중국 청동기의 신비』, 심재훈 옮김, 학고재, 2005, 165쪽.)

2 엄밀히 따지면 왕자오정은 전형적인 '정'은 아니며 '승'鬵이라는 정의 한 부류의 기물이다. '승'은 춘추 중기 이후 초를 포함한 채蔡, 증曾과 같은 남방 지역 국가에서 유행했다.

3 余旣滋蘭之九畹兮, 又樹蕙之百畝. 畦留夷與揭車兮, 雜杜衡與芳芷. 冀枝葉之峻茂兮, 願竢時乎吾將刈. 雖萎絶其亦何傷兮, 哀衆芳之蕪穢.

4 女嬃之嬋媛兮, 申申其詈予. 曰鯀婞直以亡身兮, 終然殀乎羽之野. 汝何博謇而好修兮, 紛獨有此姱節. 薋·菉·葹以盈室兮, 判獨離而不服.

5 跪敷衽以陳辭兮, 耿吾旣得此中. 駟玉虬以乘鷖兮, 溘埃風余上征. 朝發軔於蒼梧兮, 夕余至乎縣圃. 欲少留此靈瑣兮, 日忽忽其將暮. 吾令羲和弭節兮, 望崦嵫而勿迫. 路曼曼其脩遠兮, 吾將上下而求索. 飮余馬於咸池兮, 揔余轡乎扶桑. 折若木以拂日兮, 聊逍遙以相羊.

6 중국 고대사에서 '초나라를 어떻게 바라볼 것인가'의 문제는 매우 미묘하고도 중요한 문제다. 먼저 전통적인 관점에서는, 확실히 초나라를 끊임없이 이질화하고 타자화하려는 경향이 강했다. 서주 및 춘추전국시대를 연구할 때 사용된 전통적인 문헌 자료들이 대부분 중원中原 및 제로齊魯 계통의 텍스트들이었기 때문이다. 이들 텍스트가 가지고 있는 초 문화에 대한 타자성의 강조는 대개 폄하의 정조를 띠었다. 이에 대한 반작용으로 초나라 문화의 독자성을 강조하고 그것이 중원에 뒤지지 않았음을 강조하는 연구 경향도 있다. 그러나 폄하건 애호건 초 문화가 중원과는 '완전히 다른 타자'임을 전제로 한다는 점에는 차이가 없으니 둘 다 일종의 (중국 내부의) 오리엔탈리즘이라고 할 수 있겠다. 최근의 고고학적 성과에 따르면—출토 문헌 및 유물을 망라하여—초나라의 정치 시스템, 사회구조, 물질문화의 양상, 문자문화 등이 여타 제후국들과 본질적으로 다르지 않으며 전형적인 주나라 방식을 따르고 있었음이 분명하다. 다만 다른 지역을 기반으로 하고 있었기 때문에 당연히 중원의 문화와는 어느 정도 차이가 있었다. 그런데 이런 정도의 차이는 다른 제후국들 사이에도 존재했던 것이다. 〈왕자오정〉의 경우도 화려하고 독특한 외관상의 특징들은 종족적·타자적 차이가 아닌 '지역성'의 차이가 주요 원인일 것이다. 이 문제에 대해서는 자세한 논의가 필요하겠지만, 우선 여기서는 다음과 같이 정

리해두고 넘어가고자 한다. 첫째, 주나라가 단일한 체제와 문화로 중국 전토를 지배하고 있었다는 가정, 즉 중국을 '단일한 하나'로 보려고 하는 '전통적' 시각은 그런 시각하에서 만들어진 문헌에만 기대고 있는 잘못된 문화 지평이다. 이런 시각하에서 굳어진 '오랑캐로서의 초', 즉 '타자로서의 초'라는 시각에는 확실히 문제가 있다. 둘째, 초 문화가 중원문화와는 다른 독자적 전통을 지니고 중원과 대등한 관계에서 그 대항마 역할을 했다는 '수정된' 시각 또한 문제가 있다. '전통적' 시각과 '수정된' 시각은 서로 상보 관계를 이루며 초나라를 더욱더 '타자화'할 뿐이다. 셋째, 그렇다면 일단 다음과 같은 시각을 갖는 것이 합리적일 것이다. 역사 시기의 초나라가 이미 중원의 체제에 상당히 통합된 국가였다는 '사실'을 확실히 인지하면서, 그 '중원문화'라는 것 자체도 상당히 이질적인 여러 문화 및 체제가 복합적으로 공존하는 것이었다는 점을 감안하여 초 문화의 '지역적 이질성'에 대해 좀더 세밀한 고찰을 해야 하겠다. 이런 면에서 필자의 서술은 두 번째 시각에 기초하고 있는 면이 많아 문제가 있다는 점을 자인한다. 초에 대한 신뢰할 만한 정리는 앞서 소개한 로타 본 팔켄하우젠의 저서 341~350쪽을 참조하기 바란다.

제帝

1　計四海之在天地之間也, 不似礨空之在大澤乎? 計中國之在海內, 不似稊米之在太倉乎?

2　와타나베 신이치로, 『천공의 옥좌』(문정희 역, 신서원, 2002) 제3장 제2절 '우공의 제국적 질서' 참조.

3　이성규 저, 『중국고대제국성립사연구』, 일조각, 1995, 234~283쪽.

4　秦初幷天下, 令丞相·御史曰: "異日韓王納地效璽, 請爲藩臣. 已而倍約, 與趙·魏合從畔秦, 故興兵誅之, 虜其王, 寡人以爲善, 庶幾息兵革. 趙王使其相李牧來約盟, 故歸其質子. 已而倍盟反我太原, 故興兵誅之, 得其王. 趙公子嘉乃自立爲代王, 故舉兵擊滅之. 魏王始約服入秦. 已而與韓·趙謀襲秦, 秦兵吏誅, 遂破之. 荊王獻靑陽以西. 已而畔約擊我南郡, 故發兵誅得其王, 遂定其荊地. 燕王昏亂, 其太子丹乃陰令荊軻爲賊, 兵吏誅滅其國. 齊王用后勝計, 絶秦使, 欲爲亂, 兵吏誅虜其王, 平齊地. 寡人以眇眇之身興兵誅暴亂, 賴宗廟之靈, 六王咸伏其辜, 天下大定. 今名號不更, 無以稱成功傳後世. 其議帝號."(『사기』「진시황본기」)

제3장 한자는 한나라 글자다

경經

1 楚人獻黿於鄭靈公. 公子宋與子家將見, 子公之食指動, 以示子家, 曰 : “他日
我如此, 必嘗異味.” 及入, 宰夫將解黿, 相示而笑. 公問之, 子家以告. 及食大
夫黿, 召子公而弗與也. 子公怒, 染指於鼎, 嘗之而出. 公怒欲殺子公, 子公與
子家謀先. 子家曰 : “畜老猶憚殺之, 而況君乎?” 反譖子家. 子家懼而從之. 夏
弑靈公. 書曰 : “鄭公子歸生弑其君夷.” 權不足也. 君子曰 : “仁而不武, 無能達
也.”(『春秋左氏傳』「宣公」 ‘四年夏六月乙酉, 鄭公子歸生弑其君夷’)

비碑

1 草森紳一, 『書の宇宙 5』, 83쪽.

제4장 한자, 엄격함에서 벗어나 춤을 추다

간簡

1 乾知大始, 坤作成物 ; 乾以易知, 坤以簡能. 易則易知, 簡則易從 ; 易知則有
親, 易從則有功 ; 有親則可久, 有功則可大 ; 可久則賢人之德, 可大則賢人之
業. 易簡而天下之理得矣, 天下之理得而成位乎其中矣.(『주역』「계사상전繫辭
上傳」)

2 子曰 : “不得中行而與之, 必也狂狷乎! 狂者進取, 狷者有所不爲也.”(『논어』
「자로子路」)

3 근래의 연구 결과, 전서체의 필기·간략체인 예서는 통일 진 제국 이전에 이미
활발히 쓰이고 있었음을 알 수 있게 되었다. 즉 이전의 전서체가 간략한 필기
체로 발전한 것이 예서체요, 그것이 공식적이며 중후한 서체로 고정된 것이 소
전체다.(도미야 이타루 저, 『목간과 죽간으로 본 중국 고대 문화사』(임병덕 역, 사계절,
2005), 144~157쪽 참조.) 그러나 예서가 본격적으로 발전하여 널리 쓰이게 된
시대는 한대漢代이며, 또한 전통적으로 한나라를 대표하는 서체는 곧 예서라
는 인식도 강고하다. 여기서는 예서가 한나라 이후 나타난 것은 아니라는 역
사적 사실을 강조하는 한편, 예서와 한나라 문화가 강하게 결부되어 있다는
전통적 인식도 무시하지 않는 관점을 취하기로 한다.

현玄

1 "工人數變業, 則失其功. (…) 然則數變業者, 其人彌衆, 其虧彌大矣. 凡法令更, 則利害易；利害易, 則民務變；務變之謂變業. 故以理觀之, 事大衆而數搖之, 則少成功；藏大器而數徙之, 則多敗傷；烹小鮮而數撓之, 則賊其澤；治大國而數變法, 則民苦之. 是以有道之君貴靜, 不重變法. 故曰：'治大國者, 若烹小鮮.'"(『한비자韓非子』 제18편 「해로解老」)

용龍

1 Here be dragons. 라틴어로는 HC SVNT DRACONES(Hic Sunt Dracones.).

2 뉴욕 공공도서관에 소장되어 있는 헌트 레녹스 지구본Hunt-Lenox Globe을 말한다. 이 지구본은 현재까지 전해지는 지구본 중 가장 오래된 것으로 알려진 독일의 에르다펠(Erdapfel, 독일어로 '감자'라는 뜻) 지구본에 이어 두 번째 혹은 세 번째로 오래된 것으로 알려져 있다. 지름이 112mm이며 구리로 만들어졌다. 최근에 크기와 모양이 거의 같고 타조알로 만들어진 지구본이 공개되었는데, 타조알 반쪽 두 개를 이어 붙인 것으로 1504년경 제작된 것으로 추정된다. 헌트 레녹스 지구본은 아마도 이 타조알 지구본의 '금속 버전'일 것이다.

3 보르자 지도에 대해서는 다음 사이트를 참조. http://cartographic-images. net 'Late Medieval Maps' #237.

4 Alois Reigl, *Stilfragen – Grundlegungen zu einer Geschichte der Ornamentik*(양식론: 장식사의 기본문제), Verlag von Geory Siemens, 1893의 일본어역 『アロイス·リーグル美術様式論 ―裝飾史の基本問題』, 長広敏雄 訳, 岩崎美術社, 1990, p.106에서 재인용(제2장 「식물문양의 시원과 당초문의 발전」)

5 "夫杜·崔·張子皆有超俗絶世之才, 博學餘暇, 遊手於斯. 後世慕焉, 專用爲務, 鑽堅仰高, 忘其疲勞, 夕愓不息, 仄不暇食. 十日一筆, 月數丸墨, 領袖如皁, 脣齒常黑. 雖處衆座, 不遑談戲, 展指畫地, 以草劌壁, 臂穿皮刮, 指爪摧折, 見鰓出血, 猶不休輟."

제2부 한자의 모양, 어떻게 이루어졌는가
―표준의 성립과 획의 발견

제1장 당 제국과 해서의 성립

석石

1 『월아당총서粵雅堂叢書』에 수록되어 있다. 『월아당총서』는 상해上海 상무인서관商務印書館에서 1936년에 초판을 발행한 『총서집성叢書集成』에 수록되어 있다. 『총서집성』은 이후 여러 곳에서 수차 중간되었다. 필자는 일본의 서도 잡지인 『스미墨』 139호(1999년 7·8월 호)에 실린 쓰치야 마사아키土屋昌明의 「북비파의 정열北碑派の情熱」에 소개된 내용을 참조하였다.

2 쓰치야 마사아키, 위의 글.

희義

1 '기념비성monumentality'의 개념에 대해서는 우홍, 『순간과 영원』(김병준 옮김, 아카넷, 2001) '서론: 九鼎과 기념비성에 대한 전통적 개념'을 참조.

2 번역은 다음을 참조했다. August Conrady, *Die chinesischen Handschriften- und sonstigen Kleinfunde Sven Hedins in Lou-lan*, Stockholm Generalstabens Litografiska Anstalt, pp.79~81. 아우구스트 콘라디(1864~1925, 중국명 孔好古)는 19세기 말에서 20세기 초에 걸쳐 활동한 독일의 중국학자로서 스벤 헤딘이 수집한 누란 문서를 연구한 위의 책을 1920년에 스톡홀름에서 출간한 바 있다. 소덕홍의 편지에서 본문 부분의 해석은 불분명한 점이 많다. 콘라디는 '宜禾'를 한나라 이후 설치되었던 서역의 의화현宜禾縣이란 지명으로 보았는데, 다른 누란 문서와 비교해 보면 '尹宜'를 인명으로 볼 수도 있다.

당唐

1 정확하게 서풍書風이라는 면에서 말한다면 〈진감선사비〉에는 당나라 여러 서가의 필의筆意가 들어가 있다. 저수량 및 구양통歐陽通(구양순의 아들)은 물론, 여타 서가들의 영향도 지적할 수 있겠다. 오히려 구양순의 영향이 가장 적다고 할 수 있다. 당나라 말기 사람인 최치원의 '좁은' 시대적 배경을 생각한

다면 당연한 일이다. 여기서는 글자 하나하나에 대해서나 서체에 대한 분석이 아니라 당나라 전체를 관통하는 '넓은' 시대정신의 측면을 이야기한 것이다.

2 청대 금석학자들에 의해 재발견된 사실은 일단 논외로 한다. 그 이후 서예계에서 적어도 예서 및 팔분체는 해서만큼이나 기본적인 서체로 대우받아왔다. 그러나 이는 예술계에 한정된 의식적 활동이었고, 일반 문자 생활 속에서 해서가 갖는 지위에는 거의 영향을 끼치지 못했다.

제2장 획의 발견

진眞

1 眞 僊人變形而登天也 从匕从目从乚 八 所以乘載之

2 乘蹻可以周流天下 蹻道有三 一曰龍蹻 二曰氣蹻 三曰鹿盧蹻

3 夫聖賢之書 敎人誠孝 愼言檢迹 立身揚名 亦已備矣 魏晉已來 所著諸子 理重事複 遞相模斅 猶屋下架屋 牀上施牀耳 吾今所以復爲此者 非敢軌物 範世也 業以整齊門內 提撕子孫 夫同言而信 信其所親 同命而行 行其所服 禁童子之暴謔 則師友之誡 不如傅婢之指揮 止凡人之鬬鬩 則堯舜之道 不 如寡妻之誨諭 吾望此書爲汝曹之所信 猶賢於傅婢寡妻耳. 번역은『역주 안씨가훈』제1권, 41~43쪽의 것을 원용하되, 일부 문구를 조정했다.

4 也是語已及助句之辭 文籍備有之矣 河北經傳 悉略此字 其間字有不可 得無者 至如伯也執殳 於旅也語 回也屢空 風風也敎也 及詩傳云 不戢戢 也 不儺儺也 不多多也 如斯之類 儻削此文 頗成廢闕 詩言 靑靑子衿 傳 曰 靑衿靑領也 學子之服 按 古者 斜領下連於衿 故謂領爲衿 孫炎郭璞注 爾雅 曹大家注列女傳 並云 衿交領也 鄴下詩本, 旣無也字 群儒因謬說云 靑衿靑領 是衣兩處之名 皆以靑爲飾 用釋靑靑二字 其失大矣 又有俗學 聞 經傳中時須也字 輒以意加之 每不得所 益成可笑. 번역은 위의 책, 제2권, 127~129쪽의 것을 원용하되, 일부 문구를 조정했다.

5 後漢書云 鸛雀銜三鱓魚 多假借爲鱣鮪之鱣 俗之學士 因謂之爲鱣魚 案 魏武四時 食制 鱣魚大如五斗匳 長一丈 郭璞注爾雅 鱣長二三丈 安有鸛雀能勝一者 況三 乎 鱣又純灰色 無文章也 鱓魚長者不過三尺 大者不過三指 黃地黑文 故都講云 蛇 鱓卿大夫服之象也 續漢書及搜神記亦說此事 皆作鱓字 孫卿云 魚鱉鰌鱣 及韓非 說苑皆曰 鱣似蛇 蠶似蠋 並作鱣字 假鱣爲鱓 其來久矣. 번역은 위의 책, 제2권, 149~152쪽의 것을 원용하되, 일부 문구를 조정했다.

6 世間小學者 不通古今 必依小篆 是正書記 凡爾雅三蒼說文 豈能悉得蒼頡
本指哉 亦是隨代損益 互有同異 西晉已往字書 何可全非 但令體例成就 不
爲專輒耳 考校是非 特須消息 (…) 吾昔初看說文 蚩薄世字 從正則懼人不
識 隨俗則意嫌其非 略是不得下筆也 所見漸廣 更知通變 救前之執 將欲半
焉 若文章著述 猶擇微相影響者行之 官曹文書 世間尺牘 幸不違俗也. 번역
은 위의 책, 제2권, 187~191쪽의 것을 원용하되, 일부 문구를 조정했다.

서書

1 義之往都 臨行題壁 子敬密拭除之 輒書易其處 私爲不惡 義之還見 乃歎曰
吾去時 眞大醉也 敬乃內慙 是知逸少之比鍾張 則專博斯別 子敬之不及逸
少 無或疑焉

2 身上眼患 殆將失明 非復昔日之比 蟲臂鼠肝 任之已久 而爲苦亦不可堪也

3 子祀子輿子犁子來四人相與語曰 孰能以無爲首 以生爲脊 以死爲尻 孰知生
死存亡之一體者 吾與之友矣 四人相視而笑 莫逆於心 遂相與爲友 (…) 俄
而子來有病 喘喘然將死 其妻子環而泣之 子犁往問之曰 叱 避 無怛化 倚
其戶與之語曰 偉哉造物 又將奚以汝爲 將奚以汝適 以汝爲鼠肝乎 以汝爲
蟲臂乎 子來曰 父母於子 東西南北 唯命之從 陰陽於人 不翅於父母 彼近吾
死而我不聽 我則悍矣 彼何罪焉 夫大塊載我以形 勞我以生 佚我以老 息我
以死 故善吾生者 乃所以善吾死也 今之大冶鑄金 金踊躍曰 我且必爲鏌鋣
大冶必以爲不祥之金 今一犯人之形而曰 人耳人耳 夫造化者必以爲不祥之
人 今一以天地爲大鑪 以造化爲大冶 惡乎往而不可哉 成然寐 蘧然覺

제3장 획의 발전

문文

1 『山海經』, 山經, 南山經, 「南次三經」南次三經之首 曰天虞之山 其下多水
不可以上 又東五百里 曰禱過之山 其上多金玉 其下多犀兕 多象 有鳥焉 其
狀如鳴 而白首三足人面 其名曰瞿如 其鳴自號也 浪水出焉 而南流注于海
其中有虎鮫 其狀魚身而蛇尾 其音如鴛鴦 食者不腫 可以已痔

2 『문헌통고』에 근거한 크라케E. A. Kracke의 통계에 따름. 위잉스, 『주희의 역사
세계』 상, 글항아리, 2015, 308쪽에서 재인용.

3 이노우에 스스무井上進 저, 이동철 외 역, 『중국출판문화사』, 민음사, 2012,

810

148~151쪽.

부부賦

1 〈황주한식시권〉의 글씨에 대한 필자의 글은 『書の宇宙』 제14책 '문인文人의
서書 – 북송北宋 삼대가三大家'(二玄社, 1998)에서 전개된 이시카와 큐요石川
九楊의 논지 및 분석에 크게 빚지고 있다. 우울과 참담의 미감이 듬뿍 담긴
소동파의 글씨는 아름다운 독자적 예술 세계를 구축하고 있으나, 이를 말로
풀어내 설명하기는 지극히 어렵다. 이시카와 큐요의 논의는 소동파의 서예를
설명해내기 위한 중요한 돌파구라고 생각된다. 관심 있는 독자들의 일독을 권
한다.

제3부 한자, 어떻게 발전해 갔는가
—한자 문명의 발전과 형태의 분화

제1장 원명대元明代의 한자 —전통적 획의 해체와 명조체의 성립

아雅
1 갑인자 주조 배경과 서지학적 의의에 대해서는 다음 글을 참조. 최채기, 「조선
의 주축활자 갑인자」(한국고전번역원 홈페이지—고전산책—고전산문 2016년 6월
2일)(https://www.itkc.or.kr/)

일逸
1 青山杉雨 編著, 『明淸書道圖說』, 二玄社, 1986, p.52.
2 상하이박물관 홈페이지(https://www.shanghaimuseum.net) 참조(明 祝允
明 草书前后赤壁赋卷)

판版
1 가지않은길 출판사에서 출간되었던 이 책은 절판 후 새물결 출판사에서
'1587, 만력 15년 아무 일도 없었던 해'라는 제목으로 다시 출간되었다. 새 책

의 서지사항은 아래 '참고문헌'을 참조.

2 전겸익,『목재유학집牧齋有學集』,「은호모군묘지명隱湖毛君墓志銘」謂經術之學 原本漢唐 儒者遠祖新安 近考余姚 不復知古人先河後海之意 代各有史 史 各有事有文 雖東萊武進 以巨儒事鉤纂要 以歧枝割剝 使人不得見宇宙之大 全 故於經史全書勘讎流布 務使學者窮其源流 審其津涉

3 진호陳瑚,『확암문고確庵文藁』,「모잠재의 은거를 위해 글을 지어주기를 청하 여 지은 소전爲毛潛在隱居乞言小傳」卽不幸以鏐書廢家 猶賢於樗蒲六博 也.『중국출판문화사』, 303쪽에서 재인용. 잠재潛在는 모진의 별호.

4 이하에서 소개한 명대 목판 출간 도서의 판면들은 주로『明代版刻圖釋』(서지 사항은 아래 '참고문헌'을 참조)에 수록된 것을 전재轉載한 것이다.

속俗

1 經緯天地曰文 道德博聞曰文 勤學好問曰文 慈惠愛民曰文 愍民惠禮曰文 錫民爵位曰文

2 崇禎五年十二月 余住西湖 大雪三日 湖中人鳥聲俱絕 是日更定矣 余挐一小 舟 擁毳衣爐火 獨往湖心亭看雪 霧凇沆碭 天與雲與山與水 上下一白 湖上 影子 惟長堤一痕 湖心亭一點 與余舟一芥 舟中人兩三粒而已 到亭上 有兩 人鋪氈對坐 一童子燒酒 爐正沸 見余大喜曰 湖中焉得更有此人 拉余同飲 余強飲三大白而別 問其姓氏 是金陵人客此 及下船 舟子喃喃曰 莫說相公 癡 更有癡似相公者

3 漢武帝鑿昆明池 極深 悉是灰墨 無復土 擧朝不解 以問東方朔 朔曰 臣愚 不足以知之 曰試問西域人 帝以朔不知 難以移問 至後漢明帝時 西域道人 入來洛陽 時有憶方朔言者 乃試以武帝時灰墨問之 道人云 經云 天地大刼 將盡 則刼燒 此刼燒之餘也 乃知朔言有旨

제2장 청대淸代의 한자 — 옛 한자의 권토중래, 전각과 전서의 시대

인印

1 聖因大恒和尙 予方外契心之友也 二石求予篆刻 遲數年久未有以應之 此重 公案 直令我佛無下口處 惟吾兩人相視莫逆耳 因作此西湖禪和四字印贈之 它日有續西湖高僧事略者 不能遺此僧也 丁卯冬日 鈍丁記事于硯林

2 此唐張洪涯先生句也 雖辭氣兀傲 而矩矱中庸 和光同塵之意 了然言外 吾

812

友秀峰汪君 有會於懷 求予篆勒 以代韋絃 予素不喜作詩句閑散印 今一日
應秀峰之請者 蓋喜吾友之能希彎於先覺也 丁卯仲冬八日 鈍丁記事硯林中

전篆

1 鶴壽不知其紀 人壽修短 極之不過百年 均宇宙之寄物耳 此鶴曾寄於公卿
寄於山人 寄於僧佛 今又寄於太守 太守也 山人也 僧佛也 公卿也 皆寄於鶴
耳 鶴寄於人耶 人寄於鶴耶 然人鶴之壽 雖有修短之不齊 亦終當還歸宇宙
也 於我何有哉 余長年僕僕四方 自有此鶴歸 時不過以爲耳目一瞬之玩 究
未嘗與鶴性靈相周旋也 作此書成 用鶴 戀鶴 訓鶴 祝鶴 吾何能忘情於鶴 顧
此 雖亦無負於鶴 而中心終有不釋然於鶴者 存書以存鶴也 所謂有鶴而無
鶴 無鶴而長有此鶴矣 鶴兮鶴兮 不待吾他日碧水蒼山 偕游觀於冥漠耶 奚
去之遽也 書成自注

제3장 한자 세계의 확장

동東

1 『동춘선생수찰』, 인첩人帖 중에서(5번째 편지). 전남대학교도서관 소장.
2 오세창, 「인仁」, 『근묵槿墨』, 성균관대학교출판부, 2009, 88쪽.
3 「지智」, 『근묵』, 51쪽.
4 임재완, 『조선시대 문인들의 초서 편지글』, 호암미술관, 2003, 165쪽.
5 「인」, 『근묵』, 218쪽.
6 「예禮」, 『근묵』, 206쪽.

화和

1 구석규, 『중국문자학』, 이홍진 역, 신아사, 2001, 361~366쪽.
2 "吾之得失, 卽形于吾妻. 觀於吾妻, 可見吾之得失, 故以爲史名云." 『수은집睡
隱集』「간양록」 '적중봉소賊中封疏' 왜국팔도육십육주도倭國八道六十六州圖
중에서. 『수은집』은 『한국문집총간』 73권으로, 원문은 한국고전번역원 '한국
고전종합DB'에서 확인할 수 있다. 「간양록」은 『간양록』(강항 저, 이을호 역, 서
해문집, 2005) 참고.

역譯

1 이상은 『哲學·思想飜譯語事典』(石塚正英, 論創社, 2004) '社會' 항목의 기술을 요약한 것임.

미제未濟

1 "雖趣舍萬殊, 靜躁不同, 當其欣於所遇, 蹔得於己, 快然自得, 曾不知老之將至. 及其所之既倦, 情隨事遷, 感慨係之矣. 向之所欣, 俛仰之間, 以爲陳迹, 尤不能不以之興懷, 況脩短隨化, 終期於盡! 古人云'死生亦大矣', 豈不痛哉? 每攬昔人興感之由, 若合一契, 未嘗不臨文嗟悼, 不能諭之於懷, 固知一死生爲虛誕, 齊彭殤爲妄作. 後之視今, 亦猶今之視昔, 悲夫!"(왕희지, '난정서蘭亭序')

참고문헌

중국 서예사 및 서예도판(도서)

汪啓淑 編, 『飛鴻堂印譜』

『淳化閣帖』

呂章申 主編, 『(中国国家博物馆藏) 中国古代书法』, 安徽美术出版社, 2014

王红星 主编, 『书写历史: 战国秦汉简牍/湖北省博物馆 编』, 文物出版社, 2007

刘江 著, 『中國印章藝術史』, 西泠印社出版社, 2005

周心慧 主編, 『明代版刻圖釋』, 學苑出版社, 2003

侯灿·杨代欣 编, 『樓蘭漢文簡紙文書集成』, 天地出版社, 1999

石川九楊, 『中國書史』, 京都大学学術出版会, 2006

石川九楊 編, 『書の宇宙』, 二玄社, 全24卷, 1996~2000

『中国法書選』, 二玄社, 全60卷, 1990

『中国法書ガイド』, 二玄社, 全60卷, 1990

小林斗盦 編, 『中國篆刻叢刊』, 二玄社, 1981

青山杉雨 編著, 『明淸書道圖說』, 二玄社, 1986

Wang Youfen ed., *Chinese Calligraphy*, Yale University Press, 2008

중국 고문자 자료(도서)

薛尙功, 『歷代鐘鼎彝器款識法帖』

許愼 撰, 段玉裁 注, 『說文解字注』, 魯實先 正補, 黎明文化事業股份有限公司

高明 編, 『古文字類編』, 中華書局, 1991

『古文字詁林』, 上海敎育出版社, 全12冊, 1999

黃德寬 編, 『古文字譜系疏證』, 商務印書館, 2007

季旭昇, 『說文新證』, 福建人民出版社, 2010

董蓮池 編, 『新金文編』, 作家出版社, 2011

白川靜, 『字統』, 平凡社, 2007

사전

대한한사전편찬실 편, 『교학 한한사전』, 이가원·안병주 감수, 교학사, 2003

단국대학교 동양학연구소 저, 『한한대사전』, 단국대학교 동양학연구소, 2008

漢語大詞典出版社 編, 『漢語大詞典』, 漢語大詞典出版社, 1993

諸橋轍次 著, 『大漢和辭典』, 大修館書店, 昭和43年 縮寫版 第2刷

김흥규 외 편, 『유니코드 한자 정보 사전』, 고려대학교 민족문화연구원, 2013

원문 및 이미지 자료 사이트

臺灣

國立故宮博物院 ｜ www.npm.gov.tw

國立故宮博物院 故宮典藏資料檢索 ｜ https://digitalarchive.npm.gov.tw

小學堂 https://xiaoxue.iis.sinica.edu.tw

中華民國敎育部 異體字字典 ｜ https://dict.variants.moe.edu.tw

典藏臺灣 ｜https://digitalarchives.tw/

中央研究院 歷史語言研究所 ｜ https://www1.ihp.sinica.edu.tw/

中央研究院 歷史語言研究所 簡牘字典(史語所藏居延漢簡資料庫) ｜ https://
　　wcd-ihp.ascdc.sinica.edu.tw

中央研究院 歷史語言研究所 歷史文物陳列館 ｜ https://museum.sinica.edu.tw

中華翰維文化推廣協會-西安碑林臨書主題交流活動系列 ｜ https://beilinshu.
　　hanwei-hanya.com

816

中国

中国国家博物馆 | https://www.chnmuseum.cn/
北京 故宫博物院 | https://www.dpm.org.cn
上海博物馆 | https://www.shanghaimuseum.net
南京博物院 | https://www.njmuseum.com
河南博物院 | https://www.chnmus.net
河北博物院 | https://www.hebeimuseum.org.cn
河北博物院 数字琳琅 | https://3d.hebeimuseum.org.cn
辽宁省博物馆 | https://www.lnmuseum.com.cn
辽宁省博物馆 藏品 数字文物库 | https://www.lnmuseum.com.cn/#/collect/
　　digital-culture
天津博物馆 | https://www.tjbwg.com/cn
無錫博物院 | https://www.wxmuseum.com
西安碑林博物館 | www.beilin-museum.com
天一閣博物院 古籍數字化服務平台 | https://gj.tianyige.com.cn
书格 | https://www.shuge.org
Wapbaike | https://wapbaike.baidu.com
歷代碑帖書法欣賞全集 | https://tool.wikichina.com/sfxs
漢典 | www.zdic.net

日本

日本 国立公文書館 デジタルアーカイブ | https://www.digital.archives.go.jp
国立歴史民俗博物館 総合資料學情報基盤システム | https://khirin-ld.
　　rekihaku.ac.jp/
国立国会図書館デジタルコレクション | https://dl.ndl.go.jp
Colbase国立博物館所蔵品統合検索システム | https://colbase.nich.go.jp
国書データベース | https://kokusho.nijl.ac.jp
京都大学人文科学研究所所蔵 石刻拓本資料 | http://kanji.zinbun.kyoto-u.
　　ac.jp/db-machine/imgsrv/takuhon/
京都大学 東アジア人文情報学研究センター 拓本文字データベース | http://
　　coe21.zinbun.kyoto-u.ac.jp/djvuchar
京都大学貴重資料デジタルアーカイブ | https://rmda.kulib.kyoto-u.ac.jp
全國漢籍データベース | http://kanji.zinbun.kyoto-u.ac.jp/kanseki

龍谷大学 Ryukoku University Digital Archives Research Center ｜ https://darc.ryukoku.ac.jp

한국

국립중앙박물관 ｜ https://www.museum.go.kr
국립고궁박물관 ｜ https://www.gogung.go.kr
문화재청 국가문화유산포털 ｜ https://www.heritage.go.kr
문화체육관광부 e영상역사관 ｜ https://www.ehistory.go.kr
서울역사아카이브｜ https://museum.seoul.go.kr/archive
한국고전종합DB ｜ https://db.itkc.or.kr
한국고전종합DB 이체자정보 ｜ https://db.itkc.or.kr/dch
한국사데이터베이스 ｜ https://db.history.go.kr
유니코드 한자 이체자 정보 사전 ｜ http://waks.aks.ac.kr/unicode/
한국학중앙연구원 디지털장서각 ｜ https://jsg.aks.ac.kr
서울대학교 규장각한국학연구원 ｜ https://kyu.snu.ac.kr
고려대학교 민족문화연구원 ｜ https://riks.korea.ac.kr

미국·유럽·기타

中國哲學書電子化計劃 ｜ ctext.org
Internet Archive ｜ https://archive.org
HathiTrust Digital Library ｜ www.hathitrust.org
The Metropolitan Museum of Art ｜ https://www.metmuseum.org
The Nelson-Atkins Museum of Art ｜ https://art.nelson-atkins.org
Princeton University Art Museum ｜ https://artmuseum.princeton.edu
International Dunhuang Programme ｜ https://idp.bl.uk
The British Library archive ｜ https://imagesonline.bl.uk
Gallica : la bibliothèque numérique de la BNF ｜ https://gallica.bnf.fr
Wikimedia Commons ｜ https://commons.wikimedia.org/wiki
https://www.myoldmaps.com

제1부 한자, 어디에서 왔는가 — 한자의 탄생

제1장 한자의 탄생, 동아시아 문명의 여명

춘春

- 혜산蕙山 유숙劉淑 필筆 〈매화도梅花圖〉 병풍. 8폭 병풍. 각 폭 112×38.7cm. 사진: 한국민족문화대백과사전
- 춘春 고자古字. '소학당小學堂' 사이트 (https://xiaoxue.iis.sinica.edu.tw/)
- 갑골문과 금문 춘春. 위의 사이트.
- 각종 청동기 주기酒器들. 리쳰신,『중국 청동기의 신비』, pp.44~51.

신神

- 산주산겐도 뇌신상. 렌게오인蓮華王院 산주산겐도三十三間堂 공식 홈페이지 (sanjusangendo.jp)
- 뇌신. 후한 말. 산둥山東(산동) 자상현嘉祥縣(가상현) 무씨사武氏祠 좌석실 제3석 탁본(부분). 국립중앙박물관 소장 일제강점기 유리건판 자료(소장품번호: 건

판30187).
- 뇌雷 고문古文. 수호지睡虎地 진간秦簡 중에서. 季旭昇,『說文新證』, 福建人民出版社, 2010, p.848.
- 금문金文 뇌雷. 周 洺醽, 위의 책, p.848 | 楚公逆鐘, 董蓮池,『新金文編』, 作家出版社, 2011, p.1548.
- 갑골문 뇌雷 3종. 季旭昇,『說文新證』, p.847.
- 금문 전電. 番生簋蓋, 董蓮池,『新金文編』, p.1549.
- 상나라 청동기 도철문의 예. Sarah Allan, Art and Meaning in The Problem of Meaning in Early Chinese Ritual Bronze, p.17

구求

- 인도갈기산미치광이. 图行天下图库 画兽谱 冠豪猪 (https://www.photophoto.cn)
- 야마아라시(Yamaarashi).『百鬼夜行絵巻』(松井文庫). (https://commons.wikimedia.org/wiki/Category:Hyakki_Yagyō_Emaki_(Matsui-bunko))
- 일본『화한삼재도회和漢三才圖會』卷38 獸類 毫豬. 国文学研究資料館, 鵜飼文庫 소장(国文研蔵請求記号: 96-19-1~81). 国書データベース (https://kokusho.nijl.ac.jp/biblio/200018257/)
- 중국『삼재도회』鳥獸四卷 豪猪. 王圻, 王思義 編『三才圖會』, 上海古籍出版社, 1988, p.2229
- 『설문해자』구裘 | 구裘 고문古文 | 갑골문 구求 |『설문해자』쇠衰 |『설문해자』이希 | 이希 고문古文 | 금문金文 이希(作冡商簋 銘文). '소학당小學堂' 사이트
- 상(商) 무정(武丁) 시기 도주(塗朱) 각사(刻辭) 복골(卜骨). 중국 베이징 중국국가박물관 소장(商 "王往逐兕"涂朱卜骨). 呂章申 主编,『(中国国家博物馆藏) 中国古代书法』, 安徽美术出版社, 2014, pp.36~39

달達

- 몸 체體의 이체자. 한국고전종합DB 이체자정보 (https://db.itkc.or.kr/dch)
- 갑골문과 금문 리離 1, 2, 3. 季旭昇,『說文新證』, pp.289~290
- 금문 달奎. 黃德寬 編,『古文字譜系疏證』, 商務印書館, 2007, p.2436
- 금문 달達. 史墻盤. '소학당小學堂' 사이트

820

정鼎

- 갑골문 치齒 | 금문 우龗 | 금문 우禹. 秦公簋와 禹鼎. 소학당小學堂' 사이트
- 열정의 체제. 중국 정저우郑州 허난성박물원 전시 설명 패널. 필자 촬영.
- 갑골문 예禮(豊). 季旭昇, 『說文新證』, p.414
- 금문 예禮. 麥方尊. '소학당小學堂' 사이트

자字

- 갑골문과 금문 문文 | 갑골문 자子 | 갑골문 유乳 | 갑골문과 금문 육毓. '소학당小學堂' 사이트
- 신정申晸의 편지. 한국고간찰연구회 편역, 『옛 문인들의 초서 간찰』, 다운샘, 2003, p.120
- 술동이 뢰罍와 술잔 굉觥. 리쉐신, 『중국 청동기의 신비』, pp.45~47
- 대우정大盂鼎 및 명문銘文 탁본. 呂章申 主編, 『(中国国家博物馆藏) 中国古代书法』, pp.66~67

이夷

- 왕자오정王子午鼎 및 명문銘文 탁본. 허난박물원河南博物院 소장("王子午"升鼎附匕. 1978年河南淅川下寺2号楚墓出土). (https://www.chnmus.net/sitesources/hnsbwy/page_pc/dzjp/zpjc/qtq/articlef561d2cdd7db42a192638eb2ed3d1ba3.html) ※현재는 중국국가박물관中国国家博物馆에 소장
- 갑골문 이夷 | 갑골문 시尸 | 금문 이夷 | 금문 시尸 | 금문 제弟. '소학당小學堂' 사이트

제帝

- 위창 오세창이 임모하고 해설을 단 남해 금산 석각 임모본臨模本. 예술의전당 전시사업본부 서예부, 『위창 오세창—역매·위창 양세의 학문과 예술세계』, 예술의전당, 1996, p.125
- 봉래산蓬萊山. 『三才圖會』, 上海古籍出版社, 1988
- 중산정왕中山靖王 묘 출토 박산향로博山香爐. 허베이河北박물원 소장(西汉错金博山炉. 몸통 지름 15.1cm, 전체 높이 26cm). (https://apiwenwu.hebeimuseum.org.cn/news/show/id/25.html)

- 「진왕이 사수에서 주나라 정을 얻다」, 무량사 화상석. wikimedia commons "東漢 武梁祠石刻《泗水撈鼎圖》"(https://commons.wikimedia.org/wiki/)
- 갑골문 왕王 ㅣ 금문 왕王 ㅣ 갑골문 부父. '소학당小學堂' 사이트
- 〈석고문〉 및 〈태산각석〉 탁본. 전본 다수.

제3장 한자는 한나라 글자다

한漢

- 모토오리 노리나가 자화상. 일본 미에三重현 모토오리 노리나가 기념관 소장. wikipedia '모토오리 노리나가'
- 과거 석문의 모습. 博客园 '褒斜道石门十三品摩崖(上)'(https://www.cnblogs.com/letisl/p/12018634.html)
- 〈석문송〉 탁본. 전본 다수. (판면 재배치)

경經

- 『춘추좌전집해春秋左傳集解』 중에서. 한국학중앙연구원 장서각 소장(청구기호:K1-129). 디지털장서각 (https://jsg.aks.ac.kr/)

금今

- 닝보 천일각. 百度百科 '天一阁'. (https://baike.baidu.com/)

비碑

- 석고石鼓. 중국 베이징 고궁박물원故宮博物院 소장(秦石鼓. 故00000991). (https://www.dpm.org.cn/collection/impres/234438.html)
- 〈저초문詛楚文〉 탁본. 전본 다수.
- 서주西周 중기 궤簋 및 명문 탁본. 이궤利簋(혹은 利毁). 중국국가박물관 소장 ("利"青銅簋. 높이28cm, 구경 22cm, 방좌方座 가로세로 20.2cm, 1976년 산시陝西 린퉁臨潼 링커우零口 출토). wikipedia '利簋' ㅣ 中国国家博物馆(https://www.chnmuseum.cn/zp/zpml/kgfjp/202108/t20210802_250931.shtml)
- 공주비孔宙碑. 전본 다수.
- 갈게의 예. 돈황敦煌 목간木簡. The Stein Collection—British Library. International Dunhuang Programme(woodslip Or.8211/705) (https://idp.

bl.uk/) | 거연한간居延漢簡. 대만 中央研究院 歷史語言研究所 소장(登錄
號: H00786 簡號: 029,003) (https://wcd-ihp.ascdc.sinica.edu.tw/woodslip/item.
php?id1=H00786)

- 후한後漢 묘지 개념도. 우홍 저, 김병준 역,『순간과 영원―중국고대의 미술과
건축』, 아카넷, 2001, p.452.
- 후마맹서侯馬盟書. Wapbaike '侯马盟书: 穿越千年的誓约' (https://wapbaike.
baidu.com/tashuo/browse/content?id=b66f1844e7b3e9980dfd0085)
- 백석신군비白石神君碑 탁본. 日本 京都大學 人文科學研究所 拓本文字データ
ベース(ファイルナンバー: KAN0055A) (http://kanji.zinbun.kyoto-u.ac.jp/db-
machine/imgsrv/takuhon/type_a/html/kan0055a.html)
- 옥종玉琮. wikipedia '玉琮王'
- 조전비曹全碑와 장천비張遷碑 탁본. 전본 다수.
- 심부군신도궐沈府君神道闕 서궐西闕 탁본. 典藏臺灣(https://catalog.
digitalarchives.tw/item/00/1b/fd/87.html)
- 장경조토우비張景造土牛碑 탁본. 歷代碑帖書法欣賞全集 (https://tool.wikichina.
com/sfxs/1088.htm)

제4장 위진 시대와 한자 세계의 확장

삼三

- 사마염司馬炎 초상. wikipedia '司馬炎'
- 호상胡床. 중국『삼재도회』器用十二卷 胡床. 王圻, 王思義 編『三才圖會』, 上
海古籍出版社, 1988, p.1329
- 쿠차 키질석굴 입구의 쿠마라지바 동상. 知乎 '鳩摩罗什' (https://www.zhihu.
com/topic/19744042/intro)

간簡

- 곽점초간郭店楚簡 노자老子. 王红星 主编,『书写历史: 战国秦汉简牍/湖北省
博物馆 编』, 文物出版社, 2007, p.43
- 거연한간居延漢簡. 대만 中央研究院 歷史語言研究所 소장(登錄號:
H07851 簡號: 255,021) (https://wcd-ihp.ascdc.sinica.edu.tw/woodslip/item.
php?id1=H07851)

- 돈황敦煌 목간木簡 1. The Stein Collection - British Library. International Dunhuang Programme(woodslip Or.8211/372) (https://idp.bl.uk/)
- 돈황敦煌 목간木簡 2. The Stein Collection - British Library. International Dunhuang Programme(woodslip Or.8211/374) (https://idp.bl.uk/)
- 영원기물부永元器物簿. 대만 中央研究院 歷史語言研究所 소장(廣地南部永元五年至七年官兵釜礎簿. (登錄號: H00185 簡號: 128,001) (https://wcd-ihp.ascdc.sinica.edu.tw/woodslip/item.php?id1=H00185)

현玄

- 〈죽림칠현과 영계기榮啓期 화상전畫像磚〉 모본摹本. 중국 난징박물원南京博物院 소장(竹林七贤与荣启期砖画. 江苏南京西善桥宫山大墓出土) (https://www.njmuseum.com)
- 루쉰 초상. 자오옌니안趙延年의 목판화. 杭州网 '刻画不朽 —父亲赵延年先生创作鲁迅题材版画纪事' (https://hznews.hangzhou.com.cn/wghz/content/2021-11/17/content_8097777.htm)

용龍

- 보르자 지도(The Borgia Mappamundi)(부분). (https://www.myoldmaps.com/late-medieval-maps-1300/237-the-borgia-mappamundi/)
- 나가에 의해 보호받은 부처 상. 캄보디아. 12세기. 미국 메트로폴리탄 미술관 소장(Buddha Sheltered by a Naga. Object Number: 1987.424.19a, b). (https://www.metmuseum.org/art/collection/search/39100)
- 케찰코아틀. 멕시코. 텔레리아노 레멘시스 문서. 프랑스 국립도서관 소장(Codex Telleriano-Remensis. Identifiant: ark:/12148/btv1b8458267s). (https://gallica.bnf.fr/ark:/12148/btv1b8458267s)
- 홍산문화 후기 옥저룡玉豬龍. 대만 타이베이 국립고궁박물원 소장. 玉豬龍, 國立故宮博物院, 台北, CC BY 4.0@www.npm.gov.tw
- 초결백운가草訣百韻歌. (https://www.oldkids.cn/blog/view.php?bid=1511217)
- 갑골문과 금문 율聿. '소학당小學堂' 사이트
- 육기陸機 필筆 〈평복첩平復帖〉. 중국 베이징 고궁박물원 소장(陆机草隶书平复帖卷. 23.7×20.6cm. 新00044430). (https://www.dpm.org.cn/collection/handwriting/234553.html)
- 왕희지 〈유목첩遊目帖〉. 『어각삼희당석거보급법첩御刻三希堂石渠寶笈法帖』

책1. 대만 타이베이 국립고궁박물원 소장. 三希堂法帖(一)冊, 國立故宮博物
  院, 台北, CC BY 4.0@www.npm.gov.tw
- 왕헌지 〈중추첩中秋帖〉. 중국 베이징 고궁박물원 소장(王献之行草书中
  秋帖卷. 27×11.9cm. 新00145170) (https://www.dpm.org.cn/collection/
  handwriting/228204.html)
- 장욱張旭 필筆 〈고시사첩古詩四帖〉. 중국 랴오닝성박물관辽宁省博物馆 소장(唐
  张旭古诗四帖卷) 辽宁省博物馆 藏品 数字文物库 (https://www.lnmuseum.
  com.cn/#/collect/detail?id=21010302862116A000626&pageType=3)
- 소암素菴 현중화玄中和 필筆 〈취시선醉是僊〉. 180×400cm. 서귀포시 소암기념
  관 소장. 소암기념관 홈페이지. 소장품 '취시선'(https://culture.seogwipo.go.kr/
  soam/)
- 회소懷素 필筆 〈자서첩自敍帖〉. 대만 국립고궁박물원 소장. 唐懷素自敍帖卷, 國
  立故宮博物院, 臺北, CC BY 4.0@www.npm.gov.tw | wikipedia "自叙帖"

제2부 한자의 모양, 어떻게 이루어졌는가
—표준의 성립과 획의 발견

제1장 당 제국과 해서의 성립

석石
- 황역黃易 초상. wikipedia '黃易 (篆刻家)'
- 태실궐太室闕 서궐西闕 화상 배치도. 신립상 저, 김용성 역, 『한대 화상석의 세
  계』, 학연문화사, 2005, p.368.
- 용문 석굴 전경
- 우궐조상기 개념도. 劉景龍, 『龍門二十品』, 香港永泰出版社, 2007, p.68.
- 우궐조상기 탁본. 전본 다수.

희羲
- 장새위障塞尉 소덕흥蘇德興의 편지. 侯灿·杨代欣 编, 『樓蘭漢文簡紙文書集

成』, 天地出版社, 1999, p.152
- 왕희지 〈초월첩初月帖〉. 중국 랴오닝성박물관辽宁省博物馆 소장(唐摹王氏一门书翰卷.). 辽宁省博物馆 藏品 数字文物库 (https://www.lnmuseum.com.cn/#/collect/detail?id=21010302862116A0001007&pageType=3)
- 왕희지 〈난정서蘭亭序〉. 중국 베이징 고궁박물원 소장(虞世南行书摹兰亭序卷. 故00003513) (https://www.dpm.org.cn/collection/handwriting/228203.html)

당唐

- 최치원崔致遠 찬서전撰書篆 〈진감선사비眞鑑禪師碑〉 탁본. 전본 다수.
- 이양빙李陽氷 필필 〈삼분기三墳記〉 탁본. 전본 다수.
- 각종 잡체전. 雄峯閣−装飾彫刻のみかた− 사이트(書と装飾彫刻のみかた). (https://www.syo-kazari.net/moji/zattai1.html)
- 〈천발신참비天發神讖碑〉 탁본. 전본 다수.
- 구카이空海 필필 〈마스다이케 비명益田池碑銘〉(복제본). 京都大学附属図書館 所藏(大和州益田池碑. 請求記号: 8-50/ヤ/1). 京都大学貴重資料デジタルアーカイブ(レコードID: RB00012187) (https://rmda.kulib.kyoto-u.ac.jp/item/rb00012187)
- 구카이 필 〈풍신첩風信帖〉. wikipedia '空海'
- 개성석경開成石經, 구양순歐陽詢 필필 〈구성궁예천명九成宮醴泉銘〉, 우세남虞世南 필 〈공자묘당비孔子廟堂碑〉, 저수량褚遂良 필 〈안탑성교서雁塔聖教序〉 탁본. 전본 다수.

제2장 획의 발견

무無

- 김새미오 필필 〈유兪〉. 필자 소장
- 북송北宋 채양蔡襄 〈자서 사표 병시自書謝表並詩〉. 대만 타이베이 국립고궁박물원 소장. 宋蔡襄自書謝表並詩卷, 國立故宮博物院, 台北, CC BY 4.0@ www.npm.gov.tw
- 왕탁王鐸 〈행서이하시첩行書李賀詩帖〉. 중국 베이징 고궁박물원 소장. 书法易 '王铎行书《李贺诗帖》欣赏' (https://www.shufayi.com/30431.html)
- 전傳 오도자吳道子 〈팔십칠신선권八十七神仙卷〉(부분). 베이징 쉬베이훙 기념관

소장. wikipedia '八十七神仙卷'

- 안진경顔眞卿 〈배장군을 전송하며送裵將軍〉 탁본. 저장성浙江省박물관 소장 남송南宋 충의당忠義堂 본.
- '무無'. 〈작책반언作冊般甗〉 명문銘文 중에서. '소학당小學堂' 사이트
- 허목許穆 〈사물잠四勿箴〉. 경남대학교박물관 데라우치문고 소장(한마고전총서 18『朝鮮名士遺墨 I』, 경남대학교 박물관, 2017 수록)
- 허목 〈척주동해비陟州東海碑〉 탁본. 화정박물관 소장. Google Arts & Culture '척주동해비陟州東海碑'(https://artsandculture.google.com)
- 허목 〈척주동해비〉 원고. 국립중앙박물관 소장(허목 수필 동해비첩. 소장품번호: 신수10610)
- 허목『고문운부古文韻部』. 국립중앙박물관 소장(허목 수고본 고문운부. 소장품번호: 신수10612)
- 저수량褚遂良 〈안탑성교서雁塔聖敎序〉. 원석原石: 중국 시안(西安)시 대자은사 大慈恩寺 대안탑大雁塔 소재 ┃ 탁본: 전본傳本 및 소장처 다수

진眞

- 진로소주(진로25) 사진. 하이트진로 홈페이지.
- 일본 고야산高野山 진언종 곤고부지(金剛峯寺) 홈페이지(www.koyasan.or.jp) 대 문 사진
- 허의許懿 필筆 미수 허목 초상. 수원화성박물관 소장.
- 허목이 쓴 '진眞'.『고문운율古文韻律』 및 『고문운부』. 국립중앙박물관 소장.
- 소동파가 쓴 '진眞'. 〈황주한식시권黃州寒食詩卷〉 중에서. 대만 타이베이 국립고 궁박물원 소장.
- '진眞'. 〈백진언伯眞甗〉 및 〈진반眞盤〉 명문銘文 중에서. '소학당小學堂' 사이트(https://xiaoxue.iis.sinica.edu.tw)
- 〈석고문〉 '난거鑾車'(부분).『역대종정이기관지법첩歷代鐘鼎彝器款識法帖』 및 청淸 완원阮元 구장본舊藏本 탁본 중에서.
- 〈인물어룡백화人物御龍帛畫〉. 후난성박물관 소장. 위키백과 '人物御龍帛畫'
- '진眞'. 거연한간居延漢簡 A8破城子 157.020. 타이완 중앙연구원 소장.
- 드렁허리와 철갑상어. haitian-food.com, "四季食材-黃鱔" ┃ 미국 해양대기청 (NOAA) 어업 사이트 (www.fisheries.noaa.gov), "NOAA Fisheries-Species-Chinese Sturgeon"
- 안진경顔眞卿 〈안씨가묘비顔氏家廟碑〉. 원비: 중국 시안 비림박물관 소재 ┃ 탁

본: 西安碑林博物館 사이트(www.beilin-museum.com), "精品視窗―碑刻―顔氏家庙碑"

- 안진경 〈안근례비顔勤禮碑〉. 원비: 중국 시안 비림박물관 소재 | 탁본: 전본傳本 다수
- 안진경 〈제질문고祭姪文稿〉. 대만 국립고궁박물원 소장. wikipedia "祭姪文稿"

서書

- 『삼국유사三國遺事』, 정덕正德본, 서울대학교 규장각한국학연구원 소장, 한국사 데이터베이스 사이트 (https://db.history.go.kr/)
- 손과정孫過庭 〈서보書譜〉, 대만 국립고궁박물원 소장. 唐孫過庭書譜卷, 國立故宮博物院, 臺北, CC BY 4.0@www.npm.gov.tw
- 황정견黃庭堅 〈송풍각시松風閣詩〉, 대만 국립고궁박물원 소장. 宋黃庭堅自書松風閣詩卷, 國立故宮博物院, 臺北, CC BY 4.0@www.npm.gov.tw
- 왕희지 〈초월첩初月帖〉
- '초初'. 樓蘭文書 L.A.II.ii-孔紙24.2(正面) 중에서. 『樓蘭漢文簡紙文書集成』(侯燦, 杨代欣 編著, 天地出版社, 1999), p.234
- 회소懷素 〈자서첩自敍帖〉, 대만 국립고궁박물원 소장.
- 지영智永 〈천자문千字文〉. 전본傳本 다수

제3장 획의 발전

문文

- 〈구여도瞿如圖〉. 『흠정고금도서집성欽定古今圖書集成』 박물휘편博物彙編 『금충전禽蟲典』, 권53. | wikipedia '瞿如圖'
- '구보瞿父'. 〈구보정瞿父鼎〉의 명문銘文. 薛尚功, 『歷代鐘鼎彝器款識法帖』 권1
- 백제금동대향로. 국립부여박물관 소장. 문화재청 국가문화유산포털(heritage.go.kr) '백제 금동대향로'
- 백제금동대향로 상단을 펼친 모습. 국립중앙박물관-소장품-큐레이터 추천 소장품 '백제금동대향로' (https://www.museum.go.kr/site/main/relic/recommend/view?relicRecommendId=16891)
- 〈광려도匡廬圖〉. 대만 국립고궁박물원 소장. 五代梁荊浩匡廬圖軸, 國立故宮博物院. 台北, CC BY 4.0@www.npm.gov.tw

- 〈계산행려도溪山行旅圖〉. 대만 국립고궁박물원 소장. 宋范寬行旅圖軸, 國立故宮博物院, 臺北, CC BY 4.0@www.npm.gov.tw
- 〈조춘도早春圖〉. 대만 국립고궁박물원 소장. 宋郭熙早春圖軸, 國立故宮博物院, 台北, CC BY 4.0@www.npm.gov.tw
- 『태평어람太平御覽』. 宋 李昉 等 奉勅撰, 明 饒世仁 等 銅活字 印, 萬曆 2(1574) 跋. 日本 国立国会図書館 所藏(太平御覽1000卷目録15卷. 国立国会図書館永続的識別子 info:ndljp/pid/2573785). 国立国会図書館デジタルコレクション (https://dl.ndl.go.jp/pid/2573785)
- 『한간汗簡』. 淸 康熙42년 刊. 日本 內閣文庫 所藏(汗簡. 請求番号 278-0085) 日本 国立公文書館 デジタルアーカイブ(National Archives of Japan Digital Archive) (https://www.digital.archives.go.jp/img/4035388)
- 『순화각첩淳化閣帖』. 대만 국립고궁박물원 소장. 御製重刻淳化閣帖(七)冊 晉 王獻之前告帖, 國立故宮博物院. 台北, CC BY 4.0@www.npm.gov.tw
- 『소흥십팔년진사등과록紹興十八年進士登科錄』 중에서. 『中国科举录汇编』(全国图书馆文献缩微复制中心, 2010), vol.1, pp.26~27.
- 『한서漢書』, 송宋 경원慶元 간본, 제2책 「고조본기高祖本紀」 첫째 면. 일본 국립역사민속박물관 소장. 국보. 国立歴史民俗博物館 総合資料學情報基盤システム Knowledgebase of Historical Resources in Institutes (https://khirin-ld.rekihaku.ac.jp/rdf/rekihakukanseki/H-173-2)

부부賦

- 〈송광사〉 현판. 해강 김규진 글씨, 죽농 안순환 그림. 송광사 삼청교 우화각 내. 필자 촬영.
- 무원직武元直 필筆 〈적벽도赤壁圖〉, 대만 국립고궁박물원 소장. 金武元直赤壁圖卷, 國立故宮博物院, 台北, CC BY 4.0@www.npm.gov.tw
- 전傳 안견安堅 필 〈적벽도赤壁圖〉, 국립고궁박물관 소장(적벽의 뱃놀이. 소장품번호: 덕수2417)
- 소전小篆 '부賦'. 『설문해자』. '소학당小學堂' 사이트 (https://xiaoxue.iis.sinica.edu.tw/)
- '부賦'. 〈저초문詛楚文〉. '소학당小學堂' 사이트
- 소식蘇軾 필 〈전적벽부前赤壁賦〉. 대만 국립고궁박물원 소장(宋蘇軾書前赤壁賦卷)
- 소식 필 〈차변재운시次辯才韻詩〉. 대만 국립고궁박물원 소장. 宋四家真蹟冊 宋

蘇軾次辯才韻詩, 國立故宮博物院, 台北, CC BY 4.0@www.npm.gov.tw
- 소식 필 〈황주한식시권黃州寒食詩卷〉. 대만 국립고궁박물원 소장. 北宋蘇東坡
  書黃州寒食詩 卷, 國立故宮博物院, 台北, CC BY 4.0@www.npm.gov.tw

의意

- 〈화피畫皮〉, 『상주요재지이도영詳注聊齋志異圖詠』(16卷, 同文書局 石印本, 光緒
  12년(1886)) 卷1. HathiTrust Digital Library (www.hathitrust.org)
- 소식 필 〈황주한식시권黃州寒食詩卷〉. 대만 국립고궁박물원 소장.
- '일一'. 황정견黃庭堅 필筆 〈이백시권李白詩卷〉 중에서. 대만 국립고궁박물원 소
  장. 宋黃庭堅書李白詩卷, 國立故宮博物院, 台北, CC BY 4.0@www.npm.
  gov.tw
- 황정견 필 〈증장대동고문제기贈張大同古文題記〉. 미국 프린스턴대학교미
  술관(Princeton University Art Museum) 소장. Chinese, Northern Song
  dynasty (960–1127 CE), Huang Tingjian 黃庭堅 (1045–1105), Scroll for
  Zhang Datong (Zeng Zhang Datong guwen ti ji 贈張大同古文題記), 1100.
  Handscroll; ink on paper; 34.1 x 552.9 cm (Calligraphy), 34.8 x 303.3 cm,
  34.8 x 303.3 cm (Colophon), 36.4 cm (mount). Gift of John B. Elliott, Class
  of 1951 (y1992-22) (https://artmuseum.princeton.edu/collections/objects/33737)

제3부 한자, 어떻게 발전해 갔는가
—한자 문명의 발전과 형태의 분화

제1장 원명대元明代의 한자 – 전통적 획의 해체와 명조체의 성립

아雅

- 조맹부趙孟頫 필筆 〈행서적벽부책行書赤壁賦冊〉. 대만 국립고궁박물원 소장. 元
  趙孟頫行書赤壁二賦冊, 國立故宮博物院, 台北, CC BY 4.0@www.npm.
  gov.tw
- 소식蘇軾 필 〈전적벽부前赤壁賦〉. 대만 국립고궁박물원 소장. 宋蘇軾書前赤壁

賦卷, 國立故宮博物院, 台北, CC BY 4.0@www.npm.gov.tw

- 지영智永 필 〈진초천자문眞草千字文〉 탁본拓本. 대만 국립고궁박물원 소장. 墨拓智永書眞草千文冊, 國立故宮博物院, 台北, CC BY 4.0@www.npm.gov.tw
- 조맹부 필 〈진초천자문〉. 중국 베이징 고궁박물원 소장(赵孟頫真草二体千字文册. 新00061368) (https://www.dpm.org.cn/subject_zhaomengfu/zhaomengfu_more/245899)
- 왕희지 〈십칠첩十七帖〉 중 〈적설응한첩積雪凝寒帖〉. 대만 국립고궁박물원 소장. 晉王羲之十七帖冊 晉王羲之積雪帖, 國立故宮博物院, 台北, CC BY 4.0@www.npm.gov.tw
- 초주갑인자본初鑄甲寅字本 『대학연의大學衍義』. 영본零本 10책(권23~43). 일본 교토대학부속도서관 소장. 京都大学附属図書館 所蔵(大学衍義 卷23-43. レコ―ドID: RB00012997. 請求記号: 1-66/夕/4貴). 교토대학 귀중자료 디지털아카이브 사이트(京都大学貴重資料デジタルアーカイブ) (https://rmda.kulib.kyoto-u.ac.jp/item/rb00012997)
- 명明 영락永樂 간본刊本 『위선음즐爲善陰騭』. 중국 닝보寧波(영파) 천일각天一閣 소장(10권 3책. 索书号: 善2772) 천일각박물원 고적 디지털화 서비스 플랫폼(天一閣博物院 古籍數字化服務平台)(https://gj.tianyige.com.cn/)
- 명明 영락永樂 18년(1420년) 간본 『효순사실孝順事實』. 대만 국립중앙도서관(國家圖書館) 소장(書號: 05563). 전장대만(典藏臺灣) 사이트 (https://digitalarchives.tw/)
- 안평대군 〈몽유도원기夢遊桃源記〉. 일본 도쿄문화재연구소 소장 유리건판 (부분) (日本 東京文化財研究所 所藏資料. '夢遊桃源図 跋'(ガラス乾板)(原板番号 00431 / 焼付台帳番号 f-004). 원본 소장처: 일본 덴리대학 부속 덴리도서관(天理大学付属天理図書館. 夢遊桃源図. 722ーイ21 重要文化財)
- 문징명 『졸정원도영책拙政園圖詠冊』. 미국 뉴욕 메트로폴리탄 박물관(The Metropolitan Museum of Art) 소장(Garden of the Inept Administrator, 明 文徵明 拙政園圖詩冊, Object Number: 1979.458.1a–ii) 박물관 공식 홈페이지 (https://www.metmuseum.org/art/collection/search/39654)

일逸

- 해진解縉 〈초서 최각 시축草書崔珏詩軸〉. 개인 소장. 2014년 9월 소더비 뉴욕 경매품 (解缙 1369~1415, Xie Jin, 草書崔珏《岳陽樓晚望》《和人聽歌》詩二首水墨絹本立軸, ink on satin, hanging scroll, Fine Classical Chinese Paintings /

拍品 725). 소더비스 中文 홈페이지 (https://www.sothebys.com/zh/auctions/ecatalogue/2014/fine-classical-chinese-paintings-n09193/lot.725.html)

- 회소 〈자서첩〉, 대만 국립고궁박물원 소장. 唐懷素自敘帖卷, 國立故宮博物院, 臺北, CC BY 4.0@www.npm.gov.tw
- '무無'. 왕희지 〈일민첩逸民帖〉, 대만 국립고궁박물원 소장. 舊搨十七帖冊 晉王義之逸民帖, 國立故宮博物院, 台北, CC BY 4.0@www.npm.gov.tw
- '기氣'. 왕희지 〈첨근첩瞻近帖〉, 대만 국립고궁박물원 소장. 晉唐正書(三)冊 晉王義之瞻近帖, 國立故宮博物院, 台北, CC BY 4.0@ www.npm.gov.tw
- 손과정 〈서보〉, 대만 국립고궁박물원 소장. 唐孫過庭書譜卷, 國立故宮博物院, 臺北, CC BY 4.0@www.npm.gov.tw
- '제帝'. 왕희지 〈강당첩講堂帖〉, 대만 국립고궁박물원 소장. 垂裕閣法帖(二)(地)冊 晉王義之講堂帖, 國立故宮博物院, 台北, CC BY 4.0@www.npm.gov.tw
- '수水'. 동작빈董作賓 〈집고시集古詩〉. 대만 타이베이 중앙연구원中央研究院 역사어언연구소歷史語言研究所 역사문물진열관歷史文物陳列館 소장. 中央研究院歷史語言研究所 歷史文物陳列館 홈페이지 (https://museum.sinica.edu.tw/collection/2/item/372/)
- '일溢'. 『설문해자』 소전체小篆. '소학당小學堂' 사이트 (https://xiaoxue.iis.sinica.edu.tw)
- 축윤명祝允明 〈초서草書 전후前後 적벽부권赤壁賦卷〉. 중국 상하이박물관上海博物館 소장, 明 祝允明 草书前后赤壁赋卷, 31.3, 1001.7cm. (https://www.shanghaimuseum.net/mu/frontend/pg/m/article/id/CI00000383)
- '유流'. 축윤명 〈행서行書 모란부권牡丹賦卷〉. 중국 베이징 고궁박물원故宮博物院 소장, 祝允明行书牡丹赋卷, 新00054254. (https://digicol.dpm.org.cn/cultural/detail?id=5f1408b9ca9a43d98c31077a261785ce)
- '유流'. 황정견 필 〈이백시권李白詩卷〉 중에서. 대만 국립고궁박물원 소장. 宋黃庭堅書李白詩卷, 國立故宮博物院, 台北, CC BY 4.0@www.npm.gov.tw
- 북송 『잡아함경雜阿含經』 두루마리 제25권. 미국 메트로폴리탄 미술관(The Metropolitan Museum of Art) 소장. Samyutagama Sutra, chapter 25, from the Jinsushan Tripitaka, Handscroll, ink on paper, Object Number: 1989.363.2. (https://www.metmuseum.org/art/collection/search/39914)

판版

- 만력제 초상. 위키백과 '만력제'

- 취진방송체의 예. 중화서국中華書局 간刊『사부비요서목제요四部備要書目提要』 권1. 대만 중화서국 홈페이지 (https://www.chunghwabook.com.tw/)
- 철안鐵眼 일체경一切經의 예.『대명삼장성교목록大明三藏聖敎目錄』. Jonathan A. Hill, Bookseller, Inc., TETSUGEN DŌKŌ 鐵眼道光, Daimin sanzō shōgyō mokuroku 大明三藏聖敎目錄, Item ID: 7014 (https://www.jonathanahill.com/)
- 〈무구정광대다라니경〉. 문화체육관광부 e영상역사관 (https://www.ehistory.go.kr/)
- 〈백만탑다라니百万塔陀羅尼〉. 일본 류코쿠대학도서관龍谷大学図書館 소장 (請求記号: 023.6-9-1/024.3-272-2). Ryukoku University Digital Archives Research Center Homepage - 龍谷デジタルアーカイブの世界 - 百万塔陀羅尼 (https://www.ss.i.ryukoku.ac.jp/darc/Komon/exhibition/)
- 함통 9년『금강경』. 브리티시 라이브러리 소장(The Diamond Sutra. Shelfmark: Or. 8210/P.2). the British Library archive (https://imagesonline.bl.uk/asset/1934/)
- 『수진팔도지도袖珍八道地圖』. 서울역사박물관소장(수진팔도지도. 유물번호: 서 13206. 아카이브 번호: H-TRNS-72671-783) 서울역사아카이브(https://museum.seoul.go.kr/archive)
- 『갱장록羹墻錄』. 한국학중앙연구원 장서각 소장(청구기호: K2-161)
- 長樂老 馮道 초상.『無雙譜』. 전본 다수
- 王咸 筆 〈虞山毛氏汲古閣圖〉. 중국국가도서관 소장. wikipedia '汲古閣'
- 明 正德 元年 刊『篁墩程先生文粹』卷23 影印版面.『明代版刻圖釋』(周心慧 主編, 學苑出版社, 2003), vol. 1, p.151.
- 明 正德 14年 刊『歷代通鑑纂要』卷1 影印版面. 위의 책, vol.1, pp.173~174.
- 明 嘉靖年間 刊『金聲玉振集』皇覽編 影印版面. 위의 책, vol.1, p.249.
- 明 萬曆 42年 刊『徐文長文集』卷1 影印版面, 위의 책, vol.2, p.146.
- 明 天啓 4年 刊『寓林集』卷1 影印版面, 위의 책, vol.3, p.42.
- '증曾'. 顏眞卿 〈顏謹禮碑〉 탁본. 전본 다수.
- '증曾'.『설문해자』소전체小篆. 小學堂 (https://xiaoxue.iis.sinica.edu.tw)
- '증曾'. 한국 대표자(대법원 지정 자형), 중국 간체자, 일본 상용한자. 네이버 사전 (https://dict.naver.com/)
- '무茂'. 王羲之 〈蘭亭序〉.
- '약若'. 歐陽詢 〈九成宮醴泉銘〉. 전본 다수.

- '막莫'. 褚遂良 〈雁塔聖敎序〉 탁본. 전본 다수.
- 明 崇禎 2年 汲古閣 刊『群芳淸玩』. 书格 (https://www.shuge.org/)
- 元 至大刊本, 明 正德刊本, 明 嘉靖刊本, 明 萬曆刊本『分类补注李太白诗』. 书格 (https://www.shuge.org/)
- '신神'. 〈詛楚文〉, 『說文解字』, 〈啓母闕〉. 小學堂 (https://xiaoxue.iis.sinica.edu.tw)
- '종終'. 〈熹平石經〉. 위의 사이트.
- '착辵'. 갑골문과 『說文解字』. 위의 사이트.
- '도道'. 〈禮器碑〉, 〈張遷碑〉, 〈魏靈藏薛法紹造像記〉 탁본. 전본 다수.
- '도道'. 한국 대표자, 일본 상용한자, 중국 간체자. 네이버 사전.
- 明 天一閣刊本『司馬溫公稽古錄』卷1 影印版面.『明代版刻圖釋』vol.3, p.197.
- 明 萬曆38年 刊『陳眉公先生訂正丹淵集』卷1 影印版面. 위의 책, vol.2, p.125.
- 明 汲古閣 刊『劍南詩稿』. 书格

속俗

- 팔대산인八大山人 주탑朱耷 필筆 〈어조도鱼藻图〉. 중국국가미술관中国美术馆 소장.『같고도 다른: 치바이스와 대화』, 예술의전당, 2018, p.101
- 팔대산인 주탑 필 〈하화도荷花图〉. 중국국가미술관 소장. 위의 책, p.119
- 팔대산인 주탑 필 〈하상화도권河上花图卷〉. 중국 톈진박물관天津博物馆 소장. 清 朱耷 河上花图卷, 清康熙三十六年(1697), 纸本 墨笔, 47×1292.5(cm). 天津博物馆 典藏 书画(https://www.tjbwg.com/cn/collectionInfo.aspx?Id=2616)
- '무無'. 왕희지 〈난정서〉, 저수량 〈안탑성교서〉 탁본. 전본 다수.
- '국國'. 구양순 〈구성궁예천명〉, 안진경 〈안근례비〉 탁본. 전본 다수.

제2장 청대淸代의 한자 — 옛 한자의 권토중래, 전각과 전서의 시대

인印

- 임고林皋 〈임삼林森〉 인印. 谈艺录(百度作者) '篆刻学习: 印稿设计的基础思维' (https://baijiahao.baidu.com/s?id=1640949524998605139&wfr=spider&for=pc)
- 태조太祖 추상시호追上諡號 금보金寶. 국립고궁박물관 소장(태조 추상시호 금보. 1683년(숙종9). 크기 9.5cm, 가로: 9.5cm, 높이: 7.5cm. 유물번호: 종묘13553). 국립고궁박물관 홈페이지(https://www.gogung.go.kr/)

- 〈영정첩寧靜帖〉. 국립중앙박물관 소장(영정첩. 김홍도, 크기 세로 27.0cm, 가로 16.5cm. 소장품번호: 건희3508). 국립중앙박물관 홈페이지 (https://www.museum.go.kr/)
- 〈정강국승征羌國丞〉 동인銅印. 중국 베이징 고궁박물원 소장(铜瓦纽"征羌国丞"印. 인면印面 2.2×2.2cm, 전체 높이(通高) 1.7cm. 印铜铸, 方形, 瓦纽. 文物号: 新00031425). (https://www.dpm.org.cn/collection/seal/228405.html?hl=征伐刑狱)
- 최치원 찬서撰書 쌍계사 〈진감선사비眞鑑禪師碑〉 탁본. 전본 다수.
- 동고비뉴銅高鼻鈕 〈중서성지인中書省之印〉. 중국 베이징 고궁박물원 소장(铜高鼻钮"中书省之印". 인면(印面) 5.7×5.6cm, 전체 높이(通高) 3.9cm, 印铜铸, 高鼻钮. 文物号: 新00092152). (https://www.dpm.org.cn/collection/seal/229051.html)
- 문팽文彭 〈칠십이봉심처七十二峰深處〉 인印. 중국 상하이박물관 소장(文彭七十二峰深处, 玺印篆刻. 크기: 세로 3.1cm, 가로 3.1cm, 높이 4.0cm, 재질: 상아(牙)). (https://www.shanghaimuseum.net/mu/frontend/pg/m/article/id/CI00000729)
- 전傳 문팽 〈금파의송완학琴罷倚松玩鶴〉 인印. 서령인사西泠印社 소장. 搜狐'经典闲章: 琴罢倚松玩鹤'(https://www.sohu.com/a/396530279_680990)
- 하진何震 〈시문심처柴門深處〉 인印. 『소석산방인원小石山房印苑』 수록. 搜狐'篆刻 | 何震 柴门深处 青田石印章鉴赏'(https://www.sohu.com/a/832297437_120201030) | 书格 '小石山房印苑'(https://old.shuge.org/ebook/xssfy/)
- 주간朱簡 〈우중지이수능又重之以修能〉 인印. 360doc个人图书馆'篆刻人物: 朱简, 切刀的鼻祖'(http://www.360doc.com/content/17/0416/21/26252107_646118956.shtml)
- 정경丁敬 〈서호선화西湖禪和〉 인印. 360doc个人图书馆'丁敬篆刻及其刀法之丁敬篆刻艺术简述'(http://www.360doc.com/content/23/1126/15/6932394_1105361146.shtml)
- 정경 〈하조무인채下調無人采〉 인印. 『비홍당인보飛鴻堂印譜』 초집初集 권8
- 나빙 〈정경신선생상丁敬身先生像〉. 중국 저장성박물관 소장. 百度百科'罗聘丁敬像轴'. (https://baike.baidu.com/item/罗聘丁敬像轴)

전篆

- 등석여鄧石如 〈해위용세계 천시학가향海爲龍世界 天是鶴家鄉〉. 중국국가박물관中国国家博物馆 소장. 360doc个人图书馆'清代 邓石如 海为龙世界天是鹤家乡 行草五言联'(http://www.360doc.com/content/23/1002/18/1597421_1098740530.shtml)

• 몽영夢英 〈십팔체서비十八體書碑〉. 원비原碑 중국 시안西安 비림박물관碑林博物館 소재. 탁본 대만 국립고궁박물원 소장. 宋釋夢英十八體書碑墨拓本軸, 國立故宮博物院, 台北, CC BY 4.0@www.npm.gov.tw

• 『어제성경부御製盛京賦』. Chinese-Japanese Library of the Harvard-Yenching Institute at Harvard University, 中國哲學書電子化計劃 (ctext.org)

• 김진흥金振興 『전해심경篆海心鏡』. 미국 UC버클리 동아시아도서관 소장. 'Internet Archive' (https://archive.org/)

• 전傳 이사 〈역산각석嶧山刻石〉. 위키백과 '嶧山刻石'

• 안진경顏眞卿 서書, 이양빙李陽氷 전篆 〈안씨가묘비顏氏家廟碑〉. 원비原碑 중국 시안 비림박물관 소재. 사진(전체) '西安碑林博物館' (https://www.beilin-museum.com/). 탁본(篆額) 도쿄국립박물관東京国立博物館 소장. Colbase国立博物館所蔵品統合検索システム (https://colbase.nich.go.jp/)

• 이양빙 필筆 〈삼분기三墳記〉. 원비原碑 중국 시안 비림박물관 소재. 탁본 中華翰維文化推廣協會-西安碑林臨書主題交流活動系列 (https://beilinshu.hanwei-hanya.com/)

• 『설문해자』 혈부頁部 '안顏'. 小學堂 (https://xiaoxue.iis.sinica.edu.tw)

• 필희지畢熙志 찬撰, 조환광 서書 〈송宋 장저료張樗寮의 친필 금강경 각본刻本 뒤에 붙여 해설함〉(刻宋張樗寮手書金剛經後敍). 미국 프린스턴대박물관 소장. Diamond Sutra(Jin'gang jing 金剛經), 1246, Southern Song dynasty, 1127~1279, Chinese, Zhang Jizhi 張卽之, 1186~1266, Two albums of text, 128 leaves; ink on ruled paper; one album of colophons, 54 leaves; ink on paper, Calligraphy (ea. leaf): 29.1×13.4cm (11 7/16× 5 1/4 in.); Colophons (ea. leaf): 26.6×12.7cm. (10 1/2×5 in.), Princeton University Art Museum. Bequest of John B. Elliott, Class of 1951, 1998-52. (https://artmuseum.princeton.edu/)

• 부산傅山 〈천룡선사오언시전서축天龍禪寺五言詩篆書軸〉. 중국 상하이박물관 소장, 紙本, 160×59.3cm, 鄧丁生書法博客 (dengdingsheng.com)

• 등석여鄧石如 〈贈肯園四體書冊〉. 중국 우시박물원無錫博物院 소장(清邓石如真草隶篆册. 31×16cm). 360doc个人图书馆 '邓石如篆书 赠肯园四体书册' (http://www.360doc.com/content/18/0807/12/4240596_776330500.shtml)

836

동東

- 송준길宋浚吉의 편지. 『동춘선생수찰』, 전남대학교도서관 소장.(청구기호: OC
  4H 송 77ㄷ)

화和

- 미나모토노 요시쓰네 초상(中尊寺所蔵の義経像). wikipedia '源義経'

윤성훈

한문 번역가. 서예사 연구자.

대학 졸업 후 한문을 전문적으로 익힐 필요를 느껴 태동고전연구소(지곡서당)에서 3년 간 사서삼경 등 한문 고전을 공부하고 수료했다. 태동고전연구소의 한학 수련을 바탕으로 이후 오랫동안 조선시대 한문 자료를 정리하는 사업을 수행해 왔다. 특히 간찰(편지)이나 일기 등 행서나 초서로 흘려 쓴 한문 문헌의 해석(판독)·국역·연구 작업에 열정을 쏟아 관련 분야에 대한 전문적 지식을 갖추게 되었다. 현재 한국고전번역원에서 연구원으로 근무하고 있다. 2019년 「미수 허목 고문 서예 연구」로 박사 학위를 취득한 후에는 동아시아 및 한국 서예사를 집중적으로 연구하고 있다.

지은 책으로 『한자의 모험』, 『옛편지 낱말사전』(공저), 『(경남대학교 데라우치문고) 간찰 속의 조선시대』(공저) 등이 있고, 옮긴 책으로 『(전남대학교 도서관 소장) 동춘선생수찰』, 『(윤이후의) 지암일기』(공역) 등이 있다. '지암일기 디지털아카이빙 연구', '성호전서 정본화 사업' 등 연구 사업에 참여했고, 현재 연구책임자로서 '원교서결 국역·연구 및 DB 구축 사업'을 주도하고 있다.

한자, 문명의 무늬

초판 1쇄 인쇄 2026년 4월 16일
초판 1쇄 발행 2026년 5월 6일

지은이 윤성훈

편집 정소리 신정민 | 디자인 윤종윤 백주영 | 마케팅 김다정 박재원
브랜딩 함유지 이송이 박민재 김하연 신은서 이준희
미디어콘텐츠 함근아 김은솔 박다솔
저작권 박지영 형소진 주은수 오서영 조경은
제작 강신은 김동욱 이순호 | 제작처 한영문화사(인쇄) 신안문화(제본)

펴낸곳 (주)교유당 | 펴낸이 신정민
출판등록 2019년 5월 24일 제406-2019-000052호

주소 10881 경기도 파주시 회동길 210
문의전화 031-955-8891(마케팅) | 031-955-2692(편집) | 031-955-8855(팩스)
전자우편 gyoyudang@munhak.com

홈페이지 www.gyoyudang.com
인스타그램 @gyoyu_books | 트위터 @gyoyu_book | 페이스북 @gyoyubooks

ISBN 979-11-24128-56-5 93910